Ludger M. Hermanns / Ulrich Schultz-Venrath (Hg.)

# Gruppenanalyse in Selbstdarstellungen

Teil 1

VANDENHOECK & RUPRECHT

Mit 16 Abbildungen

Bibliografische Information der Deutschen Nationalbibliothek:
Die Deutsche Nationalbibliothek verzeichnet diese Publikation in der
Deutschen Nationalbibliografie; detaillierte bibliografische Daten sind
im Internet über https://dnb.de abrufbar.

© 2024 Vandenhoeck & Ruprecht, Robert-Bosch-Breite 10, D-37079 Göttingen,
ein Imprint der Brill-Gruppe
(Koninklijke Brill NV, Leiden, Niederlande; Brill USA Inc., Boston MA, USA; Brill Asia Pte
Ltd, Singapore; Brill Deutschland GmbH, Paderborn, Deutschland; Brill Österreich GmbH,
Wien, Österreich)
Koninklijke Brill NV umfasst die Imprints Brill, Brill Nijhoff, Brill Schöningh, Brill Fink,
Brill mentis, Brill Wageningen Academic, Vandenhoeck & Ruprecht, Böhlau und V&R unipress.

Satz: SchwabScantechnik, Göttingen
Druck und Bindung: ⊕ Hubert & Co, Göttingen
Printed in the EU

Vandenhoeck & Ruprecht Verlage | www.vandenhoeck-ruprecht-verlage.com

ISBN 978-3-525-45033-8

# Inhalt

# Vorwort der Herausgeber

Die Gruppenanalyse ist in Deutschland eine vergleichsweise junge Disziplin, die erst nach dem Zweiten Weltkrieg und dann auch erst sehr allmählich an verschiedenen Orten Gestalt angenommen hat. Für die deutschsprachige Schweiz gilt Ähnliches, nur in Österreich gibt es unter anderen mit Jakob Moreno und Paul Schilder weiter zurückreichende Wurzeln. Da die Historiografie dazu erst im Entstehen begriffen ist, wollten wir als Herausgeber uns bekannte, noch lebende Pionierinnen und Protagonisten einladen, ihren jeweiligen Weg zur Gruppenanalyse aufzuschreiben. Dabei konnten sie auch ihre eigene Sozialisation darstellen, um damit ihr Engagement für die Gruppenanalyse und Gruppenpsychotherapie verständlich zu machen.

Bei der Auswahl haben wir versucht, möglichst viele Kolleginnen und Kollegen aus Ost und West für unser Projekt zu gewinnen, die mindestens 75 Jahre alt sein sollten und sich in der Aus-, Fort- und Weiterbildung in unserem Fach verdient gemacht haben.

Ein Blick auf die 16 hier vorgelegten faszinierenden Beiträge zeigt, wie stark die älteren Autorinnen und Autoren vom Erleben der Kriegs- und ganz frühen Nachkriegszeit geprägt wurden. Das regt zu Überlegungen an, wie das mit dem schließlich ergriffenen Objekt »Gruppe« in ihrem späteren Leben zusammenhängen könnte. Insbesondere ein Vergleich der jeweils unterschiedlichen frühesten Gruppenerfahrungen und der später resultierenden beruflichen Gruppenaktivitäten wirft für uns wie für Sie als Lesepublikum viele reizvolle Fragen auf.

Nicht alle Angesprochenen konnten sich sogleich und manche gar nicht zur Mitarbeit entschließen. Da wir inzwischen mit der Planung eines Folgebandes begonnen haben, hegen wir die Hoffnung, einige von ihnen dafür doch noch gewinnen zu können.

An dieser Stelle möchten wir darauf verweisen, dass manche Pioniere unseres Fachs schon andernorts ihre berufliche Autobiografie veröffentlicht haben und deshalb hier nicht berücksichtigt worden sind. Dazu gehören unter anderen

Tobias Brocher[1], Paul Janssen[2], Karl König[3], Peter Kutter[4], Eugen Mahler[5] und Dieter Ohlmeier[6], die in der Buchreihe »Psychoanalyse in Selbstdarstellungen« (hrsg. von Ludger M. Hermanns) vertreten sind. Andere wie Josef Shaked[7], Alice Ricciardi-von Platen[8], Michael Lukas Moeller[9], Hermann Argelander[10], Georg Gfäller[11], Werner Beck[12], Helmut Enke[13], Annelise Heigl-Evers[14], Karl Reuter[15], Raoul Schindler[16] und Vera Demant[17] haben in eigenen Büchern oder in Buch-

1   Tobias Brocher (1998). Interkulturelle Begegnungen in einer sich wandelnden Welt. In L. M. Hermanns (Hrsg.), Psychoanalyse in Selbstdarstellungen, Bd. IV (S. 11–72). Tübingen: edition diskord.
2   Paul L. Janssen (2015). Mein Weg als Psychoanalytiker in der Psychiatrie, Psychosomatischen Medizin, Psychotherapie, Universität und Berufspolitik. In: L. M. Hermanns (Hrsg.), Psychoanalyse in Selbstdarstellungen, Bd. X (S. 69–117). Frankfurt a. M.: Brandes & Apsel.
3   Karl König (2010). Von den Naturwissenschaften zur Psychoanalyse. In L. M. Hermanns (Hrsg.), Psychoanalyse in Selbstdarstellungen, Bd. VIII (S. 59–116). Frankfurt a. M.: Brandes & Apsel.
4   Peter Kutter (2010). Aus der Enge in die Weite. In L. M. Hermanns (Hrsg.), Psychoanalyse in Selbstdarstellungen, Bd. VIII (S. 117–185). Frankfurt a. M.: Brandes & Apsel.
5   Eugen Mahler (2007). Eine biografische Collage. In L. M. Hermanns (Hrsg.), Psychoanalyse in Selbstdarstellungen, Bd. V (S. 144–203). Frankfurt a. M.: Brandes & Apsel.
6   Dieter Ohlmeier (2017). Auf meinem Weg als Psychoanalytiker. In L. M. Hermanns (Hrsg.), Psychoanalyse in Selbstdarstellungen, Bd. XI (S. 149–192). Frankfurt a. M.: Brandes & Apsel.
7   Josef Shaked (2011). Ein Leben im Zeichen der Psychoanalyse. Gießen: Psychosozial-Verlag.
8   Alice Ricciardi-von Platen (2006). Die Entwicklung der gruppenanalytischen Ausbildung durch die Internationale Arbeitsgemeinschaft für Gruppenanalyse in Altaussee. In G. R. Gfäller, G. Leutz (Hrsg.), Guppenanalyse, Gruppendynamik, Psychodrama. Quellen und Traditionen – Zeitzeugen berichten. Der Umgang mit Gruppenphänomenen in den deutschsprachigen Ländern (2., erw. Aufl., S. 73–75). Heidelberg: Mattes Verlag.
9   Michael L. Moeller (2006). GRAS-Gruppenanalyseseminare zur Weiterbildung für Psychoanalytiker. In Gfäller u. Leutz (s. o.; S. 107–114).
10  Hermann Argelander (1998). Zur Geschichte der Anwendungen der Psychoanalyse in Gruppen in Frankfurt am Main (1960–1985). Luzifer-Amor. Zeitschrift zur Geschichte der Psychoanalyse, 11 (21), 92–102.
11  Georg Gfäller (2006). Transfer der Gruppenanalyse (Foulkes) nach Deutschland. In Gfäller u. Leutz (s. o.; S. 101–103).
12  Werner Beck (2006). Die Anfänge. In Gfäller u. Leutz (s. o.; S. 30–33).
13  Helmut Enke (2006). Eigene Anfänge – 1959–1966. Stationäre (bipolare) Gruppenpsychotherapie. In Gfäller u. Leutz (s. o.; S. 143–146).
14  Annelise Heigl-Evers (2006). Deutschland und »Die Gruppe«. In Gfäller u. Leutz (s. o.; S. 221–223); Entstehung des deutschen Arbeitskreises für Gruppenpsychotherapie und Gruppendynamik (DAGG). In Gfäller u. Leutz (s. o.; S. 34–44).
15  Karl Reuter (2006). Beginn der analytischen Gruppenpsychotherapie in Deutschland. In Gfäller u. Leutz (s. o.; S. 21–29).
16  Raoul Schindler (2006). Österreichische Impulse zur Gruppentherapie in der zweiten Hälfte des 20. Jahrhunderts. In Gfäller u. Leutz (s. o.; S. 68–72).
17  Vera Demant (2006). Das Seminar für Gruppenanalyse Zürich. In Gfäller u. Leutz (s. o.; S. 60–67).

und Zeitschriftenbeiträgen bereits aus ihrer Gruppenvita berichtet. Diese Liste erhebt keineswegs den Anspruch auf Vollständigkeit.

Mit diesem Buch verbinden wir die Hoffnung, vor allem auch jüngeren Mitgliedern unserer Berufsgruppe, die sich womöglich noch in Ausbildung befinden oder erste Schritte im Beruf gehen, etwas von der Perspektivenvielfalt und den großartigen Möglichkeiten der Gruppenanalyse und Gruppenpsychotherapie vermitteln zu können. Nicht umsonst lautete der Titel der Präsidentenansprache der AGPA[18] 2022: »The Future of Group Therapy is Bright«.[19] Für die berufserfahrenen Leserinnen und Leser bietet es viele Möglichkeiten, eigene Karriereschritte oder sogar ganz persönliche biografische Anknüpfungen an diesen oder jenen Lebensbericht wiederzuerkennen. Deren Autorinnen und Autoren haben jedenfalls die Chance ergriffen, ihre reiche Berufserfahrung noch einmal gedanklich zu durchdringen und für uns alle auf den nun folgenden Seiten auszubreiten. Für diese Bereitschaft und Offenheit möchten wir ihnen sehr herzlich danken.

Hans-Joachim Maaz hat ausdrücklich darum gebeten, dass in seinem Beitrag nicht gegendert wird, wofür wir angesichts der aktuell nicht abgeschlossenen Debatte um die Rechtschreibung Verständnis haben.

Unser Buchprojekt fand beim Vorstand der Deutschen Gesellschaft für Gruppenanalyse und Gruppenpsychotherapie (D3G) tatkräftige Förderung und Unterstützung, unter anderem auch in der Bereitstellung des erforderlichen Druckkostenzuschusses, wofür wir uns ausdrücklich bedanken möchten.

Abschließend sei dem Verlag für die bereitwillige Annahme und Förderung unseres Projekts gedankt, insbesondere Günter Presting, Sandra Englisch und Ulrike Rastin.

Ludger M. Hermanns und Ulrich Schultz-Venrath
Berlin und Köln im Juni 2023

---

18  American Group Psychotherapy Association.
19  Burlingame, G. M. (2022). The future of group psychotherapy is bright. Presidential address, Annual Meeting of the AGPA, Denver, März. DOI: 10.1080/00207284.2022.2133717

Rudolf Balmer

# Die Gruppe als Schicksal und Vision – Ein Weg mit und in der Gruppenanalyse

Noch vor der eigenen Geburt wird einem die Gruppenexistenz in die Wiege gelegt, das Bewusstsein und insbesondere eine gruppenanalytische Betrachtungsweise darüber aber nicht. Diese zu erlangen, ist ein langer Weg mit Zufällen, Irrungen, Mühsalen und auch Freuden.

Sigmund Freud hatte sich wegen grundsätzlicher Einwände dagegen verwehrt, eine Autobiografie zu schreiben. Er kannte die dynamischen Kräfte der Psyche vom Vergessen, Verdrängen, Beschönigen und hatte Einblick in das Walten des Unbewussten. Welchen unbewussten Streichen kann eine Selbstbeschreibung unterliegen wie diejenige, die Sie gerade im Begriff sind zu lesen? Wie kann man diesen Narrativen entrinnen? Gar nicht. Man kann nur auf wohlwollend kritische Leserinnen[1] vertrauen, die dann ihrerseits den Text aus ihrem eigenen psychodynamischen Verstehen zu betrachten versuchen.

Welchen Weg soll man beschreiben? Die Gruppenanalyse und ich – oder ich und die Gruppenanalyse? Vielleicht eine gegenseitige Annäherung? Ein gegenseitiges Sich-Kennenlernen und Involvieren, ein Geben und Nehmen oder gar eine gegenseitige Bereicherung? In diesem stillen, nichtbestimmbaren Zwischenbereich liegt dieser Weg.

Für mich stand zu Beginn meiner beruflichen Entwicklung nicht das Berufsziel im Vordergrund, Gruppenanalytiker zu werden. Erst nach einer gewissen Zeit entwickelte sich dieser Wunsch.

---

1   Ich verwende in meinem Text in zufälliger Folge die weibliche und männliche Form. Im Sinne der gendersensiblen Sprache mögen sich bitte alle mitgemeint fühlen.

## Die Ursprungsfamilie: Bande und Brüche

Zu dieser Entwicklung gehört ein familiäres und schulisches Vorfeld als Teil der persönlichen Grundlagenmatrix. Wenn Salvador Minuchin (1977) schreibt, dass er deshalb zur systemischen Betrachtungsweise fand, weil er in einer Kleinstadt lebte, in der überall unausweichlich eine Vielzahl von Familienangehörigen mit unterschiedlichen Beziehungen anzutreffen waren, so gilt für mich Ähnliches. Das familiäre Umfeld umfasste rund zweihundert Personen, Großeltern, Tanten und Onkel, Cousinen und Cousins. Die Familien stammten aus einem bäuerischen und mittelständischen Bereich und lebten verstreut in der ganzen Schweiz.

Meine Großmutter mütterlicherseits, im Alter dement, pflegte an Familientreffen zu fragen: »Zu wem gehörst denn du?« Eine Frage, die ich mir oft in Bezug auf andere Familienmitglieder stellte und insbesondere auf mich selbst. Zu wem gehört man? Zugehörigkeit und Selbstständigkeit sind oft verwischte und diffuse Begriffe.

Die aus einer katholischen Tradition stammende Familie brachte Pfarrherren und Ordensleute hervor. Sie führte auch mich in kirchliche Jugendorganisationen und damit an einen Platz, der sowohl innerhalb wie außerhalb lag und doch von beiden Seiten einsehbar war. Das Thema des Gesehen-Seins gehörte gleichsam zur sozialen DNA in diesem Umfeld.

Allerdings gab es dabei einige unkontrollierte Bereiche. Die Kinderschar war zu groß und zu unübersichtlich. Die Kinder und Jugendlichen brachten ihre eigenen Strebungen und Wünsche ins Spiel, zumeist jene mit Aggression, Sexualität und anderen Regelverstößen. Zudem gab es in der Erwachsenenwelt einige Menschen, die nicht der Normenwelt zugehörig schienen, die irritierten, faszinierten, manchmal ängstigten. Im Bauernhof meiner Großeltern gab es in einer Scheune einen Bretterverschlag für einen buckligen Mann, der »Fuchs« genannt wurde. Der kam und ging, wie er es brauchte. Manchmal gaben ihm die Großeltern zu essen, manchmal half er im Stall, zumeist war er weg. Sein Vagabundieren wurde sorgsam toleriert.

Eine andere Bruchstelle lag in damals noch bedeutenden Unterschieden der Religionszugehörigkeit. Im Fall meiner Familie, die in einem überwiegend reformierten Gebiet lebte, hieß dies, in einer Diaspora und damit im Unterschied von »Wir und die Anderen« zu sein. Natürlich traten im Laufe der Entwicklung verschiedene andere Unterschiede ins Bewusstsein: Mitschüler, die in Häusern am »Goldhügel« lebten und jene in den Mietshäusern nahe den Fabriken. Oder es gab jene Freunde mit und solche ohne Autos, arme und reiche, dumme und gescheite. Es gab Mitschüler, von denen man sagte, sie seien »Hiesige«, »Zugezogene« oder gar »Flüchtlinge«. Die Jugendorganisation erlaubte trotz der Unterschiede, miteinander zu sein, und sie offerierte Möglichkeiten, sich mit speziellen Fähigkeiten und in Leitungsfunktionen zu »profilieren«. Heute würde man sagen: Es war ein Ort des »Egotraining in action« (Foulkes, 1964).

## Der Stellvertreter

Reibungslos war diese Sozialisation nicht, sie nährte aber nachhaltig meinen Sinn für soziale Beziehungen. In der Adoleszenz wurde es turbulenter. Während meiner Zeit am Gymnasium wurden zunehmend gesellschaftlich verdrängte Themen diskutiert und das Selbstbild der Schweiz kritisiert (z. B. Frauenstimm-recht, allgemeine Wehrpflicht, die Rolle der Schweiz im Zweiten Weltkrieg). Der Basler Geschichtsprofessor Max Imboden prägte den Begriff des »helvetischen Malaise« (siehe in Portmann, 1970). Wegbereiter für diese kritische kulturelle Diskussion waren Schriftsteller wie Robert Walser, Friedrich Dürrenmatt oder Max Frisch mit ihren politischen und sozialpsychologischen Texten.

1963 wurde am Basler Theater das Stück »Der Stellvertreter« von Rolf Hochhuth aufgeführt, in dem die Verwicklung von Papst Pius XII. mit den Faschisten und dem Holocaust kritisch dargestellt wurde. Ich selbst befand mich damit real und innerlich zwischen zwei Welten. Die Katholiken organisierten sich zu Fackelmärschen; an meinem Gymnasium dominierte die Ablehnung dieses kirchlichen Aufmarsches. Ein engagierter Geschichtslehrer, selbst ein Katholik, griff dieses Dilemma auf. Er organisierte während einiger Monate eine Kleingruppe mit allen fünf Katholiken in unserer Klasse. Etwa alle vierzehn Tage trafen wir uns bei ihm in der Studierstube bei Bretzeln und Getränken. Er versorgte uns mit historischen, philosophischen und religiösen Schriftstücken. Er war sehr kritisch gegenüber Institutionen und Macht. Tatsächlich gelang es ihm, uns in heftige Gespräche zu verwickeln. Er verstand es auch, dafür zu sorgen, dass unsere Subgruppe im Klassenverband toleriert wurde. Ich denke, entscheidend dabei war seine persönliche Haltung. Er vereinigte in sich glaub-haft unterschiedliche Seiten wie Wissenschaftlichkeit, Freude am Dialog, Unterstützung eigenständiger Entwicklungen, unpopuläre Forderungen und Humor.

## Achtundsechzig

Die Affäre rund um dieses »christliche Trauerspiel« war ein Vorspiel für weitere einschneidende Veränderungen in der Gesellschaft und in meinem Umfeld. Nachdem mir die Entscheidung für das Medizinstudium schwergefallen war

(zeitweise besuchte ich noch Vorlesungen in Kunstgeschichte), wurde ich nach
und nach in ein höchst interessantes und aufwühlendes Studentenleben hinein-
gezogen. Wir gründeten eine Arbeitsgruppe, »Medizin und Gesellschaft«, und
pochten auf eine Medizin im Dienst der Gemeinschaft. Ich arbeitete in der offiziellen Studentenzeitung mit Namen »Kolibri« und in der Fachgruppe der Vor-
kliniker. Ich verfolgte darin keine bestimmten Absichten, es war ein Teilhaben
an einem lebendigen studentischen Leben. Dies schärfte – neben den Gruppenerfahrungen – ein Denken auf einer Metaebene: Was bewirkt die Medizin auf
einer sozialen und kulturellen Ebene mit ihrem Wissen und Können? Die Medizin an sich war nicht allein relevant, sondern wie sie den Menschen begegnet,
persönlich und gesellschaftlich.

Sehr überraschend wurde ich für die Periode 1967/68 zum Präsidenten
der Studentenschaft Basel gewählt und damit noch intensiver mit dem Zeit-
geschehen konfrontiert. Der Vorstand war eine sehr heterogene Gruppe, in der
Mehrzahl Männer. Er repräsentierte einen Übergang zwischen konservativen
Kräften (z. B. Vertreter der Studentenverbindungen) und politisch progressiven Kräften (für mehr Mitsprache in den Uni-Gremien). In den Semesterferien
ereignete sich die russische Invasion der Tschechoslowakei. Wir hängten kritische Transparente vor die Fenster unserer Büros im Uni-Hauptgebäude und
hängten sie auf Anordnung des Rektorats wieder ab. Ähnliches ereignete sich, als
wir in der Parkanlage vor der Uni ein Meeting mit Daniel Cohn-Bendit unterstützten. Die Uni ließ Ordnungskräfte im Gebäude auffahren und beobachtete
argwöhnisch das friedliche Treiben außerhalb. Inhaltlich war das Treffen allerdings nicht folgenlos. Es förderte die Bildung einer linken Gruppierung, die
schließlich bei den folgenden Wahlen die Mehrheit übernehmen sollte.

Die zunehmend heftigen Debatten innerhalb der Studierendenschaft ver-
langten für mich eine eigene Klärung. Die unterschiedlichen Positionen waren
kaum in eine konsensfähige Vorstandsgruppe einzubinden. Persönlich erlebte
ich dies als eine Extremsituation. Ich stellte mich nicht mehr zur Wiederwahl.
Dieser Entscheid stellte eine Zäsur dar, da ich mich in Zukunft nicht mehr auf
einem allgemeinen politischen Parkett einbringen, sondern mich eher fachbe-
zogen engagieren wollte. Dies wiederum führte mich zur Mitarbeit in Gruppen
für die Studienreform und in der Erarbeitung von Publikationen zur »Kosten-
explosion im Gesundheitswesen«, schon damals ein Schlagwort, und zu einer
kritischen Beurteilung der zunehmenden Verschreibung von Tranquilizern.

## »Soziale Medizin«

Bereits während meiner Studienzeit beteiligte ich mich an der Gründung einer »Schweizerischen Gesellschaft für ein soziales Gesundheitswesen«, die bis 2011 die Zeitschrift »Soziale Medizin« publizierte. Gesundheitspolitisch motiviert, versuchte sie, faktisch und wissenschaftlich untermauerte Artikel zu publizieren. Orientiert an den damals diskutierten Themen, griff die Zeitschrift verschiedene »gruppenanalytische« Themen auf. Im Fokus standen gemeinschaftliche Formen medizinischer Angebote (Gruppenpraxen, Mitbestimmung, Selbsthilfegruppen), der psychosoziale Blick auf die Medizin (Psychosomatik) und insbesondere in der Psychiatrie (Therapeutische Gemeinschaften, Milieutherapie, verschiedene gruppenorientierte Formen »humanistischer Psychotherapie«). Unsere Redaktion – und damit auch ich – war nicht nur von diesen Themen durchdrungen, die auch eine breite kulturelle Stimmung abbildeten, sondern auch herausgefordert, sich fachlich mit den vorherrschenden Fragen zu befassen, was in meinem Fall neben der Psychoanalyse und Gruppenanalyse noch immer den Schwerpunkt der Sozialmedizin beinhaltete.

## Erfahrungen in »Community Medicine«

Diese Erfahrungen führten noch nicht zu einem definierten Berufsziel. Vom Schweizerischen Nationalfonds (SNF) erhielt ich ein Fortbildungsstudium in »Sozial- und Präventivmedizin«. Ich konnte mit der Familie 1974/75 nach Edinburgh ziehen und ein Postgraduate-Studium in »Community Medicine« absolvieren. Dort traf ich auf eine kleine internationale Studiengruppe, die sich mit Epidemiologie und der Behandlung von gesundheitlichen Problemen in der Gemeinschaft und in spezifischen Gruppen beschäftigte. An praktischen Studientagen wurden z. B. arbeitsmedizinische Themen in Bergwerken, in der Nordseeölförderung oder in städtischen Gesundheitszentren bearbeitet.

Eine nachhaltige Erfahrung bedeuteten die Studientage in der Therapeutischen Gemeinschaft Dingleton, die von Maxwell Jones gegründet worden war. Immer wieder wurde im Studium die Erkenntnis unterstrichen, dass neben psychischen Störungen auch die Entstehung der häufigsten somatischen Krankheiten (wie Herzkreislauf- oder Tumorerkrankungen) sozialpsychologischer Natur seien.

Aus eher privatem Interesse besuchte ich die frühsozialistische Fabrik- und Wohnanlage New Lanark, die dem Zerfall ausgesetzt war, aber trotzdem sichtbar machte, wie bedeutungsvoll die Lebensbedingungen für die Gesundheit der Menschen sind. Ein Bündel von Erfahrungen und Erkenntnissen führte mich dazu, den Weg in die Psychiatrie und Psychotherapie mit dem Blick auf Gruppen und Gemeinschaften einzuschlagen.

## Psychiatrie und Psychoanalyse

In meiner Weiterbildung in den Psychiatrischen Universitätskliniken und dem Psychoanalytischen Seminar in Basel begegnete ich Gaetano Benedetti und Raymond Battegay. Beide hatten eigene Arbeitsschwerpunkte und waren sehr verschiedene Persönlichkeiten, beide vertraten psychoanalytische Konzepte im Verständnis von Psychosen. In einem Seminar mit Benedetti behandelten wir die Grundlagen der Systemtheorie und die Verbindung zur Soziologie. Mit Battegay kam ich direkt und praktisch in die Gruppenanalyse, mit dem Einblick in eine Gruppe mit an Schizophrenie erkrankten Menschen und mit der Leitung einer Studierendengruppe. Diese wurde in Co-Therapie geleitet. Dabei erfuhr ich erstmals, welche Schwierigkeiten in einer Co-Therapie auftreten können. Da der damalige Vorgesetzte sehr häufig wegen anderer Verpflichtungen fehlte, lag die Sicherung der Kontinuität an mir. Die Teilnehmenden waren gutmütige Menschen und trugen maßgebend zur Kohäsion der Gruppe bei. Ein Teilnehmer übernahm gar die Funktion, mit dem Vorgesetzten über das merkwürdige Setting zu streiten. Damals befand ich mich noch in einer individuellen Psychoanalyse und musste wiederholt deutlich erfahren, dass diese im Gruppenkontext nicht ausreicht.

Innerhalb der Assistenten befassten wir uns mit psychiatriekritischen Ansätzen, z. B. mit Klaus Dörner, Erich Wulff, Jean Oury, Franco Basaglia, und Autoren der Antipsychiatrie. Als Schweizer Autoren studierten wir die Sozialpsychiater Luc Ciompi und Christian Müller, zwei Pioniere einer gemeindenahen und psychodynamisch ausgerichteten Psychiatrie. Auch diese Aneignung von Konzepten, die einen neuen Blick auf die Klinische Psychiatrie erlaubten, war ein Lernen in Gruppen, in denen wir unsere eigenen Schwerpunkte setzten.

## Eigene Praxis und Psychiatriereform

Die Gründung einer eigenen Praxis 1981 fiel in eine turbulente und anregende Zeit bezüglich Kultur, Politik und Psychiatrie. Heute würde man sagen, die »Zivilgesellschaft« war in Bewegung. Zusammen mit drei Kolleginnen ließen wir uns in einer Gruppenpraxis mitten in einem Arbeiterquartier mit einem großen Ausländeranteil nieder. Die Praxis lag in einem Quartiertreffpunkt an der ersten Wohnstraße in Basel. Als eine der wenigen Psychiatriepraxen führten wir zudem ein Sekretariat als Anlaufstelle. Neben den Individuellen Psychotherapien und Analysen begann ich hier mit ambulanten Gruppen. Wir suchten die Vernetzung mit Hausärzten und Sozialstellen. Daraus entstanden zwei für die psychiatrische Versorgung in Basel wichtige Initiativen. Einerseits entwickelten wir auf einer privaten Basis gemeinsam mit anderen Gruppierungen eine Psychosoziale Arbeitsgemeinschaft (PSAG), andererseits mischten wir uns in einen politischen Prozess ein, der die Entwicklung eines neuen Psychiatriekonzepts für Basel vorsah.

Welche Bedeutung hatten diese Aufgaben, die mich über einige Jahre begleiteten, für meine gruppenanalytische Identität? In beiden Gebieten ergaben sich viele Gespräche und Auseinandersetzungen in Gruppen. Die Umsetzung einer »gemeindenahen Psychiatrie« betraf nicht allein ein organisatorisches Problem, sondern es stand ein qualitatives Moment im Zentrum. 1985 formulierte ich in einer Publikation der PSAG folgende Gedanken:

»Es geht um eine innere, ganzheitliche Haltung, in der der Mensch als soziales Wesen begriffen wird. Psychisches Leiden, Krisen, Krankheiten entstehen aus einem gestörten Wechselspiel zwischen dem Einzelnen und seiner Umgebung und bedeuten denn oft auch ein Herausfallen aus den gewohnten Lebensbeziehungen. Jeder von uns ist in eine Reihe von Beziehungen eingebettet, jeder von uns ist Knotenpunkt in einem oft komplizierten sozialen Netz; jeder ist von diesem Netz bestimmt, aber jeder knüpft auch fortwährend an diesem Netz. Psychosoziale Störung heisst denn auch, dass der Einzelne seine Beziehungen in diesem Netz nicht mehr gestalten kann« (Balmer, 1985, S. 17).

Abgesehen davon, dass in dieser Konzeption kulturelle und unbewusste Faktoren lediglich implizit enthalten sind, entsprechen sie doch wesentlichen gruppenanalytischen Annahmen. Doch so einfach die Gedanken zu formulieren waren, so schwierig waren sie anzugehen. Im Laufe der Entwicklung der Reformvorhaben begann ich die gruppenanalytische Weiterbildung. Diese half mir, verschiedene intensive Gruppensituationen zu bewältigen.

## Psychosoziale Arbeitsgemeinschaft (PSAG)

Im Jahre 1983 übernahm ich das Präsidium der PSAG, nachdem mein Vorgänger und Freund Hans Steiner plötzlich an einer Grippe verstorben war. Dieser Tod war ein Schock für alle Beteiligten, dennoch konnte sich die Organisation Schritt um Schritt weiterentwickeln: Aufbau einer Beratungsstelle, eines Tageszentrums und von Programmen im Arbeitsbereich. Zentral war zudem die Zusammenarbeit mit Selbsthilfegruppen. Die Herausforderungen lagen im Bereich der Leitung und Gestaltung von Gruppenprozessen auf allen Ebenen. Durch die Zusammenarbeit verschiedener Berufsgruppen manifestierten sich Rollenkonflikte und Abgrenzungen von Berufsidentitäten. Latent waren auch ambivalente Polarisierungen zwischen antipsychiatrischen Positionen meistens bei Angehörigen von Psychiatriepatienten gegenüber Berufsangehörigen mit einer Sozialisation in den Institutionen.

Die Zeit war ebenfalls geprägt durch den aufsteigenden »Psycho-Boom«; verschiedene modernistische Therapie- und Beratungsverfahren lebten von einer Abgrenzung gegenüber der Psychoanalyse. Die Zuschreibungen, Stereotypien und Übertragungen konnten in dieser aufstrebenden Organisation vielfältige Blüten hervorbringen. Es galt immer wieder, solchen Dynamiken und Polarisierungen entgegenzutreten und einen Konsens zu finden.

Manchmal befand ich mich als Psychiater in einer isolierten Position und hatte gleichzeitig die Aufgabe, Sitzungen zu leiten. Mit dem Wachstum der Organisation kamen verschiedene Leitungsaufgaben hinzu, welche meinen Zeitaufwand und den unseres Sekretariates überstiegen. Solche Situationen können wegen der unterschiedlichen Aufgaben nur bedingt als gruppenanalytische Erfahrungsfelder betrachtet werden, aber eine gruppenanalytische Haltung und eine entsprechende Reflexion waren trotzdem enorm hilfreich. Von Anfang an war angezeigt, unsere Erfahrungen und die Dynamik in der Organisation in Supervisionen zu reflektieren.

## Psychiatriereform in Basel

Die Diskussionen über eine Psychiatriereform, initiiert von der Regierung, fanden gleichzeitig mit dem Aufbau der PSAG statt. Verschiedene Gruppierungen kritisierten einen »Professorenvorschlag«, der lediglich die Fortschreibung des Bestehenden vorsah, eine auf die stationäre Versorgung ausgerichtete Psychiatrie.

1984 leitete ich eine öffentliche kontradiktorische Veranstaltung zu diesem Thema. Dort wurden extrem unterschiedliche Ansichten über »die« Psychiatrie eingebracht. Das Auditorium war überfüllt, die Stimmung hochemotional und chaotisch, insbesondere als sich Psychiatriebetroffene äußerten und über negative Erfahrungen berichteten. Ohne Großgruppenerfahrung in meiner Weiterbildung hätte ich weder diese Situation meistern noch den Gesprächsfaden halten können. Ein Effekt dieser Veranstaltung war, dass die Regierung einen neuen, breit in Gruppen abgestützten Prozess initiierte, den ich zusammen mit zwei Freunden leitete und der 1990 mit einem Konzeptpapier abgeschlossen wurde. Durch dieses Konzept konnten einige Neuerungen im Bereich der Sozialpsychiatrie realisiert werden.

Er stieß jedoch auch auf Widerstand in konservativen politischen Kreisen und in der medizinischen Fakultät. Unserem Reformeifer wurden im bestehenden gesellschaftlichen Machtgefüge Grenzen aufgezeigt. Der Prozess aber konnte nicht aufgehalten werden.

## Seminar für Gruppenanalyse Zürich (SGAZ)

Meine Weiterbildung in Gruppenanalyse begann 1983 im Seminar für Gruppenanalyse Zürich. Das Seminar war im Aufbau und bot mir eine nährende, unterstützende und herausfordernde Matrix. Die Internationalität der Teilnehmerinnen und Gruppenlehranalytiker öffnete den Blick über die Schweiz hinaus. Die Selbsterfahrung in Groß- und Kleingruppen ermöglichte eine neue analytische Reflexion der eigenen »Gruppengeschichte« und eine Vielzahl von Begegnungen mit Menschen aus verschiedensten Kontexten der europäischen Geschichte. Spannend war, wie unmittelbar wir das gruppenanalytische Denken und Arbeiten am SGAZ seit Foulkes erfahren und erfassen konnten.

In den ersten Jahren stand das SGAZ als Ausbildungsinstitut noch unter dem Schirm des Institute of Group Analysis (IGA) London und deren Lehranalytikerinnen Liesel Hearst, Tamara Sternberg und Gregory van der Kleij, die die Konzepte der IGA direkt vermittelten. Eine berufliche Weiterbildung beruht nicht nur auf Wissen und Können, sondern bedeutet auch die Entwicklung einer eigenen beruflichen Identifikation. Das SGAZ bot Begegnungen und Auseinandersetzungen mit vielen unterschiedlichen Persönlichkeiten, die je ihre eigene Prägung der beruflichen Identifikation einbrachten. Manchmal war dies verwirrend, mit der Zeit aber ein Reichtum für das eigene Wachstum.

Von Bedeutung war für mich auch die organisatorische Struktur des SGAZ. Die permanente Weiterentwicklung von einer Projektgruppe bis hin zu einem unabhängigen Institut wurde von Vera Demant (2006) ausführlich beschrieben. Ein wesentliches Strukturelement ist die »Basisdemokratie«, in der sämtliche Teilnehmerinnen, auch jene in Weiterbildung, an den Mitgliederversammlungen mitbestimmen können. Allen Gremien sind differenzierte Reglemente über ihre Zusammensetzung und ihre Aufgaben zugeordnet, aber letztlich müssen alle Bestimmungen durch die Mitglieder genehmigt werden – so auch das Weiter-

bildungsreglement und die Bestätigungswahlen der Lehranalytikerinnen und
Supervisoren.

Diese in Europa einzigartigen Strukturelemente geben immer wieder Anlass
zu ausgedehnten Auseinandersetzungen: Wie können Studierende über ein
Weiterbildungsprogramm entscheiden? Wie steht es um die Abstinenz? Wie können Übertragungsphänomene bearbeitet werden? Ich will hier nicht vertieft auf
diese Diskussion eingehen. Meine Erfahrung ist, dass manche Situationen sehr
verwirrend waren, wie sie es bekanntlich auch in anderen Institutionen sind.

Für mich ergab sich daraus aber ein deutlicheres kognitives und emotionales Erfassen des Unterschieds von Organisation und Übertragungsebene. In
anderen Instituten erlebte ich, dass in den für die Selbsterfahrung vorgesehenen
Großgruppen oft darum gerungen wurde, ob organisatorische Themen in diesen Gruppen tatsächlich besprochen werden sollen oder »dürfen«. Sie flossen
aber in die Großgruppen ein, weil es keine anderen Strukturen gab oder aber
die Studierenden darin nicht eingebunden waren.

Nach einer Zeit der inneren Konsolidierung der Weiterbildung begann ich,
mich stärker innerhalb des SGAZ zu engagieren. Ich übernahm Funktionen
im Weiterbildungsgremium und damit in der Seminarleitung (1997–1999 und
2012–2018) und die Vertretung im EGATIN (European Group Analytic Training Institutions Network). Highlights aus meiner Sicht waren das Jubiläums-
symposium des SGAZ (2007) und die Organisation der EGATIN-Tagung 2016
durch das SGAZ in Zürich mit dem Thema »Psychoanalysis and Group Analysis – Common Ground and Differences«.

In meinem Einleitungsreferat baute ich auf einer gemeinsamen dialogischen und hermeneutischen Basis auf: Erkenntnis entwickelt sich gemeinsam;
der Sinn ist gemeinsam oder er existiert nicht. Die Bedeutung des Themas
und der Tagung lag darin, dass EGATIN in der Entwicklung gemeinsamer
Standards und Lehrinhalte sich immer wieder mit unterschiedlichen, in Entwicklung befindlichen Konzepten befassen musste, in der Psychoanalyse mit
der Trieb-, Selbst-, Objektbeziehungs- sowie der Intersubjektivitätstheorie, in
der Gruppenanalyse mit neueren Entwicklungen auf Foulkes'scher Basis oder
etwa dem Konzept der Mentalisierung. Die Frage, auf welchen Konzepten die
Gruppenanalyse basiert, muss immer wieder thematisiert werden.

In meiner zweiten Periode im Weiterbildungsgremium (ab dem Jahr 2011)
wurde das SGAZ mit neuen Gesetzgebungen über die psychologischen und die
psychotherapeutischen Berufe konfrontiert. Darin war eine Akkreditierung für
Weiterbildungsinstitute vorgesehen, allerdings nur für jene, die eine integrale
Weiterbildung anbieten, sich aber nicht auf bestimmte Therapieverfahren wie
die Gruppenanalyse spezialisieren. In aufwändiger Arbeit versuchten wir, mit

assoziierten Psychoanalytischen Instituten ein Modell zu entwickeln, in dem auch das SGAZ integriert werden kann. Für diese Vorbereitungen übernahm ich den Teil über die wissenschaftliche Fundierung der Gruppenanalyse.

Trotz unserer immensen Anstrengungen wurde unsere Akkreditierung abgelehnt. Unsere Frustration war entsprechend. So wie man sich in solchen Situationen gewöhnlich innerlich organisiert, versuchten wir, uns über unsere Ambivalenzen gegenüber einer staatlichen Akkreditierung zu besinnen und über positive Aspekte dieser Ablehnung klarer zu werden. Die Akkreditierung hätte das SGAZ in eine weitreichende Regulierung und massive finanzielle Verpflichtungen gebracht. Diese fielen nun weg. Damit konnte die Geschichte des SGAZ als privates, selbstständiges Institut fortgesetzt werden, was für die Entwicklung der Gruppenanalyse gewisse Freiheitsgrade und Spielräume offenlässt.

## Postgraduate Seminar des SGAZ

Aus der Mitarbeit am SGAZ wuchs das Postgraduate Seminar (PG), das ich zusammen mit Gerhard Wilke 1995 gründete und bis 2010 leitete. Diese Gründung wurde im Vorstand des SGAZ durch Marita Barthel-Rösing entscheidend unterstützt. Die Idee schwelte einige Zeit vor der Gründung in Gesprächen mit Tamara Sternberg und Liesel Hearst anlässlich des GASi[2]-Symposiums in Oxford 1990. Nach dem Symposium in Heidelberg 1993 verfassten wir die endgültige Konzeption. Das Postgraduate erhielt einen selbstständigen Status innerhalb des SGAZ; Themen und Struktur sollten von den Teilnehmenden selbst entwickelt werden. Die Veranstaltung fand einmal im Jahr an einem Wochenende statt und beinhaltete Großgruppen, Supervision in Kleingruppen sowie Inputreferate. Ein breiter Teilnehmerkreis wurde eingeladen, der die deutschsprachigen gruppenanalytischen Weiterbildungsinstitute der D3G umfasste.

Im Postgraduate realisierten wir einen Raum für die Absolventen des SGAZ nach dem Abschluss der Weiterbildung. Im Vordergrund standen deshalb die professionelle Identität und Rolle des Gruppenanalytikers, wie sie etwa Haubl (2005) mit dem Begriff des »post-konventionellen Stadiums« umschrieben hat. Es ging dabei weniger um die Identifikation mit einzelnen Gruppenleitern oder Supervisorinnen, sondern um eine Identifikation mit dem »gruppenanalytischen Diskurs«. In diesem Diskurs wurden spezifische Konzepte diskutiert, aber auch Wissen aus anderen wissenschaftlichen Diskursen, welche für die

---

2  Groupanalytic Society International (vormals GAS).

Gruppenanalyse relevant sein konnten. Von Bedeutung war deshalb die Wahl von Themen wie: »Was bedeutet Leiten in der Gruppenanalyse?« oder »Interventionsstile in verschiedenen Gruppensituationen«. Auch der Wechsel zwischen der Supervision in Peergruppen und den theoretisch-wissenschaftlichen Referaten, die von Teilnehmenden vorgetragen wurden, waren im Zusammenhang mit dem übergeordneten Aspekt der Identifikation zu sehen. Das Postgraduate verstand sich als Slow-open-Gruppe. Jeder Anlass bestand aus neuen Teilnehmenden und solchen, die über mehrere Jahre blieben. Auf dem GASi-Symposium 2011 hatten wir Gelegenheit, das Seminar selbst und das Konzept der gruppenanalytischen Identität in einem Workshop vorzustellen.

Auf unterschiedliche Weise sind auch die beiden folgenden Tätigkeitsfelder am Gruppenanalytischen Seminar in Bonn (GRAS) und in der European Federation for Psychoanalytic Psychotherapy (EFPP) mit dem Thema der professionellen Identität verbunden. Beide überschneiden sich zeitlich und inhaltlich. Die Entwicklung und Unterstützung einer professionellen Identität brauchen Gefäße für den persönlichen Austausch und das vertiefte und anerkennende Präsentieren und Diskutieren der eigenen Arbeit. Es braucht aber auch übergeordnete Berufsorganisationen, in denen unser Arbeitsfeld aufgehoben ist. Wir schöpfen unsere professionelle Arbeit nicht allein aus uns selbst heraus. Berufliche Identität legitimiert und erfährt sich dauernd aus dem persönlichen und wissenschaftlichen Verwobensein mit anderen Professionellen, die sich mit ähnlichen Fragestellungen befassen. Während die Lehrtätigkeit im GRAS in einem hohen Maße die direkte gruppenanalytische Arbeit mit Selbsterfahrungsgruppen, Theorievermittlung und Supervision von Gruppen darstellt, umfasst die EFPP den Bereich einer Berufsorganisation.

## Gruppenanalytisches Seminar (GRAS)

Die Zeit am GRAS war für mich bereichernd, beruflich und persönlich. Als ich mich am Institut für Medizinische Psychologie in Frankfurt a. M. bei Michael (Lukas) Moeller für die Aufgabe des Gruppenlehranalytikers vorstellte, durfte ich noch nicht mit dieser Bereicherung rechnen. Das etwas abgelegene Institut war nicht einfach zu erreichen. Als ich dort mit Verspätung eintraf, entstand ein lebendiges und humorvolles Gespräch. Es eröffnete sich sofort ein kreativer Assoziationsraum, in dem auch die vielen Facetten der »Erreichbarkeit« thematisiert wurden. Später, im Laufe der Sequenzen, konnte ich diese Qualität im ganzen GRAS wahrnehmen, weshalb es manchmal von den Teilnehmenden augenzwinkernd als »Glücksmatrix« bezeichnet wurde. Auf solche Idealisierungen ließen Gegenstimmen und Infragestellungen nie lange auf sich warten. Die Matrix erlaubte vielfältige Gedanken, Gefühle und auch Infragestellungen.

Nur zwei Jahre nach meinem Eintritt musste sich das GRAS mit der schweren Erkrankung seines Leiters auseinandersetzen. Zu Beginn der Sequenz informierte uns Michael Moeller über seine Tumordiagnose. Er ging davon aus, dass dies für ihn der letzte GRAS-Anlass sein würde. Er stellte das Unfassbare ins Zentrum der Gruppe und wagte für alle eine schmerzliche Konfrontation. Über dem ganzen Anlass schwebten Trauer und Entsetzen. Es entstanden emotionale Nähe und ein Ergriffensein darüber, wie Michael Moeller und das GRAS sich offen diesem Schicksal stellen konnten. Die Großgruppen konnten beinahe kein Ende finden.

In dieser beispiellosen intensiven Bewältigung des »Einbruchs des Realen«, des bevorstehenden Sterbens und Todes, traten auch sehr bedrängende und widersprüchliche Reaktionen hervor. In der nachfolgenden Sequenz stellte sich heraus, dass die Anliegen jüngerer Teilnehmer zeitweise zu sehr in den Hintergrund gedrängt wurden. Die emotionale Dichte und die Bearbeitung der Vergangenheit hätten kaum andere Räume offengelassen.

Die Erlebnisse dieser Tage sind für mich ein Beispiel für die visionäre Potenz der Gruppenanalyse. Im Zentrum stand für mich das Erleben im Hier und Jetzt, das Raum und Zeit ließ für die eigenen Gefühle. Es verband sich mit eigenen Verlusterfahrungen, für mich mit dem überraschenden Tod meines früheren Praxispartners. Während der Tage ergab sich ein dauernder Austausch zwischen individuellen und gemeinschaftlichen Erfahrungen. Durch die direkte Konfrontation des GRAS selbst wurde das individuelle Erleben mit Sterben und Tod in eine Erfahrung mit der Gruppe verwoben. Viele der deutschen Kolleginnen sprachen auch von kaum verarbeiteten Verlusterfahrungen aus dem Zweiten Weltkrieg. Eine verborgene kollektive Erfahrung wurde Teil des gemeinschaftlichen Existenzerlebnisses. Ich war Teil des Prozesses und gelangte zu einem tieferen Verstehen dieser Gruppe.

Das GRAS als Weiterbildungsinstitut bearbeitet anhand eines Curriculums die grundlegenden Theoriethemen. Da die meisten der Teilnehmenden eine psychoanalytische Weiterbildung abgeschlossen haben, entwickelten sich in den Theorieseminaren fachlich herausfordernde Diskussionen. Wir vom »Staff« strebten stets an, das immense Wissen und die breite klinische Erfahrung in einen Austausch zu bringen. Die Gruppen bearbeiteten häufig konflikthafte Situationen aus den Lehrinstituten. In den Supervisionen wurden zudem Gruppensituationen aus der Arbeit in Kliniken zur Sprache gebracht. In beide Lehrgefäße flossen daher oft »strukturelle« Fragen ein.

Für die in den Supervisionen besprochenen Therapiegruppen war auffallend häufig deren Status in der Klinik ein »Pièce de résistance«. Gekoppelt daran war die Einbettung der Gruppentherapie in ein klinisches Konzept. Die Gruppenleiterinnen mussten jeweils viel Energie aufbringen, um eine anerkannte Position zu erreichen. Regelmäßig wurde auch sichtbar, dass die Arbeit in Kliniken unter einem spürbaren ökonomischen und fachlichen Druck stand. Es mussten möglichst kurzzeitige und effektive Therapieverläufe angeboten werden. Oft wurden zudem schwerkranke Patienten mit komplexen Störungen beschrieben. Diese heftigen äußeren Anforderungen an die beginnenden Gruppentherapeutinnen stehen in einem gewissen Gegensatz zu dem auf lange Zeithorizonte angelegten Foulkes'schen Konzept. Es ist daher notwendig, sich auf die grundsätzlichen Elemente der Gruppenanalyse zu konzentrieren und zu überlegen, wie andere Elemente wie das »Prinzip Antwort«, die »Fokussierung auf die Übertragung« oder das »Mentalisierungsmodell« integriert werden können. Die Entwicklung einer gruppenanalytischen Identität ist in diesem Spannungsfeld eine große Herausforderung.

## Erfahrungen auf europäischer Ebene

Während meiner Arbeit am GRAS war ich gleichzeitig in der European Federation for Psychoanalytic Psychotherapy (EFPP) engagiert. An dieser Dachorganisation interessierte mich der Fokus auf die Verankerung der Psychoanalyse in das Gesundheitswesen und die Verbindung von Einzel- und Gruppenanalyse. Bei dieser Arbeit auf der berufspolitischen Ebene waren mir stets die beschriebenen klinischen Anforderungen und Spannungen gegenwärtig, die im breiten Feld des Gesundheitswesens auftauchen.

Zunächst aber stand die organisatorische Arbeit im Vordergrund. Aus dem Bereich der Gruppenanalyse wurde ich 1994 zum Gründungskongress in London eingeladen, der auf Initiative der britischen Kolleginnen zustande kam. Diese befürchteten, dass durch politische Prozesse in der EU die psychoanalytischen Weiterbildungen verwässert würden. Es stand wie in der Namensgebung verankert der »Public Sector« im Vordergrund, d.h. die Sicherung der psychoanalytischen Therapien in der Grundversorgung. Mit der Zeit wurde klar, dass die EU in den Bereichen Medizin und Psychotherapie keine einheitliche Regulation vorantreiben konnte und diese den einzelnen Mitgliedsstaaten überließ. Dieser Entscheid bedeutete, dass sich die EFPP stärker den Fragen des öffentlichen Sektors in den einzelnen Ländern und der Qualität der psychoanalytischen Psychotherapien sowie den Veränderungen im klinischen Feld zuwenden konnte.

Nach meiner Wahl in das Executive Committee (1997) wurde mir vorerst der Bereich der Forschung, später die Koordination der »Group Section« übertragen. Die EFPP hatte selbst keine Struktur und keine Mittel für Forschung; es galt, bestehende Initiativen aufzuspüren und zusammenzuführen. Im Programm jeder Tagung wurde ein Panel zum Thema Forschung integriert. An allen Mitgliedersitzungen (»Delegates Meeting«) wurde der Wunsch, ja die Notwendigkeit zur Erforschung von psychoanalytischen Therapien unter Bedingungen des »Public Sector« laut. Nur zögerlich führten diese Apelle aber zu konkreten Projekten. In verschiedenen Ländern wurden für Psychotherapien Evidenznachweise gefordert; die psychoanalytische Community konnte diesem Druck aus verschiedenen Gründen aber nur zögerlich folgen.

Die spätere Leitung der »Group Section« führte mich hinaus in verschiedene Länder, mit Begegnungen und Einblicken in unterschiedliche Traditionen in der Gruppenanalyse. Es kam zu einer fachlichen Zusammenarbeit mit dem europäischen Netzwerk der Gruppenanalytischen Ausbildungsinstitute (EGATIN). Im Bereich der Ausbildungsstandards hatten wir ähnliche Vorstellungen und wollten diese gemeinsam diskutieren.

Es galt, innerhalb der EFPP die Unterschiede zwischen den nordeuropäischen Ländern und den romanischen in einen Austausch zu bringen. In Nordeuropa hatte sich mehrheitlich die Foulkes'sche Tradition etabliert. In den südlichen Ländern führte die Orientierung an Wilfred Bion oder die französische Gruppenanalyse von René Kaes, Pichon-Rivière und Jean-Claude Rouchy zu eigenständigen Konzeptionen. Hinzu kam die aus Argentinien stammende Konzeption von Armando Bauleo »Grupo Operativo«, die auf einer psychoanalytischen Basis fußt und in Italien, Frankreich und der Schweiz verbreitet ist.

An den Tagungen der EFPP veranstalteten wir Workshops, um diese Konzepte in Diskussion zu bringen und zu versuchen, die jeweils eigenen Terminologien mit Begriffen der anderen Konzepte zu vergleichen. Das Thema der »Mehrstimmigkeit« war nicht nur in der Gruppenarbeit mit unterschiedlichen Menschen gegeben, es stellte sich immer wieder als Herausforderung innerhalb des eigenen Feldes dar. In manchen Ländern gab es sogar selbst Differenzen und Konflikte unter gruppenanalytischen Gruppierungen. Manchmal konnte sich die EFPP als Vermittlerin anbieten, nicht immer gelangte man zu Lösungen.

Die Leser dieses Berichts werden solche Unterschiedlichkeiten als »normal« ansehen. Sie werden sich fragen, welche Freude es bereitet, sich in dieser komplizierten konzeptionellen Landschaft zu bewegen. Ich weiß letztlich nicht, was die Gespräche und Diskussionen bewirkt haben. Manchmal kamen Annäherungen und Übereinstimmungen zustande, manchmal nicht. Es blieb ein Phänomen, dass sich die entsprechenden Organisationen in der EFPP zusammenfinden wollten und konnten. Jedenfalls war diese Vielfalt spannend, gerade aus dem Wissen heraus, dass es »die« Wahrheit auch im Bereich der Gruppenanalyse nicht gibt, sondern man sich ihr nur im gemeinsamen ernsthaften Gespräch und in einem Angebot der Zugehörigkeit annähern kann.

Diese Aufgabe war immer wieder mit schönen und überraschenden Erlebnissen verbunden. Anlässlich der Gruppentagung in Amsterdam (1998), an der ich ein Referat mit dem Titel »Group Analysis between Skylla and Charybdis« hielt, kam ich unvermittelt in einer Diskussion in die Position, zwischen Englisch und Französisch übersetzen zu müssen. Ich bin noch heute verwundert darüber, wie ich mit diesen beiden Sprachregistern spielen und in die Diskussion eingreifen konnte. Nachträglich betrachte ich dies als Ausdruck der wohlwollenden und tragenden Grundstimmung, die im Vorstand herrschte.

Im Laufe meiner Tätigkeit in der »Group Section« war es möglich, zwei weitere Bereiche zu öffnen: die Entwicklung einer Sektion Paar- und Familientherapie und die Unterstützung des Aufbaus einer Gruppensektion in der Ukraine. Die Entwicklung der Sektion für Paar- und Familientherapie war ein Balanceakt. Die Initiative entstand aus der »Group Section« und wurde an einem »Delegates Meeting« gutgeheißen. Es wurde eine »Working Party on PCFP« gebildet, die ich koordinierte. Tonangebend waren nationale Gruppierungen aus Frankreich und Italien, die auch Unterstützung durch Institute oder Einzelpersonen aus anderen Ländern fanden. In mehreren Arbeitsgruppensitzungen wurden gemeinsame »Training Standards« formuliert, die tatsächlich in den verschiedenen Ländern sehr unterschiedlich waren. Nicht einfach war auch die Diskussion darüber, wie das Arbeitsgebiet und die spezifischen psychoanalytischen Konzepte definiert werden könnten. Einen gewissen Widerstand gab es aus den Sektionen »Gruppe« sowie »Kinder und Jugendliche«, da sich die Tätigkeitsfelder überschnitten. An einem von mir im Jahre 2002 in Basel organisierten Treffen wurde eine abschließende Vorlage formuliert, die auch eine Umstrukturierung der EFPP vorschlug. Wenn ich das Abschiedsfoto mit den 25 Teilnehmenden betrachte, sehe ich zufriedene, hoffnungsvoll in die Zukunft blickende Menschen.

Der Weg mit den Kolleginnen in der Ukraine gestaltete sich deutlich anders. Primär ging es um fachliche Kontakte, Gespräche zur Mitgliedschaft in der Gruppensektion fanden nur am Rande statt. Bereits der Beginn am Kongress der International Association of Group Psychotherapy (IAGP) in Istanbul war eher unkonventionell. Die Veranstalter forderten die »Speaker« auf, bereits früh morgens an einem Meeting teilzunehmen.

An jenem Tag, als meine Teilnahme an einem Panel geplant war, fanden sich zwei Personen zu dieser Vorbesprechung ein, Alexandra Kmelevskaia aus

Kyiv und ich. Wir kamen ins Gespräch, lachten über unsere Beflissenheit und tauschten unsere Interessen aus. Daraus entwickelte sich eine Zusammenarbeit, die wir gemeinsam mit Inger Larsson gestalteten, einer schwedischen Kollegin aus dem »Executive Committee«. Zunächst wurden zwei dreitägige Workshops arrangiert zum gegenseitigen Kennenlernen und zur Klärung der Vorstellungen. Später (2007–2009) organisierten wir einen längeren Fortbildungsgang über Supervision für die Kollegen mit einem Abschluss in Gruppenanalyse. Dieser fand teilweise auf der Krim und teilweise in Kyiv statt. Als Dozentinnen konnten Kolleginnen aus der EFPP gewonnen werden. Für alle Beteiligten waren dies gute Erfahrungen, aus der – neben der Entstehung einer Gruppensektion in der Ukraine – auch fachliche und freundschaftliche Verbindungen entstanden.

## Die EFPP in der Schweiz

Im Gegensatz zu anderen Ländern schlossen sich in der Schweiz nicht bestehende Organisationen zusammen, es wurde vielmehr eine eigenständige Organisation mit den drei Sektionen gegründet, in die auch Gruppierungen aus der Romandie und dem Kanton Tessin integriert wurden. Ausgehend von einer Initiativgruppe mit Kolleginnen aus Basel und Zürich stießen wir diese Entwicklung an. Wichtige Kolleginnen waren Julia Pestalozzi und Peter-Cristian Miest, die noch viele Jahre tragende Persönlichkeiten der EFPP in Europa waren.
    In der Jubiläumszeitung skizzierte ich die Situation der Gründungszeit wie folgt:

»In der Schweiz verdichten sich in den 1990er Jahren verschiedene Dynamiken, die in die Gründung der EFPP Deutsche Schweiz eingeflossen sind. Viele Psychologinnen und Psychiater verstanden sich in der therapeutischen Ausrichtung als psychoanalytisch, ohne aber den psychoanalytischen Gesellschaften angehören zu können oder zu wollen. In Umfragen zeigte sich, dass die Mehrheit aller psychoanalytischen Behandlungen in niederfrequenten Settings durchgeführt wurde. Zusätzlich kamen differentielle Ansätze ins Spiel wie Kurztherapien, Behandlungsansätze in klinischen Settings für spezielle Patienten mit Strukturschwächen sowie Gruppen- und Familientherapien. Daraus ergab sich aus dem praktischen Alltag eine Notwendigkeit, das Gebiet der ›psychoanalytischen Psychotherapie‹ klarer zu konzeptualisieren und einen Ort zu finden, wo diese Konzeptarbeit spezifisch für die Psychoanalytische Psychotherapie geleistet werden konnte. Gleichzeitig entwickelten sich weitere Behandlungsverfahren, insbesondere die Kognitive Verhaltenstherapie, welche sich zunehmend an den Universitäten etablieren konnte. Die Psychoanalyse wurde oft als unwissenschaftlich etikettiert und in psychologischen sowie medizinischen Ausbildungen nicht mehr korrekt gelehrt. Für die EFPP war zudem von Bedeutung, die klinischen Schwachpunkte der psychoanalytischen Behandlungsansätze und das Forschungsdefizit zu erfassen« (Balmer, 2015, S. 3).

Von 2005 bis 2007 leitete ich im Turnus mit anderen Kolleginnen aus dem Vorstand die EFPP Schweiz. Kurze Zeit nach Beginn meiner Amtszeit war ich zusammen mit meinen Kolleginnen aus der Praxisgemeinschaft auf einer Wanderung. Unterwegs bemerkten wir die Schlagzeile einer Sonntagszeitung: »Einschränkungen für Psychotherapie geplant«. Der Artikel informierte, dass das Bundesamt für Gesundheit (BAG) unter der Führung eines Vizedirektors ein rigoroses Kontrollsystem für Psychotherapien in der Krankenversicherung (Obligatorische Krankenpflegeversicherung, OKP) einführen wollte. Die Vorschläge bedeuteten eine deutliche Verschärfung der damaligen Situation und sahen einen enormen bürokratischen Aufwand vor. Es war ein unerwarteter Vorstoß, der zudem durch einen früheren Präsidenten der Schweizerischen Ärztegesellschaft (FMH) inszeniert wurde; kein gutes Omen für die politischen Debatten um die Stellung der Psychotherapie!

Die Vorschläge waren von der Idee geprägt, dass die psychotherapeutische Versorgung lediglich auf der Basis von Kurztherapien geleistet werden könne. Langzeitbehandlungen und Gruppenpsychotherapien wurden in den Überlegungen nirgends erwähnt. Umfassende gesundheitspolitische Überlegungen waren nicht zu erkennen. Man konnte die Vorschläge als eine Reaktion auf die Zunahme der psychologischen Psychotherapeuten deuten, die nicht wie die Ärzte einer Zulassungsregulation unterworfen waren. Sie hatten im bisherigen Gesundheitswesen keine anerkannte berufliche Position und waren mehrheitlich bei Psychiaterinnen angestellt. Die Vorschläge zeigten aber auch keine Perspektiven auf, wie diese Situation hätte verbessert werden können. Allerdings boten sich in dieser Situation Vertreterinnen der Verhaltenstherapie an. Mit ihren Therapiemethoden sollte ein Großteil aller psychischen Störungen mit Kurztherapien behoben werden können. Den Vorschlägen war eine doppelte Spaltung inhärent: Ärzte gegen Psychologen, Verhaltenstherapie gegen andere Therapieformen, insbesondere gegen die Psychoanalyse.

Noch am selben Abend begannen wir – ausgehend von der EFPP –, eine Opposition gegen das angekündigte Vorhaben zu organisieren. Es kam eine breite Koalition von Berufsverbänden und Ausbildungsinstituten zusammen. Entscheidend war auch die deutlich ablehnende Reaktion der Schweizerischen Gesellschaft für Psychiatrie und Psychotherapie (SGPP). Ich wurde – damals auch als Delegierter von Basel – mit der Bildung einer Arbeitsgruppe beauftragt und erarbeitete mit dieser eine Position der SGPP. In diesem Zusammenhang publizierte ich einen Artikel in der Schweizerischen Ärztezeitung (Balmer, 2006b). Ich wies darin auf den epidemiologisch begründeten Bedarf an Psychotherapien hin, auf die Notwendigkeit einer Bereitstellung von Kurz- und Langzeitbehandlungen sowie auf die Methodenvielfalt. Ebenfalls wies ich auf die bis dahin publizierten Daten für die Wirksamkeit der psychoanalytischen Psychotherapien hin. Die breit abgestützte Intervention führte zu einem Erfolg. Zusammen mit dem BAG konnte eine annehmbare Psychotherapie-Verordnung erarbeitet werden.

Ich persönlich blicke mit Zufriedenheit auf diese unglaublich arbeitsintensive Aktion zurück. Sie brachte mich mit einer Vielzahl von Menschen in Kontakt; sie bestätigte wiederum, wie kreativ eine Arbeit in Zusammenarbeit und in Gruppen sein kann. Anregend war auch, sich auf verschiedene neue Themen einzulassen, die wiederum von kompetenten Kolleginnen vorbereitet waren.

In Erinnerung bleiben mir auch emotional angespannte Situationen. Einmal traf es sich, dass ich mit dem besagten und ziemlich kräftigen BAG-Vizedirektor im selben engen Aufzug zum Sitzungszimmer hinauffuhr. Die Spannung von leibhaftiger Nähe und geistiger Differenz ließ mich in Schweigen verfallen.

Einmal sprach mich ein Chefarzt einer Klinik auf meine beiden »Hüte« an (EFPP und Leitung der Arbeitsgruppe des Berufsverbandes). Er ließ durchblicken, dass er dies ablehnte. Er selbst war aber zugleich in die Organisation einer anderen Therapieform eingebunden. Es gelang mir, ihn auf unsere Gemeinsamkeiten hinzuweisen: Tatsächlich stünden wir hier für die Methodenvielfalt, die wissenschaftlich begründbar sei und für die SGPP einen großen Gewinn darstelle.

Die Auseinandersetzungen über diese Psychotherapie-Verordnung brachten aber verschiedene gesundheitspolitische und standespolitische Fragen in den Vordergrund. Die Stellung der psychologischen Psychotherapeuten war nicht geklärt, ja nicht einmal die Berufsbezeichnung »Psychologe« schweizerisch abgesichert. Es brauchte eine lange Periode, die bis 2019 dauerte, bis tatsächlich eine Regelung für die selbstständig arbeitenden psychologischen Psychotherapeuten gefunden wurde.

Innerhalb der EFPP hatten wir Schwierigkeiten, diese Entwicklung zu begleiten. Wenn wir die psychoanalytische Psychotherapie als eine notwendige Behandlungsform im »Public Sector« vertraten, erkannten wir Psychiaterinnen und Psychologinnen gleichzeitig auch als gleichberechtigte Berufe an. Nach außen waren unsere Positionen klar, doch innerhalb mussten wir uns der Diskussion stellen, beide unterschiedlichen Ausbildungswege anzuerkennen.

Im Laufe der Jahre bauten wir in der Schweiz eine Gruppensektion der EFPP auf, deren Vorläufer ins Jahr 1994 reichten. Vertreterinnen aus drei Weiterbildungsinstituten (SGAZ, IGA Bodensee und AGOG Zürich) bildeten eine Arbeitsgemeinschaft, die später in die EFPP integriert wurde. Obwohl sich die Institute bereits vorher konsolidiert und international verknüpft hatten, strebten sie nach einer gemeinsamen nationalen gruppenanalytischen Organisation. Das Besondere des Zusammenschlusses mit der EFPP lag darin, dass damit eine enge Verbindung mit den übrigen Bereichen der psychoanalytischen Psychotherapie mit Kindern, Jugendlichen und Erwachsenen hergestellt werden konnte. Dies entsprach einem Bedürfnis, da alle Gruppenanalytiker mehrheitlich auch im Einzelsetting mit Patienten arbeiten. Dieses Zusammengehen hatte auch den Vorteil, dass die jährlichen Tagungen in der Regel die Aspekte der Einzel- und Gruppenanalyse berücksichtigten und damit Theorie und Praxis der Gruppenanalyse auch Psychoanalytikern nahegebracht wurden, welche nicht mit Gruppen arbeiteten.

Gegenüber den zwei anderen Sektionen ergaben sich in der Gruppensektion ein paar Besonderheiten. Die Sektion verstand sich in erster Linie als Dachorganisation. Sie entwickelte regelmäßige inhaltliche Tagungen und stützte sich dabei auf die Angebote der beteiligten Institute. Eigene Initiativen wurden in der Zusammenarbeit mit den Kolleginnen aus der Romandie entwickelt und führten zu zweisprachigen Veranstaltungen. Diese dienten einem fachspezifischen kulturellen Austausch, da in der Romandie mit der Integration des Psychodramas andere gruppenanalytischen Ideen angewendet wurden als in der Deutschen Schweiz. Somit konnte eine Brücke zwischen den angelsächsischen und den französischen Konzepten geschlagen werden.

Einige Leserinnen mögen vielleicht nicht mit der Überlegung vertraut sein, dass in der EFPP auch das Konzept der »Grupo Operativo« (AGOG) integriert wurde. Dieses unterscheidet sich von der Gruppenanalyse nach Foulkes, hat aber deutliche Bezüge zu derjenigen von Wilfred Bion. Die Gruppenleiter bezeichnen sich nicht als Therapeuten, sondern als Koordinatoren. Einige Mitglieder der AGOG sind Psychoanalytikerinnen, andere stammen nicht aus psychotherapeutischen Berufen, z. B. aus der Soziologie oder Heilpädagogik. Die Methode ist eher auf die Supervision von Teams und Institutionen ausgerichtet. Begreift man die Gruppenanalyse auch als angewandte Psychoanalyse, kann die »Grupo Operativo« ebenfalls so verstanden werden.

Persönlich fand ich den Austausch mit Vertreterinnen der Operativen Gruppen äußerst fruchtbar. Die Konzeption der Gruppenleitung als »Koordination« liegt Vorstellungen von Foulkes nahe, der die Funktion der Gruppenleitung mit dem Dirigieren eines Orchesters verglich. Hilfreich war auch der Gedanke, dass sich jede Gruppe an einer Aufgabe orientiert und sich entlang dieser Aufgabe Konflikte und Gruppendynamiken entfalten. Eine therapeutische Gruppe hat dementsprechend eine speziellere Aufgabe als eine Teamsupervision.

Das Strukturelement der Beobachtung jeden Gruppenprozesses durch Beobachterinnen wird auch in anderen gruppenanalytischen Konzeptionen angewandt (z. B. in der Weiterbildung in Altaussee oder in Balint-Gruppen). Sie dienen der Förderung einer reflexiven Metaebene, was sich in der Foulkes'schen Gruppenanalyse anders entwickelt und manifestiert. Elemente der Übertragung und Gegenübertragung bleiben allerdings kaum einbezogen, während sie in der Foulkes'schen Methode von großer Bedeutung sind.

Die EFPP-Gruppensektion war mitunter angetreten, der Kultur der analytischen Gruppentherapie in der Schweiz eine breitere Resonanz zu geben. Dieses Vorhaben konnte bisher nur bedingt umgesetzt werden. Immerhin wurde »die Gruppe« innerhalb der psychoanalytischen Community etabliert, auch wenn in der ambulanten psychiatrisch-psychotherapeutischen Versorgung bis heute eher wenig Gruppentherapien angeboten werden.

## Schwerpunkt: Die Gruppenanalyse im gesellschaftlichen Kontext

Wenn man meine bisherigen Aktivitätsfelder betrachtet, so befinden sich diese oft auf einer organisatorischen Ebene, in einem Bereich, der dazu beitragen soll, dass die Gruppenanalyse im eigentlichen Sinne als Methode in der Behandlung und in der Supervision eingebettet werden kann. Dahinter steht der Gedanke, dass die Gruppenanalyse aktiv einen Platz im Sozial- und Gesundheitswesen sowie in einer breiten kulturellen Öffentlichkeit anstreben muss, damit sie ihre kommunikative Potenz entfalten kann. Es geht um die Bedeutung von Gruppen und Gruppenbindungen sowie der Gruppenanalyse im gesellschaftlichen Leben. Verschiedene ökonomische und politische Tendenzen, untermauert durch individualistisches Denken, haben in den vergangenen Jahrzehnten zu einer Vereinzelung der Menschen geführt. Das Verhältnis und die kritische Dialektik des Einzelnen mit seiner Gruppenbezogenheit verschob sich vom »Wir« zum »Ich«; eine Einstellung, die etwa in der Formulierung gefasst werden könnte: »Jeder ist seines eigenen Glückes Schmied.«

Es gibt eine breite langjährige Debatte unterschiedlichster Argumentationen über dieses Phänomen, der wohl jede Leserin in irgendeiner Weise schon begegnet ist. Was mich interessierte, war und ist, wie in einem unmittelbaren und breiteren sozialen und beruflichen Umfeld die Arbeit mit Gruppen einfließen kann. Diesem Thema widmete ich verschiedene Referate, z. B. am 25-jährigen SGAZ-Jubiläum (Balmer, 2009a). Auch im Beitrag »Crisis of the Individual – Crisis of the Group« (Balmer, 1997) anlässlich des Symposiums zur Emeritierung von Raymond Battegay untersuchte ich die Wechselwirkung zwi-

schen Gruppe und gesellschaftlichem Umfeld. Mein Vortrag am EFPP-Kongress
in Amsterdam »Scylla and Charybdis« (Balmer, 1998) erläuterte die Position
der Gruppenanalyse zwischen den Anforderungen und Veränderungen in der
Psychotherapie und den Anfechtungen der zunehmenden Ökonomisierung
im Gesundheitswesen.

Das Betrachtungsfeld, das hier angeschnitten ist, liegt größtenteils außerhalb des angestammten Berufsfeldes der Gruppenanalyse in Klinik, Selbsterfahrung und Supervision. Im Laufe der letzten drei Jahrzehnte eröffnete sich aber
ein Arbeitsfeld im Bereich der Arbeit mit Großgruppen und in der Organisationsentwicklung, das in einer breiten Öffentlichkeit Aufmerksamkeit erfuhr.
Großgruppenphänomene wurden genauer beschrieben, z. B. die Dynamik des
»gesuchten Traumas« (Volkan, 1999) oder die Grundannahme der »Massifi-
cation and Aggregation« (Hopper, 2003), sowie Spezifika für die Leitung von
Großgruppen herausgearbeitet (Wilke, 2017).

Auch gibt es einzelne Initiativen im Bereich der transkulturellen Gruppenanalyse (z. B. eine entsprechende Gruppe in der EFPP) oder spezifische For-
mate, in denen Menschen mit gegensätzlichen politischen Orientierungen sich
zum Austausch zusammenfinden (z. B. das Projekt »Voices after Auschwitz« in
Israel). In einer kürzlich erschienenen, ausführlichen Publikation wird über das
2015 begonnene, gruppenanalytisch basierte Trialog-Projekt zwischen deutschen, ukrainischen und russischen Psychoanalytikerinnen berichtet (Alder u.
Alder, 2021). In einer weiteren Publikation reflektiert die EFPP soziokulturelle
Themen in Europa unter psychoanalytischen Gesichtspunkten (Zajenkowska
u. Levin, 2019).

Diese mit größtem und klugem Einsatz durchgeführten Initiativen sowie
andere hier nicht erwähnte Arbeiten sind für die Entwicklung einer demokratischen Kultur und Vision von größter Bedeutung. Sie sind vielleicht erst
marginal in dieser Welt, haben aber eine visionäre Ausstrahlung. Sie tragen zu einem umfassenden Wissens- und Erfahrungsschatz bei und entfalten eine direkte Wirkung bei jenen Menschen, die sich persönlich auf diese
Begegnungen und Auseinandersetzungen einlassen. Sie haben möglicherweise
Begrenzungen in der Verständigung mit anderen Denktraditionen, die sich
nicht auf dem Hintergrund der europäischen Aufklärung entwickelt haben.
Aber dennoch bieten sie auch dort einen Zugang zum gemeinsamen Denken
und Verstehen.

Ich schreibe diesen Beitrag, während die russische Führung einen Krieg
gegen die Ukraine begonnen hat. Einige der Freunde und Kolleginnen, denen
ich auf meinen beruflichen Wegen in der Ukraine begegnet bin, stehen nun vor
einer unfassbaren Gefährdung ihrer persönlichen und beruflichen Existenz.

Ein Verantwortlicher des IKRK betonte in einer Diskussion: »Der Krieg ist die größte menschliche Katastrophe.« Er bringe nicht nur Leid, Traumatisierung und Tod, er setze auch das von Menschen entwickelte strukturelle Netzwerk von sozialen und kulturellen Beziehungen außer Kraft. Wie kann da gruppenanalytisches Denken überleben? Wie kann gruppenanalytisches Arbeiten aufrechterhalten werden? Bereits bei meinen früheren Kursen in der Ukraine habe ich festgestellt, wie enorm schwierig eine kontinuierliche Gruppenarbeit aufzubauen war. Die notwendige Struktur des Arbeitens war häufig sehr fragil. Es war jeweils ein großer gedanklicher Aufwand erforderlich, um sich klar zu werden, dass Gruppenanalyse nicht nur in einem idealtypischen Setting stattfinden kann, sondern auch überall dort, wo Menschen einen Wunsch des Zusammenfindens entwickeln können und eine Gruppenleitung dieses Begehren aufnehmen kann. Ein Krieg zerstört die Grundlagen einer kontinuierlichen medizinischen wie psychotherapeutischen Arbeit. Er zerstört den »Möglichkeitsraum von Freiheit und Austausch«, der für eine Entfaltung der Gruppenanalyse notwendig ist. In einer Stellungnahme der Deutschen Psychoanalytischen Gesellschaft (DPG) vom 28.2.2022 wird gerade dieser Aspekt hervorgehoben:

»Die Psychoanalyse [und man kann beifügen die Gruppenanalyse, R. B.] bewahrt in sich eine Utopie von Veränderung des Menschen jenseits von Gewalt, Nötigung und Vernichtung vermittels des Durcharbeitens der unbewussten Verstrickungen der Menschen, in denen sich destruktive und lebensfeindliche gegen lebenserhaltende und zivilisationsfördernde Kräfte durchzusetzen drohen. Für diese dem Leben zugewandten, die Aggression einbindenden Veränderungen bedarf es eines Möglichkeitsraums von Freiheit und Austausch, Respekt und Anerkennung. In diesem Sinne geht Psychoanalyse über die psychotherapeutische Krankenbehandlung hinaus. Sie ist Teil eines zivilisatorischen Projekts und sie kann sich als solche am besten in freiheitlichen Demokratien verwirklichen.«

Ich kann dieser – und vielen anderen ähnlichen – Stellungnahmen beipflichten. Gruppenanalytisches und psychoanalytisches Arbeiten ist allseitig durchlässig und offen zu den sozialen Kontexten, in denen es stattfindet. Es braucht stabile Strukturen, damit man sich in Prozesse einlassen und seine Gefühle und Assoziationen zeigen kann.

In meinen Arbeiten in der Ukraine erlebte ich dies immer wieder. An einem der ersten Workshops träumte ich von einer historischen Ruinenstadt, die von einer anderen Macht erobert und danach wieder zerfallen würde. Da ich diesen Traum als einen Gruppentraum betrachtete, reflektierte ich ihn gemeinsam mit der Gruppe und fragte, ob bei den Teilnehmenden ähnliche Gedanken vorkämen. Die meisten wünschten sich neue Erfahrungen und ein neues Denken. Ein Teilnehmer berichtete aber von Vorfällen in einem amerikanischen Unternehmen, in dem das Management eine harte ökonomische Haltung einführte. Dies wurde als »Kulturimperialismus« bezeichnet und damit auch meine Rolle als ausländischer Referent hinterfragt.

Als ich Jahre später an einem Workshop in Supervision teilnahm, war ich angetan von der großen freundschaftlichen Aufnahme. Im Workshop berichteten Teilnehmerinnen von Gruppenarbeiten in den östlichen Kriegsgebieten der Ukraine. Es waren Schilderungen von traumatisierten Menschen und von Gruppenarbeiten unter extremen, unvorstellbaren sozialen Bedingungen. Die Arbeit der Kolleginnen war bewundernswert. In den Supervisionen konnte ich das »Containing« für die Gruppe nur unter großer Anstrengung leisten. In den Nächten überfiel mich eine ängstigende Auflösung. Ich schien die Auflösung des Krieges an mir selbst zu erleben, im Jahre 2016.

Bei der Arbeit dort und in den Reflexionen heute habe ich immer die Äußerungen eines aus Kroatien stammenden Kollegen im Ohr, der aus seinen Erfahrungen im Balkankrieg äußerte: »Silence is the worst!« Unter welchen Bedingungen auch immer, es ist essenziell, Menschen zusammenzuführen und in Kommunikation zu bringen. Es drückt die fundamentale Foulkes'sche Überzeugung aus, dass der gegenseitige, offene Austausch das zentrale Prinzip der Gruppe darstellt.

Extreme Erfahrungen in Ausnahmezuständen ermöglichen manchmal, dass sich Menschen in völlig unkonventionellen Settings zusammenfinden und in einen unterstützenden Austausch kommen. Als ich vor Jahren in einem psychiatrischen Notfalleinsatz wegen eines Suizidfalls zu einer Polizeiwache gerufen wurde, entstand spontan eine intensive Gruppendiskussion über die psychische Belastung der Polizisten. Die sonst eher kontrollierten Beamten sprachen freimütig und gefühlvoll über ihr Erleben und ihre Arbeit. Tatsächlich handelte es sich um eine Ausnahmesituation, die natürlich viel sicherer war als jene für Menschen im Krieg. Trotzdem gibt es solche wertvollen Momente überall. Sie unterscheiden sich aber deutlich von einem kontinuierlichen Prozess.

Im Krieg, der in der Spielart des ökonomischen Verdrängungskampfs auch in unseren Alltag eindringen kann, können sich vielleicht gewisse einzelne Hilfen entwickeln, aber die gesellschaftliche Struktur in ihrem gesamthaften Zusammenspiel ist aufgehoben. Der Krieg macht uns in einer extremen Form deutlich, wie die gruppenanalytische Arbeit von einer Stabilität im gesellschaftlichen Gefüge abhängt. Politik, Macht, Herrschaftsansprüche haben einen begrenzenden Einfluss auf unsere Arbeit, die auf eine dynamische Balance von »Autonomie und Beziehung« ausgerichtet ist.

## Schwerpunkt: das eigene gruppenanalytische Arbeiten

Ich möchte hier der Frage nachgehen, wie die politische, mehrheitlich gesundheits- und berufspolitische Arbeit für meine praktische, tagtägliche Arbeit in der Psychiatrie und Psychotherapie hilfreich und unterstützend gewesen ist. Mein beruflicher Weg führte mich durch verschiedene Institute, Gruppierungen und Organisationen in Europa. Neben den höchstinteressanten Themen und Begegnungen auf dieser Ebene habe ich für meine persönliche Arbeit viel gelernt. Ich verdiente meine Existenz mit der Arbeit als »Selbstständig Erwerbender«, als Psychiater, psychoanalytischer Psychotherapeut, Gruppenanalytiker, Supervisor und zeitweise als Gruppenlehranalytiker in der Weiterbildung.

Auf der berufspolitischen Ebene habe ich praktisch nur auf der Basis von Spesen gearbeitet und musste die berufspolitische Arbeit immer durch meinen Verdienst in der Praxis subventionieren. Viele Kolleginnen werden bei diesem Konstrukt innerlich den Kopf schütteln, weil nicht ersichtlich ist, worin der »Gewinn« tatsächlich liegt. Wahrscheinlich kann man dafür keine abschließende Antwort finden. Jedenfalls war für mich die Arbeit in der Berufspraxis, zunächst in einer Gemeinschaftspraxis, ab 2005 allein in Räumen in der Basler Altstadt, ein Nährboden. Es war ein Ort intensiver Auseinandersetzungen mit den Patientinnen, ein Ort der Erfahrung ihrer konfliktreichen Lebensumstände, ein Ort der Begegnung. Es ließen sich therapeutischen Konzepte einbringen und kritisch beleuchten.

Oft gelangte ich an die Grenzen meines Verstehens. Ich wurde häufig gefragt, wie man die »Last« so vieler psychischer Probleme insbesondere in Gruppen aushalten könne. Mein Rezept war wohl, dass ich immer ein hohes Maß an Intervision, Freizeit, Bewegung sowie das Zeichnen und Malen benötigte. Auch die Arbeit im berufspolitischen Feld ermöglichte Abstand und gleichzeitig Reflexion der therapeutischen Arbeit. Beide Berufsfelder gehörten für mich zusammen. Deshalb war mir auch klar, dass ich die Tätigkeiten auf diesen anderen Ebenen aufgeben werde, wenn ich einmal nicht mehr auf der intimeren Ebene der Patientenarbeit psychoanalytisch und gruppenanalytisch arbeiten können sollte oder wollte.

Beim Brückenschlag zwischen beiden Arbeitsebenen möchte ich auf das verbindende Element der »Struktur« hinweisen. John Schlapobersky (2016) unterscheidet in der gruppenanalytischen Konzeption die Elemente »Struktur«, »Prozess« und »Inhalt«. Das Element »Struktur« der gruppenanalytischen und psychoanalytischen Behandlung findet sich im Begriff des »Settings« wieder; es ist auch dort ein übergeordnetes Element. Strukturen sichern Prozesse und Inhalte. »Ohne Setting keine Deutung«, habe ich gelernt und praktiziert.

Auch berufspolitische Bestimmungen und Organisationen bestimmen Strukturen und greifen in den Berufsalltag ein. In den anscheinend unterschiedlichen Arbeitsfeldern beschäftigt man sich inhaltlich oft mit denselben Themen und Fragen, mikro- und makroskopisch. Immer auch gehen wir von gleichen Grundhaltungen in der Begegnung mit Menschen aus. Aus meiner Erfahrung werden überall auch die eigenen kreativen Seiten angeregt. Das Vorgehen, dass man ein bestimmtes Phänomen immer wieder von verschiedenen Seiten angeht, erinnert mich daran, dass ich es gern habe, dieselbe Gegend wiederholt von verschiedenen Seiten her zu erwandern. Es erinnert mich an das »Wiederholen und Durcharbeiten« Freuds (1914) oder an die Bildung von »Mikrowelten«, wie Moser (2013) die inneren mentalen Welten beschreibt.

Wenn ich meine Publikationen und Vorträge durchgehe, gibt es eine Vielzahl von Themen im gruppenanalytischen Feld: Matrix-Begriff, Sexualität und Körper in Gruppen, Aggression und Destruktivität, nonverbale Kommunikation, Schauen und Sehen, Setting-Verletzungen usw. Aus dieser kaleidoskopischen Vielfalt könnte man ein Bild malen. Aber es wäre ein spezielles Bild. In allen Aspekten spielt die Vision des gegenseitigen Verstehens und der Veränderung der Beziehung mit. Immer bleibt ein Rest an Differenz bestehen. Es gilt, diesen nicht nur anzuerkennen und auszuhalten, er bildet auch den Antrieb der Wünsche und des Begehrens.

Beim Verfassen dieses Beitrags habe ich versucht, mich spontan an gewisse klinische Situationen zu erinnern. Unmittelbar sind mir solche in den Sinn gekommen, in denen ich mit Menschen konfrontiert war, die aus meiner Sicht für eine gruppenanalytische Arbeit geeignet schienen, die aber nicht dazu zu motivieren waren. Zu Beginn der gruppenanalytischen Weiterbildung ist dieses Phänomen omnipräsent. Es hängt mit den eigenen Unsicherheiten bezüglich des Gruppensettings zusammen. Oft ist das Zweiersetting der Ausgangspunkt in der psychotherapeutischen Weiterbildung. Man kann dies auch als ein Grundmuster bezeichnen. Es reproduziert das Verhältnis von »Ich und Du«, in dem die »Andere« oder der »Dritte« erst mitgedacht werden muss.

Die Gruppenanalyse verweist uns auf eine neue Position. Alle unsere Äußerungen und nonverbalen Reaktionen werden von allen Gruppenmitgliedern wahrgenommen. Wir sind transparenter und müssen eine differenzierte Haltung zur Abstinenz entwickeln. Hinzukommt, dass Triangulierungen real und nicht nur in den Übertragungen stattfinden. Das erscheint zunächst ungewohnt und irritierend und wird oft erst mit der Erfahrung als entlastend erlebt.

Dennoch, trotz unserer Entwicklung und Erfahrung, kann das Phänomen der Ablehnung von Gruppen auftreten. Wie lässt sich das verstehen? Man muss davon ausgehen, dass zahlreiche Menschen mit Gruppen, in der Familie und während der weiteren Sozialisation, viele negative Erfahrungen gemacht haben. Diese reichen von Vereinsamung, Verletzungen, Traumatisierungen bis zu einem extremen Anpassungsdruck. Es werden prägende Erlebnisse geschildert, in denen das eigene Selbst nicht gesehen, nicht gehört, nicht erkannt und auch nicht gewürdigt wurde. Als eine anekdotische Veranschaulichung meinte einmal eine junge Frau: »Gruppentherapie, ja, das tönt so wie Gruppenarbeiten in der Schule; die Lehrpersonen ziehen sich zurück, und die Schüler müssen allein arbeiten.«

Ich erinnere mich an den sehr populären, früh verstorbenen Schweizer Liedermacher Mani Matter, der vor über vierzig Jahren das Lied »Wir haben einen Verein« herausgebracht hat. Er besingt darin, wie man sich in einem Verein fühlt, manchmal zugehörig, manchmal außerhalb, je nach Äußerungen und Handlungen von Mitgliedern oder des ganzen Vereins. Er schildert feinfühlig, poetisch und an Alltagserfahrungen anknüpfend die Ambivalenz von Zugehörigkeit und Unterschiedlichkeit. Er beschreibt den Vorgang des »Oszillierens« zwischen den Positionen des »Drinnen« und des »Draußen«. Schließlich betont er auch die Fähigkeit, Ambivalenzen aushalten zu können, »und das gehöre dazu«.

Das Lied berührt ein menschliches Paradoxon: Wir sind in unserer psychischen und körperlichen Entwicklung auf andere Menschen angewiesen. Trotz dieser Abhängigkeit streben wir danach, andersartig und einzigartig zu sein und nicht lediglich als ein Produkt von Spiegelungen oder Zuschreibungen erkannt zu werden. Narzissmus und Bezogenheit verlangen, dass wir als einzigartige Individuen eine Zugehörigkeit zu anderen Menschen erfahren können.

Dieses Paradoxon durchzieht das ganze Leben. Carolin Emcke fragt sich in ihrem Buch »Wie wir begehren« (Emcke, 2013), was wäre, wenn gewisse gesellschaftliche Grundkonstellationen wie die Unterscheidung von Mädchen und Jungen nicht schon ab der Geburt eingeübt würden? Diese Unterscheidung und die damit verbundenen Zuschreibungen prägen das gesamte Leben. Gegenwärtig werden die starren Kategorien aufgebrochen; es werden verschiedene Dimensionen und Zustände im Genderkosmos beleuchtet und auch neue Kategorien gebildet. Es bleibt die Grundfrage, wie wir Eigenständigkeit, Autonomie oder Identität entwickeln und gleichzeitig Bezogenheit bewahren können. Wenn wir in der Gruppenanalyse von einer Entwicklung vom »Wir« zum »Ich« ausgehen, die in verschiedenen Entwicklungsphasen und sozialen Kontexten vollzogen wird, dann stehen am Ausgangspunkt immer identifikatorische Vorgänge, von den man sich individuell wieder emanzipieren muss. Wahrscheinlich ist eine entscheidende Qualität einer Identifikationsfigur, dass sie Eigenständigkeit und Zugehörigkeit leben und zugleich das wertfreie Oszillieren zwischen »gleich« und »anders« integrieren kann.

Solche Grundfragen begleiteten mich während meiner gesamten gruppenanalytischen Entwicklung. Meine Dissertation schrieb ich über Jugenddelinquenz,
über die konflikthafte Reibung in Jugendjahren zwischen Normen und individueller Entfaltung. In meiner Abschlussarbeit für die gruppenanalytische Weiterbildung untersuchte ich die Dynamik von Außenseitern in der Gruppe. Es gab
Gruppenerfahrungen, in denen das Trennende zu einem Abbruch führte. Es
gab Entwicklungen, bei denen man am Ende die Unterschiedlichkeiten und
das Gemeinsame benennen konnte, auch dann, wenn man sich nicht freundschaftlich verbunden fühlte oder in der Gruppe negative Erfahrungen gemacht
hatte. Diese Ergebnisse bestätigen den Wert der Gruppenanalyse als »Über-
gangsraum« und für das »Ich-Training in Action«. Sie füllen solche theoretischen Begriffe mit Leben.

## Zum Schluss: Unterwegssein

Auf meinem Lebensweg begleitete mich das Gedicht von Antonio Machado:
»Caminante no hay camino, camino se hace en andar«, Wanderer, es gibt keinen Weg, man macht den Weg beim Gehen. Machados Gedicht kann man als
Resonanz auf den Spanischen Bürgerkrieg verstehen, in dem er umgekommen
ist. Ich habe in meinem bildnerischen Schaffen auch einen Holzschnitt darüber
angefertigt, in dem ich das Schlussbild des Gedichtes aufnehmen wollte: das Ent-
schwinden der eigenen Existenz ähnlich der sich verlierenden Wellen, die ein
Schiff auf See hinterlässt. Ähnliche Metaphern gibt es viele in unterschiedlichen
kulturellen Zusammenhängen. Immer war ich auch versucht, dem Gedicht andere
Zeilen entgegenzustellen: »Wanderer, es gibt Wege – man macht sie gemeinsam«.

## Auswahl eigener Publikationen und weitere verwendete Literatur

Alder, M. L., Alder, S. (2021). Analytische Perspektiven auf Großgruppenprozesse während
    der psychohistorischen Trialog-Konferenzen 2015 und 2017. Gruppenpsychotherapie und
    Gruppendynamik, Zeitschrift für Theorie und Praxis der Gruppenanalyse, 57 (4), 387–408.
Balmer, R. (1973). Das Delinquenzverhalten Jugendlicher – Ursache und Ausmass aus krimino-
    logischer und medizinischer Sicht. Therapeutische Umschau, 30, 97–106.
Balmer, R. (1985). Betroffene Helfer – helfende Betroffene. Über neue Schwerpunkte in der Psych-
    iatrie und die Bedeutung der Psychosozialen Arbeitsgemeinschaft in der Psychiatrischen Ver-
    sorgung. In Gemeindenahe Psychiatrie.Hrsg. vom Verein PSAG Basel. Basel: Eigenverlag PSAG.
Balmer, R. (1990). Kontinuität in der Sozialpsychiatrie: Das Spannungsfeld zwischen staatlichen
    Diensten und privatpraktizierenden Ärzten. In L. Ciompi, H. P. Dauwalder (Hrsg.), Zeit und
    Psychiatrie. Bern u. a.: Huber.

Balmer, R. (1993). Therapeutic Factors in Group Analysis: Meeting Them in the Block Training. Group Analysis, 26, 139–145.

Balmer, R. (1995). Defence and Coping – The »Outsider« in the Group. Group Analysis, 28, 473–482.

Balmer, R. (1997). Crisis of the Individual-Crisis of the Group. Unveröffentlichter Vortrag anlässlich des Symposiums zur Emeritierung von R. Battegay.

Balmer, R. (1999). Krise des Individuums – Krise der Gruppenbeziehungen – Reflexionen aus der Praxis der Gruppenanalyse. Soziale Medizin, 26 (4), 32–35.

Balmer, R. (2001). Das Begehren des Gruppenanalytikers. Zur homosexuellen Gegenübertragung in der Gruppenanalyse. In M. E. Ardjomandi, A. Berghaus, W. Knauss (Hrsg.), Jahrbuch für Gruppenanalyse und ihre Anwendungen. Hass und Liebe in der analytischen Gruppenpsychotherapie (Bd. 7.). Heidelberg: Mattes Verlag.

Balmer, R. (2006a). About boundaries in intercultural Group Analysis. Impressions of two Group Analytic Workshops in Kyiv. Referat, EFPP-Kongress, 26. November 2006, Berlin.

Balmer, R. (2006b). Einige Feststellungen zur Psychotherapie in der obligatorischen Krankenversicherung (OKP) – gesundheitspolitische Aspekte. Schweizerische Ärztezeitung, 87 (10), 393–397.

Balmer, R. (2006c). Die Entwicklung der Gruppenanalyse in der Schweiz seit 1980. In G. R. Gfäller, G. Leutz (Hrsg.), Gruppenanalyse, Gruppendynamik, Psychodrama. Quellen und Traditionen – Zeitzeugen berichten. Der Umgang mit Gruppenphänomenen in den deutschsprachigen Ländern (2. Aufl., S. 53–59), Heidelberg: Mattes Verlag.

Balmer, R. (2007). Liebe und Matrix – vom Weben der Liebe in der Matrix. In C. Krause-Girth (Hrsg.), Die Gruppe, das Paar und die Liebe. Zum Wirken von Michael Lukas Moeller. Gießen: Psychosozial-Verlag.

Balmer, R. (2008). Schweigendes Schauen – Sehendes Reden. Gemeinsamkeit und Differenz in der Entwicklung des Subjektes. Gruppenanalyse 18 (2), 101–120.

Balmer, R. (2009a). Das kreative Potential der Gruppe und der Grenzen. Die Gruppenanalyse im gesellschaftlichen Kontext. In R. Maschwitz, C. F. Müller, H. P. Waldhoff (Hrsg.), Die Kunst der Mehrstimmigkeit, Gruppenanalyse als Modell für die Zivilisierung von Konflikten. Gießen: Psychosozial-Verlag.

Balmer, R. (2009b). Konstruktive und destruktive Kräfte in Gruppen. In R. Maschwitz, C. F. Müller, H. P. Waldhoff (Hrsg.), Die Kunst der Mehrstimmigkeit: Gruppenanalyse als Modell für die Zivilisierung von Konflikten. Gießen: Psychosozial-Verlag.

Balmer, R. (2015). Über Veränderungen der Psychotherapie-Landschaft in den letzten 20 Jahren. Jubiläumszeitung EFPP.

Battegay, R. (2000). Die Gruppe als Schicksal. Göttingen: Vandenhoeck & Ruprecht.

Benedetti, G. (1976). Der Geisteskranke als Mitmensch. Göttingen: Vandenhoeck & Ruprecht.

Ciompi, L. (1982). Affektlogik. Über die Struktur der Psyche und ihre Entwicklung. Ein Beitrag zur Schizophrenieforschung. Stuttgart: Klett-Cotta.

Demant, V. (2006). Das Seminar für Gruppenanalyse Zürich. In G. R. Gfäller, G. Leutz (Hrsg.), Gruppenanalyse, Gruppendynamik, Psychodrama. Quellen und Traditionen – Zeitzeugen berichten. Der Umgang mit Gruppenphänomenen in den deutschsprachigen Ländern. Heidelberg: Mattes Verlag.

Dörner, K. (1969). Bürger und Irre. Zur Sozialgeschichte und Wissenschaftssoziologie der Psychiatrie. Frankfurt a. M.: Europäische Verlagsanstalt.

Emcke, C. (2013). Wie wir begehren. Frankfurt a. M.: Fischer Taschenbuch.

Foulkes, S. H. (1964): Therpeutic Group Analysis. London: Allen and Unwin. Reprinted 1984. London: Karnac.

Freud, S. (1914). Erinnern, Wiederholen und Durcharbeiten. Weitere Ratschläge zur Technik der Psychoanalyse. GW X (S. 126–136). Frankfurt a. M.: S. Fischer.

Haubl, R. (2005). Reinheit und Gefährdung – Gruppenanalyse auf dem Weg zur Realitätstauglichkeit. Gruppenpsychotherapie und Gruppendynamik, Zeitschrift für Theorie und Praxis der Gruppenanalyse, 41 (3), 267–285.

Hopper, E. (2003). The Social Unconscious. Selected Papers. London: Jessica Kingsley.

Minuchin, S. (1977). Familie und Familientherapie, Theorie und Praxis struktureller Familientherapie. Freiburg: Lambertus Verlag.

Moser, U. (2013). Was ist eine Mikrowelt. Psyche – Zeitschrift für Psychoanalyse und ihre Anwendungen, 67, 401–431.

Müller, C. (1981). Psychiatrische Institutionen. Ihre Möglichkeiten und Grenzen. Berlin: Springer.

Portmann, A. (1970). Ein Nachruf auf Max Imboden. In: Basler Stadtbuch. Basel: CMS Verlag.

Schlapobersky, J. (2016). From the Couch to the Circle. Group-Analytic Psychotherapy in Practice. London: Routledge.

Wilke, G. (2007). Sterben in der Grossgruppe – Die Sicht des Grossgruppenleiters. In C. Krause-Girth (Hrsg.), Die Gruppe, das Paar und die Liebe. Zum Wirken von Michael Lukas Moeller. Gießen: Psychosozial-Verlag.

Wilke, G. (2017). Ordnung und Chaos in Gruppen. Münster: LIT Verlag.

Volkan, V. (1999). Das Versagen der Diplomatie. Zur Psychoanalyse nationaler, ethnischer und religiöser Konflikte. Gießen: Psychosozial-Verlag.

Zajenkowska, A., Levin, U. (Eds.) (2019). A Psychoanalytic and Socio-Cultural Exploration of a Continent. Europe on the Couch. London: Routledge.

Michael Geyer

# Die Gruppe als demokratische Alternative

## Vorbemerkung

Ich entstamme jener Generation, deren Mitglieder im totalitären Dritten Reich geboren wurden und weitere vierzig Jahre in einer linken Diktatur lebten, davon viele Jahre in einer Art Geiselhaft für die Sünden der Generation ihrer Eltern. Zu meinem Glück hat sich innerhalb meines Lebens die Welt mehrfach dramatisch verändert. Währenddessen gab die Gruppe meinem Leben nicht nur als reflexive Instanz Richtung und Kontinuität. Existenzieller war das Erfordernis, die Gruppe als einen Raum zu gestalten, in dem es anders zuging als in der uns umgebenden inakzeptablen Welt. Insofern handelt dieser Beitrag weniger von methodischen Entwicklungen der Gruppenanalyse als von ihrer Rolle in der Gesellschaft.

## Erste Berührung mit Psychotherapie

Gemeinsam mit meiner jüngeren Schwester wuchs ich in der bürgerlichen Welt einer Familie auf, die ein mittelständiges Unternehmen mit 350 Beschäftigten führte, an dem ich nach dem frühen Tod meines Vaters einer der Eigentümer wurde. In dieser Welt wäre es selbstverständlich gewesen, das Geschäft der Familie zu übernehmen. Dass ich überhaupt Arzt wurde und nicht in unseren Betrieb einstieg, lag einerseits am politischen Klima der DDR, in der die mittelständische Privatwirtschaft nur sehr widerwillig geduldet wurde. Die Verstaatlichung unseres Betriebes, die immer in der Luft lag, wurde kurz nach meiner Prüfung zum Facharzt für Neurologie und Psychiatrie Realität. Andererseits hatte ich schon früh andere Interessen. Von klein auf mit Pferden und oft auf dörflichen Turnieren unterwegs, wäre ich gern Landwirt und Pferdezüchter geworden. Angesichts der anstehenden Kollektivierung der Landwirtschaft war dies aber chancenlos. Eine andere berufliche Aussicht ließ mich allerdings nicht los, und zwar eine besondere Richtung der Heilkunde, mit der ich schon als Kind in Berührung kam.

Meiner unter Herzbeschwerden leidenden Mutter, die sie früh ins Grab brachten, hatte unser Hausarzt Autogenes Training verordnet. Mithilfe eines Buches versuchte sie sich, dieses selbst beizubringen. Da ich alles las, was im Bücherregal meiner Eltern stand, kam ich auch an einer Ausgabe des einschlägigen Werkes von J. H. Schultz »Das autogene Training (konzentrative Selbstentspannung)« (1932) nicht vorbei, so wenig ich auch davon verstand.

Dass Dr. C. überhaupt solche zeituntypischen Ratschläge erteilte, lag vermutlich am Einfluss von Psychotherapeuten auf die Erfurter Ärzteschaft, von denen zwei bereits Mitte der 1930er Jahre in meiner Heimatstadt tätig waren: Ehrig Wartegg (1897–1983), der durch seinen projektiven Zeichentest bekannt wurde, und Gerhart Scheunert (1906–1994), der spätere Mitgründer der Deutschen Psychoanalytischen Vereinigung.[1]

Zu diesen gesellte sich nach Kriegsende der Psychologe Wilhelm Leibold (1906–1954), ehemaliger Kollege von Ehrig Wartegg am Leipziger Psychologischen Institut, Vater meines Schulfreundes Roland und ab 1950, nach dem Weggang Scheunerts und Warteggs nach Berlin, für einige Jahre der einzige Psychotherapeut in Erfurt. Er hatte wenige hundert Meter von meinem Elternhaus entfernt seine Wohnung und Praxis.

Wenn ich Roland besuchte, bestaunten wir das Behandlungszimmer seines Vaters mit den Wänden voller Bücher. Ihm verdanke ich mein erstes anschauliches Wissen über Psychotherapie und bei ihm hörte ich zum ersten Mal von Psychoanalyse und den Namen Freud. Vielleicht gerade wegen seines tragischen frühen Todes mit 48 Jahren behielt er einen prominenten Platz in meiner Erinnerung. Ich wollte ebenfalls in diese Richtung gehen und machte noch vor dem Abitur ein Praktikum an der Nervenklinik der Medizinischen Hochschule Erfurt.

## Verpasste Gelegenheiten

Bis zu Beginn meines Medizinstudiums ging es mir in Ostdeutschland nicht nur materiell ziemlich gut. In meiner Familie wurde noch bis zum Mauerbau

---

1   Beide waren um die 1930er Jahre von Therese Benedek, Begründerin der psychosomatischen Gynäkologie, in der Leipziger Arbeitsgemeinschaft für Psychoanalyse ausgebildet worden und hatten bei ihr vor ihrer Emigration die Lehranalyse absolviert.

gehofft, das »System« würde jeden Moment wirtschaftlich zusammenbrechen. Seinem Zugriff entzog ich mich durch großes Engagement im Sport und beste Schulleistungen. In der Mitte Deutschlands, gut fünfzig Kilometer entfernt von der deutsch-deutschen Grenze, konnten wir alle Fernsehsender empfangen und lasen jede Menge ins Land geschmuggelte Literatur. Niemand konnte verhindern, dass wir nicht nur in der über Radio (Deutschlandfunk, NDR 2, Radio Luxemburg) und Fernsehen vermittelten westlichen Kulturlandschaft zu Hause waren, sondern auch durch Kinobesuche und Einkäufe in Westberlin. Ohnehin verbrachte ich einige Wochen meiner Sommerferien oft bei Onkel und Tante in Wuppertal.

Insofern hatte ich vor dem Mauerbau 1961 nie das Gefühl, den ideologischen und kulturellen Zumutungen des von uns eher verachteten als gefürchteten Regimes hilflos ausgesetzt zu sein. Nichtdazugehören war für mich ohnehin selbstverständlich. Das Gefühl, getrennt zu sein vom bestimmenden Teil der Gesellschaft, durch welche Besonderheiten auch immer, wurde immer wieder durch meine existenziellen »Tatsachenwahrheiten« spürbar, wie es Hannah Arendt (1975) treffend nannte, und die mich prägten. Daraus mehr zu machen, als zu klagen und in eine Nische zu kriechen, ist vielleicht zu meinem Lebensmotto geworden.

Es wurde mir von klein auf beigebracht, dass es auf einen selbst mehr ankommt als auf die Umstände. Auch lernte ich bald, wie wichtig es ist, Menschen um sich herum zu wissen, die eine Art Gegenmacht zur Umwelt bilden konnten, wenn es darum ging, sich in der Gesellschaft zu behaupten. Sich unter widrigen Verhältnissen Freiräume zu verschaffen, hat – wie überall – immer auch mit Verstellung und Zynismus zu tun. Insofern diente der innere Abstand auch dazu, sich in der alltagsnotwendigen Anpassung nicht selbst zu verlieren.

Hautnah gespürt habe ich den bösartigen Charakter des Regimes erst im Studium. Die Mauer war gerade gebaut worden und ich wurde das erste Mal Gegenstand einer Intrige der Stasi, die mich bei meiner damaligen Freundin in Verruf bringen sollte.[2] Diese Episode markiert den Punkt, an dem ich begann, mit mir zu hadern, ob es ein Fehler war, nicht rechtzeitig »abgehauen« zu sein.

---

2 Ich studierte die ersten Semester in Sofia. Wie alle Auslandsstudien war dies eigentlich den Nachkommen höher angebundener Staatsfunktionäre vorbehalten. Diese füllten allerdings das Kontingent nicht, wodurch ich mit einer Schar anderer »Außenseiter« nachträglich und gegen die Zahlung sonst nicht üblicher Studiengebühren dort studieren konnte. Bei der Zusammensetzung der deutschen Studentenschaft war es beinahe unvermeidbar, dass ich mich in eine Kommilitonin verliebte, deren Vater ein hohes Tier in der DDR-Regierung war. Diese Mesalliance wollte die Stasi der dortigen Botschaft nicht zulassen und spielte dem Mädchen gefakte »Beweise« zu, die mich als verheirateten Familienvater zeigten. Ich war gerade 19 Jahre alt und die Beziehung hielt diesem Angriff nicht lange stand.

Als ich dieses Bedauern später auch im Kollegenkreis aussprach, brachte mir dies eine Denunziation mit jahrzehntelanger Überwachung durch die Stasi ein.

## Ankunft im erwachsenen Leben

Das Studium setzte ich in Leipzig und Erfurt fort und schrieb noch als Student meine Doktorarbeit in der Nervenklinik der damaligen Medizinischen Hochschule in Erfurt. In dieser Zeit lernte ich auch die Frau kennen, mit der ich inzwischen 55 Jahre verheiratet bin und deren Anteil an den geschilderten Entwicklungen beträchtlich ist.

Die Erfurter Nervenklinik war in mehrfacher Hinsicht besonders. Ihr Direktor, Prof. Dr. Dr. Richard Heidrich, ein anerkannter Neuroradiologe und -pathologe, hatte sich in jüngeren Jahren auch mit Psychotherapie beschäftigt, hielt den Studenten der Medizin und der Psychologie während seiner Ausbildung an der Charité bereits 1951 Spezialvorlesungen über Autogenes Training und bot an allen Sonnabenden des Semesters ein klinisches Psychotherapiepraktikum an, das weithin bekannt war. Von der Psychoanalyse fasziniert, war er um 1950 Kandidat des Westberliner Instituts für Psychotherapie geworden, hatte bei Schultz-Hencke auf der Couch gelegen und Lehrveranstaltungen des Instituts besucht, ohne allerdings einen offiziellen Institutsabschluss zu machen.

In Erfurt hielt er Vorlesungen und Seminare über Neurosenlehre, Hypnose, Autogenes Training und Medizinische Psychologie. Dort sorgte er für den Aufbau einer reichhaltigen Klinikbibliothek, wo neben den wichtigsten Büchern und Zeitschriften der Psychiatrie, Neurologie, Neuroradiologie und Medizinischen Psychologie auch die Standardliteratur der Psychoanalyse einige Meter beanspruchte: gesammelte Schriften von S. Freud und C. G. Jung, die wesentlichen Werke von Adler, Schultz-Hencke, Nunberg, Rapaport, Binswanger, Boss, Heidegger, Zutt, A. Freud, mehrere Bände des Handbuchs der Neurosenlehre und Psychotherapie und viele andere.

Die Zeitschriftenmappen, die von Station zu Station und Arzt zu Arzt wanderten, enthielten neben deutsch- und englischsprachigen neuropsychiatrischen Journalen auch wesentliche psychotherapeutische Fachzeitschriften wie z. B. »Psyche«, »Praxis der Psychotherapie«, »Psychotherapie und Medizinische Psychologie«, »Zeitschrift für Psychosomatische Medizin und Psychoanalyse« und das »International Journal of Group Psychotherapy«. Den von vielen Kollegen im Osten beklagten Mangel an westlicher Fachliteratur oder ein »Wegschließen von Freud« gab es hier nicht.

Dass das Klima in dieser Klinik trotz der Offenheit des Klinikchefs, der allen »Psychotherapeuten« seiner Klinik wohlgesonnen war, weder besonders liberal noch psychotherapiefreundlich war, lag an der Einstellung der leitenden Oberärzte. Wie überall in Deutschland dienten große Wachsäle der Verwahrung erregter Patientinnen und Patienten und die Elektroschocktherapie wurde großzügig indiziert.

## Erster Kontakt mit der Gruppenanalyse

Während ich an meiner psychiatrischen Promotion arbeitete, machte ich die Bekanntschaft eines fünf Jahre älteren Stationsarztes, der mein bester Freund wurde: Jürgen Ott. Er teilte meine politische Haltung und sah die Zustände in der Psychiatrie ähnlich kritisch wie ich. Die sich damals auch in Deutschland entwickelnde Gruppenpsychotherapie kam uns gerade recht. Warum die Gruppenpsychotherapie uns so faszinierte, hatte zweifellos mit dem politischen Klima zu tun, dessen Eindringen in den fachlichen Raum durch solche alternativen Strukturen verhindert werden sollte.

Wir orientierten uns an der einschlägigen Literatur und suchten nach Anleitung. Die DDR war bereits abgeschottet und die Möglichkeit, den Gruppenanalytikern in persona zu begegnen, deren Arbeiten wir gelesen hatten, oder sie gar bei der Arbeit zu beobachten, kaum vorstellbar. Überraschend ergab sich eine solche Gelegenheit noch kurz vor dem Ende meines Studiums. Dem in unseren Kreisen schon bekannten Kurt Höck (1920–2008), Chef der Psychotherapieabteilung des Hauses der Gesundheit am Berliner Alexanderplatz, war es gelungen, vom 20. bis 22. Januar 1966 in Ostberlin ein Internationales Symposium über Gruppenpsychotherapie zu veranstalten, auf dem sich erstmals nach dem Mauerbau Gruppenpsychotherapeuten und -therapeutinnen aus Ost und West trafen.[3] Es war meine erste internationale Tagung überhaupt, die ich im Schlepptau von Jürgen Ott als Medizinstudent des letzten Studienjahres besuchte.[4]

---

3 Dass er dieses Symposium bei den staatlich Verantwortlichen durchsetzen konnte, war seinen Verdiensten als mehrjähriger Bezirksarzt von Berlin-Ost um die Zeit des Mauerbaus geschuldet, als er eine epidemiologische Problemsituation gemeistert hatte. Dies sicherte ihm eine Zeit lang erheblichen politischen Einfluss.

4 Anwesend waren aus England M. Jones, aus Österreich R. Schindler, der Bundesrepublik Deutschland U. Derbolowsky, H. Enke, E. Ferchland, A. Heigl-Evers, G. Wittich, der CSSR F. Knobloch, J. Knoblochova, J. Rubes, J. Skala, aus Polen St. Leder, Z. Miniewski, aus Ungarn I. Böszörmenyi, Jugoslawien O. Horetzky, V. Hudolin und der DDR J. Burkhardt, K. Höck, G. Israel, W. König, D. Müller-Hegemann, D. Vater und H. Wendt.

Nachhaltig beeindruckten uns neben Kurt Höck und seiner Mannschaft Annelise Heigl-Evers[5] und Raoul Schindler, die ihre Theorien und Techniken vorstellten und diskutierten, aber auch die Art und Weise ihres Umgangs mit uns Anfängern (Ott u. Geyer, 2003). Diese Tagung gab uns den letzten Anstoß. In Gesprächen mit gleichgesinnten Kollegen der Klinik reifte in den folgenden Monaten der Plan, selbst analytische Gruppen durchzuführen. Als Voraussetzung sollten ein gemeinsames Literaturstudium und eine Gruppenselbsterfahrung absolviert werden.

Wenn ich in den folgenden Abschnitten das weitere Schicksal dieser Gruppe verfolge, beschreibe ich gleichzeitig meine eigene Entwicklung zum psycho-analytischen Psychotherapeuten und Gruppentherapeuten. Sie ist untrennbar mit der Entwicklung der Erfurter Selbsterfahrungsgruppe verbunden.

Nach meiner Pflichtassistenz schloss sich zunächst eine einjährige Tätigkeit in der Pathologie an, die einen neuropathologischen Schwerpunkt hatte. In diese Zeit fielen Familiengründung und Heirat. Auch schrieb ich meine ersten wissen-schaftlichen Arbeiten im Rahmen des onkologischen Schwerpunkts der dortigen Forschung. Gleichzeitig beschäftigte ich mich theoretisch mit Gruppenanalyse.

## Die wilden Anfänge der Erfurter Selbsterfahrungsgruppe

1968 ging ich als Assistenzarzt der Nervenklinik praktisch an die Arbeit. Anne-liese Heigl-Evers hatte in ihren ersten Publikationen ein außerordentlich plau-sibles Konzept der Gruppenentwicklung vermittelt, die durch einige technische Regeln[6] zu befördern war (Heigl-Evers, 1966; 1967a; 1967b). Ausgerüstet mit den technischen Anweisungen Heigl-Evers' und buchstäblich mit ihren Artikeln

---

5  Am Rande der wissenschaftlichen Diskussion der Gruppenexperten aus Ost und West be-mühte sich Annelise Heigl-Evers in vielen Einzelgesprächen, ihren Plan voranzubringen, einen Deutschen Arbeitskreis für Gruppentherapie und Gruppendynamik (DAGG) ähnlich dem 1959 von Raoul Schindler initiierten Österreichischen Arbeitskreis für Gruppentherapie und Gruppendynamik (ÖAGG) und eine gleichnamige Zeitschrift zu gründen (siehe auch Her-manns, 2009). Der Deutsche Arbeitskreis war dann bald gegründet, aber aus den bekannten politischen Gründen ohne Gruppenpsychotherapeuten der DDR. Erst im Jahre 2000, 34 Jahre später, wurde nach langwierigen Verhandlungen schließlich die Nachfolgeorganisation der Ostdeutschen Sektion Dynamische Gruppenpsychotherapie der Deutsche Arbeitskreis für Intendierte Dynamische Gruppenpsychotherapie (DADG) als sechste eigenständige Grup-pierung gleichberechtigtes Mitglied des DAGG.

6  Allein die Identifizierung der Rangdynamik auf der Grundlage des soziodynamischen Inter-aktionsmodells von R. Schindler (1957) anhand der sprachlichen und nichtsprachlichen Interaktionen ermöglichte, das Wechselspiel von Wunsch und Abwehr zu erkennen und sich entfalten zu lassen, um in der Folge das Kräftespiel zwischen Abwehr und Abgewehrtem mit

auf dem Schoß, behandelte ich die ersten Gruppen in unserer Klinikambulanz. Meine Befriedigung darüber, wie es gelang, eine Gruppe voranzubringen, ist mir heute noch gegenwärtig. Mit Jürgen Ott besprach ich die Resultate, und wir wurden immer überzeugter von den Potenzen der Gruppenarbeit. Dennoch war uns klar, dass wir bei allen praktischen Erfolgen Dilettanten blieben und uns selbst um unsere Ausbildung kümmern mussten.

Im Mai 1968 bildete sich eine Art Selbsthilfegruppe, die sich jeden Donnerstag zunächst in der Klinik traf. Als diese dann von missgünstigen Oberärzten verboten wurde, die diese Art der demonstrativen Selbsthilfe als dreiste Insubordination empfanden, versammelten wir uns abwechselnd in den Wohnungen der einzelnen Gruppenmitglieder. Wir begannen mit einem ordentlichen Abendbrot, das der jeweilige Gastgeber vorbereitete. Anschließend referierten und diskutierten wir die psychoanalytische Literatur.

Nach einem mehrmonatigen Übergangsstadium, in dem sich herausstellte, dass – trotz erheblicher Probleme mit der Hierarchie – alle ernsthaft an der Arbeit interessiert blieben, formierten wir uns 1969 zu einer psychoanalytisch orientierten, demokratischen, »leiterlosen« Selbsterfahrungsgruppe.[7] Dieser Plan folgte den Ideen S. H. Foulkes' (1948). Dieser hatte bereits kurz nach dem Zweiten Weltkrieg die Theorie einer demokratischen Gruppenkultur entwickelt, was uns dazu brachte, die Gruppenselbsterfahrung streng »demokratisch« anzugehen. Die Erfahrung des Nationalsozialismus, dass maligne regressive Gruppenprozesse ein Zerfallen der Gruppe in Führer und Masse voraussetzen, mündeten im Konzept, den regressiven Wunsch einer Gruppe, geführt zu werden, in der analytischen Gruppe direkt anzugehen. Insofern war für Foulkes die Entwöhnung der Gruppe von ihrem Wunsch, geführt zu werden, eine wesentliche Zielstellung. Dem vermeinten wir uns mit unserem Konzept anzuschließen. Es bestand in einer Art Basisdemokratie, in der jede Führerschaft permanent infrage stand.

---

entsprechender Zurückhaltung kompromisshaft zu versöhnen. Dazu lieferten die frühen Artikel Heigl-Evers einleuchtende Spielregeln, wie z. B. mit »Alpha«, den »Gammas« und »Omega« umzugehen sei.

7   Die Gruppe hatte zunächst folgende Mitglieder: Rolf Abendrot (später niedergelassener Psychiater, gestorben 1997), Siegfried Endler (später Oberarzt der Neurologischen Klinik in Erfurt, gestorben 2007), Michael Geyer, Roland Küstner (später Chefarzt einer psychiatrischen Klinik in Erfurt, gestorben 2018), Eckehard Müller (Kinderpsychiater, 1983 in den Westen ausgereist, dort Chef einer Kinderpsychiatrischen Klinik am Bodensee, gestorben 1998), Jürgen Ott (Psychiater, Psychotherapeut und Analytiker, 1985 Ausreise in den Westen, dort Oberarzt bei Annelise Heigl-Evers und ihrem Nachfolger Wolfgang Tress an der Psychosomatischen Klinik der Universität Düsseldorf, gestorben 2003), Karin Schneemann (Kinderpsychologin in Erfurt), Günther Witzenhausen (niedergelassener Neuropsychiater in Sondershausen) und Wilfried Zeuke (1977 Flucht in den Westen, dort niedergelassener Neurologe).

Es passte zum Zeitgeist. In der großen Welt regte sich in dieser Zeit sowohl im Westen als auch im Osten Widerstand gegen antiquierte autoritäre Strukturen und nicht zuletzt gegen die damaligen Praktiken der Psychiatrie. Der Aufbruch der studentischen Jugend in Westeuropa, die 68er-Bewegung, hatte gewisse Parallelen im Osten, am deutlichsten im Prager Frühling. Wir fühlten uns als Teil einer Bewegung, die sogar im Ostblock zunächst Erfolge zeigte.

## Kleine Welt gegen große Welt – Selbsterfahrung als Selbstermächtigung

In Prag, also in politischen Verhältnissen, die sich mit unseren vergleichen ließen, waren die schlimmsten Auswüchse der kommunistischen Diktatur beseitigt, als wir im August desselben Jahres mitansehen mussten, wie sowjetische Panzer hoffnungsfrohe Menschen überrollten, die gerade auf dem Weg in eine demokratische Gesellschaft waren. Das blieb nicht ohne Folgen für das gesamte politische Klima im Osten. Es war nach dem 17. Juni 1953 in Ostdeutschland und dem Aufstand 1956 in Ungarn die dritte blutige Niederschlagung der Demokratiebewegung durch die Russen und ihre Vasallen. Von da an war an organisierten politischen Widerstand für lange Zeit kaum zu denken. Stattdessen entstanden widerständige Szenen in Kunst, Denkmalpflege, Naturschutz und Medizin, in denen staatlicher Willkür und ideologischer Vereinnahmung alternative Werte und Ziele entgegengesetzt wurden.

Wir fokussierten uns auf die Auseinandersetzung mit der autoritären biologistischen Psychiatrie. In diesem Zusammenhang spielte auch die Wahl der Therapiemethode eine Rolle. Die Psychoanalyse als philosophisch-anthropologische Theorie war nicht nur im Westen eine hochpolitische Angelegenheit. Jemand, der sich im Osten öffentlich zur »Weltanschauung der Psychoanalyse«[8] bekannte, war leicht der politischen Gegnerschaft gegenüber der marxistisch-leninistischen Weltanschauung verdächtig. Anders gewendet, konnte man mit dem Bekenntnis zur Psychoanalyse auch einen gewissen Abstand zur herr-

---

8   In der DDR hatte es Anfang der 1950er Jahre eine erregte Debatte um das philosophisch-anthropologische Konzept der Psychoanalyse gegeben, in der sie von ausgebildeten Psychoanalytikern, die Kommunisten waren oder wurden, wie Alexander Mette, Dietfried Müller-Hegemann oder Walter Hollitscher, als bürgerliche Pseudowissenschaft gebrandmarkt worden war (Geyer, 2011). Als in der Medizin angewandte Psychotherapiemethode war sie jedoch zu keiner Zeit verboten. Im Gegensatz zu den Behauptungen einiger Fachkollegen nach der politischen Wende 1989 wurden weder die wenigen orthodox arbeitenden Psychoanalytiker noch die vielen hundert psychoanalytisch orientierten Psychodynamiker politisch verfolgt.

schenden Ideologie sichtbar machen. Man konnte halbwegs sicher sein, dass jemand, der sich mit Psychoanalyse beschäftigte, kein orthodoxer Vertreter der offiziellen Parteilinie war.

Eine in unserer heutigen hochbürokratisierten Bildungslandschaft soziali-sierte Psychotherapeutin, die noch dazu Bekanntschaft mit den festgefügten hie-rarchischen Strukturen eines traditionellen psychoanalytischen Instituts macht, kann kaum nachvollziehen, dass seinerzeit die Psychoanalyse eine subversive Strömung war und wir uns in erster Linie aus tiefer Unzufriedenheit mit den herrschenden politischen Verhältnissen mit diesen Konzepten beschäftigten und von großer Hoffnung erfüllt waren, die Welt um uns herum – nicht nur unsere berufliche Tätigkeit – verändern zu können. Diese Situation erzeugte auch die Ernsthaftigkeit, mit der unser Engagement dauerhaft verbunden blieb und die weitere Geschichte dieser Selbsterfahrungsgruppe begleitete. Die persönliche Emanzipation sollte mit der Veränderung der Psychotherapie in der DDR ein-hergehen.

Zu dieser Gruppe hatten nur politisch Gleichgesinnte und Zuverlässige Zugang. Wie gesagt, sollte unsere Gruppe, so unsere – keineswegs nur naiv-illusionäre – Diktion, auch keinen institutionalisierten Leiter besitzen. Die Verständigung über allgegenwärtige Machtstrukturen und Abhängigkeiten einschließlich der damit verbundenen Kränkungen behinderte das allerdings nicht.

Jürgen Ott, der Älteste von uns und Spiritus Rector dieser Gruppe, musste also seine tonangebende Rolle aufgeben. Interpretationen oder Deutungen sollten gemeinsam erarbeitet werden, niemand sollte eine »Deutungshoheit« besitzen. Organisatorisches wurde ad hoc geregelt. Die Termine der Gruppen-veranstaltungen waren zu Beginn für alle Zeiten durch eine beständige Reihen-folge der Gastgeberschaft geregelt worden.

Der formale Ablauf eines solchen Gruppenabends widersprach fundamen-tal den heute in Selbsterfahrungsgruppen geltenden Regeln: Nach einem defti-gen Dinner wurde ein psychoanalytisches Thema im Rahmen eines langfristig festgelegten Plans referiert und diskutiert. Gegen 22 Uhr begann der Selbst-erfahrungsteil, der den Charakter eines Prozesses mit extrem geringer Leiter-zentrierung hatte und entsprechend »dynamisch« verlief. Von diesem eigent-lichen Gruppenselbsterfahrungsteil wurde ein Tonbandmitschnitt angefertigt. In der Regel ging die Gruppe nach eineinhalb Stunden in eine Reflexionsphase über, in der wir uns über das Erlebte zu verständigen versuchten.

## Anschluss an die Intendierte Dynamische
## Gruppenpsychotherapie

Das, was wir uns als Wissen aneigneten, und das Erleben des Gruppenprozesses selbst legten schonungslos die Defizite unserer bisherigen Ausbildung bloß. Für die meisten von uns war das Erleben eines fast naturgesetzlich anmutenden Gruppenstrukturierungsprozesses ein enormer Gewinn, der sich unmittelbar auf Selbstverständnis und therapeutische Arbeit auswirkte. Wir verstanden unsere Patienten und uns selbst auf eine neue Weise und erlebten einen starken Kontrast sowohl zur Unangemessenheit als auch zur Banalität herkömmlicher Konzepte und Erklärungsmuster, wie sie von unseren Vorgesetzten vertreten wurden. In der Folge begannen mehrere Kollegen, mit unterschiedlichen Gruppen aus der Psychiatrie und Kinderpsychiatrie zu experimentieren (Ott, Geyer u. Schneemann, 1972), die anfangs überwiegend auf der Grundlage des Gruppenkonzeptes von Annelise Heigl-Evers durchgeführt wurden.

1970 machte mich ein vierteljährliches Praktikum in der von Kurt Höck eingerichteten gruppentherapeutisch ausgerichteten Klinik Berlin-Hirschgarten sicherer in der Organisation multimodaler Ansätze im stationären Bereich, und ich bekam Einblick in die bereits routinemäßig angewandte Intendierte Dynamische Gruppenpsychotherapie. Dort wurde ich auch vertraut mit der subtilen psychoanalytischen Diagnostik und Indikationsstellung des bereits erwähnten Ehrig Wartegg, der – seit 1950 im Haus der Gesundheit tätig – aus dem Krankengut der Ambulanz der Einrichtung die für die Gruppe geeigneten Patienten auswählte, die Indikation und Zielstellung begründete und die Zuweisung in die stationäre Einrichtung Hirschgarten veranlasste.

Zum Ende meiner Hospitation in Berlin-Hirschgarten kündigte Kurt Höck, dessen Experimente mit einer institutionellen Gruppenselbsterfahrung im Haus der Gesundheit Berlin als wenig vielversprechend abgebrochen worden waren, gemeinsam mit Helga Hess (der wichtigsten Forscherin am Haus der Gesundheit) den Besuch unserer Selbsterfahrungsgruppe in Erfurt an. Er fand am 15. Oktober 1970 statt und hatte bemerkenswerte Resultate.

Höck hatte um Erlaubnis gebeten, als stiller Beobachter an der Selbsterfahrungsgruppe teilzunehmen. Tatsächlich übernahm er eine Führungsrolle, was uns veranlasste, unsere Gruppenkultur zu verteidigen. Jedenfalls fand Höck in uns geeignete Mitstreiter beim Aufbau seines Ausbildungssystems der Selbsterfahrungskommunitäten. Sein entsprechendes Angebot wurde nach monatelanger Diskussion angenommen und Ende 1971 waren Jürgen Ott und ich Teilnehmer des ersten Probelaufs einer Selbsterfahrung mit mehreren Gruppen, Ausgangspunkt der späteren Kommunitäten.

Ab diesem Zeitpunkt begannen wir, die Intendierte Dynamische Gruppen-psychotherapie Höcks auch in unsere praktische Arbeit zu integrieren, was allerdings bei unseren schwer gestörten psychiatrischen Patienten, die längere regressive Perioden benötigten, nur bedingt umsetzbar war. Noch im selben Jahr, kurz nach meiner Facharztprüfung, erlaubte mir der Klinikdirektor die Einrichtung und Leitung einer Spezialabteilung für Psychotherapie, in der sowohl ambulant als auch tagesklinisch und stationär gearbeitet wurde. Mit acht Klinikbetten im Hintergrund wurden die meisten Patienten in der neuen Außenstelle der Nervenklinik in der Mitte Erfurts mit vier Ärzten und Psychologen, mehreren Krankenschwestern sowie Kunst- und Bewegungstherapeuten tagesklinisch behandelt. Es war das erste tagesklinische Konzept im Osten, das, nach dem Vorbild westlicher psychosomatischer Kliniken und der Höck'schen Einrichtung Hirschgarten, Gruppentherapie mit Einzelgesprächen, Musik-, Kunst- und Bewegungstherapie verband. Diese Abteilung bot die institutionelle Möglichkeit der praktischen Umsetzung der bis dahin gewonnenen Erfahrungen.

## Glücklicher Ausgang einer politischen Kontroverse

Der Prozess der Institutionalisierung der Psychotherapie an der Erfurter Klinik verlief parallel zur Entwicklung der Selbsterfahrungsgruppe. Diese entwickelte eine eigene Kultur, eine besondere Identität, wie sie nur als Ergebnis tiefgreifender regressiv-identifikatorischer Prozesse entsteht.

Richard Heidrich, der Klinikchef, blieb uns zwar wohlgesonnen, stand jedoch unter starkem Druck einiger seiner der SED nahestehenden Oberärzte, von denen zwei als IM (Inoffizieller Mitarbeiter) mit dem speziellen Auftrag meiner Bespitzelung in meiner Stasiakte auftauchen. Konflikte trugen wir in erster Linie mit diesen aus, während Heidrich uns große Freiräume einräumte.

Im Gegensatz zu gewöhnlichen Zeitzeugenerinnerungen verfügen wir in diesem Fall über eine schriftliche Berichterstattung direkt aus jener Zeit in Form einer Publikation in der Fachzeitschrift »Psychiatrie, Neurologie und medizinische Psychologie« (Ott u. Geyer, 1972[9]). Diese wurde zwar nach den nachfolgend beschriebenen Schwierigkeiten mit der Partei entschärft, lässt jedoch immer noch unsere Ziele und Absichten deutlich werden. Der Bericht bezieht sich auf die ersten 16 Monate von insgesamt neun Jahren der Erfurter Selbst-

---

9   Diese Publikation ist von historischem Interesse, weil sie belegt, dass wir ausschließlich west-deutsche, englische und nordamerikanische Autoren zitierten. Sie ist typisch für unsere damalige Rezeption der aktuellen Fachliteratur.

erfahrungsgruppe. Die Publikation enthält die – zensierte – Fassung eines Vortrags, den ich 1971 auf dem Magdeburger Kongress der Gesellschaft für Ärztliche Psychotherapie hielt.

Die im Vortrag angesprochenen Kontroversen mit der Hierarchie führten zu einer bedrohlichen Situation. Die SED-Parteigruppe des Kongresses trat nach dem Vortrag sofort zusammen. Ein Berliner SED-Klinikdirektor hatte unsere politische Verurteilung wegen Infragestellung der führenden Rolle der SED beantragt, deren Feststellung mit Sicherheit unsere Universitätskarriere beendet hätte. Tatsächlich hatte ich gesagt, dass wir in unserer Klinik gegen Widerstände der Obrigkeit psychotherapeutische Methoden in die psychiatrische Versorgung einführten. Auch hatte ich nicht verschwiegen, dass gegen einzelne Mitglieder dienstrechtliche Schritte angedroht und Gruppenmitglieder teilweise offen schikaniert, z. B. gezielt an den Gruppenterminen zu Diensten eingesetzt worden waren. Mit der Ankündigung, wir würden auch angesichts der Gegnerschaft in der Klinikhierarchie weitermachen, fühlten sich die Parteibonzen herausgefordert. Die »Infragestellung der führenden Rolle der SED« konnte nicht geduldet werden.

Einem ausländischen Gast des Kongresses, dem Mailänder Kommunisten und Psychiater Francesco Galli, Weggefährte des Psychiatriereformers Basaglia, verdankten wir den günstigen Ausgang der Affäre. Als Gast der ominösen Parteigruppensitzung war er energisch dagegen vorgegangen, uns zu verurteilen. Damals hörte ich nur in Andeutungen, dass unser Vortrag Ärger bei einigen Genossen ausgelöst hatte. Erst 15 Jahre später erzählte mir meine Vorgängerin in der Leitung der Psychotherapieabteilung der Leipziger Universität, Christa Kohler, ebenso wie der psychoanalytisch orientierte Harro Wendt[10], SED-Mitglied und Teilnehmer der damaligen Verhandlung, dass sie uns ohne die Unterstützung Gallis nicht hätten schützen können. Er hätte uns damals ausdrücklich gelobt und den deutschen Genossen empfohlen, doch eher stolz auf uns zu sein.

Die Ironie dieses Geschehens: Von unseren Gegnern wurde das Ausbleiben einer verurteilenden Stellungnahme als Billigung von höherer Stelle interpretiert, was uns eher mehr Freiraum brachte, den wir auch nutzten. Der Vorstand der Gesellschaft für Ärztliche Psychotherapie, der berufs- und methodenübergreifenden Dachorganisation der DDR, war auf uns aufmerksam geworden und beauftragte unsere Gruppe mit organisatorischen Aufgaben, beispielsweise bei der Vorbereitung des Kongresses mit internationaler Beteiligung 1973 in Erfurt.

---

10  Harro Wendt (1918–2006), Direktor des Landeskrankenhauses Uchtspringe, psychoanalytisch orientierter Psychiater und Psychotherapeut, baute eine der bekanntesten stationären Psychotherapieabteilungen und gemeinsam mit Hans-Joachim Maaz eine Arbeitsgruppe für analytisch orientierte Einzeltherapie in der Gesellschaft für Ärztliche Psychotherapie der DDR auf.

Im selben Jahr wurden mit Hermann Fried Böttcher und Jürgen Ott zwei Mitglieder unserer Selbsterfahrungsgruppe Vorstandsmitglieder. Drei Jahre später wurde ich ebenfalls in selbiges Gremium gewählt. Damit ergab sich allmählich der Einfluss, den wir brauchten, um wenigstens die Arbeits- und Weiterbildungsbedingungen in der DDR zu verändern.

## Der Marsch durch die psychotherapeutischen Institutionen beginnt

Im Zeitraum zwischen 1970 und 1972 verließen sechs Mitglieder die Gruppe, da sie sich beruflich anders orientierten.[11] Dafür wurden fünf neue Mitglieder aus Leipzig und Bernburg aufgenommen, die alle auch fachpolitisch interessiert waren: Hans-Joachim Maaz (Psychiater, Psychoanalytiker und Gruppenanalytiker, Bernburg, später Beeskow und Halle), Hermann Fried Böttcher (Analytiker und Gruppenanalytiker, Leipzig und Dresden), Anita Kiesel (später Wilda-Kiesel, Begründerin der Fachphysiotherapie für Neurosen und funktionelle Störungen), Renate Lindt (Psychiaterin in Leipzig, Ausreise in den Westen um 1978, dort niedergelassene Psychiaterin) sowie Christoph Schwabe (Musiktherapeut aus Leipzig). Kurzzeitig gehörten der Gruppe Gisela Garms (heute Stern, Psychiaterin und Psychotherapeutin in Dresden) und ab 1975 Paul Franke (Gynäkologe und Gruppenanalytiker, Magdeburg) an. Insgesamt hatten wir im Laufe der Zeit 16 Mitglieder, vier Frauen und zwölf Männer.

Ab 1974/75 wurden die Sitzungen meist im vierwöchigen Rhythmus durchgeführt, da wir durch eigene Weiterbildungsaufgaben nicht zuletzt in den von Höck und Ott geleiteten Ausbildungskommunitäten stark beansprucht waren. Die meisten Gruppenmitglieder waren ab diesem Zeitpunkt dort als Gruppenleiter beschäftigt. Die Erfurter Gruppe als strategische Basis gab uns weiterhin Zugehörigkeit, Sicherheit und Hoffnung.

Keines unserer Mitglieder hat jemals mit der Stasi paktiert oder sonstigen Verrat geübt. Allerdings hielt die Gruppe die Stasi ziemlich auf Trab. Einer der Top-Stasispitzel an der Medizinischen Hochschule Erfurt nutzte die Bekanntschaft mit Jürgen Ott und Hans-Joachim Maaz, der ab 1972 Mitglied unserer Gruppe wurde, um die Stasi über unsere Aktivitäten zu informieren. Wie meiner Stasiakte zu entnehmen ist, waren von den neun IM, die auf mich seit 1973 angesetzt waren, allein drei in der Medizinischen Akademie Erfurt in unserem Umfeld tätig.

---

11 Abendrot, Endler, Müller, Schneemann, Witzenhausen und Zeuke.

Trotzdem bot die Gruppe eine sichere Zuflucht für unsere Ausflüge in eine Welt, die wir zumindest fachpolitisch beeinflussen konnten. Sie wurde der Startpunkt eines Marschs durch die fachlichen Institutionen, der aus heutiger Perspektive erstaunlich ist (Geyer, 2011). Es war eine Gruppierung entstanden, die offizielle Institutionen der Medizin und Psychotherapie unterwanderte und schließlich übernahm, um die ursprünglichen Gruppenziele zu allgemeinverbindlichen zu machen. Aus der Deckung heraus, allein mit fachpolitischen Mitteln, haben wir uns behauptet. Wir vermeinten, damit auch politischen Widerstand zu leisten, was zu diesem Zeitpunkt eher illusionär war.

Unsere politische Enthaltsamkeit beschäftigte uns nicht nur damals. Die Gruppe traf sich 1998, anlässlich des vierzigsten Jahrestages ihrer Gründung, noch einmal zu einer zweitägigen Sitzung in Erfurt. Hier ein Auszug aus dem Videoprotokoll dieser Runde:

GEYER: »[...] ich weiß nicht genau [...], wann das so einen politischen Aspekt bekam. Ich habe mir das ja eher übelgenommen [...], dass wir mit solchen Haltungen auch unsere politische Abstinenz entschuldigt haben: Man ermöglicht den Patienten, sich gegen Autoritäten durchzusetzen und sich aufzulehnen und sich autonom zu verhalten – und dann? Natürlich wären für uns politische Aktionen verheerend gewesen [...], und so haben wir uns eben damit entschuldigt, dass wir das wenigstens machen. Wir waren zwar auf der einen Seite sehr mutig, dass wir uns anvertraut haben in solchen Gruppen. Andererseits, wir sind ja nie enttäuscht worden, also keiner hier aus dieser Gruppe hat jemals den anderen verraten, das ist ja eine ganz kolossale Geschichte, wenn man überlegt, was sonst alles passiert ist. Auf der anderen Seite aber auch hat uns das wahrscheinlich auch ein Leben ermöglicht, ohne in ständigem Streit oder in ständiger Konfrontation mit der Gesellschaft zu sein.«

MAAZ: »Berufspolitisch waren wir sehr bald auch oben angekommen. Ich erinnere mich, wie wir uns mit Entwicklungen der Psychotherapie beschäftigt haben und dann eigentlich ganz überraschend, fast noch ängstlich, festgestellt haben ›na ja, wir sind dran‹«.

GEYER: »Ja.«

MAAZ: »[...] wir haben gesagt, ›Wir müssen es machen‹, also wir fantasierten uns sozusagen als die nächste Generation, die die Psychotherapie in der DDR zu übernehmen hat, und das mit ziemlicher Verwunderung.«

GEYER: »[...] und diese Herausforderung haben wir angenommen.«

MAAZ: »Aber ich habe noch dieses Erlebnis in mir, wie das plötzlich im Raum stand, bisschen erschrocken, ja? Die Alten waren noch alle da, und wir haben uns da schon in diesen Funktionen oder Posten gesehen.«

WILDA-KIESEL: »[...] da erinnere ich mich auch genau.«

OTT: »[...] für mich war das eine Art Protest, etwas Aggressives; also mir mein Eigenes
zu machen gegen das, was ich da vorfand, zu tun und da Gleichgesinnte zu finden: Und diese Neugier [...]. Da wurde manchmal das Geld zusammengelegt, um
wegzufahren: ‚Also jetzt ist in Leipzig was los, jetzt legen wir das Geld zusammen
und fahren nach Leipzig und gucken, was da ist‹, oder nach Berlin [...]. Also, es
war eine neugierig erkundende Haltung. Ich erlebte: ›Um mich herum sind ähnlich
geartete Menschen, die neugierig sind‹, ja? [...] Und das war also für mich – glaube
ich – das wichtigste Gefühl einer Verbundenheit von neugierigen Menschen, die
einfach Dinge wissen wollten, die über das, was da üblich war und verordnet war
usw., hinausgingen [...]. Wenn ich daran denke: ›Gott, das geht theoretisch alles gar
nicht.‹ Also alles, was man sich ausgedacht hat und was wir versucht haben, geht
eigentlich nicht, nicht? Also zunächst zu essen und dann zu referieren – noch dazu
in einer privaten Wohnung – und dann zu sagen: ›Jetzt machen wir Selbsterfahrung‹,
und dann loszulegen, einen Sonderdruck in der Hand zu haben und anschließend
zu überlegen, wo waren die Antriebssprengstücke und wie war die Psychodynamik
und so weiter [...]. Also, wenn ich gewusst hätte damals, dass das alles nicht geht
[allgemeines Lachen], weil es dafür – Gott sei Dank würde ich heute sagen – keine
festgefügten Formen gab, keine curriculare Ausbildung usw. Also, es war viel Neuland, was es zu erobern galt, und das finde ich eben auch das Spannende bei der
Zusammensetzung dieser Gruppe, dass eben auch alle von so unterschiedlichen
Positionen kamen, also von der Musik oder vom Körper, dass sehr viel Unterschiedlichkeit war, dass es auch nicht zu schnell zu einer Erstarrung oder zu Verschulung
oder zu irgendeiner Festlegung auf irgendeine Linie ging, dass wir uns also über
lange Zeit diese Offenheit und diese Probierfreudigkeit bewahrt haben. Und ich
glaube, das war – nachträglich betrachtet – möglich, weil durch den Außendruck
und durch die Öffnung dieser intimen Räume, dieser privaten Wohnungen, eine
starke Kohäsion entstand, die uns vielleicht aus heutiger Sicht auch naiv gemacht
hat. Also, dass wir da vielleicht auch manchmal am Rande gesegelt sind und gar
nicht so recht wussten, woher der Wind weht, aber ich glaube, dass sozusagen
diese Art Kohäsion in der Gruppe – was sicher mit den Zeitläuften, mit den persönlichen Strukturen und auch mit der Tatsache, dass wir vielleicht irgendwie ganz
gut zusammenpassten, zu tun hat, dass das uns sozusagen beflügelt hat. Karin
Geyer hatte das damals antizipiert und gesagt: ›Hach, jetzt wollen sie wieder die
Welt verändern!‹ Das waren auch günstige historische Zeiten, der politische Gegner
war nicht so stark oder man hatte sich mit ihm auf irgendeine merkwürdige Weise
arrangiert oder es gab Beziehungen, nicht? Ich erlebe das eigentlich auch für mich
als eine enorme Zeit des Aufbruchs, bis [...] wir plötzlich feststellten: ›Jetzt sind
wir in diesen Ämtern und jetzt fängt die Verkrustung und Schulenbildung und die
Verordnung von oben an, jetzt werden wir zu Verordnern.‹ [...] Natürlich hat das

dann auch sehr viel mit dem Höck'schen Einfluss zu tun, ein bestimmtes Konzept sozusagen nicht nur in der DDR zu etablieren, sondern bis zum Ural zu marschieren und dieses Konzept wirklich flächendeckend und expansiv einzuführen. Ich versuche, auf die Hypothese zu antworten, die Micha [Geyer] angesprochen hat: Könnte es sein, dass dieser Rückzug in eine solche Gruppe oder Nische oder wie man es nennt vielleicht den einen oder anderen oder uns alle behindert haben, politisch wirksamer zu sein?«

## Selbsterfahrungskommunitäten als Bewegung

Das aus der Gruppenanalyse stammende Konzept der Gruppenselbsterfahrung nannte Kurt Höck nach einem tschechischen Vorbild »Selbsterfahrungskommunität«. Unter Einbeziehung der Erfurter Gruppe und anderer damaliger Zentren der Psychotherapie entstand eine Bewegung, der sich die überwiegende Anzahl der praktizierenden jüngeren Psychotherapeuten anschloss.

Die Gruppenleiter der ersten Kommunität, zu denen ich gehören sollte, wurden in einem Auswahlprozess anhand eines zwanzigstündigen Marathon-Großgruppenexperiments mit mehr als zwanzig Anwärtern bestimmt, dessen Hauptmerkmal, totaler Mangel an Struktur, bei einigen Teilnehmenden zu psychotischen Reaktionen führte und niemals wieder in dieser Form wiederholt wurde. Der nach zwölfstündiger Dauer einsetzende extreme soziale Stress erzeugte Erfahrungen von Ohnmacht und Hilflosigkeit, die ich aus neunzigminütigen Kleingruppen nicht kannte. Persönlich profitierte ich davon. Es erweiterte unter anderem meine Einsicht in primitive Abwehr- und psychische Fragmentierungsvorgänge.

Die Kommunitäten selbst verliefen über jeweils dreimal zehn Tage im Jahresabstand und zwischenzeitlich mehrfachen vierteljährlichen Treffen an Wochenenden in strenger Klausur an abgelegenen Orten. Sie bestanden aus vier bis fünf Kleingruppen von je zwölf ärztlichen oder psychologischen, hälftig weiblichen und männlichen Mitgliedern, einem männlich-weiblichen Trainerpaar, einer Kommunikativen Bewegungs- und einer Gestaltungstherapeutin. Die Tage waren mit zwei Gruppensitzungen à neunzig Minuten, einer Stunde Kommunikativer Bewegungstherapie, neunzig Minuten Gestaltungstherapie und Diagnostik ausgefüllt. Um 20 Uhr tagte eine neunzigminütige Großgruppe. Diese Kommunitäten wurden anfangs durch Kurt Höck gemeinsam bzw. im Wechsel mit Jürgen Ott geleitet. Außerdem beeinflussten zur Mitarbeit eingeladene Analytiker aus Ungarn (György Hidas, 1925–2012) und der Tschechoslowakei (Peter Urban) die Methodik.

Die Sektion Gruppenpsychotherapie als Trägerin der Kommunitäten entfachte eine stürmische Bewegung innerhalb der Gesellschaft für ärztliche Psychotherapie, der Heimstatt aller ärztlichen und psychologischen Psychotherapeuten, sowie sonstigen psychotherapeutisch tätigen Berufsgruppen (deswegen wurde ihr Name später allgemeiner gefasst). Sie wurde nicht nur zum Wegbereiter einer psychoanalytisch orientierten Gruppenpsychotherapie, sondern förderte die allgemeine Entwicklung des psychodynamischen Denkens in Versorgung, Ausbildung und Forschung.

Die Entwicklung reflektierte darüber hinaus die seinerzeit international sich durchsetzende Auffassung, Gruppenpsychotherapie als »Psychotherapie durch den Gruppenprozess« zu konzeptualisieren, d. h., psychoanalytische Grundannahmen mit Konstrukten aus der sozialpsychologischen und gruppendynamischen Theorie der Kleingruppe zu verbinden. Das ursprüngliche Konzept der Intendierten Dynamischen Gruppenpsychotherapie wurde in den folgenden Jahren mehrfach verändert[12] und an unterschiedliche Patientengruppen angepasst. Die Anwendung dieses Gruppenmodells unter anderen Rahmenbedingungen (geschlossene vs. offene Gruppen unter ambulanten, tagesklinischen und stationären Bedingungen, Kombinationsbehandlungen, Paartherapie) und mit anderen Patientengruppen (Psychosen, Essstörungen, psychosomatische Erkrankungen, Abhängigkeitserkrankungen, psychogene Störungen im Kindes- und Jugendalter) stellte eine theoretische und behandlungspraktische Herausforderung dar, die zu vielfältigen Modifikationen der Zielstellungen, Wahrnehmungseinstellungen, Schlussbildungen und therapeutischen Interventionen in den verschiedenen Phasen des Behandlungsverlaufs führten.

Am Ende der DDR bestimmte die Intendierte Dynamische Gruppenpsychotherapie in ihren verschiedenen Modifikationen weitgehend das stationäre und tagesklinische psychotherapeutische Therapieangebot. In ca. vierzig stationären psychotherapeutischen Einrichtungen der Akutversorgung mit ca. 1.000 Betten und tagesklinischen Plätzen wurde diese Methode in mehr oder weniger modifizierter Form und außerordentlich erfolgreich in der Behandlung von Neurosen, Persönlichkeitsstörungen und Psychosomatosen als Hauptverfahren eingesetzt.

---

12  Die vom Patienten geforderte Überwindung der Abhängigkeit vom Leiter, das zwanghafte Bestehen auf einer aggressiven Auseinandersetzung mit dem Leiter in relativ frühen Stadien der Gruppenentwicklung, überhaupt die damalige Über-Ich-Kopflastigkeit der Methode überforderte schwerer gestörte Patienten, aber auch viele Teilnehmer der Kommunitäten. Insbesondere die implizit in der Konzeption enthaltene Ablehnung einer Beschäftigung mit unbewussten regressiven Wünschen und frühen Traumatisierungen eines hilflos übermächtigen Gewalten ausgelieferten Individuums führte schon Mitte der 1970er Jahre zu Veränderungen, die sich zunächst in der von Jürgen Ott und mir ab 1978 geleiteten sogenannten Winterstein-Kommunität realisierten.

## Meine unvollendete Kariere in der DDR und andere Glücksumstände

Meine eigene Universitätskarriere illustriert die widersprüchliche und merkwürdige Realität der DDR, die sich in heutigen Schwarz-Weiß-Erzählungen über
dieses Regime kaum wiederfindet. Das »Stasi-Hintergrundrauschen«, wie ich
es nannte, begleitete mich bis zur friedlichen Revolution 1989.[13]

Die Gruppenerfahrung half mir auch in meiner Forschungsarbeit und war
einer ihrer Gegenstände. Ab 1971 untersuchte ich in einer WHO-Interventions-
studie zur Prävention der ischämischen Herzkrankheit mit niederländischen und
litauischen Partnern neben den psychosozialen Bedingungen dieser Krankheit
auch die Möglichkeiten einer sekundär präventiv ausgerichteten Gruppentherapie.
Meine 1975 abgeschlossene Habilitationsschrift (Geyer, 1978) wurde allerdings
zwei Jahre mit fadenscheiniger Begründung blockiert. (Die tatsächlichen Gründe,
die auch meine spätere Berufung auf den Erfurter Lehrstuhl zunichtemachten,
konnte ich erst knapp zwei Jahrzehnte später in meiner Akte lesen.)

Weitere drei Jahre dauerte es bis zur Facultas docendi, also zum Hochschul-
lehrerstatus, obwohl ich bereits seit 1972 regelmäßig Vorlesungen in Medizinischer Psychologie und Psychotherapie gehalten hatte. Meine weitere Entwicklung
wäre ohne die Erfurter Selbsterfahrungsgruppe und die aktive Mitgliedschaft
in der geschilderten Gruppenbewegung der DDR nicht denkbar gewesen. Sie
wurde durch Netzwerke ermöglicht, die mit dieser Bewegung zusammenhingen.
Wie soll man sonst verstehen, dass ich zwanzig Jahre im Visier der Stasi stand,
ununterbrochen überwacht und eklatant in meiner fachlichen Entwicklung
behindert wurde, und es trotzdem schließlich zum ordentlichen Professor an
einer Universität brachte? Auch wurde zugelassen, dass die Mitglieder der psychotherapeutischen Gesellschaft mich zum Vorsitzenden wählten. (Natürlich wurde
auch die Psychotherapiegesellschaft durch die SED-Mitglieder des Vorstands
kontrolliert, die sich jedoch in der Mehrzahl mir gegenüber stets loyal erwiesen.)

Die 1983 erfolgte Berufung auf den Leipziger Lehrstuhl eröffnete die Option
einer Fremdberufung nach Erfurt. Ich hatte meiner Frau und meinen drei Kindern, die Erfurt nicht verlassen wollten, versprochen, die Gelegenheit zu nutzen,
den nach der Emeritierung meines früheren Chefs 1985 freiwerdenden Lehrstuhl für Psychiatrie in Erfurt anzustreben. Dieses Versprechen war naiv und
meiner Unkenntnis der Vorgänge hinter den Kulissen geschuldet. Schon bald
löste sich diese Möglichkeit in Luft auf.

---

13  Meine Stasiüberwachung ist mit entsprechenden Auszügen aus der Stasiakte beschrieben in
    Geyer (2022).

In Leipzig durfte ich zwar kein Klinikdirektor sein, da ich kein »Nomen-
klaturkader« war und somit als »Geheimnisträger« und Leiter der ersten
Leitungsebene nicht infrage kam. Jedoch konnte ich durch Unterstützung des
Leipziger Sozialpsychiaters Klaus Weise, der meine Berufung angetrieben und
als hochrangiges SED-Mitglied eine Art politische Verantwortung dafür übernommen hatte, eine Abteilung leiten, nachdem sie durch meine Berufung ihre
Eigenständigkeit verloren hatte und bis zur Wende der Psychiatrie angegliedert
blieb. Erst nach der friedlichen Revolution 1989 wurde sie wieder eine selbst-
ständige Klinik und ich durfte Direktor werden. Dieses Schicksal teilte ich mit
mehreren Leipziger Kollegen aus anderen Wissenschaftsgebieten, mit denen
ich mich nach der friedlichen Revolution im Rektorat der Universität Leipzig
wiederfand, wo ich dann, erstmalig im politischen Amt eines Prorektors, bis
Ende der 1990 Jahre ihre Neustrukturierung mitgestaltete.

Die Berufung an die größte Universität der DDR, in der man nur politisch
in Erscheinung treten musste, wenn man es auch wollte, brachte deutlich mehr
fachliche Möglichkeiten, aber auch mehr persönliche Freiheiten, als ich sie an
der kleinen, sehr übersichtlichen und kontrollierbaren Erfurter Hochschule
hatte. Trotzdem startete ich den Versuch, nach Erfurt zurückberufen zu werden. Sowohl der damalige Rektor der Erfurter Hochschule als auch das für
Berufungen zuständige Gremium unterstützten mich dabei.

Wie ich später in meiner Akte las, hatte die Stasi versucht, den Erfurter Rektor von diesem Plan abzubringen, was allerdings nicht gelang. In dieser »Not-
situation« wurde die Amtshilfe der Berliner Genossen im Ministerium für das
Fach- und Hochschulwesen in Anspruch genommen (Geyer, 2022). Die Aufrechterhaltung meines Kontakts zu einem »Verräter«, womit mein Freund Jürgen Ott gemeint war, der einen Ausreiseantrag gestellt hatte und etwa zwei Jahre
auf die Genehmigung hatte warten müssen, war schließlich das Hauptargument
der Stasi, dem die Erfurter Hochschulleitung nicht widerstehen konnte. Tatsächlich sollte meine Berufung verhindert werden, weil auf diesen Lehrstuhl
ein hochrangiger Stasimann platziert werden sollte und es auch wurde. So blieb
ich in Leipzig, was sich schon bald als Glücksumstand erwies.

## Vorwendezeit oder das soziale Veränderungspotenzial institutioneller Gruppierungen

In der Leipziger Abteilung für Psychotherapie und Neurosenforschung, die
ich nach meiner Berufung übernahm, wurden 48 stationäre Patienten von
etwa 35 Mitarbeiterinnen behandelt. Ich stellte mir vor, dass, ähnlich dem

Strukturierungsprozess einer Großgruppe, ein komplexer sozialer Organismus entstehen könnte, in dem alle Bereiche mit ihren Mitarbeitern ihre Rolle finden und wahrnehmen. Allerdings hatten mehrere Jahre ohne kompetente Führung voneinander abgeschottete, verkrustete Substrukturen entstehen lassen. Trotz dieser Verhältnisse waren die Mitarbeiterinnen und Mitarbeiter bald mit großer Hingabe dabei, ein integratives therapeutisches Konzept zu gestalten.

Wie es an meiner Abteilung in Erfurt oder den Einrichtungen beispielsweise in Uchtspringe, Jena oder Berlin gelungen war, sollte sich auch diese Klinik in der Art und Weise ihrer Gruppenarbeit von einer Gesellschaftsdoktrin abgrenzen, die den Autonomiebestrebungen des Individuums wenig Spielraum ließ. Das war sowohl die Voraussetzung für die therapeutische Arbeit, entsprach aber auch der Hoffnung der Patienten, die bei uns Zuflucht suchten.

Natürlich wollte ich meiner Klinik, die bald um einen tagesklinischen und einen ambulanten Bereich erweitert werden konnte, einen vorderen Platz sowohl als Weiterbildungs- als auch als Forschungseinrichtung verschaffen. Nach meiner Wahl zum Vorsitzenden der DDR-Fachgesellschaft hatte die Klinik auch Funktionen zu übernehmen, die mit der therapeutischen Arbeit nur indirekt zu tun hatten. Ich begann schon bald, die Infrastruktur einer solchen Einrichtung zu schätzen, die sich als notwendig erwies, die anstehenden fachpolitischen Aufgaben, kleine und große Tagungen, Weiterbildungs- und Forschungsveranstaltungen etc. zu realisieren.

Das politische Klima änderte sich in den letzten Jahren der DDR. Angesichts eines zunehmend morschen und nach Devisen hungrigen Regimes verschwammen ideologische Grenzen immer mehr zugunsten ökonomischer Interessen, aber auch des Verlangens, eine angesehenere Rolle in der westlichen Welt zu spielen.

Bisher war das Trauma meiner Generation – der Bau der Mauer durch Deutschland – von den meisten meiner Freunde durch »Abhauen« in den Westen beantwortet worden. Schon in der ersten Hälfte der 1980er Jahre schien zumindest eine stärkere fachliche Verzahnung mit westlichen Entwicklungen nicht mehr völlig unrealistisch. Eine durchgängige methodische Westorientierung war ohnehin seit längerer Zeit etabliert. An die politische Wiedervereinigung war zu diesem Zeitpunkt allerdings noch nicht zu denken.

Nicht nur die ehemaligen Mitglieder der Erfurter Selbsterfahrungsgruppe, die im Vorstand der DDR-Gesellschaft für Psychotherapie eine Rolle spielten, unterstützten mich in der folgenden heißen Phase der Westorientierung sowohl bei der Angleichung unserer Weiterbildungsordnung an die der Bundesrepublik als auch bei der Herstellung direkter persönlicher Beziehungen zu westdeutschen Fachkollegen über Einladungen und internationale Tagungen in der DDR. Die überwiegende Mehrheit der Mitglieder unserer Gesellschaft wollte sich trotz aller politischen Differenzen als Teil der westlich orientierten Weltgemeinschaft von Psychotherapeuten fühlen.

Als mich 1982 Genosse Dr. Rohland, ministerieller Aufsichtsbeamter für alle medizinisch-wissenschaftlichen Gesellschaften der DDR, fragte, ob ich den nicht besonders attraktiven und zeitraubenden Posten des Vorsitzenden der Fachgesellschaft übernehmen würde, stellte ich mehrere Bedingungen, von denen eine die ministerielle Erlaubnis betraf, eine lange beantragte Ost-West-Tagung in Trägerschaft der in der Schweiz ansässigen International Federation for Medical Psychotherapy (IFP)[14] in der DDR durchzuführen.

Das 1984 in Dresden stattfindende Symposium[15] bildete den Startpunkt einer Reihe von Ost-West-Unternehmungen, die aus heutiger Sicht die Wiedervereinigung unseres Fachs sechs Jahre später vorbereiteten. Es war die erste große Bewährungsprobe für die Funktionsfähigkeit meiner Leipziger Einrichtung bei der Gestaltung der politisch hochsensiblen Ost-West-Interaktionen. Als Gegenstände für den fachlichen Ost-West-Disput sollten klinische Beiträge dienen, die meine Klinik in Form jeweils einer videografierten Gruppen- und Einzelsitzung lieferte. Sie musste sich also erstmals international auch fachlich präsentieren. Die sich in einer paranoid aufgeladenen Atmosphäre entwickelnde

---

14  Die DDR-Gesellschaft für Psychotherapie war seit ihrem Bestehen Mitglied der Internationalen Gesellschaft für Medizinische Psychotherapie (International Federation of Medical Psychotherapy, IFP), deren langjährigen Präsidenten, den Norweger Magnusson, ich bereits 1973 auf einem Kongress in Erfurt kennengelernt hatte. Diese Gesellschaft war eine Nachfolgerin der 1926 in Deutschland gegründeten Gesellschaft für Allgemeine Ärztliche Psychotherapie. Sie wurde nach der Machtergreifung der Nazis unter dem Vorsitz C.G. Jungs und unter Beteiligung der Schweden und Dänen als internationale Fachgesellschaft in die Schweiz verlegt. Sie gewann danach viele lateinamerikanische und asiatische Mitglieder und richtete ihren Fokus auch auf die Einbeziehung der Länder des Ostblocks. 1987 wurde ich Generalsekretär der IFP. Siehe dazu auch die entsprechenden historischen Belege auf der Website https://www.ifpnet.org/ifp/ifp-history (Zugriff am 27.4.23), wo Edgar Heim, einer der späteren Schweizer Präsidenten, die Zusammenarbeit mit unserer Gesellschaft würdigt.

15  Die 1984 in Dresden durchgeführte Tagung mit je dreißig Kolleginnen und Kollegen aus westlichen und östlichen Ländern war getarnt als »Erweiterte Sitzung des Präsidiums der IFP«. Aus Westdeutschland war immerhin der komplette Vorstand der DGPT unter Führung ihres damaligen Vorsitzenden Carl Nedelmann eingeladen. Diese Tagung stand im Zentrum der Aufmerksamkeit von Partei und Stasi: Zur Eröffnung kam der höchste Parteifunktionär des Gesundheitsministeriums. Unter den Teilnehmern waren mindestens drei ostdeutsche IMs. Die Heerschar professioneller Stasibeamten, die alle Teilnehmer observierten, wurde später aus den Stasiakten ersichtlich. Diese Tagung wurde Ausgangspunkt der von da an nicht mehr abreißenden Kontakte zur DGPT und anderen westdeutschen Gesellschaften, aber auch der Forschungskooperationen meiner Klinik mit Elmar Brähler (Gießen) und Wolfgang Senf (damals Heidelberg). Sie dienten auch der Anbahnung der späteren Zusammenarbeit mit Helmut Thomä und Horst Kächele (Ulm) und Rainer Krause (Saarbrücken).

Diskussion zwischen einem führenden sowjetischen Psychotherapeuten und den westlich orientierten Teilnehmern, zu denen in dessen Augen auch wir und einzelne Polen und Ungarn zählten, glich einem Ritt auf der Rasierklinge und war nur mit großem diplomatischem Geschick ohne Flurschäden zu Ende zu bringen. Dabei zeichnete sich der DGPT-Vorsitzende Carl Nedelmann durch großes Einfühlungsvermögen in die russische Seele aus (siehe Nedelmann 2000). Auch eine brisante Diskussion über die Frage der Offenheit in Gruppentherapiesitzungen (unter repressiven Bedingungen) kam zu einem Ausgang, der die Aufseher nicht misstrauisch machte.

Solche organisatorischen und fachlich-inhaltlichen Aufgaben schweißten das Team meiner Klinik in relativ kurzer Zeit zusammen, sodass weitere Bewährungsproben wie die Organisation des großen internationalen Erfurter Kongresses 1987[16] oder die letzte DDR-Jahrestagung 1989 mit 1.500 Teilnehmern in Berlin gemeistert wurden. Teil einer Einrichtung zu sein, die auch als emanzipatorischer Gegenentwurf konkret auf gesellschaftliche Strukturen einwirken konnte, motivierte das Team zu Mehr- und Nachtarbeit. All diese Unternehmungen wären ohne die Mitarbeiter meiner Klinik und die auf unterschiedlichen Feldern agierenden Mitglieder unserer alten Erfurter Gruppe und ihrer Sympathisanten nicht denkbar gewesen.

Das Freud-Symposium aus Anlass seines fünfzigsten Todestags im Juli 1989 nahm keinerlei politische Rücksicht mehr. Die Reden der Ostanalytiker offenbarten nicht nur das Streben nach verbindlichen Beziehungen zu den westdeutschen Psychoanalytikern, sondern auch ein Distanzieren von der Gesundheitspolitik der DDR. Letzteres ist gut dokumentiert in einem Spitzelbericht, der uns der politischen Plattformbildung beschuldigte, eine überaus schwerwiegende Verdächtigung (Süß, 1998). Gott sei Dank war ein halbes Jahr später der Spuk vorüber.

Meine sechs Vorwendejahre an der Leipziger Universität zeigen eine Eskalation politischer Aktivitäten. Das betraf sowohl die ehemaligen Mitglieder der Erfurter Selbsterfahrungsgruppe im Vorstand der Psychotherapiegesellschaft

---

16  Immerhin war die Dresdner Tagung so erfolgreich, dass weitere große Veranstaltungen genehmigt wurden, von denen die 1987 in Erfurt durchgeführte als »vorgezogene Wiedervereinigung der deutschen Psychotherapeuten« in die Geschichte einging. Durch die aufgrund der damals erfolgten Reise Erich Honeckers in seine saarländische Heimat von DDR-Seite angestrebte Auflockerung des politischen Klimas durften wir ca. 250 Teilnehmer aus dem Westen einladen. Diese Tagung diente der Anbahnung zahlreicher Ost-West-Kooperationen, von denen viele die Wende überdauerten und später den Aufbau psychoanalytischer Institute im Osten flankierten. Eine weitere Veranstaltung war das Freud-Symposium 1989 in Leipzig aus Anlass seines fünfzigsten Todestags.

als auch viele Mitarbeiter und Mitarbeiterinnen meiner Klinik, die die organisatorischen Voraussetzungen für alle beschriebenen Aktivitäten schufen.

## Frustrane Suche nach Zugehörigkeit

Genealogisch waren meine Beziehungen zum Mainstream der Psychoanalyse bis dahin überschaubar und mein Selbstverständnis als Analytiker war nur spärlich durch direkte Verwandtschaft mit Nachkommen oder Weggefährten Freuds untermauert. Mein psychiatrischer Lehrer, Richard Heidrich, hatte bei Schultz-Hencke eine Lehranalyse gemacht, der wiederum Lehranalysand von Sándor Radó gewesen war. Höck, der eine ganze Generation ostdeutscher Psychotherapeuten beeinflusst hatte, war ebenfalls theoretisch Schultz-Hencke sehr nahe und hatte im Berliner Institut für Psychotherapie bei Hans Schneider und Werner Schwidder auf der Couch gelegen.

Die naheliegende Weiterführung der Tradition der Leipziger Arbeitsgemeinschaft für Psychoanalyse des Berliner Instituts zwischen 1920 und 1936 durch ehemalige Analysanden ihrer Leiterin Therese Benedek war nach deren Emigration 1936 und der Teilung Deutschlands nur rudimentär gegeben.[17] Die von mir praktizierte Form der Gruppenanalyse bezog sich auf die Intendierte Dynamische Gruppenpsychotherapie (Höck, 1981), modifiziert durch Elemente des Verfahrens der »aktionszentrierten Gruppe mit soziodynamischer Funktionsverteilung« (Heigl-Evers, 1967a; 1967b; 1968), aus der sich später das Göttinger Modell entwickelte (Heigl-Evers u. Heigl, 1985). (Als Jürgen Ott nach seiner Ausreise mit Anneliese Heigl-Evers zusammenarbeitete, schloss diese Beziehung natürlich auch die im Osten Zurückgebliebenen ein.)

Wir beanspruchten ebenso Zugehörigkeit wie unsere ungarischen Kollegen, die mit ungebrochener Erbfolge von Sándor Ferenczi über Imre Hermann (1889–1984) immerhin eine Form der provisorischen Mitgliedschaft in der IPA erreicht hatten. Die Tschechoslowaken vertraten ebenfalls eine solche Perspektive. Bereits 1979 hatte ich auf einer Tagung in Budapest das für den Ostblock zuständige Vorstandsmitglied der IPA kennengelernt, den Wiener Harald

---

17  In Leipzig waren nach dem Krieg nur noch Alexander Beerholdt (1883–1976) und Herbert Weigel (1901–1966) aktiv und nur Beerholdt arbeitete bis an sein Lebensende klassisch psychoanalytisch. Gerhart Scheunert (1906–1994), Ewald Roellenbleck (1899–1976) und Fritz Riemann (1902–1979), ebenfalls Analysanden von Benedek, verließen Leipzig nach deren Emigration.

Leupold-Löwenthal (1926–2007). Ihm trug ich damals das Anliegen vor, den ungarischen und tschechoslowakischen Kollegen gleichgestellt zu werden und in irgendeiner Form mit der IPA zu kooperieren, zunächst unterhalb der Ebene offizieller Kontakte, an die damals noch nicht zu denken war. Die Reaktionen waren jahrelang freundlich hinhaltend.

Erst 1987[18] konnte ich mit Werner König, meinem Stellvertreter im Vorstand der DDR-Gesellschaft, zu Leupold-Löwenthal nach Wien fahren und dieses Thema abschließend verhandeln. So schön die Reise war und vor allem das Erlebnis, im Behandlungszimmer Freuds in der Berggasse 19 einen Vortrag halten zu dürfen, das Ergebnis dieser Gespräche war deprimierend. Es stellte sich heraus, dass der direkte Weg zur IPA trotz Vermittlung von Leupold-Löwenthal durch den IPA-Vorstand verriegelt war. Die Botschaft lautete: »Kommunisten sind schon schlimm genug, aber deutsche Kommunisten, das ist zu viel.« Die Gleichsetzung meiner Weltanschauung mit der der DDR-Machthaber hatte ich freilich nicht das erste Mal erlebt. Fünf Jahre später kam diese Geschichte doch noch zu einem besseren Ende.

## Aufbauarbeit nach der Wiedervereinigung

Ich bin einigermaßen stolz, zur friedlichen Revolution in Ostdeutschland nicht nur auf dem Feld der fachlich-intellektuellen Auseinandersetzung, sondern auch als Teilnehmender der entscheidenden Leipziger Großdemonstration am 9. Oktober 1989 etwas beigetragen zu haben. Auch meine Frau und meine Kinder fühlen sich als Gewinner der deutschen Wiedervereinigung, und ich werde den Tag der Maueröffnung immer als Feiertag begehen. Jedoch hatte ich das Ausmaß der mit der Umgestaltung verbundenen Aufgaben und der damit verbundenen Belastungen unterschätzt.

Die friedliche Revolution 1989 veränderte die Verhältnisse in Ostdeutschland schlagartig fundamental. An der Leipziger Universität waren die Brüche gewaltig, und kein Stein blieb auf dem anderen. Mehrere Fakultäten wurden

---

18  Erst ab 1986 konnte ich mit enormem bürokratischen Aufwand und Kontrollen verbundene kurze Reisen wenigstens in »Nicht-Nato-Länder« antreten. Dank meines Schweizer Freundes Edgar Heim, damaliger Vorsitzender der bereits erwähnten IFP, wurde ich 1987 Generalsekretär dieser internationalen Gesellschaft, was mir einen »Reisekaderstatus der unteren Kategorie« einbrachte, der kurze Reisen zu Vorstandssitzungen dieser Gesellschaft, die ich selbst anberaumen konnte, ins westliche Ausland ermöglichte. Damit wurde ich wenigstens in den letzten zwei Jahren seines Bestehens ein Freigänger des Großgefängnisses DDR.

komplett abgewickelt und neu gegründet. Insgesamt musste mehr als die Hälfte
der 17.000 Mitarbeiter die Universität verlassen. An der Medizinischen Fakultät wurden zwei von drei Klinikchefs wegen Staatsnähe oder Stasimitarbeit in
einer ersten Säuberungswelle entlassen. Als einer der wenigen Gebliebenen
hatte ich zahlreiche Funktionen bei der Umstrukturierung der Universität,
wurde zunächst Mitglied der Fakultätsleitung und war später als Prorektor für
die Universitätsentwicklung zuständig.

Meine Klinik konnte wieder selbstständig werden und ich übernahm den
ersten Lehrstuhl für Psychosomatische Medizin und Psychotherapie, der an
einer ostdeutschen Universität eingerichtet wurde. Mit der Übernahme der
westlichen Approbationsordnung bekam die Psychosomatik auch einen höheren Stellenwert im Kanon der Medizinfächer, der mir zusätzliche personelle
Kapazitäten bescherte.

Bereits ab 1988, nachdem ich als Generalsekretär der International Federation for Medical Psychotherapy freier reisen durfte, hatte ich – damals noch
inoffizielle – Kontakte zur Konferenz der leitenden Hochschullehrer für Psychosomatische Medizin geknüpft, die mich auch zu ihren Sitzungen zuließ. Diese
westdeutschen Hochschullehrer unterstützten den Aufbau neuer Bildungs- und
Forschungsstrukturen. Für die zunächst an meiner Klinik neu eingerichtete
Abteilung für Medizinische Psychologie und Soziologie gewann ich Elmar
Brähler aus Gießen als Chef, dessen Erfahrungen mit den westlichen Wissen-
schaftsstrukturen den Aufbau der psychosozialen Leipziger Forschung voranbrachte. Die mehrere Jahre vor der Wende unter dem Radar der Aufpasser
begonnenen Forschungskooperationen zu Helmut Thomä und Horst Kächele
in Ulm, zu Rainer Krause in Saarbrücken und Wolfgang Senf in Heidelberg
und Essen wurden legalisiert und intensiviert. Gleichzeitig musste die Weiterbildung neu strukturiert, Ausbildungsinstitute mussten gegründet und alles
in einen Gleichtakt mit den vorhandenen bundesrepublikanischen Strukturen gebracht werden.

Im privaten Bereich reprivatisierte ich gemeinsam mit meiner Schwester kurz
nach der Wende unseren Familienbetrieb und führte langwierige Verhandlungen
mit der Treuhand. Das alles war ungemein spannend und befriedigend, aber
auch sehr anstrengend und mit enormen Belastungen verbunden.


## Gruppenforschung an der Leipziger Universität

Dass therapeutische Veränderung durch Bewusstmachung unbewusster Konflikte in einer regressiven Übertragungsbeziehung hergestellt wird und der

Königsweg zu diesem Ziel die Deutung wäre, hielt ich schon immer für etwas kurz gegriffen. Meinen Patientinnen ging es immer dann besser, wenn sie ihre Wünsche wahrnehmen und unmissverständlich, d. h. mithilfe der dazu passenden Affekte, ausdrücken konnten.[19] (Umso besser, wenn dies bewusst reflektiert wird, was aber nicht unbedingt notwendig ist.)

Der therapeutische Prozess, also eine sich in diese Richtung hin verändernde affektive Interaktion der an der Behandlung beteiligten Personen,[20] folgt dabei einer Dramaturgie, die im Rahmen eines technischen Zweipersonenkonzepts schwer zu fassen ist. Analytische Psychotherapie ist eher eine Art emotionales Interaktionstraining, wie Krause (1985; 1997) es ausdrückt. Erfolgreiche Therapeuten können Beziehungsangebote aufnehmen, die durch diese ausgelösten Gefühle jedoch als fremdinduziert wahrnehmen und eine affektiv und sprachlich geeignetere Antwort als die eigentlich erwartete geben (Krause, 2002). Diese Prozesse auch im Gruppensetting nachvollziehbar zu dokumentieren, fand ich immer spannend.

Insofern habe ich schon in den 1970er Jahren versucht, solche dramatischen Entwicklungen in der Gruppe mithilfe von semantischen Differenzialen abzubilden, die die gefühlte Nähe oder Distanz eines Gruppenmitgliedes zu allen anderen (Ott, Geyer u. Böttcher, 1980) oder die Veränderung des Erregungspegels (Ullrich u. Ullrich de Muynck, 1975) in der Zeit messen (Geyer, Hupfer u. Ehrhardt, 1984). Die alte Idee, dass eine erfolgreiche Therapie durch eine Bewegung hin zu paritätischen »demokratischen« Verhältnissen in der Gruppe begleitet wird, wurde mithilfe eines von Feldes (1978) standardisierten Schätzskalensatzes dokumentiert, der der Erfassung interpersoneller Beziehungen im sozialen Raum über die Dimension Potenz (Durchsetzungsfähigkeit, Selbstbehauptung) und Valenz (soziale Attraktivität, Beliebtheit) dient. Potenz

---

19  Damit ist gemeint, dass das Bedürfnis nach Nähe und liebevoller Zuwendung den Zugang zu Bindungsaffekten wie Freude und Neugier voraussetzt oder für die Durchsetzung von Selbstinteressen Affekte wie Wut, Zorn etc. wahrnehmbar und ausdrückbar sein müssen.

20  Die Bedeutung der affektiven Interaktion betonten schon Alexander und French (1946), später viele andere. Wissenschaftlich sehr fundierte Konzepte lieferte seinerzeit der psychoanalytische Emotionsforscher Krause (1997).

und Valenz erschienen als psychische Allgemeinqualitäten, als unabhängige, invariante und universelle Dimension psychosozialer Prozesse.[21, 22]

Nachweislich führte der Zuwachs an Kompetenzen in der Beziehungsregelung zu einer veränderten therapeutischen Interaktionsform, die zu mehr Symmetrie tendiert. Eine derartige Beziehungsform ist durch die zunehmende Fähigkeit der Patientin gekennzeichnet, die Beziehung unter Berücksichtigung ihrer Bedürfnisse bewusst zu gestalten (Geyer, Hupfer u. Ehrhardt, 1984; Geyer et al., 1987; Geyer et al.,1988). Die Effekte unserer damaligen – überwiegend gruppentherapeutischen – Arbeit wurden auch langzeitkatamnestisch untersucht (Geyer u. Reihs, 2000).

Von jeher erschien mir die Psychotherapieforschung dann besonders sinnvoll und befriedigend, wenn sie die Praxis der stationären und tagesklinischen Versorgung direkt beeinflusste. Ich glaube, dass dies in den letzten 15 Jahren meiner Tätigkeit immer besser gelang. Voraussetzungen dafür waren die Anfang der 1990er Jahre erreichten Fortschritte in der mathematischen Modellierung komplexer Prozesse durch Methoden der künstlichen Intelligenz (Villmann, Herrmann u. Geyer, 2000) wie auch die Weiterentwicklung der Theorie selbstorganisierender Systeme, der sogenannten Synergetik (Haken, 2000; Geyer et al., 2008). Diese befruchteten die psychotherapeutische Prozessforschung selbst, aber vor allem auch das Verständnis psychotherapeutischer Veränderungsprozesse in der Praxis.[23] Mit physiologischen[24] und sprachanalytischen Para-

---

21  Es wird also die Veränderung der Machtverhältnisse dokumentiert, die auf den Selbsteinschätzungen der Gruppenteilnehmer mithilfe semantischer Differentiale mit je sechs Polaritäten für Potenz und Valenz basiert. Die Werte werden im Potenz-Valenz-Diagramm punktuell dokumentiert. Die Selbsteinschätzung erfolgt unter verschiedenen Fragestellungen: 1. Selbstbild – wie (potent und valent) sehe ich mich? 2. Wunschbild – wie möchte ich sein? 3. Vermutetes Fremdbild – wie sieht mich vermutlich die Gruppe? 4. Therapeutenbild – wie sehe ich den Therapeuten? 5. Gruppenbild – wie sehe ich die Gruppe? Der Zuwachs an Kompetenzen in der Beziehungsregelung lässt sich anhand einer veränderten therapeutischen Interaktionsform erkennen, die zu mehr Symmetrie tendiert. Es wird die zunehmende Fähigkeit der Patientin abgebildet, die Beziehung unter Berücksichtigung seiner Bedürfnisse bewusst zu gestalten.

22  Die Forschungsarbeiten Kurt Höcks im Haus der Gesundheit Berlin sind in diesem Band von Christoph Seidler dargestellt.

23  Rein kausale Beschreibungen von Ursache-Wirkungs-Prinzipen zwischen therapeutischen Interventionen und Veränderungen von psychischen oder körperlichen Symptomen beim Patienten konnten der Komplexität eines therapeutischen Prozesses nicht gerecht werden. Synergetische Erklärungsansätze dagegen eigneten sich gut, um verschiedene psychodynamische Theorien zu integrieren und Inkonsistenzen wie das »Äquivalenzparadoxon« aufzuheben.

24  Es wurden sowohl bei Patienten als auch Therapeuten simultan psycho-physiologische Parameter wie Herzfrequenz, Muskelspannung (EMG), Hautleitfähigkeit als *skin conductance response* (SCR), Hautleitfähigkeit als *skin conductance level* (SCL) abgeleitet und mithilfe künstlich neuronaler Netze analysiert (Villmann, Herrmann u. Geyer, 2000).

metern (Textanalyse nach Mergenthaler, 1992) wurden Rückschlüsse auf relevante emotionale Prozesse in psychotherapeutischen Beziehungen ermöglicht[25] (Gumz, Geyer u. Brähler, 2014).

Die in den wöchentlichen Fallkonferenzen mit allen Mitarbeitern diskutierten Videos von Therapieausschnitten wurden von prozessbegleitender Diagnostik, oft auch von prozessrelevanten Hinweisen aus der klinischen Forschung flankiert, was oft genug »Aha-Reaktionen« auslöste. Es war einer der Gründe, warum die Mitarbeiter der Klinik drängten, ihre videografierten Fälle in dieser Atmosphäre zur Diskussion zu stellen.

## Die Vereinigung der Analytiker

Ein Zugang zu der in der DGPT beheimateten psychoanalytischen Tradition fand sich nach der Wiedervereinigung auf unerwartete Weise. Die seit der Dresdner Tagung 1984 bestehenden Beziehungen zur DGPT waren nach dem Erfurter Kongress 1987 noch intensiver und sogar freundschaftlich geworden. Noch vor der Maueröffnung hatte mich der damalige DGPT-Vorsitzende Carl Nedelmann in Leipzig besucht. Wir reisten eine Woche durch die bekannten Stätten mitteldeutscher Kultur und Geschichte und diskutierten hart und freundschaftlich unsere theoretischen Differenzen, die sich vorwiegend auf Freuds Triebtheorie bezogen (Gegenstand unserer Diskussion war eine von mir damals publizierte Würdigung Freuds anlässlich dessen fünfzigsten Todestags [Geyer, 1989b]).

Nach der Wiedervereinigung wurde denjenigen von uns, die sich als Analytiker verstanden, nach langwierigen und kontroversen Gesprächen schließlich eine Option auf Mitgliedschaft eröffnet, die unter anderem auch eine mindestens 100-stündige Lehranalyse bei einem DGPT-Lehranalytiker forderte (Nedelmann, 1998). Der aus westdeutscher Sicht generöse Kompromiss war für einige von uns kränkend. Für meine Zustimmung waren die Vorteile ent-

---

25 Hohe Entropie physiologischer Parameter und hohe Komplexität sprachanalytischer Variablen indizieren mit ziemlicher Sicherheit eine Instabilität des Systems, die Grundlage für Veränderung sein kann. Ein synchroner Verlauf hoher psychophysiologischer Variabilität (Entropie) bei Patientin und Therapeut weist ebenso wie eine bestimmte sprachanalytische Konstellation auf kritische Therapiephasen hin und bildet somit Aspekte der Dramatik des psychotherapeutischen Prozesses ab.

scheidend, beispielsweise die dadurch vorhandene Möglichkeit, nicht zuletzt
für unsere Schüler, Zugang zum Mainstream der Psychoanalyse zu bekommen.[26]
    Für mich persönlich bot das Angebot eine unverhoffte Chance. Auf eine nie
für möglich gehaltene Weise erwarb ich durch diese Regelung doch noch eine
Art verwandtschaftliche Beziehung zur analytischen Szene Mitteldeutschlands
der 1920er und frühen 1930er Jahre: In Göttingen konnte ich bei Franz S. Heigl
(1920–2001), einem der Pioniere der Gruppenanalyse, die geforderte Lehranalyse absolvieren. Heigl war bekanntlich bei Fritz Riemann in Lehranalyse
gewesen. Der Chemnitzer Fritz Riemann selbst hatte bei der Leipzigerin Therese Benedek vor ihrer Emigration den ersten Teil seiner Lehranalyse erhalten.
Damit fühlte ich mich »genealogisch« angekommen.
    Wir ostdeutschen Gruppenanalytiker, die sich im Deutschen Arbeitskreis für
Intendierte Dynamische Gruppenpsychotherapie (DADG) organisiert hatten,
wurden allerdings erst im Jahre 2000 im Deutschen Arbeitskreis für Gruppenpsychotherapie und Gruppendynamik (DAGG) heimisch. Erst zehn Jahre nach
der Wiedervereinigung wurde die DADG als sechste eigenständige Gruppierung der DAGG gleichberechtigtes Mitglied.


## Die Illusion der ostdeutschen Einheitlichkeit

Eine Meistererzählung über die DDR, wie sie unbestritten über das Dritte Reich
existiert und die Bösartigkeit des Regimes nicht verharmlost, ist selbst mehr als
dreißig Jahre nach der Wiedervereinigung in einem Deutschland nicht in Sicht,
in dem die Nachfolgepartei der SED den Ministerpräsidenten meines Bundes-
lands stellt. Die besondere Gemengelage des Lebens, die für das Gefühl der
Freiheit oder Unfreiheit in der DDR maßgeblich war, hat offenbar zu großen
Wahrnehmungsunterschieden geführt.
    Aus meiner Sicht sind die ostdeutsche analytische Psychotherapie wie auch
die Gruppenanalyse Gewinner des Einigungsprozesses; und auch ihre Protagonisten kamen nicht zu kurz. Das sehen viele Ostdeutsche anders. Ohnehin hatte die deutsche Einheit den Anschein einheitlicher Ansichten und Ziele
der Ostdeutschen als Illusion entlarvt. Auch unterschiedliche Sichtweisen auf

---

26 Erst als ich mehrere Jahre später im Beirat dieser Gesellschaft saß, konnte ich die Leistung
   des damaligen Vorstands würdigen, sich mit seinem Angebot gegen einflussreiche interne
   Gegnergruppen durchgesetzt zu haben. Das Ausmaß orthodoxer Engstirnigkeit, die damals
   dort herrschte, verhinderte noch lange Zeit, dass längst in der Wirklichkeit der deutschen
   Versorgungs- und Weiterbildungslandschaft angekommene Entwicklungen auf dem Gebiet
   der psychodynamischen Psychotherapie Einfluss auf die DGPT-Fachpolitik nehmen konnten.

die Psychotherapieszene der DDR wurden in einem Maße sichtbar, dass ich
sie nicht wiedererkenne.

Das mag eine Ursache darin haben, dass sich nach der Wende die dem politischen Druck geschuldete übermäßige Harmonie und Nähe auch zwischen
Ausbildungskandidaten und ihren Lehrern, die das Austragen von Generations-
konflikten behindert hatten, auflöste (Simon, 2000). Umso mehr wurden auch
Identifikationsmöglichkeiten mit neuen Lehrern und ihren Methoden erzeugt,[27]
die den Blick auf die früheren Verhältnisse veränderten. Das war besonders
dann auffällig, wenn eine neue »westliche« Identität die peinliche östliche
rasch ersetzen musste.

So ist es eher folgerichtig, dass die jeweiligen Gewinne und Kosten der
Wiedervereinigung in unterschiedlichen Milieus im Osten auch unterschiedlich wahrgenommen wurden.[28] Jedenfalls ist es im Nachhinein für mich klarer
als vorher, dass es im Osten ebenso wenig ein einheitliches Gefühl der Unfreiheit wie einen einheitlichen »DDR-Psychotherapeuten« gegeben hatte. Weder
meine eigene Entwicklung zum Gruppenanalytiker noch meine berufliche Karriere sind in dieser Hinsicht exemplarisch.

## Selbsterfahrung beim Übergang ins Alter

Dass ich die ersten zehn Jahre nach der Wiedervereinigung ohne größere
gesundheitliche Probleme überstand, verdanke ich der Fürsorge meiner Familie
und Freunde, nicht zuletzt auch Franz Heigl, auf dessen Couch ich im Stress der

---

27  Zunächst kam es mit der Öffnung der Grenzen zu einer enormen Verstärkung der lange vorher bestehenden Westorientierung. Die Mehrzahl der Psychotherapeutinnen und Psychotherapeuten versuchte, Anschluss im Westen zu finden oder vorhandene Bindungen auszu-
bauen. Dies betrifft sowohl die Gruppe der Psychotherapeuten, die bereits lange Westkontakte
gepflegt hatte, aber auch diejenigen, die auf der Suche nach einer neuen westlichen professionellen Identität waren. Neu war jetzt, dass sich diese Bewegung von Ost nach West mit den
Missionszügen von West nach Ost kreuzten.

28  Allerdings konterkariert nicht nur die weitere Entwicklung der in Ostdeutschland entwickelten
Spielart der Gruppenanalyse die weitverbreitete Vorstellung, die Psychotherapeuten des Ostens
hätten sich einseitig nur an die Verhältnisse im Westen anpassen müssen. In keiner anderen
medizinischen Disziplin sind so viele östliche Besonderheiten gesamtdeutsch übernommen
worden: Es gab einen – von vielen gar nicht in diesem Sinne wahrgenommenen – Ost-West-
Transfer östlicher Errungenschaften auch bei der Übernahme des ostdeutschen Psycho-
therapiefacharztes. Auch der Siegeszug der tiefenpsychologisch fundierten Psychotherapie
in der psychologischen Aus- und Weiterbildung wurde durch die Übernahme ostdeutscher
Verhältnisse gebahnt. Ebenso sind die ostdeutsche »Konzentrative Entspannung«, in gewisser
Weise auch das katathyme Bilderleben als integrativer Bestandteil der tiefenpsychologisch
fundierten Psychotherapie, im bundesdeutschen kassenärztlichen Leistungskatalog gelandet.

ersten Nachwendejahre wenigstens vorübergehend zu mir selbst kam. Die Art
und Weise, wie ich Herausforderungen auch auf Kosten meines Selbst bewältigte,
war immer Gegenstand meiner Selbsterfahrung.

Eigentlich hätte das Ende der Diktatur auch das Ende jener seelischen Ver-
arbeitungsformen sein können, mit denen ich das mitunter schwer erträgliche
Lebensgefühl eines DDR-Menschen abmilderte. Diese Form der Abwehr kam
jedoch auch in der belastenden Zeit danach noch gelegen. Erst Jahre nach der
Wiedervereinigung konnte ich jene Bedürftigkeit und Ohnmacht spüren, die
mich in den beschriebenen Verhältnissen sehr behindert hätte. Über weite Strecken hatte ich tatsächlich die Illusion gepflegt, das Regime irgendwie »im Griff«
gehabt zu haben. Als Psychoanalytiker, der ich mein eigenes Studienobjekt darstelle, machte ich bei mir rückblickend Tendenzen mehrerer Abwehrformen bis
hin zur »manischen Abwehr« aus.

Wenn ich heute über mein Leben in der DDR schreibe, ist diese Auseinandersetzung immer noch geprägt von seelischen Prozessen, die der Rückgewinnung auch der in jener Zeit verdrängten Gefühle dienen. Auch dreißig
Jahre nach der Befreiung fühle ich mich mitunter noch immer wie der Reiter, der über den Bodensee galoppiert und es nicht fassen kann, dass das Eis
getragen hat.


## Es geht immer noch weiter

Ich sehe es als großes Glück, dass ich inzwischen mehr als drei Jahrzehnte in
einer liberalen marktwirtschaftlichen Demokratie leben darf. Meine Kinder
und ein Dutzend Enkel und Urenkel wie auch neu gewonnene Freunde lassen mein Leben und das meiner Frau nicht langweilig werden. Und ich kann
immer noch arbeiten.

Schon einige Jahre vor der Pensionierung war es mir gelungen, ein Projekt zu realisieren, mit dem ich jenen Teil meines Hochschullehrerlebens, der
mir zeitlebens großen Spaß bereitet hatte, in den nächsten Lebensabschnitt
rettete. Ich wollte, solange es geht, junge Leute auf ihrem Weg zum Psychotherapeuten begleiten. So gründete ich eine weitere Ausbildungsstätte, diesmal in meiner Heimatstadt. Diese kleine private Hochschule macht mir immer
noch große Freude und hat inzwischen mehr Studierende als die frühere, längst
geschlossene Medizinische Hochschule, an der mein eigener Weg zum Psychotherapeuten in der Erfurter Selbsterfahrungsgruppe begann. Und auch die
Menge der Gruppentherapeutinnen in Aus- und Weiterbildung hat seit einigen
Jahren wieder gewaltig zugenommen.

## Fazit

Die Frage, welches gesellschaftliche Potenzial in der Gruppenanalyse steckt, durchzieht diese notgedrungen fragmentarische Darstellung meines Lebens als Analytiker. Hatten unsere Gegner recht, die bereits die Gruppenbildung als politische Aktion sahen?[29] Mit Blick auf mein eigenes Leben möchte ich die Frage eher bejahen. Die Tatsache, dass analytische Gruppen eine andere Qualität als die sie umgebenden Gruppen herausbilden und damit eine gewisse Eigenständigkeit und Unabhängigkeit ihrer eigenen Normensetzung gewinnen können, ist nicht zu bestreiten. Und das dürfte nicht nur auf Diktaturen zutreffen, wo solche Gruppen eine demokratische Alternative zur Gesellschaft bilden, die Menschen Zuflucht und Hoffnung bieten kann.

Es liegt in der Natur einer entwickelten Gruppenkultur, also einer »gruppalen Beziehung«, dass sie als Gegenstruktur auch in demokratischen Gesellschaften entsteht, in denen auf unterschiedlichen sozialen Ebenen Verhältnisse vorhanden sind, die dazu beitragen, dass die in ihnen lebenden Menschen zu ihrer »eigentlichen Norm«, wie Foulkes es ausdrückt, nicht finden können. Insofern hat auch die therapeutische Gruppe einen gesellschaftspolitischen Aspekt. Sie begreift nämlich demokratische Werte nicht nur als therapeutisch bedeutsame normative Zielstellung der Gruppenentwicklung, sondern gerät mit ihren Normen auch in den Prozess der Auseinandersetzung mit krank machenden Strukturen, die es in jeder Gesellschaft gibt. Über diese Rolle der Gruppenanalyse zu streiten, wäre aus meiner Sicht angesichts der aktuellen Angriffe von links und rechts auf die heiligen Werte der Aufklärung notwendiger denn je.

## Auswahl eigener Publikationen und weitere verwendete Literatur

Albani, C., Blaser, G., Geyer, M., Kächele, H. (1999). Die »Control Mastery«-Theorie. Forum der Psychoanalyse, 15, 224–236.

Alexander, F., French, T. M. (1946). Psychoanalytic therapy; principles and application. New York: Ronald Press

Arendt, H. (1975). Elemente und Ursprünge totaler Herrschaft. Bd. 3: Totale Herrschaft. Frankfurt a. M.: Ullstein.

Ash, M. G. (Hrsg.) (2010). Psychoanalyse in totalitären und autoritären Regimen. Frankfurt a. M.: Brandes & Apsel.

Feldes, D. (1978). Über kooperative Beziehungen zwischen psychiatrischen Patienten und ihrer Umwelt. Med. Promotion-B-Arbeit. Universität Leipzig.

---

29 Die Stasi jedenfalls dachte ununterbrochen so. Noch während des Zusammenbruchs der Diktatur warnten sie die staatlichen Stellen speziell vor Hans-Joachim Maaz und mir, s. a. das IM-Protokoll anlässlich der Freud-Tagung in Leipzig, publiziert bei Süß (1998).

Foulkes, S. H. (1947/2007). Gruppenanalytische Psychotherapie (2. Aufl.). Frankfurt a. M.: Westarp.

Foulkes, S. H. (1948). Introduction to group-analytic psychotherapy. Studies in the social integration of individuals and groups. London: Heinemann.

Geyer, M. (1978). Psychosoziale Merkmale bei Herzinfarktgefährdeten. Untersuchung in einer großstädtischen Population 49–59-jähriger Männer. Med. Habilitationsschrift, Medizinische Hochschule Erfurt.

Geyer, M. (1981). Zum Problem der Ko-Therapie in dynamischen Gesprächsgruppen. In K. Höck, J. Ott, M. Vorwerg (Hrsg.), Theoretische Probleme der Psychotherapie. Psychotherapie und Grenzgebiete. Leipzig: Barth.

Geyer, M. (1989a). Das ärztliche Gespräch. Berlin: Volk und Gesundheit.

Geyer, M. (1989b). Betrachtungen über Psychoanalyse zum 50. Todestag Sigmund Freuds. Zeitschrift für ärztliche Fortbildung, (83), 937–942.

Geyer, M. (1990). Methodik des psychotherapeutischen Einzelgesprächs. Leipzig: Barth.

Geyer, M. (1995). Sie nehmen die Kälte nicht wahr – »Westdeutsche« aus der Sicht eines »Ostdeutschen«. In E. Brähler, H.-J. Wirth (Hrsg.), Entsolidarisierung. Die Westdeutschen am Vorabend der Wende und danach. Opladen: Westdeutscher Verlag.

Geyer, M. (2001). Gruppentherapie in der DDR. Michael Geyer im Gespräch mit Wolfang Senf. Psychotherapie im Dialog, 2, 233–235.

Geyer, M. (2010a). Die Erfurter Selbsterfahrungsgruppe. In C. Seidler, I. Misselwitz, H. Küster, S. Heyne (Hrsg.), Das Spiel der Geschlechter und der Kampf der Generationen, Gruppenanalyse in Ost und West. Göttingen: Vandenhoeck & Ruprecht.

Geyer, M. (2010b). Entwicklung der Psychotherapie in Ost- und Westdeutschland. Gruppenpsychotherapie und Gruppendynamik, Zeitschrift für Theorie und Praxis der Gruppenanalyse, 46 (4), 247–273.

Geyer, M. (Hrsg.) (2011): Psychotherapie in Ostdeutschland. Geschichte und Geschichten 1945–1995. Göttingen: Vandenhoeck & Ruprecht.

Geyer, M. (2018). Können wir aus unserer Geschichte lernen? Spuren von Geschichtsvergessenheit im Selbst- und Rollenverständnis des Psychotherapeuten. Psychotherapeut, 63 (1), 22–31.

Geyer, M. (2021). Professionsgeschichte: Zur Dienstbarkeit von Psychotherapeuten im Wandel der Zeiten. In M. Wendisch (Hrsg.), Kritische Psychotherapie: Interdisziplinäre Analysen einer leidenden Gesellschaft. Göttingen: Hogrefe.

Geyer, M. (2022). Wie frei war ich als Psychotherapeut in der Diktatur des Proletariats? In B. Strauß (Hrsg.), Seelenarbeit im Sozialismus. Psychologie, Psychiatrie und Psychotherapie in der DDR. Gießen: Psychosozial-Verlag.

Geyer, M. (2023). Die Gruppe als normative Instanz im Wandel der Zeiten. Gruppenpsychotherapie und Gruppendynamik, Zeitschrift für Theorie und Praxis der Gruppenanalyse, 59 (1), 2–16.

Geyer, M., Bergmann, B., Villmann, T., Gumz, A. (2008). Veränderungspotenziale psychophysiologischer und sprachlicher Interaktion – Ergebnisse empirischer Prozessforschung. In R. Vogt. (Hrsg.), Körperpotenziale in der traumaorientierten Psychotherapie. Gießen: Psychosozial-Verlag.

Geyer, M., Brähler, E., Plöttner, G., Scholz, M. (1995). Gesellschaftlicher Umbruch – Individuelle Antworten. Veränderungen ausgewählter sozialer und gesundheitlicher Parameter nach der Vereinigung im Ost-West-Vergleich. In E. Brähler, H.-J. Wirth, Entsolidarisierung. Die Westdeutschen am Vorabend der Wende und danach. Opladen: Westdeutscher Verlag.

Geyer, M., Hessel, A. (1997). Psychosomatische Medizin und Psychotherapie. Stuttgart: UTB.

Geyer, M., Hupfer, P., Ehrhardt, W. (1984). Zur Abbildung und Kontrolle des Veränderungsprozesses in der Gruppenpsychotherapie. Psychiatrie, Neurologie und medizinische Psychologie, 36, (12), 726–738.

Geyer, M., König, W., Maaz, H.-J., Scheerer, S., Seidler, S. (1989). Balint-Arbeit in der DDR – Der Prozeß der Konzeptbildung. Die Balint-Gruppe in Klinik und Praxis, 4, 248–279.

Geyer, M., Plöttner, G., Ludwig, E. (1987). Therapiemotivation und therapeutische Beziehung – Kriterien für die Abbildung und Kontrolle des Prozesses in der Gruppenpsychotherapie. In H. Höck, M. Vorwerg (Hrsg.), Fortschritte der klinischen Persönlichkeitspsychologie und klinischen Psychodiagnostik (S. 74–88). Leipzig: Barth.

Geyer, M., Plöttner, G. Winiecki, P. (1988). Zur Abbildung interaktioneller Konfigurationen mit Hilfe prozeßbegleitender semantischer Differentiale. Psychotherapie, Medizinische Psychologie 38, 211–217.

Geyer, M., Reihs, R. (2000). Zur Wirksamkeit stationärer Psychotherapie – Ergebnisse einer Langzeit-Katamnesestudie. In W. Tress, W. Wöller, E. Horn (Hrsg.), Psychotherapeutische Medizin im Krankenhaus – State of the Art. Frankfurt a. M.: VAS.

Geyer, M., Teubner, E., Kunzendorff, E, Andrezjak, K., Knappe, J., Strube, G. (1975): Methodenkombiniertes psychoprophylaktisches Trainingsprogramm zur Prävention des Myokardinfarktes im Rahmen einer prospektiven epidemiologischen Studie. Deutsches Gesundheitswesen (30) 1023–1027

Gfäller, G. R, Leutz, G. (Hrsg.) (2006). Gruppenanalyse, Gruppendynamik, Psychodrama. Quellen und Traditionen Zeitzeugenberichten. Der Umgang mit Gruppenphänomenen in den deutschsprachigen Ländern. Heidelberg: Mattes Verlag.

Gumz, A., Geyer, M., Brähler, E. (2014). Psychodynamic therapy from the perspective of self-organization. A concept of change and a methodological approach for empirical examination. Clinical Psychology & Psychotherapy, 21 (4), 299–310.

Haken, H. (2000). Information and Self-Organization. Berlin: Springer.

Heigl-Evers, A. (1966). Die Gruppe unter soziodynamischem und antriebspsychologischem Aspekt. In H. G. Preuss (Hrsg.), Analytische Gruppenpsychotherapie. Grundlagen und Praxis (S. 124–148). München: Urban u. Schwarzenberg.

Heigl-Evers, A. (1967a). Gruppendynamik und die Position des Therapeuten. Zeitschrift für psychosomatische Medizin, 13, 31–38.

Heigl-Evers, A. (1967b). Zur Behandlungstechnik in der analytischen Gruppentherapie. Zeitschrift für psychosomatische Medizin, 13, 266–276.

Heigl-Evers, A. (1968). Prägruppale Bezogenheiten in der analytischen Gruppenpsychotherapie. Gruppenpsychotherapie und Gruppendynamik, Zeitschrift für Theorie und Praxis der Gruppenanalyse, 1, 9–27.

Heigl-Evers, A., Heigl, F. (1985). Das Göttinger Modell der Gruppenpsychotherapie. In P. Kutter (Hrsg.), Methoden und Theorien der Gruppenpsychotherapie. Psychoanalytische und tiefenpsychologische Perspektiven. Stuttgart/Bad Cannstatt: Frommann-Holzboog.

Hermanns, L. M. (2009). Über die Wurzeln der Gruppenanalyse in Nachkriegsdeutschland – ihre Rezeptionsgeschichte und Traditionsbildungen. Jahrbuch für Gruppenanalyse, 45 (2), 5–31.

Höck, K. (1981). Konzeption der intendierten dynamischen Gruppenpsychotherapie. In J. Ott. (Hrsg.), Theoretische Probleme der Gruppenpsychotherapie. Psychotherapie und Grenzgebiete, Bd. 1. Leipzig: Barth.

Krause, R. (1985). Psychotherapie. In T. Herrmann, E. D. Landermann (Hrsg.), Persönlichkeitspsychologie. Ein Handbuch in Schlüsselbegriffen. München u. a.: Urban & Schwarzenberg.

Krause, R. (1997). Allgemeine psychoanalytische Krankheitslehre. Bd. 1. Grundlagen. Stuttgart: Kohlhammer.

Krause, R. (2002). Affekte und Gefühle aus psychoanalytischer Sicht. PiD – Psychotherapie im Dialog. 3(2). 120–126

Mergenthaler, E. (1992). Die Transkription von Gesprächen. Eine Zusammenstellung von Gesprächen mit einem Beispieltranskript. Ulm: Ulmer Textbank. ISBN: 3–926002-07-7

Nedelmann, C. (1998). Die Übergangsregelung für die Mitgliedschaft in der DGPT. In P. Diederichs (Hrsg.), Psychoanalyse in Ostdeutschland. Göttingen: Vandenhoeck & Ruprecht.

Nedelmann, C. (2000). Freud und die Grenzöffnung nach Osten. In B. Strauß, M. Geyer (Hrsg.), Psychotherapie in Zeiten der Veränderung. Wiesbaden: Westdeutscher Verlag.

Ott, J., Geyer, M. (1972). Bericht über eine Selbsterfahrungsgruppe nach 16 Monaten. Psychiatrie, Neurologie und medizinische Psychologie, 24 (4), 210–215.

Ott, J., Geyer, M. (2003). Psychoanalyse und Gruppenpsychotherapie in Ostdeutschland und der DDR. In M. Geyer, G. Plöttner, G. Villmann (Hrsg.), Psychotherapeutische Reflexionen gesellschaftlichen Wandels. Frankfurt a. M.: VAS.

Ott, J., Geyer, M., Böttcher, H. F. (1980). Zu einigen Problemen der psychotherapeutischen Ausbildung für die verschiedenen örtlichen Zielgruppen unter besonderer Beobachtung der Rolle der Therapeutenpersönlichkeit. In H. Hess, W. König, J. Ott (Hrsg.), Psychotherapie-Integration und Spezialisierung (S. 46–57). Leipzig: Thieme Verlag.

Ott, J., Geyer, M., Schneemann, K. (1972). Mehrdimensionale stationäre Psychotherapie einer Gruppe von Kindern und Jugendlichen nach Suizidversuch. Psychiatrie, Neurologie und medizinische Psychologie, 24 (2), 104–110.

Schindler, R. (1957). Grundprinzipien der Psychodynamik in der Gruppe. Psyche 11 (5), 308–314.

Schultz, J. H. (1932). Das autogene Training (konzentrative Selbstentspannung). Versuch einer klinisch-praktischen Darstellung. Leipzig: Thieme.

Simon, A. (2000). Kein geschützter Raum. In A. Simon, J. Faktor (Hrsg.), Fremd im eigenen Land? Gießen: Psychosozial-Verlag.

Strauß, B., Geyer, M. (Hrsg.) (2000). Psychotherapie in Zeiten der Veränderung. Opladen: Westdeutscher Verlag.

Strauß, B., Geyer, M. (Hrsg.) (2006). Grenzen psychotherapeutischen Handelns. Göttingen: Vandenhoeck & Ruprecht.

Strauß, B., Geyer, M. (Hrsg.) (2006). Psychotherapie in Zeiten der Globalisierung. Göttingen: Vandenhoeck & Ruprecht.

Süß, S. (1998). Politisch mißbraucht? Psychiatrie und Staatssicherheit in der DDR. Berlin: Ch. Links Verlag.

Ullrich, R., Ullrich de Muynck, R. (1975): Das Emotionalitätsinventar (EMI) – Struktur- und faktorenanalytische Untersuchungen streßinduzierter Antworten. Diagnostika. 21, 84–101

Villmann, T., Herrmann, W., Geyer, M. (2000). Variants of Self-Organizing Maps for Data Mining and Data Visualization in Medicine. Neural Network World, 10 (4), 751–762.

Michael Hayne

# Schritte zur Gruppenanalyse: Zum interpersonellen Verstehen und zur Therapie

Was über die eigene Person betrachtet und erst recht was geäußert wird, befindet sich quasi automatisch im Sog und im Einflussbereich des eigenen Narzissmus. Der Blick auf die eigene Person, ihre Prägungen, Wünsche, Handlungen und Handlungsmotive fällt zunächst einmal geschönt aus. Beim Überdenken stellt sich dann oft die Frage, inwieweit eine Korrektur im Sinne einer realistischeren Selbstwahrnehmung gelingt.

So scheint mir beim Nachdenken über meine Ausführungen zum jetzigen Thema die narzisstisch gefärbte Grundformel zu bestehen: Erinnerungen an irritierende, belastende Einflüsse, d. h. an negative Einflüsse, werden gern als von außen stammend wahrgenommen. Darauf folgen Erinnerungen an eine Gegenwehr in Denken und Handeln und zunehmend reifere und positivere Strukturen im eigenen Wahrnehmen und Handeln.

Konkret wäre dies bei unserer Thematik ein Bericht über Erleben und Erkennen von gelungenen, aber auch von schädlichen, mich schädigenden Prozessen in den Gruppen, denen ich angehört habe. Dann eine zunehmend konstruktive, gelungene Reaktion darauf, und zwar unter Aufbau einer beruflich-fachlichen Kompetenz.

Wenn ich aber meine Selbstbeschreibungen narzissmuskritisch betrachte, führt dies zur Schärfung meiner Wahrnehmung in Bezug auf meine eigene Beteiligung an den belastenden und eventuell verletzenden Erfahrungen, die ich im Leben mit anderen und insbesondere in Gruppensituationen gemacht habe. Zugleich allerdings befinde ich mich als Verfasser dieser Zeilen natürlich nicht als Analysand auf der Couch. Das bedeutet, mir ist bewusst, und auch Lesenden sollte bewusst sein, dass hier keine schonungslose und schrankenlose Selbstanalyse niedergeschrieben wird. Natürlich gilt es auch, in meinem Bericht auftauchende andere Personen angemessen zu schützen.

In meinem ersten Lebensjahr wurde mein Vater als Wehrpflichtiger zum Militär einberufen und verschwand damit zunächst einmal weitgehend aus meinem Leben. Im Folgejahr nahm er am Krieg gegen Frankreich teil, gehörte dort schließlich zur deutschen Besatzung und war ein einquartierter deutscher Soldat im landwirtschaftlichen Betrieb einer französischen Familie, mit der er sich intensiv anfreundete.

Er war zuvor selbstständiger Drogist in Köln gewesen, und meine Mutter übernahm diese Tätigkeit, wie im Krieg damals anscheinend üblich, ohne weitere Vorbildung. Während ihrer Arbeitszeit übernahm die Aufsicht über meinen drei Jahre älteren Bruder und mich ein junges, lustloses Mädchen von etwa 18 Jahren. Sie war unfreiwillig aus den von deutschen Truppen besetzten Niederlanden zum Dienst in Deutschland verpflichtet worden. Diese Pflicht übte sie gegen ihren Willen aus und ließ uns Kinder ihre Abneigung gegen alles Deutsche spüren. Meine Mutter erklärte ihr Verhalten quasi gruppenanalytisch: Sie möchte in ihrer Familie und in ihrem eigenen Land leben, nicht gezwungen werden, einer fremden Familie in einem feindseligen Land zu dienen.

Ich ging mit drei Jahren in den Kindergarten, der nationalsozialistisch ausgerichtet war. Die Kindergärtnerinnen wurden »braune Schwestern« genannt und führten ein strenges, drillartiges Regime. Ich folgte widerwillig und entdeckte schließlich die Möglichkeit zu schwänzen: Statt dort Teil einer Kindergruppe zu sein, die unter Befehlen funktionierte, streunte ich lieber mit einigen anderen Kindern in einer freien, aber desorientiert herumirrenden Gruppe durch Straßen und Grünanlagen. Die damit verbundenen Gefahren dämmerten nur gelegentlich auf, so z. B., als unsere Kindergruppe im Park auf einer Grünfläche eine Bombe fand. Es handelte sich wohl um eine Fliegerbombe, die zufällig nicht explodiert war und auf der Wiese herumlag. Wir untersuchten sie, bis kurz darauf ein zuvor offenbar unaufmerksamer Aufpasser angelaufen kam, wild rufend und gestikulierend. Unsere Kindergruppe wurde schließlich von unseren Eltern aufgelöst, nachdem unser Fehlen im Kindergarten aufgefallen war.

Inzwischen wurden die Nächte immer unruhiger: Es gab Sirenenalarm, Fliegerangriffe, Flucht in den Keller des Mehrfamilienhauses. Wenn die Einschläge näher kamen, sprach keiner der zwanzig bis dreißig Menschen mehr ein Wort. Mich störte vor allem, dass ich im unteren Etagenbett aus der Matratze meines Bruders, der oben lag, fortlaufend herabrieselnde Staubteile in die Augen bekam. Ich vermute heute, dass er sich beim Fallen der Bomben angstvoll herumwälzte und ich das Krachen der explodierenden Bomben mit aufgerissenen Augen aufnahm.

So gefährlich die Situation in den Bombennächten aber war, ich erinnere mich bis heute, dass mich vor allem der über mir liegende ältere Bruder störte, »überlegen« war er natürlich nicht nur räumlich im Luftschutzkeller. Heute ist mir ziemlich klar, dass sich hier eine Variante des Ödipuskomplexes zu erkennen gab: Dies war in der äußerst bedrohlichen Situation etwas wirklich Unpassendes, aber auch etwas, das ich später bei der Lektüre der Schriften Freuds leicht und wie selbstverständlich wiedererkannte.

Meine ödipale Verwicklung, beziehungsweise das, was ich damals rudimentär davon verspürte, wurde durch Geschehnisse zwischen den Eltern noch verstärkt: In großen Abständen kam der Vater zu Besuch. Nachts weckte mich dann eine stachlige Wange mit einem väterlichen Kuss. Leckere und exotische Lebensmittel aus Frankreich machten die Begegnungen ansatzweise liebevoll. In diesen Zeiten aber kam es auch zu Konflikten zwischen den Eltern, die wir Kinder mitbekamen; Konflikte, die mit unklarer Rollenverteilung und Eifersucht zu tun hatten. Schließlich gab es während eines solchen väterlichen Urlaubs eine katastrophale Zuspitzung, als Mutter mit einem gebrochenen Halswirbel ins Krankenhaus gebracht werden musste. Uns wurde erklärt, die Eltern hätten spaßigen Unsinn im Bett gemacht, und dabei sei die Mutter versehentlich aus dem Bett gefallen. Für mich aber war dies etwas Unheimliches, als wäre sie Gegenstand einer Gewalttat geworden.

Diese atmosphärische Färbung des Geschehens kann ich heute als wirksame Vorbereitung auf die spätere Entdeckung des Ödipuskomplexes als typisches von der Analyse beschriebenes Geschehen in Familien und in Machtstrukturen erkennen. Vielleicht ist es nicht zu weit hergeholt, anzunehmen, dass die Übermacht der Bombergeschwader, die am Himmel erschienen, mir als so etwas wie ins fast Unendliche gesteigerte Männergewalt erschien: eine männliche Gewalt, die in nebelhafter Weise etwas mit dem Vater als Soldat zu tun hatte.

Die Bombardierungen nahmen dramatisch und schließlich unerträglich zu. 1942 beschloss die Familie daher, in die Ferienwohnung vom Großvater mütterlicherseits zu ziehen, die er vor dem Krieg dauerhaft gemietet hatte und die in einer hübschen Kleinstadt lag. Damit wurde ich Teil einer Großfamilie mit zwölf Mitgliedern in einer kleinen Wohnung: eine Gruppe mit vielen Spannungen und lustigen bis witzigen Episoden zur Spannungslösung. Dort war ich Teil einer fünfköpfigen Kindergruppe, der von den Erwachsenen Geschichten und Märchen vorgelesen wurden und in der wir Kinder untereinander Geschichten erfanden und austauschten.

Draußen auf der Straße waren wir in den Folgejahren für andere Kinder und Jugendliche, für Ortsansässige eben, »die Fremden«. Wir, die wir von anderswo herkamen, wurden von einheimischen Kindern mit Steinen beworfen – ein Verhalten, das mich sehr erstaunte. Ich ahnte, dass zwischen Gruppen ganz ohne Worte, wie automatisch, machtvolle und hochaggressive Gesetze gelten, die aus dunklen Untergründen auftauchen und auf die uns die Erwachsenen nicht vorbereitet hatten.

In einer später einsetzenden Beschäftigung mit Fremdenhass und insbesondere mit Antisemitismus wurden mir diese Erlebnisse zu evidenten Bausteinen im Verstehen der Gruppeninteraktionen und sozialer Destruktivität.

Ostern 1943 wurde ich im Alter von fünf Jahren eingeschult. Während meiner ersten Schulzeit im Krieg (Ende 1944 bis 1945 blieb die Schule kriegsbedingt geschlossen) traten alle Schüler zu bestimmten Zeiten auf dem Schulhof klassenweise an, ähnlich einem Appell der Soldaten einer Kaserne. Zu Beginn wurde der Appell jeweils eingeleitet durch eine männliche Autorität, nämlich den Schulleiter: Er zeigte sich in einem kleinen ovalen Fenster an höchster Stelle des Schulgebäudes unter dem Dachfirst, streckte seine Hände mit der Schulglocke heraus und läutete sie. Nachdem dann alle Schüler nach Klassen geordnet auf dem Hof Stellung genommen hatten, ertönte die Nationalhymne, verbunden mit der Aufforderung, den Hitlergruß zu zeigen. Es folgte eine Ansprache des Schulleiters. Die Enge der Aufstellung, die unangenehmen Gerüche der Menschenmenge, die für mich unverständliche, aber als sehr wichtig avisierte Ansprache des Schulleiters, all das erweckte in mir heftigen Ekel und den Wunsch zu entkommen.

Ich fühlte mich einige Jahre später ein wenig daran erinnert, als ich von Zwangskollektivierungen, Massenaufmärschen mit militärischer Musik und politischen Ansprachen an die Menge nach Gründung der DDR hörte, und zwar in schwärmerischen Worten, die einige Schulfreunde verbreiteten. Ganz im Gegensatz dazu faszinierte mich viele Jahre später die Art, wie Selbsterfahrungsgruppen in der Foulkes'schen Schule geleitet wurden: immer mit ausgeprägtem Interesse seitens der Leiter für die Gruppe als Ganzes und zugleich auch für das Individuelle in der Gruppe. Dazu gehörte die Art der Leitung von Großgruppen, die Jossi Shaked später entwickelte: Er zeigte Tendenzen, sich einem Gruppen-Mainstream und sich spontan zeigenden Leitern zu unterwerfen; zugleich aber machte er deutlich, dass parallel zu den Unterordnungsprozessen auch eine Tendenz vorhanden war, feinfühlig und empathisch mit Individuen und individuellen Anliegen umzugehen. Er deutete auf feinfühlige Beziehungsaufnahmen hin, die sich spontan in der Großgruppe zeigten, bei denen die einzelne Person gerade nicht unterging, bei denen gegensätzliche Erlebnisse und Meinungen Platz bekamen.

Das Kriegsende nahte schließlich, der Schulunterricht hatte schon länger aufgehört, und es war Mitte März 1945 geworden. Das Wasser war in unserem Stadtteil abgestellt, und die Mutter, ihre Schwester und ich, nun siebenjährig, gingen mit ein paar Wasserkannen in Richtung einer öffentlichen Pumpe die Hauptstraße unserer Kleinstadt entlang. Hinter uns liefen drei deutsche Soldaten. Einer trug ein Maschinengewehr auf der Schulter, die anderen beiden je eine Holzkiste im Format von Koffern, die wohl Munition enthielten. Zu unserem Entsetzen warfen sich die drei plötzlich hinter uns auf den Boden (anscheinend hatten sie uns vorher als Deckung genutzt) und entsicherten das Maschinengewehr. Einer rief:»Macht die Straße frei, oder wir schießen euch über den Haufen!« Ich erschrak dermaßen, dass ich hinfiel und nicht mehr aufstehen konnte. Am anderen Ende der Straße war ein amerikanischer Panzerspähwagen aufgetaucht, und dahinter kamen Panzer. Während nun von beiden Seiten geschossen wurde, riss mich Mutter hoch und suchte, schließlich mit Erfolg, Einlass in eines der Häuser. Später, als der Ort von den Amerikanern eingenommen war, gingen wir nach Hause, vorbei an den drei deutschen Soldaten, die erschossen am Straßenrand in Blutlachen lagen.

Meine völlige Verblüffung beinhaltete damals und ist bis heute wach, dass für das damalige Regime der Einzelne offenbar nicht zählte, sondern nur das Kollektiv. Absoluter Gehorsam, so weit, dass Einzelne sinnlos geopfert werden, wo das »große Ganze« es für nützlich erachtet, das war offenbar, was zählte. Im Namen der Größe Deutschlands war man offenbar bereit, auch ein paar Zivilisten, zwei Frauen und ein Kind, auszulöschen, weil sie gerade einer militärischen Aufgabe im Wege waren. Drei junge Männer, Soldaten, waren zur Gegenwehr gegen den amerikanischen Feind abkommandiert, um zu dritt einer ganzen Armee entgegenzutreten: Unterwerfung, Gehorsam, Verleugnung des individuellen Werts, nur das war von Bedeutung. Das war, was ich mit ungläubigem und vom Schock erfassten Staunen wahrnahm. Wie wundervoll und wie richtig fühlte es sich später an, als gegen Ende meines Studiums in der gruppenanalytischen Selbsterfahrung sorgsam beachtet wurde, was einzelne Mitglieder in der Gruppe an ganz individuellen Erfahrungen erlebten!

Der Schulunterricht wurde wiederaufgenommen, und sogleich ging es um die Vorbereitung auf die katholische Kommunion, was ein Priester und eine Nonne übernahmen. Beide erschienen mir wie Heilige, so klar und so edelmütig waren die Botschaften, die von ihnen ausgingen. Dennoch begann ich im Verlauf des Unterrichts, immer weniger von der Kommunion zu halten. Die Schulkinder versammelten sich in den Bänken der Kirche und benahmen sich teilweise hochaggressiv, ein chaotisches Boxen, Kneifen und Treten war die bösartige Beschäftigung bis zu dem Augenblick, in dem – mit einem Glöckchen angekündigt – der Priester eintrat. Von diesem Moment an schienen alle Kinder ruckartig verwandelt, saßen quasi erstarrt auf ihren Plätzen, Frömmigkeit heuchelnd.

Meine Zweifel an den beiden Unterrichtenden wuchsen vor dem Hintergrund dieser Enttäuschung. War ich anfangs tatsächlich der Meinung gewesen, beide könnten quasi Heilige, engelartige, jenseitige Wesen sein, stellte ich dies auf die Probe. Ich beschloss, eine Art Realitätstest zu machen, der darin bestand, an ihnen zu riechen, wenn sie, während sie ihre heiligen Inhalte vortrugen, durch die Bankreihen gingen und bei mir vorbeikamen. Das Ergebnis war: Sie rochen wie normale Menschen. Ich beschloss daher, meine Idealisierung zu vermindern bzw. aufzugeben.

Zehn Jahre lebte unsere Familie in der Kleinstadt, und während dieser Zeit war mein Vater kriegsbedingt abwesend. Das männliche Familienoberhaupt, der »Vater« sozusagen, war der Freund meines Großvaters und Vermieter der Ferienwohnung, in der wir alle als eine größere Gruppe lebten. Er wohnte im selben Haus, war Künstler, d. h. Bildhauer und Maler, aber auch Philosoph. Glücklicherweise stand die Familie mit ihm unter sehr positivem Einfluss. Die Fragen, die sich aus den familiären Spannungen und der politischen Situation vor allem in den Jahren des Nazistaats ergaben, beantwortete er mit der toleranten Einstellung eines Weisen. Und aus seiner Wertschätzung für seine jüdischen Künstlerkollegen machte er kein Geheimnis.

1948, zehn Jahre nach dem Weggang des Vaters, zog die Familie wieder nach Köln. Vor dem Krieg waren der Vater und seine Eltern Anhänger und Wähler der Nazipartei gewesen. Aus dem Krieg kam er schließlich geschlagen, enttäuscht und ernüchtert zurück. Nun ging er daran, anstelle von Bedauern oder Scham den wirtschaftlichen Aufbau zu betreiben, und setzte alles daran, wieder als selbstständiger Drogist zu arbeiten.

Meine ödipale Einstellung, deren ubiquitäre Bedeutung mir später durch die Psychoanalyse erkennbar wurde, fand lebhafte Nahrung: Den geliebten älteren »Vater« hatte ich verloren, und der leibliche Vater erschien mir mit seiner Nazivergangenheit, gegen die sich die Mutter und ihre Familie gestellt hatten, als inakzeptabel. Einige Anteile in der Persönlichkeit des leiblichen Vaters wirkten freilich auch liebenswert und identifikationsfähig. Dazu gehörte sein Interesse an fremden Kulturen, Musik und seine Gastfreundschaft.

Der Besuch des Gymnasiums begann mit Lateinunterricht, den ein römisch aussehender, sympathischer Lehrer durchführte. Er ähnelte meiner Großmutter mütterlicherseits und deren Bruder, die beide nicht nur südländisch aussahen, sondern mich auch durch ihre Musikausübung beeindruckten. Vor allem über diese drei »Römer«, Lateinlehrer, Großmutter und Großonkel, entwickelte ich den Wunsch, »gebildet«, kulturverbunden und kulturreflektierend zu sein. Ein wichtiger Deutschlehrer lenkte meinen Blick auf den Kern, auf Wesen und Grundaussagen literarischer Produkte und ihrer Autoren, und ich versuchte, diese Haltung aufzunehmen.

So gefiel mir, als ich mit 15 oder 16 Jahren auf Nietzsches Schriften stieß und auf seine Gedanken zu den Werten einer Kultur und zur Geschichte ihrer Werte. In derselben Zeit begegnete mir ein anderer kühner Entwurf zur Deutung von Kernstrukturen in der Gesellschaft, nämlich Freuds »Totem und Tabu« (1912–13). Hier verstand ich, dass bei liebenden und hassenden Anteilen in der Einstellung einer »Brüderhorde« zum Vater, der diese Horde unterdrückte, der Erotik und der Sexualität verbot, dass es in der Frühgeschichte der Menschen zu Hassausbrüchen dem Vater gegenüber gekommen sein konnte. Im Verlauf eines solchen Hassausbruchs konnten sich die Brüder zusammengerottet, den Vater getötet, zerstückelt und sogar kannibalisch verzehrt haben. Der zugleich aber auch liebende Beziehungsanteil ließ dann möglicherweise das kannibalische Mahl zur Einverleibung von wertvollen väterlichen Aspekten, zur Reue und zur Identifikation mit ihm werden. Bei der Lektüre wurde für mich verständlich, wie Rituale des »Vaterverspeisens« (wie etwa in Kommunion und Abendmahl im Christentum) bedeuten konnten, den Vater zu opfern und sich mit ihm zugleich innig zu vereinen. Ich verstand, dass die rituelle »essende« Vereinigung mit dem Vater zur Identifikation mit seinen Werten, seinen Vorschriften und Gesetzen und damit zu einer kulturstiftenden Aktion wurde. Eine Einstellung von Neid und Hass, ein Aufkommen von Gewissen und Reue und schließlich eine Einfühlung in verschiedene Wertigkeiten des gehassten Objekts erschien mir als packende Erklärung für zentrale Prozesse in der Gesellschaft allgemein, aber auch in der Familie und in mir selbst. Ich erahnte meinen ödipalen Hass auf den Vater in Erinnerung an Erlebnisse in der frühen Kindheit, als die Mutter mit einem Halswirbelbruch ins Krankenhaus musste. Damals war uns Kindern die nicht überzeugende Begründung gegeben worden, die Eltern seien im Schlafzimmer »zum Spaß zu sehr herumgetollt«, wobei ein Unfall passiert sei. Ein nebelhaftes Unwohlsein bei dieser Erklärung verdichtete sich später bei mir in den Pubertätsjahren zu der Deutung, dass die häufigen Krankheiten der Mutter etwas mit einer Unterdrückung durch den Vater zu tun haben mussten – einer Unterdrückung, als deren »Opfer« ich mich selbst auch erlebte.

Auch bei mir selbst beobachtete ich die Neigung, mich mit dem Vater zu identifizieren, obwohl ich ihn eben auch sehr negativ besetzte: Sollte ich nicht beruflich in seine Fußstapfen als Drogist treten, was ich kurzfristig tatsächlich auch versuchte?

Während meiner Zeit im Gymnasium faszinierten mich das Aufdecken verborgener Inhalte in Texten, metaphysische Spekulationen in der Philosophie, aber auch naturwissenschaftlich Gesichertes. Nach dem Abitur beschloss ich, den schon Jahre vorher aufgekommenen Wunsch zu verwirklichen, Psychoanalytiker und Psychotherapeut zu werden. Daher begann ich, Medizin zu studieren, wechselte aber nach dem Vorphysikum zur Psychologie: ein Fach, das mir einen sehr viel direkteren Weg zur Psychotherapie versprach. Nach dem

Examen suchte ich eine analytische Institutsausbildung mit Seminarbesuchen und späterer Lehranalyse bei Edeltrud Meistermann-Seeger, die eine Professur an der WiSo-Fakultät innehatte. Dort vertrat sie im Fach Soziologie eine psychoanalytische Kulturanthropologie sowie klassische Psychoanalyse. In ihren Seminaren beschäftigte ich mich mit der allgemeinen psychoanalytischen Theorie sowie mit der Gesellschaftstheorie und der Gruppenpsychotherapie.

Ich nahm am Seminarbetrieb des Köln-Düsseldorfer DPV-Instituts teil und erlebte dort in meiner Ausbildungszeit zum Analytiker eine merkwürdige Atmosphäre: Ich war streckenweise Kandidatensprecher und demgemäß öfter in der Rolle, Fehlentwicklungen und Missstände zu benennen. Darauf reagierten allerdings einige der Ausbilder mit dem Hinweis, solche Kritik gehe auf pathologische Anteile der Kandidaten zurück und gehöre daher »auf die Couch«, gewissermaßen um dort »geheilt« zu werden: Wer Autoritäten kritisierte, hatte demnach eine behandlungsbedürftige Störung.

Frau Meistermann-Seeger, selbst Balint-Schülerin, veranstaltete in Montagnola in der Schweiz Workshops mit Theorievorträgen zur Psychoanalyse und zur Psychoanalyse der Gesellschaft. Begleitend fanden Sitzungen im Charakter einer analytischen Gruppenselbsterfahrung statt. Sie folgte damit einem Modell, das sie bei Michael Balint in London kennengelernt hatte. Schließlich bot sie in Köln eine fortlaufende analytische Selbsterfahrungsgruppe für Kandidaten und junge Analytiker an, woran ich über drei Jahre teilnahm.

Während dieser Zeit besuchte ich gruppenanalytische Workshops in London, bei denen mich der hin- und herwechselnde Fokus vom Gruppenganzen zum Individuellen und wieder zurück ausgesprochen faszinierte. Nun konnte ich in der Sicht auf das Gruppenganze und seine Dynamik deutlich von der intensiven Beschäftigung im Psychologiestudium mit der Gestalttheorie profitieren und tue das bis heute: Mein wichtigster akademischer Lehrer im Psychologiestudium war Wilhelm Salber, der eine Integration gestalttheoretischer und psychoanalytischer Ansätze zu seinem Lebenswerk gemacht hatte. Ausbilder, denen ich in London in einer Reihe von Workshops begegnete, waren S. H. Foulkes in der Supervision, sowie Lionel Kreeger und Jim Home mit Selbsterfahrungsgruppen. Der Ansatz, die Therapiegruppe und die Selbsterfahrungsgruppe als eine eigene Gestalt mit charakteristischen Gesetzen zu sehen, aber im Wechsel auch ein Stück individuelle Psychoanalyse in der Gruppe zu betreiben, war dort eindrucksvolle gängige Praxis, die ich begierig aufsog.

Gestaltgesetze wurden in den Interventionen der Londoner Gruppenanalytiker plötzlich lebendig, wenn sich die Interventionen auf die Gruppe als Ganzes bezogen. Wir als Teilnehmende der Selbsterfahrungsgruppe nahmen wahr, wie eine teilnehmende Person angesichts einer Beziehungskrise oder auch einer Trennung in eine Polarisierung geraten war, etwa: Ich (Opfer, gut) versus Ex-Partner*in (er/sie, Täter, böse). Der weitere Ablauf zeigte im gelungenen Fall, dass sich dabei eigene edle Seiten und leidende Rollenanteile ganz einseitig im Vordergrund der Selbstwahrnehmung befanden, während Scham, Schuldgefühle und Selbstanklagen in den Hintergrund gedrängt waren. Der Teilnehmende, der zu Hause in der Beziehungskrise steckte, wiederholte seine Polarisierung auch in der Gruppe, zog einen Teil der Mitglieder auf seine Seite, während andere ihn als unangenehm erlebten und dies andeuteten. Diese Polarisierung in z. B. gut/böse wurde als ein Figur-Grund-Prozess gedeutet, eines der wichtigen Gestaltgesetze, die ich in der akademischen Psychologie kennengelernt hatte. Der Einblick in das Gestaltgesetz wurde aber dadurch lebendig, dass wir als Gruppenmitglieder emotional stark verwickelt waren und uns in unseren Bewertungen mit rechthaberischen Positionen spalteten. Die neue Fähigkeit, auch Untergründiges und Gegenteiliges mit in die eigene Wahrnehmung zu nehmen und vor allem in der Selbstwahrnehmung zuzulassen, wurde durch die Interventionen des Gruppenanalytikers möglich: Er brachte sich warmherzig und einfühlsam ein. Von zentraler Bedeutung war dabei, dass wir als Gruppenmitglieder zu einem Interesse an abgespaltenen, unbewussten eigenen Motiven animiert wurden.

Bei einer anderen Gelegenheit steckte die Gruppe in unangenehmer Weise fest. Beiträge, die kamen, erschienen mir langweilig, belanglos, zäh und verstummten wieder. Das eintretende Schweigen löste eine dumpfe Spannung und ein bedrücktes Gefühl aus. Ich erinnere mich daran, dass mein eigenes Gefühl dahin tendierte, vom diffusen Unwohlsein in eine Art von Vorwurf von versteckter, nichtverbalisierbarer Kritik am Verhalten der Gruppenteilnehmer zu geraten. Der Gruppenleiter, damals Lionel Kreeger, entschloss sich zu einer Intervention, die sich auf die Gruppe als Ganzes bezog, und zwar so, dass er auf unser gemeinsames Schicksal hinwies, nämlich, dass wir bezüglich des Zeitablaufs schon im letzten Drittel des Workshops angekommen waren. Das Ende und der Abschied würden nun als bedrohlich und traurig empfunden und diese Gefühle sich in der Gruppe vermutlich lähmend und deprimierend auswirken. Offenbar schloss er von seiner eigenen Gefühlslage probeweise auf die Gefühle von uns Teilnehmenden und bot mit seinen Worten an, dass wir in eine gemeinsame Trauerreaktion gekommen waren, die ins Depressive tendierte.

Ich vermute heute und dachte schon damals, dass er damit auf eine warmherzige Weise einen Einblick in eine gemeinsame schwierige Thematik anstieß: die Beschäftigung mit den Gefühlen, die das nahende Ende der Veranstaltung auslöste. Von dort ausgehend beschäftigte sich die Gruppe mit den Gedanken und Gefühlen, die mit dem Thema Endlichkeit, auch des eigenen Lebens, ver-

bunden waren. Das Gestaltgesetz »gemeinsames Schicksal der Gruppe«, das ich
früher ohne jede Emotion kennengelernt und mir als Lernstoff gemerkt hatte,
wurde hier zum Leben erweckt und fühlte sich erstmalig wirklich bedeutungsvoll und warm an.

Was ich in London erlebte und was ich hier versuche wiederzugeben, war
die Fähigkeit der Gruppenleiter, ein intensives Gefühl für die Gruppe als eine
ganzheitliche Gestalt mit ihren interessanten Untergliederungen erlebbar zu
machen. Durch die liebenswürdige Geschmeidigkeit der Gruppenleiter in
der Foulkes'schen Schule entstand ein warmes Gefühl von Zusammenhalt,
Anerkennung, Mut zu konstruktiver Kritik und zum gemeinsamen Arbeiten
an Ungewohntem, Verdrängtem.

Dazu gehörte auch, Sündenbocktendenzen aufzuklären und als eine Dynamik verständlich zu machen, die darin bestand, dass sich Gruppenmitglieder
von eigenen Negativanteilen entlasten wollten, die eine bestimmte Person in
der Gruppe zur Trägerin inakzeptabler eigener Eigenschaften machten.

So erlebte ich einmal in einer Gruppensitzung, dass eine neue Teilnehmerin
mit jüdischem Hintergrund ihre Überzeugung, in mir als Deutschem den
Nazi zu erkennen, vehement zum Ausdruck brachte. Die (ebenfalls jüdische)
Gruppenanalytikerin legte in dieser Situation die eigene Kunst an den Tag, etwas
quasi Nazihaftes in anderen Gruppenteilnehmenden und ganz vornehmlich in
ihr selbst zu benennen.

In den Selbsterfahrungsgruppen in London lernte ich Anfang der 1970er
Jahre Alice Ricciardi-von Platen und Josef Shaked kennen. Wir waren den Londoner Ausbilder*innen vielleicht besonders motiviert erschienen, wie wohl auch
einige Teilnehmende aus Deutschland und Österreich. Jedenfalls kam aus dem
Personenkreis der Ausbilder*innen die Aufforderung, eine eigene gruppenanalytische Veranstaltung aufzubauen, eventuell auch eine gruppenanalytische
Weiterbildung im deutschsprachigen Raum. Bald danach hatten sich Alice
Ricciardi-von Platen und Jossi Shaked bereits mit zwei deutschen Kolleginnen
zusammengeschlossen und bei zwei Workshops in Altaussee in Österreich eine
enttäuschende Erfahrung gemacht: Die beiden hinzugezogenen Damen arbeiteten mit einem Gruppenkonzept, das wesentliche psychoanalytische Standards
vermissen ließ.

Daher gründeten Alice, Jossi und ich nun zu dritt 1976 die Internationale
Arbeitsgemeinschaft für Gruppenanalyse. Als Sitz der Organisation wählten
wir Bonn, während die gruppenanalytischen Veranstaltungen in Altaussee
stattfanden. Dort hatte Alice ein größeres Haus mit geeigneten Räumen geerbt,
das nunmehr zur Verfügung stand. Die Teilnehmenden kamen von Beginn an
aus verschiedenen europäischen Ländern, wobei die ungarischen und später

auch die ukrainischen Teilnehmer*innen den Anschluss an psychoanalytisch begründete Psychotherapiemethoden suchten. Offenbar war ihnen als Alternative zum kommunistischen Kollektivdenken, das ihnen in ihren Heimatländern vorgeschrieben war, eine angemessene Berücksichtigung eines individuellen Aspekts in der Gruppentherapie wertvoll. Man kann sagen, dass es ein Anliegen der Ärzte, Ärztinnen und Psycholog*innen aus den kommunistischen Ländern war, bei uns eine nichtautoritäre, die Gruppe als Ganzes, aber auch den Einzelnen respektierende Therapiemethode zu erlernen. Die bei uns erlebte freie Kommunikation, das Umgehen mit dem freien Einfall und die Offenheit für Eigenheiten und besondere Anliegen der einzelnen Gruppenteilnehmer*innen übte auf die Teilnehmenden aus kommunistischem Hintergrund eine spürbare Faszination aus.

Zugleich aber verfolgten viele deutsche und österreichische Teilnehmer ein fast gegenläufiges Ziel: Inspiriert durch die 68er-Bewegung suchten sie eine Selbsterfahrung und ein Gruppentherapiekonzept, das half, überzogenen Individualismus und konsumsüchtige Egozentrik zu überwinden. In dieser sehr spannungsvollen Atmosphäre entwickelten wir als Initiator*innen dieser Workshops den Wunsch nach einem festen Boden unter den Füßen. In dieser Situation war das Hinzukommen von Dieter Ohlmeier willkommen und hilfreich. Mit ihm zusammen und unter seinen Anregungen machten wir Anstalten, unseren Workshops eine klare Aus- und Weiterbildungsstruktur zu geben. Teilnehmende sollten Gelegenheit bekommen, nicht nur eine intensive Gruppenselbsterfahrung zu erleben, sondern, wenn sie es wünschten, eine gediegene eigene Kompetenz als Gruppentherapeut*innen zu erlangen. Dabei sollte eine abgehobene Theorie ebenso vermieden werden wie eine quasi isolierte Selbsterfahrung in der Gruppe, die wegblieb vom eigenen Praktizieren der gruppentherapeutischen Behandlung. So kam es zum gemischten Programm mit Selbsterfahrung, Theorieseminaren und Supervision in jedem Workshop. Zugleich entstand ein Aus- und Weiterbildungsprogramm über zehn Workshops, in dessen Verlauf sich die Teilnehmenden zunehmend zu mitpraktizierenden Gruppenleiter*innen qualifizierten. In der Praxis sah das so aus, dass man nach viermaliger Teilnahme (quasi in der Patientenrolle, allerdings durch Theorie- und Supervisionsseminare auch kognitiv angesprochen) jetzt Beobachter*in und danach Co-Leiter*in mit Abschlusszertifikat werden konnte. Auf diesem Wege sollten Selbsterfahrung, Theorie und eigene Behandlungspraxis kennengelernt und eingeübt werden. Sprengkraft lag allerdings in den z. T. extremen Ausrichtungen derjenigen Teilnehmer*innen, die von der 68er-Bewegung inspiriert, sowie auch derjenigen, die in zugespitzter Weise antikommunistisch und individualistisch motiviert waren.

An dieser Stelle möchte ich den besonderen »Geist« der Altausseer Workshops erwähnen, der wohl bis heute eine seltsame Mischung aus Toleranz für
andersartiges Denken und mutig eingebrachter eigener Stellungnahme darstellt. Alice Ricciardi-von Platen etwa tat sich durch viel Mitgefühl für durch-
gemachtes Leid und für Traumatisierungen der Teilnehmer*innen hervor: Wir
erlebten Leid und Traumata in einer modifizierten und erträglicheren Version
in manchen Situationen der Gruppenselbsterfahrung nach. Dabei fiel bei Alice
ihr besonderes Interesse an der Kritik auf, die an ihrer Person und an ihrem
Verhalten geübt wurde. Wurde Kritik geäußert, versuchte sie, den berechtigten
Anteil daran zu erkennen, um danach allerdings auch denjenigen Teil zu klären,
der aus früheren Beziehungserfahrungen und deren Verletzungen stammte. So
nahm sie Anklagen, die sich z. B. aus einer Mutterübertragung ergaben, recht
bereitwillig auf. Damit bot sie manchen Teilnehmenden die Möglichkeit einer
Auseinandersetzung und einer Versöhnung mit der versagenden Gruppenleiterin bzw. in der Übertragung mit einer versagenden mütterlichen Person.

Vielleicht spielte dabei mit herein, dass sie als junge Ärztin zusammen mit
Alexander Mitscherlich als Beobachterin an den Nürnberger Ärzteprozessen
nach Ende des Zweiten Weltkriegs teilgenommen hatte: Prozesse, in deren Verlauf deutlich wurde, dass die Naziregierung im Begriff war, nicht nur Geisteskranke zu töten, sondern schließlich auch unbequeme, aufsässige Kinder und
Jugendliche. Mir ist gut vorstellbar, dass es für Alice ein zentrales Anliegen war,
Aufsässigkeit und kritischen Wagemut zu unterstützen. Um dies aber zu ermöglichen, bot sie sich als mütterliche, eher noch als großmütterliche Person an, die
eine quasi unerschöpfliche Geduld und Toleranz an den Tag legte.

Jossi Shaked hatte die Nazizeit als ungarischer Jude überlebt, weil seine
Eltern der zionistischen Idee folgten und schon früh mit ihm als Kind nach
Palästina ausgewandert waren. Für ihn war die Anerkennung von Gegensätzen
und deren mögliche Versöhnung ein zentrales Lebensthema. Dazu passte, dass
er die Großgruppen in Altaussee zunächst als chaotische Masse empfand: Teilnehmer*innen schwiegen oder polemisierten, z. T. in aggressiver, z. T. auch in
ängstlicher Anspannung. Manche verloren sich thematisch oder vermieden
wirkliche Kontaktaufnahmen in der Gruppe durch unverbindliches Witzeln.
Andere machten sich zu einer Art Oberhaupt, verbunden mit dem Versuch, die
Vielfalt der anderen Anwesenden zu unterdrücken. Dem begegnete er mit gut-
artigem jüdischem Humor und Interventionen, in denen er die untergründig
vorhandenen Sehnsüchte nach Geborgenheit und Anerkennung vorsichtig
in Worte fasste. Das Ende der Sitzungen begleitete er fast regelmäßig mit der
Frage, wohin die weitere Entwicklung der Gruppe denn wohl gehen werde,
und er stiftete dabei die Hoffnung, dass vielleicht ein gelungeneres »Wir« ent-

stünde, und zwar als tragfähige Grundlage für angemessenere Auseinandersetzungen. An der Stelle setzte seine Unterstützung für die Unterdrückten ein. Er förderte ein antiautoritäres Aufbegehren, wie es in der 68er-Bewegung so sehr betont wurde. Im weiteren Verlauf der Selbsterfahrung in der Großgruppe erwies es sich als charakteristische und regelmäßige Entwicklung, dass sich die Teilnehmenden zunehmend persönlicher mit ihren individuellen Geschichten, ihren Verletzungen und Nöten und mit ihren aktuellen Beziehungen einbrachten. Schließlich entstand so ein Kompromiss zwischen dem antiautoritären Aufbegehren vieler Teilnehmer*innen, in denen sich politische Motive aus der 68er-Bewegung zeigten, und dem Wunsch vieler, in ihren individuellen Besonderheiten und in ihren Schicksalen wahrgenommen zu werden.

Für mich selbst wurde Altaussee zu meiner gruppenanalytischen Heimat. Die Regelhaftigkeit typischer Verläufe im Gruppenprozess vermittelte mir den Eindruck, dass wir darin Grundformen menschlicher Gruppen und sogar typische Schrittfolgen des Zusammenlebens überhaupt erkennen können: Zunächst taucht die Suche, das Bedürfnis nach einem Nest-Erleben auf, eine Suche, die in einer gegebenen Gruppe gelingt, weniger gelingt oder scheitert. Das gilt schon für die Familie, in die wir hineingeboren werden, aber allem Anschein nach auch für die meisten weiteren Gruppenerfahrungen. In weiteren Entwicklungsschritten beschäftigt man sich mit der Frage, wer gut, wer böse, wer zugehörig oder nicht zugehörig ist. Oft werden Feinde erkannt, auf die mit Angriff, Unterwerfung oder Ausscheiden aus der Gruppe reagiert werden kann. Von einer ganz eigenen Charakteristik ist das Erleben von Autorität in einer Gruppe: Dabei geht es oft vom Kampf gegen sie bis zu einer Identifizierung mit der Leitung. Nach der Entwicklung von einigen Graden an eigener Autorität profilieren sich die Gruppenmitglieder stärker in ihren individuellen Unterschieden und können sich im gelungenen Fall schließlich in angemessener Form auf Konflikte einlassen.

Als entscheidend hat sich für mich herausgestellt, dass das Nesterleben gelingt: Ich habe den dabei typischen Prozess »Nidation« genannt, d. h. Einnistung. Sie ist die tragende Grundlage für das Gelingen der weitergehenden Entwicklungsschritte im Miteinander in der Gruppe, sie wird aber gefährdet, geht vielleicht phasenweise ganz verloren und muss dann wieder hergerichtet werden. Gelungene Nidation beziehungsweise deren Reparatur ermöglicht die gelungene Weiterentwicklung aller in der Gruppe: Die Entwicklung von gegenseitiger basaler Anerkennung ermöglicht die notwendige Empathie, um in Konflikten ein Interesse an eigener Fehlentwicklung und ein Interesse an der Botschaft des anderen nicht zu verlieren.

Die Gruppentherapie, die mit Patient*innen durchgeführt wird, kann von einer solchen Gruppenselbsterfahrung entscheidend animiert werden. Ein

Therapieziel, sich für die gelungene Auseinandersetzung mit den Unbilden des Lebens zu rüsten und eigene Interessen unter Respektierung anderer zu vertreten, kann so gefördert werden.

Einige wichtige Kolleg*innen haben in Altaussee geholfen, diese Grundzüge der Selbsterfahrung und deren Bedeutung für das Zurechtkommen im Leben für die Teilnehmenden an den Workshops erlebbar zu machen. Dazu gehörten vor allem von Beginn an Margarethe Seidl und Dieter Ohlmeier, im weiteren Verlauf Rena und Rafael Moses, Elisabeth Foulkes und Klaus Frank. Zum jetzigen Zeitpunkt wirkt eine Gruppe von wunderbar begabten und sich konstruktiv einsetzenden Kollegen*innen in Altaussee mit und verhilft vielen Teilnehmenden zu tiefen Erkenntnissen und wesentlichen persönlichen Veränderungen. Gabi Sachs und Ute Moini-Afchari haben in den letzten Jahren zunehmend verantwortliche Funktionen übernommen, und die Organisation durch Hiltrud Nussbaumer ist besonders positiv hervorzuheben.

Eine strukturelle Veränderung wurde dadurch eingeführt, dass wir die Selbsterfahrungsgruppen in Altaussee grundsätzlich durch ein gemischtgeschlechtliches Paar leiten lassen. Nachdem dies bereits in Kleingruppen jahrelang etabliert war, führten wir die gemischtgeschlechtliche Leitung auch in der Großgruppe ein. Damit endete eine Ära, in der Jossi Shaked alle Zuneigung und alle Aufstände gegen ihn als Großgruppenleiter dem Konzept von Freud in »Totem und Tabu« (1912–13) und den anderen gesellschaftstheoretischen Arbeiten Freuds folgend gedeutet hatte: Er war der einsame Patriarch, auf den sich alles Geschehen bezog. In der neueren Entwicklung nun gab es eine gemischte Leitung der Großgruppe, durchgeführt von Jutta Menschik gemeinsam mit Jossi Shaked, später für einige Jahre zusammen mit Peter Potthoff und aktuell mit anderen männlichen Mitleitern.

Da sich die wesentlichen Charakteristika von Altaussee ab der Mitte der 1970er Jahre auch unter meiner Mitwirkung herausgebildet hatten, wurden die Workshops und ihr Konzept zu meiner gruppenanalytischen und überhaupt zu meiner beruflichen Heimat. 1974 wurde ich auf eine leitende Stelle in der psychosomatisch arbeitenden Rheinklinik in Bad Honnef bei Bonn berufen und begann, zusammen mit dem leitenden Psychiater Friedrich Belz, ein ähnliches Konzept, wie es für Altaussee entwickelt worden war, auf die Arbeit mit den psychosomatischen und psychoneurotischen Patient*innen in der Klinik anzuwenden. Dabei ging es allerdings um Krankenbehandlung und nicht überwiegend um eine Lehrtätigkeit: Die Patient*innen wurden in einer Kombination von tiefenpsychologischer Einzelpsychotherapie und analytischer Gruppentherapie behandelt, wobei auf einigen Stationen die Gruppentherapie den Umfang von dreimal neunzigminütigen Sitzungen pro Woche annahm, ergänzt z. B. durch zwei zusätzliche Einzeltherapiesitzungen je Woche. Im Übrigen sorgte die Klinik für Supervision der therapeutischen Teams, und ich führte eine jeweils neunzigminütige Theoriesitzung zu analytischen und gruppenanalytischen Themen einmal pro Woche ein. Der »Geist« von Altaussee, dessen Entstehung und Weiterentwicklung durch wichtige und wegweisende Persönlichkeiten gelang, erlangte im gruppenanalytischen Konzept der Klinik eine entscheidende Bedeutung.

1985 schied ich aus der Klinik aus und übernahm die Supervision von Behandlungsteams in mehreren psychiatrischen und psychosomatischen Kliniken. Dort war es mir ein Anliegen, etwas von den geschilderten Prinzipien der Gruppenarbeit zu vermitteln. In meiner eigenen psychoanalytischen und gruppenanalytischen Praxis, die ich seit 1985 betreibe, sowie auch in meiner universitären Lehrtätigkeit sind die mitmenschlichen Haltungen und gruppenanalytischen Erkenntnisse, die ich im Laufe der Jahre herausarbeiten und in Altaussee im Zusammenwirken mit der dortigen Kollegenschaft weiterentwickeln konnte, ein bewegliches und doch zugleich tragfähiges Fundament.

Gruppenanalyse im geschilderten Sinne ist für mich ein Ort, an dem auf der Grundlage von Geborgenheit und Frieden individuelle Profilierung und guter mitmenschlicher Unfriede gewagt und gelebt werden kann. Die Exotik und das in mancher Weise Unwirkliche, das Altaussee trotz seines Heimatcharakters an sich hat, regt mich an, Gruppenanalyse als etwas nur Angestrebtes, eigentlich Utopisches anzusehen.

## Auswahl eigener Publikationen und weitere verwendete Literatur

Freud, S. (1912–13). Totem und Tabu. GW IX. Frankfurt a. M.: S. Fischer.

Hayne, M. (1983). Das Krankenhaus und seine Alternativen. Von den Frühformen der Heilbehandlung zur heutigen Differenzierung psychotherapeutischer Kliniken. In G. Niemeyer (Hrsg.), Menschen in der Diakonie. Reflexion kirchlich-sozialer Arbeit (S. 75–80). Stuttgart: Diakonie.

Hayne, M. (1990a). Zur Traumdeutung in Gruppenanalysen. Gruppenpsychotherapie und Gruppendynamik, Zeitschrift für Theorie und Praxis der Gruppenanalyse, 25, 230–242.

Hayne, M. (1990b). Zum Problem der Affekte bei der Sucht. Forum der Psychoanalyse, 6, 105–115.

Hayne, M. (1993). Affekte in Gruppen. Gruppenpsychotherapie und Gruppendynamik, Zeitschrift für Theorie und Praxis der Gruppenanalyse, 29, 42–52.

Hayne, M. (1994). On Narcissism and Destruction. In W. Knauss, U. Keller (Eds.), 9th European Symposium in Group Analysis »Boundaries and Barriers«/Proceedings. Heidelberg: Mattes Verlag.

Hayne, M. (1995). Gruppentherapie Schwergestörter: Der Umgang mit Affekten. Jahrbuch für Gruppenanalyse, 1, 93–106.

Hayne, M. (1997). Grundstrukturen menschlicher Gruppen. Lengerich: Pabst Science Publishers.

Hayne, M. (1998a). Die Indikationsstellung in der Gruppentherapie: Jahrbuch für Gruppenanalyse, 4, 137–148.

Hayne, M. (1998b). Was in dem einen latent ist, tritt in dem anderen manifest hervor. Einige historische Bemerkungen über den Beitrag von S. H. Foulkes zur Psychotherapie. Luzifer-Amor. Zeitschrift zur Geschichte der Psychoanalyse, 11 (21), 48–57.

Hayne, M. (1998c). Vom eigenen Trauma zum Delikt. Traumatisierung von Patienten als Tathintergrund und Behandlungsansatz. Forensische Psychiatrie und Psychotherapie, 5 (1), 41–50.

Hayne, M. (1999a). Dynamische Verlaufsmodelle der Gruppe: Jahrbuch für Gruppenanalyse, 5, 167–183.

Hayne, M. (1999b). Stationäre Gruppentherapie. In G. Grossmann-Garger, W. Parth (Hrsg.), Die leise Stimme der Psychoanalyse ist beharrlich (S. 241–267). Gießen: Psychosozial-Verlag.

Hayne, M. (2000). Psychose und Kunst. 50 Jahre nach der Euthanasie-Forschung von A. von Platen- Hallermund. Jahrbuch für Gruppenanalyse, 6, 143–154.

Hayne, M. (2001). Ausbildung in Gruppenpsychotherapie. Ausbilderperspektive. In V. Tschuschke (Hrsg.), Praxis der Gruppenpsychotherapie (S. 22–26). Stuttgart: Thieme.

Hayne, M. (2002). Zwischen Spiel und Fetischismus. Kleidung und Verkleidung. In L. Salber, A. Schulte (Hrsg.), Kleider machen Leute. Leute machen Kleider. Von der Verstofflichung der Seele (S. 170–186). Gießen: Psychosozial-Verlag.

Hayne, M., Kunzke, D. (2004). Moderne Gruppenanalyse. Gießen: Psychosozial-Verlag.

Hayne, M. (2005). Psychosomatik – Zwischen Faszination und Verachtung. Psychologie in Österreich, 3/4, 138 ff.

Hayne, M. (2008). Affektfokussierte Gruppenpsychotherapie – Zur Dialektik von strukturiertem Arbeiten und emotionaler Regression. Österreichisches Jahrbuch für Gruppenanalyse, 2, 25–50.

Hayne, M. (2013). Moderne Psychoanalyse – Fehlentwicklungen in Behandlung und Ausbildung. Psychotherapie aktuell, 1, 18–21.

Hayne, M. (2022). Altaussee – die Geschichte einer gruppenanalytischen Institution. In G. Dietrich, F. Fossel (Hrsg.), Gruppenpsychoanalyse. Theorie, Geschichte und Praxisfelder der gruppenanalyrischen Methode (S. 197–206). Wien: Facultas.

Kurt Höhfeld

# Von der Gruppenpsychotherapie in West-Berlin zur Gründung des Berliner Instituts für Gruppen-analyse (BIG)

Vermutlich prägen uns kollektive Bedingungen vom Anfang an. 1938, im Jahr meiner Geburt, fanden Ereignisse statt, die das Vorspiel zum Zweiten Weltkrieg bildeten. Im März 1938 annektierte Hitler Österreich, die offizielle Bezeichnung »Anschluss« verfälscht diese Aktion ebenso wie der übliche Begriff »Sudeten-krise« für Hitlers nächsten Schachzug, die Annexion der westlichen Tschecho-slowakei. Die europäischen Nachbarn Großbritannien, Frankreich und Italien stimmten am 30. September 1938 im Münchner Abkommen zu, in der Hoff-nung, damit den drohenden Krieg in Europa zu vermeiden. Am Abend des 9. November 1938 entfesselte Goebbels in Deutschland durch seinen Aufruf die massenweise Verfolgung jüdischer Mitbürger mit dem Ziel, innere Feinde zu schaffen.

Gegner im Inneren zu beseitigen, gehörte zu Hitlers Grundsätzen, das schloss auch den Mord an ehemaligen Kampfgenossen ein. »Reichspogrom-nacht« als Begriff für den 9. November 1938 ist falsch, denn der Terror war ein staatlich inszenierter und die Bezeichnung »Reichskristallnacht« – dieses Wort hörte ich zuerst zu Hause – ist schändlich und zeigt, wie weit die Nazi-propaganda alle und alles infiziert hatte.

Im Frühjahr 1939 zwang Hitler durch ein Ultimatum die Slowakei zur Ablösung des Verbunds mit Tschechien und machte Prag mit der Drohung einer Bombardierung willfährig; sein Plan war »die Erledigung der Rest-Tschechei«. Damit war der Rubikon überschritten, denn »der Einmarsch der Wehrmacht in Prag bedeutete das Ende der britischen Appeasementpolitik. Als Antwort gaben Großbritannien und Frankreich eine Garantieerklärung für die Unabhängig-keit Polens ab« (Wikipedia-Artikel »Zerschlagung der Tschechoslowakei«, abgerufen am 19.2.23). Als am Morgen des 1. September 1939 Deutschland Polen überfiel, nachdem ein von Hitler befohlener fingierter Überfall auf den Sender Gleiwitz als Kriegsgrund hatte dienen sollen (als Polen verkleidete SS-Leute hatten den Sender überfallen (Wikipedia 5.12.22), begann der Zweite

Weltkrieg, den Hitler schon 15 Jahre zuvor in »Mein Kampf« gefordert hatte
(Fest, 1973, S. 310). Seine Motive waren Hass und Raub (Aly, 2015).

Die englischen Luftangriffe auf das Ruhrgebiet und meine Heimatstadt
Dortmund waren anfangs noch nicht bedrohlich. Wir spielten draußen und
machten uns oft auf den langen Weg zu meiner Tante, der ältesten Schwester
meines Vaters, die die väterliche Familie vertrat. Anfangs ging ich auch noch
in den Kindergarten. Später heulten die Sirenen öfter. Dann trat in der ganzen
Stadt eine ängstigende Stille ein, alle Lichter wurden gelöscht, die Fenster waren
mit einem speziellen festen schwarzen Papier blind gemacht. Wir warteten im
Keller. Das Sirenengeheul ängstigte mich jahrzehntelang. Mein Vater war mit
Kriegsbeginn beim Überfall auf Polen mit einer sogenannten »Radfahrschwa-
dron« sofort eingezogen worden, aber etwa drei- oder vierjährig suchte ich ihn,
als er sich bei einem Fronturlaub mit Freunden traf.

Als Antwort auf die Bombardierungen wurde ab 1940 die ursprünglich als
Erholungsmaßnahme gedachte »Kinderlandverschickung« erweitert. Ältere
Schulkinder wurden klassenweise und jüngere mit ihren Eltern in weniger
gefährdete Gebiete Deutschlands verschickt. Laut Larass (1983) habe sich Hitler persönlich für diese Maßnahme eingesetzt. Ab 1943 entfiel wegen der massiven Ausweitung der Bombardierungen die anfangs zeitliche Begrenzung der
Verschickung, in den Großstädten fand kein Schulbetrieb mehr statt.

Meine Mutter »verschickte« (»Kinderlandverschickung« war die offizielle
Bezeichnung, die auch meine Mutter benutzt hat) meine Schwester, achteinhalb,
meinen fast siebenjährigen älteren Bruder und mich im Mai 1943 vom Süd-
bahnhof in Dortmund nach Lobositz im heutigen Tschechien. Sie selbst blieb
mit meinem noch nicht dreijährigen Bruder in Dortmund, um ihren Eltern bei-
zustehen. Die damalige Bahnreise erscheint in meiner späteren Vorstellung als
Fahrt durch einen endlosen Tunnel und dauerte zwölf Stunden. Sie war eine
Zäsur in meinem Leben, ich habe an kein Detail eine Erinnerung. In Lobositz
erwachte ich übergangslos bei einem sudetendeutschen Ehepaar, das sich sehn-
lichst ein Kind gewünscht hatte. Ich wurde das erwünschte Kind eines bis dahin
kinderlosen Ehepaars in einer freundlichen, geschützten und katholisch-öster-
reichisch gefärbten Umgebung. Die bisherige Vergangenheit war ausgelöscht.

Es gab auch keine Vorstellung über eine Zukunft, in Lobositz spürte man
wenig vom Krieg. Frau Matznar fuhr öfter mit mir ins nahe Leitmeritz ins Café
Kutscher, an die Elbe oder nach Reichenberg in den Zoo. Später sah ich auf
dem Markplatz in Leitmeritz Autos mit Aufbauten, die wie aufgeschnallte große
Rucksäcke aussahen, es waren Autos mit sogenannten Holzvergasern. Auf den
Bahnsteigen standen unheimlich wirkende mannsgroße Blechfiguren mit der
Aufschrift »Pst, Feind hört mit«. Sie sollten vor ausländischen Agenten warnen.

Laut Lee (2021) gab es ebenfalls ein ausgedehntes eigenes Spitzelsystem. Ich wusste von alldem nichts, genauso wenig, dass Theresienstadt nahe bei Leitmeritz lag, wo es eine Theresienstädter Straße gab.

Ich lebte bei den Pflegeeltern in einer abgeschlossenen Welt, die sich aber im Spätsommer 1944 veränderte, als abends Leute zu Besuch kamen, die ich vorher noch nie gesehen hatte. Sie drängten sich um das Radio, um die Wehrmachtsberichte zu hören. In meiner Erinnerung war es dunkel, und ich spürte die Angst der Erwachsenen.

Als mich Matznars im Herbst 1944 einschulen und adoptieren wollten, erschien meine Mutter ohne Voranmeldung und holte mich ab. Sie war inzwischen mit meinen Geschwistern in einen kleinen Ort in der Nähe von Lobositz umgezogen und hatte im Vertrauen auf den »Endsieg« den ganzen Hausstand von Dortmund dorthin geschafft. Auch sie hatte regelmäßig Radio gehört und den kommenden Zusammenbruch der »Ostfront« erkannt. Bei meiner Mutter und den mir fast entfremdeten Geschwistern verschwand ein vorher gar nicht bewusstes Gefühl einer zeitlichen Unbestimmtheit. Ich war beruhigt, und beide Trennungskonflikte blieben unbearbeitet.

Im Herbst 1944 wurde ich in der Dorfschule von Liebeschitz (heute Dolní Chobolice) eingeschult. Auf dem Heimweg von der Schule bekam ich regelmäßig kurz vor unserem Haus Kopfschmerzen, eine psychosomatische Warnung. Meine regelmäßige heftige Grippe in jedem Frühjahr der späteren Zeit ordne ich ebenfalls als psychosomatische Reminiszenz ein. Die Trauerarbeit über beide Trennungen verschob ich in meiner Lehranalyse auf die verlorene Landschaft.

Das folgende halbe Jahr bis zum Kriegsende bildet einen eigenen Zeitabschnitt. Obwohl der Krieg in seine schlimmste Phase trat, bedrohte er uns nicht unmittelbar. Wir konnten unbehelligt vom Berg hinunter ins Dorf zur Schule gehen oder mit dem Bauern aufs Feld fahren. Ich konnte auf einer Wiese liegen und zusehen, wie die Bomberflotte Lametta abwarf, was ich vom Weihnachtsbaum kannte. Warum sie das taten, wusste ich nicht. Dreimal vergaß ich die Schule einfach. Am Nikolaustag kam Knecht Ruprecht mit seinem Begleiter Krampus; er drohte nicht nur, ein Kind in seinen Sack zu stecken, er tat es tatsächlich. Unsere Wohnung lag im Obergeschoss eines ausgebauten österreichischen Lagerhauses, unten war eine Schreinerwerkstatt, zu uns führte eine endlos lange Treppe hinauf. Wir spielten mit Soldatenfiguren, die ich bis dahin nicht kannte, weder in Dortmund noch bei Matznars hatte es sie gegeben. Das Spiel war freudlos, ohne Beziehung zum Krieg, der existierte für mich bis dahin bloß abstrakt. Dass kein Vater da war, blieb immer unbesprochen. Aber mir gefiel, dass meine Mutter elektrische Leitungen verlegen konnte. Es gab dort zwar Elektrizität, aber weder Heizung noch fließendes Wasser, das mussten wir täglich von einer Quelle weiter oben am Berg holen.

Im Januar 1945 kam der Krieg real zu uns, als kurzfristig eine junge Mutter mit ihrer kleinen Tochter bei uns wohnte. Sie waren aus Schlesien geflüchtet. Das kleine Mädchen weinte die ganze Zeit. Die Stummheit dieser Szene mutet mich noch jetzt schmerzhaft an. Kurz vor Kriegsende wurde im Dorf ein Panzergraben ausgehoben, unten im Dorf blieb ein deutscher Wehrmachtskonvoi liegen, den wir plünderten. Am 8. Mai 1945 endete mit der bedingungslosen Kapitulation Deutschlands der Zweite Weltkrieg.

Als »Reichsdeutsche« wurden wir im Gegensatz zu den einheimischen Sudetendeutschen sofort ausgewiesen und verließen mit dreizehn Gepäckstücken und einem »Ruderrenner« meines Bruders als einzigem Fahrzeug unser Zuhause am Berg. An diesen Auszug kann ich mich nicht erinnern, wohl aber an eine riskante Situation, als tschechische Soldaten auf einem Bahnhof in unserem Gepäck nach Wertsachen suchten. Meine Mutter gab ihnen Silberbestecke. Wir fuhren über Teplitz-Schönau und Komotau nach Südwesten, dann über das Erzgebirge nach Chemnitz und gingen auch viel zu Fuß. Von Chemnitz wurden wir nach Hainichen und schließlich nach Berthelsdorf verwiesen, einem Dorf zwischen Chemnitz und Dresden.

In dem kleinen Ort bekamen wir zwei Dachzimmer in einer Gastwirtschaft und gingen dort zur Schule. Einmal sah ich auf der Straße zwei junge russische Soldaten, die sich ein Fahrrad teilten, jeder bediente eine Pedale. Im Sommer wurde meine Mutter sehr krank; erstmalig hatte ich große Angst, sie könnte sterben, mein Kokon bekam Risse. Meine Schwester sammelte Holunderblüten und machte meiner Mutter Tee, die daraufhin gesund wurde.

Im Herbst 1945 bekamen Familien einen Bollerwagen gestellt, wenn sie Berthelsdorf verließen. Im Vertrauen darauf, dass andere Flüchtlinge, die weitergezogen waren, nicht zurückkamen, entschloss sich meine Mutter zum Aufbruch. Wieder folgten Zugfahrten und Märsche – Zugfahrten wurden ein fast lebenslanger Trauminhalt. Die Grenze der russisch besetzten Zone erreichten wir zu Fuß, die Chaussee führte abwärts, an der Grenze kühlten im Bach die Schnapsflaschen der russischen Soldaten. Wer Uhren, Gold oder Schnaps ablieferte, konnte passieren. Meine Mutter gab den Soldaten einen goldenen Ring. Hinter dieser Grenze lag das »Niemandsland« zwischen den drei Zonen. Wir durchquerten die amerikanische Zone, um in die für uns bestimmte britische Zone zu gelangen, und fuhren von Hannoversch-Münden in einem geschlossenen Güterzug nach Dortmund. Jemand gab uns Kommissbrot – meine Vorliebe fur Vollkornbrot ist ein Relikt davon. Unser Exodus, im Familienjargon »die Flucht«, dauerte ein halbes Jahr.

Das Haus, in dem wir zuvor in Dortmund gewohnt hatten, war inzwischen zerbombt. Wir kamen in dem meiner Tante unter, die wir früher oft besucht hatten; sie selbst war mit ihrer Tante ins Lippische nach Barntrup evakuiert. In dem Einfamilienreihenhaus mit fünf Zimmern wohnten bereits zwei Familien mit insgesamt sechs Erwachsenen und einem kleinen Kind. Wir bekamen ein Zimmer und zwei ungeheizte Mansarden. Auch dieses Haus war teilweise zerstört, wir hungerten und froren.

Ich begleitete meine Mutter auf ihrer Suche nach Angehörigen. Ihr Vater war beim letzten Großangriff auf Dortmund am 13. März 1945 auf dem Weg vom Oberbergamt nach Hause umgekommen, er wurde nie gefunden. Die ältere Schwester meiner Mutter und ihre Stiefmutter hatten aus Verzweiflung gemeinsam Suizid begangen.

Dortmund war 1945 zu 70 Prozent zerstört, die Straßen waren überwiegend vom Schutt freigeräumte Schneisen. Es gab keine Kohlen und kein Holz, der Winter 1945/46 war streng, wir trugen Holzschuhe. Einmal bekamen wir mit anderen Leuten einen Alleebaum zugeteilt. Ich sah zum ersten Mal, wie zwei Personen – auch Frauen – mit einer Baumsäge arbeiteten. In einer entfernten Zeche konnten wir mit unserem Bollerwagen kohlehaltigen Schlamm holen, der beim Waschen der frisch gebrochenen Kohle entsteht. Trotz dieser chaotischen Zustände erscheint mir diese Nachkriegssituation als ruhige Zeit. Eine allmählich entstehende Ordnung verdankte ich vor allem der Schule.

Irgendwann kam mein Vater zurück. Er war 1944 in Frankreich in amerikanische Kriegsgefangenschaft geraten, wurde nach der Entlassung aus »Camp Dermott« in den USA vorübergehend noch in England interniert und wegen eines Lungensteckschusses in ein Lazarett in Gütersloh verlegt. Dort sah ich ihn zum ersten Mal bewusst. Er war formal noch ein Kriegsgefangener, trug ein Militärhemd mit den großen Buchstaben PW auf dem Rücken.

Nach seiner Entlassung zog er nicht direkt zu uns, meine Eltern wollten sich allmählich wieder annähern, aber nach einer Weile nahm er seinen Platz in der Familie ein. Ich suchte ihn, wollte gern eine Verbindung zu dem damals 45-Jährigen herstellen, aber seine und meine Erfahrungen lagen zu weit auseinander.

In dieser Zeit fiel ich einmal aus dem Bett und erlitt eine Gehirnerschütterung. Ich schlief oben in dem dreistöckigen Luftschutzbett. In diesem Sturz erkenne ich meine Unfallneigung.

Ab 1946 bekamen wir ein Stück Land, konnten es bebauen und wurden unabhängiger. Meine Mutter kannte sich aus, mein Vater beteiligte sich nicht. Er war 1902 geboren, Letzter von sechs Kindern, hatte seinen eigenen Vater elfjährig verloren, 14-jährig die Schule abgebrochen und war danach »unter die Räder« geraten. Noch als Jugendlicher schloss er sich nach dem Ende des

Ersten Weltkriegs dem rechtsextremen Freicorps Lichtschlag an, das am Ruhr-
aufstand 1920 beteiligt war, machte ab 1923 terroristisch am Kampf gegen die
französische Besetzung des Ruhrgebiets mit und wurde steckbrieflich gesucht.
Er trat früh der SA bei. Erst mit 30 Jahren wurde er bürgerlich und bedauerte
dann immer sein fehlendes Abitur.

Meine Mutter lernte den arbeitslosen Ruderwart 1932 im Ruderclub Hansa
in Dortmund kennen. Sie war 1906 als drittes Kind geboren und hatte ihre Mutter mit drei Jahren verloren. Meine Eltern heirateten 1933, ihre Heirat verband
sich für sie mit der allgemeinen Aufbruchsstimmung. Beide waren überzeugte
Nationalsozialisten.

Meinem Vater war es trotz des fehlenden Abiturs gelungen, Offizier zu
werden, weil Hitler aus einsichtigen Gründen auch Nichtabiturienten zuließ.
Nationalsozialist zu werden, fiel ihm leicht; die Großeltern waren deutsch-
national. Er blieb immer zugleich rebellisch und bürgerlich, ließ unsere späteren jahrelangen Streitgespräche zu, die aber nie zu einem Dialog führten.

In den ersten Nachkriegsjahren waren wir Kinder sehr loyal, schonten die
Eltern und führten den Streit nicht mit der rechthaberischen Wut der Jünge-
ren zehn Jahre später. Besonders meine Schwester, aber auch der zwei Jahre
ältere Bruder ergriffen lange Partei für meine Eltern. Mich empörte, dass meine
Mutter, deren Autonomie ich 1944 so hoch eingeschätzt hatte, ihre politischen
Ansichten immer denen meines Vaters anglich.

Als Kinder in der Nachkriegszeit lebten wir in einer gespaltenen Welt. Irgendwann im Lauf der Pubertät wandte ich mich ab. Draußen lernten wir in den von
den Engländern geprägten öffentlichen Räumen demokratische Verhältnisse
kennen, denen ich vertraute, zu Hause stießen wir auf den unerledigten und von
uns abgelehnten Nationalsozialismus unserer Eltern. Sie waren weder willens
noch fähig, sich mit der Tatsache und den Folgen der nationalsozialistischen
Diktatur auseinanderzusetzen. So blieben sie verstrickt, und mein Vater löste
nie sein Versprechen ein, mit uns die Dampfmaschine seiner Kinderzeit zu
aktivieren.

1958 machte ich Abitur. Erst dann durchbrach meine damals 52-jährige Mutter ihre Grenze und setzte sich gegen meinen Vater durch: Sie stieg wieder in
ihren Beruf als Lehrerin ein und machte den Führerschein. Mein Vater reagierte
in der Folgezeit mit einer zunehmenden Depression, wurde früh dement und
starb mit 79 Jahren.

Nach der Währungsreform 1949 änderte sich die allgemeine Situation schlagartig, für mich persönlich mit dem Wechsel von der Volksschule ins Gymnasium. Für diese Möglichkeit bin ich meinen Eltern sehr dankbar. Als sichtbares
Zeichen gab es sonntags öfter für jedes Kind ein ganzes Ei, erstmals erlebte ich

Südfrüchte und lernte Kolonialwaren kennen. Wir legten die inzwischen wertlosen 50-Pfennig-Stücke auf die Eisenbahnschienen und freuten uns, dass sie jetzt doppelt so groß waren. Im Herbst verbrannten wir das Gras auf den Bahnhängen. Ich begann mein Fahrradleben, suchte mir Ersatzeltern, die Eltern von Schulfreunden, den Buchhändler, dem ich beim Umzug half, oder den Fahrradhändler, von dem ich handwerkliche Praxis lernte. Meine Eltern kommentierten und beschränkten das nie. Ich schämte mich ihrer heimlich und hatte deswegen Schuldgefühle. Sozialisiert wurde ich durch die Schule und meine beiden älteren Geschwister. Draußen legte sich unverbunden das Neue auf das Alte. In derselben Kaserne, die ich noch vom »Tag der Wehrmacht« kannte, spielten in den 1950er Jahren in den jetzt britischen Kasernen »Edward Wade and his bigband«. Ich ging dorthin, ohne dass jemand davon Notiz nahm, lernte dort den Jazz kennen und lieben. Man sprach nicht über sich und schon gar nicht über Gefühle, das galt als egoistisch und hysterisch, sich einzufühlen war »weibisch«. Die Erwachsenen tauschten sich aus, aber ihre unverständlichen Botschaften konnte ich erst viel später dechiffrieren.

Edgar Selge (2021) beschreibt dieses gespaltene Klima sehr genau. Wir waren als Kinder nicht in der Lage, die ungeheuerlichen Umbrüche zu verstehen, denen die Erwachsenen ausgesetzt waren, aber wir fühlten sie. Ich wich auf Bücher aus dem geerbten Bücherschrank meiner verstorbenen Tante aus oder besorgte mir welche aus ehemaligen Büchereien, Beumelburgs »Gruppe Bosemüller« (1935), eine Geschichte von Frontsoldaten aus dem Ersten Weltkrieg, Dwingers »Die letzten Reiter«. So bekam ich Vorstellungen vom Krieg, indirekt auch über meinen Vater. Später faszinierten mich Defoes »Robinson Crusoe« und Mark Twains »Tom Sawyer und Huckleberry Finn«, ich stieß auf Warwick Deepings »Hauptmann Sorrel und sein Sohn« (1953). Mein Lieblingsbuch wurde Thomas Wolfes »Schau heimwärts, Engel!« (1954). Ich war früh auf einem Rückzug aus dem Elternhaus, das mir blockiert erschien.

Dass der Wechsel auf das Gymnasium fast selbstverständlich war, verdanke ich beiden Eltern. Meine Mutter hatte studiert, sie war eine sogenannte technische Lehrerin (Kochen, Sport, Handarbeit), mein Vater bedauerte seinen Schulabbruch lebenslang. Die älteren Lehrer im Gymnasium wurden prägend, aber blieben wie alle Erwachsenen distanziert. Man sprach nirgendwo offen über die Vergangenheit und schon gar nicht über persönliche Erfahrungen. Nazizeit und Krieg blieben ausgespart, vielleicht wirkte das Redeverbot der vergangenen zwölf Jahre noch nach. Die Notwendigkeit zu überleben, beherrschte alles. Dass der einarmige Lateinlehrer erkennbar unter Schmerzen an seinem Stumpf litt, sahen wir, aber es wurde nie darüber gesprochen. Die Gegenwart war beherrschend, schien selbstverständlich und wurde dennoch nie ein Thema.

Mittags bekamen wir anfangs in einer Baracke die von Schweden gespendete Schulspeisung, später gehörte das Mittagessen in der Schule zum Alltag. Mein älterer Bruder musste anfangs noch Brennholz mit in die Schule bringen, damit dort Unterricht stattfinden konnte. Wir wurden lauter und frecher. Später gründete ich mit anderen eine Band, ich dilettierte am Schlagzeug oder übte allein Mundharmonika. Heimlich bewunderte ich den Freund, der gut Klavier spielen konnte und sonntags die Orgel bediente. Kollektiv erscheinen mir die 1950er Jahre im Rückblick pseudoruhig, die bekannte »bleierne Zeit«. Wir waren rebellisch und unsicher. Ich stand vor dem Abitur und schwankte in der Berufswahl zwischen Deutschlehrer oder Kinderarzt.

Vor dem Abitur hatte ich oft als Bauhilfsarbeiter oder beim Dachdecker gearbeitet, nach dem Abitur verdiente ich mir vorübergehend Geld als Arbeiter bei der Dortmund-Hörder-Hüttenunion, lernte Elektroschweißen. Im Sommersemester 1958 begann ich in Mainz mit dem Medizinstudium und arbeitete als Pflegehelfer. Im Herbst 1959 infizierte ich mich in der Klinik für Innere Medizin mit Hepatitis, lag ab Januar 1960 für acht Wochen in der Uniklinik Mainz. Für die strenge Bettruhe, zu der ich gezwungen wurde, bin ich dem damaligen Oberarzt dankbar; ich wurde geheilt, blieb aber noch ein Jahr Rekonvaleszent. Dennoch beendete ich nach dem fünften Semester im Sommer 1960 mit dem Physikum die Vorklinik, verließ Mainz und begann im August 1960 mit einer Doktorarbeit in der Geburtshilfe an der Frauenklinik der Medizinischen Akademie in Düsseldorf. Die Akademie wurde 1965 Universität. Meine Erfahrungen im Kreißsaal prägten mich zeitlebens.

Ich heiratete, meine Frau studierte an der Düsseldorfer Kunstakademie, wurde später Lehrerin. 1964 und 1966 wurden meine Söhne geboren, der jüngere verstarb 2001 an den Folgen von Asthma. Ich wurde meinen Ansprüchen, meine zentralen Konflikte mit meinen Anforderungen zu verbinden, nicht gerecht.

Nach dem Staatsexamen im Dezember 1963 und zwei Jahren als Medizinalassistent begann ich als Wissenschaftlicher Assistent und Widerrufsbeamter in der Pathologie bei Prof. Dr. Hubert Meessen. Ich hatte die Pathologie als Grundlagenfach gewählt. Meessens Veröffentlichung »Respiration as the foundation of life«, die ich in der institutseigenen Bibliothek fand, faszinierte mich. Aber auch im Institut prägte die gewohnte distanzierte Sachlichkeit als Folge des unerledigten braunen Erbes das Klima. Der am 10. September 1909 in Würselen bei Aachen geborene Meessen war Mitarbeiter von Aschoff, Volhard und Büchner, habilitierte sich 1938 und folgte 1942 einem Ruf auf das planmäßige Extraordinariat an der Karls-Universität in Prag unter Hamperl (https://historischesarchiv.dgk.org/files/2015/04/Meessen.pdf). Über das Ende dort fehlen öffentliche Daten.

Auch von meinem Anatomielehrer in Mainz, Maximilian Watzka, Zoologe und Arzt, wusste ich, dass er bis 1945 Angehöriger der Karls-Universität Prag gewesen war. Als prominenter Sudetendeutscher hatte er nach 1945 untertauchen müssen, es hieß, er habe vorübergehend in einem Steinbruch gearbeitet. 1946 wurde er Professor für Anatomie in Mainz und verfasste das bekannte »Kurzlehrbuch der Histologie und mikroskopischen Anatomie des Menschen« (1957).

Der andere Anatom, Prof. Dr. Adolf Dabelow, war ebenfalls Zoologe, konnte in kürzester Zeit zweihändig wunderbare anatomische Zeichnungen an der Tafel entwerfen. Es hieß, er habe sich nach dem Krieg mit dem Malen von Postkarten durchgeschlagen. Ihn erlebte ich damals frei von Nazieinflüssen; es schockierte mich, als ich von seiner Mitgliedschaft in einem Freikorps, später dem »Stahlhelm«, der NSDAP, der SA und in der SS las (Wikipedia-Artikel »Adolf Dabelow«, abgerufen am 26.2.23).

Nicht alle versteckten ihre Lebensläufe. Carola Stern (1986) z. B. beschrieb berührend ihre Wandlung von der begeisterten BDM-Führerin zur kritischen Linken.

In der Pathologie entwickelte ich wissenschaftliche Ambitionen, veröffentlichte einen Fall von Zyklopie (Höhfeld, 1968) und sezierte einen Fall von Transposition der großen Gefäße am Herzen. Beides sind als Anomalitäten Letalfaktoren. Heimisch wurde ich in der Pathologie jedoch nicht; man lernte sezieren, aber blieb auf sich gestellt und isoliert. Als ich nach knapp zwei Jahren gemustert und als Wehrpflichtiger eingezogen wurde, war mir das recht.

1967 brauchte die Bundeswehr Ärzte. Ich wurde Truppenarzt bei der Heeresunteroffizierschule in Aachen und war nur am Wochenende zu Hause. Meiner jungen Ehe bekam das schlecht. Ein Jahr später, 1968, begann ich die Weiterbildung zum Augenarzt. Es war der Versuch, Fuß zu fassen, mich zu zentrieren. Schon damals interessierte ich mich für die Psychiatrie, aber noch machte sie mir Angst.

Noch in der Zeit bei Meessen begann ich, im elektronenmikroskopischen Institut von Prof. Dr. Helmut Ruska zu arbeiten. Er hatte zusammen mit seinem Bruder Ernst Ruska und seinem Schwager Bodo von Borries das Elektronenmikroskop zur Serienreife entwickelt und als weltweit erster Wissenschaftler Viren sichtbar gemacht. Ich wusste nur, dass er berühmt war. Die Stimmung in seinem Institut war ruhig und freundlich, ich fühlte mich dort wohl.

Prof. Dr. Hans Pau, bei dem ich schon in Kiel hospitiert hatte – er war von Düsseldorf kommend 1959 dort Ordinarius geworden und wurde 1967 Nachfolger von Prof. Dr. Custodis in der Düsseldorfer Augenklinik –, bat mich zu Beginn meiner Facharztweiterbildung um eine elektronenmikroskopische

Untersuchung am Kaninchenauge, um seine Hypothese zu belegen, dass sich Leukozyten in der entzündeten Hornhaut bilden können. Für diese Forschungsarbeit bekam ich einen Tag in der Woche frei. Ich arbeitete selbstständig, meine Untersuchungen ergaben, dass ich den von Pau gewünschten Nachweis nicht erbringen konnte. Das straffe Hornhautstroma mit den sich überkreuzenden Bindegewebsbündeln zwingt einwandernde Leukozyten im Fall einer Entzündung, sich mit ihrer Form örtlich anzupassen, sodass es scheinen konnte, als seien sie dort entstanden. Diese Untersuchungen wurden veröffentlicht, aber Pau war enttäuscht.

Das Operieren am Auge des Menschen im Rahmen meiner Weiterbildung wurde zu meinem Cannae. Bei meiner ersten Katarakt-OP mit dem Chef an der einen und der ältesten Oberschwester an der anderen Seite zitterte ich an der entscheidenden Stelle, wenn die angefrorene Linse langsam durch einen zuvor gelegten Spalt herausgezogen werden musste. In der Medizinalassistentenzeit war mein Operieren nie ein Problem gewesen. Mein Chef war entsetzt, setzte mich aber dennoch weiter ein. Meine Belastung wurde in der folgenden Zeit extrem. In meiner Verzweiflung riet mir ein noch aus der Pathologiezeit befreundeter Kollegen zu einer Gruppentherapie bei Dr. Otto Brink in Düsseldorf.

So begann ich im dritten Jahr der Weiterbildung zum Augenarzt im Februar 1970 mit der Gruppentherapie. Sie dauerte drei Jahre, fand als Slow-open-Gruppe zweimal wöchentlich statt und beherrschte bald mein ganzes Leben. Mein Zittern war gar kein Thema, das trat einfach mehr und mehr in den Hintergrund und verschwand später ganz, aber die Gruppe bewirkte Veränderungen in mir, die ich mir im Traum nicht hatte vorstellen können. Alles Bisherige löste sich auf, ich geriet in ein Meer unbewältigter Erfahrungen, noch ohne ein Verständnis der biografischen Zusammenhänge.

Nach einem halben Jahr in der Gruppe entstand ein Körpergefühl, als wäre ich in der früheren Zeit eingefroren gewesen. Der unbewusste Hintergrund war die unverarbeitete frühe Verschickung und ein tiefsitzendes Aggressionsgefühl. Eine Schlüsselerfahrung aus der folgenden Zeit wurde eine Sitzung ohne Otto Brink. Als er nach etwa einem Dreivierteljahr einmalig eine Sitzung absagen musste, bot er uns an, uns auch ohne ihn zu treffen, vorausgesetzt, ein Gruppenmitglied schriebe Protokoll. Ich erklärte mich dazu bereit und erlebte dabei mit plötzlicher Klarheit die Gruppendynamik, *sah* unsere Gruppe gewissermaßen von außen.

Am Ende meiner Facharztausbildung als Augenarzt wagte ich den Sprung in die Psychiatrie, traute mir dieses Fach zu. Zugleich verließ ich meine Familie. An einem Mittwoch im Mai 1971 verabschiedete ich mich von der Augenklinik und übernahm am Folgetag als Stationsarzt eine Chronikerstation mit 62 Männern in der Landesnervenklinik Düsseldorf-Grafenberg, hatte zwei Neuaufnahmen, und es war Besuchstag. Dieses abrupte Ende meiner Karriere als Augenarzt verfolgte mich noch lange in Träumen, in denen ich die Station im Stich ließ. Ohne die Routine und Nachsicht der Pflegekräfte auf meiner Station in der Psychiatrie und ohne die Therapiegruppe wäre ich untergegangen. Zugleich ließ ich mich von meiner Frau scheiden.

Im Frühjahr 1971 stand die Psychiatrie insgesamt auf der Kippe, besonders aber in Düsseldorf-Grafenberg. Ich nahm das erst allmählich wahr. Als Student hatte ich noch Vorlesungen bei Prof. Dr. Friedrich Panse gehört, er war inzwischen emeritiert. Auch er war verstrickt gewesen, hatte vom 14. Mai 1940 bis 16. Dezember 1940 bei der Aktion T4 als externer Gutachter gearbeitet und etwa 600 Meldebögen von Patient*innen aus deutschen und österreichischen Heil- und Pflegeanstalten bearbeitet. In diesem Zusammenhang hatte er etwa 15 Tötungsempfehlungen ausgesprochen (Wikipedia-Artikel »Friedrich Panse«, abgerufen am 7.3.2022).

Kurz bevor ich als Assistenzarzt anfing, hatte der bisherige Leiter der Klinik, Prof. Dr. Caspar Kulenkampff, die Leitung abgegeben und wurde Leiter der Gesundheitsabteilung des Landschaftsverbands Rheinland. Die Trauer über seinen Fortgang war überall spürbar; die von ihm 1967 eingeleitete Reform stockte bald. Er gehörte der ersten Generation der »Nachkriegspsychiater« an und mit seinem Namen ist die »Psychiatrie-Enquete« des Deutschen Bundestags verbunden. Er war Vorsitzender der entsprechenden Kommission, die von 1971 bis 1973 die Lage der Psychiatrie in Deutschland erfasste und dafür Lösungsvorschläge machte.

Als ich in Grafenberg anfing, gab es formal zwei Institutionen im selben Krankenhauskomplex: Prof. Dr. Hans-Joachim Haase fungierte als stellvertretender Leiter der Psychiatrie der Universität, und Dr. Wilhelm Hadamik war stellvertretender Leiter der Rheinischen Landesnervenklinik. Hier war die Verbindung des Alten und des Neuen institutionell präsent. Zugleich war der Reformprozess nach dem Weggang von Kulenkampff erstarrt, Grafenberg befand sich im Stadium einer reinen Verwahrpsychiatrie. In den Aufnahmestationen herrschten kriegsmäßige Zustände, notfallmäßig lagen oft bis zu zwanzig Patienten auf Matratzen im Flur der Aufnahmestation. Prof. Dr. Haase war im Duo der beiden Leiter gegenüber Dr. Hadamik der schwächere Leiter. Das wirkte sich gruppendynamisch so aus, dass sich eine Art Gegenregierung gegen die autoritäre Leitung von Dr. Hadamik bildete. Haase beforschte die Wirkung der aufkommenden Neuroleptika, und Hadamik sammelte Dossiers in seiner Schublade, mit denen er gegebenenfalls Mitarbeiter unter Druck setzen konnte.

Als »Gegenregierung« hatte sich informell eine Klinikversammlung gebildet, eine unstrukturierte Gruppe aus allen Mitarbeiter*innen, außer den Oberärzten und der Führungsetage.

Nach wenigen Wochen wurde ich der informelle Leiter der »Klinikversammlung«, der »Roten Zelle Grafenberg«. Wir fühlten uns den Soldatenräten von 1918 nahe. Prof. Dr. Helmchen, der ehemalige Berliner Ordinarius, der sich für die Stelle in Düsseldorf bewarb, verglich uns damals, wie er mir später sagte, mit SA-Horden. Wir gerieten in den Strudel der damaligen Psychiatriereform, persönlichen Rückhalt fand ich in bei den Kolleg*innen. Zum ersten Mal seit meinem Staatsexamen fühlte ich mich als Arzt. Die älteren und erfahrenen Soziolog*innen der Klinik lächelten über meine Empörung wegen der katastrophalen Zustände; mich empörte, dass sie Bescheid wussten, aber nichts taten.

In der Therapiegruppe wurde der zehn Jahre ältere Otto Brink für mich ein idealisierter älterer Bruder, der mir viel zutraute und viel erlaubte. Ich war zu Hause ausgezogen und hatte ein Zimmer in der Anstalt genommen. Otto Brink war in der Stuttgarter Akademie analytisch ausgebildet und hatte sich, wie er mir später sagte, die Qualifikation als Gruppentherapeut weitgehend selbst angeeignet. Er vertrat die Idee »Gruppe als Ganzes«, gemäß dem Modell von Kemper (1971), aber verlor nicht den Blick für den Einzelnen. Orthodox ausgebildet wurde er ein früher und überzeugender Linker, später orientierte er sich an der Familientherapie und machte selbst Familienaufstellungen.

In der Klinik arbeiteten wir ohne gründliche Anleitung, alles war im Fluss. Es gab noch keine Supervision und keine Anleitung für die Gruppentherapie. Die Schulpsychiatrie lehnten wir ab, die Diagnose einer Schizophrenie war wegen des *labeling approach* obsolet, unsere Bibel wurde später Batesons »Schizophrenie und Familie« (1969). Nach dem Weggang von Haase und Hadamik versuchte der neue Chef, Prof. Dr. Kurt Heinrich, uns mit dem ständig wiederholten Satz zu bändigen: »Psychosen sind keine Soziosen.«

1972 beendete ich nach drei Jahren mit mehr als 300 Sitzungen die Gruppentherapie, gewann danach mehrjährige Erfahrungen in der Gestalttherapie, später auch im Psychodrama und in der Bioenergetik. 1973 verließ ich Düsseldorf. Zu diesem Zeitpunkt hatte ich bereits meine zweite Frau kennengelernt. Wir zogen nach Berlin, als ich eine Stelle in der Psychiatrie in Havelhöhe in Berlin-Spandau bekam.

Weil die Tendenz in der Gestalttherapie zunehmend analysefeindlich wurde, suchte ich nach einer analytischen Weiterbildung. 1974 begann ich am Institut für Psychotherapie eine analytische Einzelausbildung in Jung'scher Richtung. Mein Lehranalytiker, der acht Jahre ältere Hans-Joachim Wilke, verstand meine dann einsetzende Depression. Die Lehranalyse war vor allem auch therapeutisch wirksam, aber es blieben unerledigte Reste.

1978 heiratete ich zum zweiten Mal, 1979 wurde unsere Tochter Nadja geboren. Im selben Jahr beendete ich die analytische Weiterbildung und ließ mich nieder. Ich hatte als Vater eine zweite Chance und nahm sie dankbar an.

Nach meinem Institutsabschluss 1979 suchte ich mit meiner noch andauernden Identifikation mit meinen Gruppenerfahrungen nach einer Fortsetzung dafür. In meiner Praxis begann ich ab 1981 mit der Gruppentherapie, nachdem ich von zu Hause in eine Praxisgemeinschaft umgezogen war. Ich führte bis zu meinem Ausscheiden aus der Vertragsarzttätigkeit 2006 regelmäßig Gruppentherapien durch, experimentierte mit der Frequenz, teils einmal und zweimal pro Woche, teils auch mit Co-Therapeut*innen, bis auf eine Ausnahme, die Slow-open-Gruppen. Die letzte Gruppe endete als Ausbildungsgruppe des BIG (Berliner Institut für Gruppenanalyse) mit Veronika Diederichs-Paeschke 2016.

Theoretisch richtete sich am Anfang der 1980er Jahre der Blick auf die Gesamtgruppe, entsprechend war auch der Deutungsfokus auf die Gruppe als Ganzes gerichtet. Die Theorie der Gruppentherapie war vielfältig und widersprüchlich, Gruppendynamiker*innen und analytische Gruppentherapeut*innen hatten zwar 1967 gemeinsam den Deutschen Arbeitskreis (DAGG) gegründet, konkurrierten aber bald. Es gab kein fruchtbares Miteinander. Mir war von der Gestalttherapie die Einzeltherapie als Therapie *in der Gruppe* vertraut, aber zugleich schien mir die Gruppendynamik unverzichtbar: Denn erst durch die Gruppendynamik entwickelt sich die die Gruppentherapie charakterisierende Spannung aus Regression mit der Geborgenheitssehnsucht und zugleich entstehen Unsicherheit, Angst vor Überraschung und Konfrontation mit dem Realitätsbezug. Gruppen erschienen mir immer als eine Gestalt, hilfreich waren die Grundannahmen von Bion, aber auch das Matrixkonzept von Foulkes (1974). Seine Vorstellung eines Netzwerks hat neurobiologische Entsprechungen. Ich halte die folgende Einteilung für relevant: Therapie in der Gruppe, Therapie durch die Gruppe und Therapie der Gruppe.

Die Therapie in der Gruppe erscheint als Einzeltherapie in der Gruppe besonders bei der Gestalttherapie, ich gab sie aus dem genannten Grund auf. Aber ich halte fest an der Beachtung des analytischen Prozesses, den der/die Einzelne im Lauf einer Gruppentherapie erlebt und durchläuft.

Die Therapie durch die Gruppe erkennt an, dass die Teilnehmenden füreinander unter Umständen die besseren Therapeut*innen sind. Verblüffend ist, wenn ein Teilnehmer als Therapeut dem anderen Gruppenmitglied unmittelbar wesentliche Inhalte vermitteln, aber für sich selbst keinen Gewinn aus seinem

Wissen ziehen kann. Sein hilfreiches therapeutisches Wissen ist nur außerhalb, nur vorbewusst verfügbar.

In der Therapie der Gruppe erlebte ich, dass nacheinander alle Teilnehmenden beklagten, »nicht dazuzugehören«. Dabei ging jeder unbewusst davon aus, die jeweils anderen gehörten dazu. Erst eine Bemerkung von mir löste in einem befreienden Gelächter diese Blockade auf. Alle Teilnehmenden der Gruppe waren von derselben Fantasie des Nichtdazugehörens, des Ausgeschlossenseins okkupiert, und ich hätte eine gute Gelegenheit zu einer Gruppendeutung gehabt, etwa in dem Sinne, dass die Gruppe sich im Status *dependent* der Grundannahmen von Bion befand.

Grundsätzlich entwickelten sich seit der Kassenfinanzierung 1967 der Psychotherapie durch die Veröffentlichungen von Dührssen und Jorswieck (1998) zwei Trends: Auf der einen Seite steht das analytische Vorgehen mit dem Freud'schen Paar – freie Assoziation und gleichschwebende Aufmerksamkeit –, auf der anderen Seite der Modus einer spezifisch auf das Krankheitsbild bezogenen Psychotherapie, die sich an ökonomischen Vorgaben orientieren muss.

Im Institut für Psychotherapie suchte ich nach Anschluss und traf auf eine fast verlassene Gruppenszene. Werner Roggemann, ein älterer Kollege und Lehranalytiker, hatte mit jungen Analytiker*innen und fortgeschrittenen Ausbildungsteilnehmer*innen in der Gruppeneuphorie am Ende der 1960er Jahre eine Selbsterfahrungsgruppe geleitet, die 1974[1] endete, als ich mit meiner Weiterbildung begann. Roggemann hatten nach eigener Aussage[2] zwei Pionierinnen, Frau Krichhauff und Frau Fuchs-Kamp, zur Gruppentherapie angeregt, die noch aus dem Reichsinstitut kommend als Autodidakten den Anstoß zur Gruppentherapie im 1947 gegründeten Institut für Psychotherapie gegeben hatten. Von Frau Krichhauff ist bekannt,[3] dass sie gelegentlich mit ihrer Gruppe gemeinsame Essen veranstaltete. Dieser rituell anmutende Ablauf erinnert an die Anfänge der Gruppentherapie, z. B. an die »Brüdergemeinde« von Pratt. Die Teilnehmer der »Roggemann-Gruppe« zerstreuten sich nach Ende dieser Gruppe, ohne dass eine eigentliche Tradition entstanden war. Nach Meinung einzelner Gruppenmitglieder war dies die Folge einer unaufgelösten Gruppendynamik, die sich später mit den ungelösten Konflikten des 1945 zerstörten Reichsinstituts ver-

---

1   Die damaligen Teilnehmer waren u. a. J. Katwan, C. Schmidt-Rogge, G. Böttcher, A. Pollmann, C. Holdt, A. Cramm. E. Krause. J. Katwan und U. Rüger übernahmen später am Institut Ausbildungsfunktionen, vertreten wurde die Theorie und es wurden Tonbänder vorgestellt.

2   Persönliche Mitteilung Werner Roggemann.

3   Persönliche Mitteilung Klaus Affeld.

band und in zwei weitere Abspaltungen vom Institut für Psychotherapie mündete (BIPP und IPB).

Für das spärliche Überleben der Idee der Gruppenpsychotherapie am Institut für Psychotherapie war entscheidend, dass 1984 Armin Pollmann als ehemaliges Mitglied der »Roggemann-Gruppe« nach einer Zwischenphase mit Heidi Gerbeit eine jüngere Kollegin (Sara Zimmermann) bat, die inzwischen verwaiste Vorlesung »Theorie der Gruppenpsychotherapie« zu übernehmen, die seit dem Wintersemester 1985/86[4] stattfand. Ohne durch die in der Folgezeit kontinuierliche Pflege von Sara Zimmermann und Horst Neumann wäre das inzwischen zarte Pflänzchen Gruppenpsychotherapie vermutlich verkümmert.

Ich fand also eine kleine Gruppe, deren Tradition im Institut noch kein großes Gewicht hatte. Aus späterer Sicht war entscheidend, dass die Gruppenleitung von Anfang an paarweise geleitet wurde.

Als ich mich dieser Gruppe anschloss, bewirkten äußere Umstände eine unvorhersehbare Dynamik. Frau Dr. Kielhorn, die Leiterin des zuständigen Weiterbildungsausschusses der Berliner Ärztekammer, hatte das Institut aufgefordert, die Gruppenpsychotherapie oder zumindest eine Co-Therapie in Gruppen verpflichtend in die analytische Aus-/Weiterbildung einzuführen, andernfalls drohe der Verlust der Weiterbildungsbefugnis für das Institut. Das war vermutlich übertrieben, aber das Institut war im Außenbereich gewissermaßen »blind«, und diese Drohung wirkte, weil sich das Institut berufspolitisch nur an den Vorgaben der Fachgesellschaften und der KBV orientierte. Seit der Einführung der Kassenfinanzierung der Psychotherapie 1967 durch die Veröffentlichungen von Dührssen und Jorswieck (1998) waren die DGPT-Institute »anerkannte Institute« der KBV, die Vereinbarungen und Richtlinien der KBV entsprachen den eigenen Qualifikationsanforderungen. Dieser starre Rahmen wurde außerdem durch die finanzielle Abhängigkeit des Instituts für Psychotherapie verstärkt, der Senat trug durch die Finanzierung der Psychagogenausbildung einen großen Teil des Institutsetats. Das Institut lebte bis dahin ohne einen ausreichenden Außenkontakt.

1986 bat mich der Kollege Ernst Proft, mein Vorgänger auf der Drogenstation in Havelhöhe und mir bekannt aus gemeinsamen Gestalttherapiezeiten, für die Kammerwahl 1986 zu kandidieren. Ich wurde Mitglied der Delegiertenversammlung der Ärztekammer Berlin und lernte zufällig in einer öffentlichen wissenschaftlichen Veranstaltung mit Prof. Dr. Freyberger aus Hannover Frau Dr. Kielhorn kennen. Überraschend für mich fragte sie mich kurz danach, ob

---

4   Anfangs gemeinsam mit Dirk Meine, später mit Horst Neumann.

ich die Leitung des Weiterbildungsausschusses übernehmen wolle, sie suche einen Nachfolger. Ich wurde als Nachfolger von Frau Dr. Kielhorn gewählt.

In der folgenden Zeit lernte ich Verwaltung und ihren Wert schätzen. Entscheidend war der für mich einsetzende Perspektivwechsel. Ich konnte mithilfe der Forderung der Ärztekammer, die ich nun gegenüber dem Institut vertrat, versuchen, die Gruppenpsychotherapie am Institut für Psychotherapie obligat einzuführen. Das gelang nur zum Teil, es entstand als Kompromiss die Einführung einer Pflichtveranstaltung »Theorie der Gruppenpsychotherapie«. Diese anzubieten war möglich dank der existierenden und gut funktionierenden Dozentengruppe – bestehend aus Sara Zimmermann, Horst Neumann, Christel Pilger-Holdt, Veronika Diederichs-Paeschke, Dirk Meine und mir, dazu kamen Willi Meyer und etwas später Yigal Blumenberg. Wir behielten als Tradition die paarweise Leitung bei, die sich später als wichtig und hilfreich erwies, und wir vereinbarten verbindliche, feste Gruppen. Die Pflicht zur Teilnahme löste bei den Aus- und Weiterbildungsteilnehmer*innen anfänglich Ablehnung aus, erst allmählich entstand Akzeptanz.

Die Dozentengruppe traf sich regelmäßig und organisierte eine kontinuierliche Fortbildung, wir luden externe Fachleute als Vortragende ein. Der Kreis derer, die die Gruppenpsychotherapie weiterbringen wollten, weitete sich aus, Kolleg*innen aus dem Berliner Institut für Psychotherapie und Psychoanalyse, dem BIPP und aus dem Berliner Psychoanalytischen Institut (BPI), dem Karl-Abraham-Institut, stießen dazu. Die Öffnung der Mauer am frühen Abend des 9. November 1989 und die Vereinigung Berlins eröffnete den Kontakt mit den Ost-Kolleg*innen.

Im Februar 1990 organisierten Christoph Seidler und ich das erste (und einzige) Gesamtberliner Psychotherapeutentreffen im »Haus der Gesundheit« in der Karl-Marx-Allee. 1992 konnten die Berliner Gruppenpsychotherapeuten die Tagung der Sektion Analytische Gruppentherapie im DAGG im damaligen »Hilton« am Gendarmenmarkt in Berlins Mitte ausrichten. Der Gedanke einer Gesamtberliner Gründung stand früh im Raum, aber es brauchte einen langen Weg. Selbst als 1997 Otto Kernberg als Gast bei der 50-Jahr-Feier des Instituts für Psychotherapie den Gedanken einer wissenschaftlichen Untersuchung über die Ost-West-Situation ins Spiel brachte, war dies zu früh. Eine solche Untersuchung hätte die Besonderheiten der Entwicklung in Ost und West, trotz überraschender Parallelen zur Erfurter Gruppe (Geyer, 2013), nicht berücksichtigen können.

Ein glücklicher Umstand war, dass Veronika Diederichs-Paeschke und Willi Meyer den deutschen, in England lebenden Soziologen und Gruppenanalytiker Gerhard Wilke kennengelernt hatten und als Supervisor für uns gewannen.

Wilke erkannte das Potenzial unserer inzwischen vergrößerten Gruppe. Unter seiner Leitung wurde unser anfangs ambitionierter, aber recht spontaner Haufen durch regelmäßige Supervisionen und Großgruppen handlungsfähig. Dazu kamen hilfreiche Bedingungen im Außenbereich: 1989 musste Berlin noch ohne Vorgaben der Bundesärztekammer die in der DDR anerkannten Arztbezeichnungen für ganz Berlin übernehmen, das betraf in unserem Fall den in der DDR anerkannten Facharzt für Psychotherapie, ursprünglich einen Zweitfacharzt.

Noch vor einer bundesweiten Anerkennung schuf die Berliner Ärztekammer eine neue Weiterbildungsordnung, an der ich mitarbeitete. Meine Aufgabe war, die Voraussetzungen für die Weiterbildung im Ostteil der Stadt zu klären. Das bedingte viele Kontakte mit Ostkolleg*innen, es entstand Vertrauen. Dabei wurden auch die Ähnlichkeiten und die Unterschiede zwischen der analytischen Psychotherapie (West) und der Intendierten dynamischen Gruppenpsychotherapie (Ost) deutlich. Der hier obligate und die Therapieform prägende »Kipp-Prozess« wurde allmählich als ein institutionalisierter Protest verstehbar.

Unterschiedlich war auch, dass die Gruppenpsychotherapie (Ost) traditionell eng mit anderen, oft auch körperzentrierten Psychotherapieverfahren, verbunden war. So war Psychotherapie unter dem Radar der Stasi möglich gewesen. Der Umgang mit den unterschiedlichen Identitäten erforderte für ein Zusammenkommen Zeit, Geduld und Fingerspitzengefühl. Der Deutsche Arbeitskreis für Gruppenpsychotherapie und Gruppendynamik (DAGG) – er wurde 1967 von Helmut Enke, Annelise Heigl-Evers, Dorothea Fuchs-Kamp und Georg Schwöbel in Karlsruhe gegründet[5] – umging durch die Gründung einer eigenen Sektion, der IDG, die Auseinandersetzung mit den Unterschieden. Zugleich blieben Parallelstrukturen unangetastet. Dies änderte sich erst 2011, als die drei Sektionen des DAGG, Analytische Gruppenpsychotherapie, Klinik und Praxis und Intendierte dynamische Gruppenpsychotherapie gemeinsam die Deutsche Gesellschaft für Gruppenanalyse und Gruppenpsychotherapie (ursprünglich auch Gruppendynamik, daher D3G) gründeten. Damit endete der DAGG als Mitgliederverein.

In Berlin war es schon 2003 gelungen, ein gemeinsames Institut zu gründen, das Berliner Institut für Gruppenanalyse (BIG). Möglich wurde dies dank der inzwischen stabilen Achse zwischen den Gruppenpsychotherapeut*innen aus dem Westen der Stadt und denen aus dem Ostteil mit von Vertrauen getragenen

---

5   Nach einer Ost-West-Begegnung 1966 im Haus der Gesundheit (Geyer, 2013, S. 205, und persönliche Mitteilung Paul Franke, Magdeburg).

persönlichen Beziehungen. Hilfreich war die Tatsache, dass auf beiden Seiten die Tradition der Paarleitung der Gruppen bestand.

Dank Gerhard Wilke hatte sich aus den Vorformen eine Institution gebildet, die ein gemeinsames Bewusstsein, eigene Traditionen und eigene Rituale entstehen ließen. Auch noch nach der Gründung des BIG hätte die oft bedrohliche Anfangssituation leicht entgleisen können. Diese Anfangsphase und die besondere Rolle von Gerhard Wilke benötigen eine eigene Bearbeitung.

Es gelang weitgehend, das Arbeitsklima als »Arbeitsgruppe« im Sinne Bions zu sichern und zugleich zu ermöglichen, die unterschiedlichen persönlichen und fachlichen Erfahrungen der Kolleg*innen aus dem Westen und dem Osten abzugleichen und anzunähern. Die bis dahin erreichte eigene Identität reflektierte sich 2013 beim zehnjährigen Bestehen des Instituts.

Nach der Gründung vernetzte sich das BIG mit allen Berliner analytischen Instituten und übernahm die bisher von den Instituten angebotenen separaten Veranstaltungen für Fort- und Weiterbildung. Dieser Prozess dauert an, das BIG gewinnt zunehmend eine eigene Anerkennung auch bei der KV und wird durch die neuen Weiterbildungsordnungen sowohl der Ärzte, Ärztinnen wie der Psychotherapeut*innen entscheidend gestärkt. Es hat die Schwierigkeit des Übergangs von der ersten zur zweiten und jetzt zu weiteren Führungsgenerationen überstanden und ist stabil, ohne dass die alten Traditionen des Westens und des Ostens unterdrückt werden. Langsam entsteht etwas Neues.

## Auswahl eigener Publikationen

Bell, K., Höhfeld, K. (Hrsg.) (1995). Psychoanalyse im Wandel. Gießen: Psychosozial-Verlag.
Bell, K., Höhfeld, K. (Hrsg.) (1996). Aggression und seelische Krankheit. Gießen: Psychosozial-Verlag.
Höhfeld, K. (1968). Zur Cyclopie. Sitzungsbericht 118. Versammlung des Vereins Rheinisch-Westfälischer Augenärzte. Balve in Westfalen: Gebr. Zimmermann Buchdruckerei und Verlag.
Höhfeld, K. (1980). Zur Supervision therapeutischer Wohngemeinschaften. In H. Petzold, G. Vormann (Hrsg.), Therapeutische Wohngemeinschaften. Erfahrungen, Modelle, Supervisionen (S. 105–128). München: J. Pfeiffer Verlag.
Höhfeld, K. (1984). Übertragung als Modell von Sinn- und Wirklichkeitsbezug. Analytische Psychologie, 15 (4), 258–272.
Höhfeld, K. (1990). Auffinden und Anwenden von Theorie – ein praktischer Versuch. Analytische Psychologie, 21 (1), 5–16.
Höhfeld, K. (1995). Psychotherapie versus Psychologie. Gedanken zu einem aktuellen Exkurs aus Jung'scher Sicht. Analytische Psychologie, 26 (2), 131–132.
Höhfeld, K. (1996). Forschen müssen? Anmerkungen zu W. Keller: Wirkfaktoren in der Analytischen Psychologie aus der Sicht C. G. Jungs und der empirischen Psychotherapieforschung. Analytische Psychologie, 27 (2), 138–141.
Höhfeld, K. (1997). Individuation und Neurose. Analytische Psychologie, 28 (3), 188–102.

Höhfeld, K. (2003). Antworten auf: »Zur Entstellung C. G. Jungs unter Post-Jungianern« von Manfred Krapp. Analytische Psychologie, 34 (4), 126–131.

Höhfeld, K. (2012). Warum jetzt eine Deutsche Gesellschaft für Gruppenanalyse und Gruppenpsychotherapie? Gruppenpsychotherapie und Gruppendynamik, Zeitschrift für Theorie und Praxis der Gruppenanalyse, 48 (1), 99–111.

Höhfeld, K. (2016a). Informelle Gruppen. In M. Schimkus, U. Stuck (Hrsg.), Selbst, Ich und Wir – Theorie und Praxis der analytischen Gruppenpsychotherapie (S. 149–157). Frankfurt a. M.: Brandes & Apsel.

Höhfeld, K. (2016b). Narzissmus und Selbst – Widersprüche und innere Zusammenhänge. Analytische Psychologie, 47, 11–30.

Höhfeld, K. (2019). Zur Vorgeschichte des Berliner Instituts für Gruppenanalyse aus Sicht des Instituts für Psychotherapie e. V. In C. Seidler, K. Albert, K. Husemann, K. Stumptner (Hrsg.), Berliner Gruppenanalyse. Geschichte – Theorie – Praxis (S. 69–88). Gießen: Psychosozial-Verlag.

Höhfeld, K., Schlösser, A.-M. (Hrsg.) (1997). Psychoanalyse der Liebe. Gießen: Psychosozial-Verlag.

Höhfeld, K., Schlösser, A.-M. (Hrsg.) (1998). Trauma und Konflikt. Gießen: Psychosozial-Verlag.

Höhfeld, K., Schlösser, A.-M. (Hrsg.) (1999). Trennungen. Gießen: Psychosozial-Verlag.

## Weitere verwendete Literatur

Aly, G. (2015). Hitlers Volksstaat Raub, Rassenkrieg und nationaler Sozialismus. Frankfurt a. M.: S. Fischer.

Bateson, G., u. a. (1969). Schizophrenie und Familie. Beiträge zu einer neuen Theorie. Frankfurt a. M.: Suhrkamp Verlag.

Beumelburg, W. (1935). Gruppe Bosemüller. Der Roman des Frontsoldaten. Oldenburg i. O./Berlin: Gerhard Stalling Verlagsbuchhandlung.

Bion, W. R. (1974). Erfahrungen in Gruppen und andere Schriften (2. Aufl.). Stuttgart: Ernst Klett Verlag.

Deeping, W. (1953). Hauptmann Sorrel und sein Sohn. Bern: Alfred Scherz Verlag.

Deutscher Bundestag (o. J.). 7. Wahlperiode. Unterrichtung durch die Bundesregierung. Anhang zum Bericht über die Lage der Psychiatrie in der Bunderepublik Deutschland. Zur psychiatrischen und psychotherapeutische/psychosomatischen Versorgung der Bevölkerung. Bonn: Bonner Universitäts-Buchdruckerei.

Dührssen, A., Jorswieck, E. (1998). Eine empirisch-statistische Untersuchung zur Leistungsfähigkeit psychoanalytischer Behandlung. Nachdruck aus Nervenarzt 36, 166–169 (1965). Zeitschrift für Psychosomatische Medizin und Psychoanalyse, 44 (4), 311–318.

Fest, J. (1973). Hitler. Eine Biographie. Bd. 1, Der Aufstieg. Berlin: Ullstein.

Foulkes, S. H. (1974). Gruppenanalytische Psychotherapie. München: Kindler Verlag.

Geyer, M. (Hrsg.) (2013). Psychotherapie in Ostdeutschland-Geschichte und Geschichten 1945–1995. Göttingen: Vandenhoeck & Ruprecht.

Kassenärztliche Bundesvereinigung (Hrsg.) (1967). Vereinbarung über die Ausübung von tiefenpsychologisch fundierter und analytischer Psychotherapie in der kassenärztlichen Versorgung. Deutsches Ärzteblatt, 40, 210–2105.

Kemper, W. (Hrsg.) (1971). Psychoanalytische Gruppentherapie. Praxis und theoretische Grundlagen. München: Kindler Verlag.

Larass, C. (1983). Der Zug der Kinder. München: Meyster Verlag.

Lee, D. (2021). Der Sessel. Eine Spur in den Holocaust und die Geschichte eines ganz normalen Täters. München: dtv.

Selge, E. (2021). Hast du uns endlich gefunden? Reinbek bei Hamburg: Rowohlt.

Smelser, R., Zitelmann, R. (Hrsg.) (1989). Die braune Elite I. Darmstadt: Wissenschaftliche Buchgesellschaft.

Stern, C. (1986). In den Netzen der Erinnerung; Lebensgeschichten zweier Menschen. Reinbek bei Hamburg: Rowohlt.

Watzka, M. (1957). Kurzlehrbuch der Histologie und mikroskopischen Anatomie des Menschen. Stuttgart: Schattauer.

Wolfe, T. (1954). Schau heimwärts, Engel. Reinbek bei Hamburg: Rowohlt.

Dietlind Köhncke

# Gruppenanalyse und Identität

## 1 Begegnung mit der Gruppenanalyse

Wie entsteht eine gruppenanalytische Identität? Was hat bewirkt, dass ich heute sagen kann »Ich bin eine Gruppenanalytikerin« und dies als Gewissheit auch fühle? Woran konnte ich anknüpfen, welchen Einfluss annehmen? Was habe ich selbst beigetragen? Und wie wirkt dies auf andere?

Wir leben von Anfang an in Gruppen und nehmen das als etwas so Selbstverständliches wahr, dass es gar nicht mehr ins Bewusstsein dringt. Aber als ich darüber nachzudenken begann, was dazu beigetragen hat, dass ich mich mit der Gruppenanalyse verband, stellten sich Erinnerungen an emotional bedeutsame Erfahrungen ein, die z. T. weit in die Jugend und Kindheit zurückreichen.

Zur Gruppenanalyse stieß ich in den 1980er Jahren. Die gruppenanalytische Weiterbildung war 1980 in Heidelberg durch eine Gruppe initiiert worden, die in England ihre gruppenanalytische Weiterbildung absolviert hatte, und mündete 1984 in der Gründung des Instituts für Gruppenanalyse Heidelberg e. V. (Jorkowski u. Keval, 2020). Als ich 1987 meine Weiterbildung begann, traf ich also auf ein junges Institut verglichen mit der Institution, aus der ich kam.

Damals hatte ich als Lehrerin Erfahrungen in verschiedenen Schulen in Gießen gesammelt und war auf der Suche nach einer Veränderung. Ich unterrichtete gern, rieb mich aber an den institutionellen hierarchischen Strukturen. Ich hatte im Laufe der Jahre schrittweise erreicht, dass sich meine Freiheitsspielräume erweiterten, so in der Rolle als Ausbilderin im Studienseminar für Berufsschulen in Gießen, dann durch einen Wechsel ans Hessenkolleg in Wetzlar, an dem Berufstätige ihr Abitur nachholten. Durch die gruppenanalytische Weiterbildung erhoffte ich mir sowohl eine Vertiefung als auch eine Erweiterung meiner Arbeit mit Gruppen.

Schon Anfang der 1970er Jahre hatte ich mich während meiner Referendarzeit intensiv mit Gruppenprozessen beschäftigt. Im Rahmen der politischen

Weiterbildung in Hessen war ich mit der Gruppendynamik in Berührung gekommen und nahm an gruppendynamischen Seminaren und an einer Arbeitsgruppe von Lehrer:innen teil, die sich für einen die Selbstbestimmung der Kinder und Jugendlichen fördernden Weg interessierten und institutionelle Machtstrukturen kritisch betrachteten. Vorausgegangen war dem die Gründung eines Kinderladens in Gießen, den ich gemeinsam mit einer Freundin ins Leben rief. Dieses Engagement war durch die 68er-Bewegung angeregt und möglich geworden. Mein damaliges Ideal trug den Namen Summerhill (Neill, 1965) und ich wollte etwas von der Freiheit, die ich damit assoziierte, in die Schule tragen.

Meine Einstellung stieß in der Berufsschule, in der ich 1972 mein Referendariat antrat, nicht gerade auf Gegenliebe. Als ich Gruppentische einführte, wurde per Konferenzbeschluss angeordnet, diese nach jeder Stunde wieder aufzulösen und die Tische in Reih und Glied für den Frontalunterricht zu stellen. Zum Glück stand das Ausbildungsinstitut auf meiner Seite. So konnte ich meine zweite Staatsexamensarbeit über »Die Veränderung der Kommunikationsstruktur einer Klasse von Erzieherinnen« schreiben. Es war eine von Tobias Brocher (1967) und Paul Watzlawick (Watzlawick, Beavin u. Jackson, 1972) beeinflusste empirische Arbeit über einen Gruppenprozess, in dem die Schüler:innen sich an der Themenfindung des Unterrichtes beteiligten, in Gruppen lernten, ihren Prozess mithilfe von Fragebögen reflektierten und zu mehr Selbstbestimmung fanden.

Eine für mein Verständnis von Gruppenprozessen wichtige Erfahrung war zudem die Zugehörigkeit zu einer Gruppe von acht Lehrer:innen, die im Auftrag des hessischen Kultusministeriums Filme über Schüler:innen während ihrer Kleingruppenarbeit anfertigten. Diese Aufnahmen wurden für die Referendarausbildung an Gymnasien aufbereitet, damit die angehenden Lehrer:innen die Interaktionen der Schüler:innen beobachten und analysieren konnten.

In der Weiterbildung zur Gruppenanalytikerin sah ich nun eine Chance, den Blick auf die Gruppe mit meinen Erfahrungen einer mehrjährigen Psychoanalyse zu verknüpfen, also das Unbewusste einzubeziehen und mir ein neues Arbeitsfeld innerhalb und außerhalb der Schule zu erschließen. Dieser Wunsch erfüllte sich, als ich 1991 am Studienseminar für Gymnasien in Gießen eine Balint-Gruppe für Referendar:innen einführen und außerdem Selbsterfahrungs- und Balint-Gruppen im Rahmen der hessischen Lehrerfortbildung und später auch in eigener Praxis durchführen konnte.

Was mir die Gruppenanalyse sofort sympathisch machte, war, dass sie nicht nur Psycholog:innen und Ärzt:innen ansprach und sich damit auf die Therapie festlegte, sondern auch alle anderen Berufe einbezog, in denen mit Gruppen gearbeitet wurde. Dies war einzigartig in Deutschland. Dieses Ideal war, wie ich dann während meiner Weiterbildung erlebte, in der realen Umsetzung nicht so selbstverständlich und einfach, wie es sich zunächst anhörte, sondern auch von Konflikten um die Anerkennung und Wertschätzung der nichttherapeutischen Arbeit mit Gruppen begleitet. Denn in ihrem Kern war die Gruppenanalyse ein therapeutisches Verfahren, das aus der Psychoanalyse hervorgegangen war.

Die Auseinandersetzung um die Gleichwertigkeit gruppenanalytischer Arbeit in therapeutischen und in sozialen Berufsfeldern war ein längerer Prozess, an dem ich selbst aktiv teilhatte, indem ich mich in der Weiterbildung als Dozentin und Selbsterfahrungsleiterin, in der Vorstandsarbeit des Heidelberger Instituts, als Delegierte bei EGATIN, in Workshops auf D3G-Tagungen und als Mitglied der Ethikkommission der D3G einbrachte. Wurde anfangs zwischen therapeutischen und angewandten Gruppen unterschieden, wobei immer auch eine Wertung bzw. Entwertung mitschwang, so wurde im Laufe der Zeit auch die therapeutische Gruppe als eine Anwendungsform der Gruppenanalyse verstanden. Die eigentliche Gleichstellung der Arbeit in therapeutischen und sozialen Feldern gelang, als mit der gruppenanalytischen Supervision und Organisationsberatung ein eigener Abschluss verbunden war und damit auch eine Verdienstquelle erschlossen wurde.

Die Erfahrungen in der Auseinandersetzung mit der Gruppendynamik, der Psychoanalyse und der Gruppenanalyse wirkten am offensichtlichsten auf meine Haltung, mein Wissen und Handeln in Gruppen ein, waren aber auch durch frühere Erfahrungen vorbereitet und beeinflusst. Rückblickend sehe ich diese Identitätsbildung als einen emotionalen und kreativen Prozess, dessen Spuren sich weit zurückverfolgen lassen.

## 2 Faschismus, Krieg und die Wurzeln der Gruppenanalyse

Dies wurde mir bewusst, als ich während der gruppenanalytischen Weiterbildung im Rahmen eines Theorieseminars ein Referat über die deutschen Wurzeln der Gruppenanalyse (Köhncke, 1991) vorbereitete und unerwartet von starken Emotionen ergriffen wurde. Als ich mich mit dem Faschismus, der Emigration von Foulkes, der damals noch Siegmund Heinrich Fuchs hieß, Ilse Seglow, Norbert Elias und vielen anderen sowie mit der Judenverfolgung und -vernichtung beschäftigte, stellte sich spontan eine Verbindung mit meiner familiären Geschichte her. Je mehr ich mich in diese Zeit vertiefte, desto unfassbarer erschienen mir die Gewalt, die Skrupellosigkeit, der Vernichtungswille im Faschismus. Die Unerträglichkeit von Auschwitz, der Versuch von Primo Levi und Jean Améry, dem Sprache zu geben, und ihr späterer Suizid ließen mir keine Ruhe. Zugleich aber erlebte ich, dass die gruppenanalytische Selbsterfahrung Raum bot, in der Gruppe darüber zu sprechen und dadurch aus der Einsamkeit unbeantworteter Fragen und latenter Schuld herauszutreten.

Ich fühlte wieder diese Last, die ich kannte, seit ich versucht hatte, nach dem Tod meines Vaters im Jahr 1959 seine Geschichte während des Nationalsozialismus zu ergründen, aber auch den Drang, möglichst viel zu erfahren. Er hatte in seiner Eigenschaft als Kriminalkommissar bei der Gestapo in Brünn (heute Brno) in der Tschechoslowakei inhaftierte Juden aus der berüchtigten Schutzhaft entlassen, wurde deswegen 1942 in meiner Gegenwart verhaftet, nach Dresden ins Gefängnis gebracht und erst zu zehn, dann zu 15 Jahren Zuchthaus und zur Aberkennung der bürgerlichen Rechte verurteilt. Die Bombardierung von Dresden im Februar 1945 verhinderte eine Vollstreckung des Urteils. Damals war ich noch zu klein, um zu verstehen, was geschehen war. Aber auch später blieb der Faschismus ein Thema, das von Schweigen umhüllt war, und zwar sowohl in der Gesellschaft – damals lebten wir in der DDR – als auch in der Familie. Erst nachdem ich Jahre später viel recherchiert hatte, musste ich erkennen, dass zur Wahrheit nicht nur gehörte, dass mein Vater Juden aus dem Gefängnis entlassen hatte und »nicht mehr tragbar für das Deutsche Reich« gewesen war, sondern auch, dass er eine Vorgeschichte der Teilhabe am Faschismus hatte.

Die Verfolgung der jüdischen Mitbürger:innen war das eine, das mir aus den Wurzeln der Gruppenanalyse entgegensprang, der Zweite Weltkrieg das andere. Der Krieg erreichte England, wohin Fuchs und Seglow geflohen waren, im Jahr 1940. Fuchs war 1938 englischer Staatsbürger geworden und nannte sich nun Foulkes, er nahm den Klang seines Namens in die englische Sprache mit, aber nicht seine Bedeutung. Am 7. September 1940 wurde London zum ersten Mal bombardiert. Es folgten weitere Angriffe im September und Oktober, im November fielen die Bomben auf Coventry.

Ebenfalls im Herbst 1940 hatte Foulkes die Idee, die Patient:innen im Wartezimmer frei assoziieren zu lassen. Die Kreativität und Tragweite dieser Entscheidung ließ sich damals wohl kaum ermessen, obwohl Foulkes sie voraussah. Wichtig erscheint mir, dass dieser Schritt im Kontext einer lebensbedrohenden humanitären Krise gegangen wurde. Vielleicht hängt dieser kreative Weg mit einer erhöhten Bereitschaft zusammen, der entfesselten Destruktivität die Bindungskraft der Gemeinschaft entgegenzustellen und dies als so grundsätzlich wahrzunehmen, dass sich daraus ein neues therapeutisches Konzept entwickeln ließ.

Es gibt eindrucksvolle Zeichnungen von Henry Moore, in denen er im Auftrag der britischen Regierung die Bombardierung Londons dokumentierte. Sie zeigen Menschen, die bis zum Ende der Angriffe im Mai 1941 in Londons

U-Bahnschächten Zuflucht suchten und dort dicht beieinandersaßen oder lagen. Es war, als ob die existenzielle Bedrohung die Menschen enger zusammenrücken und sie den Schutz der Gruppe deutlicher spüren ließ (Köhncke, 2003). Ich selbst hatte als Kind Krieg, Evakuierung, Flucht und Bombardierung erlebt und war berührt von dem Schicksal der jüdischen Emigrant:innen, die nicht nur aus ihrem sozialen Umfeld vertrieben und verfolgt wurden, sondern auch noch die Destruktivität des Krieges erleben mussten. Durch sie wurden meine eigenen Kriegserfahrungen wieder lebendig:

**Als ich ein Kind war, war Krieg**
Er begann im Herbst und endete im Frühjahr. Dazwischen lagen lange Winter. Vom Anfang wusste ich nichts, das Ende war ein Datum auf der Linie vieler Kindheitstage.

Ich wurde im Winter geboren und hatte sechsmal Geburtstag im Krieg. An diesen Tagen wurde das abgelebte Jahr der Erinnerung übergeben, das neue mit Wünschen überschrieben. Es gab mehr als sonst zu essen, es gab Geschenke, alle freuten sich.

Wir lebten in der Hauptstadt, als wir wegen der Bomben in ein Dorf namens Zöpel in Westpreußen evakuiert wurden. Es war ein Weggehen in die Fremde. Wir waren nicht erwünscht und wurden nur geduldet bei einem Bauern unter dem Dach. Nachts liefen die Mäuse.

Wir fanden einen anderen Ort, das Dorf Usch in Ostpreußen. Niedrige Häuser an einer Landstraße, Felder ringsum. Auch hier wollte uns niemand haben. Aber dann kam Frau Blanka. Und mit ihr kamen eine Stube, Betten, ein Kachelofen, eine Küche mit Herdfeuer, ein freundliches Gesicht.

Es war kalt im Januar 1945. Wir rodelten uns warm. Wir knickten mit unseren Halbschuhen beim Eislaufen um, aber wir gaben nicht auf. Wir froren beim Fahnenappell auf dem Schulhof.

Manchmal kamen kleine Geschenke. Bestickte winzige Pantoffeln aus getrocknetem Brot, die man sich anstecken konnte. Mein Vater schickte sie uns aus dem Gefängnis. Meine Mutter schrieb uns ein Märchen. Es handelte von einem Mann, der von einem Zauberer in einem Berg festgehalten wurde, bis er von seinen Kindern befreit wurde. Wir ahnten, dass wir die Kinder waren, aber wir wussten trotzdem nicht weiter.

Es war ein Tag vor meinem Geburtstag, als wir aufgefordert wurden, sofort das Dorf zu verlassen. Die Russen seien im Vormarsch, drei Brücken müssten gesprengt werden, der Weg zum Bahnhof sei dann versperrt, wir sollten uns beeilen.

Meine Mutter befahl uns, unsere Ranzen zu packen. Wir taten unser Spielzeug hinein. Sie schüttelte es zornig wieder aus und stopfte stattdessen Kleider hinein. Dann zog sie uns so viele Sachen übereinander, dass die Arme abstanden. Mein Teddy flog in die Ecke. Ich wollte ihn nicht dalassen, aber ich hatte keine Hand mehr frei. Wir trugen nur nützliche Gegenstände. Ich verlor den Teddy wie andere Haus und Hof, einen Freund.

Es schneite, als wir das Haus verließen, wir kamen nur langsam voran. Am Bahnhof warteten wir lange. In der Nacht hielt ein Güterwagen, wir kletterten hinein und hockten dort dichtgedrängt. Die Erwachsenen hingen dunkel über unseren Köpfen.

Als wir in Berlin ankamen, stand meine Großmutter auf dem Bahnhof, als kämen wir von einer Reise. Ich hatte Geburtstag, aber die Geschenke lagen hinter den gesprengten Brücken. Während ich meinen Tag gegen den Krieg verteidigte, fand meine Großmutter eine Puppenbank auf dem Dachboden und schenkte sie mir.

Wir waren vor dem Krieg geflüchtet, nun gerieten wir mitten in ihn hinein. Tags warfen die Amerikaner Sprengbomben, nachts die Engländer Brandbomben, es wurde ein langer Winter voller Sirenengeheul und Brandgeruch. Dann kamen die Russen mit ihren Panzern. Wir schliefen in Kleidern und überlebten in Bunkern und Kellern. Brot und Kartoffeln wurden rationiert. Wir teilten Hunger und Kälte mit vielen anderen, wir waren keine Fremden.

Als der Winter vorbei war, stand mein Vater vor der Tür. Ich erkannte ihn nicht.

Wie kann man einen Krieg überstehen? Rückblickend und mit einer Sensibilisierung für Gruppen kann ich heute sagen, dass es die Frauen der Familie waren, die uns Kindern emotionalen Schutz und Halt gegeben haben. Meine Mutter, Großmutter und Tante schlossen sich in dieser Zeit eng zu einer Gruppe zusammen und waren während der Evakuierung und der Bombenangriffe immer präsent. Sie waren sich einig darin, die Kinder schützen zu wollen. Diese Erfahrung des Geschütztwerdens hat mich, wenn auch nicht bewusst, sensibilisiert für die Bedeutung von Rahmen, Setting und Containment in der Gruppenanalyse als vertrauensbildende, haltende Basis für das Wiedererleben belastender Erfahrungen.

## 3 Gruppenerfahrungen im geteilten Deutschland

Wenn man sich auf die Gruppenanalyse einlässt, kommt man nicht daran vorbei, sich mit ihren politischen Wurzeln auseinanderzusetzen und selbst Stellung zu beziehen. Mit der politischen Dimension der Gruppenanalyse, ihrem demokratischen Anspruch als Gegenbild zu Hass und Gewalt, wie sie autoritäre Regime generell und im Faschismus als besonders perfide unpersönliche bürokratische Vernichtungsstrategie praktizierten, konnte ich mich sofort identifizieren – und damit nicht nur an Kindheitserlebnisse im Krieg anknüpfen, sondern auch an Erfahrungen und Überzeugungen als Jugendliche.

Ich lebte bis zu meinem 21. Lebensjahr in einem Vorort von Berlin, der zur DDR gehörte. Damals waren die Grenzen noch offen und es war kein Problem, von Ost nach West zu fahren und innerhalb Berlins den Ostsektor und die

Westsektoren zu durchqueren. Das änderte sich 1952, als man nur noch durch einen Kontrollpunkt aus der DDR nach West- und Ostberlin gelangen konnte. Diese tägliche Erfahrung, auf dem Weg zur Schule oder zur Arbeit kontrolliert zu werden, war eine ständige Belastung und schuf ein Klima des Misstrauens und der Angst.

Meine Familie stand der DDR kritisch gegenüber, und auch ich wollte weder zu den Jungen Pionieren noch zur FDJ gehören. Das brachte mir Nachteile ein; so wurde ich für den Besuch der Oberschule abgelehnt. Aber mein gutes Abschlusszeugnis rettete mich und ich durfte eine Oberschule in Berlin-Pankow besuchen. Noch heute bin ich überzeugt, dass mein Klassenlehrer dabei seine Hand im Spiel hatte, um mir das zu ermöglichen. Aber nach dem Abitur hielt niemand die Hand über mich und ich wurde zweimal zum Studium abgelehnt. Ich konnte keine gesellschaftlichen Tätigkeiten nachweisen, gehörte zu keiner Jugendorganisation und war kein Arbeiter- oder Bauernkind. So erlernte ich zunächst den Beruf der Krankengymnastin, ging zwei Jahre in die entsprechende Fachschule in Ostberlin und arbeitete anschließend ein Jahr in verschiedenen Abteilungen eines Krankenhauses. Heute bin ich für diese Erfahrungen dankbar, denn so lernte ich den menschlichen Körper kennen und bekam Einblick in den Alltag eines Krankenhauses.

In dieser Zeit wurde eine Gruppe für mich sehr wichtig. Durch meine Tante lernte ich die religiöse Gemeinschaft der Quäker kennen, die sich durch ihr soziales Engagement und ihre Friedensarbeit auszeichneten. Ich hatte keinen Bezug zur Kirche, war weder getauft noch konfirmiert und lehnte auch die Jugendweihe in der DDR ab. Der Kontakt zu den Quäkern aber öffnete mir einen Weg, mich mit einem sozialen und politischen Engagement zu identifizieren, dessen Ziel der Frieden und die soziale Gleichstellung der Menschen war. Den religiösen Hintergrund, nämlich den Glauben an das Gute in jedem Menschen, das sich in seinen Taten zeige, empfand ich damals als etwas Hoffnungsvolles, obwohl ich mit dem Ritual der schweigenden Andacht meine Probleme hatte. Dennoch profitierte ich davon, in einer Gruppe im Kreis sitzend eine Stunde schweigen zu können, auch wenn ich das damals vor allem anstrengend fand. Die Haltung der freischwebenden Aufmerksamkeit in der Psychoanalyse und der Gruppenanalyse ist mir von daher vertraut, auch wenn es dabei um ein ganz anderes Wahrnehmen geht.

Bei den Quäkern erlebte ich zum ersten Mal eine Gruppe, die aus freien Stücken zusammenkam. Wir trafen uns in einer Ost und West übergreifenden Jugendgruppe, die von zwei Erwachsenen geleitet wurde, diskutierten soziale und politische Themen, aber feierten auch zusammen. In einer Tagebuchaufzeichnung aus dieser Zeit fand ich kürzlich ein Thema, mit dem wir uns damals beschäftigten: »Die Pflege der aufbauenden Kräfte im persönlichen Leben und im Leben der Gruppe«. Die Gruppe war also damals schon im Fokus unserer Aufmerksamkeit.

Was mich als Jugendliche besonders anzog, war das basisdemokratische Verständnis der Quäker, die Beschlüsse nur einstimmig fassten, was in einer überschaubaren Gruppe möglich, aber in seiner Übertragbarkeit auf die Gesellschaft realitätsfern war. Mich beeindruckte zudem, dass der Gründer der Quäker, George Fox, im England des 17. Jahrhunderts für die Gleichheit der Menschen eingetreten war. Er hatte sich geweigert, vor dem König den Hut zu ziehen, und war dafür ins Gefängnis gekommen. Wir Jugendlichen teilten die Einstellung, durch gewaltfreien Widerstand Veränderungen bewirken zu können. Mahatma Gandhi und Albert Schweitzer wurden unsere Vorbilder.

Nach dem Krieg organisierten die amerikanischen Quäker in Deutschland internationale Workcamps, in denen Jugendliche zusammenkamen, um soziale Projekte zu realisieren und in geistigen Austausch zu treten. Dem lag die Vorstellung zugrunde, dass gemeinsame Arbeit die Basis für das friedliche Lösen von Konflikten ist und die Menschen einander näherbringt. Ich erinnere mich noch gut daran, wie wir im Rahmen eines solchen Projekts die Küchen im Berliner Arbeiterviertel Wedding mit einer von den Amerikanern gestifteten grellgrünen Farbe strichen und in der Nähe von Braunschweig beim Bau eines Kindergartens mithalfen.

Auch wenn ich schon lange nicht mehr zu dieser Gemeinschaft gehöre, verdanke ich ihr doch eine positive Einstellung zur Gruppe, das Interesse an Diskursen und Austausch. Von ferne erinnern mich die Tagungen der Gruppenanalytiker:innen, die internationale Orientierung und auch so manche inhaltliche Diskussion an jene Zeit, in der mein jugendliches Bedürfnis nach Idealen und Identifikation einen Ort und Gegenstand fanden, auch wenn rückblickend der entschiedene Glaube an das Gute im Menschen etwas Naives hatte.

Diese Zugehörigkeit zu einer Gruppe, deren Ideale ich teilen konnte, lässt sich auch als ein Gegengewicht zu ganz anderen Erfahrungen in der DDR lesen, nämlich der Erfahrung einer Atmosphäre sozialer Kontrolle und Angst. Ich zitiere aus meinem Buch »Grenzwege. Eine Jugend im geteilten Deutschland«:

Jeden Tag zeigte ich mehrmals meinen Ausweis. Wenn ich mit dem Bus Richtung Berlin fuhr, hielten wir an der Grenze zu Ostberlin, Volkspolizisten stiegen ein, gingen durch die Reihen, prüften die Ausweise und manchmal winkten sie jemanden heraus, der zur Leibesvisite in das Gebäude neben der Bushaltestelle mitkommen musste. Niemand sagte etwas, aber ich wusste: alle hassen das. Nicht nur ich. Und immer dachte ich: hoffentlich nicht ich.

Und nun passierte es tatsächlich. Als ich mit dem Bus aus der Stadt kam, zeigte die junge, blasse Volkspolizistin auf mich: Sie da, kommen Sie mit!

Da war er wieder, dieser Moment, an den ich mich nie gewöhnen würde, der in mir Angst und Wut auslöste. Einer zeigt mit dem Finger auf dich und du musst mitgehen.

Ich sah den kalten Blick der jungen Polizistin und wusste, es war klüger, aufzustehen und auszusteigen. Die Polizistin ging wortlos vor mir her. Sie war groß und ihre Uniform saß locker. Sie führte mich in einen Raum, in dem an einem Tisch zwei einfache Holzstühle standen. Die Glühbirne an der Decke warf ein ungeschütztes Licht auf den kahlen Raum. Die Frau zeigte auf meine Tasche: Auf dem Tisch ausleeren und das Portemonnaie ausschütten!

Hefte, ein Buch, Stifte, eine Zeitschrift und dreißig Pfennig messingfarbenes Westgeld zwischen matten Münzen aus Aluminium fielen auf den Tisch. Die junge blasse Volkspolizistin sah ausdruckslos auf den Tisch und blickte an mir vorbei, als sie sagte: Warten Sie hier!

Dann ging sie hinaus und kam kurze Zeit später mit zwei uniformierten Männern höheren Dienstgrades zurück. Sie führte sie zu dem Tisch und zeigte auf das Buch: Da!

Ich erschrak. Daran hatte ich noch gar nicht gedacht. Auf dem roten Umschlag waren zwei Hakenkreuze zu sehen. Das Buch von Walther Hofer über den Nationalsozialismus.

Setzen Sie sich! sagte der ältere der beiden Polizisten und nahm selbst an der anderen Seite des Tisches Platz. Er wog das Buch in der Hand.

Wo haben Sie das her?

Die Stimme klang nicht unfreundlich, aber der Blick belauerte mich.

Von einer Freundin.

Aus dem Westen natürlich.

Ja, sie wohnt drüben.

Und was hatten Sie mit dem Propagandamaterial vor?

Das ist kein Propagandamaterial, das ist eine Textsammlung über das Naziregime.

Ach, was Sie nicht sagen. Und warum mussten Sie sich das aus dem Westen besorgen?

Ich habe es geschenkt bekommen.

Er sah mich aus grauen Augen misstrauisch an. Die junge Volkspolizistin blickte triumphierend auf mich herunter. Der Mann winkte den zweiten Uniformierten heran, der sich nun mit der Hand auf den Tisch stützte und über die Schulter des anderen in das Buch blickte. Sie schienen unschlüssig, was sie davon halten sollten.

Wofür brauchen Sie das Buch?, fragte der Jüngere schließlich.

Ich interessiere mich für das Thema.

Wieso benutzen Sie Westmaterial, haben wir hier nicht genug Bücher über den Faschismus?

Nein, haben wir nicht!, dachte ich.

Ich wusste, Widerspruch war sinnlos, das brachte sie nur auf und ich schaffte den nächsten Bus nicht.

Der ältere Mann schlug das Buch zu und wies mich an ihm zu folgen. Am Ende eines Ganges öffnete er die Tür zu einem düsteren Raum, in dem verstreut Stühle herumstanden oder übereinandergestapelt waren.

Warten Sie hier, wir werden das Buch prüfen.

Dann schloss er die Tür und ich war allein.

Die Jalousien waren halb heruntergelassen, ein trübes Licht lag auf dem unbehausten Raum.

Ich setzte mich auf einen der Stühle, aber ich war unruhig und begann auf und ab zu gehen. Als die Dämmerung zunahm, malte ich mir aus, dass jetzt die Wohnung durchsucht wurde.

Nach zwei Stunden öffnete sich die Tür, der ältere Polizist trat ein.

Sie sitzen im Dunkeln?, fragte er und knipste ein trübes Licht an.

Er hielt das Buch in der Hand.

Hören Sie, sagte er, wir müssen das hier noch weiter prüfen. Morgen früh um sechs können Sie das Buch abholen. Kommen Sie.

Und damit schob er mich ins Freie. Ich ärgerte mich über die Berührung und bewegte unwillig die Schultern.

Sie sind einfach dumm, sagte ich leise, als ich neben den Grenzpolizisten auf den nächsten Bus wartete.

Wir brauchten Stunden, ehe wir alle Westzeitschriften verbrannt hatten. Aber niemand klingelte. Als ich morgens um sechs mit dem ersten Bus übernächtigt an die Grenze kam, überreichte mir die junge Volkspolizistin wortlos das Buch und ließ mich gehen« (Köhncke, 2023).

## 4 Frankfurter Schule und Gruppenanalyse

Die Beschäftigung mit den Wurzeln der Gruppenanalyse brachte mich nicht nur in Kontakt mit der Kindheit und Jugend in Zeiten von Faschismus und Krieg, der Teilung Deutschlands und dem Leben in der DDR, sondern auch mit Frankfurt am Main, wohin ich nach der Flucht aus der DDR im Jahr 1958 zum Studieren kam. In Frankfurt besuchte ich neben meinem Studium der Germanistik die philosophischen und soziologischen Vorlesungen und Seminare von Max Horkheimer und Theodor W. Adorno. Horkheimer, der mit Vorliebe über die Philosophen der Aufklärung sprach, und Adorno, der uns die Dialektik Hegels nahebrachte, faszinierten mich durch ihren Habitus des Nachdenkens und Entwickelns von Ideen. Besonders Adorno vermittelte durch sein freies Sprechen in ständiger Bewegung eine Ahnung von spontanen Denkbewegungen. Seine ästhetischen Überlegungen und sein soziologischer Blick schlugen eine Brücke zur Musik, bildenden Kunst und Literatur. Dass die Kritische Theorie bei den Germanisten auf Ablehnung stieß, war nicht verwunderlich, aber ich war nicht aus der DDR geflohen, um mich zu unterwerfen.

Es war ein fast familiäres Gefühl, als mir während meiner Beschäftigung mit den Wurzeln der Gruppenanalyse Adorno und Horkheimer erneut begegneten. Ich sah sie nun in der lebhaften intellektuellen Szene der 1930er Jahre, zu der außer ihnen auch Siegmund Fuchs, Ilse Seglow, Norbert Elias, Karl Mannheim und viele andere gehörten. Ich kannte das Institut für Sozialforschung, ich kannte auch das Café Laumer, in dem sich die intellektuelle Elite traf und diskutierte. Lebhaftigkeit und Radikalität kennzeichneten die Kultur ihrer Diskussionen. 1933 schlossen die Nazis das Institut für Sozialforschung und lösten eine Welle der Emigration aus. Aber nicht allen gelang es zu entkommen, so Karl Landauer, der Psychoanalytiker von Max Horkheimer, der im KZ an Entkräftung starb. Ich sah die späteren Gruppenanalytiker:innen mit einem Mal auch in diesem Kontext eines sozialen und geistigen Netzwerks, das durch die Nazis gesprengt wurde.

## 5 Der soziologische Blick in der Gruppenanalyse

Auch Norbert Elias verließ Deutschland Richtung England. Sein Einfluss auf Foulkes' Denken spiegelt sich in der Konzeption der Gruppenanalyse, die, obwohl aus der Psychoanalyse hervorgegangen, einen ganz eigenen Weg einschlug. Was Elias in die Gruppenanalyse einbrachte, war sein soziologischer Blick auf das Verhältnis von Individuum und Gesellschaft. Er kritisierte ein Denken, dass das Selbstbewusstsein ausschließlich in das Innere des Menschen und alle Beziehungen nach außen verlegte (Elias, 1987, S. 48–49). Er sah das Individuum nicht als solitär, sondern eingebettet in die gesellschaftlichen Verhältnisse.

Bezogen auf die Entwicklung des Kindes zum Erwachsenen heißt es bei ihm: »Jeder einzelne Mensch wird in eine Gruppe von Menschen hineingeboren, die vor ihm da war. Mehr noch: Jeder einzelne Mensch ist von Natur so beschaffen, dass er anderer Menschen, die vor ihm da waren, bedarf, um aufwachsen zu können« (S. 40). Und: »Jeder der Menschen, die da auf den Straßen fremd und scheinbar beziehungslos aneinander vorübergehen, ist [...] durch eine Fülle von unsichtbaren Ketten an andere Menschen gebunden, sei es durch Arbeits- oder Besitzketten, sei es durch Trieb- oder Affektketten« (S. 31).

Sein soziologischer Blick war zugleich ein historischer. So sind die Individualisierungsschübe, etwa in der Renaissance, für ihn nicht die Folgen einer plötzlichen Mutation im Inneren einzelner Menschen, sondern gesellschaftliche Ereignisse (S. 43). »Eine wirkliche Klarheit über das Verhältnis von Individuum und Gesellschaft vermag man erst dann zu gewinnen, wenn man das beständige Werden von Individuen inmitten einer Gesellschaft, wenn man den Individualisierungsprozess in die Theorie der Gesellschaft mit einbezieht« (S. 46).

Diesen Gedanken begegnete ich während meiner Weiterbildung zur Gruppenanalytikerin, und sie waren mir sofort vertraut. Es lag schon einige Zeit zurück, dass ich 1970 eine literaturwissenschaftliche Magisterarbeit mit dem Titel »Geselligkeit und Literatur. Die gesellschaftliche und literarische Bedeutung der Berliner Salons um 1800« geschrieben hatte. Diese Arbeit war beeinflusst von Jürgen Habermas' Habilitationsschrift »Strukturwandel der Öffentlichkeit« (Habermas, 1962/1971) über die Entstehung einer bürgerlichen Öffentlichkeit. In dieser Magisterarbeit interessierte ich mich vor allem für die Salons in Berlin, die um 1800 von jüdischen Frauen wie Rahel Varnhagen und Henriette Herz ins Leben gerufen wurden. Die jüdischen Salons fielen in die Zeit der Emanzipation der Juden, ihrer Gleichstellung. Auch hier ging es um das Verhältnis von Individuum und Gesellschaft. Was Elias theoretisch formulierte, begegnete mir in der Erforschung einer konkreten gesellschaftlichen Wir-Bildung ausgeprägter Persönlichkeiten jenseits der Standes -und Geschlechtergrenzen.

Zum einen war an diesem Phänomen interessant, dass Frauen, die zudem Jüdinnen waren, Einfluss hatten und öffentliche Anerkennung fanden, zum anderen waren diese Salons ein Ort, an dem sich, Stände übergreifend, die Gebildeten der Zeit trafen. Wir finden dort Beamte, Politiker, Wissenschaftler, Philosophen, Journalisten, Schriftsteller:innen und Schauspieler:innen. Jean Paul, Ludwig Tieck, Friedrich Schlegel, Bettina von Arnim, Clemens Brentano, Schleiermacher, die Brüder von Humboldt, Friedrich Hegel, die sich dort mit Adligen trafen, die in unserem kulturellen Gedächtnis keine mit den Künstler:innen vergleichbare Rolle spielen, so z. B. Peter von Gualtieri, Major des Preußischen Königs, Prinz Louis Ferdinand, Neffe des Königs, Gräfin York, Fürst Radziwill, Alexander von der Marwitz, um nur einige zu nennen.

Das Besondere dieser Salons war, dass sie im Unterschied zu den geschlossenen, ca. zehn Personen umfassenden Montagsgesellschaften, die im 18. Jahrhundert entstanden, nur von Bürger:innen besucht wurden und sich mit der Aufklärung beschäftigten – Gotthold Ephraim Lessing und Moses Mendelssohn gehörten z. B. dazu –, offene Gesellschaften waren, zu denen jeder und jede Gebildete Zutritt hatte und in denen es sowohl um geistigen Austausch ging als auch – unter dem Einfluss des Adels – um den Umgang miteinander. Dieser Austausch lässt sich soziologisch in den Kontext einer informellen Bewegung demokratischer Meinungsbildung im Königreich Preußen stellen, die unter dem Einfluss der Aufklärung und der Französischen Revolution die feudal-ständische Gesellschaft infrage stellte. Diese Herausbildung einer neuen Öffentlichkeit war ein gesellschaftliches Phänomen, in dem die Ausprägung der Individualität und die Zugehörigkeit zu einem neuen Wir in einem dialektischen Spannungsverhältnis standen.

Sticht in den jüdischen Salons vor allem die ausgeprägte Individualität der Einzelnen ins Auge, sehen wir dort Menschen, die sich als Person und durch ihre Werke weit über ihre eigene Zeit in die Kulturgeschichte einschrieben, so ist dieses Individualitätsbewusstsein zugleich Ausdruck einer gesellschaftlichen Zeitströmung, in der es um die Überwindung ständischen Denkens ging, das den Bewegungsspielraum jeder Person durch genormte Machtverhältnisse festlegte. Individualität bedeutete Befreiung aus der Enge ständischer Vorschriften, bedeutete Freiheit des Denkens und Handelns unabhängig von der sozialen Herkunft und war zugleich an die Gruppe gebunden, in der dieses Bewusstsein geteilt wurde.

Um es mit Norbert Elias zu sagen: »Individualität und Gesellschaftsbezogenheit des Menschen stehen nicht nur nicht im Gegensatz zueinander, sondern die einzigartige Ziselierung und Differenzierung der psychischen Funktionen des Menschen, der wir durch das Wort ›Individualität‹ Ausdruck geben, sie ist überhaupt nur dann und dadurch möglich, dass ein Mensch in einem Verbande von Menschen, dass er in einer Gesellschaft aufwächst« (Elias, 1987, S. 41).

Die Herausbildung der Individualität und ihre Beziehung zum Wir ist ein historischer, gesellschaftlich und psychologisch hochkomplexer Prozess, der in der Gruppenanalyse mit dem Begriff der Matrix in seinen verschiedenen Bedeutungen als Grundlagenmatrix, als kulturelle Matrix, familiäre Matrix und im Gruppenprozess selbst als dynamische Matrix zu erfassen versucht wird. Diese grundlegenden Gedanken sind für das Verstehen der Besonderheit der Gruppenanalyse im Vergleich zur Psychoanalyse von eminenter Bedeutung.

Bezogen auf die historische Entwicklung kennen wir die Festschreibung des individuellen Status in hierarchischen Ständegesellschaften, also die Unterwerfung des Ich unter das Wir. Wir kennen die Widerstandskraft des Ich in totalitären Gesellschaften, die extreme Individualisierung als Movens marktwirtschaftlichen Geschehens und das Zerbrechen des Wir in gesellschaftlichen Spaltungsprozessen.

Die Gruppenanalyse steht selbst ebenfalls im Kontext makrogesellschaftlicher Prozesse, und es ist sicher kein Zufall, dass sie als Gegenbild zum faschistischen Autoritarismus ein demokratisches Modell des Denkens und Handelns vertritt. Mit dieser Verortung werden Prozesse fokussiert, in denen die Spannungen zwischen Ich und Wir auch im Mikrokosmus der Gruppe ausgetragen und beobachtet werden können. Wenn in der Gruppenanalyse zum Beispiel gesagt wird, es gehe darum, die Gruppe von der Abhängigkeit des Leiters/der Leiterin zu entwöhnen, steht dahinter die mit Blick auf das Mitläufertum während der Naziherrschaft historisch einleuchtende Vorstellung einer Entwicklung von der Abhängigkeit zur Autonomie, wie wir sie auch aus der Psychoanalyse kennen.

Heute würden wir eher die Entstehung von Bindung und Beziehung in der Gruppe und die Selbstverantwortung im Kontext eines Wir in den Fokus nehmen. In diesem Gedanken enthalten ist nicht nur die Vorstellung einer Veränderung des einzelnen Gruppenmitgliedes, sondern auch des Wir der Gruppe. Diese Vorstellungen verweisen auf eine Einbettung der Gruppenanalyse in den Kontext einer demokratischen Gesellschaft, in der sowohl die Stimme des Einzelnen in der Beziehung zum Wir als auch die Prägung des Einzelnen durch das Wir Gewicht hat.

Die Entstehung der Gruppenanalyse vor dem Hintergrund faschistischer Destruktivität macht aber auch deutlich, dass dies immer wieder errungen werden muss. Das heißt, dass Gesellschaften, die entweder dem Individualismus huldigen oder das Wir monopolisiert haben, nicht dem Verständnis der Gruppenanalyse von menschlichem Zusammenleben entsprechen. So gesehen, versteht sich die Gruppenanalyse auch als eine »Gegenmacht« (Knauss, 1991). Da wir nicht in einer idealen Gesellschaft leben, geht es deshalb immer wieder darum, destruktive Prozesse in der Gruppe aufzudecken und kreative Prozesse zu fördern.

## 6 Sinnlich-symbolische Kommunikation und Gruppenanalyse

Meine Beschäftigung mit den jüdischen Salons hatte aber noch eine andere Seite, nämlich eine literarische, ästhetische. In den Salons wurde über Literatur, bildende Kunst und Musik gesprochen, man kam nach Theaterbesuchen zusammen, um zu diskutieren. Habermas spricht deshalb auch von einer »literarischen Öffentlichkeit« als Vorform einer politischen Öffentlichkeit (Habermas, 1962/1971).

Interessierte mich schon damals während meines Studiums nicht nur die Soziologie, sondern auch die Kunst und mit ihr die Ästhetik, so beeinflusste dieses Interesse auch mein Verständnis von Gruppenanalyse und führte schließlich dazu, einen eigenen Weg zu gehen. Dem lag das Bedürfnis zugrunde, das, was mir selbst wesentlich und wichtig war, in mein Verständnis von Gruppenanalyse zu integrieren. Dabei ging es mir nicht darum, künstlerische Aspekte in die Gruppenanalyse zu tragen, also z. B. Literatur, Kunst, Musik gruppenanalytisch zu interpretieren, wie es beispielsweise in der Psychoanalyse praktiziert wird, sondern grundlegender darum, die Präferenz der verbalen Sprache, wie sie die Gruppenanalyse von der Psychoanalyse übernommen hat, durch die präverbale sinnliche Sprache zu erweitern und gruppenanalytische Prozesse aus der Perspektive der Kreativität zu betrachten.

Ästhetik, ganz allgemein und wörtlich zu verstehen als Lehre von der sinnlichen Wahrnehmung, von dem, was unsere Sinne anspricht und uns bewegt, hat zwar ihre eigene Geschichte seit der Antike (Schneider, 1996); in der Übertragung auf das gruppenanalytische Wahrnehmen und Verstehen ging es mir aber vor allem um eine Erweiterung der Kommunikation, die über die Worte hinaus noch andere Ebenen im Blick hat, so die dem Unbewussten nahe mimische und gestische Sprache des Körpers, die Kommunikation über Bilder, Symbole, die Bedeutung von Stimmklang und Rhythmus. Foulkes stand dieser Ebene der Kommunikation offen gegenüber. So heißt es bei ihm: »In einer gruppenanalytischen Gruppe werden alle zur Beobachtung kommenden Daten als relevante Kommunikationen betrachtet, ob sie nun bewusste oder unbewusste, verbale oder nonverbale Kommunikationen sind« (Foulkes, 1986, S. 166 f.). Er beschäftigte sich aber nicht tiefergehend damit.

Hier wurde Alfred Lorenzers Begriff der sinnlich-symbolischen Kommunikation für mich wichtig (Lorenzer, 1981). Weil ich Erfahrungen mit dieser Ebene der Kommunikation in der Gruppenanalyse sammeln wollte, fragte ich meine gruppenanalytischen Kolleginnen Christa Franke, die in Gruppen mit Bildmaterialien arbeitet, und Katrin Stumptner, die als Kinder- und Jugendlichengruppenanalytikerin und Musiktherapeutin die Musik in ihre Arbeit einbezieht, sowie die Körpertherapeutin Marlies Siegler, ob sie sich mit mir treffen würden, um in einem Gruppenprozess die Bedeutung der verschiedenen Sprachen für uns persönlich und für das Wir der Gruppe auszuloten. Ich selbst wollte meine Erfahrungen mit dem kreativen Schreiben einbringen. Das war im Jahr 2005. Seitdem trafen wir uns bis zum Beginn der Coronapandemie 15 Jahre lang zweimal im Jahr an einem Wochenende reihum an dem jeweiligen Wohnort der Einzelnen zu einem Selbsterfahrungsprozess. In verschiedenen Workshops gaben wir unsere Erfahrung weiter und publizierten sie schließlich (Franke, Köhncke, Siegler-Heinz u. Stumptner, 2013).

Wichtig war mir, dass wir dieses Experiment nicht im Rahmen eines Instituts durchführten, um frei in allen Entscheidungen zu bleiben und keine Rücksicht auf innerinstitutionelle Dynamiken nehmen zu müssen. So war in Weiterbildungsinstituten z. B. mit Widerständen zu rechnen, wenn wir in der

Selbsterfahrung die Sprachgrenzen überschritten, uns im Raum bewegten und mit Bildern und Instrumenten arbeiteten. Erleichternd war sicher, dass ich als Pädagogin keine Berührungsängste mit anderen Medien hatte, sondern im Gegenteil die Erfahrung mitbrachte, dass Lernprozesse mit ihrer Sinnlichkeit, Anschaulichkeit und ihrer Erlebnisnähe eng verknüpft sind.

In unserem Experiment ging es allerdings nicht um pädagogische Ziele, sondern um einen offenen Erfahrungsraum und um einen ergebnisoffenen Prozess. Dafür war ein räumlich und zeitlich klares Setting die Bedingung. Am Freitag und Samstag ließen wir uns in neunzigminütigen Sequenzen auf einen Selbsterfahrungsprozess ein und am Sonntag reflektierten wir diesen und hielten die einzelnen Sitzungen in einem Tagebuch fest.

Das, was sich im Vergleich zum gruppenanalytischen Setting änderte, war nicht nur das methodische Vorgehen, sondern auch die Rolle der Leiterin. Die Leitung wechselte von Sitzung zu Sitzung, jede setzte ihre Impulse aus der Kenntnis des jeweiligen Mediums Körper, Musik, Bild oder Sprache, beteiligte sich aber auch selbst an dem Prozess und achtete zugleich auf den Zeitrahmen. Dies war eine ganz neue Erfahrung, die im Verlaufe des Prozesses als immer selbstverständlicher erlebt wurde. Aus diesem Eintauchen in den Prozess generierte sich in der Regel das Gruppenthema, das dann in dem jeweiligen Medium weiterbearbeitet wurde.

So erschien z. B. am Anfang unseres Prozesses über die Frage nach den Körpergrenzen und körperlicher Nähe das Bild des »Leibes« als eines Ganzen, eines Wir. Wurden wir zunächst von der Körpertherapeutin aufgefordert, die eigenen Körpergrenzen klopfend zu ertasten, dann in der Bewegung im Raum die Grenze in der Nähe zu den anderen auszuloten, sich einen eigenen Ort zu suchen, dort niederzulassen, den Boden als haltend zu erleben, das Innen und Außen des Körpers wahrzunehmen, so knüpfte an diese körperliche Erfahrung in der zweiten musikalischen Sequenz das Spielen auf ausgewählten Musikinstrumenten, das Horchen nach innen und außen. Die Grenzen und die Beziehung zu den anderen wurde im gemeinsamen Improvisieren gesucht und gestaltet. Diese sehr körpernahen Erfahrungen führten dann zu schriftlich festgehaltenen sprachlichen Assoziationen zum Thema »Mein Leib« und wurden in der bildlichen Gestaltung weitergeführt, sodann mit dem Thema »Unser Leib« von der Einzelnen zur Gruppe hin erweitert und bildlich und sprachlich gestaltet.

Das gemeinsame Betrachten der Bilder, der Austausch über die musikalische Erfahrung, das Vorlesen des Geschriebenen, das biografische Erinnern und Erzählen, dies alles rührte auch an Verborgenes, Verdrängtes, an frühe Verluste, an gegenwärtiges Altern und Sterben, aber auch an Hoffnungen und Wünsche. Indem diese Themen und die mit ihnen verbundenen Gefühle eingebettet wur-

den in die Körpersprache, die musikalische Sprache, die Bildsprache und in
eine nichtreflexive, sondern eher poetische, metaphorische Sprache, fühlten
wir uns in Kontakt mit unserem kreativen Potenzial.

Was mich an unserem Prozess besonders beeindruckte und überzeugte, war
zum einen, dass er einen spielerischen Charakter hatte und das Lebendige sich
behauptete, auch bei einem so schweren Thema wie dem Tod. Zum anderen
überraschte mich, dass diese zugleich spielerische und ernste Kommunikation
eine tiefe Verbindung zwischen uns schuf, die mich daran erinnerte, wie in der
frühen Kindheit Bindung entsteht.

Interessant war auch, dass wir schon nach kurzer Zeit einen organisch
wirkenden Ablauf der einzelnen Medien praktizierten. Wir begannen mit der
Körperarbeit, dann folgte die Musik, die Bildmaterialien schlossen sich an und
das kreative Schreiben hatte oft eine Brückenfunktion zwischen den anderen
Medien und beendete den Prozess. Wir kamen dadurch in Kontakt mit unseren persönlichen und gemeinsamen Themen. Wir bearbeiteten sie, indem wir
sie gestalteten und dann darüber sprachen. So wurde mir, als wir uns im Winter 2006 in Berlin trafen, meine Kindheit im Krieg wieder präsent und ich versuchte, dies in einem Gedicht auszudrücken.

**hier in berlin**
hier in berlin bin ich zu gast in meinen kindertagen
ich steh im schatten einst zerstörter häuser
und schmecke lang vergessnen feuerschein

in langen straßen hallt das echo früher schritte
wir spielen hopse unterm kinderhimmel
jagen den tag in rollschuhn ums karree

der krieg ist unser spielgefährte
er spielt versteck in kellern und in bunkern
er wirft uns scherben in das bett

wir pfeifen unsre spatzenlieder
wir nähren uns von brot und brausepulver
das seufzen der erwachsnen pflastert unsre kniee

hier in berlin bin ich zuhaus in meinen kindertagen
die asche meiner mutter schneit
als stiller herzschlag auf mich nieder

Was wir versuchten, war, die Kommunikation durch den Kontakt zur präverbalen Ebene des sinnlich Symbolischen zu erweitern und dies auch in die verbale Sprache zu tragen. Für Kinder- und Jugendlichengruppentherapeut:innen ist dies etwas Vertrautes. Aber inwieweit man als Gruppenanalytiker:in für Erwachsene den Weg gehen kann, auch andere Medien neben der Sprache einzubeziehen und eine aktive Rolle einzunehmen, hängt von verschiedenen Voraussetzungen ab. Zum einen braucht man eine gewisse Kompetenz, mit Medien umzugehen, zum anderen hängt es auch von den Gruppen ab, wann so etwas sinnvoll ist. In Fortbildungsprozessen bei Tagungen von Körpertherapeut:innen und Gruppenanalytiker:innen machten wir damit gute Erfahrungen.

Eine der spannendsten Erfahrungen bot die GASi-Tagung 2017 in Berlin, als wir mit dreißig jungen Musiker:innen aus verschiedenen Ländern einen Workshop zum Thema »Lampenfieber« durchführten (Köhncke, 2022). Das Besondere an unserem Vorgehen war, dass wir diese Workshops nicht allein leiteten, sondern jede mit ihrer individuellen Kompetenz vertreten war.

Hinter allem, was wir erprobten, stand eine bestimmte Haltung. Zu der gruppenanalytischen Haltung des Achtens auf die Grenzen, des Containings und der freischwebenden Aufmerksamkeit trat eine spielerische Neugier und eine damit verbundene Freude. Deshalb möchte ich nun auf die grundsätzliche Bedeutung des Spiels für gruppenanalytische Prozesse eingehen.

## 7 Spiel und Gruppenanalyse

Wir kennen Schillers berühmten Satz: »Der Mensch spielt nur dort, wo er in voller Bedeutung des Wortes Mensch ist und er ist nur da Mensch, wo er spielt« (Schiller, 1962). Und wir kennen auch den Satz von Winnicott aus seinem Werk »Vom Spiel zur Kreativität«: »Die Arbeit des Therapeuten ist darauf ausgerichtet, den Patienten von einem Zustand, in dem er nicht spielen kann, in einen Zustand zu bringen, in dem er zu spielen imstande ist« (Winnicott, 1959/1971, S. 49). Warum aber sahen die beiden das so?

Für Schiller war das Spiel deshalb so wichtig, weil er in ihm eine Versöhnung der auseinanderstrebenden Kräfte Sinnlichkeit und Vernunft, Natur und Kultur sah (Schneider, 1996). Ähnlich sieht es der Philosoph Gadamer, wenn er davon spricht, dass die Vernunft ins Spiel integriert und zugleich überspielt wird (Gadamer, 1977/2012). So ist zum Beispiel kein Spiel ohne Regeln. Winnicotts Sicht hingegen bezieht sich auf die Gesundung durch die Rückgewinnung der kindlichen Spielfähigkeit (Winnicott, 1959/1971).

Und doch hört man im gruppenanalytischen Diskurs, wenn es um Selbsterfahrungsgruppen oder therapeutische Gruppen geht, selten etwas vom Spiel, mit Ausnahme natürlich der Kinder- und Jugendlichentherapeut:innen, für die das konkrete Spielen in der Therapie selbstverständlich ist. Aber es ist schon auffallend, dass die Kinder- und Jugendlichengruppenanalyse Jahre gebraucht hat, ehe sie im öffentlichen Bewusstsein der gruppenanalytischen Community ankommen konnte und als gleichwertig anerkannt wurde. Warum ist das so?

Ein Grund ist, dass das Spiel primär in der Kindheit angesiedelt ist. Wenn wir Kindern begegnen, begegnen wir auch immer dem Spielen. Spielend entwickeln sich die Kinder, spielend lernen sie. So offensichtlich ist dies bei Erwachsenen nicht mehr der Fall und doch ist der Mensch fähig, ein Leben lang zu spielen.

Ein weiterer Grund ist, dass in den Selbsterfahrungsgruppen, den therapeutischen Gruppen und Supervisionsgruppen zunächst einmal ganz anderes im Vordergrund steht. Denn die Menschen, die eine Gruppe suchen, stehen in der Regel unter Leidensdruck und kämen nicht auf die Idee, dass ihre beruflichen Probleme, ihre Depression oder ihre Zwangsstörung, ihre Verlassenheitsängste oder ihre Panikattacken etwas mit einem Mangel an Spielraum und Spielerfahrungen zu tun haben könnten. Zwar haben wir alle eine Vorstellung vom Spielen, kennen wir es doch aus unserer eigenen Erfahrung, aber das systematische Nachdenken in der Kulturwissenschaft, Philosophie, Psychoanalyse und Neurowissenschaft fügt unserem Alltagswissen doch neue Erkenntnisse hinzu.

Zur Beantwortung der Frage »Was ist Spiel?« möchte ich Johan Huizinga (2009) heranziehen, der in den 1930er Jahren sein berühmtes kulturtheoretisches Werk »Homo ludens« veröffentlichte. Bei ihm finden wir folgende, noch immer aktuelle Definition des Spiels als Kulturphänomen: »Der Form nach betrachtet kann man das Spiel [...] eine freie Handlung nennen, die als ›nicht so gemeint‹ und außerhalb des gewöhnlichen Lebens stehend empfunden wird und trotzdem den Spieler vollkommen in Beschlag nehmen kann, an die kein materielles Interesse geknüpft ist und mit der kein Nutzen erworben wird, die sich innerhalb einer eigens bestimmten Zeit und eines eigens bestimmten Raumes vollzieht, die nach bestimmten Regeln ordnungsgemäß verläuft und Gemeinschaftsverbände ins Leben ruft« (Huizinga, 2009, S. 22). Hinzufügen müsste man, dass die Spiele ergebnisoffen, d. h. mit dem Zufall, dem Glück, dem Risiko verbunden sind.

Unter diesen vielen Eigenschaften möchte ich als erste herausheben, dass das Spiel einen Spielraum braucht, d. h., nur unter bestimmten Bedingungen möglich ist, nämlich in zeitlicher und räumlicher Begrenzung und unter Befolgung

bestimmter Regeln, die freiwillig eingehalten werden. Begrenzung und Frei-
willigkeit sind also die beiden wesentlichen Bedingungen für die Entstehung
eines Spielraumes.

Welche Parallelen lassen sich hier zum Gruppenprozess ziehen? Auch in
der gruppenanalytischen Gruppe wird durch Raum, Zeit und Regeln wie regel-
mäßiges Kommen, Vertraulichkeit ein Rahmen gesteckt. Die Eigenständigkeit und der Schutz des dadurch entstehenden Binnenraums entsteht in klarer
Abgrenzung gegen das Alltagsgeschehen außerhalb der Gruppensituation. Die
analytische Gruppe schafft durch Rahmen und Setting eine von der Realität
des Lebens- und Berufsalltags abgegrenzte eigene Welt, eine eigene Realität, die
die Bedingung dafür ist, dass so etwas wie ein spielerischer Modus, eine spielerische Haltung überhaupt erst entstehen kann.

Dass in der gruppenanalytischen Gruppe kein bestimmter Zweck wie zum
Beispiel in einer Arbeitsgruppe verfolgt wird, sondern sich jeder im Rahmen
der Regeln dem Prozess überlässt, eröffnet die Chance, sich auf das einzulassen,
was in jedem Einzelnen und in der Beziehung zu den Anderen im Hier und
Jetzt geschieht. Dass wir dies mit den anderen in der Gruppe erleben, weil Spiel
immer etwas Geteiltes ist, bewirkt die von Huizinga benannte gemeinschafts-
bildende Wirkung des Spieles. In der Gruppenanalyse sprechen wir von der
Kohäsionsbildung, die als eine der wichtigsten Wirkfaktoren der Gruppenanalyse gilt, weil sie als alternative Erfahrung das Gefühl der Zugehörigkeit auslöst
und damit ein elementares Bedürfnis befriedigt.

Am Anfang stehen also die Herstellung und der Schutz des Spielraumes.
Es ist die wesentliche Aufgabe des Gruppenleiters bzw. der Gruppenleiterin,
durch die eigene Person und ein klares Setting den Schutz zu garantieren, der
wichtig ist für die Vertrauensbildung, die das Spiel erst ermöglicht. Besonders
am Anfang ist deshalb eine Sicherheit gebende Leitung wichtig, weil Themen
wachgerufen werden, die mit Vertrauen und Bindung zu tun haben. Davon, wie
sich Bindung und Vertrauen in der Gruppe entwickeln, hängt ab, wie spielfähig
die Gruppe sein wird.

Indem wir die Gruppenmitglieder auffordern, alles zu sagen, was ihnen durch
den Kopf geht, was ihnen einfällt, also sie zur freien Assoziation ermutigen,
machen wir im Grunde ein Spielangebot. Es wird kein Ziel formuliert, es wird
kein Zweck außer dem des Assoziierens genannt, es wird keine Aufgabe gestellt,
die zu einem Ergebnis führen soll, es werden keine Urteile gefällt, alles ist offen
und zugleich bewegt, denn assoziieren bedeutet ja, der Bewegung des eigenen
Denkens und Fühlens nachzuhorchen, das Gedachte und Gefühlte aus sich
herauszustellen und in die Gruppe zu bringen. Im Unterschied zum Alltag hat
das, was dabei geschieht, keine Konsequenzen. Das Spiel, zu dem also indirekt

aufgefordert wird, verlangt eine Haltung des Geschehenlassens, was die Regression begünstigt und dem Unbewussten einen Raum gibt. Dass das, was dann im Kontakt mit den anderen geschieht, immer wieder den Charakter einer unbewussten Inszenierung annimmt, zeugt davon, dass wir uns, symbolisch betrachtet, auf einer Bühne befinden, auf der ein Stück aufgeführt wird, oder, mit Joseph Lichtenberg gesagt, dass Modellszenen aus der eigenen Kindheit sich als Übertragungsgeschehen reinszenieren und damit frühere Verletzungen aus der eigenen Kindheit ans Licht kommen (Lichtenberg, 1989).

Huizinga würde das, was hier entsteht, eine Realität des »Als ob« nennen, und Winnicott spricht vom »intermediären Zwischenraum«, einem Raum zwischen der inneren und der äußeren Welt. In der Gruppe stellt sich dieser Raum her, in dem es um symbolisches Handeln geht, das außerhalb des gewöhnlichen Lebens steht und einen doch emotional vollkommen in Beschlag nimmt. Diese starke emotionale Beteiligung sichert, dass wir das, was geschieht, als real wahrnehmen, auch wenn unser Verstand uns sagt, dass das, was im Hier und Jetzt der Gruppe geschieht, zwar an frühere Situationen erinnert, aber nicht identisch ist mit dem damals real Erlebten.

Dass aber beides gleichzeitig sein kann, hat seinen entwicklungspsychologischen Grund in der Zeit, in der das Kind das Symbolspiel entdeckt. Das Symbol steht für etwas anderes, ist aber nicht das Andere. Das Kind, das allein mit Stofftieren oder mit anderen »Vater-Mutter-Kind« spielt, weiß, dass das nur ein Spiel ist, und erlebt es doch emotional so beteiligt, dass ihm Leben und dadurch sinnliche Präsenz eingehaucht wird. Es befindet sich spielend im Als-ob-Modus. Dieser Als-ob-Modus enthält beides: die Gewissheit des Realen, gewonnen durch eine starke emotionale Beteiligung, und das Wissen um das Nichtreale.

Mit dem Als-ob-Modus hat sich die Gruppe um Fonagy ebenfalls intensiv beschäftigt. Er spielt eine wesentliche Rolle bei der Unterscheidung zwischen dem »Es ist so« und dem »Es ist, als ob« und folgt auf die Phase, in der das Kind in der Kommunikation durch das sogenannte »Markieren« der Mutter lernt, zwischen seinen und den Gefühlen der Mutter zu unterscheiden (Fonagy, Gergely, Jurist u. Target, 2002).

Die Besonderheit des Als-ob-Modus macht es möglich, frühere konflikthafte Erfahrungen auf die Bühne der Gruppe zu bringen und dort durchzuspielen. Ich verwende bewusst den Begriff des Durchspielens im Unterschied zum Begriff des Durcharbeitens, der eher an die Anstrengungen der Arbeitswelt als an einen kreativen Prozess erinnert. Das Spiel, obwohl wir es mit Leichtigkeit verbinden, muss sich nicht immer so anfühlen. Denn auf der Bühne der Gruppe werden oftmals Tragödien inszeniert.

Je weiter eine Gruppe kommt, umso stärker dringt das Spielerische als Haltung in das Bewusstsein der Teilnehmenden. Dies möchte ich an einem Beispiel zeigen. In dieser Gruppe ist die Sprache das Mittel der Kommunikation.

Einmal im Monat trifft sich schon über viele Jahre eine kleine Balint-Gruppe von Lehrerinnen zur Fallarbeit. Sie ist aus einer größeren Gruppe von zunächst Referendarinnen und später Lehrerinnen hervorgegangen, die sich durch Wegzüge oder Schwangerschaften verkleinert hatte und in dieser Konstellation bleiben und weiterarbeiten wollte. In dieser Gruppe gibt es die Themen der zuvor geschilderten Anfangssituation in der Weiterbildungsgruppe schon lange nicht mehr. Für sie ist das Vertrauen in die Gruppe ebenso selbstverständlich geworden wie die Arbeit mit der Methode der freien Assoziation. Die Gruppe hat sich zudem die Freiheit erarbeitet, neben Themen aus der Schule gelegentlich sich selbst als Fall einzubringen und als Person zu zeigen, wenn es schwierig wird, das berufliche und private Leben zu balancieren.

In der Sitzung, um die es hier geht, steht eine Lehrerin unter starkem Druck. Sie erzählt von einigen fordernden Situationen in der Schule, von Auseinandersetzungen mit der Direktion, vom Leiden unter der schlechten Organisation der Schule. Dennoch komme sie damit klar, sagt sie, weil ihr Mann, der auch Lehrer ist, sie zu Hause entlaste und sich um die beiden schulpflichtigen Kinder kümmere. Dass dies möglich ist, hat damit zu tun, dass er an einer Vorform des Speiseröhrenkrebses erkrankt ist, operiert wurde, längere Zeit arbeitsunfähig war und sich nun in der Wiedereingliederungsphase befindet. Sie macht sich Sorgen, wie es sein wird, wenn er im kommenden Schuljahr wieder mehr arbeiten muss. Er habe sehr viel abgenommen, sei geschwächt, verängstigt, in den Grundfesten erschüttert, und sie wisse nicht, wie das mit einer vollen Stelle gehen solle, auf der er aber bestehe. Zudem müsse er ziemlich weit fahren und sei auch nicht zufrieden in dieser Schule. Sie hatte bisher eine reduzierte, er eine volle Stelle, und er möchte auch weiterhin, dass sie weniger arbeitet. Sie könnten es sich nicht leisten, wenn beide eine halbe Stelle hätten, denn sie müssten genug verdienen, um immer eine bestimmte Summe sparen zu können.

An dieser Stelle beginnt nun die freie Assoziation und die betroffene Lehrerin hört nur zu. Einer fällt die Situation der amerikanischen Regierungsangestellten ein, die vier Wochen lang wegen eines Konflikts zwischen Kongress und Trump ohne Gehalt ausharren mussten und im Unterschied zu uns keine Sicherheiten im Hintergrund haben. Wie privilegiert wir hier dagegen seien. Es wird gefragt, warum man eigentlich sparen müsse, wenn man das Geld akut brauche. Dann wird über die Verteilung der Lasten in der Familie nachgedacht, über eine Stundenreduktion für beide, einen Schulwechsel und darüber, was wirklich wichtig im Leben sei. Das geht so eine ganze Weile, in der die Gruppe sozusagen darstellt, wie eine offene Haltung gegenüber einem scheinbar unlösbaren Problem aussieht, in das man selbst verwickelt ist. Die Komplexität erhöht sich, Alternativen werden sichtbar. Als die betroffene Lehrerin wieder in das Gespräch zurückkommt, sagt sie: »Ich fühle mich plötzlich ganz anders. Mir ist, als hätte sich wieder ein Spielraum aufgetan. Ich merke, wir müssen alles neu denken, alles muss auf den Prüfstein, ich muss alles durchspielen. Ich fühle mich mit einem Mal ganz leicht und lebendig.« Das sieht man ihr auch an, ihre Körperhaltung hat sich verändert und sie lächelt. »Ja«, sagt eine andere, »frage dich einfach: Was macht mich lebendig?« In der Abschlussrunde sagen alle, sie seien anfangs müde aus der Schule gekommen, aber nun seien sie hellwach und fühlten sich leicht.

Als die Gruppe beim nächsten Mal zusammenkommt, ist alles ganz selbstverständlich. Die betreffende Lehrerin hat gemeinsam mit ihrem Mann tatsächlich alles auf den Prüfstand gestellt. Sie sagt, er habe mitgespielt und sie habe sich darauf einlassen können, etwas mehr als er zu reduzieren, weil er gerade so froh darüber sei, wieder unterrichten zu können. Sie sei voller Hoffnung, dass sie nach dem Schock der Erkrankung wieder in ein normales Leben zurückfinden werden.

Dem Paar gelang es, das Spiel mit der Arbeit zu verbinden. Und tatsächlich: Spiel und Arbeit sind keine Gegensätze. Wenn es einen Gegensatz gibt, dann, so heißt es bei dem amerikanischen Psychiater und Spielforscher Stuart Brown, ist es die Depression (Brown, 2009). An diesem Beispiel lässt sich erkennen, dass das Eintreten in den Modus des Assoziierens und damit in eine spielerische Haltung Veränderungen anbahnt.

Hier möchte ich nun noch einmal auf Alfred Lorenzer zu sprechen kommen, der den Begriff der sinnlich-symbolischen Kommunikation eingeführt hat, um zu erfassen, was zwischen der unbewussten Ebene der primordialen Kommunikation des Körpergedächtnisses und der Ebene des bewussten deklarativen Wissens liegt (Lorenzer, 1981). Lorenzer rechnet das Spiel zu den sinnlich-symbolischen Interaktionsformen, die sowohl sinnlich als auch symbolisch sind. Dazu gehören auch die von der Gruppe unbewusst hervorgebrachten Szenen, nämlich die Umwandlung früherer erlebter Dramen in eine Neuinszenierung, in der das seelische Geschehen nach außen zur Darstellung kommt. Auf dieser Ebene, so Lorenzers Auffassung, bahnen sich die Veränderungen an. Es ist also nicht die kognitive, sprachlich vermittelte Einsicht, die Veränderungen bewirkt. Sie kann nur befestigen, was vorher auf der vorsprachlichen Ebene sinnlich-symbolischer Kommunikation ausgelöst wurde (Brandes, 2005) und uns oft staunen lässt, dass sich etwas verändert hat und wir nicht genau wissen, warum.

In ihrem Werk »Rettet das Spiel« berichten Hüther und Quarch (2018), dass man in Kernspintomografien sehen könne, dass während des Spiels die Nervenzellverbände im Bereich der Amygdala, also in dem Zentrum, in dem die Angst mobilisiert wird, eine verminderte Aktivität zeigen. Das heißt, dass wir beim Spielen die Angst verlieren. Zugleich zeigt sich im Gehirn eine gesteigerte Aktivität zur Bildung neuer neuronaler Verbindungen, durch die die Herausforderungen des jeweiligen Spiels gemeistert werden können. Genau dies ist die Grundlage für kreative Ideen und Einfälle. Kreativität ist nichts anderes als die Fähigkeit, ungewohnte neue Verbindungen herzustellen bzw. sich herstellen zu lassen. Je komplexer die Herausforderung, desto komplexer die neuen Vernetzungen. Zugleich wird mit jeder Lösung auch das Belohnungssystem befeuert und das bedeutet das Erleben von Freude (Hüther u. Quarch, 2018).

Von Verknüpfungen spricht auch Stuart Brown. Im Spiel werden Stammhirn, limbisches System und Cortex vernetzt, es verbinden sich also Bewegung, Gefühle und Gedanken (Brown, 2009).

Den Aspekt der Bewegung im Spiel möchte ich gern noch einmal besonders herausgreifen und hierfür die Gedanken des Philosophen Hans-Georg Gadamer heranziehen: »Die erste Evidenz [...] ist, dass das Spiel eine elementare Funktion des menschlichen Lebens ist. [...] Wann reden wir von Spiel und was ist darin impliziert? Sicherlich als erstes das Hin und Her einer Bewegung, die sich ständig wiederholt [...], d. h. eine Bewegung, die nicht an ein Bewegungsziel gebunden ist [...]. Es ist ferner klar, dass zu einer solchen Bewegung Spielraum gehört. [...] Die Freiheit der Bewegung, die hier gemeint ist, schließt ferner ein, dass diese Form der Bewegung die Form der Selbstbewegung haben muss. Selbstbewegung ist der Grundcharakter des Lebendigen. [...] Was lebendig ist, hat den Antrieb der Bewegung in sich selber, ist Selbstbewegung. Das Spiel erscheint nun als eine Selbstbewegung, die durch ihre Bewegung nicht Zwecke und Ziele anstrebt, sondern die Bewegung als Bewegung, die sozusagen ein Phänomen des Überschusses, der Selbstdarstellung des Lebendigen meint« (Gadamer, 1977/2012, S. 29 f.).

Bezogen auf das, was im Spielraum der Gruppe geschieht, bedeutet Bewegung im konkreten und im übertragenen Sinn, das Gefühl der eigenen Lebendigkeit wiederzuentdecken. Wichtig dabei finde ich das von Gadamer sogenannte Phänomen des Überschusses, das man, wenn man als Leidender in eine Gruppe eintritt, wohl kaum erlebt, aber sobald man mit dem Spiel in Kontakt kommt, wiederentdecken kann. So wie es intuitiv die Kollegin aus der Balint-Gruppe formulierte: »Frage dich einfach: Was macht mich lebendig?«

Kinder, die sich ständig bewegen, haben es da leichter als die Erwachsenen. So gesehen, heißt spielen auch an die Kindheit anknüpfen. Spielen, so formulierte es der Kinderarzt Hanuš Papoušek, der mit seiner Frau Mechthild Papoušek die frühkindliche Interaktion erforschte, ist von Neugier, Eigenaktivität, Selbstwirksamkeit, Explorationsbedürfnis gesteuert. Und dabei – das ist der zweite wichtige Gedanke – auf die komplementäre Responsivität bezogen und angewiesen (Papoušek, 2003).

Folgt man der kanadischen Forschungsgruppe um Jaak Panksepp, gehört das Spiel zu den positiven angeborenen Basisaffekten, die von einem Such-Belohnungssystem angetrieben werden, durch das Säugetiere grundsätzlich in der Lage sind, das Überleben in Bezug auf Nahrung und soziale Bindung zu sichern. In unserer Sprache ist diese angenommene Triebhaftigkeit des Spiels in dem Begriff »Spieltrieb« aufgehoben. Dieser Spieltrieb ist auch bei Panksepp auf Responsivität angewiesen, d. h., es braucht immer auch einen Anderen, mit dem gespielt wird. Bindung und Spiel gehören also zusammen (Brown, 2009).

Im Althochdeutschen und Mittelhochdeutschen bedeutet das Wort »Spil« Tanz, eine Bedeutung, in der sowohl die Bewegung als auch das Miteinander enthalten ist (Köhncke u. Mies, 2012). Das beginnt in der frühen Mutter-Kind-Interaktion, von der der Körpertherapeut George Downing als dem »Tanz der Interaktionen« spricht (Downing, 1996, S. 47), und setzt sich fort im Spiel der Kinder und der Erwachsenen. Auch Gadamer sagt, spielen verlange immer nach mitspielen. Selbst der Zuschauer, der etwa einem Kind zuschaue, das mit dem Ball hin- und her spielt, könne gar nicht anders, als im Geiste mitzu-spielen. Spiel ist aus seiner Sicht ein kommunikatives Tun (Gadamer, 1977/2012, S. 31). Genau das ist in der Gruppe möglich. Hier schließt sich nahtlos Huizin-gas Charakterisierung des Spiels an (Huizinga, 2009), dass es gemeinschafts-bildend wirke. Dies lässt sich wiederum mit der Gruppenanalyse verknüpfen, deren wesentlicher Wirkfaktor die Erfahrung von Zugehörigkeit und das Tei-len von Erfahrungen ist.

Wenn wir uns Gruppen von Erwachsenen im gruppenanalytischen Selbst-erfahrungs- oder therapeutischen Kontext anschauen, so ist die körperliche Bewegung reduziert bis ausgeschaltet, da sich die Teilnehmenden in der sitzen-den Position befinden, und es ist die Sprache, die als Kommunikationsmittel dient. Sprache kann jedoch sehr vielfältig, sinnlich, tiefgründig und im Kon-takt mit dem Unbewussten sein. Indem die Assoziationen, das Erzählen, das Träumen zum Sprechen gebracht werden, befinden wir uns auf der Ebene der sinnlich-symbolischen Kommunikation, in der die Bildhaftigkeit, der Rhyth-mus und Klang der Sprache ebenso wie der nonverbale Ausdruck der Gestik und Mimik zum Tragen kommen.

Hier lässt sich auch an Foulkes anknüpfen: »Die therapeutische Gruppe schafft einen gemeinsamen Bereich, an dem alle Mitglieder teilhaben und in dem sie sich gegenseitig verstehen lernen können. Durch diesen Prozess begin-nen die Mitglieder die Sprache der Symptome, der Symbole und Träume ebenso wie Sprache in Worten zu verstehen« (Foulkes, 1986, S. 167).

Dennoch ist es überlegenswert, die Kommunikation zu erweitern, Bewegung zuzulassen, mit Bildmaterial zu arbeiten und musikalische Elemente einzu-

beziehen. Dies verändert natürlich die Rolle der Gruppenleitung von einer
kontemplativen in eine aktivere Haltung.

## 8 Vom Spiel zur Kreativität

An diesen Titel des Werks von Winnicott (1959/1971) möchte ich zum Schluss
anknüpfen. Denn Spiel und Kreativität hängen eng zusammen. Eine spielerische Haltung ist die Basis der Kreativität, durch die neue Verbindungen und mit
ihnen neue Gestalten hervorgebracht werden. Immer dann, wenn ich in einer
Gruppe im Kreis sitze und in den Modus des Zuhörens, der freischwebenden
Aufmerksamkeit eintrete und eine neue Wirklichkeit spüre, fühle ich mich als
Gruppenanalytikerin. Durch das Ritual des Settings wird eine Grenze zur alltäglichen, von Zwecken geleiteten und normierten Kommunikation gezogen und
ein Raum für die in der Gruppe angestrebte freie Kommunikation geschaffen.
Der Gruppenprozess, der dadurch angestoßen wird, lässt sich auch als die
gemeinsame Erschaffung einer neuen Realität beschreiben, in der jeder und jede
in Berührung mit tief im Verborgenen schlummernden Wünschen, Sehnsüchten,
aber auch Schmerz, Trauer und Wut kommen kann. Die Erfahrung, sich nicht
nur mit den eigenen Tiefen und Untiefen auseinanderzusetzen, sondern auch
an denen der anderen Gruppenmitglieder teilzuhaben, schafft jene Vertrautheit
und Zugehörigkeit, die ich so nur in der Gruppenanalyse kennengelernt habe.
      Diese Erfahrung ist aber nicht nur auf die typische gruppenanalytische Situ-
ation bezogen. An einem Beispiel möchte ich zeigen, wie sich das gruppenanalytische Denken aus dem therapeutischen, pädagogischen und supervisorischen
Feld hinaus in die Kultur bewegen kann. Seit einigen Jahren arbeite ich mit
einer Gruppe von bildenden Künstler:innen zusammen. Unser Projekt gipfelte
in einer Ausstellung von Juni bis August 2022 in Gießen. Um die Haltung, von
der ich gesprochen habe, zu verdeutlichen, zitiere ich aus meiner Einführung
in die Ausstellung:

»Alles hat damit angefangen, dass wir uns zu regelmäßigen Treffen verabredeten, nicht,
um ein gemeinsames Ziel, nicht, um eine künstlerische Idee zu verfolgen, nein, wir
hatten nur einen ganz schlichten Wunsch: nämlich das, was jeder und jede von uns in
der Werkstatt, im Atelier, am Schreibtisch einsam produzierte, miteinander zu teilen.
Unsere Grundhaltung war die Neugier, das Interesse an dem, was die anderen hervorbringen. Es ging uns um die Wahrnehmung und das Erleben des kreativen Umgangs
mit Themen und Materialien, um ihre künstlerische Gestaltung und unsere Resonanz
darauf. Und irgendwann dachten wir: Es wäre schön, die Mappen nicht nur zu öffnen

und zu schließen, alles eins nach dem anderen zu betrachten und wieder wegzuräumen, sondern unsere Arbeiten gleichzeitig in einem größeren Raum an der Wand, am Boden, in Vitrinen auszustellen und zu schauen, ob und wie sie nebeneinander wirken, ob sich Korrespondenzen ergeben oder nicht. Es interessierte uns, diese Gleichzeitigkeit von Verschiedenheit und Nähe nebeneinander zu stellen und wirken zu lassen.« (Köhncke, 2022)

Diese Ausstellung wurde von den Besucher:innen als etwas Besonderes wahrgenommen. In der Presse hieß es: »Eine neue Ausstellung belebt die Kunstszene der Stadt. Bei Kultur im Zentrum zeigen fünf Künstler ihre neuen Arbeiten. Das Motto der Schau lautet VERSCHIEDEN NAH, die beachtliche Bandbreite der Werke hält erhebliche optische und inhaltliche Kontraste bereit« (Gießener Anzeiger vom 29.6.2022).

Dass die Ausstellung so gut gelingen konnte, lag daran, dass alle beteiligten Akteure bei der Hängung und Aufstellung der Objekte nicht nur an sich und ihre Werke dachten, sondern sehr genau die Beziehungen der Werke untereinander im Blick hatten und dafür sorgten, dass sie genug Raum um sich hatten. Ohne dass wir je über Gruppenanalyse gesprochen hatten, war das ein Ergebnis eines Gruppenprozesses, der seine eigene Dynamik entfaltete und in einem gemeinsamen Ausstellungswunsch gipfelte. Mein Gruppenherz schlug höher, als eine der Malerinnen sagte: »Wir haben bei der Ausstellung immer das Ganze im Blick gehabt, wir haben Korrespondenzen, aber auch das Andere gesucht und Luft zum Atmen zwischen den einzelnen Werken gelassen.«

Norbert Elias äußerte Ähnliches, bezogen auf das Verhältnis von Individuum und Gesellschaft: »Auch zum Verständnis einer Melodie gelangt man nicht, wenn man zunächst einmal jeden Ton für sich betrachtet, wie er unabhängig von seinen Beziehungen zu anderen Tönen ist. Auch ihr Aufbau ist nichts anderes als der Aufbau der Beziehungen *zwischen verschiedenen* Tönen. Ähnlich verhält es sich bei einem Haus. Was wir seine Struktur nennen, ist die Struktur und der Aufbau nicht der einzelnen Steine, sondern der Beziehungen *zwischen* den Steinen. [...] Man muss beim Denken vom Aufbau des Ganzen ausgehen, um die Gestalt der einzelnen Teile zu verstehen (Elias, 1987, 37).

Ich habe mit Verfolgung, Emigration und Krieg begonnen und ende mit der Kreativität. Damit schließt sich ein Kreis, denn die Gruppenanalyse, die im Zweiten Weltkrieg entstand, war eine kreative Antwort auf Hass, Zerstörung, Vereinzelung und Vereinsamung. Im therapeutischen Kontext, mit dem die Gruppenanalyse begann, können in einem haltenden Setting Gefühle von Aggression, Schmerz, Scham und Trauer, aber auch Zuneigung und Interesse am Anderen durchlebt werden. In dem Maße, wie die Zugehörigkeit zu der

Gruppe und Vertrauen in die Gruppe wachsen, kann sich eine spielerische Atmosphäre und mit ihr eine dem Spiel zugehörige Lebensfreude entwickeln.

Es gibt inzwischen etliche Konstellationen, in denen die Gruppenanalyse wirksam ist oder sein kann, sei es im pädagogischen, supervisorischen oder kulturellen Kontext. Wie auch immer man das Spielerische für die eigene Profession bewertet und nutzt, sicher ist, dass es dem Lebendigen zugewandt ist.

## Auswahl eigener Publikationen und weitere verwendete Literatur

Brandes, H. (2005). Gruppenmatrix und Theorie des Unbewussten. Gruppenanalyse, 2, 151–169.

Brocher, T. (1967). Gruppendynamik und Erwachsenenbildung. Braunschweig: Westermann.

Brown, S. (2009). Play. New York: Penguin Group.

Downing, G. (1996). Körper und Wort in der Psychotherapie. München: Kösel.

Elias, N. (1987). Die Gesellschaft der Individuen. Frankfurt a.M.: Suhrkamp.

Foulkes, S.H. (1986). Gruppenanalytische Psychotherapie. Frankfurt a.M.: Fischer.

Franke, C., Köhncke, D., Siegler-Heinz, M., Stumptner, K. (2013). Was uns bewegt, unter die Haut geht, in den Ohren klingt, als Bild vor Augen und zwischen den Zeilen steht. Kommunikation und Symbolisierung: ein Gruppenexperiment. Gruppenanalyse, 1, 4–32.

Fonagy, P., Gergely, G., Jurist, E., Target, M. (2002). Affect Regulation, Mentalization and the Development of the Self. New York: Other Press.

Gadamer, H.-G. (1977/2012). Die Aktualität des Schönen. Kunst als Spiel, Symbol und Fest. Stuttgart: Reclam.

Habermas, J. (1962/1971). Strukturwandel der Öffentlichkeit. Untersuchungen zu einer Kategorie der bürgerlichen Gesellschaft. München: Luchterhand.

Huizinga, J. (2009). Homo ludens. Vom Ursprung der Kultur im Spiel. Reinbek bei Hamburg: Rowohlt.

Hüther, G., Quarch, C. (2018). Rettet das Spiel. Weil Leben mehr als Funktionieren ist. München: Random House.

Jorkowski, R., Keval, S. (2020). Auf den Spuren der Gründung des Instituts für Gruppenanalyse Heidelberg. Gruppenanalyse, 2, 117–133.

Knauss, W. (1991). Die Gruppen-Analyse als Gegenmacht. Gruppenanalyse, 1, 23–38.

Köhncke, D. (1970). Geselligkeit und Literatur. Die gesellschaftliche und literarische Bedeutung der Berliner Salons um 1800. Unveröffentlichtes Manuskript.

Köhncke, D. (1991). Ins Auge fassen – Deutsche Wurzeln der Gruppenanalyse. Gruppenanalyse, 1 (2), 1–20.

Köhncke D. (2003). Zum 70. Jahrestag der Emigration von Siegmund Heinrich Foulkes. In M.E. Ardjomandi (Hrsg.), Jahrbuch für Gruppenanalyse, Bd. 9, Ringen um Anerkennung in und zwischen Gruppen 31–36. Heidelberg: Mattes Verlag.

Köhncke, D. (2009). Die Gruppe als Möglichkeitsraum. Gedanken zur Bedeutung der Kreativität des therapeutischen Prozesses. Gruppenanalyse, 2, 103–127.

Köhncke, D. (2022). Über das Spielen. In K. Stumptner (Hrsg.), Gruppenanalytisch arbeiten mit Kindern und Jugendlichen. Impulse für eine kreative und vielfältige Praxis (113–126). Göttingen: Vandenhoeck & Ruprecht.

Köhncke, D. (2022). Einführung in die Ausstellung »VERSCHIEDEN NAH« in Gießen, Juni – August 2022. Unveröffentlichtes Manuskript.

Köhncke, D. (2023). Grenzwege. Eine Jugend im geteilten Deutschland. Berlin: Jaron Verlag.

Köhncke, D., Mies, T. (2012). Der Matrixbegriff und die intersubjektive Wende. Gruppenpsychotherapie und Gruppendynamik, Zeitschrift für Theorie und Praxis der Gruppenanalyse, 1, 26–52.

Lichtenberg, J. D. (1989). Modellszenen, Affekt und das Unbewusste. In P. Kutter (Hrsg.), Selbstpsychologie. Weiterentwicklungen nach Heinz Kohut (S. 73–106). Stuttgart: Klett-Cotta.

Lorenzer, A. (1981). Das Konzil der Buchhalter. Die Zerstörung der Sinnlichkeit. Eine Religionskritik. Frankfurt a. M.: Suhrkamp.

Neill, A. (1965). Erziehung in Summerhill – Das revolutionäre Beispiel einer freien Schule. München: Szczesny Verlag.

Papoušek, H. (2003). Spiel in der Wiege der Menschheit. In M. Papoušek, A. von Gontard (Hrsg.), Spiel und Kreativität in der frühen Kindheit/(S. 17–55). Stuttgart: Pfeiffer bei Klett-Cotta.

Schiller, F. (1962). Über die aesthetische Erziehung des Menschengeschlechts. In: Schillers Werke, Weimarer Ausgabe, Bd. 20, 309–412, Weimar: Boehlaus Nachfolger.

Schneider, N. (1996). Geschichte der Ästhetik von der Aufklärung bis zur Postmoderne. Stuttgart: Reclam.

Winnicott, D. W. (1959/1971). Vom Spiel zur Kreativität. Stuttgart: Klett-Cotta.

Watzlawick, P., Beavin, J. H., Jackson D. D. (1972). Menschliche Kommunikation. Stuttgart/Wien: Hans Huber.

Wulf-Volker Lindner

# Individuum – Gruppe –
# Institutionen – Gesellschaft

Wie mein Interesse und Engagement
dafür entstanden sein könnte

## I. Spurensuche

Nach 85 vollendeten Lebensjahren, mehreren Psychoanalysen, einer mehrjährigen psychoanalytischen Selbsterfahrungsgruppe und einigen Gruppen-
workshops in den 1970er Jahren bei Kolleginnen und Kollegen der Group
Analytic Society in London schaue ich noch einmal in den »Brunnen der Vergangenheit« (Mann, 1971, S. 5). Ich suche nach zeitgeschichtlichen Einflüssen,
Spuren unbewusst gewordener Konflikte der frühen Kindheit und späteren
Erfahrungen, Begegnungen und Entscheidungen, die mich motiviert und
angeregt haben könnten, bald nach Beginn meiner Ausbildung in Psychoanalyse 1966/67 in Göttingen, als sich dort die Gelegenheit bot, *wie selbstverständlich* auch Gruppenanalyse zu lernen und beides nach meinem Abschluss
1971 auch zu praktizieren, zu lehren und darüber zu forschen und zu schreiben. Zu diesem Interesse und Engagement gehört für mich, wiederum ganz
selbstverständlich, in Institutionen Aufbauarbeit geleistet und Entwicklungen
im gesellschaftlichen Kontext und deren Auswirkungen auf Individuen, Gruppen und Institutionen beachtet zu haben. Im Einzelnen wird mein Interesse
und Engagement vor allem in Kapitel VI »Das Gruppenkonzept des Göttinger
Modells« und in Kapitel VII »Psychoanalytiker, Gruppenanalytiker, Berater
und Lehrer in Universität, Weiterbildungen, Institutionen und im Sozialen
Feld« dargestellt. Vielleicht reizt es den einen oder die andere, diese Kapitel
zuerst zu lesen?

Zeitgeschichtlich begannen mein Leben und meine Entwicklung in folgendem Rahmen: Ich wurde ein Jahr vor Beginn des Zweiten Weltkrieges
geboren und wuchs die ersten sechs Lebensjahre mit der Familie zur Zeit des
Nationalsozialismus in Magdeburg und Althaldensleben auf. Dort erlebte ich
den Krieg, den Zusammenbruch des nationalsozialistischen Regimes und
1945 die Befreiung von ihm. Ab 1947 hatten wir das Glück, in der »Britischen

Besatzungszone« leben zu können. Trotz anfänglicher Ablehnung und Not in der Fremde gelang uns dort, in der Nachkriegszeit vor der Währungsreform und der Gründung der Bundesrepublik Deutschland, ein Neuanfang. In Hildesheim besuchte ich die Grundschule und ein neusprachlich-naturwissenschaftliches Gymnasium. Danach studierte ich in der Zeit Adenauers und des deutschen Wirtschaftswunders und beendete meine Studien noch vor Beginn der 68er-Studentenbewegung.

Gesellschaftliche Transformations- und Veränderungsprozesse[1], die ich miterlebt habe, waren und sind immer noch prägend für mich. Sie fordern mich heraus, über sie nachzudenken. Zwei gegenläufige Perspektiven interessieren mich dabei besonders, die am prägnantesten der dänische Philosoph und Theologe Søren Kierkegaard so beschrieben hat: »Es ist ganz wahr, was die Philosophie sagt, dass das Leben rückwärts verstanden werden muss. Aber darüber vergisst man den anderen Satz, dass vorwärts gelebt werden muss« (Kierkegaard, 1923, S. 203).[2]

Schaue ich so innerlich eingestellt in den Brunnen meiner Vergangenheit, kommen mir aus meiner Kleinkindzeit zwischen 1942 und 1947 in Magdeburg und Althaldensleben Ereignisse und Erlebnisse in den Sinn, die mich beeindruckt und bewegt haben, die ich damals allerdings nicht verstand. Sie waren für mich »rätselhafte Botschaften« (Laplanche, 2004), die mich, so denke ich heute, freuten, erregten, irritierten, bedrückten, ängstigten, in Konflikte brachten und meine Fantasien bewegten. Mit ihnen setzte ich mich suchend, abwehrend, später dann nachfragend, den Kontext erweiternd, lesend, studierend, in meinen Analysen und meiner Arbeit forschend weiter auseinander. Und sie bewegen

---

1  Darüber lernte ich am meisten von dem Soziologen Steffen Mau (2019) sowie aus den Veröffentlichungen von Andreas Reckwitz, Cornelia Koppetsch u. a., wie ich in meinem Vortrag »Herausforderungen der Gesellschaft heute an die Gruppenanalyse« (Altaussee, 7.10.2017; https://www.gruppenanalyse.info/publikationenen-und-referate, Zugriff am 25.07.2023) darstellte.

2  Sigmund Freud äußert sich ebenfalls zu den beiden Perspektiven: »Solange wir die Entwicklung von ihrem Endergebnis aus nach rückwärts verfolgen, stellt sich uns ein lückenloser Zusammenhang her, und wir halten unsere Einsicht für vollkommen befriedigend, vielleicht für erschöpfend. Nehmen wir aber den umgekehrten Weg, gehen von den durch die Analyse gefundenen Voraussetzungen aus und suchen diese bis zum Resultat zu verfolgen, so kommt uns der Eindruck einer notwendigen und auf keine andere Weise zu bestimmenden Verkettung ganz abhanden. Wir merken sofort, es hätte sich auch etwas anderes ergeben können, und dies andere Ergebnis hätten wir ebenso gut verstanden und aufklären können. Die Synthese ist also nicht so befriedigend wie die Analyse; mit anderen Worten, wir wären nicht imstande, aus der Kenntnis der Voraussetzungen die Natur des Ergebnisses vorherzusagen« (Freud, 1920, S. 296).

mich auch heute noch bis in meine Träume hinein. Einige, die ich für grundlegend halte, möchte ich hier erwähnen.

Ich werde keine Biografie schreiben, in der ich versuche, alle Phasen und die ganze Bandbreite meines persönlichen und beruflichen Lebens von der frühen Kindheit bis ins hohe Alter ausgewogen in gleichem Umfang darzustellen. Viele Ereignisse und Erfahrungen aus meiner Jugend und meines erwachsenen Lebens, die für mich sehr große Bedeutung hatten, wie z. B. das Glück, vielen Menschen begegnet zu sein, die mich gemocht, angeregt und gefördert haben, eine Reise nach England und Schottland, die ich als jugendlicher Tramper in den Sommerferien 1957 über Belgien und die Niederlande unternahm, Beziehungen zu Freunden und Freundinnen oder die Begegnung mit meiner Frau, unsere Heirat und Ehe, die Geburt unserer Kinder und unsere Beziehungen zu ihnen, unser lebendiges, reiches Zusammenleben in Glück und Unglück, Höhen und Tiefen und vieles andere kann ich hier nur kurz erwähnen; nicht, weil sie für mich nicht wichtig wären oder weil mit ihnen nichts Neues in mein Leben gekommen wäre! Im Gegenteil. Ich nehme sie in diese Arbeit nicht auf, weil ich mich auf die Suche *einer Spur* konzentrieren möchte: auf die Spur *unbewusst gewordener Kindheitskonflikte im Kontext von mehreren, in Gruppen des Alltags*, wie Sandkasten- und andere Freundschaften, Familie und Verwandtschaft und deren Wirkungsgeschichte, die zu unbewussten Suchbewegungen in mir selbst wurden, mit denen ich in mein Leben hineinging und die es mitgestalteten.

Auch dem Genus nach wird das, was ich schreibe, uneinheitlich sein. Aus der Kinderzeit werde ich einige persönliche Erlebnisse und Ereignisse schildern, meine Schlüsse daraus andeuten und es den Leserinnen und Lesern überlassen, die ihren zu ziehen. Ab der Jugendzeit werde ich von bildungsbiografischen Erfahrungen, also schon viel bewusster gestalteten Erlebnissen erzählen, die allerdings ihre unbearbeiteten, unbewussten Anteile weiter in sich tragen.

Ich bin nicht nur Gruppenanalytiker geworden. Die Arbeit mit Gruppen ist *eines* von zwei Medien meiner beruflichen Arbeit als Psychoanalytiker, Pastoralpsychologe/Seelsorger und Hochschullehrer; die Arbeit mit Einzelnen ist das andere. Alle drei Tätigkeitsbereiche sind mir wichtig und befruchten einander. Verbunden sind sie durch das psychoanalytische Verstehen von einzelnen, mehreren in kleineren und größeren Gruppen und darüber hinaus in Institutionen und in der Gesellschaft.

In der Darstellung meines Werdegangs und meiner beruflichen Tätigkeiten werde ich also den *Aspekt der Erfahrungen in und der Arbeit mit Gruppen* in den Vordergrund rücken. Als Psychoanalytiker und Gruppenanalytiker gehe ich davon aus, dass meine Schilderungen, aber auch ihre Rezeption durch die Leserinnen und Leser, immer im Spannungsfeld zwischen Einsicht und Abwehr stattfinden.

## II. Verstrickt in Zeitläufte. Mutmaßungen über
## die Anfänge. 1942–1946 Magdeburg und Althaldensleben

1942. Meine Eltern, meine fünfeinhalb Jahre ältere Schwester Marta und ich, damals ungefähr drei Jahre alt, lebten in Magdeburg-Wilhelmstadt in einer Parterrewohnung eines neu gebauten Wohnblocks. Über den Kellerausgang gelangte man schnell in den sonnigen Innenhof auf den Rasen, zum Spielplatz, Sandkasten und einem kleinen Teich. Dort spielte ich gern allein und mit anderen. Von dort aus entdeckte ich die nähere Umgebung bis zum Milchmann an der Ecke. Vater (39 Jahre) war Polizist, als gelernter Einzelhandelskaufmann in der Verwaltung einer Ausbildungskaserne zuständig für den Einkauf der Verpflegung und die Versorgung. Mutter (40 Jahre) war Buchhalterin, arbeitete aber nicht mehr in ihrem Beruf, sondern versorgte uns Kinder und den Haushalt.

Vater zeichnete, malte und bastelte viel mit uns. Zu Weihnachten baute er für meine Schwester eine voll eingerichtete, mehrstöckige Puppenstube, für mich einen Bauernhof mit Figuren und Tieren und für uns beide einen Kaufladen.

Ich erinnere mich, wie er uns eines Tages ein Buch mit Fotos über Schwalben schenkte. Er las aus ihm vor und erklärte uns, wie sie fliegen, ihre Nester bauen, Insekten im Flug fangen, ihre Jungen füttern, im Winter mit ihnen nach Süden fliegen und im Frühjahr nächsten Jahres wiederzurückkommen. Das Buch hatte er uns zum Abschied mitgebracht, am Tag, als er seinen Einberufungsbefehl in den Krieg an der Westfront bekommen hatte. Für uns war der Abschied schmerzlich, das Buch wie ein Übergangsobjekt tröstlich: Die Schwalben fliegen weg, kommen aber wieder. Ich schaute mir die Bilder oft an, wenn ich Vater traurig vermisste.

Vater im Krieg, das war ein alles überschattender Einschnitt in unser Leben. Aber was war Krieg? Und warum Krieg?[3]Diese Fragen begleiten mich seitdem. Mutter sang immer viel mit uns. An ein Lied erinnere ich mich in diesem Zusammenhang besonders: »Maikäfer flieg, der Vater ist im Krieg, die Mutter ist in Pommerland, Pommerland ist abgebrannt, Maikäfer flieg …«[4] Obwohl ich das mit dem Pommerland und dem Maikäfer genauso wenig verstand wie »das mit dem Krieg«, fühlte ich Bedrohung, Gefahr und Schmerz.

Als Deutschland und die Alliierten ab ca. 1942 die wechselseitigen Luftangriffe verstärkten und die Bombardierungen englischer und deutscher Städte zunahmen, beschlossen die Eltern, dass meine Mutter mit uns Kindern (meine

---

3   Vgl. den Briefwechsel zwischen Albert Einstein und Sigmund Freud.
4   Volkslied, das in unterschiedlichen Textvarianten existiert, Entstehungszeit unklar, Dreißig-
    jähriger oder Siebenjähriger Krieg.

ältere Schwester, meine kleine Schwester Heidi, die 1943 geboren war, und ich) aufs Land nach Althaldensleben, ein Dorf 30 Kilometer nordwestlich von Magdeburg, zu Verwandten in Sicherheit gebracht werden sollten. Dort war meine Mutter geboren und dort lebten fast alle Angehörigen ihrer großen Familie: zwei viel ältere Schwestern mit ihren Männern und je einem Sohn und ein älterer Bruder meiner Mutter mit seiner Frau. Die beiden Vettern Siegfried und Johannes, ungefähr 15 Jahre älter als ich, waren auch im Krieg. In Althaldensleben wohnte auch eine ältere Schwester meines Vaters mit ihrem Mann und zwei Kindern. Dort war also ein großes Nest von Verwandtschaft, so hofften die Eltern. Das Haus, in dem Tante Agnes und der zuckerkranke, alte Onkel Heinrich direkt am Mittellandkanal wohnten und wir Siegfrieds Zimmer bezogen, war als vorübergehendes Ausweichquartier gedacht, solange Bombenangriffe drohten.

Am Anfang war die Zeit am Mittellandkanal faszinierend. Tag und Nacht fuhren Schiffe vorbei, einzelne Lastkähne oder mehrere hinter einem Schlepper nacheinander angekoppelt. Erhöht auf dem Damm zu sitzen und den Schiffen, die hin- und herfuhren, zu- und hinterherzusehen, war aufregend. Unten am Wasser, wo die Böschung in große Feldsteine überging, spielte ich mit Kindern aus der Nachbarschaft. Wir ließen flache Steine übers Wasser tanzen. Und wir paddelten gern auf Matratzen aus Hartgummi. Beides war uns Kleinen allerdings streng verboten, weil wir ins Wasser hätten fallen und ertrinken können. Mit meiner älteren Schwester war ich oft bei ihren Freundinnen im Haus schräg gegenüber, obwohl sie mich nicht immer gern mitnahm, weil ich störte. Ich war in die Schwester einer ihrer Freundinnen verliebt. Es gab nebenan aber auch Kinder, mit denen wir nicht spielen sollten, weil sie die Krätze hätten. Im Kreise dieser Kinder und der großen Familie meiner Verwandten war ich nun »unter mehreren« (Arendt, 1960).

Mit zunehmendem Bombenkrieg wurde Althaldensleben – mit Unterbrechungen, um in Magdeburg in der Wohnung nach dem Rechten zu sehen – bis zum Kriegsende unser vorwiegender Wohnsitz. Eines Tages kam der Dorfpolizist und meldete Tante Agnes und Onkel Heinrich, dass ihr Sohn Siegfried in Stalingrad gefallen sei. Wenige Tage später bekamen auch Tante Mariechen und Onkel Johannes die schreckliche Nachricht, dass ihr Sohn in Stalingrad gefallen war.

Hatte die Einberufung meines Vaters zur Wehrmacht das Gefühl, Vater zu vermissen und unbeschützt zu sein, in mein Leben gebracht, so musste ich nun miterleben, wie die große Familie unserer Verwandtschaft in wortloser Trauer verstummte und in Einzelpersonen zerfiel, mit denen man auch allein kaum reden konnte. Tante Agnes versorgte schweigend Onkel Heinrich, den Garten, die Hühner und das Schwein im Stall. Onkel Heinrich kümmerte sich um seine

Kaninchen, die schwereren Arbeiten im Garten und Stall und versorgte seine alte Mutter, deren Haus und Garten. Onkel Johannes erinnere ich nur herzkrank und mit Migräne auf dem Sofa liegend. Tante Mariechen, seine immer unruhige und nervöse Frau mit ständig tränenden Augen, ernährte beide mit ihrem sehr gefragten Schneiderhandwerk.

Ein lebendiges Leben in der Verwandtschaft wie früher, mit Besuchen an Wochenenden, zu Geburtstagen oder anderen Anlässen, bei denen wir spielten, feierten, stritten, uns wieder vertrugen, gab es in dieser Zeit nicht. Mit Tante Erna »Mensch ärgere dich nicht« zu spielen, war bis dahin ein anziehendes Ereignis gewesen, weil sie nicht verlieren konnte. Nichts von alledem fand mehr statt. Ich fühlte mich zunehmend, heute würde ich sagen, einsam und ungeschützt in bedrückenden, sprachlosen Verhältnissen.

Dazu kamen die Luftangriffe von Jagdflugzeugen der Royal Air Force, die zunehmend mehrmals die Woche nachts, aber auch am Tag über dem Horizont im Tiefflug auftauchten, aus ihren Bordkanonen Salven in die Straßen schossen und auch uns Kinder bedrohten. So auch am Tage meiner Einschulung im August 1944 in Althaldensleben. Wir konnten die Piloten in ihren Kanzeln erkennen sowie die Kokarden der Royal Air Force auf den Tragflächen der Flugzeuge. Diesem Hoheitszeichen begegnete ich wieder, als ich zu den Workshops der Group Analytic Society nach London flog.

Erst als erwachsener Mann fand ich heraus, was ich vorher nicht wusste: Nordwestlich von Althaldensleben liegt Hillersleben mit dem großen Truppenübungsplatz Altmark in der Colbitz-Letzlinger Heide, der noch heute in Gebrauch ist, und der damaligen Heeresversuchsanstalt, wo Artilleriewaffen und vor allem die größte Kanone der damaligen Zeit »Dora« getestet wurden. Damit bereitete die Wehrmacht die Invasion der Britischen Inseln vor.

Althaldensleben und Umgebung waren also alles andere als ein friedlicher und sicherer Ort. Von dort aus wurde Krieg geführt! Darum waren wir im Visier der Aufklärung und Zerstörung der Royal Air Force. Luftkämpfe bei sonnigem Wetter zwischen englischen und deutschen Jagdflugzeugen am Himmel zu beobachten, wenn die Sonne sich auf den glänzenden Teilen der Flugzeuge spiegelte, faszinierte mich und meinen Freund Dieter und regte unsere Fantasie an. Ob unsere Väter auch so gegen die Feinde kämpften? Tante Agnes und meine Mutter belauschten Dieter und mich einmal und stellten mich danach zur Rede, weil ich Dieter gegenüber gelogen und behauptet hatte, mein Vater sei auch Pilot bei der deutschen Luftwaffe und würde ebenso heldenhaft kämpfen, was gar nicht der Fall war. Das hatte mich sehr beschämt. Ich erinnere in diesem Zusammenhang auch einen Liedvers, den ich gesungen haben muss: »... so fliegen wir, so fliegen wir nach Engeland hinein ... nein ... nein.«

Die Luftkämpfe der Jäger sahen wie eine Flugschau aus, waren aber bitterer Ernst, wie wir entdeckten. Wenn eines der Flugzeuge in nicht allzu weiter Entfernung auf einem Acker abstürzte, rannten wir neugierig hin, um die Wracks zu sehen. Triumphierend oder erschaudert gingen wir dann wieder nach Hause, je nachdem, ob ein englischer oder deutscher Jäger abgestürzt war. Einmal sah ich einen britischen Piloten verbrannt und zusammengeschrumpft in seiner Kabine eingeschlossen. Er hatte nicht mehr mit dem Fallschirm abspringen können.

Diese und ähnliche Erfahrungen gehören für mich auch zu den rätselhaften Botschaften, die mich seitdem in meinem Leben beschäftigten: Was war geschehen, was war in und zwischen uns geschehen? Wie war und ist das alles zu verstehen?

## III. Kriegsende, Zusammenbruch des öffentlichen und privaten Lebens, Nachkriegschaos, Beginn gewaltiger Transformationsprozesse. 1946–1959 Himmelsthür und Hildesheim

Magdeburg wurde am 16. Januar 1945, drei Monate vor Kriegsende bombardiert und zu 90 Prozent zerstört. Mitte April nahmen die amerikanischen Truppen die Stadt und auch Haldensleben ein. Ängstlich erwarteten wir die anrückende Armee. Onkel Heinrich überlegte, wo er sich verstecken könne. Zuerst hörten wir nur von Ferne die hochtourigen Dieselmotoren der Panzer näherkommen – dieser Ton versetzt mich noch heute in Alarm – und dann sahen wir die ersten Panzer langsam auf der Hauptstraße, ihre Geschütztürme hin- und herschwenkend ins Dorf rollen. Hinter ihnen kamen die Soldaten, die sich mit ihren Gewehren gegenseitig Deckung gaben.

Als ein Trupp stoppte, die Luken der Panzer geöffnet wurden und Soldaten herauskletterten, sahen wir zum ersten Mal farbige Menschen, die Kontakt mit uns aufnahmen. Einer zündete sich eine Zigarette an und verteilte an uns Kinder, die wir ängstlich und neugierig durch einen Spalt der Hoftür äugten, Schokolade und Bonbons.

Am 8. Mai 1945 endete in Europa der Zweite Weltkrieg. Um unsere Wohnung in Magdeburg, die nicht zerstört worden war, vor Plünderungen zu schützen, beschloss meine Mutter, wieder dort einzuziehen. Irgendwie schafften wir es, mit einem total überfüllten Zug dorthin zu gelangen und erlebten am 1. Juli 1945 die Übergabe des Gebiets an die sowjetischen Truppen. Wir durften in unserer Wohnung bleiben. Die Nachbarwohnung aber wurde von einem sowjetischen Offizier mit seinem Adjutanten beschlagnahmt. Wieder hatten wir unheimlich Angst, als beide bewaffnet zur Tür hineinkamen. Als der Offizier im Wohnzimmer unser Klavier sah, ging er schnurstracks darauf zu, setzte sich und spielte eine Melodie. Ein Stein fiel uns vom Herzen. Er kam aus Kiew und war Musiklehrer. Den Frauen im Haus befahl er, Kuchen für die Siegesfeier seiner Offiziersgruppe zu backen, was sie mit gemischten Gefühlen taten. Dieser sowjetische Offizier aber beschützte uns allein durch seine Anwesenheit vor betrunkenen und marodierenden Soldaten seiner Armee. Als diese eines Tages unser Klavier und andere Möbelstücke einfach so wegschleppten, während wir unterwegs waren, holte er sie zusammen mit meiner Mutter auf einem von ihm organisierten Armeelastwagen wieder zurück.

Das ganze Jahr über warteten wir auf Nachrichten vom Vater. Gegen Jahresende überbrachte uns ein Kriegskamerad einen Brief von ihm. Vater war in der Lüneburger Heide in britische Kriegsgefangenschaft geraten und lag mit Lungen- und nasser Rippenfellentzündung im Lazarett bei Hildesheim. Er beschwor meine Mutter, in Magdeburg alles aufzugeben und so schnell wie möglich mit uns Kindern in die britische Besatzungszone zu kommen, solange die Grenzen noch nicht geschlossen waren. In der sowjetischen Zone sah er für uns keine Zukunft.

Wir fanden Vater in Himmelsthür krank in einem Notlazarett, der alten Kegelbahn eines Gasthofs. Er war noch immer in britischer Kriegsgefangenschaft, allerdings als Freigänger im sogenannten UNRRA-Programm (United Nations Relief and Rehabilitation Administration Programme) außerhalb des Kriegsgefangenenlagers abkommandiert. Wir kamen im benachbarten katholischen Bernwardshof, einem Erziehungsheim für Jungen, in einem Zimmer unter.

Das UNRRA-Programm war lange Zeit unsere Rettung, weil es uns den Kontakt zum Vater ermöglichte und uns auch mit Essen versorgte. Vater war dort noch bis zur Gründung der Bundesrepublik Deutschland 1949 tätig, auch nachdem er aus der Gefangenschaft längst entlassen war. Der pragmatische Umgang der Briten mit der Nachkriegssituation, deren Ziel es vor allem war, jede weitere Destabilisierung der Bevölkerung zu vermeiden, machte dies möglich.

Die ersten Flüchtlinge, die damals wie wir in Himmelsthür ankamen, wurden vom Bürgermeister im Dorf verteilt. Wir bekamen zwei Zimmer in einem kleinen Haus am Rande des Dorfes über der Wohnung der Eigentümer, eine Familie mit einem Sohn.

Der Mann hasste uns offen. Ich erinnere mich, wie er eines Tages auf der Holztreppe kniete, mit einem Hammer große Nägel in die Treppe schlug und schrie: »Unser Herr Jesus Christus am Kreuz hat nicht so viel leiden müssen wie ich!« Wenn er es nicht mitbekam, steckte uns seine Frau etwas aus dem Garten zu. In unseren Zimmern durften wir nur in Strümpfen gehen und mussten leise sprechen. Nachts öffnete er die Zisterne im Hof, an der man vorbeigehen

musste, wenn man zum Plumpsklo wollte. Unser Aufenthalt dort war unerträglich. Der Sohn der Familie, 18 bis 20 Jahre alt, hielt es zu Hause ebenfalls nicht
mehr aus und verschwand noch im selben Jahr nach Amerika.

Zum Glück bekamen wir im Jahr darauf eine Zweieinhalb-Zimmer-
Wohnung mit Küche am anderen Ende des Dorfes, nahe der Stadtgrenze von
Hildesheim, und auch bald einen Garten, der außerhalb des Dorfes lag. Man
hatte für die Flüchtlinge ein riesiges Feld in viele gleichgroße Gartenparzellen
aufgeteilt. Wie die meisten Flüchtlinge lebten wir in dieser Zeit von dem Garten, dem UNRRA-Programm und Spenden der Caritas, der Diakonie, Care-
paketen und kurzfristigen bezahlten Arbeitsverhältnissen der Eltern, dem Sammeln von Ähren und Kartoffeln auf abgeernteten Feldern und im Herbst vom
Sammeln von Pilzen und Bucheckern, die dann zu einer Mühle gebracht und
zu Öl gemahlen wurden.

Mutter fand bald eine längerfristige Arbeit in einer neu gegründeten
Schokoladenfabrik und finanzierte so überwiegend den Unterhalt der Familie, bis Vater nach der Währungsreform 1948, Gründung der Bundesrepublik
Deutschland 1949, Entnazifizierung und Verabschiedung des sogenannten
131er-Gesetzes im April 1951 durch den Deutschen Bundestag seine alten Rechte
wiederlangte und als Beamter in den Staatsdienst zurückkehren durfte. Er hatte
Glück, eine Stelle in der Finanzverwaltung zu bekommen. Danach lebte er
sichtlich auf.

Vater war bei Kriegsende nicht nur körperlich krank gewesen. Er trug auch
schwer daran, als Polizist und Soldat im nationalsozialistischen System verstrickt gewesen zu sein. Sprechen konnte er darüber nicht. Nach seinem Tod
1962 fand ich Briefe eines Freundes von ihm aus dem damaligen Ost-Berlin,
mit dem er während der Zeit korrespondiert hatte. In ihnen wurde deutlich,
womit er sich herumschlug.[5]

Mein Vater stammte aus einer frommen oberfränkisch-lutherischen Familie. Diese Tradition ließ ihn damals Kontakt zu dem Pastor suchen, der in dem
bis zum Kriegsende überwiegend katholischen Dorf Himmelthür eine evange-
lisch-lutherische Kirchengemeinde aufbaute. Sie war die erste Institution dort,

---

5  2015 brachte die Dokumentarfilmerin Marie Wilke den Film »Staatsdiener« (Kundschafter-
   film) heraus. In ihm begleitet sie Polizeianwärter in Sachsen-Anhalt in ihrem ersten Studien-
   jahr auf Streife und ermöglicht ohne Zensur einen Einblick hinter die Kulissen des Polizei-
   apparats, wie sie lernen müssen, das Gewaltmonopol des Staats bei häuslicher Gewalt und
   Gewalt auf der Straße durchzusetzen, wie sie dabei persönlich verstrickt werden und diese
   Erfahrungen anschließend in der Gruppe aufarbeiten. Wenn ich von diesen Verstrickungen
   von Polizistinnen in einer Demokratie ausgehe und sie auf Polizisten im Nationalsozialismus
   übertrage, bekomme ich eine Ahnung davon, womit sich mein Vater nach dem Krieg auseinandergesetzt hat.

in der wir wie alle anderen Flüchtlinge willkommen waren. Und sie bot uns Gruppenzugehörigkeit an. Mit diesem jüngeren Pastor, der selbst Soldat im Krieg gewesen war, führte mein Vater lange Zeit regelmäßig Gespräche. Diese seelsorgerliche Beratung tat ihm gut und half ihm, vieles in sich zu verarbeiten.

Wir merkten dies daran, dass er zu lesen begann.[6] Er trat in den Bertelsmann Lesering ein und las Dostojewskis und Tolstois Romane und Bücher deutscher Autoren der Nachkriegszeit wie Heinrich Böll. Und er entdeckte seine Freude zu gestalten wieder. Wie er uns erzählte, hatte er in seiner Jugend in Küps in Oberfranken nicht nur Einzelhandelskaufmann gelernt, sondern danach sein Interesse für ein kreatives Handwerk entdeckt und im nahen Lichtenfels, schon damals Zentrum des europäischen Flechthandwerks, an der Berufsfachschule Flechtwerkgestaltung von u. a. Möbeln gelernt und dabei großes Talent bewiesen. Dieses Interesse für gutes Design zeigte sich z. B. bei der Anschaffung eines neuen Kohleofens für das Wohnzimmer. Vater suchte sehr lange und entschied sich für einen Ofen, der für damalige Verhältnisse ein gewagtes rundes Design in gelber Farbe hatte, wie von Luigi Colani oder Raimond Loewy gestaltet. Und er legte im Posener Weg, wo wir eine neue Wohnung im Parterre mieteten, einen zweiten Garten an, einen Blumengarten mit Terrasse, der von vielen bewundert wurde. Die Entstehung dieses Gartens von ersten kolorierten Skizzen über verschiedene Entwürfe, Blumen und Sträucher zu kombinieren, bis zur Gestaltung bereitete ihm sichtlich Freude. Andere Hobbygärtner fragten ihn oft um Rat.

Als ich mich später im Philosophiestudium mit der Kontroverse in der Zeit der Aufklärung zwischen Leibniz und Voltaire über die beste aller Welten beschäftigte und dazu Voltaires »Candide oder die beste aller Welten« (1759/1971)[7] las, musste ich unwillkürlich an meinen Vater denken, der wie Candide in der Gestaltung seines Gartens so etwas wie Versöhnung mit den Härten der Wirklichkeit wiedergefunden hatte (Voltaire, 1759).

In den Tagen, in denen ich diesen Beitrag schreibe, bietet das Institute of Psychoanalysis (IOPA) in London ein Onlineseminar mit dem Titel »A Well Gardened Mind« an und schreibt dazu: »The garden may be seen as a refuge from real life, but gardening can offer a deep connection with nature, a mental as well as physical activity. Getting our hands in the earth connect us with the cycle of live in nature, where destruction and decay are followed by regrowth and renewal, thus answering to deep existential needs. Tending to plants can

---

6 Vgl. Adolf Muschg (1981). Literatur als Therapie? Ein Exkurs über das Heilsame und das Unheilbare. Frankfurter Vorlesungen. Frankfurt a. M.: edition suhrkamp,

7 »Travaillon sans raisonner ... C'est le seul moyen deprendre la vie supportable / Lasset uns arbeiten, ohne nachzudenken, das ist das einzige Mittel, das Leben erträglich zu machen« (Candide ou l'optimisme, 1759/1971).

foster the gardening of inner space, allowing the working through of feelings and problems, and as research has shown, may alleviate symptoms of anxiety and depression.«[8]

## IV. Auf der Suche nach einer Hermeneutik, Krieg und Verstrickungen in Schuld und Scham zu verstehen. Erfahrungen in Gruppen während der Schulzeit und des Studiums 1947–1959

In Himmelsthür wurde ich 1947 zum zweiten Mal eingeschult. Die Schule dort hatte nur eine Klasse. Vorn saßen die Schüler der Klassen 1 bis 4, dahinter die Schüler der Klassen 5 bis 8, zusammen ungefähr dreißig Kinder. Der Lehrer versuchte, Autorität mit dem Rohrstock zu gewinnen. Er schlug in die offenen Hände, die man ihm mit den Handflächen nach oben entgegenstrecken musste. Dieses Verhalten beantworteten die älteren Brüder eines Mitschülers aus der Gruppe der Älteren, die schon in der Maurerlehre waren, auf ihre Art: Eines Abends lauerten sie dem Lehrer im Dunkeln auf und verprügelten ihn. Am nächsten Tag kam er mit einem Kopfverband zum Unterricht. Da sich das Geheimnis seines Kopfverbands schon herumgesprochen hatte, war es aus mit der Autorität des Lehrers und er wurde abgelöst.

Für meine Eltern war dies ein Signal, sich mit Nachdruck dafür einzusetzen, dass ich in Hildesheim zur Schule gehen konnte. Da Himmelsthür noch nicht in Hildesheim eingemeindet war, wurde dies zu einem Kampf gegen die Bürokratie. Meine ältere Schwester ging bereits auf eine weiterführende Schule in Hildesheim, meine jüngere Schwester wurde später gleich dort eingeschult.

»In der Stadt« zur Schule zu gehen, verhinderte eine Integration in die Gruppe der Kinder der Nachbarschaft, die weiterhin im Dorf zur Schule gingen. Von Anfang an waren die Beziehungen mit wechselseitigen Gefühlen und Fantasien von Auf- und Abwertung, Neid und Rivalität aufgeladener als gewöhnlich. Dass dies zu Auseinandersetzungen und Kämpfen führte, liegt auf der Hand.

Als ich in der evangelisch-lutherischen Kirchengemeinde am Moritzberg in Hildesheim, zu der die Gemeinde im Aufbau in Himmelsthür bis zu ihrer Selbstständigkeit gehörte, zum Konfirmandenunterricht kam, entstand dort eine Gruppe der Evangelischen Jungenschaft, die von einem jungen Vikar geleitet wurde. Dieser bereitete sich nach Abschluss seines Universitätsstudiums im

---

8    Sue Stuart Smith u. Eileen McGinley, Forum – Psychoanalysts in Dialogue, 12. November 2021, moderiert von Susan Godsil. https://www.bpc.org.uk/event/the-forum-psychoanalysts-in-dialogue-autumn-2021 (Zugriff am 10.08.2023).

Hildesheimer Predigerseminar auf die Zweite Theologische Prüfung und den Pfarrdienst vor. Hartmut Badenhop begeisterte viele von uns mit seiner freundlichen Art, mit der er auf uns zukam, den Liedern, die er mit uns zur Gitarre sang, den Spielen, die er mit uns spielte, und seinem Verständnis und seiner Fürsorge. Ich erinnere mich noch daran, wie er am ersten Abend unsere Herzen gewann, als er mit uns das folgende Lied sang und uns damit in Ekstase versetzte: »Die Affen jagen durch den Wald, der eine macht den anderen kalt, die ganze Affenbande brüllt: Wo ist die Kokosnuss? Wo ist die Kokosnuss? Wer hat die Kokosnuss geklaut?«[9] Einmal pro Woche trafen wir uns, wanderten oder veranstalteten Freizeiten mit Lagerfeuern. Dabei ergaben sich wie von selbst Möglichkeiten, über Fragen, Sorgen und Probleme ins Gespräch zu kommen. Getragen wurde das Engagement der Evangelischen Jungenschaft von der Hoffnung und von dem Glauben, dass alles gut werden wird (vgl. Lindner, 2002), einer Überzeugung, die uns erreichte und die wir nach dem Krieg nicht alle von zu Hause kannten. Die Evangelische Kirche setzte mit dem Stuttgarter Schuldbekenntnis im Oktober 1945 ein Zeichen für einen Neuanfang, das auch in der Evangelischen Jungenschaft lebendig war.

Ab 1950 war ich Schüler der Scharnhorstschule in Hildesheim, einem neusprachlich-naturwissenschaftlichen Gymnasium für Jungen, das auch Latein anbot. Wenn ich heute überlege, was dort für mein Lebens- und Weltverständnis wichtig wurde, dann möchte ich im Deutsch-, Latein-, Englisch-, Geschichts- und Religionsunterricht erste Einblicke in das Verständnis von Texten nennen, in denen bedeutsame Lebenserfahrungen anderer zur Sprache kamen. Dies half mir in der Zeit der Latenz, der Pubertät und Adoleszenz, über mein eigenes Leben nachzudenken.

Die Lehrerinnen und Lehrer, die nach Kriegsende studiert hatten und gerade frisch von der Universität kamen, zeichneten sich dadurch aus, dass sie in

---

9   Dieses Lied geriet zu Beginn dieses Jahres durch eine Sendung von ZDF-Kultur auf dem Instagram-Kanal unter Rassismusverdacht. In der Süddeutschen Zeitung vom 19. Januar 2022 stellt Philipp Bovermann diesen Verdacht in einer Lyrikanalyse dieses seit 1945 in der Jugendkultur in Gebrauch befindlichen Liedes infrage. Ich kann diese Entgegnung nur unterstützen. Für uns damals war das Herumtoben wie die Affen eine Befreiung vom Gehen »im gleichen Schritt und Tritt«. Aufschlussreich in diesem Zusammenhang ist auch die »Autobiografie der ethnografischen Forschung« von Heike Behrend (2020) mit dem Titel »Menschwerdung eines Affen«. »Affe« und »Kannibalin« nannten die Frauen und Männer in Kenia und Uganda die Ethnologin Anfang der 1970er Jahre; Affe, weil sie mit ihrer Anwesenheit wie die Affen in den Gärten alles durcheinanderbrachte. Sie weist diese wenig schmeichelhaften Namen nicht zurück, sondern stellt sie ins Zentrum ihrer Biografie: »Sie selbst wird zum gründlich beobachteten Objekt der Ethnografierten und fragt nach der Wahrheit, der Kritik und der kolonialen Geschichte, die sich mit diesen fremden Namen verbinden« (Klappentext). Und die Autorin definiert ihre Arbeit in wechselseitiger interkultureller Begegnung neu.

ihren Fächern das Schweigen über den Nationalsozialismus zu durchbrechen begannen. Für mich verdichtete sich das in zwei Ereignissen.

In der Oberstufe machte uns der Deutschlehrer Hans Heuer, der zugleich unser Klassenlehrer bis zum Abitur war, nicht nur mit Prosatexten, Erzählungen und Dramen bekannt, sondern auch mit Gedichten. Wir lasen Johannes Pfeiffers »Umgang mit Dichtung. Eine Einführung in das Verständnis des Dichterischen« (1947). Die in diesem Buch besprochenen Gedichte waren für mich wie eine Offenbarung. Ihre Sprache, die in ihnen enthaltenen Bilder, die Rhythmen ihrer Worte und Sätze sprachen in mir Dimensionen des Erlebens und der Auseinandersetzung an, die ich in dieser Intensität bis dahin nicht kannte. Viele der damals besprochenen Gedichte lernte ich auswendig, wie eines von Matthias Claudius, das mich besonders berührte:

's ist Krieg! 's ist Krieg! O Gottes Engel wehre,
Und rede du darein!
's ist leider Krieg – und ich begehre
Nicht schuld daran zu sein!

Heute denke ich, dass ich schon damals begann, die Dimension assoziativen Sprechens, Denkens und assoziativer Räume zu entdecken, die sich zwischen einem Text, insbesondere einem poetischen, und seinen Lesern und Leserinnen öffnen können (Raguse, 1994). Im Rahmen meines Engagements im Jugendring warb ich im Zusammenhang mit dem Volkstrauertag 1957 öffentlich für die Idee, die am Zweiten Weltkrieg beteiligten Staaten sollten ihre Gedenktage doch vielleicht an *einem* Tag begehen. Als dies dem Direktor unserer Schule bekannt wurde, zitierte er mich zu sich und drohte mir mit einem Consilium Abeundi: Ich würde mit meiner Idee die Ehre der im Krieg Gefallenen antasten. Ich verstand seine Erregung nicht und konnte sie nicht akzeptieren. Zum Glück nahmen mich in dieser Situation junge Lehrer in Schutz und beruhigten die Situation. Mein Vater war erleichtert, dass mir diese Auseinandersetzung nicht geschadet hat, und gab mir zu verstehen, dass er an meiner Seite stand.

Wir bekamen einen neuen Direktor, Karl Stöcker, einen Altphilologen. Der brachte frischen Wind in unser neusprachlich-naturwissenschaftliches Gymnasium und bot eine Arbeitsgemeinschaft an, in der wir lateinische Lyrik lasen und übersetzten. Er kündigte diese AG mit den Worten an, er wolle, dass wir nicht nur Caesars »Bellum Gallicum« und Ovids »Metamorphosen« kennenlernten, sondern die ganze Schönheit der lateinischen Sprache. Darum las er mit uns und dichtete mit uns Catulls Gedichte nach, z.B., die Liebesgedichte der Sappho, die Catull aus dem Griechischen ins Lateinische übertragen hatte:

»Ille me par esse deo videtur« (Jener scheint mir Gott gleich zu sein). Weil die
AG freiwillig war, wurde sie zu einem Erlebnis davon, was Sprache alles zum
Ausdruck zu bringen vermag.

Ich erinnere mich aber auch an ganz andere Gruppenerfahrungen. Mit
Scham denke ich an den Sadismus unserer Klasse in der Oberstufe Referenda-
ren gegenüber zurück, die die Konfrontation mit unseren Verweigerungen und
Angriffen vor Lehrprüfungen nicht beherzt und mutig aufzunehmen wagten,
sondern ängstlich zu vermeiden versuchten.

Dass ich mich entschloss, nach dem Abitur 1959 Evangelische Theologie,
Philosophie und Germanistik zu studieren, dürfte nicht verwundern. Ich war auf
der Suche nach einer Hermeneutik, um mich selbst, aber auch andere in latenten Schuld- und Schamgefühlen verstehen zu können, von ihnen zu befreien
und daraus irgendwie einen Beruf zu machen.

Zentral waren dabei die theologischen Inhalte von Kapitel 7 des Römer-
briefes und die reformatorische Entdeckung der Justitia Dei, der Gerechtigkeit
Gottes durch Martin Luther (vgl. Lindner, 2009, S. 202), in der es um das geht,
was religiös, aber auch psychoanalytisch mit der Erfahrung des Neubeginns
gemeint ist. In der Sprache Michael Balints klingt das folgendermaßen: »Der
Patient gibt allmählich sein Misstrauen [...] auf, parallel dazu entsteht eine
besondere Art der Objektbeziehung, die man archaische, primitive oder passive Objektliebe nennen könnte, deren Hauptmerkmal darin besteht, dass der
Patient erwartet, bedingungslos und ohne Verpflichtungen seinerseits geliebt
zu werden und die ersehnte Befriedigung immer und überall und unabhängig
von den Eigeninteressen des Objektes zu erhalten [...]. Wenn dieser Prozess
ungestört ablaufen kann, ist die letzte Strecke der Behandlung von einer überraschend einheitlichen Erfahrung beherrscht. Der Patient fühlt, dass er eine Art
von Wiedergeburt zu einem neuen Leben durchläuft, dass er an das Ende eines
dunklen Tunnels gekommen ist und nach langer Wanderung Licht sieht, dass
ihm ein neues Leben geschenkt ist, dass er große Erleichterung verspürt, so als
ob eine schwere Last von ihm genommen sei usw. Es ist ein sehr bewegendes
Erleben« (Balint, 1969, S. 238).

Luther beschrieb sein reformatorisches Erlebnis mit ähnlichen Worten:
»Dann erfaßte ich, dass die Gerechtigkeit Gottes die ist, durch die Gott in Gnade
und bloßem Erbarmen uns rechtfertigt. Da fühlte ich mich völlig neugeboren
und durch die offenen Türen in das Paradies eintreten« (Luther, 1545/1959,
vgl. Lindner, 2009).

Mein Studium begann ich in Göttingen. Dann wechselte ich nach Tübingen,
anschließend nach Marburg und zum Examen wieder zurück nach Göttingen.
Gründe für diese Wechsel waren immer Lehrer, die Zugänge zu Texten und

deren Übersetzung in die Gegenwart aus dem Alten, dem Neuen Testament, der Kirchengeschichte, Systematischen Theologie, zur Philosophie, aus Literatur und Geschichte der Nachkriegszeit bis zu den 68er Jahren versprachen. Sie wollte ich hören und mit ihnen in Seminaren arbeiten.[10] Dafür nahm ich auch die Anstrengung in Kauf, zusätzlich zu meinem Abitur Griechisch und Hebräisch zu lernen, was ein großer Gewinn war. So erwarb ich eine solide Kompetenz der Interpretation, von der ich noch heute profitiere. Das möchte ich an zwei Beispielen skizzieren.

Von der exegetischen Ausbildung an antiken Schriften profitiere ich bis heute, z. B. von der Unterscheidung von Texten nach ihrem »Sitz im Leben«.[11] Dieser 1913 von dem Alttestamentler Hermann Gunkel geprägte Terminus technicus der sogenannten Formgeschichte gewann in der gegenwärtigen Linguistik wieder an großer Bedeutung. Er bezeichnet die »mutmaßliche ursprüngliche Entstehungssituation eines Textes«. Sie kann wichtige Auskünfte über die Bedeutung eines Textes geben. Der Text eines Liedes z. B., das beim Fest der Thronbesteigung gesungen wurde, ist von einem Text aus einem Gesetzbuch oder einem Schöpfungsmythos zu unterscheiden. Dies führt in unterschiedliche soziale Situationen ein, die für das Verständnis bedeutsam sind.

Nach dem »Sitz im Leben« können nicht nur Texte, sondern auch Sprechsituationen befragt werden. Diese Betrachtungsweise auf die Psychoanalyse zu übertragen, kann helfen, Verwirrungen in Diskussionen zu klären, die dadurch entstehen, wenn die folgenden drei »Sitze im Leben«, nämlich Hör- und Sprechsituationen, nicht unterschieden werden: *das Hören und Sprechen in der analytischen Stunde,* das von freier Assoziation, gleichschwebender Aufmerksamkeit und Antworten der Analytikerin und des Analysanden geprägt ist, *das Hören und Sprechen in der Supervision,* in der über das gemeinsame Erträumen des Patienten von Supervisandin und Supervisor noch eine distanziertere Position des Nachdenkens und Sprechens hinzukommen muss, wenn beide darüber reden wollen, was sie gemacht und verstanden haben, und last but not least von einer *theoretischen Diskussion* unterschieden wird, in der fachterminologische, begriffliche, metapsychologische Verdichtungen benutzt werden.

Wenn in Diskussionen diese drei Sprechsituationen ständig durcheinandergehen, entstehen Verwirrungen im Denken und Sprechen über Bedeutungen.

---

10  Um einige Namen zu nennen: Herbert Donner, Martin Galling, Ernst Käsemann, Friedrich Rückert, Andreas Flitner, Walter Schulz, Walter Jens, Theodor Eschenburg, Ernst Fuchs, Hans Conzelmann und Carsten Colpe.

11  Zu meiner großen Freude traf ich dabei einen Weggenossen, Herbert Will. Auch er, ebenfalls studierter Theologe, entdeckte die Kategorie des »Sitzes im Leben« als hilfreich für die Unterscheidung unterschiedlicher Sprech- und Diskussionsweisen in der Psychoanalyse.

Die Metapsychologie kann, weil sie von der konkreten Sprechsituation der
analytischen Sitzung das übergreifende Allgemeine zu erfassen versucht, dies
abstrakt nur sehr bedingt leisten und bedarf deswegen immer wieder der Rück-
koppelung an die Ursprungssituation psychoanalytischen Verstehens. Die Vernunft der Metapsychologie lebt sozusagen ständig über ihre Verhältnisse und
muss die andere Vernunft der analytischen Situation der anderen immer wieder suchen. Das Projekt des Onlinewörterbuches der IPA trägt genau diesem
Umstand Rechnung.[12]

Im Studium der theologischen und philosophischen Anthropologie erwarb
ich in der Beschäftigung mit dem Symbolischen, insbesondere der »Philosophie
der symbolischen Formen« (1923–1929) von Ernst Cassirer, seinem »Versuch
über den Menschen – Einführung in eine Philosophie der Kultur« (1944; 1996),
und der »Philosophie auf neuem Wege« (amerikanisch 1942, deutsch 1965)
der Philosophin Susanne K. Langer eine überzeugende Hermeneutik menschlicher Wirklichkeitserfahrung, die anschlussfähig für die Psychoanalyse ist, wie
Alfred Lorenzer in seinen Veröffentlichungen »Kritik des psychoanalytischen
Symbolbegriffs« (Lorenzer, 1970a) und »Sprachzerstörung und Rekonstruktion« (Lorenzer, 1970b) nachwies.

Die Arbeiten von Cassirer und Langer machen m. E. noch mehr deutlich.
Sie beschreiben die anthropologische Grundlage für das, was in der Psychoanalyse über die Entwicklung der symbolischen Wahrnehmung und des Denkens diskutiert wird (vgl. Levy, 2019). Im Gegensatz zum Tier besitzen Menschen keinen unmittelbaren Zugang mehr zur Wirklichkeit. Der Mensch »lebt
nicht mehr in einem bloß physikalischen, sondern in einem symbolischen
Universum. Sprache, Mythos, Kunst und Religion sind Bestandteile dieses Uni-
versums. Der Mensch kann der Wirklichkeit nicht mehr unmittelbar gegen-
übertreten [...]. Auch hier lebt er nicht in einer Welt harter Tatsachen und verfolgt nicht unmittelbar seine Bedürfnisse oder Wünsche, sondern vielmehr
inmitten imaginärer Emotionen, in Hoffnungen und Ängsten, in Täuschun-
gen und Enttäuschungen, in seinen Phantasien und Träumen« (Cassirer, 1996,
S. 50). Symbolisierung beginnt vorbegrifflich, ist aber nicht vorrational. »Sie
ist der Ausgangspunkt allen Verstehens im spezifisch menschlichen Sinne und
umfasst mehr als Gedanken, Einfälle oder Handlungen [...]. Der Umstand, daß
das menschliche Gehirn beständig in einem Prozeß der symbolischen Trans-
formation von Erfahrungsdaten begriffen ist, macht es zu einem wahren Spring-
quell mehr oder weniger spontaner Ideen [...]. Das ist die Tätigkeit, nach der
Tiere offenbar kein Bedürfnis haben. Aus ihr erklären sich [...] Ritual, Kunst,

---

12  https://www.ipa.world/en/encyclopedic_dictionary/English/home.aspx.

Lachen, Weinen, Sprache, Aberglauben und wissenschaftliches Ingenium« (Langer, 1965, S. 50 f.).

Gegen Ende meines Studiums, als mir deutlich wurde, dass Seelsorge und Beratung einmal mein Tätigkeitsfeld werden sollten, empfand ich aber auch einen großen Mangel in der Auseinandersetzung meiner bisherigen Studien über die Wirklichkeit immer deutlicher: Über die Hinter- bzw. Untergründe der Konflikte, die ein Menschenleben bestimmen, hatte ich zu wenig in Erfahrung gebracht. Deswegen entschloss ich mich, nach dem Ersten Theologischen Examen eine psychoanalytische Ausbildung zu absolvieren.

## V. Dem Unbewussten auf der Spur. Ausbildung in Psychoanalyse und Gruppenanalyse 1966–1971

Das Erste Theologische Examen absolvierte ich 1966 und begann danach mein Vikariat in Göttingen. Während dieser Zeit erlaubte mir meine Landeskirche, am Institut für Psychoanalyse und Psychotherapie in Göttingen, dem heutigen Lou Andreas-Salomé Institut, die psychoanalytische Ausbildung aufzunehmen. Meine Lehranalyse begann ich 1967 bei dem damaligen Direktor der Fachklinik für psychosomatische und psychogene Erkrankungen Tiefenbrunn, Gottfried Kühnel, der selbst ab 1925 in Wien ausgebildet worden war. Ich lag also in den Zeiten der Studentenrevolte 1968 auf der Couch.

Als mein Analytiker 1968, im zweiten Jahr meiner Analyse, starb, war das für mich ein großer Verlust. Eigentlich wollte ich mit der Durchführung meiner ersten Psychoanalyse beginnen, was ich daraufhin verschob. Stattdessen brauchte ich selbst Unterstützung in meiner Trauer. Deswegen nutzte ich die Termine, die ursprünglich bei Rudolf Adam für Supervision gedacht waren, für meine eigene Trauerarbeit, bis ich meine Analyse bei Annelise Heigl-Evers ab Herbst 1968 bis zu meinem Examen 1971 fortsetzen konnte.

Die großzügige Freistellung meiner Landeskirche und ein Stipendium der Stiftung Volkswagenwerk für den wissenschaftlichen Nachwuchs erlaubten es mir, mich in den nächsten Jahren voll auf diese Ausbildung zu konzentrieren, und machten es möglich, den Rollenwechsel, die Arbeit mit Patienten und Patientinnen, zu vollziehen: Ich wurde auf einer Station als unbezahlter, freier Mitarbeiter eingesetzt und lernte dort den Umgang mit Patienten und Patientinnen vom Erstinterview über die Erhebung der Anamnese, ihrer schriftlichen Fixierung, der Fallvorstellung beim Oberarzt und der anschließenden Nachbesprechung das therapeutische Rollenverständnis und das diagnostische Handwerkszeug sozusagen kompakt von der Pike auf. Dafür nahm ich mir ausreichend Zeit. Für die Begleitung von Werner Schwidder und Johann Zauner bin ich sehr dankbar.

Meine psychoanalytische Ausbildung bestand in den nächsten fünf Jahren aus Lehranalyse, eigenen Analysen unter Supervision und Theorie sowie aus einer engen Arbeitsgemeinschaft mit meinen Freund Karl König. Gemeinsam besprachen wir vom Anfang bis zum gemeinsamen Abschluss unserer Ausbildung Probleme, die in der Arbeit mit Patientinnen und Patienten in Diagnostik und Therapie aufkamen, und alle Fragen zur Theorie und Technik, die uns frag- und diskussionswürdig erschienen, in regelmäßigen Treffen miteinander. Und da wir es beide gewohnt waren und ausreichend gut Englisch konnten, erarbeiteten wir uns gemeinsam englische und amerikanische psychoanalytische Literatur. Dabei ergänzten wir uns gut, Karl war als Internist der Kliniker und ich als Geisteswissenschaftler derjenige, der Psychoanalyse als Hermeneutik auch in anderen Anwendungsbereichen verortete.

Eine weitere Begegnung möchte ich erwähnen. 1967 lernte ich auf einem Kongress in Wiesbaden Tobias Brocher kennen, der meine professionelle Entwicklung zunächst nur literarisch, dann auch durch Kooperationen und später als väterlicher Freund beeinflusste. Durch seine Fähigkeit, psychoanalytische Erkenntnisse in Umgangssprache in Büchern, Kursen und Auftritten im Fernsehen einer großen Öffentlichkeit verständlich zu machen, wurde er für mein Bemühen, psychoanalytische Erfahrungen für Beratung und Seelsorge fruchtbar zu machen, sehr wertvoll. Meine Fakultät verlieh ihm für diese Verdienste 1989 den Titel eines Doktors der Theologie ehrenhalber. Als Leiter der Abteilung Sozialpsychologie des Sigmund-Freud-Instituts in Frankfurt a. M. veröffentlichte er 1967 sein die Pädagogik in Deutschland stark beeinflussendes Buch »Gruppendynamik und Erwachsenenbildung«. Durch dieses Werk wurde ich dazu angeregt, mich eingehender mit der Gruppendynamik und den mit ihr verbundenen Bildungszielen, der Beziehung zwischen Individuum und Gruppe, zwischen Lernprozessen und Führungsstilen, der Entwicklung affektiver Prozesse in Gruppen und dem Bildungsziel Affektbildung auch theoretisch auseinanderzusetzen. Seine große theoretische Arbeit »Anpassung und Aggression in Gruppen« (1969), die aus einem Vortrag zur Eröffnung des Sigmund-Freud-Instituts in Frankfurt 1964 entwickelt wurde, beeinflusste meine Entwicklung als Gruppenanalytiker ebenfalls stark.

Während unserer Ausbildung bahnte sich in Göttingen eine Loslösung in Praxis und Theorie von der bis dahin dominierenden Konzeption der Neopsychoanalyse von Harald Schultz-Hencke an. Diese Loslösung trieben Karl König und ich dadurch aktiv voran, dass wir in den Lehrveranstaltungen und auch sonst in Diskussionen das zur Sprache brachten, was wir uns aus der Lektüre internationaler Literatur erarbeitet und mit befreundeten Kolleginnen und Kollegen aus anderen psychoanalytischen Gesellschaften diskutiert hatten. Zum Abschlussexamen 1971 verfasste ich eine theoretische Arbeit mit dem Titel »Der mittlere und der autonome Mensch« (Lindner, 1975), in der ich sein Werk daraufhin untersuchte, welche Vorstellung er von der Entwicklung eines Patienten in der Analyse und welche Bedeutung dabei die Beziehung zwischen Psychoanalytiker und Patient hat. Darin kam ich zu folgendem Ergebnis: Schultz-Hencke betrachtet den analytischen Prozess wie einen pflanzlichen Wachstumsprozess, der durch die freie Assoziation in Gang und vorankommt. Die Beziehung zum Psychoanalytiker spielt dabei eine marginale Rolle. Diese Arbeit soll im Ausbildungsausschuss eine große Diskussion ausgelöst haben, wurde aber schlussendlich akzeptiert. In Göttingen wurde sie zum schriftlichen Dokument für die Wiederaufnahme der Rezeption *internationaler* Konzepte und ihrer Diskussionen. Die damalige Redaktion der »Zeitschrift für Psychosomatische Medizin und Psychoanalyse« verzögerte allerdings den Druck der Arbeit um vier Jahre. Den Prozess der Neuorientierung in der DPG konnte sie aber nicht aufhalten.

Etwa zur selben Zeit fand am Institut in Göttingen ein weiterer Prozess der Neuorientierung statt: Die psychoanalytische Gruppentherapie erlangte Eingang in die Ausbildung. Im Krankenhaus Tiefenbrunn hatte es die Anwendung psychoanalytischer Psychotherapie in Gruppen schon seit den Zeiten ihres Gründers Gottfried Kühnel gegeben. Und Franz Heigl hatte als niedergelassener Psychoanalytiker ebenfalls psychoanalytische Gruppentherapie durchgeführt. Nun aber, sicherlich auch ausgelöst durch die damalige sozialpsychologisch fundierte Gruppenbewegung, die aus den USA nach Europa herüberkam, motiviert durch Interessen von Annelise und Franz Heigl und andere deutschsprachige, europäische Kolleginnen und Kollegen, die Gruppentherapie praktizierten, in einem Arbeitskreis zu sammeln und einen kasuistischen und theoretischen Diskurs über Gruppentherapie zu eröffnen und ihn auch mit Sozialpsychologinnen und Gruppendynamikern zusammenzuführen, bekam auch die Gruppentherapie in Tiefenbrunn, Göttingen und von dort ausgehend im deutschsprachigen Raum neuen Schwung (Lindner, 2004).

Annelise Heigl-Evers und Franz Heigl entdeckten damals die Philosophin und Soziologin Hannah Arendt für sich und setzten sich mit ihrem Hauptwerk »Vita Activa oder Vom tätigen Leben« auseinander, das 1958 in den USA erschienen war. Die darin ausgeführten Gedanken zur Privatheit und Pluralität wurden grundlegend für das Göttinger Modell, vor allem für die Beschreibung der Unterschiede zwischen Einzel- und Gruppenpsychotherapie.

Inzwischen hatten die Heigls auch Kontakt zu Kolleginnen und Kollegen aus dem Ausland aufgenommen, die mit Gruppen arbeiteten. 1962 und 1967 besuchte Raoul Schindler aus Wien Tiefenbrunn und demonstrierte dort, wie er mit seinem Konzept der soziodynamischen Funktionsverteilung Gruppentherapie praktizierte. 1969 kam Walter Schindler aus London und zeigte vier Tage lang, wie er in der Gruppe mit Patientinnen und Patienten wie in einer Familie arbeitete.

Ab dem Sommersemester 1968 bot Annelise Heigl-Evers ein mehrsemestriges Seminar an, in dem sie uns an einem Forschungsprojekt beteiligte, alle damals literarisch verfügbaren Konzepte der Gruppenanalyse bzw. analytischen Gruppenpsychotherapie vergleichend zu untersuchen. So erarbeiteten wir uns die Konzepte von Slavson, Wolf und Schwartz, Foulkes, Bion, Ezriel, Grinberg, Langer, Rodrigué, Argelander, Stock Whitaker, Lieberman und Walter und Raoul Schindler. Danach interpretierten wir ein- und dieselbe Sitzung einer Patientengruppe, die auf Tonband aufgenommen und transkribiert worden war, nach den genannten Konzepten und arbeiteten sie so nacheinander und miteinander vergleichend intensiv unter verschiedenen Blickwinkeln durch. Die in diesem Seminar gemachten Lehr- und Lernerfahrungen gingen in die Habilitationsschrift von Annelise Heigl-Evers ein, »Konzepte der Gruppenpsychotherapie« (1972). Geplant war auch, die verschiedenen Interpretationen der genannten Gruppensitzung in einer separaten Veröffentlichung zu publizieren. Ich hatte damals die Interpretation nach dem Konzept von Wilfred Bion übernommen, Karl König die nach Hermann Argelander. Leider aber kam diese gemeinsame Veröffentlichung nicht zustande. Aus Mitgliedern des gruppentherapeutischen Teams in Tiefenbrunn und Mitgliedern dieses Seminars hatte sich indes eine Gruppe gebildet, die sich praktisch und theoretisch für die Anwendung der Psychoanalyse in Gruppen engagierte.

An dieser Stelle möchte ich eine begriffliche Klärung zum Gebrauch des Terminus »Gruppenanalyse« einschieben. Die Arbeit von Psychoanalytikerinnen und Psychoanalytikern mit Gruppen entstand in Europa an verschiedenen Orten und in verschiedenen Kontexten:[13] in London in der Tavistock Clinic (Bion) und in den Gruppenanalyseseminaren (Foulkes), aber auch in Praxen niedergelassener Kolleginnen und Kollegen. Ähnlich war es auch in Deutschland, z. B. in Göttingen-Tiefenbrunn, Österreich und der Schweiz. Von den Initiatoren wurden ihre Konzepte aus unterschiedlichen Gründen Gruppenanalyse, psychoanalytische Gruppenpsychotherapie oder Anwendung der Psychoanalyse in Gruppen genannt. Im Laufe der Professionalisierung und der Zusammenarbeit der verschiedenen Schulen setzte sich aus systematischen Gründen die gemeinsame Bezeichnung »Gruppenanalyse« als wissenschaftliche Defini-

---

13  Vgl. S. 157: »Sitz im Leben«.

tion der Analyse von Gruppen allgemein durch, also nicht nur von therapeutischen, sondern auch Gruppen des Lebensalltags, wie z. B. Arbeitsgruppen, Lerngruppen, Freundschaftsgruppen, kleinen und großen Gruppen, also Gruppen jedweder Art. Kolleginnen und Kollegen, die nur oder vorwiegend im therapeutischen Bereich arbeiten, benutzen meist weiterhin den Terminus Gruppentherapie.

Immer wieder wurde ich gefragt, ob sich die gleichzeitige Ausbildung in Einzel- und Gruppenanalyse nicht nachteilig auf eine der beiden ausgewirkt habe, es z. B. zum Verschieben von Auseinandersetzungen zwischen den beiden Settings gekommen sei. Sicherlich kommt es auch zu solchen Phänomenen, weil Widerstände gegen die Aufdeckung unbewusster Konflikte *jede* Gelegenheit nutzen. Aber nur weil sie sich inszenieren, können sie auch bearbeitet werden. Meine Erfahrungen lauten: Beide Settings haben sich ergänzt und gegenseitig befruchtet.

Annelise Heigl-Evers, Franz Heigl und bald auch wir, ihre Schüler Mohammad E. Ardjomandi, Albrecht Hering, Karl König, ich u. a. gingen noch einmal in die Schule bei Sozialpsychologen und Gruppendynamikern und nahmen an gruppendynamischen Laboratorien teil. Ein paar Jahre später hatte ich als Koordinator der Sektionen »Analytische Gruppenpsychotherapie«, »Gruppenmethoden in Klinik und Praxis«, »Psychodrama« und »Gruppendynamik« im Vorstand des Deutschen Arbeitskreises für Gruppenpsychotherapie und Gruppendynamik (DAGG) die Gelegenheit, von Kolleginnen und Kollegen wie Klaus Antons, Kurt Buchinger, Klaus Doppler, Cornelia Edding, Jörg Fengler, Peter Fürstenau, Peter Heintel, Elisabeth und Otto Hürter, Peter Kutter, Grete Leutz, Eugen Mahler, Dieter Ohlmeier, Horst-Eberhard Richter, Pio Sbandi, Wolfgang Wesiack, Cornelis F. Wieringa aus den Niederlanden und meinem Namensvetter Traugott Lindner, dem österreichischen Philosophen und Gruppendynamiker aus dem Kreis von Erich Heintel in Wien, und Mitgliedern anderer europäischer Fachgesellschaften viel zu lernen. Franz Heigl erwarb sogar den Status eines gruppendynamischen Trainers. Diese fruchtbare Begegnung führte 1967 zur Gründung des Deutschen Arbeitskreises für Gruppenpsychotherapie und Gruppendynamik (DAGG). Sie war vor allem das Werk von Annelise Heigl-Evers.

In diesen Jahren kam es auch zu Begegnungen mit der Themenzentrierten Interaktion (TZI). In Workshops, die von Ruth C. Cohn, Ruth Ronall und Helga Aschaffenburg in Tiefenbrunn und Göttingen durchgeführt wurden, sammelten wir Erfahrungen mit dieser Gruppenmethode, auch solche, die nicht nachhaltig waren. Als Methode zur Arbeit mit Lerngruppen gewannen wir von der Themenzentrierten Interaktion viele Anregungen, für die Behandlung von

Patientinnen und Patienten allerdings nicht, zumal sich Ruth C. Cohn in ihrer theoretischen Orientierung deutlich von der Psychoanalyse abgewandt hatte.


## VI. Das Gruppenkonzept des Göttinger Modells

In der Begegnung und in der Auseinandersetzung mit diesen Einflüssen entstanden die konzeptuellen Grundlagen des Göttinger Modells der Anwendung der Psychoanalyse in Gruppen und 1972 die ersten Angebote einer speziellen Aus- und Fortbildung mit den Elementen Selbsterfahrung, Supervision, Methodendemonstration und Theorievermittlung. Im Göttinger Modell gehen wir davon aus, dass Menschen mit Suchbewegungen »herumlaufen« und gar nicht anders können, als ihre unbewusst gewordenen intrapsychischen Konflikte und strukturellen Störungen immer wieder in Szene zu setzen. Dies tun sie nicht nur in einer therapeutischen Gruppe, sondern ständig in ihrem Lebensalltag, also in allen Gruppen, denen sie angehören, in Beziehung zu sich selbst, den Menschen, mit denen sie zusammenleben und arbeiten, im Hinblick auf Themen, die ihnen am Herzen liegen etc. Psychotherapie, sofern sie sich an der Psychoanalyse orientiert, gibt diesen Wiederinszenierungen im Unterschied zum Lebensalltag lediglich einen ungestörteren Raum, sich möglichst lebendig zu entfalten.

Gegenüber der Beziehung zweier Menschen zueinander bietet die Gruppe eine neue Herausforderung, mit der sich alle Mitglieder auseinandersetzen müssen: Die Beziehungsmöglichkeiten und die mit ihnen verbundenen Konflikte sind in einer Gruppe vielfältiger. Das bedeutet, die Situation in einer Gruppe ist offener als in einer Zweierbeziehung, und dem interaktionellen Anteil an den Übertragungen (König u. Lindner, 1991) wird ein wesentlich größerer Raum zur Entfaltung geboten. In der Einzelanalyse ist dieser vor allem an den Rändern (Begrüßung und Verabschiedung) vorhanden, in der Face-to-Face-Situation der Gruppentherapie ständig. Darüber hinaus bietet die Gruppe ihren Mitgliedern ein breiteres Spektrum an Übertragungsauslösern und Übertragungsmöglichkeiten (Gruppe als Ganzes, Therapeut, Untergruppen, Einzelne). So ziehen sich Gruppenmitglieder wechselseitig in ihre Konflikte und strukturellen Störungen hinein. In dieser Dynamik der Auseinandersetzung und des Aushandelns von früheren, aber auch neuen, im Hier und Jetzt entstehenden Beziehungen entwickelt sich der Gruppenprozess. Diesen gilt es, erlebbar und transparent zu machen.

In der Gruppentherapie ist dabei zu beachten, dass der therapeutische Effekt, wie die Untersuchungen von Malan (1973), Tschuschke (2010) u.a. gezeigt haben, wesentlich davon abhängt, ob und wie es möglich wird, dem einzelnen

Gruppenmitglied die ganz individuelle Teilhabe an diesem Geschehen erlebbar und plausibel zu machen. Gelingt dies, findet Gruppenpsychotherapie des Einzelnen durch den Gruppenprozess statt.

Eine Gruppe ist keine Persönlichkeit. Gleichwohl können die Vorgänge in einer Gruppe, die die komplexen unbewussten, vorbewussten und bewussten Prozesse in ihr zur Darstellung bringen und regulieren, analog zum Strukturmodell der Psychoanalyse (Es-Ich-Über-Ich) beschrieben werden:
– als Situationsdefinitionen und normative Regulierungen,
– als psychosoziale Kompromissbildungen
– und als Darstellungen von unbewussten Fantasien über Trieb- und Beziehungskonflikte.

In den Situationsdefinitionen und normativen Regulierungen, den psychosozialen Kompromissbildungen und in den Darstellungen von Abkömmlingen unbewusster infantiler Fantasien über Trieb- und Beziehungskonflikte finden wir jeweils unbewusste, vorbewusste, also bewusstseinsfähige, und bewusste Anteile.

*Situationsdefinitionen und normative Regulierung:* Im Folgenden beschreibe ich das dynamische Geschehen, das sich in einer Gruppe entwickeln kann, am Modell einer unstrukturierten Kleingruppe. Die Phänomene und Prozesse ereignen sich allerdings auch in strukturierten Arbeitsgruppen des Alltags, dann aber in Auseinandersetzung mit den Arbeitsaufgaben und -strukturierungen.

Setzt man Menschen in einer Kleingruppe der gruppenanalytischen Strukturierung aus (kein vorgegebenes Thema, keine vorgegebene Tagesordnung und Regulierung der Gesprächsbeiträge, Empfehlung der sogenannten Freien Interaktion), dann ist zu beobachten, dass die Beteiligten ähnlich wie in anderen offenen Situationen des Alltagslebens versuchen, das Dilemma, in das sie geraten, irgendwie zu definieren (Streeck, 2007), z. B. als »Diskussionsclub«, »Ärztekonsilium« oder »Beichtstunde«. In diesen Definitionen entwickeln die Gruppenmitglieder Normen für das Verhalten und Sprechen, die Ängste, Scham- und Schuldgefühle regulieren und begrenzen helfen sollen. Diese normativen Regulierungen sollen deutlich machen, welches Verhalten und Reden angemessen ist. Dies geschieht über zustimmende und missbilligende Stellungnahmen Einzelner, in denen auch deutlich wird, wer in der jeweiligen Situation etwas zu sagen beansprucht.

In einem Diskussionsclub ist es beispielsweise angemessen, seine Ansichten möglichst sachlich argumentativ, ohne allzu große persönliche Beteiligung zu vertreten, ein Ärztekonsilium bemüht sich um möglichst objektive kausale Klärung eines Krankheitsbilds, in einer Beichtstunde ist es ähnlich wie im Schuldkapitel einer Ordensgemeinschaft angemessen, die eigenen Sünden reumütig zu bekennen und auf Vergebung zu hoffen.

Solche Situationsdefinitionen und normativen Regulierungen sind interpersonelle Geschehnisse. Sie verdanken sich der offenen Situation in jeder Gruppenstunde. Sie provoziert die einzelnen Gruppenmitglieder zur Inszenierung der unbewussten Konflikte und/oder strukturellen Störungen im Hier und Jetzt und zum Aushandeln von Normen, die die Interaktionen regulieren sollen. In diese Normen gehen die unbewussten und vorbewussten Über-Ich-Anteile der Beteiligten ein. Diese normativen Regulierungen haben Kompromisscharakter. Sie können eher befähigend (*enabling*, Stock Whitacker u. Lieberman, 1965) oder eher unterdrückend (*restrictive*) sein, sie können helfen, das Dilemma, an dem alle teilhaben, ins Gespräch zu bringen oder aus der Auseinandersetzung herauszuhalten. Gruppen, deren Mitglieder vorwiegend strukturelle Störungen haben, entwickeln restriktivere Normen als solche, in denen die Gruppenmitglieder konfliktfähiger sind. Das Aushandeln von Normen vollzieht sich über Gestik, körperliche, nichtsprachliche, aber auch über sprachliche Kommunikation, insbesondere über den konnotativen Anteil der sprachlichen Äußerungen. Das Aushandeln von Normen hat bewusste, vorbewusste und unbewusste Anteile ähnlich wie das Über-Ich im Individuum.

So stellte sich z. B. über Augenkontakt und Körperhaltung zu Beginn der ersten Sitzung einer Gruppe, in der die meisten Gruppenmitglieder zunächst mit gesenkten Häuptern oder unsicher suchendem Blick in den Augen geschwiegen hatten, während einer alle anderen reihum unverfroren musterte, in wenigen Minuten folgende Norm her. Derjenige, der die anderen gemustert hatte, sagte: »In den Vorgesprächen hat uns Doktor X empfohlen, wir sollten alles ganz offen und ohne Rücksicht sagen, was uns durch den Sinn geht, wenn wir gesund werden wollen. Ich denke, wir sollten das gleich tun, ohne viel Zeit mit anderem zu verplempern. Fang *du* doch einmal an.« Der Initiator definierte die Situation als »Verurteilung vor Gericht« und instrumentalisierte die anderen, die ihm zunächst nicht entgegenzutreten wagten. So entstand eine Norm, wie sie Günter Grass in seinem »Kinderlied« (1960) unübertroffen beschreibt:

»Wer spricht hier, spricht und schweigt?
Wer schweigt, wird angezeigt.
Wer hier spricht, hat verschwiegen,
wo seine Gründe liegen.«

*Psychosoziale Kompromissbildungen:* Schwingen wir uns in unserer Wahrnehmungseinstellung auf die szenische Darstellung der gemeinsamen Bewältigung einer Gruppensituation ein, so entdecken wir Interaktionsfiguren, die zusammen mit den gesprochenen Worten, den mit ihnen verbundenen Affekten und Fantasien, als sogenannte psychosoziale Kompromissbildungen beschrieben werden können. Sie enthalten, leichter nachzuvollziehen als die normativen Regulierungen, wie auf einer Theater- oder Opernbühne sichtbar und miterlebbar das Zusammenspiel bei der Bewältigung des gemeinsamen Dilemmas.

Das bekannteste Beispiel für eine psychosoziale Kompromissbildung ist die »Sündenbock-Suche«. Anders als im religiösen Ritual, das am Jom Kippur, dem jährlich wiederkehrenden Versöhnungsfest der Juden, an dem aus der Thora aus dem 3. Buch Moses (Kapitel 16, 21 ff.) vorgelesen wird, wie Aaron einem Widder die Sünden der Israeliten auflegte und ihn anschließend stellvertretend für sie in die Wüste schickte – jeder also wusste: der Bock trägt meine Verfehlungen! –, wird in der psychosozialen Kompromissbildung der Sündenbocksuche einem, einer oder einer kleinen Untergruppe ein von der Mehrheit bei sich selbst verdrängter oder auf andere Weise abgewehrter Konflikt auferlegt. Der eigene Anteil an dem Abgewehrten bleibt in der psychosozialen Kompromissbildung der Sündenbocksuche anders als im religiösen Ritual unbewusst. Damit dies auch so bleibt, muss der oder die andere bekämpft und aus der Gruppe herausgedrängt werden, was in therapeutischen Gruppen allerdings oftmals verhindert wird. Denn der Sündenbock wird ja dazu gebraucht, die eigene Beteiligung am gegenwärtigen Problem im Kampf gegen ihn unbewusst zu halten.

In solche psychosozialen Kompromissbildungen geht die ganze Vielfalt individueller Mechanismen wie projektive Identifizierung, unbewusste Rollenzuweisung und Rollenübernahme (Sandler u. Sandler, 1999), aber auch Gruppenmechanismen wie die sogenannte soziodynamische Funktionsverteilung (Schindler, 1957) u. a. ein. Gruppen sind bei der Bildung von psychosozialen Kompromissbildungen kreativ, erfinden manchmal überraschend originale Zusammenspiele, greifen in ihrer Kreativität aber ebenso oft auch auf Szenen aus dem Alltagsleben zurück und variieren diese mit verteilten Rollen neu, etwa die nachmittägliche Talkshow, das Tribunal, Doktorspiele wie »Neun Therapeuten suchen einen Patienten« und anderes. Wie die normativen Regulierungen können psychosoziale Kompromissbildungen befähigender oder restriktiver sein.

*Unbewusste infantile Fantasien über Trieb- und Beziehungskonflikte:* »Hinter« den normativen Regulierungen und psychosozialen Kompromissbildungen, um es metaphorisch auszudrücken, können Darstellungen von unbewussten Fantasien über Trieb- und Beziehungskonflikte zwischen den Mitgliedern einer Gruppe wahrgenommen werden. Voraussetzung ist, dass die Mitglieder einer

Gruppe dazu in der Lage sind, die normativen Regulierungen und psychosozialen Kompromissbildungen zu »öffnen«. In der Regel bedarf es dazu erheblicher therapeutischer Arbeit.

»Hinter« der beschriebenen Eingangsszene in der ersten Sitzung einer
Gruppe tauchte nach und nach im Zuge der therapeutischen Arbeit an der
Inszenierung der unbewussten sadistischen Über-Ich-Anteile und der narzis-
tischen Beziehungseinschränkungen des Initianten eine gemeinsame unbewusste Fantasie von Gruppenmitgliedern mir, dem Gruppenleiter gegenüber,
auf: Die meisten schämten und/oder hassten sich dafür, dass sie wegen ihrer
Konflikte und Störungen eine Therapie nötig hatten. Weil sie zu ihrer eigenen Scham und ihrem eigenen Hass noch keinen Zugang hatten, ließen sie es
zu, dass sich der Initiant ihrer als schamloser und unbarmherziger Verfolger
bemächtigen konnte. Anders ausgedrückt: Sie projizierten ihre eigene unbewusste Scham und ihren unbewussten Hass auf den Initianten. Der Gruppenleiter wurde dagegen als gütiger Vater fantasiert. Diese Spaltung in einen
guten Vater und einen verfolgenden Anführer war zunächst nötig, damit in
der sich neu konstituierenden Gruppe unter dem Schutz des Vaters überhaupt
eine gemeinsame Aktion zustande kommen konnte. Erst nachdem die Mitglieder nach ein paar Sitzungen miteinander vertrauter geworden waren, war
es möglich, diese Spaltung zu bearbeiten und die Angst vor dem verurteilenden Leiter anzusprechen, die übrigens bei demjenigen besonders stark war,
der zunächst als Verfolger aufgetreten war. Erst dann konnte die unbewusste
Fantasie in Worte gefasst werden: »Wenn er alles wüsste, würde er uns sicherlich alle verurteilen.«

Diese gemeinsame unbewusste Fantasie war, wie gesagt, längere Zeit »hinter« komplexen gemeinsamen Widerstandsbemühungen verborgen und gewann
erst während der analytischen Arbeit an den normativen Regulierungen und
psychosozialen Kompromissbildungen inklusive der von Wilfred R. Bion (1961)
beschriebenen Grundannahmen von Kampf und Flucht, Paarbildung und
Abhängigkeit ihre Gestalt.

Es gehört zum Wesen von Gruppen, dass sich unbewusste Fantasien von
Trieb- und Beziehungskonflikten je nach dem Regressionsgrad der Mitglieder
vorwiegend in der Dynamik zwischen der Gruppe als Ganzes, Untergruppen
und/oder der Leitung oder von Geschwisterbeziehungen im Hinblick auf die
Leitung darstellen. Auch diese Darstellungen haben bewusste, vorbewusste, also
bewusstseinsfähige, und unbewusste Anteile, die im Verhalten und Reden der
Gruppenmitglieder deutlich werden.

Das Göttinger Modell war in vierfacher Hinsicht klärend und darum ein-
flussreich:

1.  Es beschrieb klar die Gemeinsamkeiten und Unterschiede zwischen Einzel- und Gruppentherapie.

2.  Es differenzierte im Bereich der Gruppentherapie begründet zwischen psychoanalytischer, tiefenpsychologisch fundierter und psychoanalytisch-interaktioneller Gruppentherapie. Letztere Anwendung wurde für die immer mehr zunehmende Klientel der strukturell gestörten Patienten und Patientinnen entwickelt und in der Folge insbesondere von Ulrich Streeck weiter beforscht. Für die tiefenpsychologisch fundierte Anwendung entwickelten die Heigls und wir zum ersten Mal im deutschen Sprachraum ein therapeutisch wohl begründetes Konzept der Arbeit an den abgeleiteten Konflikten (Gill, 1963).

3.  Wurde die theoretische Fundierung der tiefenpsychologisch fundierten Gruppentherapie selbstverständlich auch für die entsprechende Einzeltherapie wegweisend. Sie gibt der großen Gruppe der Kolleginnen und Kollegen, die psychoanalytisch orientiert vor allem in Kliniken, aber auch in der ambulanten Praxis arbeiten, eine eigene Konzeption, mit der sie auch in der Fortbildung arbeiten können.

Karl König und ich fuhren in den 1970er Jahren lange Zeit fast jedes Jahr in der Woche nach Weihnachten zu Workshops der Group Analytic Society nach London, um unsere Selbsterfahrung auswärts zu vertiefen und zu erweitern und unsere Praxis mit den Kolleginnen und Kollegen zu diskutieren. 1991 veröffentlichten wir unser Buch »Psychoanalytische Gruppentherapie« (König u. Lindner, 1991), das ein Jahr später in zweiter Auflage herauskam und von seinen Rezensenten freundlich aufgenommen wurde. Als uns der Verleger Aronson 1992 informierte, dass er Paul Foulkes, einen Neffen von S. H. Foulkes, mit der Übersetzung unseres Buchs beauftragt hatte, freuten wir uns sehr. 1994 erschien diese in seinem Verlag und wurde wegen ihres Praxisbezugs und der beziehungs- und ich-psychologischen Ausrichtung für die Praxis in Großbritannien und in den USA, so seine Rezensenten, als anschlussfähig und interessant angesehen.

1971 verfasste ich zu meinem Zweiten Theologischen Examen eine umfangreiche interdisziplinäre Theoriearbeit über Aggression und Destruktion in Psychologie (Verhaltenstherapie, Psychoanalyse) und Theologie, die den Vorsitzenden der Prüfungskommission Hans-Martin Müller dazu veranlasste, mir die Stelle eines Dozenten für Seelsorge und Pastoralpsychologie am neu gegründeten Studienseminar der Evangelisch-lutherischen Landeskirche Hannovers in Göttingen anzubieten, die ich bis 1974 innehatte. Dort führte ich sechswöchige Weiterbildungskurse für Pastorinnen und Pastoren zum/zur

Pastoralpsychologischen Berater/-in und auch Fortbildungskurse für kirchliches Leitungspersonal durch.

In meiner Beschäftigung mit Aggression und Destruktion beeindruckte mich u. a. das monumentale Werk von Erich Fromm »Anatomie der menschlichen Destruktivität« (Fromm, 1974). Da er wegen gesundheitlicher Probleme nicht mehr reisen und darum keine Einladung an die Universität Hamburg annehmen konnte, besuchte ich ihn im September 1976 in Muralto in der Schweiz und diskutierte mit ihm seine Forschung insbesondere zu Hitler.

## VII. Psychoanalytiker, Gruppenanalytiker, Berater und Lehrer in Universität, Weiterbildungen, Institutionen und im sozialen Feld

1974 erhielt ich einen Ruf auf eine Professur für Praktische Theologie mit Schwerpunkt Seelsorge/Pastoralpsychologie an die Universität Hamburg, den ich 1975 annahm. Die Tatsache, dass ich im Unterschied zu meinen Göttinger Kolleginnen und Kollegen über Gruppen nicht nur im Kontext von Therapie, sondern auch von Bildung, Lehre, Seelsorge, institutioneller Arbeit in Universität und Gesellschaft nachzudenken und zu forschen hatte, führte dazu, dass ich unser Göttinger Modell auf dieses breite Praxisfeld anwenden musste. Dies bedeutete, dass ich mich theoretisch mit dem Phänomen der Gruppe als Ganzes in diesen unterschiedlichen Kontexten, also dem Globalobjekt Gruppe, noch einmal prinzipieller auseinandersetzte. Auch meine Erfahrungen als Leiter von großen Lern- und Arbeitsgruppen wie z. B. dem Fachbereichsrat unserer Fakultät in Zeiten der Drittelparität mit über dreißig Personen und den dort stattfindenden regressiven Prozessen erforderten dies.

So kam es, dass ich durch die Arbeit mit Gruppen in meinem Arbeitsfeld wieder an unser Projekt von 1968 anknüpfte, eine Gruppentherapiesitzung nach allen damals gängigen Gruppenkonzepten zu interpretieren. Schon damals hatte ich übernommen, die Konzeption von W. R. Bion zu bearbeiten (vgl. Lindner, 2019). Neben der »Inszenierung innerseelischer Konflikte in der Gruppe« (vgl. Lindner, 1988) wurde nun wie in einer Ellipse ein zweiter Fokus wieder wichtig: »die Gruppe als Ganzes«, die mächtig auf die Einzelnen einwirkt. Im Spannungsfeld zwischen diesen beiden Fokussen sehe ich inzwischen das Zentrum der Gruppenanalyse in Therapie, Bildung, Seelsorge, Institutionen und Gesellschaft.

Dass ich fast dreißig Jahre lang jedes Jahr mindestens zweimal eine Woche lang in Göttingen und mehrmals in Altaussee in Workshops der Internationalen Arbeitsgemeinschaft für Gruppenanalyse als Kollege, Gruppenleiter, Gruppen-

supervisor und Dozent an beeindruckenden Gruppen- und Lernprozessen teil-
nehmen konnte, macht mich den Kolleginnen und Kollegen gegenüber sehr
dankbar. Mit Annelise Heigl-Evers, Franz Heigl, Karl König, Albrecht Hering,
Mohammad Ebrahim Ardjomandi, Ulrich Streeck, Reinhard Kreische, Alice
Riccardi, Josef Shaked, Michael Hayne, Paul Janssen, Eugen Mahler, Margarethe
Seidl u. a. zusammenzuarbeiten und mehrere Generationen von Gruppenanalytikern und Gruppentherapeuten auszubilden, war eine große Bereicherung.
Die Blockseminare in Seelsorge und Pastoralpsychologie, die ich jedes Semester
an der Universität Hamburg anbot, die Weiterbildungskurse zum/zur Pastoralpsychologischen Berater/-in, die ich mit Kollegen und Kolleginnen (Lindner,
1974) zusammen entwarf und durchführte, und die Weiterbildungen zum/zur
Sozialtherapeuten/-therapeutin im Suchtbereich (Lindner, 1980) fanden alle
im Medium Gruppe statt.

Psychoanalytische Institute, psychiatrische Kliniken (Lindner u. Bonstedt,
1975) und andere Institutionen nahmen meine Beratung in Anspruch. Auf
Tagungen der Sektion Analytische Gruppenpsychotherapie und des Deutschen
Arbeitskreises für Gruppenpsychotherapie und Gruppendynamik hielt ich Vorträge und führte Arbeitsgruppen durch. Davon ist mir am eindrücklichsten die
Arbeitsgruppe »Erfahrungen von Ohnmacht und Hilflosigkeit in Gruppen« in
Erinnerung, für die ich 1986 auf dem 2. Europäischen Kongress für Gruppenpsychotherapie und Gruppendynamik in Innsbruck Ernst Federn und Cäcilie
Verheyden als Referenten gewinnen konnte. Cäcilie Verheyden, mit einer Dys-
melie der Arme geboren, und Ernst Federn als Insasse des KZ Buchenwald
leiteten diese Arbeitsgruppe mit persönlichen Erfahrungen von Ohnmacht
und Hilflosigkeit während des Nationalsozialismus ein. Sie sprachen über:
»Wenn ein Mensch angestarrt wird wie ein ekelerregender Untermensch: Du
bist lebensunwertes Leben!« und »Wenn ein Mensch zum Kaninchen wird.
Erfahrungen der Ohnmacht und Hilflosigkeit im Konzentrationslager«. Sie
ermöglichten es den Teilnehmerinnen und Teilnehmern, mit ihnen darüber
und miteinander ins Gespräch zu kommen. Während ich 1999 vom 1. Juni bis
11. Juli jeden Montagabend nach Schließung der Ausstellung »Vernichtungs-
krieg, Verbrechen der Wehrmacht 1941–1944« des Hamburger Instituts für
Sozialforschung in der Freien Akademie der Künste in Hamburg eine Großgruppe von bis zu 100 Besucherinnen und Besuchern leitete, fand meine persönliche Auseinandersetzung mit den intergenerationalen Verstrickungen in den
Nationalsozialismus eine Bündelung (Lindner, 2000).

## VIII. Begegnung mit dem Fremden

Auf dem Evangelischen Kirchentag 1989 hielt ich zum ersten Mal einen Vortrag über »Die Angst vor dem Fremden« (Lindner, 1989). Seitdem ließ mich
dieses Thema nicht mehr los. Gepackt hatte es mich als Kriegskind sicherlich
seit Magdeburger Zeiten. Sozusagen in anderem Gewande kehrt in dieser Thematik die Ambiguität von Faszination, Angst und Destruktion im Hinblick auf
die fremden Anderen, aber auch mein eigenes Fremdes wieder (Kristeva, 1990).

   Mit dieser Thematik beschäftigte ich mich nicht nur literarisch, sie war
auch Anlass, 1993 Einladungen an die Mahidol Universität in Bangkok, Thai-
land, zu einem Vortrag über »Das Unbewusste im Buddhismus und in der
Psychoanalyse« und anschließend in Papua-Neuguinea über Gemeinsamkeiten
und Unterschiede im Umgang mit Träumen in dieser Traumkultur und in der
Psychoanalyse vor den versammelten Bewohnerinnen und Bewohnern des
Dorfes Bongu zu reden, die in konzentrischen Kreisen zusammen mit den
Ältesten um mich und meinen Kollegen Theo Ahrens herumsaßen. Er, der
ehemals dort Pastor gewesen war und mit dem Melanesian Institute of Social
Research des Weltrats der Kirchen in Goroka zusammenarbeitete, dem einzigen NGO-Institut in diesem Land, hatte mich zu dieser von der Deutschen
Forschungsgemeinschaft DFG geförderten Forschungsreise eingeladen und
übersetzte meine Ausführungen aus dem Englischen, das nur ganz wenige verstanden, ins neomelanesische Pidgin. Ein abenteuerliches Unternehmen, das
aber funktionierte.

   Mit den Ältesten dachten wir später angeregt darüber nach, wie die »Vierte
Welt« *developement,* Fortschritt, das damalige gesellschaftliche Schlagwort in
Papua-Neuguinea, die Begegnung mit der amerikanischen, europäischen und
australischen Zivilisation rezipierte und einen neuen Kult erfand, den Cargo-
Kult, in dem z. B. ein Mitsubishi-Vierradwagen angebetet wurde. Zum Abschluss
wurde ich von den Ältesten gefragt, ob ich nachts – es gibt in der indigenen
Sprache dort kein Wort für »Traum« – den Ahnen näher sei als am Tage. Ich
dachte lange nach und antwortete schließlich: »Ich denke, ich bin den Ahnen
nachts anders nahe als am Tage.« Die Ältesten nickten und ich hatte den Eindruck, sie erkennen an, dass auch ich etwas von Träumen verstehe.

   1995 wurde ich vom Lutheran Seminar in Nanjing, in der Volksrepublik
China, das zugleich Teil der religionswissenschaftlichen Abteilung der dortigen Universität ist, eingeladen und hielt dort, im Land der Großen Mauer, Vorlesungen über die Angst vor dem Fremden und führte mit den Kolleginnen und
Kollegen dort bewegende Gespräche über die Kulturrevolution der Revolutio-
nären Garden und ihre unvorstellbaren Grausamkeiten. 1997 setzte ich meine

Feldforschungen in Papua-Neuguinea fort. Und auch meine Tätigkeit in Südafrika als Vorsitzender des Sponsoring Committee und danach des Liaison Committee der Internationalen Psychoanalytischen Vereinigung (IPA) zur Unterstützung des Aufbaus der South African Psychoanalytical Association (SAPA) 2014–2021 zusammen mit Gabriele Junkers, Bremen, Alberto Luchetti, Padua, und M. Fakhry Davids, London, steht für mich in der Reihe der Begegnungen einerseits mit dem Fremden, andererseits aber auch mit dem Eigenen in Gestalt der Destruktivität von Kolonialismus und Apartheid und der Arbeit an deren bewussten und unbewussten Folgen.

Und wenn ich es eingehender bedenke, hat auch meine Beschäftigung mit Kunst damit zu tun, z. B. mit den Opern »Othello« von Shakespeare, Boito, Verdi (Lindner, 1998), »Tristan und Isolde« von Richard Wagner (Lindner, 2005) und der Malerei des Phantastischen Realisten Rudolf Hausner aus Wien. Zentral ist in allen drei Kunstwerken die Auseinandersetzung mit Destruktivität in Gestalt von Eifersucht, im Versuch, in der reinen, konfliktfreien Liebe, aus dem Bewusstsein, exkommunizierte, destruktive Konflikte hinter sich zu lassen, oder in dem Bild »Deutsch-Deutscher Adam« als Ursache für die Unfähigkeit der beiden siamesischen Zwillinge BRD und DDR mit derselben Geschichte im Hirn, einander nicht wirklich ansehen zu können (Lindner, 2011).

## IX. Fazit: Chancen und Gefahren der Regression in Gruppen

Der aus Berlin stammende und nach seiner Emigration in Beverly Hills (USA) lebende und arbeitende Psychoanalytiker und Gruppenanalytiker Martin Grotjahn sprach einmal von der sogenannten »Hierarchie der Regression«, die von der Zwei-Personen-Beziehung über die Klein- zur Großgruppe bis hin zur Masse sozusagen aufsteigt (Grotjahn, 1979). Kleingruppen lösen in Menschen mehr Regressionen als Zwei-Personen-Beziehungen aus, Großgruppen mehr als Kleingruppen und Massen mehr als Großgruppen. In dieser Feststellung sind die Chancen und Gefahren der Gruppe auf den Punkt gebracht.

Als Individuum leben wir schon immer in die vielfältigsten Gruppenbezüge und sozialen Prozesse eingebunden, in denen sich vor allem in gesellschaftlichen und politischen Krisenzeiten wie gegenwärtig bestimmte auslösende Situationen mit sogenannter psychischer Valenz, also mit einer Mächtigkeit, die auf unsere Seelen einwirkt, wie in Klangkörpern verdichten, vertiefen und verbreitern können und dann zu Regressionen (vgl. Geiselberger, 2017) führen. Unser seelisches Gleichgewicht ist nämlich nicht ein für alle Mal festgelegt, es ist vielmehr labil, also regressionsanfällig.

Darin liegen Gefahren, aber auch Chancen: In Gruppen des Lebensalltags und in der Gesellschaft, aber auch in Therapiegruppen können Regressionen zu großen Einschränkungen des Fühlens und Denkens führen. Verantwortliche Gruppenanalyse in Therapie und sozialen Beratungssettings vermag diese regressiven Phänomene allerdings auch als Chance zu nutzen, Vergangenes immer und immer wieder lebendig werden zu lassen, zu verstehen und zu neuen Konfliktlösungen zu führen (vgl. Zienert-Eilts, 2017 u. 2020).

## Auswahl eigener Publikationen und weitere verwendete Literatur

Arendt, H. (1960). Vita activa oder Vom tätigen Leben. München: Piper.

Balint, M. (1969). Die Urformen der Liebe und die Technik der Psychoanalyse. Frankfurt a. M.: S. Fischer.

Behrend, H. (2020). Menschwerdung eines Affen. Eine Autobiografie der ethnografischen Forschung. Berlin: Matthes & Seitz.

Bion, W. R. (1961/1971). Erfahrungen in Gruppen und andere Schriften. Stuttgart: Ernst Klett Verlag.

Brocher, T. (1967). Gruppendynamik und Erwachsenenbildung, Braunschweig: Westermann.

Brocher, T. (1969). Anpassung und Aggression in Gruppen. In A. Mitscherlich (Hrsg.), Bis hierher und nicht weiter. Ist menschliche Aggression unbefriedbar? (S. 154–206). München: Piper.

Buchholz, M. B., Gödde, G. (2011). Macht und Dynamik des Unbewussten. Auseinandersetzungen in Philosophie, Medizin und Psychoanalyse, Bd. I (2. Aufl.). Gießen: Psychosozial-Verlag.

Cassirer, E. (1923–29). Philosophie der symbolischen Formen. 3 Bde. Berlin: Bruno Cassirer: Berlin.

Cassirer, E. (1944). An essay on man. An introduction to a philosophy of human culture. New Haven: Yale University Press.

Cassirer, E. (1996). Versuch über den Menschen. Einführung in eine Philosophie der Kultur. Hamburg: Meiner.

Catull (2001). Sämtliche Gedichte. Lateinisch/Deutsch. Stuttgart: Reclam.

Freud, S. (1920). Über die Psychogenese eines Falles von weiblicher Homosexualität. GW XII (S. 271–302). Frankfurt a. M.: S. Fischer.

Freud, S. (1933). Warum Krieg? (Brief an Albert Einstein [Sept. 1932]). In GW XVI (S. 13–27). Frankfurt a. M.: S. Fischer.

Fromm, E. (1974). Anatomie der menschlichen Destruktivität. Stuttgart: Deutsche Verlagsanstalt.

Geiselberger, H. (Hrsg.) (2017). Die große Regression. Eine internationale Debatte über die geistige Situation unserer Zeit. Berlin: Suhrkamp.

Gill, M. M. (1963). Topography and systems in psychoanalytic theory. In G. S. Klein (Ed.), Psychological issues. Vol. III. New York: University Press.

Gill, M. M. (1967). Psychoanalysis and exploratory psychotherapy. Journal of the American Psychoanalytic Association, 2, 771–797.

Grotjahn, M. (1979). Analytische Gruppentherapie. Kunst und Technik. München: Kindler.

Grass, G. (1960). Gleisdreieck. Darmstadt u. a.: Luchterhand.

Heigl-Evers, A. (1972). Konzepte der analytischen Gruppenpsychoptherapie. Göttingen: Verlag für Medizinische Psychologie im Verl. Vandenhoeck & Ruprecht.

Kierkegaard, S. (1923). Die Tagebücher. Innsbruck: Brenner.

König, K., Lindner, W.-V. (1991). Psychoanalytische Gruppentherapie. Göttingen: Vandenhoeck & Ruprecht.

König, K., Lindner, W.-V. (1994). Psychoanalytic group therapy. New Jersey/London: Northvale.

Kristeva, J. (1990). Fremde sind wir uns selbst. Frankfurt a. M.: Suhrkamp.

Langer, S. K. (1965). Philosophie auf neuem Wege. Das Symbol im Denken, im Ritus und in der Kunst. Frankfurt a. M.: S. Fischer.

Laplanche, J. (2004). Die rätselhaften Botschaften des Anderen und ihre Konsequenzen für den Begriff des »Unbewussten« im Rahmen der allgemeinen Verführungstheorie. Psyche – Zeitschrift für Psychoanalyse und ihre Anwendungen, 58 (9–10), 898–913.

Levy, R. (2019). The Polyphony of Contempory Psychoanalysis. The International Journal of Psychoanalysis, 100 (4), 456–473.

Lindner, W.-V. (1974). Fort- und Weiterbildungsprogramm für Pastoren(innen) und kirchliche Mitarbeiter(innen) der Ev.-Luth. Landeskirche Hannovers in Seelsorge, Pastoralpsychologie. Materialien Psychoanalyse, 4, 165–179.

Lindner, W.-V. (1975). Der mittlere und der autonome Mensch. Bemerkungen zum anthropologischen Bezugssystem von Harald Schultz-Hencke. Zeitschrift für Psychosomatische Medizin und Psychoanalyse, 21 (3), 256–279.

Lindner, W.-V. (1980). Psychoanalytisch orientiertes Weiterbildungsprogramm zum Sozialtherapeuten im Suchtbereich. Materialien Psychoanalyse, 4, 165–179.

Lindner, W.-V. (1988). Die Inszenierung innerseelischer Konflikte in der Gruppe. In D. Ritter-Röhr (Hrsg.), Gruppenanalytische Exkurse (S. 71–77). Berlin/Heidelberg: Springer.

Lindner, W.-V. (1989). Die Angst vor dem Fremden. In K. von Bonin (Hrsg.), Deutscher Evangelischer Kirchentag Berlin. Dokumente (S. 528–534). Stuttgart: Kreuz.

Lindner, W.-V. (1998). Zurücksetzung – Stachel der Eifersucht. Psychoanalytische und gruppenanalytische Bemerkungen zu Shakespeares und Verdis/Boitos Othello. In M. E. Ardjomandi, A. Berghaus, W. Knauss (Hrsg.), Jahrbuch für Gruppenanalyse und ihre Anwendungen, Bd. 4 (S. 85–98). Heidelberg: Mattes Verlag.

Lindner, W.-V. (2000). Von der Schwierigkeit, das Schweigen zu überwinden. Bericht über eine »offene Gesprächsgruppe«. In M. E. Ardjomandi, A. Berghaus, W. Knauss (Hrsg.), Jahrbuch für Gruppenanalyse und ihre Anwendungen, Bd. 5 (S. 151–166), Heidelberg: Mattes Verlag.

Lindner, W.-V. (2002). Religiöse Erfahrungen und Rituale im Lebensalltag. In W. Ruff (Hrsg.), Religiöses Erleben verstehen (S. 27–63). Göttingen: Vandenhoeck & Ruprecht.

Lindner, W.-V. (2004). Das Göttinger Modell der psychoanalytischen Gruppentherapie. In G. R. Gfäller, G. Leutz (Hrsg.), Gruppenanalyse, Gruppendynamik, Psychodrama. Quellen und Traditionen – Der Umgang mit Gruppenphänomenen in deutschsprachigen Ländern (S. 67–85). Heidelberg: Mattes Verlag.

Lindner, W.-V. (2005). Die Macht der Liebe und die Ohnmacht der Liebenden. Überlegungen eines Psychoanalytikers zu Richard Wagners Tristan und Isolde: In U. Bermbach, D. Borchmeyer, H. Danuser, S. Friedrich, U. Kienzle, H. R. Vaget (Hrsg.), wagnerspectrum, 1, Schwerpunkt – focussing on: Tristan und Isolde (S. 63–79). Würzburg: Königshausen und Neumann.

Lindner, W.-V. (2009). Über die Zeit hinaus. Zeiterfahrungen in Psychotherapie und Religion. In M. E. Ardjomandi (Hrsg). Jahrbuch für Gruppenanalyse und ihre Anwendungen, 14 (S. 191–204). Heidelberg: Mattes Verlag.

Lindner, W.-V. (2011). Inside Out. Innere und äußere Realität im therapeutischen, kreativen und rezeptiven Prozess. In P. Diederichs, J. Frommer, F. Wellendorf (Hrsg.), Äußere und innere Realität, Theorie und Behandlungstechnik im Wandel (S. 71–80). Stuttgart: Klett-Cotta.

Lindner, W.-V. (2019). Das Anstößige. Zwischen Empörung und Nachdenklichkeit. Eine Interpretation des Films »Die letzte Versuchung Christi« von Martin Scorsese. In H. König, T. Piegler (Hrsg.), Skandalfilm? Filmskandal! Verstörend, anstößig, pervers: den filmischen Tabubrüchen auf der Spur (S. 357–377). Berlin: Springer.

Lindner, W.-V., Bonstedt, C. (1975). Interdisziplinäre Arbeit im sozialen Feld. Beschreibung einer Arbeitsgruppenentwicklung. Gruppenpsychotherapie und Gruppendynamik, Zeitschrift für Theorie und Praxis der Gruppenanalyse, 9, 77–95.

Lorenzer, A. (1970a). Kritik des psychoanalytischen Symbolbegriffs. Frankfurt a. M.:Suhrkamp.

Lorenzer, A. (1970b). Sprachzerstörung und Rekonstruktion Frankfurt a. M.: Suhrkamp.

Luther, M. (1545/1959). Vorrede zu Band I der Opera Latina der Wittenberger Ausgabe 1545. In Luthers Werke in Auswahl, Band 4 (421–476). Hrsg. Von O. Clemen. Berlin: De Gruyter.

Malan, D. H. (1973). Therapeutic factors in analytically oriented brief psychotherapy. In R. Gosley (Ed.), Support, innovation and autonomy. London: Tavistock Publications.

Mann, T. (1971). Joseph und seine Brüder. Frankfurt a. M./Hamburg: Fischer-Bücherei.

Mau, S. (2019). Lütten Klein. Leben in der ostdeutschen Transformationsgesellschaft. Berlin: Suhrkamp.

Muschg, A. (1981). Literatur als Therapie? Ein Exkurs über das Heilsame und das Unheilbare. Frankfurter Vorlesungen. Frankfurt a. M.: Suhrkamp.

Pfeiffer, J. (1947). Umgang mit Dichtung. Eine Einführung in das Verständnis des Dichterischen (5. Aufl.). Leipzig: Richard Meiner Verlag.

Raguse, H. (1994) Der Raum des Textes. Eine transdisziplinäre Hermeneutik. Stuttgart: Kohlhammer.

Sandler, J., Sandler. A.-M. (1999). Innere Objektbeziehungen. Entstehung und Struktur. Stuttgart: Klett-Cotta.

Schindler, R. (1957). Grundprinzipien der Psychodynamik in der Gruppe. Psyche – Zeitschrift für Psychoanalyse und ihre Anwendungen, 11, 5, 308–320.

Schuldbekenntnis der Evangelischen Kirche in Deutschland (EKiD) (1945). Verordnungs- und Nachrichtenblatt. Amtliches Organ der evangelischen Kirche in Deutschland, Januar 1946.

Stock Whitaker, D., Lieberman, A. (1965). Psychotherapy through the group process. London: Tavistock Publications.

Streeck, U. (2007). Psychotherapie komplexer Persönlichkeitsstörungen. Grundlagen der psychoanalytisch-interaktionellen Methode. Stuttgart: Klett-Cotta.

Tschuschke, V. (Hrsg.) (2010). Gruppenpsychotherapie. Stuttgart: Thieme.

Voltaire (1759/1971). Candide oder die beste aller Welten. Stuttgart: Reclam.

Zienert-Eilts, K. (2017). Destruktive Gruppenprozesse. Entwicklungslinien in der Geschichte der psychoanalytischen Bewegung und Erkenntnisse für gegenwärtige gesellschaftliche Konflikte, Gießen: Psychosozial Verlag.

Zienert-Eilts, K. (2020). Destructive populism as »perverted containing«. A psychoanalytical look at the attraction of Donald Trump. The International Journal of Psychoanalysis, 101 (5), 971–991.

Hans-Joachim Maaz

# Multimodales stationäres Gruppentherapiekonzept unter Berücksichtigung der Strukturpathologie

Mein Berufswunsch »Arzt« wurde schon in der Kindheit von den Eltern nahezu zweifelsfrei vorgeprägt. Die Eltern waren durch die Kriegserlebnisse und vor allem durch die Vertreibung aus dem ehemaligen Sudetenland nach Sachsen traumatisiert. Der Vater – Eigentümer und Chef einer Fabrik zur Herstellung von Kunstblumen – war dadurch seiner beruflichen Existenz beraubt und konnte sich von den Verlusten nie wirklich erholen, zumal neue Produktions- und Geschäftsmöglichkeiten in der DDR begrenzt blieben. So war die finanzielle Sicherung des Lebens zu einer krisenhaften Frage und permanenten Sorge gewuchert, die er mit der Botschaft an seine zwei Söhne zu beruhigen bemüht war: Wir sollten auf jeden Fall einen Beruf ergreifen, der weitgehend unabhängig von den gesellschaftlichen Verhältnissen sei und immer ein sicheres Einkommen ermögliche. Das war für ihn der Arztberuf.

Dabei war immer ein Respekt gegenüber diesem Beruf und eine gewisse Verehrung der Arztpersönlichkeiten zu spüren, die für mich später relativ leicht als seine Vatersehnsucht zu verstehen war, nachdem er selbst seinen kriegsversehrten Vater nach Scheidung seiner Eltern praktisch verloren hatte. Von dieser Übertragungsdynamik beeinflusst, nahmen wir Söhne die väterliche Berufsempfehlung widerspruchsfrei an und wurden beide Ärzte.

Die darin versteckten Konflikte wurden erst später bei meiner Facharztwahl belebt. Psychiatrie blieb für den Vater eine unverständliche medizinische Disziplin, in der man nicht ausreichend Geld verdienen könne und auch im sozialen Ansehen der Medizin auf der niedrigsten Stufe stehe. Zur Illustration: Als ich mir als Student von Freunden eine Freud-Taschenbuch-Ausgabe in Prag schenken ließ, um diese dann heimlich in die DDR zu schmuggeln, kam es zu einem heftigen Streit zwischen Vater und mir. Er warf mir vor, mit einer solchen »Tat« mein Studium und auch das Ansehen der Familie gefährdet zu haben. Für meinen Vater blieben Freud und die Psychoanalyse unverständlich, »Schundliteratur«. Obwohl er kein NSDAP-Mitglied war, war er doch von der Ideologie der Nazis vergiftet.

Diese unlösbare und mich verletzende Auseinandersetzung mit dem Vater animierte mich, mir Übertragungsväter zu suchen, die ich zunächst in der Literatur fand. Nach Sigmund Freud wurden vor allem Wilhelm Reich und Erich Fromm zur väterlichen Orientierung. In der beruflichen Ausbildung waren es Kurt Höck und Harro Wendt und in der praktischen Arbeit Walther Lechler, Michael Lukas Moeller, David Boadella und Horst-Eberhard Richter. So konnte ich mich schließlich in bester Väterlichkeit angeregt, unterstützt und bestätigt erfahren.

Meine Mutter manipulierte den ärztlichen Berufswunsch emotional entsprechend. Ich sollte ihr »Sonnenschein« sein, und so war ich von Anfang an auf sie orientiert, fühlte mich mehr für ihr Wohlergehen verantwortlich als für mich selbst. Damit war ich praktisch »ideal« für einen Helferberuf abgerichtet, wodurch ich später in der Analyse der Frühstörungsqualitäten den Begriff der »Muttervergiftung« prägte mit der mütterlichen Einstellung: »Ich habe dich nur lieb, wenn du so bist, wie ich dich brauche!« Diese prägende Erfahrung ließ mich den Beruf des Psychotherapeuten – einen Beruf des Zuhörers, Einfühlers, Verstehers – mit Begeisterung aufnehmen. Erst später in der Selbsterfahrung erkannte und verstand ich die Problematik eines einseitigen – praktisch neurotischen – Helfersyndroms und konnte sie durch die notwendige Selbsterfahrung angemessen relativieren lernen.

Das beeinflusste meine theoretische wie praktische Orientierung in der Psychotherapie/Psychoanalyse nachhaltig. Letztlich entfernte mich die Frage der frühen Mütterlichkeitsstörungen von der Freud'schen Analyse – Freud, der seine eigene schwere Mutter-Beziehungsstörung nicht wirklich zum Thema gemacht und therapeutisch bearbeitet hatte – und fand dann über die Schriften der Säuglings- und Kleinkindforscher (M. Dornes, D. N. Stern), der Objektbeziehungstheorie von Melanie Klein, der Selbstpsychologie von Heinz Kohut, den pathologischen Objektbeziehungen von Otto Kernberg zum Interesse an den Behandlungsmöglichkeiten der sogenannten »Frühstörungen«. Das führte mich auch – fast zwangsläufig – zu den Theorien und Praktiken der Körperpsychotherapie.

Meine dann verfolgte Selbsterfahrung mit Ausbildung in körperpsychotherapeutischen Methoden ermutigte mich nach der Vereinigung Deutschlands, innerhalb der im Osten Deutschlands gegründeten DGAPT (Deutsche Gesellschaft für analytische Psychotherapie und Tiefenpsychologie) eine Sektion »Analytische Körperpsychotherapie« zu gründen und mit einem eigenen Weiterbildungsprogramm zu führen. Diese fachlich-praktische Orientierung – Integration der Köperpsychotherapie in eine analytische und tiefenpsychologische Psychotherapie – war auch ein Grund, dass unsere im Osten gegründete

DGAPT nicht als eine analytische Untergesellschaft der DGPT akzeptiert wurde. Praktisch sollten wir uns von der Köperpsychotherapie distanzieren, um als analytische Organisation in der Bundesrepublik akzeptiert zu werden. Ich formulierte das mal ironisch-verbittert so: Die Psychoanalyse war zu DDR-Zeiten für mich und viele andere die »heimliche Geliebte« und zeigte sich im bürokratischen Machtgerangel nach der Vereinigung als »böse Hexe«.

Ich erlebte das damals nicht nur als Teil der dominierenden westlichen Arroganz gegenüber allem Ostdeutschen, sondern auch als eine überraschende Enttäuschung, dass selbst die psychoanalytischen Organisationen von Funktionären geführt wurden, denen es offenbar weniger um fachliche Inhalte und Entwicklungen ging als um Macht- und Profitinteressen. Das war für mich ein eklatanter Widerspruch zwischen analytischen Theorien und ihrer praktischen Organisation. Mit dieser Erfahrung wurden mein psychotherapeutisches Interesse und Engagement auf die soziale, gesellschaftliche und politische Orientierung der Psychoanalyse gerichtet – was zu DDR-Zeiten bereits von größerer Bedeutung war: Dient die Psychotherapie vor allem der Anpassung an (auch schwer gestörte) gesellschaftliche Verhältnisse? Oder bietet sie eine mögliche Emanzipation von eigener Entfremdung und damit auch von pathogener sozialer Anpassung? Ist Psychotherapie/Psychoanalyse nicht zwangsläufig sozial kritisch und mit der therapeutischen Chance der Befreiung aus individueller Selbstentfremdung und neurotischer Konflikthaftigkeit mit einer zu übernehmenden Selbstverantwortung für das soziale Leben nicht auch selbstverständlich politisch?

So war mein Weg zu den Schriften von Wilhelm Reich, Erich Fromm und Horst-Eberhard Richter als wesentliche Orientierungshilfe nahezu folgerichtig. Vater und Mutter hatten mein Arztleben vorgeprägt und zur Auseinandersetzung mit meinen Frühstörungsanteilen angeregt, und Antworten auf die Frage der Bedeutung und Verantwortung einer beruflichen Tätigkeit in der Gesellschaft fand ich bei den Übertragungsvätern. Dazu kam das »Glück«, meinen Beruf in sehr unterschiedlichen Verhältnissen ausüben zu können, mit dem Erschrecken, wie sehr dieser Beruf, der seelisches Leid behandelt, von den gesellschaftlichen Verhältnissen beeinflusst wird, ja sogar missbraucht werden kann. Ich verstand und akzeptierte zwar die behandlungstechnische Verpflichtung zur Neutralität des Therapeuten, aber nicht die Illusion mancher Psychoanalytiker, in einem freien, unabhängigen, unbeeinflussten therapeutischen Rahmen analysieren zu können oder selbst an therapeutische Machtfreiheit zu glauben. Mein persönlicher Werdegang wurde so von Anfang an durch elterliche und gesellschaftliche Verhältnisse gefördert und beeinflusst.

Wenn ich meiner über fünfzig Jahre gelebten ärztlichen Tätigkeit mit unterschiedlichen fachlichen Kompetenzen eine Rangfolge für die individuelle

Bedeutung gebe, dann steht die gruppendynamische Arbeit an oberster Stelle, gefolgt von Psychotherapie mit multimodalen Methoden und Techniken, dann die analytische Köperpsychotherapie, dann erst die »klassische« Psychoanalyse und zuletzt die Psychiatrie. Meine psychotherapeutische Ausbildung und Selbsterfahrung erfolgten zentral durch Gruppendynamik. Dazu muss man wissen, dass eine individuelle Lehranalyse in der DDR nicht möglich war und erst mit der von mir (Maaz, 1997) entwickelten »Psychodynamischen Einzeltherapie« und den von Heinz Hennig (Hennig, 1987; Hennig u. Fikentscher, 1993) organisierten Selbsterfahrungen in »Katathym-imaginativer Psychotherapie« eine analytische bzw. tiefenpsychologische Einzelselbsterfahrung in den 1980er Jahren möglich wurde. Davor erfolgte eine Selbsterfahrung vor allem in den gruppendynamischen sogenannten »Kommunitäten«.

Meine persönliche Selbsterfahrung begann 1970 mit meiner Teilnahme an der »Erfurter Selbsterfahrungsgruppe«. Dies war die erste – privat und unabhängig – von Jürgen Ott und Michael Geyer (Ott u. Geyer, 1972) organisierte psychoanalytische Weiterbildung und gruppendynamische Selbsterfahrung. Wir trafen uns anfangs 14-tägig, später alle vier Wochen mit einem ritualisierten Ablauf:

Abendessen, ein bis zwei Vorträge über psychoanalytische Themen, dann neunzig Minuten freie Selbsterfahrung mit anschließender kritischer Reflexion. Wir waren alle interessiert und angehalten, die Klassiker der Psychoanalyse und Psychotherapie (Freud, Jung, Adler, Schultz-Hencke, Rapaport, Binswanger, Boss, Dührssen, A. Freud, Schwidder, Heigl-Evers, Enke, Schindler u.a.) zu lesen und zur Diskussion zu bringen. Um die Bedeutung dieser ersten Selbsterfahrungsgruppe in der DDR halbwegs erfassen zu können, zitiere ich Michael Geyer (2011, S. 205):

»Jemand, der sich öffentlich zur ›Weltanschauung‹ der Psychoanalyse bekannte, war auch der politischen Gegnerschaft gegenüber der marxistisch-leninistischen Weltanschauung verdächtig. Anders gewendet konnte man mit dem Bekenntnis zur Psychoanalyse auch einen gewissen Abstand zur herrschenden Ideologie sichtbar machen. Man konnte halbwegs sicher sein, dass jemand, der sich mit Psychoanalyse beschäftigte, weder ein Stalinist noch ein orthodoxer Vertreter der offiziellen Parteilinie sein konnte. Ein in unserer heutigen hochbürokratisierten Bildungslandschaft sozialisierter Psychotherapeut, der noch dazu Bekanntschaft mit den festgefügten hierarchischen Strukturen eines traditionellen psychoanalytischen Instituts macht, kann kaum nachvollziehen, dass seinerzeit die Psychoanalyse eine subversive Strömung war und dass wir uns in erster Linie aus tiefer Unzufriedenheit mit den herrschenden politischen Verhältnissen mit diesen Konzepten beschäftigten und von großer

Hoffnung erfüllt waren, die Welt um uns herum – nicht nur unsere berufliche Tätigkeit – damit verändern zu können.«

Die meisten Mitglieder dieser Gruppe beeinflussten und gestalteten später in führenden Positionen die Psychotherapie der DDR in eine psychodynamische, psychoanalytische Richtung. Für die Weiterentwicklung gruppendynamischer Selbsterfahrung wurde der Kontakt zu und die Zusammenarbeit mit Kurt Höck von entscheidender Bedeutung. Mit dem Arbeitskreis um Kurt Höck und Helga Hess und den Mitgliedern der »Erfurter Selbsterfahrungsgruppe« wurde eine zentrale psychoanalytisch-orientierte Weiterbildung mit gruppendynamischer Selbsterfahrung in der DDR offiziell etabliert. In den »Kommunitäten« wurden geschlossene Gruppen (meistens zehn Mitglieder) gebildet, die in einem dreijährigen Weiterbildungssystem mit jeweils einem zehntägigen und drei dreitägigen Treffen pro Jahr mit etwa acht Selbsterfahrungseinheiten pro Tag (Kleingruppe, Großgruppe, kommunikative Bewegungstherapie, Gestaltungstherapie, Psychodrama) durchgeführt, sodass die Teilnehmenden insgesamt etwa 300 Stunden Selbsterfahrung in der Gruppe erlebten.

Ich war Mitglied einer ersten dreijährigen Kommunität und dann zweimal Gruppenleiter in späteren Kommunitäten. Die Gruppenarbeit wurde regelmäßig supervidiert und von der Arbeitsgruppe um Helga Hess testpsychologisch-wissenschaftlich begleitet und entsprechend veröffentlicht (Hess, 1986; Hess u. Höck, 1988). So konnte das Anliegen »Psychotherapie durch den Gruppenprozess« und nicht nur als »Psychotherapie in der Gruppe« überzeugend belegt werden.

1979 absolvierte ich als einer der Ersten nach meinem »Facharzt für Neurologie und Psychiatrie« einen zweiten, den »Facharzt für Psychotherapie«. Ich hatte mich zu dieser Zeit kritisch zu den Psychiatrieverhältnissen in der DDR geäußert und sollte deshalb auf Betreiben von Partei (SED) und Staatssicherheit den Zweitfacharzt als ein politisch »nicht würdiger Kader« nicht erwerben dürfen. Aber die beiden verantwortlichen Facharztprüfer (Kurt Höck und Harro Wendt) setzten sich zu meinen Gunsten durch.

Der für meine damalige Arbeitsstelle in Beeskow zuständige Bezirksarzt von Frankfurt an der Oder gab mir keine Erlaubnis, als Psychotherapeut arbeiten zu dürfen. So empfand ich es damals (1980) wie ein »Gottesgeschenk«, dass das Diakoniewerk Halle zur Eröffnung einer psychotherapeutischen Klinik einen entsprechenden Facharzt suchte und mich auch als Chefarzt anstellte. Die dann von mir inhaltlich ausgestaltete »Klinik für Psychotherapie und Psychosomatik« wurde schließlich zur praktischen Basis meiner beruflichen Karriere. Diese Klinik konnte ich zu einem Freiraum des Denkens und Sprechens und der therapeutischen Arbeit ausgestalten, der tatsächlich mehr reale Freiheiten gewährte, als ich sie später im vereinten Deutschland unter westlicher Bürokratie und beruflichen Machtverhältnissen erfuhr. Ich hatte keinen fachlichen Vorgesetzten, war keiner psychotherapeutischen Schule verpflichtet, sogenannte »Richtlinienpsychotherapie« gab es nicht, die staatliche Sozial- und Krankenversicherung mischte sich nicht wesentlich bürokratisch ein und folgte der ärztlichen Behandlungsempfehlung meistens problemlos.

Durch die kirchlich-diakonischen Sonderrechte hatte ich Zugang zu jeder gewünschten Fachliteratur, die postalisch zugeschickt oder per Kurier eingeholt werden konnte. Als eine Sendung der Wilhelm-Reich-Taschenbuchausgabe vom DDR-Zoll beschlagnahmt wurde, konnten die kirchlichen Vermittler die Literatur freiverhandeln.

Am hilfreichsten für meine berufliche Weiterentwicklung war die Möglichkeit, westliche Kollegen und Kolleginnen für Seminare, Workshops und Selbsterfahrung kliniksintern einladen zu können. Walther Lechler, Chefarzt einer Klinik für Psychotherapie in Bad Herrenalb, wurde praktisch ein Pate für unsere Klinik, der uns mit Rat und Tat und durch Besuche sehr hilfreich beistand.

Durch ihn entwickelte ich den Mut, ein Klausur- und Abstinenzkonzept für die klinische Arbeit zu etablieren. Jeder potenzielle Patient wurde im Vorfeld der stationären Behandlung informiert, gefragt und ermutigt, einer Therapie in Klausur als Behandlungsbedingung zuzustimmen. Das bedeutete konkret: kein Alkohol, kein Rauchen, kein Sex, keine partnerschaftliche Angstbindung, kein Telefon, kein Radio oder TV, keine Besuche oder Urlaube (Abweichungen im Notfall waren selbstverständlich mit klärender Bearbeitung in der Gruppe möglich). Die entscheidende Begründung für die Klausurbedingungen war unsere Erfahrung, dass der therapeutische Zugang zu den Dramen der Frühtraumatisierung wesentlich gefördert wird oder überhaupt nur gelingen kann, wenn auf die üblichen und oft selbstverständlichen Kompensationsmöglichkeiten und die Abwehrmechanismen des Alltags wie mediale Ablenkung, Genuss- und Suchtmittelbetäubung und inszenierte soziale Konflikte (außerhalb therapeutischer Bearbeitungsmöglichkeiten) verzichtet wird.

Also: Klausur und Abstinenz zur Aktivierung der Frühstörungserfahrungen, die jetzt therapeutisch kognitiv – verstehend und emotional – entlastend verarbeitet werden können. In diesem Zusammenhang wurde für meine Arbeit die Integration körperpsychotherapeutischer Interventionen zur Via Regia in das präverbale Unbewusste. In der Auseinandersetzung mit kritischen Stimmen zu diesen formal einengenden Behandlungsbedingungen, die aber wesentlich helfen, verdrängte bis abgespaltene traumatische Erinnerungen zu beleben, wurde oft schnell klar, dass die Kritiker noch nie etwas von der oft sogar lebensbedrohlichen Dramatik der Frühtraumatisierung wussten oder erfahren hatten und so auch nicht verstehen konnten, wie bei fehlender und nichtvereinbarter Klausur die heftigen frühen Affekte z. B. durch Alkohol oder soziale Konflikte abgewehrt bzw. agiert werden.

Das ist beispielsweise auch ein Grund, weshalb eine solche Eröffnung von Frühstörungsinhalten in ambulanter Therapie kaum gelingen kann oder zu verantworten ist. Wenn schon nicht stationär, muss wenigstens eine mehrstündige integrative Arbeit nach eröffnetem Gefühlsstau aus Frühtraumatisierung möglich sein. Über die Beachtung des Strukturniveaus und der bestehenden bzw. bearbeiteten Übertragungs-Gegenübertragungs-Dynamik bei Anwendung körperpsychotherapeutischer Techniken habe ich ausführlich berichtet (Maaz, 2006). Übrigens blieb der Prozentsatz der Patienten, die nach Information über die Klausurbedingungen und deren Sinn eine stationäre Therapie abgelehnt oder später abbrachen, insgesamt unter fünf Prozent.

## Das gruppentherapeutische Stufenkonzept

Wir differenzierten das gruppentherapeutische Therapieangebot methodisch nach dem Therapieanliegen, der Motivation und dem Schweregrad der vorliegenden psychischen/psychosomatischen Erkrankung. Jeder Patient, der zu uns kommen wollte oder überwiesen wurde, wurde vor der stationären Aufnahme zunächst ambulant untersucht: Symptomatik, körperlich-neurologische Untersuchung, Labordiagnostik, psychologischer Persönlichkeitstest, Anamnese, Motivation, Therapievorstellungen. Von unserer Seite gab es Informationen über Psychotherapie, über die Klausurbedingungen und Aufklärung über mögliche Krisen und Konflikte hinsichtlich der bisherigen Lebensgestaltung und mit dem sozialen Umfeld. Wir übermittelten unsere Überzeugung, dass ein Mensch immer nur in einem sozialen Umfeld erkrankt und jede individuelle therapeutische Verbesserung Auswirkungen auf soziale Beziehungen in Partnerschaft, Familie und Beruf haben kann und zu erwarten ist, dass man bisherige politische, religiöse und moralische Einstellungen einer kritischen Analyse unterzieht.

Das war unter DDR-Verhältnissen insofern brisant, da Patienten, die Mitglied der gesellschaftsbeherrschenden SED (»Sozialistische Einheitspartei Deutschlands«) waren, bei Einsicht in eine neurotisch geprägte Weltanschauung in ihrer beruflichen Existenz und sozialen Einbindung real bedroht werden konnten. Wir machten die Erfahrung, dass kranke Menschen, die durch Psychotherapie selbstkritischer, offener wurden und Zusammenhänge zwischen ihrer pathogenen Entwicklungsgeschichte und späterer Weltanschauung erkannten und sich entsprechend veränderten und sich damit freier und gesünder erlebten, im gesellschaftlichen System fast automatisch dann auch kritischer wurden und als »Feinde« des Sozialismus angesehen werden konnten. Ähnlich erging es auch manchen Christenmenschen, wenn sie erkannten, dass sie einen neurotisch begründeten Glauben zur Kompensation ihrer frühen Bindungs- und Liebesdefizite entwickelt hatten. So kam es vor, dass ein Pastorenpatient nach einer erfolgreichen Therapie kritischer und offener predigte und damit Konflikte mit der Kirchenleitung bekam.

Als sich herumsprach, dass bei unserer therapeutischen Arbeit Sexualität und Aggressionen eine häufige und wichtige Rolle spielten, wurde vom Landesbischof eine »Visitation« veranlasst, ob unser Behandlungskonzept denn auch im »rechten Glauben« (gemeint, im richtigen Glauben) geschehe. Die kritischen Gespräche dazu konnten den Konflikt durch Aufklärung über eine analytisch-tiefenpsychologische Behandlungskonzeption und meine nicht wirklich zu beantwortende Frage entlasten, wer denn sagen könne, was genau der »rechte Glauben« sei. Im Verständnis für Sinn und Zweck psychotherapeutischer Arbeit einigten wir uns darin, dass wir nicht »richtig« oder »falsch« zu lehren haben, sondern optimale Bedingungen schaffen wollen, dass jeder Patient die für ihn stimmige Einstellung findet und kritisch zu reflektieren fähig wird. Damit hatte sich dann auch eine Flugblattaktion christlicher Fundamentalisten erledigt, Psychotherapie sei »Teufelswerk«.

Dieser Vorgang ist insofern für die DDR-Verhältnisse typisch, da ich in gleicher Weise erreichen konnte, eine politische Diffamierung zu entschärfen. Die SED- und Stasitherapeuten waren bemüht, die von mir angebotene psychoanalytisch-tiefenpsychologische Weiterbildung in Form der »Psychodynamischen Einzeltherapie« zu verhindern. Ich musste wegen einer anonymen Anzeige gegen meine Arbeit dem Vorstand der »Gesellschaft für ärztliche Psychotherapie der DDR« Rede und Antwort stehen, ob denn mein psychoanalytisch orientiertes Weiterbildungsangebot im »richtigen Bewusstsein« sei, d. h. »marxistisch-leninistisch«. Als meine Frage, was denn konkret darunter zu verstehen sei, nur mit Phrasen, aber keinen verwertbaren Aussagen beantwortet wurde, verlief der Angriff im Sande. Ich musste lediglich zustimmen, nicht von »Psychoanalyse« zu sprechen, sondern von »Psychodynamik«.

Zurück zum Behandlungskonzept: Nach der Bestätigung einer stationären Behandlungsindikation, Information und schriftlicher Therapievereinbarung im ambulanten Gespräch wurde der Patient aufgefordert, einen ausführlichen Lebensbericht anzufertigen – nicht nur einen Lebenslauf –, und bekam dafür die erbetenen entwicklungspsychologisch bedeutsamen Inhalte mit einem Informationsblatt genannt (z. B. Geburt, Stillzeit, Beziehung zu den

Eltern, Verhältnisse der Familie, Entwicklungsbedingungen, Schule, Ausbildung, sexuelle Entwicklung). Ebenso waren die für die Therapie relevanten Lebensumstände (Partnerschaft, Sexualität, Freundschaften, Beruf, Konflikte, soziale Verhältnisse, politische, religiöse, moralische Probleme) angefragt.

Die Art und Weise, wie der Lebensbericht gestaltet wird und in welchem Umfang, blieb freigestellt – und war im weiteren Verlauf ein gutes Diagnostikum. Mit der gemeinsam erarbeiteten Indikation wurde eine stationäre Probewoche (Mo. bis Sa.) vereinbart. Von da ab wurde nur noch in der Gruppe therapeutisch gearbeitet, Einzelgespräche gab es nicht mehr. Das Anliegen dazu war, alle pathologische und therapeutische Energie in den Gruppenprozess zu bringen und damit die Behandlungschance einer Gruppentherapie in praxi zu prüfen. Im Ergebnis konnte die zunächst vereinbarte Gruppenindikation zugunsten ambulanter Einzeltherapie oder anderer stationärer Behandlungskonzepte verändert werden. Auch konnte es zu der Erkenntnis kommen, dass zurzeit überhaupt keine Motivation oder Indikation für Psychotherapie vorliegt. In der Probewoche klärten wir die psychodynamische Diagnostik durch das reale Verhalten in der Gruppe weiter und entschieden differenzierter über die Weiterbehandlung in den drei von uns angebotenen Gruppentherapieformen:

1. eine konflikt- und themenfokussierte »Therapie in der Gruppe« als eine leiterzentrierte geschlossene Gruppe für fest vereinbarte vier Wochen (Stufe 1),
2. eine dynamische Gruppe nach dem Modell von Kurt Höck (1981) als »intendierte dynamische Gruppenpsychotherapie«, nicht leiter-, sondern beziehungsdynamisch zentriert, als geschlossene Gruppe für fest vereinbarte acht Wochen (Stufe 2),
3. eine analytisch-körperpsychotherapeutische Gruppe, auf körpertherapeutische Interventionen zentriert, nur für Patienten, die die Stufe 2 für sich erfolgreich absolviert hatten, als geschlossene Gruppe für vier Wochen (Stufe 3).

Ich möchte hervorheben, dass die klare, eindeutige Therapiezeitbegrenzung – Aufnahme- und Entlassungstermin waren ausnahmslos festgelegt – für den gruppendynamischen Entwicklungsprozess sehr hilfreich war: So war ein gemeinsamer Gruppenanfang garantiert und die Unmöglichkeit einer Therapieverlängerung ließ die Bearbeitung der so wichtigen Abschiedsphase im Gruppen- und Therapieprozess intensiv möglich werden. Im Therapieverlauf gab es selten organ-medizinische Komplikationen, die eine Verlegung erforderlich machten, und keine einzige Krise wegen einer Verweigerung des Therapieendes.

Natürlich wurde in den letzten Stunden des Gruppenprozesses auch daran gearbeitet, ob eine weitere ambulante Therapie erforderlich oder sinnvoll sei (in wenigen Fällen), ob und wann eine erneute stationäre Therapie bei uns, z. B. von Stufe 1 in Stufe 2, von Stufe 2 in Stufe 3 oder eine erneute Therapie in Stufe 1, 2 oder 3 möglich und sinnvoll seien und wie eine weitere Selbsthilfe aussehen könne. Die meisten Patienten organisierten sich nach der Therapie in Selbsthilfegruppen (ohne therapeutische Leitung) und nutzten die erfahrenen therapeutischen Regeln einer »Beziehungskultur« eigenverantwortlich für Weiterentwicklung und Stabilisierung des Erreichten.

Diese Regeln für Selbsthilfe sind:

– Jeder spricht von sich, nicht über andere oder anderes.
– Jeder ist bemüht, den anderen zu verstehen, durch aktives Zuhören, Nachfragen und Klären und ohne Bewertung und Belehrung.
– Beziehungsstörungen haben Vorrang und können durch Zwiegespräche (nach Moeller, 1998) verstanden und vielleicht auch gelöst werden.
– Gefühle sind erwünscht und dem Gefühlsausdruck wird Raum und Unterstützung gegeben. Die Inhalte der Gefühlsprozesse werden so gut es geht verstanden und integriert, eventuell anschließend mit therapeutischer Hilfe.
– Supervision der Selbsthilfearbeit in größeren, frei gewählten Abständen ist verpflichtend.

So organisierten sich über die Jahre in fast allen größeren Städten der DDR und in den späteren neuen Bundesländern Selbsthilfegruppen, in denen der größere Teil der etwa 15.000 Patienten unserer Klinik sich kürzer oder länger weiterentwickeln und stabilisieren konnte. Die vielen Selbsthilfegruppen vernetzten sich miteinander durch die Gründung des Vereins »Psychotherapie als Lebensweg« 1998 (18 Jahre nach Gründung der Klinik) und organisieren die weitere Selbsthilfe durch Gruppengespräche, Workshops, Vorträge, Feste und Feiern und kreative und kulturelle Freizeitgestaltung bis heute. Die Pflege dieser Selbsthilfe in Gruppen ist der Erfahrung geschuldet, dass es allein meistens sehr schwer ist, therapeutische Erfolge von mehr Klarheit, Offenheit, Autonomie und Emotionalität in einer normopathischen Umwelt zu bewahren und eine gruppendynamische Unterstützung mit immer auch kritischer Reflexion des eigenen Erlebens und Verhaltens notwendig und sehr hilfreich sein kann.

## Die Gruppentherapieformen

Stufe 1: Das ist eine vierwöchige konfliktzentrierte, themenzentrierte, vom Gruppentherapeuten angeleitete Gruppentherapie. In jeder Stunde nennt jedes Gruppenmitglied ein aktuell bedrängendes Thema. Die Gruppe stimmt ab, welches davon bearbeitet werden soll. Der Gruppentherapeut – im Wissen um die Vorgeschichte des einzelnen Patienten und der jeweils krankheitswertigen Problematik – achtet darauf, dass keine oberflächlichen Themen auf nur Symptomebene zur Bearbeitung kommen. Hat sich die Gruppe auf ein konflikthaft belastetes Thema eines Protagonisten geeinigt, ist jeder aufgefordert und wird ermutigt, seine Erfahrungen mit diesem Thema mitzuteilen. Daraus kann der Protagonist Anregungen, Hilfen, kritische Hinweise erfahren und in der Gruppe besprechen. Gemäß der von mir entwickelten Fokussierung in der »Psychodynamischen Einzeltherapie« (Maaz, 1997) regt der Therapeut das gemeinsame Fokussieren an, z. B.:
- Symptomfokus: Ich werde immer depressiv und ängstlich, wenn ich mich ärgere, aber nicht aggressiv sein kann.
- Beziehungsfokus: Ich kann/darf nicht aggressiv werden, weil ich dann Ablehnung, Bestrafung befürchte.
- Strukturfokus: Ich darf Ablehnung nicht provozieren, weil ich dann keinen Halt mehr habe.

Der Therapeut muss entscheiden, wie tief die Fokusse in der Gruppe bearbeitet werden können. In der Gruppe kann darauf geachtet werden, ob der identifizierte Fokalkonflikt hier und jetzt real deutlich wird. Dann kann die Entstehungsgeschichte des Konflikts erinnert und durch Spiegelung im Gruppengeschehen erkannt werden. Unterschiedliche Bewältigungsformen werden von den Gruppenmitgliedern reflektiert, und im Idealfall kann der Protagonist den genannten Fokus aktuell üben, also z. B. angemessen aggressiv zu sein, d. h. zu widersprechen, sich abzugrenzen und sich zu behaupten und dabei die mögliche Kritik und Ablehnung emotional zu verarbeiten, und kann so neue Erfahrungen machen.

Der Therapeut ist insofern aktiv, als er darauf achtet, dass Konfliktdynamiken genannt werden und zur Bearbeitung kommen. Er hilft bei der Fokusbildung, sorgt dafür, dass sich möglichst alle Mitglieder beteiligen, wobei erkennbare Widerstände immer Vorrang bei der therapeutischen Arbeit haben, gemäß dem Motto: Widerstand geht vor Inhalt.

Die Gruppenmitglieder werden angeregt, über die Erfahrungen mit dem im Mittelpunkt stehenden Fokalkonflikt zu reflektieren, reale Entstehungs-

geschichten zu erinnern und gegebenenfalls auch neue Verhaltensweisen zu
üben. Dabei wird die aktive Mitarbeit der Gruppenmitglieder durch unterschiedliche Erinnerungen, Erfahrungen und Bewältigungsbemühungen von
Konflikten wesentliche therapeutische Hilfe. Eine mögliche Gefühlsbeteiligung
ist ausdrücklich gewünscht und wird immer gewürdigt und gefördert und nicht
durch einen schnellen Trost beruhigt, sondern möglichst zu einer tiefen emotionalen Entladung geführt.

Natürlich beachtet der Therapeut entstehende Übertragungen, die situations-
gerecht gedeutet werden können. Er realisiert seine Gegenübertragung, mit der
er das dynamische Verständnis des Geschehens in der Gruppe spiegeln kann.
Erkennbare Widerstände und Abwehrmechanismen werden angesprochen und
nach Nutzen, Schutz und Behinderung für die individuelle Strukturpathologie
und den gruppendynamischen Prozess gemeinsam analysiert.

Der Vorteil einer »Therapie in der Gruppe« gegenüber einer Einzeltherapie
liegt in der möglichen Bereicherung durch vielfache unterschiedliche Erfahrungen der Gruppenmitglieder, die als therapeutische Unterstützung »auf Augen-
höhe« erlebt werden kann. Die Gruppe bildet praktisch ein soziales Feld für
Kritik und Bestätigung, für Halt und für Übungen.

Stufe 2: Die intendierte dynamische Gruppenpsychotherapie erfolgt in
Anlehnung an Kurt Höck (1981; Seidler u. Misselwitz, 2001). Dieses Behandlungskonzept als »Therapie durch die Gruppe« war das wichtigste Therapieangebot unserer Klinik. Es erfolgte in einer geschlossenen Gruppe für acht
Wochen mit feststehenden Terminen für Anfang und Ende. Die täglichen The-
rapieeinheiten bestanden aus:
– 2 × 90 Minuten dynamische Gruppentherapie,
– 1 × 60 Minuten kommunikative Bewegungstherapie (Wilda-Kiesel, Tögel
  u. Wutzler, 2010),
– 1 × 60 Minuten Gestaltungstherapie oder Musiktherapie (Schwabe, 1969;
  1985),
– 1 × 90 Minuten dynamische Großgruppe (30 Patienten) aller stationären
  Patienten aus den anwesenden 3 Therapiegruppen.

So war mit sechs Stunden Therapie pro Tag ein intensiver Prozess möglich.
Dabei wurde uns im Verlauf unserer praktischen Erfahrungen wichtig, die verschiedenen Therapieangebote nicht polypragmatisch nebeneinander durchzuführen, sondern in einer gemeinsamen therapeutischen Regie zu gestalten.
Das bedeutete, dass nach jeder verbalen Gruppentherapie mit den Begleittherapeuten abgesprochen wurde, welche Form der Bewegungs-, Gestaltungs-
oder Musiktherapie aktuell für den gruppendynamischen Prozess zur weite-

ren Erkenntnis und Entwicklung hilfreich sein könnte. Eine wechselseitige beobachtende Teilnahme der Begleittherapeuten an der Gruppentherapie oder der Gruppentherapeuten an den Begleittherapien wurde so oft wie möglich angestrebt. So konnte die Polypragmasie unterschiedlicher Methoden und eine mögliche »Verzettelung« des Therapieprozesses und der Übertragungsdynamiken vermieden werden. Die unterschiedlichen therapeutischen Zugänge zu den einzelnen Patienten und zur aktuellen Thematik förderten den Therapieprozess wesentlich. Die Zusammenarbeit des Therapeutenteams mit wechselseitiger ständiger Information, z. B. durch eine tägliche Teambesprechung, war verpflichtend.

Die intendierte dynamische Gruppenpsychotherapie durchläuft Entwicklungsphasen, die entsprechend von den Gruppentherapeuten gesteuert (intendiert) werden. Die Gruppe beginnt mit einer *Anwärmphase,* in der man sich untereinander formal persönlich bekannt macht und die Erkenntnisse und Erfahrungen ausgetauscht wurden, die ambulant und in Stufe 0 gemacht werden konnten. Die individuelle Therapiemotivation und die gewünschte Zielstellung sind wichtige Themen. In dieser Phase ist der Therapeut aktiv und führend für die genannten Inhalte. Dafür sind etwa die Therapiestunden von zwei Tagen vorgesehen.

Dann intendiert der Therapeut die *Aktivierungsphase* mit der therapeutischen Forderung, jeder solle bemüht sein, sein aktuelles Befinden – Denken und Fühlen – wahrzunehmen und so gut er kann mitzuteilen, ganz nach dem Motto: nur von sich sprechen, nicht über Andere oder Äußeres. Eine solche therapeutisch sinnvolle Wahrnehmung und Reflexion gelingt natürlich anfangs weniger und die individuellen und spezifischen Widerstände und Abwehrvorgänge sind gut zu beobachten und werden therapeutisch angesprochen. Auch dabei gilt: Widerstand geht vor Inhalt.

Der allmählich wachsende Druck zur Selbstreflexion labilisiert die Abwehrprozesse. So entwickelt sich die Gruppe nach etwa einer Woche in eine *Labilisierungsphase.* Der Therapeut hält sich zunehmend zurück, er gibt keine Themen vor, es werden keine individuellen Probleme bearbeitet. So wächst gewollt eine allgemeine Verunsicherung in der Gruppe: Was sollen wir tun? Um was geht es jetzt? Der Gruppentherapeut wird zur Führung herausgefordert und wenn er diese nicht aktiv übernimmt – sondern durch Nichtführen führt –, entfalten die Patienten ihre unterschiedlichen Kompetenzen und spezifischen Störungsmuster.

Die Gruppe gerät in eine – mitunter hochbrisante – *Kampf- und Fluchtphase.* Es bilden sich die typischen Gruppenpositionen: der/die Anführer (Alpha), die »Fachleute« (Beta), die Mitläufer (Gamma) und die Außenseiter (Omega). Der

Therapeut, der in dieser Phase die inhaltliche Führung verweigert, bekommt eine dringliche Verantwortung für den Gruppenprozess: Er muss die Alphas, die sich mit ihrer strukturellen oder neurotischen Störung durchgesetzt haben, »entmachten«. Das störungsbedingte Verhalten und dominante neurotische Positionen müssen infrage gestellt, analysiert und gedeutet werden.

Bei den Therapeuten, die bei uns zur Aus- und Weiterbildung waren, beobachteten wir häufig, dass sie es scheuten, sich mit einem dominanten neurotischen Alphapatienten auseinanderzusetzen und sich lieber um schwächere Patienten bemühten. Dem nachzugeben aber würde einen gesunden Gruppenentwicklungsprozess erheblich behindern oder ganz und gar unmöglich machen – und die Gruppe würde sich zu einer normopathischen Gemeinschaft entwickeln.

Die zweite wichtige therapeutische Aufgabe in der Kampf- und Fluchtphase ist der Schutz der Omegas und damit die Integration der Außenseiter und Sündenböcke im gruppendynamischen Prozess. Die Omegas haben diagnostisch und therapeutisch eine zentrale Bedeutung, da sie Inhalte und Wahrheiten verkörpern und vertreten, die von der Gruppenmehrheit abgewehrt werden. Mit der Tendenz, die Omegas auszuschließen, soll der Zugang zu schmerzlichen, bedrohlichen – zumeist unbewussten – seelischen Inhalten verhindert werden. Diese abgewehrten und bekämpften – auf Omega-Patienten projizierten – Inhalte weisen den erforderlichen Weg für die therapeutisch-notwendige Entwicklung der Gruppe. Die Omegas müssen vom Therapeuten geschützt und die auf sie projizierten abgewehrten Inhalte gedeutet und integriert werden. Zugegeben, das ist mitunter schwierige therapeutische Arbeit, vor allem dann, wenn ein Omega-Patient sich auch real störend verhält und seine Position gar nicht verlassen möchte, sondern als kampferprobte Abwehr benötigt.

In der Kampf- und Fluchtphase werden die Therapeuten in der Regel heftig kritisiert. Durch ihre Verweigerung aktiver Führung, der man sich sonst anschließen oder verweigern könnte, werden bisherige neurotische Abwehr- und Kompensationsmechanismen untauglich. Dadurch wird praktisch die ganze Dramatik der Frühtraumatisierung wieder aktiviert, die als Ohnmacht, Verzweiflung, Resignation, in einem inneren (Depression) oder äußeren (Therapieabbruch) Fluchtverhalten zum Ausdruck kommt und sich als Vorwurf, Kritik, Hohn, Wut und Hass in negativer Übertragung auf die Therapeuten entlädt. Das ist der Prüfstein für die Stabilität der Therapeuten als ein Ergebnis ihrer Selbsterfahrung über die eigenen Anteile der Frühtraumatisierung. Supervisorischer Halt ist in dieser Phase der gruppendynamischen Entwicklung für die Therapeuten sehr wichtig.

Wenn dies gut durchgestanden wird, kommt es zu einem Höhepunkt der intendierten dynamischen Gruppentherapie, die als *Kippvorgang* (Höck, 1984) bezeichnet wird. Die Gruppe ist gemeinsam zu der Erfahrung und Erkenntnis gekommen, dass alle eingeübten Abwehrvorgänge keinen wirklichen Erfolg mehr haben und die Therapeuten wirklich nicht als aktive Führer zur Verfügung stehen, die Leiden beseitigen und in ein besseres Leben führen. Der Kippvorgang ist praktisch der Zusammenbruch der neurotischen Abwehr der Strukturdefizite, die Erkenntnis des eigenen falschen Lebens. Er geschieht bei dem beschriebenen Vorgehen plötzlich in einer Therapiestunde, in der Regel nach etwa vier Wochen Therapie. Die Gruppe schweigt, die meisten sind emotional sehr berührt, weinen entlastend, die Mitglieder umarmen sich spontan und finden sich in befreiender Heiterkeit zur gemeinsamen Weiterarbeit zusammen. Sie teilen sich in ihrem »Glückszustand« mit und entwickeln konstruktive Pläne für die weitere Therapie. Dies ist der Augenblick, in dem wir Therapeuten uns aus dem Gruppenkreis heraussetzen und von da an nur noch außerhalb sitzend eine beobachtende, manchmal deutende und selten intervenierende Funktion einnehmen.

Dieser Entwicklungsschritt ist für Therapeuten meistens sehr schwierig, weil sie sich ihrer Macht und Bedeutung für die Gruppentherapie beraubt fühlen können und zur Kenntnis nehmen müssen, dass notwendige therapeutische Interventionen, die ja auch dem eigenen Narzissmus des Therapeuten dienen, von den Gruppenmitgliedern von selbst gefunden und gegeben werden. Ich hielt es oft für nötig, jetzt doch dringend therapeutisch intervenieren zu müssen, und war dann erleichtert und überrascht, dass die Gruppe eine Problematik selbst zu deuten und zu regulieren verstand. Das ist die Formel meiner Erfahrung: Die therapeutisch relevante Weisheit einer »gekippten« Gruppe ist immer größer, als sie ein einzelner Therapeut zur Verfügung hätte. Da wir die Gruppentherapie der Stufe 2 fast immer mit einer Co-Therapie (Maaz u. Gedeon, 2003) durchführten – am idealsten als Mann und Frau – um sowohl gute väterliche und mütterliche Beziehungsangebote für die Übertragung zur Verfügung zu stellen, wurde auch von den Therapeutinnen festgestellt, dass eine gekippte Gruppe viel mehr Mütterlichkeit zur Verfügung stellen kann als eine einzelne Therapeutin.

Der Kipp-Prozess läutet die *Arbeitsphase* der Gruppe ein. Jetzt werden individuelle Problemthemen, Lebenskonflikte, dynamische Verwicklungen in der Gruppe angesprochen, gemeinsam konstruktiv erörtert, selbst Hintergründe, Zusammenhänge hergestellt und die intrapsychische Abwehr oder Verarbeitung gedeutet.

Es ist immer wieder erstaunlich, welche therapeutische Kompetenz sich in einer Gruppe entwickeln kann, wenn die störenden Abwehr- und Kompensationsmechanismen abgelegt wurden. Die therapeutische Potenz einer gekippten Gruppe ist immer größer als die eines Therapeuten, und die kollektive Gruppengesundheit ist immer größer als die des einzelnen Patienten. Diese Erfahrung war der wesentliche Motor für ein lebenslanges Selbsthilfe-Gruppen-Konzept im Sinne: Es gibt keine wirklich abschließbare Therapie, in der idealerweise alle Pathogenität erkannt und überwunden wäre, sondern nur ein unbegrenztes Bemühen, die eigene Pathogenität zu mildern, therapeutische Entwicklungen zu beschützen und weiterhin zu fördern und sich vor der normopathischen Umweltpathologie so gut es geht zu schützen.

Zu DDR-Zeiten waren Therapieerfolge, mehr Eigenständigkeit, mehr Kritikfähigkeit, fast automatisch gesellschaftspolitisch subversiv, und im vereinten Deutschland führten erarbeitete Ehrlichkeit und Offenheit hinter der sozialen Maske, eine normalisierte Leistungsbereitschaft und -begrenzung und ein verweigertes neurotisches macht- und profitorientiertes Konkurrenzverhalten, zu erheblicher Gefährdung des menschlichen »Marktwertes« und der narzisstischen Ersatzbestätigung.

Die damalige Oberärztin, Dr. Ulrike Gedeon, meine Co-Therapeutin in der Gruppentherapie beschrieb den Entwicklungsprozess einer »intendierten dynamischen Gruppenpsychotherapie« (bei uns Stufe 2) in beeindruckender Weise so (Gedeon, 2005): »Wir arbeiten in der Regel als männlich-weibliches Therapeutenpaar, wodurch ein breites Spektrum an Übertragungsmustern gegenüber ›Übertragungseltern‹ möglich wird.

Im ersten Teil der therapeutischen Prozesse stehen die höher strukturierten neurotischen Abwehrformen im Vordergrund der Arbeit. Die meisten Patienten wünschen, von uns versorgt zu werden, Orientierung zu bekommen und so schnell wie möglich Besserung durch Aktivitäten der Therapeuten zu erfahren. Jeder Patient versucht, mit unterschiedlichem Verhalten zur Geltung zu kommen, Aufmerksamkeit zu erlangen und um Ansehen in der Gruppe zu konkurrieren. Dabei werden Symptome, Klagen, Anklagen, Vorwürfe, intellektueller und rationalisierender Streit, Fragen, Bitten, Forderungen in breiter Palette aktiviert, um mit den bisherigen Kommunikations- und Bewältigungsmustern Wirkungen zu erzielen.

In dieser Phase nehmen wir Therapeuten entgegen, spiegeln das Verhalten und verhelfen den Patienten, ihren Wunsch nach Führung und ihre Sehnsucht nach Geborgenheit und Halt zu ordnen, zu erkennen und zu verstehen, ohne aber die Erwartungen zu erfüllen und damit bereits die Unerfüllbarkeit früher Bedürfnisse im Hier und Jetzt ahnen zu lassen.

Mit zunehmender Zurückhaltung der Therapeuten und Verweigerung der gewünschten Führung werden die neurotischen Abwehrformen zunehmend aktiviert und durch die Dynamik einer führungsverunsicherten Gruppe allmählich labilisiert.

Nach unseren Schwachpunkten suchend und mit Fragen: ›Haltet ihr mich aus?‹ oder ›Kann ich euch trauen?‹ beginnen nun die Patienten, uns zu prüfen und gemäß ihren Erfahrungen Übertragungen herzustellen. Wir werden idealisiert, gefordert, gebettelt, beschimpft, verwöhnt oder mit Fragen nach unserem privaten Leben und unseren Lebensanschauungen bedrängt.

Wir verstehen unsere Aufgabe als Therapeuten so, jedem neurotischen Versuch des Patienten gemäß seiner regressiven Übertragungserwartung zu widerstehen und nicht so zu reagieren, wie es seinem Abwehragieren entsprechen würde. Die therapeutische Aufgabe sehen wir darin, die Übertragung entstehen zu lassen, sie allmählich zu deuten und gegenüber der realen Beziehung zu differenzieren. Dabei ist es wichtig zu unterscheiden zwischen der neurotischen Abwehr und notwendigen haltsuchenden, vertrauensbildenden Erfahrungen des Patienten. Wir Therapeuten müssen also differenzieren zwischen dem Prinzip der Deutung, mit dem Blick auf die neurotische Störung, und dem Prinzip Antwort, mit dem Blick auf die frühe Störung.

Mit dem Leerlaufen des neurotischen Abwehrverhaltens wachsen die Verunsicherung, Ratlosigkeit, Orientierungslosigkeit und Verzweiflung aus früher Bedürftigkeit [...]

Wir provozieren damit unweigerlich die negative Übertragung und somit eine Enttäuschungswut, die in der Gruppe zu heftigen Aggressionen heranwachsen kann. Um die Intensität dieser Gefühle körperlich entfalten zu können, bieten wir 2 Lumpensäcke in der Bewegungstherapie an. Eine solche Bewegungsstunde, die etwa 45 Minuten dauert, beginnt damit, dass wir die Säcke in die Mitte legen, keine konkreten Übungen anbieten, sondern nur darauf hinweisen, dass die Säcke als Symbol für die Therapeuten stehen und dass alles sein darf, außer sich und andere zu verletzen oder den Raum zu beschädigen. Die Säcke werden dann nach einigem Zögern getreten, geprügelt, geschlagen – also in vielfacher Weise mit zerstörerischer Gewalt behandelt, oder sie werden gestreichelt und liebkost – also auch mit irrationaler Sehnsucht besetzt. Der Sack dient damit als Brücke vom neurotischen Agieren in die frühe Gefühlswelt, das heißt von der analytischen Beziehungsarbeit in die Körperarbeit. Durch unsere Ermutigung, symbolisch zwar, aber konkret körperlich aggressiv gegen uns sein zu dürfen, wagen die Patienten das, was kulturell und mit ihrer frühen Erfahrung nicht erlaubt war: zu schreien, zu toben, zu schlagen und empört zu sein gegenüber den ›Übertragungseltern‹. Über den aggressiven Ausdruck vermögen sie allmählich das Ausmaß der berechtigten frühen Enttäuschung zu erleben. Und sie machen eine wesentliche und heilsame neue Erfahrung:

Sie werden für Ihren Gefühlsausdruck nicht bestraft, fühlen sich wesentlich erleichtert und finden darüber eine echtere Beziehung zueinander [...]

Wir Therapeuten lassen alles geschehen und verhelfen im nachfolgenden Gespräch zu übersetzen und zu verstehen, was in der Stunde vorher mit den Säcken geschehen ist. Wir befördern also ein tieferes Verständnis der Symbolisierung und die Verbindung von Gefühlsentladung mit Erlebnisinhalt.

Wenn die Mehrheit der Gruppenmitglieder die Empörung auf neurotischem Strukturniveau über uns in genannter Weise zulässt, wird die darunter liegende frühe Bedürftigkeit erlebbar, die eine neue Arbeitsphase einläutet. Sichtbar wird dieser Prozess daran, dass die Patienten die Säcke in die Ecke werfen oder unbeachtet liegen lassen und sich, wenngleich noch unsicher, vorsichtig und zögernd nun einander zuwenden. Beeindruckend ist dabei der spürbare Wechsel der Atmosphäre. Nach Stunden des Hasses, der Gewalt und der Verzweiflung ist plötzlich Entspannung und Befreiung im Raum. In der Beziehung zu uns Therapeuten bedeutet diese Wendung, die K. Höck als ›Kippvorgang‹ bezeichnet hatte, dass die Patienten neurotische Erwartungen und Bedürfnisse von uns zurückziehen, um in der Gruppe den Wunsch nach mütterlichem Halt, nach Schutz und Geborgenheit zum Ausdruck zu bringen. Die Gruppe übernimmt nun als Ganzes, als ›Mutterkörper‹ (Maaz 2001), mütterliche Funktion, indem sie in einem berührenden Miteinander dem Einzelnen das Schmerzen über den erlittenen Muttermangel ermöglicht. Wenn dieser Kippvorgang erfolgt, setzen wir Therapeuten uns außerhalb des Kreises und fungieren weniger als Übertragungsobjekte, mehr als haltgebende, schützende Gegenüber-Subjekte, die zu Zeugen ungeheuerlicher früher seelischer Verletzungen und bitterer Mangelerfahrungen werden. Damit übernehmen wir eine triangulierende Funktion.

Jeder Patient ist sowohl in den Gesprächsrunden als auch in den Körper- und Bewegungstherapien ein Teil *und* Nutznießer der hergestellten, annehmenden, verstehenden und haltenden Mütterlichkeit. Der neu gewonnene Schutz der Gruppe gewährt dem einzelnen Patienten Raum und Erlaubnis für frühe Erinnerungen, körperbezogene Erfahrungen und den dazugehörenden Affekten.

In den Gesprächsrunden wird nun eine neue Gesprächsqualität deutlich. Die Patienten reden nur noch von sich, nicht mehr über etwas und auch nicht mehr zueinander. Praktisch wie in einer virtuellen Mitte der Gruppe entsteht ohne neurotisches Agieren das frühe Thema, für das nun im Anschluss an das Gruppengespräch eine Körperarbeit gefunden wird. Dabei machen wir, wenn nötig, Vorschläge, wie Gefühlsprozesse aktiviert und zum Ausdruck gebracht werden können« [Zitatende].

In der Arbeitsphase der Stufe 2 werden in den Therapiestunden der Bewegungs- und Körpertherapie allmählich körperpsychotherapeutische Techniken eingeführt (vertieftes Atmen, körperliche Stresspositionen, körperliche Aktivierung von Gefühlsprozessen und Übungen zum Gefühlsausdruck, haltgebende, stützende Körperberührungen und aktivierende körperliche Auseinandersetzungen unter den Patienten – nicht mit den Therapeuten). Damit werden therapeutische Zugänge zu den strukturellen Frühstörungen (der Körper als Via Regia zum präverbalen Unbewussten!) allmählich eröffnet, die aber in dieser Stufe in aller Regel noch nicht umfassend bearbeitet werden können. So bekamen die Patienten das Angebot, ihre therapeutische Arbeit vertiefend in Stufe 3 (zu einem späteren Zeitpunkt) als »körpertherapeutisch-dynamische Gruppentherapie« fortzusetzen.

Den relativen politischen Freiraum, den ich im Schutze der Diakonie erfuhr, nutzte ich für private und klinikinterne Weiterbildung in Körperpsychotherapie, Gestalttherapie und Transaktionsanalyse. So gelang es mir in den 1980er Jahren an (kircheninternen) Selbsterfahrungsworkshops in diesen Methoden teilzunehmen oder diese in der Klinik zu organisieren, sodass ich mich nochmals mit mehreren hundert Stunden Selbsterfahrung und methodisch-technisch anreichern konnte. Ich verdanke vor allem den Therapeuten aus dem »Westen«, Ulrike Beyer, Walther Lechler, Eva Reich, David Boadella mit Kollegen, Joachim Vieregge, Mischka Solonevich und Wolf Büntig, vielfältige und reichliche Erfahrungen, sodass ich mich im Laufe der Zeit ermutigt und kompetent fühlte, eine körperpsychotherapeutische Behandlungskonzeption in unser psychoanalytisches und gruppendynamisches Verständnis zu integrieren (Maaz, 2001).

Stufe 3 umfasst die körperpsychotherapeutisch-dynamische Gruppenpsychotherapie. Eine geschlossene Gruppe mit bis zu zwölf Teilnehmern, für zeitlich fest vereinbarte vier Wochen. Voraussetzung ist die therapeutisch erfolgreiche Teilnahme an Stufe 2.

Das körperpsychotherapeutische Behandlungskonzept besteht aus vier Schritten: Wahrnehmen, Aktivieren, Ausdrücken, Integrieren. Am Anfang der Stufe 3 durchläuft die Gruppe nochmal den Gruppenbildungsprozess der intendierten dynamischen Gruppenpsychotherapie: Anwärmen, Aktivieren, Auseinandersetzen auf neurotischem Konfliktniveau – Kippvorgang im Sinne der Entlassung der Therapeuten aus neurotischer negativer oder allzu positiver Übertragung. Im Weiteren kann der Therapeut als methodischer Experte, als Zeuge früher Traumatisierung und Helfer für Integration relativ konfliktfrei angenommen werden. Die Therapeuten sind nicht mehr aktive Gruppenleiter, sondern Berater, Ermutiger und Integrationshelfer je nach Bedarf. Eine wesentliche therapeutische Arbeit geschieht in und durch den »Mutterkörper« der gekippten Gruppe, in der sich die Patienten untereinander im Aggressionsausdruck unterstützen und im frühen Schmerz körperlich (wie bei Kleinkindern und Säuglingen) Halt und Schutz geben und dann Erlebtes, Gefühltes und Erinnertes verstehend in Empfang nehmen.

Die Therapeuten machen für den methodisch-technischen Ablauf Angebote und Vorschläge für körperliche *Wahrnehmungsübungen* in Ruhe, im Sitzen, Stehen, Gehen, in Auseinandersetzungen. Sie erklären *Aktivierungsübungen* durch vertieftes Atmen, willkürlichen Gefühlsausdruck durch Töne, Worte, Schreien, Schlagen, Treten, Beißen, Würgen (mit entsprechenden Gegenständen: Handtücher, Decken, Kissen, Lumpensack, Bataka) immer in der Vereinbarung, darauf zu achten, weder sich selbst noch andere zu verletzen oder andere Gegenstände als die zur Übung benutzten zu beschädigen. Eine wesentliche Aktivierungsübung ist »freie Bewegung« mit der ganzen Gruppe, ohne gezielte Aufgabe, sich und die anderen nur wahrnehmend und Impulsen folgend: gemeinsam gehen, sich umarmen, anrempeln, körperlich verdrängen, sich halten, anschauen (ohne sprechen!), führen oder sich blind führen lassen.

Sinn und Zweck von Wahrnehmung und Aktivierung sind, aufkommende Gefühle zu spüren und im geschützten Reglement körperlich zum Ausdruck bringen zu können: schreien, toben, schlagen, treten, weinen, wortloses Klagen und jammern, klagen und trauern und natürlich auch vor Freude singen, springen, hüpfen, lachen, umarmen u. a. Überraschend war die Erfahrung, dass ein spontaner oder durch Übungen aktivierter echter Gefühlsausdruck nie länger als zwanzig Minuten braucht und dann regelhaft in große Erleichterung und Heiterkeit mündet, selbst wenn soeben noch schlimmste Erfahrungen einer Frühtraumatisierung den Patienten erschüttert hatten. Eine solche Zeitbegrenzung für den Gefühlsausdruck mit nachfolgender sichtbarer Erleichterung halte ich für ein sicheres Zeichen für echte Gefühle aus dem »Gefühlsstau« (Maaz, 1990; 2010) im Unterschied zu den neurotisch-agierten Gefühlen mit der Absicht der Demonstration oder Erpressung.

Eine emotionsorientierte körperpsychotherapeutische Arbeit ist nicht in erster Linie auf Katharsis orientiert – auf Entspannung durch Gefühlsentladung –, obwohl das auch therapeutisch hilfreich sein kann, im Sinne der Integration und Verhaltensänderung aber bringt sie keine Reife. So wird es für die Integrationsarbeit immer darum gehen, die zum Ausdruck, zur Entladung gebrachten Gefühle inhaltlich in ihre Bedeutung und Entstehungsgeschichte einzuordnen (Wer hat mich wie gekränkt und verletzt? Was macht mich wütend? Wen habe ich Grund zu hassen? Wer bedroht mich? Was schmerzt so sehr? Worüber trauere ich?). Diese integrative Arbeit wird im Wesentlichen von den Mitpatienten der Gruppe ermutigt und unterstützt durch das eigene Erleben, durch Fragen und Hinweise. Eine Therapie durch »Geschwister« im »Mutterkörper« Gruppe hat eine sehr hilfreiche und nachhaltige Wirkung. Der

Therapeut begleitet beobachtend, beratend, deutend und wird nur aktiv, wenn die Arbeit der Gruppenmitglieder ungenügend bleibt, was dann ja auch ein zu klärendes Symptom der Gruppendynamik sein kann.

Das Besondere an dieser Gruppenform ist, dass nicht mehr *in* der Übertragung auf die Therapeuten gearbeitet wird, sondern die »gekippte« (nicht mehr in neurotischem Abwehrkampf verwickelte) Gruppe einen »Mutterkörper« der Empathie, des Verstehens und wertfreien Akzeptierens, des emotionalen Halts und Trosts und der angstgedämpften Erkenntnis ermöglicht und als mütterlicher Sozialkörper verändertes oder neues Verhalten anregt, unterstützt und zulässt. So wird es auch möglich, existenzielle Gefühle der Frühbedrohung und schwerster seelischer Traumatisierung – mörderische Wut, herzzerreißender Schmerz, abgrundtiefe Trauer zum Ausdruck zu bringen –, die vom »Mutterkörper« Gruppe gehalten und von der väterlichen Instanz des begleitenden Therapeuten bestätigt werden. Die Affektintensität der Emotionen aus Frühtraumatisierung wäre niemals in der Übertragung auf einen Therapeuten real möglich und aushaltbar. So war es auch eine ganz wichtige Erfindung von uns, den eröffneten und aktivierten frühen Hass stellvertretend auf einen Lumpensack abzuführen, der symbolisch anfangs für enttäuschende Therapeuten steht, dann aber als Ersatz für traumatisierende Eltern und andere Frühbetreuer oder auch spätere seelische oder körperliche Gewalttäter symbolisiert werden kann.

Die Aktivierung und die ganzkörperliche Entladung der leidvollen Affekte aus den Frühstörungserfahrungen mit ihrer nachfolgenden verstehenden und integrierenden Verarbeitung in einer solchen körperpsychotherapeutisch-dynamischen Gruppe ermöglicht einen »intrapsychischen Kippvorgang« (Maaz, 1988). Dieser innerseelische Prozess bedeutet einen Verzicht auf neurotisches Abwehragieren und die gefühlte Erkenntnis und Annahme der real erlittenen Frühtraumatisierung. Ein solcher »intrapsychischer Kippvorgang« ist kein einmaliges Ereignis der »Heilung«, sondern immer wieder eine Chance zur »Gesundung« bei aktueller Symptomatik und agierten Konflikten aus den Quellen der strukturellen Frühstörungen. In meiner jetzt über fünfzigjährigen psychotherapeutischen Praxis und Erfahrung habe ich kein besseres therapeutisches Setting gefunden, das die emotionale Arbeit an den Frühtraumatisierungen so erfolgversprechend und verantwortbar möglich macht.

Die Klinik im Diakoniekrankenhaus Halle, die ich mit einem stets sehr engagierten Team über 28 Jahre leiten durfte, hat mein Leben erfüllt. »Psychotherapie als Lebensweg« – der Name, den unsere Patienten einem Selbsthilfeverein gaben, trifft auch auf mich persönlich zu. Ich war praktisch ein Arzt in ständiger Weiterbildung und wie ein Patient in permanenter Selbsterfahrung mit

Symptomen, Erkrankungen, Krisen und beglückender Befreiung und menschlicher Weiterentwicklung. Eine Frühtraumatisierung ist nicht wirklich heilbar, sie lässt sich nicht ungeschehen machen, aber man kann sie erkennen, die Folgen verstehen und ihre Pathogenität vermindern und regulieren lernen. Dabei ist nach meiner Erfahrung eine körperpsychotherapeutische Arbeit mit der Möglichkeit eines ganzkörperlichen Gefühlsausdrucks zum Verständnis und zur Entladung unverzichtbar.

## Literatur

Gedeon, U. (2005). Körperpsychotherapeutische Interventionen in der Gruppentherapie. Zeitschrift für Psychoanalyse und Körper, 6 (1), 81–90.

Geyer, M. (2011). Die Erfurter Selbsterfahrungsgruppe und ihr Einfluss auf die Psychotherapie der DDR. In M. Geyer (Hrsg.), Psychotherapie in Ostdeutschland (S. 203–214). Göttingen: Vandenhoeck und Ruprecht.

Hennig, H. (1987). Zur Praxis der Ausbildung und Selbsterfahrung im Katathymen Bilderleben. Wissenschaftliche Zeitschrift der Martin-Luther-Universität Halle-Wittenberg, 36, 113–126.

Hennig, H., Fikentscher, E. (1993). Entwicklung der Psychotherapie mit dem Katathymen Bilderleben in der ehemaligen DDR. In H. Leuner, H. Hennig, E. Fikentscher (Hrsg.), Katathymes Bilderleben in der therapeutischen Praxis (S. 146–147). Stuttgart: Schattauer.

Hess, H. (1986). Untersuchungen zur Abbildung des Prozessgeschehens und der Effektivität in der intendiert dynamischen Gruppenpsychotherapie. Habilitationsschrift, Humboldt-Universität zu Berlin.

Hess, H., Höck, K. (1988). Ergebnisse von Katamnestischen Untersuchungen von Selbsterfahrungskommunitäten. Psychotherapie-Berichte, Haus der Gesundheit Berlin, 40, 53–75.

Höck, K. (1981). Konzeption der intendierten dynamischen Gruppenpsychotherapie. In K. Höck, J. Ott, M. Vorwerg (Hrsg.), Theoretische Probleme der Gruppenpsychotherapie, Psychotherapie und Grenzgebiete, Bd. 1 (S. 13–34). Leipzig: Barth.

Höck, K. (1984). Zur Situation und Zielstellung des Kipp-Prozesses in der intendierten dynamischen Gruppenpsychotherapie. Psychotherapie-Berichte, Haus der Gesundheit Berlin, 22.

Maaz, H.-J. (1988). Gruppendynamischer und intrapsychischer Kippvorgang. Psychotherapie-Berichte, Haus der Gesundheit Berlin, 40, 27–37.

Maaz, H.-J. (1990). Der Gefühlsstau – Ein Psychogramm der DDR. Berlin: Argon-Verlag.

Maaz, H.-J. (1997). Psychodynamische Einzeltherapie. Lengerich: Pabst Science Publisher.

Maaz, H.-J. (2001). Zum Konzept der körperorientierten dynamischen Gruppenpsychotherapie. In H.-J. Maaz, A. H. Krüger (Hrsg.), Integration des Körpers in die analytische Psychotherapie (S. 63–70). Lengerich: Pabst Science Publisher.

Maaz, H.-J. (2006). Körperpsychotherapie bei Frühstörungen. In W. Marlock (Hrsg.), Handbuch der Körperpsychotherapie (S. 741–748). Stuttgart: Schattauer.

Maaz, H.-J. (2010). Der Gefühlsstau – Psychogramm einer Gesellschaft. München: C. H. Beck.

Maaz, H.-J., Gedeon, U. (2003). Co-Therapie in der Intendierten Dynamischen Gruppenpsychotherapie. In C. Seidler, H. Benkenstein, S. Heyne (Hrsg.), Die Intendierte Dynamische Gruppenpsychotherapie im Dialog (S. 106–112). Berlin: edition bodoni.

Moeller, M. L. (1998). Die Wahrheit beginnt zu zweit. Das Paar im Gespräch. Reinbek bei Hamburg: Rowohlt.

Ott, J., Geyer, M. (1972). Bericht über eine Selbsterfahrungsgruppe nach 16 Monaten. Psychiatrie Neurologie und medizinische Psychologie. Zeitschrift für die gesamte Nervenheilkunde und Psychotherapie, 24, 210–215.

Schwabe, C. (1969). Musiktherapie bei Neurosen und funktionellen Störungen. Jena: Fischer.

Schwabe, C. (1985). Aktive Gruppenmusiktherapie für erwachsene Patienten. Stuttgart: Fischer/ Leipzig: Thieme.

Seidler, C., Misselwitz, I. (Hrsg.) (2001). Die Intendierte dynamische Gruppenpsychotherapie. Göttingen: Vandenhoeck & Ruprecht.

Wilda-Kiesel, A., Tögel, I., Wutzler, U. (2010). Kommunikative Bewegungstherapie. Bern: Huber.

Wilhelm Meyer

# Ich habe immer in Gruppen gelebt

## Das Dorf und die Familie

Die frühe Erfahrung, die mich für die Gruppenarbeit geprägt hat, war das
Leben des Dorfes, in dem ich aufwuchs. Ich kannte alle Bewohner und lernte
die Menschen mit ihren persönlichen Eigenheiten, ihrem familiären Kontext und in ihren unterschiedlichen Stellungen und Bedeutungen in der Dorfgemeinschaft kennen. Es war ein beständiger Kommunikationsprozess, ein
gemeinschaftlicher Austausch- und Reflexionsprozess, in dem sich der innere
Zusammenhang der Großgruppe herstellte.
Selbstverständlich gehörte dazu das nicht verbal Kommunizierte, das sich in
Handlungen und Inszenierungen ausdrückte. Die Geschichte der Einzelnen
und der Gruppe, ob sprachlich kommuniziert oder bewusst und unbewusst
inszeniert, war ebenso Teil des Gruppenlebens wie die Erfahrungen der trans-
generationalen Weitergabe von Erlebtem. Dessen schien sich jeder mehr oder
weniger in Ansätzen bewusst zu sein, auch wenn die Äußerungen dazu eher
zurückhaltend waren. Dass das Leben in der Gruppe von hoher Bedeutung war,
stand nie infrage, und die Permanenz der Störungen hielt die kontinuierliche
affektiv geladene Reflexion aufrecht.
   Es war vor allem die Gemeinsamkeit der Landarbeit, die verband: das Säen
und Pflanzen, das Bestellen der Felder und die Pflege des Viehs, die Besorg-
nisse um das Einbringen der Ernte, aber auch die Entspannung im Winter,
wenn man sich vermehrt innerhalb des Hauses aufhielt und einander häufig in
geselliger Runde traf. Verbindend wirkten auch die im Jahresverlauf regelmäßig
stattfindenden Feste, die gegenseitigen Einladungen in großen Gruppen aller
Altersstufen und der verwandtschaftliche Kontakt in die anderen Dörfer, den
besonders meine Mutter pflegte. »Jetzt haben wir sie alle wieder gehabt«, sagte
meine Mutter zufrieden nach solchen Zusammenkünften – eine Bemerkung,
über die wir Kinder uns gern lustig machten.

In dieses aktive Dorfleben verwoben war die Verbundenheit durch das unmittelbar erlebte Kriegsleid und die Beschädigungen und Verluste in den Familien. Der Krieg war gerade vorbei. Es gab im Dorf »Kriegerwitwen« wie meine Mutter, die Kinder in meinem Alter hatten und mühsam versuchten, den Hof über die Runden zu bringen. Auf den Söhnen lag die Erwartung, dass mit ihrem Erwachsenwerden die durch den Kriegstod der Männer gerissenen Lücken geschlossen und der Hof damit wieder vollständig würde. So war es auch bei uns.

Ganz selbstverständlich erlebten wir Kinder im Dorf die aus dem Krieg zurückgekehrten Männer mit ihren schweren Kriegsverletzungen, mit unterschiedlichen körperlichen Einschränkungen und Prothesen. Man sprach von »Kriegsheimkehrern«, »Kriegsversehrten« und »Kriegsblinden«. Es gab Familien, in denen der Mann und Vater noch Anfang der 1950er Jahre als vermisst galt, mit der zunehmenden Gewissheit, dass er wohl doch im Krieg oder in der Gefangenschaft umgekommen sei. Und in jedem Haus waren Flüchtlinge einquartiert, die das Trauma der Flucht, der Heimat- und Besitzlosigkeit, des Ungeborgenen vermittelten. Sie lebten mit der Hoffnung, irgendwann wieder in ihre Heimat zurückkehren zu können.

Es war die Geborgenheit in den Bauernhöfen mit ihren vielen Menschen und den alten geselligen Beziehungen und Traditionen einerseits und den schweren Beschädigungen und Verlusten von Familienangehörigen andererseits, zwischen denen sich mein frühes Leben bewegte. Beides prägte das Leben der Dorfgemeinschaft. Es dürfte Anfang der 1950er Jahre gewesen sein, als meine Mutter entschieden erklärte, sie werde nun damit aufhören, immer nur schwarze Kleidung zu tragen.

Ich wurde am 1. Oktober 1943 auf einem kleinen Bauernhof in der Norddeutschen Tiefebene geboren, gleich weit entfernt von Hamburg und Bremen. Mein Vater, zwei seiner Brüder und der Ehemann seiner Schwester fielen im selben Jahr, noch vor meiner Geburt, in Russland, mein Vater sechs Monate vor meiner Geburt. In den Wohnstuben hingen gerahmte farbretuschierte Großaufnahmen der gefallenen Männer in Uniform; farblich besonders betont waren ihre militärischen Rangabzeichen. Mein erster Blick am Morgen fiel stets auf ein stark vergrößertes gerahmtes Schwarz-Weiß-Foto des frischen hölzernen Grabkreuzes meines Vaters auf einem russischen Soldatenfriedhof. Im Vorbeigehen versuchte ich immer, die Schrift auf dem Bild zu entziffern. Auf dem Kreuz standen Vaters Vor- und Familienname, wortgleich mit meinem eigenen Namen, und die Kürzel seines soldatischen Ranges, von dem ich vermutete, dass er hoch war. Doch trotz allem, was ich wusste, blieben diese Bilder für mich letztendlich unerkennbar.

In einer Pappschachtel im Schrank lagen kleine Fotos in Passbildgröße, die offenbar bei Kriegsbeginn für den Wehrpass angefertigt worden waren. Ein fast kahlgeschorener Kopf mit einem angstvoll angespannten, traurigen Gesichtsausdruck: Vater schien zu wissen, dass ihm der Tod bevorstand. Alle diese Bilder hatten, den Kolorierungsanstrengungen der Nachkriegszeit zum Trotz, etwas Schwarzes, Totes. Ein Gespräch darüber gab es nicht, weil Mutter kaum darüber sprach und weil ich keinen Schmerz in ihr aufrühren wollte. Ich habe diese Bilder immer wieder angeschaut, um etwas zu begreifen, ohne dass ich wusste, was es war, und ohne dass es mir gelang.

Den spärlichen Erzählungen meiner Mutter über die Kriegszeit entnahm ich, dass sie mit meiner fünf Jahre älteren Schwester und mir auf dem Hof allein gewesen war. Mein Vater war bei der Belagerung von Sankt Petersburg eingesetzt worden. Bevor er nach seinem letzten Fronturlaub im Januar 1943 wieder dorthin fuhr, suchte er die Familie meiner Mutter auf, um mitzuteilen, dass er wahrscheinlich nicht aus dem Krieg zurückkäme. Die Einheiten, zu denen er gehörte, seien von den russischen Truppen eingekesselt und würden wohl vernichtet werden. Er bat die Familie meiner Mutter, uns in diesem Fall bei sich aufzunehmen. Im April 1943 starb er an der Front, nur wenige Wochen nach seinem Heimaturlaub.

Doch Mutter blieb mit uns Kindern auf dem Hof. Unterstützung bei der landwirtschaftlichen Arbeit leisteten zwei Kriegsgefangene, ein Mann aus Polen und ein Mann aus Frankreich. Viele Jahre später erfuhr ich aus Zeitungsartikeln, dass auf allen Höfen im Dorf Insassen eines nahegelegenen Kriegsgefangenenlagers gearbeitet hatten, und konnte erst dann die knappen Äußerungen der Dorfbewohnerinnen und -bewohner dazu einordnen.

Meine Mutter muss in meiner ersten Lebenszeit sehr depressiv gewesen sein, was sie später so ausdrückte: »Wenn ich euch beide nicht gehabt hätte, wäre ich ins Moor gegangen.« Diese Bemerkung hörte ich oft. Trotzdem erlebte ich meine Mutter auch freudig und fröhlich und innerhalb des Dorfes und der Verwandtschaft sehr gesellig. Aber der Untergrund war brüchig. Es konnten Kleinigkeiten von mir sein, die sie offenbar plötzlich nicht mehr ertragen konnte, sodass sie mich in einen anderen Raum des Hauses ein- und aus ihrer Gegenwart aussperrte. Freilich nicht für längere Zeit – es war eher wie eine Zäsur: Etwas Störendes, Unaushaltbares wurde vorübergehend ausgeschlossen. Ich glaube immer gewusst zu haben, dass diesen Situationen die Verzweiflung und Trauer über Vaters Tod zugrunde lagen. Doch ich war immer verstört über das krasse Missverhältnis zwischen der von mir verursachten Störung und dem Ausmaß der Aggression meiner Mutter. Auf Fotos aus meiner frühen Kindheit bin ich ein wütendes, trotziges Kind. Und in dem Zusammenhang wurde oft gesagt, dass ich viel geweint hätte.

In meinem vierten Lebensjahr heiratete meine Mutter erneut. Der Hof wurde größer, auch personell. Mit meinem Stiefvater kam sein Sohn in die Familie, der zehn Jahre älter war als ich, und es kamen junge weibliche Hilfskräfte, die eher dem häuslichen Bereich meiner Mutter angehörten. Diese waren für uns Kinder von besonderer Wichtigkeit. Sie gehörten zur Generation zwischen den vom realen Kriegs- und Fronterleben traumatisierten Erwachsenen und uns Kindern. Sie waren Jugendliche und junge Erwachsene, mit einer anderen Unbefangenheit und Spontaneität und von weniger beschädigter Beziehungsfähigkeit. Sie strahlten für mich ein Gefühl freudiger Zukunftserwartung aus, von Lust auf Zukunft.

Mit meinem Stiefvater verbinden mich viele gute Erinnerungen, besonders die, an den Nachmittagen mitgenommen zu werden aufs Feld. Wir saßen beide auf dem Kutschbock. Er spannte die Pferde vor den Pflug und zog unermüdlich eine Furche neben die andere, bis in den Abend hinein. Ich zog meine eigenen Furchen, erkundete die Umgebung auf Pflanzen und Steine hin, immer in Sichtweite des Stiefvaters. Es waren Nachmittage von einer großen Stimmigkeit und bis heute habe ich eine Liebe zum Pflanzen bewahrt.

Während ich dies schreibe, vergegenwärtige ich mir, wie voll unser Haus war, wie viele Menschen dort zusammenkamen. Das Haus mit unserer Familie und den Flüchtlingen und das gegenüberliegende Haus, aus dem mein Stiefvater stammte, bildeten eine Einheit. Der Vater des Stiefvaters, »unser Opa«, bewohnte das Haus allein, ebenfalls mit Flüchtlingsfamilien, kam zum Mittagessen jedoch zu uns. Er hatte bei sich zu Hause bereits die Kartoffeln geschält und kam mit einem Eimer in der einen Hand und einem Korb voller Kartoffelschalen für das Vieh unter dem anderen Arm über die Straße zu unserem Haus. Das wiederholte sich jeden Tag zur gleichen Zeit. Ich mochte ihn gern und lief ihm oft entgegen um ihn abzuholen. Nie erlebte ich, dass meine Mutter über die vielen Menschen im Haus geklagt hätte. Im Gegenteil, nach vielen Jahren bedauerte sie den Wegzug eines ostpreußischen Flüchtlingsehepaares.

## Die Flüchtlinge

Seit ich mich erinnern kann, waren in unserem Wohnhaus auf Anordnung des Gemeinderats zwei Flüchtlingsfamilien einquartiert. Die beiden Familien lebten fast zehn Jahre lang mit uns zusammen. Der Zugang zu ihren Zimmern führte durch unsere Küche, die wie in allen Bauernhäusern der zentrale Ort des Hauses war. Es waren etwas ältere Menschen, die den Status von Großeltern für uns bekamen. Besonders ein Ehepaar aus Königsberg nahm in der Familie eine wichtige Position ein. Die beiden füllten im Haus emotional die Lücken, die die, wie man im Dorf sagte, »im Krieg gebliebenen Männer« hinterlassen hatten. Für uns Kinder gehörten sie zur Familie.

Sie hatten einen anderen Umgang mit ihrem Alltag, aber auch andere Fähigkeiten und Gebräuche im Umgang mit der Natur als die norddeutschen Bauernfamilien. Sie mussten und konnten viel selbstverständlicher ihren Lebensalltag improvisieren. So nahmen sie mich mit, wenn sie Schafwolle aus den Drahtzäunen sammelten, um daraus Socken und Pullover zu stricken, auch für uns, und wenn sie Pilze suchten, die meine Mutter generell für giftig hielt – ich aß sie bei den Flüchtlingen. Ich fand es aufregend, dass die Flüchtlinge sich und ihren Alltag ganz anders organisieren und leben konnten. Natürlich hatten sie auch gar keine andere Wahl.

Wenn die Erwachsenen mich fragten, was ich denn werden wolle, wenn ich groß sei, sagte ich zur allgemeinen Erheiterung ganz selbstverständlich: Flüchtling. Ich erinnere mich noch, dass ich das Lachen der Erwachsenen darüber nur ein wenig befremdlich fand. Ich hatte offenbar etwas gesagt, das man so nicht sagte, aber das bekümmerte mich wenig. Ich fand mein Vorhaben richtig und blieb dabei. Ich würde lernen müssen, es anders auszudrücken – oder gar nicht. Es hatte bei mir bereits eine frühe Identifizierung mit diesem Teil der Hausbewohner stattgefunden.

Aus heutiger Sicht hatte mich fasziniert, dass neben dem alltäglichen Leben auf dem Bauernhof meiner Familie gleichzeitig ein ganz anderes Leben, eine andere Kultur des Alltagslebens möglich war, ohne dass beides einander störte oder gar ausschloss. Im Gegenteil, beides schien sich in einer guten Weise und ganz selbstverständlich zu ergänzen. Ich nahm bei den Flüchtlingen eine Kreativität des Improvisierens wahr, die meinem kindlichen Spiel verwandt schien.

Die Frau, für uns Kinder »Tante Berta«, war für mich wie eine Großmutter. Sie nahm mich auch bei den ärgerlich-aggressiven Übergriffen meiner Mutter beiseite. Der Mann, ein knorriger Ostpreuße, »Onkel Hermann«, ging tagsüber einer recht schweren Arbeit nach und sprach, wenn er abends nach Hause kam, wenig oder gar nicht. Er grüßte freundlich, ging ansonsten schweigend durch die Küche. Trotzdem strahlte er für mich eine Nähe und Wärme aus, die die Atmosphäre des Hauses veränderte. Heute kann ich mir besser vorstellen, dass hinter seiner Sprachlosigkeit – die wohl eher ein Sprechverzicht oder eine Sprechmüdigkeit war – die traumatischen Kriegs- und Fluchterfahrungen und das Erlebnis des Verlustes seiner Heimat standen.

Ich erinnere mich an zwei ungewöhnliche Erlebnisse mit Onkel Hermann. Es muß in meinem vierten Lebensjahr gewesen sein. An einem Sommerabend, es war schon in der Dämmerung, wurde ich in der Küche in einer Wanne gebadet. Onkel Hermann kam von der Arbeit. An diesem Abend setzte er sich zu uns und berichtete, dass er gehört habe, Stalin sei tot. Er wirkte dabei erfreut, lebhaft und sprach viel. In der Küche breitete sich freudige Überraschung aus. Es musste sich um etwas ganz Außerordentliches handeln, das keiner erwartet hatte. Doch ich konnte der Stimmung nicht entnehmen, ob es sich um ein glückliches Ereignis oder um einen Schicksalsschlag handelte. Die Atmosphäre erschien mir bedrohlich, und zur Bestürzung der Erwachsenen begann ich zu weinen. Ich hatte das Wort »Stalin« dem Wort »Stall« zugeordnet, also glaubte ich annehmen zu müssen, die Pferde seien tot. Ich konnte mich erst am nächsten Morgen selbst vergewissern, dass die Pferde im Stall noch lebten.

Onkel Hermann hatte offenbar ein Gerücht über Stalins Tod gehört und freudig mit nach Hause gebracht, in der Hoffnung auf eine mögliche Heimkehr nach Königsberg. An den Abenden nach diesem Ereignis ging er wieder auf die gewohnte Art grüßend, ansonsten wortlos, durch die Küche in sein Zimmer.

Ein weiteres besonderes Erlebnis mit ihm: Ich hatte den alten Männern im Dorf oft beim Körbeflechten zugesehen, einer Winterarbeit. Dazu verwendeten sie Weidenruten von speziell dafür gepflanzten Bäumen. Auf unserem Hof gab es keine Weidenbäume. Daher ging Onkel Hermann in den Kiefernwald und zog mit einer Hacke dicht am Boden verlaufende Baumwurzeln aus der Erde, was den Bäumen in der geringen Menge nicht schadete. Diese Wurzeln waren dünner und deutlich elastischer als Weidenruten, wodurch ein viel feineres und leichteres Geflecht und damit ein viel schönerer Korb entstand. Dies war offenbar die Art des Körbeflechtens, die er aus seiner Heimat mitgebracht hatte. Während dieser Arbeit sprach er nicht und wirkte sehr entspannt und zufrieden. Ich fand es faszinierend, dass man etwas so Wertvolles wie die Baumwurzeln aus der Erde ziehen konnte – etwas, das im Alltag nicht sichtbar, aber das zu finden er offenbar in der Lage war. In meiner Erinnerung verbinde ich den Entschluss, Flüchtling zu werden, mit diesem Tag.

Bis heute bemerke ich an mir – ob bei Bekannten, Freunden, in Gruppen oder bei Patientinnen und Patienten – eine spontane innere Verbundenheit mit Menschen, deren familiäre Herkunft in Ostpreußen liegt, auch wenn ich davon zu Anfang nichts weiß. So ist ein Teil von mir wohl doch, auch heute noch, mit den ostpreußischen Flüchtlingen identifiziert.

Bei weitem nicht alle Flüchtlinge in unserem Dorf waren so gut integriert. Dies war eine Konstellation, die sich im Zusammenleben in unserem Haus ergeben hatte, vor allem dank der besonderen Fähigkeit meiner Mutter, Menschen im Haus aufzunehmen. In der Regel blieben die Flüchtlinge im Dorf

Außenseiter, die von den Dorfbewohnern wenig Anerkennung erfuhren. Auf Dauer blieb kaum jemand im Ort, alle zogen im Verlauf der Jahre weiter. Ich denke, dass der Entschluss weiterzuziehen zu dem Zeitpunkt reifte, wenn sie die Hoffnung auf Rückkehr in die Heimat aufgeben mussten. Das war ab Mitte der 1950er Jahre der Fall, als Stalin wirklich tot war und sich zeigte, dass es trotzdem kein Zurück mehr gab. So war es wohl auch bei »unserem« ostpreußischen Ehepaar. Die beiden wollten wenigstens in der Nähe ihrer Kinder sein und zogen nach München.

## Die väterliche Familie

Es gibt ein Schwarz-Weiß-Foto in Postkartengröße, offenbar häufig und etwas ungeschickt vervielfältigt, das meine Familie väterlicherseits zeigt. Dieses Foto muss vor der Hochzeit meiner Eltern im Garten des großelterlichen Hauses aufgenommen worden sein. Im Vordergrund sitzen meine Großeltern in Gartenstühlen. Dahinter stehen die erwachsenen Kinder, vier Söhne, eine Tochter, ein Schwiegersohn. Es ist das einzige Foto, das meinen Vater inmitten seiner noch vollständigen Ursprungsfamilie lachend und entspannt zeigt. Trotzdem gehört auch dieses Foto zu den »schwarzen« Bildern, die ich bis heute nicht richtig in mir einordnen kann.

Der Einzige von vier Söhnen und einem Schwiegersohn der Familie, der den Krieg an der Front überlebte, war Hinnerk, ein Bruder meines Vaters und mein Patenonkel. Er erbte den großelterlichen Familienhof und war ein leidenschaftlicher Landwirt und »Familienmensch«. In der Zeit vor meiner Einschulung heizte er alle zwei Wochen am Samstagmorgen den alten Lehmbackofen im Hof an. Dann wurden für die Familie und für die verwitweten Frauen der Familie mit ihren kleinen Kindern Brot für die nächsten zwei Wochen und Kuchen für den Sonntag gebacken. In der Küche stand der große Backtrog mit dem Sauerteig, beaufsichtigt von den Frauen. Wenn der Teig bereit war, zu Broten geformt zu werden, forderte eine meiner Tanten uns Kinder auf, im Garten Äpfel zu suchen, die sie dann mit dem Brotteig umwickelte und zum Backofen brachte. Noch heute erinnere ich mich an den Geschmack des warmen, krachenden Roggenbrots mit dem heißen Apfel darin.

Wenn ich später in den Semesterferien nach Hause kam, begrüßte mein Onkel mich freudig und betonte auf seine humorvolle Art meine Zugehörigkeit zur Familie. Heute denke ich, er begrüßte mich jedes Mal wie jemanden, der es auch geschafft hatte, wieder nach Hause zu kommen. So wie er selbst es geschafft hatte, nach dem Krieg als Einziger von den Brüdern nach Hause zu

kommen. Mit meinem Nach-Hause-Kommen war für ihn wieder einer mehr
auf dem Hof.

## Weggehen vom Hof

Es gab »vernünftige« Gründe, aus denen ich begann, mich vom Hof zu entfernen. Weiterführende Schulen gab es im Ort nicht. Eine Zeit lang erwog die
Familie, mich in einem Nachbarort auf eine Realschule zu schicken. Meine Leistungen in der Schule waren immer sehr gut, und nach einem Besuch des Kreis-
schulrats, von dem ich weder vorher noch nachher gehört hatte, wurden meine
Eltern bedrängt, mich auf eine höhere Schule gehen zu lassen. Am nächsten Tag
händigte mein Lehrer mir aus dem Schrank der Gemeindebücherei zwei dicke
Bände mit dem Titel »Kampf um Rom« aus: »Lies das mal.« Die beiden Bücher
verursachten bei mir eine große Ratlosigkeit, und ich brachte sie nach wenigen Tagen ohne Kommentar und mit schlechtem Gewissen zurück. Ich entlieh
zwar weiterhin Bücher aus dem großen Schrank, aber jetzt wieder Abenteuer-
geschichten aus den niederländischen Kolonien in Indonesien.
    Mutter bemerkte meine Verunsicherung angesichts der Schulpläne, was
ihr ganz lieb war. Letztlich befürchtete sie, dass ich ihr verloren ginge, und der
Plan wurde aufgegeben. Damit war zunächst einmal entschieden, dass ich nach
dem Volksschulabschluss auf dem Hof blieb. Ich wäre gerne Gärtner geworden.
Aber es hieß, das Land hinter dem Haus sei nicht gut genug für eine Gärtnerei.
Und weil schon abzusehen war, dass die begrenzte Größe des Hofes für eine
dauerhafte Existenz der Familie nicht ausreichte, kam nur das Erlernen eines
Handwerks infrage. Mit 14 Jahren erwarb ich meinen Volksschulabschluss und
erlernte ein Bauhandwerk. Die Entscheidung der Familie dafür erlebte ich als
Maßnahme der Erwachsenen im Zusammenhang mit den Existenzfragen des
Hofs. Das war so üblich in den ländlichen Familien, und viele Möglichkeiten
gab es nicht. Mein Lehrmeister, der eine Malerwerkstatt im Nachbardorf führte,
war ein enger Freund meines leiblichen Vaters gewesen.
    Die Baustellen waren eine Männerwelt. Dort zählten Leistungsbereitschaft,
Zusammenarbeit und besonders die Bezogenheit zu den Kollegen. Es gab so
etwas wie eine Freudigkeit bei der Arbeit, Freude daran, gemeinsam etwas zu
schaffen. Ich hatte sie auch, ich machte die Arbeit gerne. Die Männer waren
überwiegend »Nachkriegsmänner«, jüngere Männer, die gerade nicht mehr
an der Front eingesetzt worden waren, eine Zwischengeneration zwischen den
»Kriegsvatern« und mir. Es fühlte sich an wie eine Gemeinschaft mit älteren Brüdern. Außerdem herrschte in dieser gesellschaftlichen Aufbauzeit – man nannte

sie den Wiederaufbau – eine Stimmung grenzenlos erscheinender Entwicklungsmöglichkeiten, die ihren Ausdruck auch und besonders in einer euphorischen
Bautätigkeit fand. Die Werkstatt war die erste Gruppe außerhalb des Dorfes
und des familiären Hauses, in der ich mich aufgehoben fühlte und die für mich
wichtig wurde.

Mein Lehrmeister, eher ein gefühlshafter Mensch, drückte seine Haltung
zur Welt und den Menschen überwiegend in Vernunftkategorien aus – eine Art
neuer Vernünftigkeit nach den Erfahrungen des Kriegs. Darunter bemerkte ich
eine gewisse Schwere und Depressivität, die ich mit seinen Kriegserlebnissen
in Verbindung brachte. Die Arbeit schien ihm dabei zu helfen, diese Schwere
der Erinnerung notdürftig zu überbrücken. Wir sprachen nie über den Krieg
und nie über meinen Vater, obwohl ich sechs Jahre lang bei ihm arbeitete. Im
Hintergrund aber war die Vorstellung meines Vaters immer präsent. Es war,
als hätten wir befürchten müssen, dass ein Gespräch über meinen Vater etwas
Gefühlshaftes hätte auslösen können, das dann vielleicht nicht mehr zu regulieren gewesen wäre. Die Scham über etwas, das man nicht einmal hätte benennen
können, war zu groß.

So fuhr ich täglich mit dem Fahrrad zu den zehn Kilometer entfernten Bau-
stellen in den Nachbarorten, lebte aber noch in meiner Familie. Außerdem fuhr
ich während der dreijährigen Lehre einmal wöchentlich in die nächste Kreis-
stadt zur Berufsschule. Dort traf ich auf 25 gleichaltrige Jungen. Die Gemeinschaft der Gleichaltrigen, anfangs vierzehnjährig, hatte etwas Entspannendes.
So als wären wir den Alten, an denen die Schwere des Nationalsozialismus und
des Krieges hing, für einen Tag entkommen.

## Schulen der Kreativität

Eines Tages kam ein junger Lehrer, gerade fertig mit seiner Ausbildung, wie es
hieß, und gerade doppelt so alt wie wir. In meiner Vorstellung hatte er in der
Nacht zuvor die Klassenräume in hellen, freundlichen Farben gestrichen, und
er ermunterte uns, die Tische zu kleinen Gruppen zusammenzustellen. Bei ihm
lernten wir auf ungewöhnliche Art über die Wirkung von Farben und Schriften
und über Zusammenhänge von Empfindungen bei Musik, Farbe und Archi-
tektur. Er sprach von Möglichkeiten der Gestaltung, die weit jenseits unserer
alltäglichen Arbeitsanforderungen und -spielräume lagen. Er war ein ruhiger,
etwas schüchterner Mann, der uns an seinem großen Reichtum von Sensibili-
tät und Empfindungsfähigkeit teilnehmen ließ. Im Vergleich zu den Männern,
die wir bisher gekannt hatten, hätte man ihn einen Träumer nennen können.

Aber er half uns, in praktischen Werkstücken Arbeiten zu fertigen, die weit über unsere damaligen Anforderungen hinausgingen und »Traumspuren« in uns hinterließen. Er war wohl auch der Erste, der unseren Blick auf Inneres lenkte, auf Empfindungen, Wahrnehmungen, Gefühle, und auf Ausdrucksmöglichkeiten in Kunst und Gestaltung. Das war in den uns bisher geläufigen Lebenszusammenhängen weitgehend ausgeklammert gewesen und wäre ohne ihn wohl auch ausgeklammert geblieben. Ich nutzte die Anregungen und Anleitungen, die von ihm kamen, soviel mir möglich war, und legte sehr gute Abschlussprüfungen ab. Ich empfand das alles als einen Anfang und wünschte, dass mehr daraus werden könnte.

Nach dem Abschluss der Lehre mit der sogenannten Gesellenprüfung, zurück auf dem Bau, hatte ich einen anderen, erwachseneren Status, obwohl ich erst 17 Jahre alt war. Im Vergleich zur Lehrzeit verdiente ich viel Geld. Die Welt war jetzt offener und in meiner Vorstellung mit dem Weggehen und mit Neuem verbunden. Aber an dieser Stelle hakte es. Ich kam nicht weiter, wurde depressiv und nahm erstmals psychotherapeutische Hilfe in Anspruch. Ich wollte weg. Es schien mir, dass es, wenn man in der Nähe der Nordsee aufgewachsen war, eigentlich nur die Schweiz in ihrer landschaftlichen Andersartigkeit sein könnte. Nur diese war auch weit genug weg von zu Hause. Für die Dorfbewohner war meine Entscheidung ungewöhnlich und unverständlich. Die Gemeinschaft zu verlassen war für sie eher das Thema der Flüchtlinge.

Mit zwanzig Jahren ging ich mit einem auf ein Jahr befristeten Arbeitsvertrag in die Schweiz. Noch heute verwundert es mich, wie selbstverständlich ich diesen Schritt bewältigte. Allerdings hatte ich die starke Ablehnung nicht vorhergesehen, die in der Schweiz 1963 den Deutschen noch entgegenschlug. Abgesehen von der Familie meines Arbeitgebers und wenigen Kollegen fand ich wenig Kontakt zu Einheimischen. Am ehesten ergaben sich Beziehungen zu Menschen, die sich in der gleichen Situation befanden: »Fremdarbeiter«, so die offizielle Bezeichnung. In dem Wort steckte eine andere gesellschaftliche Einordnung als in dem damals in Westdeutschland gebräuchlichen Begriff »Gastarbeiter«. Es hatte eine andere, eine aggressiv-ablehnende Tönung. Es handelte sich um eine Duldung auf begrenzte Zeit zum Zwecke der Arbeit. Die Furcht vor »Überfremdung« war damals in der Schweiz ein allgegenwärtiges Gesprächsthema. Doch der eigentliche Grund lag in unserer erst 18 Jahre zurückliegenden nationalsozialistischen Vergangenheit und dem Krieg. Zum ersten Mal erlebte ich, wie Deutschland aus der Distanz gesehen wurde, und stellte fest, dass ein nicht geringer Teil davon noch Hass auf Deutschland und die Deutschen war. In dieser gefühlten Fremdheit erlebte ich wohl auch etwas von der Fremdheitserfahrung »unserer« Flüchtlinge.

Dass ich meine berufliche Arbeit gut beherrschte, gab mir jedoch Sicherheit, und ich begriff recht schnell den Übergangscharakter dieses Aufenthalts. Ich begann erneut, über die von meinem Lehrer an der Berufsschule vermittelten Anregungen nachzudenken. Während meiner Zeit in der Schweiz war ich 21 und damit volljährig geworden. Ich bewarb mich an der Werkkunstschule Hannover für die Fachabteilung Architekturmalerei und konnte sofort beginnen. Im Verlauf von vier Semestern entwickelte sich mein Interesse an plastischer Formgestaltung, sodass ich nach zwei Jahren ins Fach Industrie-Design an die Werkkunstschule Kassel wechselte. Werkkunstschulen mit dem Status von Fachhochschulen, die inhaltlich in der Tradition des Bauhauses Dessau standen, wurden in der Zeit nach 1950 in mehreren Bundesländern gegründet. Auch der neuen Werkkunstschule Kassel lag die Idee des Bauhauses zugrunde.

## Meine erste Psychoanalyse

Schon zu Anfang des Studiums in Kassel bemühte ich mich um eine Psychoanalyse. Die Veränderungen verliefen nicht so problemlos, wie es im Rückblick erscheinen mag. Es hatte sich alles so schnell entwickelt, meine berufliche Situation, die neuen Tätigkeits- und Erlebensbereiche, das studentische Leben und neue Beziehungen in der Großstadt. Ich war innerlich überfordert, ohne dass ich es so hätte benennen können. In der Stadt gab es 1966 nur einen einzigen Psychoanalytiker, Dr. Alfred Külper in Kassel-Wilhelmshöhe, und ich bekam bei ihm einen Platz. 24-jährig begann ich 1967 meine Psychoanalyse.

Dr. Külper war der Erste aus der Elterngeneration, dem ich mich redend anvertrauen konnte und bei dem mein Erleben Raum erhielt. Er konnte auf eine gute Art zurückhaltend und trotzdem mit seinem Interesse immer fühlbar bei mir sein. Er hatte einen leisen, feinen Humor und offenbar eine unerschütterliche positive Vorstellung zu meiner Entwicklung. In seiner ruhigen, humorvollen Art erinnerte er mich an »unseren Opa«, den Vater meines Stiefvaters.

Doch bei aller Zurückhaltung von Seiten Dr. Külpers blitzten im Verlauf der Analyse manchmal Momente auf, die mich überraschten. Es ging um meine kritischen Fragen zur alten Generation, der »Kriegsmänner«-Generation, und ihren Nachkriegskarrieren. Seine Reaktionen blieben knapp, hatten aber plötzlich eine Lebhaftigkeit und eine leichte Schärfe in sich, wie ich sie sonst bei ihm nicht erlebte. Ich schloss aus wenigen kurzen derartigen Situationen, dass er ein zutiefst politischer Mensch sein musste. Auf seinem Tisch stand – an der Stelle, an der bei seinen Kollegen in der Regel ein Porträt von Freud stand, wie ich später feststellte – das Foto einer Frau. Nachdem ich lange Zeit daran vorbeigegangen war, fragte ich eines Tages danach, und er sagte: »Das ist Mutter Bonhoeffer.« Ich wollte und konnte damals noch nicht weiterfragen. In anderem Zusammenhang erfuhr ich von ihm, dass er aus Berlin stammte und dort um 1950 eine Weiterbildung zum Psychoanalytiker begonnen hatte (in demselben Institut, in dem ich später ebenfalls meine Weiterbildung machte). Er sei dann ans Stuttgarter Institut gewechselt, weil man dort dem Christlichen gegenüber aufgeschlossener gewesen sei. Offenbar war er nicht nur ein politischer, sondern auch ein christlich orientierter Mann. Ich ahnte damals mehr, als dass ich es wusste, dass das Foto auf seinem Tisch in diesem Zusammenhang von Bedeutung war. Die Familie Bonhoeffer war das Zentrum der Bekennenden Kirche im Widerstand gegen die Nationalsozialisten gewesen. Obwohl solche Momente sehr selten und sehr kurz waren, erlebte ich dabei doch zum ersten Mal, dass ein Mann der Vätergeneration sich nicht zurückzog, schwieg oder bagatellisierte, wenn das Gespräch auf den Nationalsozialismus kam, sondern in seiner Haltung sicher bei sich und bei mir blieb.

Ich erinnere mich auch, dass Dr. Külper in den Vorgesprächen anmerkte, er stehe in fachlicher Hinsicht zwischen Freud und Jung. Das sagte mir damals nicht viel. Er war auf der Suche nach dem Spirituellen gewesen, das in der Psychoanalyse eher mit der Arbeit C. G. Jungs verbunden war und für das es 1950 im Berliner Institut noch keinen Raum gegeben hatte. Das alles verstand ich erst viel später.

In der Psychoanalyse ging es um meinen persönlichen inneren Raum, der sich langsam zu entfalten begann. In meinem Studium ging es darum, einen inneren Raum für die zu gestaltenden Objekte zu öffnen, zu erweitern und möglichst lange offen zu halten. Es galt abzuwägen und in der Studiengruppe zu diskutieren, um so zu möglichen Entscheidungen zu kommen. Dafür stand viel Zeit zur Verfügung. Das »Machen«, der eigentliche praktische Vorgang des Gestaltens, die reale Formgebung, war dann ein weiterer wichtiger, aber nicht der einzige Schritt. Die Dynamik der Psychoanalyse einerseits und der Gestaltung andererseits waren nicht so unterschiedlich. Meine Aufmerksamkeit auf das innere Erleben im Vorgang des Gestaltens gelenkt hatte bereits unser junger Lehrer in der Berufsschule. Seine Anregungen waren für mich ein Antrieb geblieben, eine Situation zu finden, in der ich dieser Thematik für mich nachgehen konnte. In Kassel hatte ich diese Situation gefunden.

Noch heute verbindet mich mit Kassel ein Gefühl des Zu-Hause-Seins. Es war eine Zeit, in der ich zwischen Werkkunstschule und Psychoanalyse viel Raum für meine Entwicklung hatte. Im Wesentlichen war es aber wohl der Kontakt zu meinem Psychoanalytiker, bei dem dieses Gefühl entstehen konnte. Ich besuche heute noch gern die Stadt und Freunde aus der damaligen Zeit. Aktuell bin ich an einem der Kasseler psychoanalytischen Institute an der Entwicklung eines Weiterbildungsprogramms für die gruppenanalytische Behandlung von Kindern und Jugendlichen beteiligt.

Mit dem Abschluss an der Werkkunstschule hatte ich auch die Hochschulreife erworben, was mit der Möglichkeit eines Stipendiums für ein Hochschulstudium verbunden war. Nach einem langen Sommer in London zog ich 1972, mit 29 Jahren, zum Psychologiestudium nach Berlin.

## Die Studentenbewegung. Gruppen in Berlin und erste Praxiserfahrungen

Berlin vermittelte 1972 die Atmosphäre der Absage an das Alte, an die Kriegs- und Elterngeneration, an die Selbstverständlichkeit überkommener Lebensformen und -ziele. Die Studentenbewegung zeichnete sich durch eine kritische, unerbittliche Haltung aus und bezog sich ausdrücklich und in aggressiver Weise auf das Schweigen der Vätergeneration. Dazu gehörte die Idee der Gruppe, das Zusammenkommen in neuen Formen, auch im Studium. Die Beziehungen in den Seminar- und Arbeitsgruppen zeichneten sich oft aus durch einen erstaunlichen Zusammenhalt, aus dem sich persönliche Beziehungen und Wohngemeinschaften entwickelten. Hatte in Kassel, ausgehend von den Kunstschulen, ein eher beschaulicher, introspektiver Lebensstil geherrscht, der an die Studierenden den Anspruch persönlicher, individueller Entwicklung und ästhetischer Vervollkommnung der Lebenswelt stellte, so dominierte in der studentischen Szene Berlins eine aufgekratzte Stimmung der Infragestellung, der lauten Kritik, des Umbruchs und Aufbruchs. Die Seminare erschienen mir oft allzu kritiklastig gegenüber den Inhalten, doch die Freiräume hatten auch etwas Aktivierendes für mich. Insbesondere die Möglichkeiten, Praktika in Institutionen zu absolvieren, in denen Psychologen arbeiteten, nutzte ich ausgiebig.

Das war zunächst die Justizvollzugsanstalt Berlin-Tegel. Es handelte sich um ein Praktikumsprojekt des Psychologischen Instituts der Freien Universität Berlin. Der Leiter des sozialtherapeutischen Bereichs des Strafvollzugs begrüßte die Tätigkeit von Studierenden in seiner Einrichtung ausdrücklich. Inhaltlich und in Bezug auf unsere Vorgehensweise gab es keinerlei Vorschriften, aber auch keine Supervision. Wir bildeten ganz selbstverständlich Gesprächsgruppen mit den Häftlingen und versuchten, uns im Sinne von Intervisionsgruppen über das Erlebte zu verständigen. Eine Besonderheit damaliger studentischer Arbeitsgruppen war, dass Studierende fachübergreifend daran teilnahmen.

So kam es häufig vor, dass etwa ein Architekturstudent, mit dem wir bisher gemeinsam marxistisch-gesellschaftskritische Seminare besucht hatten, zu unserer Gruppe von Studierenden der Psychologie stieß. Dazu gehörten auch zwei Jurastudentinnen in höheren Semestern, die sehr engagiert mitarbeiteten. Auf Seiten der Studierendenschaft – und auch bei uns – herrschte damals eine kritische bis ablehnende Haltung gegenüber den staatstragenden Institutionen, die darauf mit Gegenmaßnahmen und neuen Regulierungen reagierten. Die Stimmung war auf beiden Seiten aufgeheizt. So erhielten die beiden Juristinnen recht bald unter Vorwänden (was damals nicht unüblich war) ein lebenslanges Berufsverbot für den öffentlichen Dienst, dem sie noch heute unterliegen. Den Studierenden der Psychologie passierte in dieser Hinsicht nichts, weil für sie Funktionen in staatlichen Institutionen ohnehin nicht vorgesehen waren. Unter der wohlwollenden Abteilungsleitung konnten wir unsere Gruppenaktivitäten mehr als ein Jahr lang fortsetzen. Die Form der Gruppe hatten wir spontan gewählt und machten dabei wichtige neue Erfahrungen. Aber wir merkten auch, dass uns viele Voraussetzungen für die Leitung einer Gruppe fehlten. Meine anschließende Übernahme der Funktion eines ehrenamtlichen Vollzugshelfers für einen der Insassen, für den der sogenannte »offene Vollzug« galt, der also vermehrt Ausgang zur Regelung seiner persönlichen Angelegenheiten hatte, gestaltete sich ungleich schwieriger in der Interaktion. Es fehlte die Gruppe als regulierendes Element.

## Die psychiatrische Klinik Havelhöhe

Gegen Ende meines Studiums absolvierte ich ein Praktikum in der psychiatrischen Klinik Havelhöhe unter der Leitung von Chefarzt Gerhard Zeller. Sie hatte einen guten Ruf in der Stadt und galt als fortschrittlich. Der größere Teil der dort arbeitenden Assistenzärzte und Diplom-Psychologen befand sich in psychoanalytischer Weiterbildung. Ich bekam meinen Praktikumsplatz auf einer Station für jüngere, überwiegend psychotische Patienten, auf der die Gruppenarbeit mit den Patienten ein selbstverständlicher Teil des Behandlungsprogramms war. Eigentlich hatte ich vorgehabt, mein Studium noch etwas zu verlängern, doch die Erfahrung der Teamarbeit in der Klinik begeisterte mich, so dass ich mich entschied, das Studium so rasch wie möglich abzuschließen und mich in der Klinik auf eine freiwerdende Stelle zu bewerben. Mit einer Diplomarbeit über Texte von Alfred Lorenzer bei Prof. Helmut Bach beendete ich mein Studium und bewarb mich erneut in Havelhöhe. Ich erhielt eine feste Stelle und arbeitete zehn Jahre lang in den unterschiedlichen Bereichen, in einigen Bereichen auch als Mitglied des Leitungsteams. Die Gruppenarbeit mit den Patienten hatte dort eine andere Ausprägung. Durch die Zusammenarbeit mit den Kollegen in psychoanalytischer Weiterbildung wurde die psychoanalytische Orientierung selbstverständlicher Teil der Arbeit, was ich neu und aufregend fand.

Durch meine handwerklichen und gestalterischen Vorerfahrungen fühlte ich mich auch sicher darin, mich mit einer Gruppe schwerer gestörter Patienten in der Werkstatt zu treffen, wo sich jeder über einen längeren Zeitraum hinweg mit seinem Werkstück beschäftigte. Infolge der Langfristigkeit und Regelmäßigkeit der Treffen konnte man bei den Patienten oft Ansätze einer erneuten Identitätsentwicklung wahrnehmen, die dem spontan sich einstellenden Gespräch einen sicheren Hintergrund gaben. Neu war dabei für mich die Erfahrung, dass die Gruppe Entwicklungsmöglichkeiten jenseits sprachlicher Klärungen und Interventionen bereithielt, dass der Gruppe an sich ein Entwicklungspotenzial innewohnte.

Ein Vorteil der von Dr. Gerhard Zeller geleiteten Klinik war, dass man viel Freiraum hatte, seinen eigenen Arbeitsstil zu entwickeln. Allerdings wäre eine spezifische Supervision, insbesondere zur Gruppenarbeit, dabei hilfreich gewesen und hätte die Prozesse differenziert. Doch dazu gab es damals in Berlin kein Angebot. 1980 begann ich meine psychoanalytische Weiterbildung.

## Das Institut für Psychotherapie Berlin und die institutionellen Entwicklungen der Psychoanalyse in Berlin

In der Klinik Havelhöhe lernte ich meine spätere Frau kennen, die dort ihr psychiatrisches Jahr zur Anerkennung als Fachärztin für Kinder- und Jugendpsychiatrie absolvierte. Nach diesem Jahr übernahm sie die Leitung der Beratungsstelle für Kinder- und Jugendpsychiatrie im Bezirk Berlin-Kreuzberg. 1982 heirateten wir, in meinem 39. Lebensjahr. Wir befanden uns beide in psychoanalytischer Weiterbildung am Institut für Psychotherapie Berlin (IfP), meine Frau in der DPG-Gruppe des Instituts, während ich mich bei den Jungianern bewarb, die sich damals gerade als eigenständige Fachgruppe formierten.

Beide Gruppen arbeiteten in Form eigenständiger Institute unter dem gemeinsamen Dach des Instituts für Psychotherapie Berlin. Da die beiden Gruppen zu diesem Zeitpunkt an einem wichtigen Punkt in ihrer Differenzierungs- und Neugründungsphase standen, konnten wir nach den Bewerbungsgesprächen mit den Lehranalytikerinnen und -analytikern entscheiden, in welcher Gruppe wir unsere Weiterbildung absolvieren wollten, und dementsprechend einen Lehranalytiker der jeweiligen Fachgruppe wählen. Aufgrund

der Lehrinhalte, deren Unterschiede ich zu wenig kannte, fiel mir diese Entscheidung schwer; ich bemerkte aber, dass ich mich in den Gesprächen mit
den jungianischen Lehranalytikern Ute Dieckmann und Rudolf Blomeyer stärker aufgehoben fühlte, irgendetwas dort war mir vertrauter. So wählte ich als
Fachgruppe die Jungianer und Ute Dieckmann wurde meine Lehranalytikerin.

Es gab damals nur zwei von der DGPT anerkannte Institute in Berlin, das
1947 gegründete Institut für Psychotherapie (IfP) und das 1950 daraus hervor-
gegangene Karl-Abraham-Institut der DPV. Der Entstehung des Karl-Abraham-Instituts lag die Tatsache zugrunde, dass der Antrag der DPG auf Wiederaufnahme in die Internationale Psychoanalytische Vereinigung (IPV) auf der
Tagung der IPV in Zürich 1949 abgelehnt worden war, weil die Ausbildung am
IfP auf der Theorie der Neopsychoanalyse Harald Schultz-Henckes basierte,
einer in wesentlichen psychoanalytischen Inhalten reduzierten Theorie psychoanalytischer Praxis. Daraufhin verließ eine kleine Gruppe von Mitgliedern das
IfP, gründete ein eigenes Weiterbildungsinstitut mit dem Ziel, die Freud'sche
Psychoanalyse wieder zur Grundlage ihres Instituts zu machen, und erhielt nach
erneutem Antrag auf der Tagung der IPV in Amsterdam 1951 die Anerkennung
als Mitgliedsinstitut der IPV. Das war noch 1980 die institutionelle Situation
der Psychoanalyse in Berlin, als ich mich um die psychoanalytische Weiterbildung bewarb.

Das Karl-Abraham-Institut galt in der Stadt als das »orthodoxe« Institut
der Psychoanalyse, weil es sich in seinen Arbeitsgrundlagen klar erkennbar
auf die Freud'sche Theorie bezog. Das Institut für Psychotherapie wurde im
Allgemeinen als »moderner« und offener gegenüber anderen Theorieansätzen
angesehen, bei denen es sich im Wesentlichen um die Theorie von Harald
Schultz-Hencke handelte. Zwischen den beiden Instituten herrschte Ablehnung
und der Kontakt war äußerst gering. Die Spaltung war verbunden mit vorwurfs-
vollem Affekt und klarer Abgrenzung von beiden Seiten. Mir erschien das Karl-
Abraham-Institut damals eher verschlossen, klösterlich und abweisend, das IfP
freundlicher, offener und zugänglicher, was natürlich auch darauf zurückzu-
führen war, dass der Betreuer meiner Diplomarbeit am Psychologischen Institut der Freien Universität Berlin, Prof. Helmut Bach, zu dem Zeitpunkt Leiter
des IfP war.

Aus dem Mitgliederkreis des IfP heraus wurde 1981, dreißig Jahre nach der
Gründung des Karl-Abraham-Instituts, ein weiteres Institut gegründet, das Institut für Psychoanalyse, Psychotherapie und Psychosomatik Berlin (IPB). Die
Zielsetzung war wie bei der Gründung des Karl-Abraham-Instituts die Wiederaufnahme der Freud'schen Psychoanalyse als Arbeitsgrundlage. Das neue Institut verblieb zunächst als selbstständiges im Verbund des IfP. 1984 führten

jedoch Schwierigkeiten in der praktischen Kooperation, die aber wohl eigentlich inhaltlichen Differenzen geschuldet waren, zum Auszug des IPB aus dem IfP.

1983 gründeten Mitglieder des IfP ein weiteres Institut, das Berliner Institut für Psychotherapie und Psychoanalyse (BIPP), jedoch aus anderen Motiven heraus. Diese Neugründung, in der auch die Spannweite unterschiedlicher Interessen im IfP deutlich wurde, wirkte zunächst wie ein Schritt rückwärts, denn die Gründungsmitglieder waren sämtlich Ärzte, die ausschließlich eine Ausbildung für einen Zusatztitel im Rahmen der ärztlichen Weiterbildung anstrebten. Es ging weniger um das theoretische Selbstverständnis der Gruppe. Die Aufnahme in die DGPT war aber an die gemeinsame Weiterbildung von Ärzten und Diplom-Psychologen gebunden (Unvereinbarkeitsbeschluss der DGPT), sodass das Institut schließlich dieser Vorgabe nachkam und von der DGPT anerkannt wurde.

Diese zurückliegenden Spaltungen waren immer präsent. Weniger wurde über die auch für das Institut gravierenden Folgen des Mauerbaus 1961 gesprochen, die für die Kandidatinnen und Kandidaten aus dem Ostteil Berlins von einem Tag auf den anderen den Abbruch der Weiterbildung bedeutet hatten. Die politische Spaltung zog sich nicht nur als Mauer durch die ganze Stadt, sondern führte auch zum Abbruch menschlicher Beziehungen innerhalb Berlins und kollegialer Beziehungen im IfP.

Wenn ich versuche, mir den Eindruck zu vergegenwärtigen, den ich am Anfang meiner Weiterbildung von der Situation des Instituts hatte, so entsteht das Bild einer Ruine, eines Hauses, aus dem Stücke herausgerissen worden waren. Ein anderes Bild ergibt sich für mich heute, wenn ich berücksichtige, dass die Geschichte des Instituts seit seiner Gründung durch das Ausscheiden von Mitgliedergruppen geprägt war – das Ergebnis einer Jahrzehnte dauernden Auseinandersetzung um die Wiedererlangung der Inhalte der Psychoanalyse. Zugleich war es ein Ringen darum, sich der inneren Verantwortung für die katastrophalen Ereignisse des Nationalsozialismus stellen zu können. Beides kam zusammen und erforderte einen langen Zeitraum.

Die damals noch kleine Gruppe der jungianischen Kollegen arbeitete anfangs mit in der Weiterbildung des IfP. Anne Springer (1998) datiert den Beginn der Entwicklung einer jungianischen Identität innerhalb des Instituts für Psychotherapie in Berlin etwa auf das Jahr 1960. 1977 erfolgte dann die Gründung des C. G.-Jung-Instituts, das seitdem mit einem eigenständigen Curriculum ein Teil des »Instituts für Psychotherapie« ist.

Nach meinem Examen übernahm ich verschiedene Funktionen im Jung-Institut. Ich war Dozent für das Anamneseseminar, das ich gemeinsam mit Kolleginnen fast zwanzig Jahre lang leitete, außerdem mehrere Jahre Mitglied im

Weiterbildungsausschuss. Von 1994 bis 2000 war ich Vorstandsmitglied, 2004 wurde ich Lehranalytiker des C. G.-Jung-Instituts.

1997 fand eine Jubiläumstagung zum fünfzigjährigen Bestehen des IfP statt, zu der erstmals Vertreter aller psychoanalytischen Institute Berlins eingeladen waren, die aus dem IfP hervorgegangen sind. Die Tagung trug den Titel: »Über die Schwierigkeit, die eigene Geschichte zu schreiben. 50 Jahre Institut für Psychotherapie Berlin«. Volker Holitzner vom BIPP sprach in seinem Vortrag vom »Mutterinstitut IfP« und seinen Berliner »Töchterinstituten« (Holitzner, 1998). Von vielen Seiten wurden die Ausgangssituationen der jeweiligen Gruppen geschildert, die zur Trennung vom IfP geführt hatten, aber auch die jeweilige gruppeninterne Bewältigung der hochemotionalen Spaltungssituation und die weitere Entwicklung zu einer eigenen psychoanalytischen Identität. Erwin Kaiser, zur damaligen Zeit DPV-Sekretär, sprach in Bezug auf die Tagung von der Wiederaufnahme der 1950 abgebrochenen Gespräche (Kaiser, 1998). Bereits vor 1997 hatten regelmäßig gemeinsame Arbeitstreffen der Berliner Institute der DGPT stattgefunden. Anfangs standen berufspolitische Fragen im Vordergrund, in denen man gemeinsam nach Lösungen suchte. Später bildeten sich zunehmend Arbeits- und Intervisionsgruppen zu inhaltlichen Fragen.

## Meine gruppenanalytische Selbsterfahrung.
## Suche in St. Petersburg

Ich erhielt in meiner Praxis häufiger Anfragen zur Teamsupervision in Kliniken. Die Notwendigkeit einer fundierten gruppenanalytischen Weiterbildung war mir bereits während des Studiums bei der Gruppenarbeit in den Institutionen des Strafvollzugs und der Psychiatrie deutlich geworden. Ich besprach mein Anliegen mit Prof. Wulf-Volker Lindner in Hamburg und nahm daraufhin vier Jahre lang an einer von ihm geleiteten Gruppenselbsterfahrung teil. Darin entfaltete sich für mich von Anfang an die Dynamik meines nie real erlebten Vaters, die bisher meinen Umgang mit anderen erschwert und beeinträchtigt hatte. Nach einer gewissen Zeit begann ich, in diesem Zusammenhang Aktivitäten zu entwickeln. Ich besorgte mir vom Volksbund Deutsche Kriegsgräber-Fürsorge Unterlagen über das Grab meines Vaters. Ich wollte zu der Stelle, an der er begraben worden war und an der das Holzkreuz gestanden hatte, das ich als Kind jeden Morgen auf einem stark vergrößerten Schwarz-Weiß-Foto zu verstehen versucht hatte. Doch ich hätte diese Reise sicher nicht allein, ohne meine Frau, gemacht.

Wir hatten ein paar Tage lang eine Dolmetscherin und einen Chauffeur, der als Militärangehöriger in einem höheren Rang soeben pensioniert, möglicherweise auch im Rahmen der gerade erfolgten gesellschaftlichen Umwälzungen (Glasnost) freigestellt worden war. Er verstand unser Anliegen sofort und machte sich an einem dieser Tage mit uns auf in den Ort, der uns genannt worden war, meiner Erinnerung nach etwa 60 km außerhalb von St. Petersburg. Es war offenbar nicht einfach, den Ort in der großen Ebene genau auszumachen. Nachdem der Chauffeur viele Amtsstuben betreten und wieder verlassen hatte, waren es schließlich die alten Frauen eines Dorfes, die uns den Ort zeigen konnten. Ich glaube, dass wir nur dank der noch militärischen Ausstrahlung unseres Chauffeurs zu »unserem« Soldatenfriedhof gelangten.

Das ungenutzte verwilderte Grundstück neben dem Dorffriedhof war eine große Enttäuschung für mich. Nichts deutete mehr auf den früheren Soldatenfriedhof hin. Die Situation, die wir vorfanden, machte mich hilflos und wütend. Heute kann ich den Zustand des Geländes in seiner Nichtnutzung auch als Respekt der Bevölkerung und der zuständigen Verwaltung vor dem Gelände des Soldatenfriedhofs sehen, der damals schon mehr als fünfzig Jahre alt war. Nachdem wir einige Zeit dort verbracht hatten, hob unser Chauffeur mit einem Spaten ein Stück Erde aus, tat es in ein Behältnis und übergab es mir mit den Worten: »Bring es nach Hause.«

Auf dem Rückweg in die Stadt schien er einen Umweg zu fahren. Wir hielten auf dem »Deutschen Friedhof«. Die Bezeichnung geht auf frühere Zeiten zurück, in denen es eine bedeutende deutsche Gemeinde in St. Petersburg gegeben hatte. Dort führte er uns zu einem neuen Grabhügel, auf dem auch der Blumenschmuck noch frisch war, dem Grab seines Sohnes, der kurz zuvor eines der ersten Opfer des Tschetschenienkriegs geworden war. Anschließend fuhr er mit uns – auch das war ihm wichtig – zu dem gewaltigen Mahnmal für die millionenfachen Opfer der deutschen Belagerung von St. Petersburg, an der mein Vater teilgenommen hatte. Es war ein aufwühlender Tag für mich.

Bevor wir die Reise beendeten, besuchten wir an einem warmen, sonnigen Sonntagnachmittag ein Bruckner-Konzert. Gleich bei den ersten Tönen schlief ich im Konzertsaal ein. Es war wohl mehr eine Art Halbschlaf, denn danach war ich sicher, dass ich, eingehüllt in eine wohlige Entspannung, das ganze Konzert erlebt hatte. Unsere Reise fand im Juni statt und fiel also in die Zeit der Weißen Nächte, in denen es in St. Petersburg bei großer Wärme nachts weitgehend hell bleibt und man das Gefühl hat, wenig Schlaf zu brauchen, und tagsüber trotzdem wach und aktiv ist. So gerät der Schlaf-Wach-Rhythmus in Bewegung. Aber es war wohl vieles in Bewegung geraten. Der entspannte Schlaf im Konzert mitten am Tage, nachdem so viel passiert war, hatte etwas von einer inneren Lösung. Ich gehe immer noch gerne in Bruckner-Konzerte. Ich habe das Gefühl, dort etwas zu suchen und auch zu finden – entfernt vergleichbar mit meiner frühen Suche in den »schwarzen« Bildern zu Hause, aber lebendiger, gelöster und vollständiger.

Zur Zeit dieser Reise und während meiner Gruppenselbsterfahrung unternahm ich in meinem Heimatdorf Helvesiek auf einem Grundstück, das ich geerbt hatte, gemeinsam mit meiner Frau eine größere Waldpflanzung. Mit der Planung dafür hatte ich schon einige Jahre zuvor begonnen. Das an Landwirte verpachtete Feldgrundstück, auf dem Silos betrieben und landwirtschaftliche Schwerfahrzeuge abgestellt wurden, war im Laufe der Jahre verwahrlost und eine Schädigung der Böden war nicht mehr auszuschließen. Ich kündigte den Pachtvertrag und ließ in Zusammenarbeit mit den örtlichen Forstbehörden einen ein Hektar großen Laubwald nach forstökologischen Kriterien pflanzen. Einen großen Teil der Bäume pflanzten meine Frau und ich an den Wochenenden selbst. Die Reaktion der benachbarten Landwirte auf unsere Aktivitäten glich der meiner Eltern vierzig Jahre zuvor, als ich Gärtner hatte werden wollen. Man sagte mir nur kurz: »Da wächst nichts.« Aus meinem frühen Umgang mit dem Pflanzen hatte ich andere Erfahrungen und stellte bei den Arbeiten fest, dass in einer Tiefe von 70 cm beste Tonerde zu finden war. Wenn die neuen Pflanzen mit ihren Wurzeln die Tonschicht erreicht hatten, wuchsen sie schnell und kräftig. Der Wald ist jetzt 27 Jahre alt. Es war beglückend, ihn wachsen zu sehen. Er ist ein wichtiger Teil des Dorfes geworden. Meine Frau und ich hatten von Anfang an geplant, die Pflanzung nach einer gewissen Zeit einer Naturschutzorganisation zu übergeben. So gehört der Wald heute dem Naturschutzbund Deutschland (NABU). Ich besuche ihn von Zeit zu Zeit.

## Die Dozentengruppe Analytische Gruppenpsychotherapie im IfP

Zur gleichen Zeit begann ich in Berlin vermehrt in der Dozentengruppe Analytische Gruppentherapie des Instituts für Psychotherapie und in den Arbeitsgruppen der Berliner Gruppentherapeuten aktiv zu werden und Funktionen zu übernehmen. Das Seminar »Theorie der analytischen und tiefenpsychologisch fundierten Gruppenpsychotherapie« war obligatorisch für alle Kandidaten und Kandidatinnen der psychoanalytischen Weiterbildung, in der Regel gegen Ende der Weiterbildung. Es fand in acht Blöcken jeweils am Wochenende statt.

Die Stimmung der Teilnehmenden im Seminar war zunächst eher ablehnend, denn in der Schlussphase der Weiterbildungszeit hatte die Identität als Psychoanalytiker für die Einzelbehandlung bereits eine gewisse Festigkeit gewonnen und die Konfrontation mit der Gruppenanalyse wurde als irritierende Zumutung erlebt. Anfangs hatte ich oft den Eindruck, die Teilnehmenden hätten ein – dem fortgeschrittenen Weiterbildungsstand angemessenes – libidinöses Verhältnis zur Psychoanalyse entwickelt, sodass ihnen die Gruppenanalyse wie der zu spät kommende Vater erschien. Allmählich entwickelten sich Interesse und Motivation.

Die Dozentengruppe bestand aus acht Kollegen, Mitgliedern des IfP mit gruppenanalytischer Praxiserfahrung. Ich kam 1994 dazu und leitete zusammen mit Veronika Diederichs-Paeschke ein Seminar. Veronika war Kinder- und Jugendlichenpsychiaterin sowie Psychoanalytikerin für Erwachsene, Kinder und Jugendliche mit langer Erfahrung, besonders in der Leitung von Kinder- und Jugendlichengruppen in Klinik und freier Praxis. 1998 wurde ich, in der Nachfolge von Kurt Höhfeld, Leiter der Dozentengruppe Analytische Gruppen-psychotherapie im IfP Berlin.

## Der Supervisor

Am Wochenende nahm ich häufiger an Veranstaltungen in den Instituten in Heidelberg und Zürich teil, auf der Suche nach Anregungen für unser Berliner Seminar. Auf einem Seminar in Zürich 1997 erlebte ich Gerhard Wilke als Großgruppenleiter. Ich fand seine Art der Gruppenleitung beeindruckend. Zurück in Berlin besprach ich mit den Kollegen, ihn nach Berlin einzuladen. Nach einem Vortrag im IfP am Freitagabend vereinbarten wir für den Samstag drei Sitzungen unserer kleinen Dozentengruppe mit Gerhard Wilke. Waren diese Sitzungen eine Supervision unserer Unterrichtstätigkeit? Oder eine Klärung von Konflikten innerhalb unserer Dozentengruppe oder mit den Seminarteilnehmenden? Nach meiner Erinnerung traf das alles nicht zu. Die Gruppe selbst wurde zum Gegenstand der Reflexion, ihre Stärken wurden behutsam sondiert. Von nun an sahen wir Gerhard Wilke halbjährlich. Das Thema blieb, und daraus erwuchsen unsere Vorstellungen, wie wir mehr aus dem Seminar machen könnten.

Irgendwann entstand der Gedanke, auch die Weiterbildungskandidaten der übrigen Berliner psychoanalytischen Institute an unseren Theorieseminaren teilnehmen zu lassen. Für andere Inhalte des Curriculums hatten die Berliner psychoanalytischen Institute bereits einen gemeinsamen Lehrverbund gegründet, der sich in dieser Funktion schon mehrere Jahre bewährt hatte. Schnell entwickelte sich die Idee, unser Angebot um die von der DAGG für die Weiterbildung geforderte Selbsterfahrung und Supervision von Lehrgruppen zu erweitern – und ein eigenständiges Institut mit einem vollständigen Curriculum für die gruppenanalytische Weiterbildung zu gründen. Wir waren nur acht Kollegen – woher nahmen wir die Vorstellung, ein vollständiges Curriculum der gruppenanalytischen Weiterbildung bewältigen zu können? Aber so konkret dachten wir damals noch nicht.

## Vielfalt

Ich trug unsere Überlegungen in die regelmäßig stattfindende Runde der Institutsleiter der Berliner DGPT-Institute, weil ich dachte, ein solches Projekt müsse, bei aller Eigenständigkeit, im Kontext der psychoanalytischen Institute seinen Platz finden. Wir kamen aus einem der psychoanalytischen Institute und hatten damit bisher gute Erfahrungen gemacht, auch was die Vermittlung der Gruppenanalyse betraf. Überzeugen konnte ich schließlich mit dem Gedanken, das neu zu gründende Gruppeninstitut durch Kooperationsverträge mit den psychoanalytischen Instituten zu verbinden.

Formal hätte es der Zustimmung der psychoanalytischen Institute zu unserem Vorhaben nicht bedurft. Ich wollte aber signalisieren, dass wir mit unserer Neugründung im Kontext der psychoanalytischen Institute verbleiben wollten. Wir waren Mitglieder eines psychoanalytischen Instituts und wollten dies auch bleiben, aber uns zusätzlich vermehrt der Gruppenanalyse zuwenden, auch in der Weiterbildung. Und wir wollten das gemeinsam mit den anderen Berliner psychoanalytischen Instituten tun. Das hatte den anfangs noch gar nicht beabsichtigten Effekt, dass Kollegen aus den anderen Instituten, die analytische Gruppenpsychotherapie praktizierten, sich für uns zu interessieren begannen und sich einer kollegial initiierten Intervisionsgruppe anschlossen. Wir begannen, uns über unsere gruppentherapeutische Arbeit über die Institutsgrenzen hinweg auszutauschen. Die Zahl der interessierten Kollegen und Kolleginnen wurde größer und schließlich wurde die Vorstellung konkreter, ein gemeinsames Institut gründen zu können.

Es gab Kontakte und Initiativen auf mehreren Ebenen. Kurt Höhfeld vom Institut für Psychotherapie und Christoph Seidler von der Arbeitsgemeinschaft für Psychoanalyse und Psychotherapie Berlin (APB) vertraten jeweils ihr Institut in den Arbeitsgremien der Berliner Ärztekammer. Höhfeld war Initiator und langjähriger Leiter des gruppentherapeutischen Bereichs im IfP gewesen, Seidler der Leiter der 1992 gegründeten APB, in der die Intendierte Dynamische Gruppenpsychotherapie zum Kern der Arbeit gehörte. Auch hier gab es erste Impulse zur Entwicklung gemeinsamer Bemühungen um die Gruppenanalyse in Berlin, und die Kollegen der APB stellten ihre Arbeit ebenfalls in der Intervisionsgruppe zur Diskussion. Kurt Höck, der

Begründer der Intendierten Dynamischen Gruppenpsychotherapie, die zur
wesentlichen Therapieform der DDR wurde, hatte von 1950 bis 1953 an der
psychoanalytischen Weiterbildung am IfP teilgenommen, bevor er 1957 im
»Haus der Gesundheit« in Ostberlin mit der Entwicklung der Gruppentherapie begann. Im Januar 1989, ein halbes Jahr vor dem Mauerfall, wurde
er vom IfP zu einem Vortrag eingeladen und berichtete über seine Arbeit in
der DDR (Sommer, 1997). Zur 50-Jahr-Feier des IfP war er aus gesundheitlichen Gründen verhindert, sprach jedoch in einem Tonbandinterview über
die Intendierte Dynamische Gruppenpsychotherapie als Weiterentwicklung
der Neopsychoanalyse Schultz-Henckes.

## Die Großgruppe

Als sich unsere Ideen weiter konkretisierten, wurde es notwendig, die Energien
aus den verschiedenen Arbeitsgruppen und Initiativen in einer Großgruppe
zusammenzuführen. Wir waren nun nicht mehr acht, sondern dreißig Personen, die dasselbe Interesse hatten. Gerhard Wilke wurde zum Leiter der Großgruppe von Kollegen aus allen psychoanalytischen Instituten Berlins.

Zu Beginn waren wir Mitglieder der Großgruppe deutlich wahrnehmbar auch
die Vertreter unseres jeweiligen psychoanalytischen Instituts. Bei allen Wünschen, ein gemeinsames Gruppeninstitut zu entwickeln, war die Anspannung
fühlbar, dass bei einem Sich-Einlassen auf den Prozess die Identität und die Interessen des eigenen psychoanalytischen Instituts nicht verloren gehen dürften. Am
deutlichsten zeigte sich das in der Dynamik zwischen den Kollegen der APB mit
dem Ansatz der Intendierten Dynamischen Gruppenpsychotherapie und den
Kolleginnen und Kollegen, die sich überwiegend am Foulkes'schen Modell der
Gruppenanalyse orientierten, wie sie im Westen der Stadt vorwiegend praktiziert worden war. Dieser vermeintliche Gegensatz stand häufig im Vordergrund.
Dahinter standen die Vorbehalte der Kollegen, deren Institute sich in einem
»direkten« Vorgang vom IfP abgespalten, eine eigene Identität entwickelt hatten
und jetzt befürchteten, die erworbene Identität und Eigenständigkeit in einem
neuen gemeinsamen Projekt wieder zu verlieren. Manchmal schien es spürbar
um Verlieren oder Gewinnen zu gehen, man nahm es in sich selbst wahr. Wunsch
und Angst standen sich gegenüber. Doch allmählich entstand ein Drittes, auf
das schließlich niemand mehr verzichten wollte: das Bedürfnis, gemeinsam zu
arbeiten. Es wurde zum tragenden Pfeiler der Entwicklung.

Mit zeitlichem Abstand wird deutlich, dass dort eine Gruppe zusammenkam,
deren Mitglieder aufgrund einer langen Geschichte vieles gemeinsam hatten.

Es handelte sich immer um das gemeinsam zu realisierende Projekt eines Instituts für Gruppenanalyse in Berlin. Darunter jedoch lagen die Ängste, die in mehr als einem halben Jahrhundert von Erfahrungen erzwungener Zusammenschlüsse und Trennungen, von Kompromissen des Zusammenbleibenmüssens und dem Erlebnis schmerzhafter Spaltungen wurzelten.

In der Großgruppe inszenierte sich mehr als nur das gemeinsame Vorhaben. 1936 hatte der erzwungene Zusammenschluss im sogenannten Reichsinstitut, dem »Deutschen Institut für psychologische Forschung und Psychotherapie«, den weitgehenden Verlust der psychoanalytischen Identität bedeutet. Die Gründung des IfP 1947 hatte in einem ersten Schritt zunächst den Kompromiss des Zusammenbleibens der Fachgesellschaften und Institute erfordert; erst in der Dynamik der Rückbesinnung auf die Psychoanalyse, bei der sich in Berlin institutionelle Spaltungen und Neugründungen ergaben, entwickelten sich neue Anfänge und die Wiederentstehung psychoanalytischer Identität. Dies waren wesentliche Grundzüge der Matrix unseres Vorhabens der Gründung eines gemeinsamen neuen Instituts, die sich in der Großgruppe aktualisierten.

Wir hätten jetzt anhaltend über die »richtige« Gruppenanalyse diskutieren können, sahen aber bald ein, dass eine solche Diskussion ebenso endlos wie unfruchtbar sein würde. Stattdessen richteten wir unsere Aufmerksamkeit auf machbare erste Schritte, die zeigen würden, wie wir zusammenpassten. Wie wollten wir z. B. unsere Weiterbildungsgruppen leiten – einzeln oder in Paaren? Nicht nur in der Intendierten Dynamischen Gruppenpsychotherapie war die Leitung durch ein Paar die gängige Praxis gewesen, sondern auch im IfP waren die Theorieseminare von Paaren geleitet worden. Gerhard Wilke sah in der Beibehaltung dieser Tradition die Chance neuer Erfahrungen. Konkret hieß das, dass zwei Mitglieder verschiedener »Herkunftsinstitute« die Seminare und Selbsterfahrungsgruppen der Weiterbildung gemeinsam leiten sollten; auf diese Weise bekäme das Gespräch über Unterschiede, Gemeinsamkeiten und Möglichkeiten der Zusammenarbeit eine reale Grundlage. Wilke (2019), der über zwanzig Jahre hinweg die Entwicklungsdynamik des BIG als Supervisor und Großgruppenleiter begleitete, schildert in seinem Beitrag in »Berliner Gruppenanalyse« unter dem Titel »Grenzüberschreitungen und die Wiedervereinigung der Gruppenanalyse« die Besonderheit dieser Gruppe, die so erst nach dem Fall der Berliner Mauer entstehen konnte.

## Das Berliner Institut für Gruppenanalyse

Am 30. September 2003 gründeten wir das Berliner Institut für Gruppenanalyse e. V. (BIG). Die Großgruppe wählte mich zum Gründungsvorsitzenden; meine Kollegen im Vorstand waren Gerdi Zeller von der APB und Lothar Schlüter-Dupont vom BIPP.

Sechs Wochen später begannen wir mit der ersten Lehrveranstaltung des BIG, indem wir das bereits seit den 1970er Jahren in ersten Ansätzen und seit 1984 kontinuierlich durchgeführte Seminar »Theorie der psychoanalytischen und tiefenpsychologisch fundierten Gruppentherapie« aus dem Curriculum des IfP ins BIG übernahmen (Höhfeld, 2010). Leiter waren Hanna Reinhardt-Bork vom Alfred-Adler-Institut (AAI) und Stephan Alder (APB). Das erste Leiterpaar des BIG für die Gruppenselbsterfahrung wurden Gerdi Zeller (APB) und Lothar Kittel (IfP). Für die Supervision der Leiterpaare stand Gerhard Wilke zur Verfügung.

Doch die Fragen der Leiterpaare, ihre Schwierigkeiten und Fortschritte wurden auch die Themen der Großgruppe. Das Zusammenfinden der Leiterpaare, sowohl für die Vorstandsgruppe als auch für die Seminare und Selbsterfahrungsgruppen der Weiterbildungsteilnehmer, geschah zunächst in der Großgruppe. Sie bot den lehrenden Kollegen einen stabilen Hintergrund für ihre Arbeit; in der Großgruppe selbst entstand zunehmend Vertrauen in die Entwicklungskräfte und -möglichkeiten der Vielfalt der Gruppe. Unter den Kolleginnen und Kollegen entwickelten sich wahrnehmbar neue persönliche Beziehungen. Viele Funktionen für die Strukturierung des Instituts, die anfangs die Großgruppe leistete, wurden mit der Zeit von den neu gebildeten Arbeitsgremien des Instituts übernommen. Dennoch ist die Großgruppe der dynamische Mittelpunkt der Entwicklung des Instituts geblieben.

Die Großgruppe trifft sich nach wie vor zweimal im Jahr, einmal verbunden mit der Mitgliederversammlung am Abend zuvor, auf der unter anderem die Arbeit des letzten Jahres vorgestellt wird. Heute, zwanzig Jahre nach der Gründung des BIG, fällt mir eine große Veränderung auf. Ich habe nicht mehr den Eindruck, dass hier Vertreter unterschiedlicher Institute, Fachrichtungen und Schulen anwesend sind, alle mit dem inneren Auftrag ihres Herkunftsinstituts und den dazugehörenden Anliegen und Ängsten. Die Vielfalt äußert sich jetzt in einer großen Zahl kreativer Arbeitsfelder und Projekte, die sich sowohl auf die gruppenanalytische Weiterbildung des Instituts beziehen als auch auf die Kooperationen mit den psychoanalytischen Instituten und ärztlichen Weiterbildungseinrichtungen Berlins. Die Spannungen und Gegensätze, die in der Entwicklung des BIG von Anfang an bestanden, sind durch besonnene Handhabung Teil seiner kreativen und produktiven Entwicklungsenergie geworden.

2017 organisierten wir in Zusammenarbeit mit der D3G in Berlin die alle drei Jahre stattfindende Tagung der Group Analytic Society International (GASI) mit dem Tagungstitel »Crossing Borders: Social, Cultural and Clinical Challenges«. Mit 650 Teilnehmern aus 42 Ländern war dies die bisher größte GASI-Tagung. Dort entfaltete und bewährte sich einmal mehr die gewachsene Fähigkeit der Gruppe BIG, Aufgaben in einem größeren Kontext übernehmen zu können. Die Tagung war für uns ein überwältigendes Erlebnis und eine Bestätigung unseres bisherigen Wegs, verbunden mit dem Gefühl, angekommen zu sein im Kontext der internationalen Gruppenanalyse. 2019 erschien das Buch »Berliner Gruppenanalyse. Geschichte – Theorie – Praxis« (Seidler, Albert, Husemann u. Stumptner), in dem 17 Kolleginnen und Kollegen über ihre Arbeit im Berliner Institut berichten. Der Band vermittelt einen eindrucksvollen Überblick über das vielfältige gruppenanalytische Engagement innerhalb der sozialen Strukturen Berlins.

Im Rahmen der Kooperationsvereinbarungen des BIG war ich längere Zeit als Dozent für die Vermittlung gruppenanalytischer Ansätze in ärztlichen Weiterbildungsgängen tätig, dem Kollegium für psychosomatische Medizin Berlin-Brandenburg e. V. und dem Weiterbildungskreis Kinder- und Jugendpsychiatrie Berlin-Brandenburg e. V. Diese Weiterbildungsgänge für Fachärzte dienen dem Erwerb der Zusatzqualifikation »Tiefenpsychologisch fundierte Psychotherapie«. Die Seminare fanden in den Kliniken der Charité statt, in einer praxisnahen professionellen Atmosphäre, in der die Gruppenaspekte der Tagesarbeit zu lebhafter Dynamik in den Seminaren führten.

Gemeinsam mit meiner Kollegin Veronika Diederichs-Paeschke, mit der ich im IfP schon das Theorieseminar gehalten hatte, leitete ich ab 1996 zwanzig Jahre lang eine Supervisionsgruppe zur gruppenanalytischen Arbeit mit Kindern und Jugendlichen, an der über viele Jahre Kollegen weit über Berlin hinaus teilnahmen. Die Supervisionsgruppe begann im Fortbildungsangebot des IfP und wurde so auch ins BIG übernommen. Heute bin ich neben meiner Supervisionstätigkeit im BIG beratend und supervisorisch für psychoanalytische und gruppenanalytische Institute tätig, die einen Weiterbildungsgang für die gruppenanalytische Arbeit mit Kindern und Jugendlichen entwickeln.

## Schlussbetrachtungen

Das Institut für Psychotherapie Berlin, in dem ich meine psychoanalytische Weiterbildung absolvierte, später Funktionen im Institutsleben übernahm und in dem ich bis heute Mitglied bin, war gelebte Gruppenerfahrung. Sie bestand in der Auseinandersetzung mit der Geschichte des Instituts, die dort angefangen hatte, wo zeitlich auch meine persönliche Geschichte begann, unter der Diktatur des Nationalsozialismus, in Kriegs- und Nachkriegszeit. In der Auseinandersetzung mit der Geschichte der Psychoanalyse und unserer Institutsgeschichte waren wir insofern betroffen, als sie Teil unserer persönlichen Geschichte war. Während meiner psychoanalytischen Weiterbildung erlebte ich eine Institution und eine Gruppe von Kollegen, die sich der Last der schrecklichen Geschichte der nationalsozialistischen Vergangenheit stellte. Ich absolvierte meine Weiterbildung in der Übergangszeit der letzten Trennungen und Neugründungen psychoanalytischer Institute. Danach erlebte ich im IfP ein psychoanalytisches Institut, das sich durch seine Mitglieder erneuerte, gleichzeitig mit einem kooperativen Zusammenfinden der aus diesem Prozess hervorgegangenen Kollegenschaft Berlins. Die Arbeit im IfP und die Zugehörigkeit zur Gruppe der Kollegen, die die Neuorientierung und Weiterentwicklung des Instituts voranbrachte, hat meine Hinwendung zur Gruppenanalyse motiviert und zu meinem Engagement für die Entstehung des Berliner Instituts für Gruppenanalyse beigetragen.

An dieser Stelle möchte ich die gemeinsame Arbeit mit meiner Frau, Irmhild Kohte-Meyer, im Institut für Psychotherapie erwähnen. Obwohl wir verschiedenen Fachrichtungen des Instituts angehörten, arbeiteten wir gemeinsam in verschiedenen Funktionen und unterschiedlichen Gremien an der Entwicklung des IfP im Verbund der Berliner Institute der DGPT. Meine Frau war zur Zeit der Entwicklung des Berliner Instituts für Gruppenanalyse Leiterin des IfP. Sie verstarb 2011. Unserem Zusammenleben und -arbeiten verdanke ich vieles für meine Unternehmungen und Projekte, auch für meine Mitarbeit an der Entwicklung der Gruppenanalyse in Berlin.

Entscheidend waren aber wohl die Erfahrungen, die ich in der Gruppe von Menschen machte, in der ich aufwuchs: Menschen, die nach dem Krieg aus den Trümmern ihres Lebens wieder etwas Ganzes und Zukunftsgerichtetes zu schaffen versuchten und damit auch weit gekommen sind. Dass manches scheitern musste, weil es ihre Möglichkeiten überstieg, trugen sie auf bewundernswerte Weise. Die Vielfalt der Menschen im großen Haus der Familie, das Aufgehobensein in den Beziehungen und Traditionen und die Verbundenheit in der ländlichen Großgruppe, deren Ursprünge fühlbar weit über den Alltag hinausgingen, haben mich geprägt.

Meine Fähigkeit, neue Räume zu finden, und die Lust daran, sie zu erschließen, begleitet mich seit meiner Kindheit. Ich glaube, etwas davon konnte ich auf meine beruflichen Tätigkeiten und meine Mitarbeit in Institutionen übertragen. Und ich hatte meistens Glück darin, dass mir die Räume dafür offengehalten wurden. In der Entstehung des Berliner Instituts für Gruppenanalyse setzte sich diese Entwicklung fort. Das Gelingen des Zusammenkommens selbst setzte Energien frei, die zu einem Ergebnis führten, von dessen Reichweite und Wirkung wir anfangs keine konkreten Vorstellungen hatten, worüber wir aber glücklich sind.

Wie sehr die Entwicklung des Berliner Instituts für Gruppenanalyse im Geschichtlichen gründete, wurde mir an einer spontanen Vorstellung deutlich. Als ich im Verlauf der Jahre den Eindruck gewann, das BIG sei inzwischen zu einer wichtigen, gut akzeptierten Institution im Kontext der Berliner psychoanalytischen Institute und der sozialen und Bildungseinrichtungen der Stadt geworden, stellte sich die Vorstellung ein, wir hätten inmitten der Trümmerberge Berlins, wie man sie von den Fotos der unmittelbaren Nachkriegszeit kennt, ein erstes Haus aus den alten Ziegeln erbaut.

## Literatur

Höhfeld, K. (2010). Aktuelle Gedanken zur Gruppenpsychotherapie in Deutschland. Gruppenpsychotherapie und Gruppendynamik, Zeitschrift für Theorie und Praxis der Gruppenanalyse, 4, 274–285.

Holitzner, W. V. (1998). Das Institut für Psychotherapie und das Berliner Institut für Psychotherapie und Psychoanalyse (BIPP) oder die Geschichte eines Dualismus. In I. Kohte-Meyer (Hrsg.), Über die Schwierigkeit, die eigene Geschichte zu schreiben. 50 Jahre Institut für Psychotherapie Berlin (S. 102–112). Tübingen: edition diskord.

Kaiser, E. (1998). Grußwort der Deutschen Psychoanalytischen Vereinigung (DPV). In I. Kohte-Meyer (Hrsg.), Über die Schwierigkeit, die eigene Geschichte zu schreiben. 50 Jahre Institut für Psychotherapie Berlin (S. 23–25). Tübingen: edition diskord.

Kohte-Meyer, I. (Hrsg.) (1998). Über die Schwierigkeit, die eigene Geschichte zu schreiben. 50 Jahre Institut für Psychotherapie Berlin. Tübingen: edition diskord.

Meyer, W. (2001). Zur Zusammenstellung der analytischen Gruppe. Gegenübertragungserleben als Orientierung für Zusammenstellung und Verlauf der Gruppe. In C. Seidler, K. Albert, K. Husemann, K. Stumptner (Hrsg.), Berliner Gruppenanalyse. Geschichte – Theorie – Praxis (S. 181–195). Gießen: Psychosozial-Verlag. (Ursprünglich 2001 als Vortrag im C. G.-Jung-Institut Berlin. Überarbeitete Fassung 2005 in Analytische Psychologie, 3, 2005, S. 249–269.)

Meyer, W. (2019). Die Entwicklung des Berliner Instituts für Gruppenanalyse. In C. Seidler, K. Albert, K. Husemann, K. Stumptner (Hrsg.), Berliner Gruppenanalyse. Geschichte – Theorie – Praxis (S. 113–123). Gießen: Psychosozial-Verlag.

Seidler, C., Albert, K., Husemann, K., Stumptner, K. (Hrsg.) (2019). Berliner Gruppenanalyse. Geschichte – Theorie – Praxis. Gießen: Psychosozial-Verlag.

Sommer, P. (1997). Kurt Höck und die psychotherapeutische Abteilung im »Haus der Gesundheit« in Berlin – institutionelle und zeitgeschichtliche Aspekte der Entwicklung der Gruppenpsychotherapie in der DDR. Gruppenpsychotherapie und Gruppendynamik, Zeitschrift für
Theorie und Praxis der Gruppenanalyse, 2, 130–145.

Springer, A. (1998). Grußwort der Deutschen Gesellschaft für Analytische Psychologie (DGAP). In
I. Kohte-Meyer (Hrsg.), Über die Schwierigkeit, die eigene Geschichte zu schreiben. 50 Jahre
Institut für Psychotherapie Berlin (S. 29–30). Tübingen: edition diskord.

Wilke, G. (2019). Grenzüberschreitungen und die Wiedervereinigung der Gruppenanalyse.
In C. Seidler, K. Albert, K. Husemann, K. Stumptner (Hrsg.), Berliner Gruppenanalyse.
Geschichte – Theorie – Praxis (S. 27–43). Gießen: Psychosozial-Verlag.

Irene Misselwitz

# Mein Weg zur Gruppenanalyse

## Familie, Schule, Studium 1945–1970

Dass ich einmal Ärztin werden würde, stand für mich von klein auf fest. Dass es mich in die Psychotherapie verschlagen würde, erschien mir erst in späteren Jahren als folgerichtig. Meine Eltern waren beide Ärzte, ganz der Schulmedizin verhaftet. Ich fand in ihrem Bücherschrank so manches Buch über Krankheiten, mit grauslichen Abbildungen, die mich aber magisch anzogen. Nach den Berichten meiner Mutter soll ich sogar, entgegen meinem sonstigen Verhalten, denn ich war eine schlechte Esserin, schnell aufgegessen haben, wenn es irgendwo eine Wunde zu sehen gab. Mein Lieblingsbuch aber war ein besonderer Bildband des Orthopäden Prof. Fritz Lange mit dem Titel »Die Sprache des menschlichen Antlitzes« (1937). Stundenlang betrachtete ich die wunderbaren Porträts und prägte mir ein, welche Falten und Fältchen mit bestimmten Gemütszuständen und Gefühlen korrelieren und wie man dies auch bei Skulpturen und Gemälden erkennen kann.

Vielleicht lässt sich hier schon erahnen, dass es mich einmal von den äußeren Krankheitsmerkmalen und Wunden zu den inneren ziehen würde. Auf jeden Fall zu Verletzungen und Krankheiten, denn ich wurde in eine Zeit der äußeren und inneren Zerstörungen und Verwundungen hineingeboren. Die Bombenangriffe auf Leipzig habe ich noch im Mutterleib erlebt, bevor ich im Herbst 1945 zur Welt kam. Mein Vater hatte kurz vorher aus der amerikanischen Gefangenschaft flüchten können, sodass sich meine Eltern zu zweit ums Überleben der Großfamilie kümmern konnten, die väterlicherseits aus Ostpreußen geflüchtet war. Ich soll ein sehr nervöses und ängstliches Kind gewesen sein, was in dieser prekären Situation nicht verwundert.

Unsere Familie blieb in der DDR trotz der vielen Westverwandten. Mein Vater wurde Hochschullehrer für Biochemie und meine Mutter arbeitete als Ärztin bzw. blieb von 1955 bis 1965 zu Hause. 1951 wurde ich in Leipzig ein-

geschult. In den ersten Jahren ging ich gern zur Schule. Nach dem Umzug nach
Greifswald aber wurde mir die Schule zur Qual. Ich wurde dort wegen meines
sächsischen Dialekts ausgelacht. Außerdem war ich kein Arbeiter- und Bauernkind, kein Thälmann-Pionier, meine Eltern erlaubten das nicht, und ich ging in
die Christenlehre. Vier Jahre später bekam mein Vater den Ruf nach Jena, aber
dort wurde es auch nicht besser.

Obwohl mein Vater kein Parteimitglied war, durfte er sowohl vor als auch
manchmal nach dem Mauerbau zu Kongressen ins westliche Ausland reisen. So verstand er nicht, dass meine Brüder und ich sehr unter den Reise-
beschränkungen litten. Vor 1961 war unsere Familie viel ins westliche Ausland
gereist. Den Mauerbau erlebte ich in den Schulferien in Wales bei einer kinder-
reichen Familie. Meine Eltern hatten sich über Kollegen meines Vaters darum
bemüht, damit wir Englisch lernten und uns beizeiten in der Welt zurechtfinden sollten.

Meine jüngeren Brüder hatten nicht mehr dieses Glück. Sie sind später beide,
noch vor dem Mauerfall, in die Bundesrepublik gegangen. Mein kurz nach mir
geborener Bruder musste wegen Republikfluchtplänen eine dreijährige Gefäng-
nisstrafe absitzen, bevor er 1970 über Amnesty International freigekauft wurde.
Mein fünf Jahre jüngerer Bruder gelangte 1984 über einen Ausreiseantrag mit
seiner Familie in die Bundesrepublik.

Ich wurde nicht in Sippenhaft genommen, sondern durfte weiterstudieren
und auch sonst meinen beruflichen Weg ungehindert fortsetzen. Trotzdem litt
ich sehr unter dem politischen Druck, der geistigen Unfreiheit und dem Zwang
zur Unaufrichtigkeit, wenn man nicht von der Schule oder der Universität fliegen wollte. Den hohen christlichen Idealen meiner Eltern verpflichtet, quälte
mich das Bewusstsein, dass ich in der Nazizeit keine Widerstandskämpferin
geworden wäre. Ich hätte mich, ebenso wie meine Eltern, durch Anpassung
und Mitläufertum schuldig gemacht.

Das Medizinstudium in Jena und Rostock machte mir großen Spaß. Ich
lernte meinen heutigen Mann kennen, einen Mitstudenten, und genoss das im
Gegensatz zur Schule recht freie Studentenleben mit vielen interessanten Kontakten. Auch der politische Druck war geringer. Nur nach der Niederschlagung
des Prager Frühlings war er wieder in quälendem Ausmaß spürbar, als wir
gezwungen wurden, Resolutionen zu unterschreiben, die wir eigentlich zutiefst
ablehnten. Wir bewunderten die wenigen Aufrechten, die ihre Meinung offen
sagten und dafür ins Gefängnis oder »zur Bewährung in die Produktion« gehen
mussten. Etwa zehn Jahre später schlossen mein Mann und ich uns der kirchlichen Friedensbewegung an und befreiten uns zunehmend vom abgeduckten
angepassten DDR-Leben.

## Facharztausbildung Neurologie und Psychiatrie
## in der Universitätsnervenklinik Jena 1970–1976

Eigentlich wollte ich Kinderärztin werden. Da es keine entsprechende Stelle für mich gab, entschied ich mich für die Kinderpsychiatrie. Dafür musste ich allerdings erst den Facharzt für Neurologie und Psychiatrie erwerben. Am 1. September 1970 begann ich diese Ausbildung an der berühmten Hans-Berger-Klinik in Jena, in der ich schließlich bis zum Frühjahr 1993 tätig war.

Ich kam völlig unvorbereitet, hatte mich vorher noch nie mit diesem Fach und seinen Problemen beschäftigt. Die akute Frauenstation war meine erste Etappe und ein heftiger Einstieg ins Fachgebiet. Nach ca. drei Monaten wurde ich schon mit der Stationsleitung betraut, da der Stationsarzt zum Reservistendienst eingezogen wurde. Ich tauchte vertrauensvoll und lernbegierig in die Psychiatrie ein und wurde Teil des damals noch recht restriktiven Systems.

Bald spürte ich die Süße der Macht, die ein großes Schlüsselbund bedeutete, mit dem man Patient:innen ein- und aussperren konnte. Ich verordnete grüne und rote Pillen (Protazin und Propaphenin), führte Elektrokrampfbehandlungen durch, verhängte Strafen, wie z. B. Zigarettenentzug, wenn sich jemand unbotmäßig verhielt. Ich machte alles so, wie es üblich war, und bemühte mich nach Kräften, die Anforderungen gut zu erfüllen.

Mein Unbehagen, dass z. B. die alte Stationsschwester mit bloßen Händen in die sterile Trommel mit den Tupfern griff, Infusionen für Quatsch hielt, was »wir hier noch nie gebraucht haben«, schluckte ich tapfer hinunter, da meine vorsichtigen Proteste sowohl von ihr als auch von Oberarzt und Chef ignoriert wurden. Auch meine schüchternen Nachfragen, wie man mit den Patient:innen eigentlich umgehen solle, was man bei Wahnvorstellungen antworte, wie man mit einer Depressiven spreche, die sich das Leben nehmen will, wurden mit Verständnislosigkeit und Ablehnung quittiert.

Mein Chef und Klinikdirektor Graf Hugo von Keyserlingk, der von mir wegen seines würdigen gräflichen Aussehens, seines baltischen Dialekts und seiner politischen Integrität sowie seiner unglaublichen Fähigkeit, die Patient:innen zu höchst vertraulichen Mitteilungen zu verführen, verehrt wurde, ließ nur zwei Diagnosen bei den Visiten gelten: »Entweder es ist eine verdrehte Psychotikerin oder eine widerliche Psychopathin. Merken Sie sich das!« Die Behandlung, also grüne und rote Pillen, war gleich. Meine vorsichtigen Versuche, die konflikthaften Lebenssituationen mancher Patient:innen als Krankheitsursache einzubeziehen, lehnte er ab. Das war ihm lästig, was ich auch daran bemerkte, dass er ständig meinen Namen verunstaltete und mich »Frau Mieselwitz« nannte.

Trotzdem liebte ich meine Arbeit. Eines Tages attackierte mich eine junge
etwa 15 Jahre alte Patientin, die sich in Elternhaus und Schule sehr aufsässig
verhalten hatte und deshalb von ihrer ärztlich tätigen Mutter eingeliefert worden
war. Sie hielt mir einen Spiegel vor. Sie könne niemals offen mit mir reden, da
ich Teil des Systems sei, in dem es nur um Macht und Unterdrückung ginge. Die
wirklichen Probleme interessierten sowieso niemanden. Wer unbequeme Fragen stellte, bekäme einfach nur grüne und rote Pillen oder würde gar geschockt.
Wer eine eigene Meinung hätte, würde bestraft. Genau wie zu Hause und in
der Schule. So jemandem wie mir würde sie nie vertrauen. Und dabei blieb es.

Ich spürte, dass sie recht hatte. Das schon untergründig angesammelte
Unbehagen nahm schlagartig vollends von mir Besitz. Da mir niemand meine
Fragen beantwortete, suchte ich in der Bibliothek nach Antworten. Ich entdeckte westliche Zeitschriften, las von Psychiatrieenquete und von therapeutischer Gemeinschaft und beschloss, dies alles auf meiner Station einzuführen.

Unerfahren wie ich war, glaubte ich, dass diese Neuerungen sicher begrüßt
und unterstützt würden. Die jungen Schwestern und die Patientinnen waren
begeistert und im Nu führten wir Stationsversammlungen durch, schafften die
Strafen ab, verteilten Funktionen. Erst allmählich bemerkte ich, dass die alte
Stationsschwester mich bei Oberarzt und Klinikchef massiv anschwärzte. Sie
versuchte mir ärztliche Fehler anzuhängen und wurde darin von den anderen
älteren Schwestern unterstützt.

Zur selben Zeit befand sich eine Patientin mit einer perniziösen Katatonie
auf meiner Station. Sie hatte hohes Fieber und war unfähig, zu essen und zu
trinken. Ich installierte eine bilanzierte künstliche Ernährung, exakt, wie ich
es im Studium gelernt hatte. Die Schwierigkeit war aber, dass der Oberarzt
z. B. bei der Sonntagsvisite auf Betreiben der alten Schwestern die Infusionen
ohne mein Wissen wieder absetzte. Diesen Krankheitsschub würde die Patientin sowieso nicht überleben, war die Meinung. Als ich am Montag früh zum
Dienst kam und dies sah, setzte ich alles wieder an. Ich hatte mir fest in den
Kopf gesetzt, dass diese Mutter von sieben Kindern überleben sollte. Natürlich
führte das zu weiterer Feindschaft. Als schließlich mein Stationsarzt von der
Armee zurückkam, wurde ich auf die Kinderstation strafversetzt. Alle meine
demokratischen Neuerungen wurden rückgängig gemacht. Der einzige Trost
war, dass die Patientin ihren lebensgefährlichen psychotischen Schub dank
meiner Wachsamkeit wirklich überlebt hatte. Aber ich wurde zutiefst abgelehnt,
entwertet, ausgestoßen.

Auf der Kinderstation waren die autoritären Strukturen noch viel ver-
heerender. Aber ich hatte mit mir und meinem Scheitern zu tun, das mir schwer
zusetzte. Und ich war zum ersten Mal schwanger. Ich kämpfte nicht mehr, son-

dern verhielt mich einfach still, was mein Ansehen verbesserte: »Frau Misselwitz, so schlimm, wie wir gehört haben, sind Sie doch gar nicht!«

In den nächsten Jahren arbeitete ich im Rahmen der Facharztausbildung auf
verschiedenen Stationen. Viel Spaß machte mir die Neurologie. Dort bemerkte
ich damals keinen Reformbedarf. Kurz vor der Geburt meines dritten Kindes
legte ich im November 1976 die Facharztprüfung ab.

## Facharztausbildung Psychotherapie mit Schwerpunkt Gruppenpsychotherapie 1978–1986

1977, im Babyjahr, nach der Geburt unseres dritten Kindes, überlegte ich, einige
Jahre mit den Kindern zu Hause zu bleiben. Das war unüblich und ich fürchtete Isolierung. Außerdem glaubte ich, dass ich ohne Beruf eine genauso ver-
grämte, kranke Hausfrau werden würde wie meine Mutter, nachdem sie ihre
Berufstätigkeit wegen uns Kindern aufgegeben hatte.

Zu meiner Überraschung suchte mich etwa Mitte des Jahres der Psychiatrie-
Oberarzt, Dr. Joachim Greger, zu Hause auf, der mir trotz aller Schwierigkeiten,
die ich ihm bereitet hatte, zugetan war. Er legte mir nahe, bald in die Klinik
zurückzukehren und eine Psychotherapiestation aufzubauen. Ich wäre dafür
geeignet, das hätte sich in meiner Zeit auf der akuten Frauenstation gezeigt. Er
entschuldigte sich sogar, dass er mich damals bei meinen Reformbemühungen
wider besseres Wissen nicht unterstützt habe. Große Verblüffung! Ich war also
in dieser Klinik für etwas geeignet! Das Angebot reizte mich. Ich wusste zwar
noch nicht viel von Psychotherapie, nur dass man dort wirklich lernen würde,
wie man mit den Kranken reden sollte.

Da wir durch meine Eltern viel Unterstützung bei der Betreuung unserer drei Kinder hatten, begann ich Anfang 1978 wirklich mit dem Aufbau
der Psychotherapiestation. Zunächst arbeitete ich verkürzt, ein großes Privi-
leg, das nur wenigen Frauen in der DDR bewilligt wurde. Es hatte wohl eine
DDR-weite Direktive des Gesundheitsministeriums gegeben, dass in allen Uni-
versitätsnervenkliniken und Landeskrankenhäusern Psychotherapiestationen
eingerichtet werden müssten. Man hatte endlich erkannt, dass auch in einem
sogenannten Arbeiter- und Bauernstaat nicht alle Menschen glücklich mit sich
und der Welt waren. Niemand von den Kolleg:innen außer mir wollte sich
damit befassen. So griff man auf mich zurück.

Ich hatte freie Hand und konnte mir sogar die geeigneten Schwestern aus-
suchen. Der mir zugeteilte Psychologe allerdings war der Parteisekretär der
Klinik. So war ich also täglich mit der DDR-Realität und der Möglichkeit der

Überwachung konfrontiert und richtete mich konsequent darauf ein. Unter
Ausklammerung unserer unterschiedlichen politischen Ansichten konnten wir
meistens gut zusammenarbeiten. Oberarzt Greger begleitete meine Arbeit unein-
geschränkt wohlwollend. Große Unterstützung hatte ich auch durch die Psychotherapieabteilung des Landeskrankenhauses für Psychiatrie und Neurologie
Stadtroda. Diese Abteilung war aus der Schlaftherapiestation hervorgegangen
und hatte bereits einen Vorlauf von etwa fünf Jahren.

Meine Studienfreundin Gerlinde Schulz, die dort arbeitete, riet mir zu einer
Gruppenselbsterfahrung. In meiner Naivität verstand ich nicht, warum dies nötig
sein sollte. In der Klinik verlangte das niemand von mir. Aber ich befolgte ihren
Rat und damit tauchte ich wirklich vollends in dieses spannende Fachgebiet ein.

Von 1979 bis 1981 war ich Teilnehmerin der Selbsterfahrungskommunität V,
die an jeweils zehn Tagen an einem abgelegenen Ort namens Klein Pritz stattfand. Ich erlebte, wie ich mir im ersten Jahr mühsam einen geachteten Platz in
der Gruppe erarbeitete. Vom zweiten Durchgang kam ich depressiv zurück. Die
Betonung von aggressiver Auseinandersetzung bei Unverständnis für Nähebe-
dürfnisse trieben mich in den Rückzug. Im dritten Jahr konnte ich mich aus
der depressiven Resignation befreien, sodass ich die Gruppenselbsterfahrung
gestärkt und sehr zufrieden abschließen konnte. Der männliche Trainer meiner
Kleingruppe war wegen gesellschaftspolitischer Aktivitäten nur selten anwesend.
Aber meine Trainerin konnte mein Unglück vom zweiten Jahr verstehen und
sogar eigene Versäumnisse einräumen. Dies hatte ich bisher weder zu Hause
noch in der Schule erlebt. So wurde die Intendierte Dynamische Gruppenpsychotherapie (IDG) für mich zu einem Symbol für echte Demokratie. Es ist eine
Methode, die die Gesetze der Gruppendynamik mit dem psychoanalytischen
Persönlichkeits- und Krankheitsmodell verbindet. »Intendiert« meint »beabsichtigt«, »zielgerichtet« im Sinne der Heilung. »Dynamisch« ist die Umschrei-
bung für »analytisch«, denn die Psychoanalyse galt im Sozialismus als bürgerlich dekadent, also abzulehnen.

Ich war begeistert und bemühte mich nach Kräften, diese Methode selbst zu
erlernen und auf meiner Station in der Universitätsnervenklinik Jena zu etablieren. Ich hospitierte vier Monate bei meinem verehrten Lehrer Kurt Höck im
Haus der Gesundheit Berlin mit der Klinik Hirschgarten, wo ich selbst unter
täglicher Supervision eigene Gruppen leitete. Die IDG war von Höck und Mit-
arbeiter:innen seit Anfang der 1970er Jahre entwickelt und ständig begleitend
beforscht worden. Sie hatte ein klares Phasenkonzept mit entsprechenden
Manualen für Therapeut:innen:
1. Anwärm- oder Orientierungsphase,
2. Abhängigkeits- oder Labilisierungsphase,

3. Aktivierungs- oder Durchsetzungsphase,
4. Kipp-Prozess,
5. Arbeitsphase,
6. Abschlussphase.

Zur IDG gehören auch nonverbale Methoden, insbesondere die Kommunikative Bewegungstherapie, eine Gruppenbegegnungsform ohne Worte, die aber immer in Anwesenheit der Therapeut:innen stattfindet und in das Gesamtkonzept der Gruppenentwicklung eingebunden ist. Ein weiteres Charakteristikum ist die Co-Leitung, idealerweise durch ein Therapeutenpaar.

Ich arbeitete in der Psychosomatikabteilung der Jenaer Inneren Klinik, einige Monate unter der Leitung von Dr. Gerhard Schaeffer und Dr. Margit Venner. Dort wurde auch die IDG angewendet, allerdings abgestimmt auf die stärkere Verletzlichkeit von Psychosomatiker:innen. Frau Dr. Venner, Oberärztin der Psychosomatischen Abteilung der Universitätsklinik für Innere Medizin, wurde meine Mentorin, Supervisorin, Förderin und später meine Freundin, bis heute.

Neben der Klinikarbeit absolvierte ich Lehrgänge für Gesprächspsychotherapie nach Rogers und Tausch, für Psychodynamische Einzeltherapie, für Verhaltenstherapie, Autogenes Training, Hypnose, Balintgruppenleitung, Psychosomatik u. a. und erwarb alle Zertifikate, die in der DDR möglich waren. 1986 legte ich die Prüfung zur Fachärztin für Psychotherapie ab. Ich war Mitglied aller entsprechenden Fachgesellschaften und in den Thüringer Dependancen meist im Vorstand tätig. Ich führte selbst Lehrgänge für Ärzte, Psychologinnen und mittleres medizinisches Personal durch. Außerdem hielt ich Vorlesungen und Seminare für Medizin- und Psychologiestudent:innen in den Fächern Psychiatrie und Medizinische Psychologie.

Manchmal wird mir heute selbst schwindelig, was ich damals alles geschafft habe. Ohne meinen lieben, emanzipierten Mann, Joachim Misselwitz, wäre das alles nicht möglich gewesen. Wir teilten uns die Familienarbeit redlich. Eine Hilfe war ihm dabei sicher auch, dass durch die vielen Selbsterfahrungen nach seinen Aussagen das Zusammenleben mit mir einfacher wurde.

## Entdeckung der Psychosomatik in der Neurologie

Als unser Nesthäkchen acht Jahre alt wurde, musste ich wieder voll arbeiten und an Nachtdiensten der Gesamtklinik teilnehmen. Da ich inzwischen der somatischen Medizin weitgehend entwöhnt war, bat ich darum, drei Monate auf der neurologischen Intensivstation arbeiten zu dürfen. Nun erlebte ich die

Neurologie völlig anders als zur Zeit meiner Facharztausbildung. Ich bemerkte, wie eng die psychologischen Probleme meiner Patient:innen mit dem Verlauf schwerer neurologischer Erkrankungen verbunden waren. Doch die Hektik und Dramatik einer Intensivstation erlaubte es kaum, darauf einzugehen. Da ich es dennoch versuchte, geriet ich bald in einen Überforderungszustand, der sich erst wieder besserte, als ich auf meine Psychotherapiestation zurückkehrte.

Seitdem befasste ich mich intensiv mit der Psychosomatik der Neurologie, insbesondere mit der der Multiplen Sklerose. Dies wurde zusätzlich durch eine Erfahrung in meiner Kindheit begünstigt: Meine Großmutter aus Königsberg, die ich nur im Rollstuhl erlebt hatte, erzählte mir oft folgende Geschichte:

Es war 1948, sie war schon 14 Jahre krank, bettlägerig und praktisch moribund. Der Verlust der Heimat Königsberg hatte sie schwer mitgenommen. Anders mein Großvater, ihm war die kranke Frau lästig. Er hatte bald eine vermögende Witwe aufgetan und wollte sich neu verheiraten. Gleichzeitig wollte er die Scheidungskosten sparen. So fragte er den behandelnden Arzt, wie lange seine Frau denn noch leben werde. »Kein halbes Jahr, dann haben Sie es hinter sich«, beruhigte ihn dieser. Mein Großvater eilte beschwingt nach Hause und teilte dies seiner Frau triumphierend mit. Meine apathische Großmutter geriet daraufhin in eine solch belebende Wut, dass sie beschloss: »Na warte, Alter, dich werde ich überleben!« Von Stund an stagnierte der Krankheitsverlauf und meine Großmutter lebte noch vierzig Jahre. Ihren Mann, der dann doch die Scheidung bezahlen musste, überlebte sie um sechs Jahre. Neurologen aus aller Welt besuchten und befragten sie und bezeichneten sie als medizinisches Wunder. Sie schrieb dieses Wunder eher ihrer Willenskraft und dem Herrgott zu, von dem sie sich zeitlebens unterstützt fühlte.

Diese Geschichte meiner eindrucksvollen Großmutter prägte meine Sicht auf das Zusammenspiel von Körper und Seele frühzeitig. Bewusst in Sprache fassen konnte ich es dennoch erst mit knapp vierzig Jahren, nach den genannten Erfahrungen auf der neurologischen Intensivstation.

Im Juni 1993 nahm ich auf Einladung von Ulrich Schultz-Venrath mit einem Vortrag an einer Tagung zum Thema »Möglichkeiten und Grenzen von Psychotherapie bei Multipler Sklerose« teil. Es war eine sehr beeindruckende Tagung. Ich erlebte, dass in der Neurologischen Abteilung des Gemeinschaftskrankenhauses Herdecke die psychosomatische Sichtweise auf die MS Alltag war. Zudem wurden meine psychotherapeutischen Erfahrungen mit MS-Kranken selbstverständlich anerkannt. Von westlicher Hybris, die mir zur selben Zeit im Sigmund-Freud-Institut in Frankfurt a.M. begegnete, war weder bei dem Leiter der Tagung, Ulrich Schultz-Venrath, noch bei den anderen Kolleg:innen etwas zu spüren.

## Erster Kontakt mit der Psychoanalyse

Ich identifizierte mich sehr mit dem Fachgebiet der Psychotherapie, insbesondere mit der Gruppentherapie, obwohl mir immer bewusst war, dass uns die Psychoanalyse in der Ausbildung fehlte. Wir konnten zwar die offiziell verbotenen Bücher von Freud u. a. in den Kliniksbibliotheken finden und lesen, aber das ersetzte natürlich nicht eine Lehranalyse und das lebendige Lernen bei erfahrenen Analytiker:innen. Da ich kein Parteimitglied war und außerdem in der kirchlichen Friedensbewegung und der IPPNW (Internationale Ärzte zur Verhütung eines Atomkrieges, Ärzte in sozialer Verantwortung) engagiert war und Vorträge zu unliebsamen Themen wie Suizid, Angst, Konfliktfähigkeit, »Frieden schaffen ohne Waffen« u. Ä. hielt und sicher engmaschig überwacht wurde, durfte ich Tagungen mit Teilnehmenden aus dem westlichen Ausland nicht besuchen.

Das änderte sich erst 1987, als die DDR durch Gorbatschows Glasnost und Perestroika schon im Aufbruch war. Prof. Michael Geyer war es in letzter Minute vor Beginn der 2. Internationalen Psychotherapietagung in Erfurt gelungen, die Teilnahme für alle DDR-Kolleg:innen zu ermöglichen. Dabei lernte ich Frau Dr. Hildegard Munzinger-Bornhuse kennen, eine Analytikerin aus Heidelberg – eine Begegnung, die für mich schicksalhaft wurde. Seitdem kam sie regelmäßig privat als meine Großtante zu mir nach Hause nach Jena. Während dieser gewissermaßen konspirativen Treffen durften wir, eine kleine Freundesgruppe von Psychotherapeut:innen aus Jena, Leipzig, Halle und Berlin, unsere Problempatient:innen vorstellen und profitierten davon unglaublich. Neben Spargel und anderen Köstlichkeiten versorgte sie uns mit moderner psychoanalytischer Literatur. Wir beglichen die Schulden mit unseren Köstlichkeiten, also Kunstbüchern, Schallplatten und Thüringer Wurstspezialitäten, bevor wir mit »Westgeld« bezahlen konnten. Nach dem Mauerfall fanden die Supervisionswochenenden auch in Heidelberg statt. Sie vermittelte uns viele wichtige Kontakte zu DPV-Kolleg:innen und -Instituten, sodass sich jede und jeder von der Psychoanalyse das holen konnte, was er und sie wollte und brauchte.

Seit 1987 engagierte ich mich also nicht nur für die Gruppenpsychotherapie, sondern auch für die Psychoanalyse. Dies war für mich kein Gegensatz, sondern beides fügte sich in mir harmonisch zusammen und beeinflusste und ergänzte sich.

## Die Intendierte Dynamische Gruppentherapie
## unter Überwachungsbedingungen

Die Tätigkeit als Psychotherapeutin in einer Universitätsnervenklinik war für mich immer von der Gefahr der staatlichen Überwachung durch Spitzel und Abhöranlagen überschattet – nicht unberechtigt, wie sich nach Öffnung der Stasiakten herausstellte. Das war unsere gesellschaftliche Realität. Wir hatten Patient:innen aus allen gesellschaftlichen Schichten und ideologischen Lagern. So gab es stramme und kritische Parteigenoss:innen, Ausreiseantragsteller:innen und völlig unpolitische Patient:innen, Betriebsleiter:innen und einfache Handwerker:innen und Arbeiter:innen. Manche waren fest davon überzeugt, dass sowieso alles, was sie sagten und taten, an Partei und Staat weitergeleitet würde. Etliche waren grundsätzlich zunächst misstrauisch, wieder andere zogen eine Überwachungsgefahr überhaupt nicht in Betracht. Ich persönlich dachte ununterbrochen daran und versuchte, dem auf folgende Weise zu begegnen:

– In meinem Dienstzimmer ließ ich das Telefon entfernen, da dort oft Wanzen eingebaut waren.
– Ich dachte immer doppelgleisig und sprach möglichst so, dass die Stasi ruhig hätte mithören können.
– Wir testeten uns ständig automatisch gegenseitig, wes Geistes Kind der oder die Andere in politischer Hinsicht war. So konnte man Angst und Unsicherheit mindern und den Grad der Offenheit bestimmen, mit dem man sich begegnete. Dies fand natürlich auch zwischen Patient:innen und Therapeut:innen statt.
– Wir sprachen oft in Metaphern und Andeutungen und achteten dabei gegenseitig auf Mimik und Gestik. Einmal z. B. flog ein Militärhubschrauber an dem Fenster meines Dienstzimmers vorbei. Der Patient, mit dem ich gerade ein Einzelgespräch führte, sagte: »Da ist eine Friedenstaube!« Dabei beobachtete er mich. Ich erschrak, denn ich wusste, dass er der Parteifunktionär seines Betriebes war. Ein Militärobjekt als Friedenstaube zu bezeichnen, war ein Hinweis auf die Kluft zwischen Propaganda und Realität in der DDR. Später berichtete er mir, dass er mich damit testen wollte. Aus meinem Lachen, dann Ernstwerden und schließlich wieder Lächeln habe er geschlossen, dass ich seine kritische Sicht auf die DDR-Verhältnisse teilte und er mir vertrauen konnte. Eine Abhöranlage hätte mit diesem Gespräch wahrscheinlich nichts anfangen können.
– In meinem Dienstzimmer hatte ich ein Plakat mit einem Zitat von Gorbatschow aus der SED-Zeitung »Neues Deutschland« aufgehängt. Damit

hatte ich mich als DDR-kritisch geoutet, ohne dass man mir etwas anhängen konnte.

- In die Krankenakten schrieb ich nur lapidare Inhalte, denn wir wussten, dass sich die Stasi jederzeit Zugang dazu verschaffen konnte.

- Wenn es unumgänglich war, kritische Themen zu besprechen, empfahl es sich, durch die Klinikflure oder die Gartenanlagen zu wandern und so den vermuteten Abhöranlagen auszuweichen.

- Wir konnten unseren Patient:innen nie empfehlen: »Sprechen Sie alles aus, was Ihnen durch den Sinn, den Kopf und das Gemüt geht.« Das ging ausdrücklich nicht und wäre unverantwortlich gewesen.

- Aus Gründen der Sicherheit für alle war es nicht möglich, politisch-soziale Probleme oder überhaupt gesellschaftskritische Themen klar zu benennen. Im Gegenteil, wir mussten unsere Patient:innen vor zu großem Mitteilungsbedürfnis bewahren und entsprechende Themen rigoros abblocken.

- Dies war durch die konsequente Betonung des Prinzips des »Hier und Jetzt« gut möglich. So unterbrach ich z. B. einen Streit zwischen einem parteitreuen Bürgermeister und einem jugendlichen Aussteiger über den DDR-Alltag wiederholt mit den Worten etwa: »Was draußen war und ist, interessiert jetzt nicht. Damit müssen Sie sich nach der Entlassung befassen. Aber was bedeutet diese Auseinandersetzung zwischen ihnen beiden für die Situation hier und jetzt?« Und: »Jetzt können wir nur mit Gewinn für alle untersuchen, was wir gemeinsam hier in der Gruppe erleben.«

- Damit wurden viele Konflikte auf die persönliche Ebene reduziert, im genannten Fall auf den Vater-Sohn-Konflikt. Dies war natürlich nur ein Aspekt, brachte jedoch in der Regel trotzdem Gewinn für beide.

- Das Informationsmaterial, das wir unseren Patient:innen zu Krankheitslehre, Tagesablauf, Therapiemethoden u. Ä. aushändigten, war gespickt mit Floskeln zur allseits entwickelten sozialistischen Persönlichkeit, zum Aufbau des Sozialismus usw. So machten wir uns unangreifbar. Unter dem Deckmantel der sozialistischen Phrasen verfolgten wir unsere wahren therapeutischen Ziele, die natürlich eher der verpönten Psychoanalyse verpflichtet waren als dem Sozialismus.

Als ich Anfang 1993 die Klinik verließ, um mich niederzulassen und parallel dazu eine Lehranalyse in Kassel zu beginnen, ordnete ich meine Unterlagen. Dabei fiel mir auch die »Hausordnung« meiner Psychotherapiestation in die Hände. Ich war zutiefst erschrocken über den rüden Befehlston, in dem die Stationsregeln formuliert waren, was mir zur DDR-Zeit nicht aufgefallen war. Ich erkannte beschämt, dass wir den unfreundlichen Umgangston, der im öffentlichen Leben der DDR üblich war, auch praktiziert hatten. Es war eine heilsame Erkenntnis, dass wir Menschen Teil des feinen kommunikativen Netzwerks sind, der Matrix, die uns umgibt, und dass wir uns nur begrenzt davon frei machen können.

Wenn ich mir all die beschriebenen Tarnmanöver heute noch einmal vor Augen führe, befallen mich Zorn und Trauer. Dieser ständige innere Konflikt zwischen Anpassung und Widerstand belastete mich. Gleichzeitig spüre ich Erleichterung, dass diese Zeit vorbei ist. Einer meiner Patienten drückte es 1992 so aus: »Es tut gut, dass das nicht mehr wie so ein Kloß im Halse steckt. Eine Kränkung ist das allemal gewesen, das Ganze. Dass man jetzt frei raussprechen kann, ist viel wert!«

Nach der Wende meinten Westkolleg:innen oft, Psychotherapie sei doch in einem Unterdrückungssystem, wie es die DDR war, gar nicht möglich gewesen. Ich denke aber, dass die Bearbeitung von Teilkonflikten, wie beschrieben, sinnvoll war. Außerdem sind Verständnis und Anteilnahme ohne große Worte und detaillierte Bearbeitung, wie es für gesellschaftspolitisches Leiden nötig war, auch von großem Wert. Sie verhalf den Patient:innen zu mehr Sicherheit, Freiheit und Menschlichkeit. Viele konnten durch Psychotherapie bzw. durch die dort geknüpften hilfreichen Beziehungen aus Verzweiflung, Krankheit und destruktiver Inaktivität herausfinden und sich trotz unterdrückendem und bedrückendem DDR-Alltag Inseln der Menschlichkeit schaffen. Andere fanden dadurch den Mut zur Ausreise oder zu oppositionellem Engagement.

Ich habe große Hochachtung vor den Kolleg:innen, die sich seit vielen Jahren bemühen, die Psychoanalyse nach China zu bringen und sich nicht von dem dortigen Unterdrückungssystem abhalten lassen. Es wird etwas anderes sein als unter unseren demokratischen Bedingungen. Aber es wird den Menschen helfen.


## Vergangenheitsaufarbeitung in der Gruppe

Im Frühjahr 1991 kam ein ehemaliger Patient aufgebracht auf die Station. Er hatte seine Stasiakte eingesehen und eine Mitpatientin der Gruppe als Stasispitzel entdeckt. Ihr Mann war hauptamtlicher Stasimitarbeiter gewesen und es war für sie selbstverständlich, ihm auf seine Bitte hin regelmäßig von diesem »Staatsfeind« zu berichten. Das hatte zwar wegen der Wende keine negativen Folgen mehr für ihn gehabt, trotzdem erlebte er dies als schweren Vertrauensbruch. Auch ich war sehr betroffen, obwohl ich, wie beschrieben, ständig mit der Möglichkeit von Stasispitzeln in der Gruppe gerechnet hatte. Außerdem hatte ich die etwa gleichaltrige Patientin sehr geschätzt.

Diese Gruppe war besonders anhänglich gewesen. Sie war 1988 für acht Wochen stationär bei uns und hatte sich seitdem regelmäßig weitergetroffen. Zur DDR-Zeit gehörte zum Konzept der IDG ein stationär-ambulantes Fließsystem. Das heißt, die Patientengruppe arbeitete zunächst acht Wochen stationär. Daran schloss sich eine ein- bis zweijährige ambulante Phase an, in der sich die Gruppe etwa alle acht bis zwölf Wochen für einen Tag traf und zusammenarbeitete. Diese Gruppe hatte sogar um eine einwöchige stationäre Nachbehandlung gebeten, was auch Ende 1990 stattgefunden hatte. Dabei war mir aufgefallen, dass die Teilnehmenden zwar effektiv zusammenarbeiteten, aber immer wieder gegen die Hausordnung verstießen, was untypisch für sie war. Ich hatte das Gefühl, dass irgendetwas nicht stimmte. Meine Versuche, dies anzusprechen und aufzuklären, blieben ergebnislos. Nun wurde es klar, der Vertrauensbruch waberte durch die Gruppe, über die Spitzelpatientin, die sich mit schweren Schuldgefühlen plagte und die Entdeckung fürchtete.

Auf Wunsch des Patienten bestellten wir die Gruppe nochmals ambulant ein, um dies zu bearbeiten. Auch die Mitpatientin kam – ein Häufchen Elend! Sie hatte sich mit ihrer Gewissensnot einer Pfarrerin anvertraut und dort Verständnis gefunden. Das hatte ihr die Kraft gegeben, zu kommen und sich der Auseinandersetzung zu stellen. Es waren sehr belastende Stunden und es kam zu keinem versöhnlichen Ende.

Im Nachhinein wurde mir klar, dass ich aus Gründen eigener Betroffenheit eigentlich nicht in der Lage gewesen war, dieses Gespräch gut zu moderieren und beiden Parteien gerecht zu werden. Die Patientin war eine der sehr wenigen Stasispitzel, die überhaupt die Courage hatten, sich ihrer schuldhaften Verstrickung zu stellen. Das konnte ich damals noch nicht voll anerkennen.

Einige Zeit später schrieb sie mir, dass es ihr nun besser ginge, manchmal sogar besser als jemals zuvor in ihrem Leben. Der Tag, als der Mitpatient sie mit der Stasiakte konfrontiert hatte, sei der schlimmste, aber auch der entscheidendste Tag in ihrem Leben gewesen. Die Auseinandersetzung damit habe ihr nach einer furchtbaren Zeit doch Erleichterung gebracht. Sie könne jetzt auch besser mit ihrem Mann sprechen. Beide seien sie von Ideologien gebrannte Kinder. Es sei schwer, mit der Vergangenheit zu leben, und sie müsse aufpassen, dass es nicht wieder in Depressionen umschlage.

Offenbar konnte sie aus dieser schweren Gruppensitzung doch für sich profitieren. Der bespitzelte Patient allerdings erkrankte bald darauf an Lungenkrebs und verstarb.

Für mich war besonders aufschlussreich, dass die Gruppenatmosphäre vor der Aufdeckung deutlich gestört war, ohne dass dies geklärt werden konnte. Ich glaube, dass dies auf die Großgruppe der DDR übertragbar ist und alle gelungenen Versuche der Vergangenheitsaufklärung und -bearbeitung für das gesellschaftliche Klima von Nutzen sind (Misselwitz, 2003). Auch die schuldbeladene Patientin konnte sich freier entwickeln, nachdem sie sich ihrer Verstrickung mit letzter Seelenkraft gestellt hatte. Trotzdem gibt es insgesamt durch den Tod des betroffenen Patienten kein Happy End. Auch eine Gruppentherapie kann nicht alles heilen.

## Die Dynamisch Intendierte Gruppentherapie und die friedliche Revolution

In dieser Methode der IDG lag für mich ein großes gesellschaftskritisches Potenzial. Das heißt, sie vermittelte das Werkzeug, um dieses Unterdrückungssystem zu überwinden, die ungeliebten Autoritäten zu stürzen.

Im Verlauf der Gruppenentwicklung ermutigten wir unsere Patient:innen, sich über die gemeinsamen Ziele zu verständigen und schließlich zusammenzufinden, um die Gruppenleiter:innen von ihrem Podest aus Idealisierung und überhöhter Erwartung zu »stürzen«. Im Ringen zwischen den regressiven und progressiven Tendenzen in der Gruppe ereignete sich dann, idealerweise, der viel beschriebene »Kipp-Prozess«. Angst und Abhängigkeitswünsche der Gruppe traten zugunsten von Auseinandersetzung und Verantwortungsübernahme in den Hintergrund. Erst danach konnte die individuelle Bearbeitung der jeweiligen Störungen der Gruppenmitglieder zusammen mit den Gruppenleiter:innen beginnen.

Für mich hatte das DDR-Leben mit autoritärer rigider Reglementierung und Bevormundung durch den Staat Züge eines regressiven Großgruppenmilieus. Nur die Bürger:innen waren unseren Staatsorganen angenehm, die in braver oder auch ängstlicher Abhängigkeit verharrten und die Regierenden nicht infrage stellten. Somit hatte unsere Gruppentherapiemethode zwar ebenfalls viele Züge unserer Gesellschaft. Andererseits war sie eine Methode, um diese Gesellschaft zu verändern. Ich bin überzeugt, dass viele DDR-Gruppentherapeuten und -therapeutinnen dies ebenso empfanden. Mir war immer klar, dass Veränderungen in der DDR nur von vielen und nur gemeinsam erreicht werden können.

Meine Weiterbildung zur Gruppentherapeutin verlief parallel mit meiner persönlichen Weiterentwicklung in Richtung Zivilcourage im Rahmen der kirchlichen Friedensbewegung. Ich wendete meine gruppendynamischen Kenntnisse vielfältig an, z. B. bei diesem besonderen Ereignis:

Es war der 25. Oktober 1989, 14 Tage vor dem Mauerfall. Der Jenaer Superintendent hatte mit dem Oberbürgermeister eine Unterredung im Rathaus vereinbart. 15 Bürger der Stadt sollten ihm unsere dringendsten Anliegen in Richtung Veränderung der allgemeinen und lokalen Politik und der Bürgerrechte vortragen. Meine Aufgabe war dabei, über die Missstände im Gesundheitswesen zu sprechen. Besonders drückte uns der Personalnotstand, da Woche für Woche viele Krankenhausangestellte in den Westen gingen. Ein Zusammenbruch des Gesundheitswesens konnte nur durch rasche Reformen abgewendet werden.

Die Jenaer Bürger wussten von dieser geplanten Unterredung und hatten sich zu Tausenden um das Rathaus versammelt. Unsere Gruppe bahnte sich mühsam den Weg durch die Menschenmassen zum Rathauseingang. Unterwegs beschimpften uns einige als Verräter, die mit »denen da« redeten. »Die da« sollten herauskommen und sich zeigen. Ich fühlte mich unwohl. Mir wurde rasch klar, dass wir gar kein richtiges Mandat von den Jenaern hatten. Man misstraute uns und verdächtigte uns der Kollaboration mit den Machthabern. Aber da es in der DDR keine Möglichkeit gab, sich ein Mandat der Jenaer Bürger zu beschaffen, hoffte ich, sie merkten, dass wir zu ihnen gehörten. Wir baten den Bürgermeister, das Gespräch nach draußen zu übertragen. Es verblüfft mich noch immer, dass das akzeptiert wurde und sogar technisch umgesetzt werden konnte.

Der tosende Beifall von draußen bei unseren Reden über die Missstände in der Stadt, in der DDR und unsere Veränderungsvorschläge drang durch die geschlossenen Rathausfenster. Er verlieh unserer kleinen Gruppe eine unglaubliche Wucht. Im ehrwürdigen Rathaussaal war nicht nur der Oberbürgermeister anwesend. Der gesamte Partei- und Machtapparat der Stadt, der Universität, der Großbetriebe Carl Zeiss, Schott und Jenapharm saß uns finster und bedrohlich gegenüber.

Nach einer Weile hatten wir alles gesagt. Die damals noch Mächtigen bedankten sich und versicherten uns, dass sie darüber nachdenken würden. Wir sollten jetzt gehen. Wir waren wie gegen eine Gummiwand gelaufen. Es gab kein Ergebnis. Unsere Machthaber hatten unseren Angriff geschickt abgewehrt.

Als gut ausgebildete DDR-Gruppenpsychotherapeutin hatte ich ein klares Konzept, was nun zu tun war. Wir mussten einen neuen Anlauf wagen. Ich ergriff das Mikrophon und sagte: »Unsere Gruppe ist nur eine Vorhut! Die Mehrheit der Jenaer Bürger ist unzufrieden. Wir verlassen nicht eher den Rathaussaal, bis ein konkreter Termin vereinbart ist, wann Sie mit allen Bürgern auf dem großen zentralen Platz der Stadt sprechen.« Dies musste von unserer Gruppe mehrmals wiederholt werden, unterstützt durch den brausenden Beifall von draußen. Schließlich gaben die Genossen klein bei. Termin und Uhrzeit wurden zeitnah festgelegt. Es war klar, die Auseinandersetzung musste und würde weitergehen.

Das beschriebene Ereignis schien für mich eine Analogie zur Gruppenpsychotherapie zu sein und ich verhielt mich entsprechend. Die Großgruppe
der DDR war im Begriff, die Staatsführung massiv infrage zu stellen und Veränderungen und demokratische Mitbeteiligung einzufordern. Die abhängige
Grundannahmenmentalität nach Bion (1971) und damit die passive Erwartungshaltung und Gefügigkeit der Bürger:innen entwickelte sich im Herbst 1989 bei
vielen zu einer verantwortungsvollen aktiven Grundhaltung. Auch die Gewalt-
androhung durch die auf den Dächern installierten Maschinengewehre (z. B. am
9. Oktober 1989 in Leipzig) oder durch die in den Hinterhöfen bereitstehenden
Kampfgruppen (am 25. Oktober 1989 in Jena) konnten diese Entwicklung nicht
aufhalten. Es war eine konstruktive revolutionäre Atmosphäre, voller Hoffnung
und Stolz über unsere Kraft und Wirkmächtigkeit.

Diese Atmosphäre kannte ich aus der Gruppentherapie, wenn es den Gruppen gelungen war, ihre Passivität zu überwinden und sich kraftvoll an der
Lösung ihrer Probleme zu beteiligen. Damals entstanden z. B. im Gesundheitswesen, in der Universität, in den Betrieben viele Arbeitsgruppen, in denen
gemeinsam über die notwendigen Veränderungen nachgedacht und ihre Umsetzung begonnen wurde. Damals war ich mir gewiss, wenn wir unsere Machthaber dazu bringen, mit uns gleichberechtigt zusammenzuarbeiten, dann werden
wir wirklich eine demokratische Gesellschaft werden. Die Repressionen, unter
denen auch meine Familie zu leiden hatte, werden aufhören. Dann wird es so
werden wie in einer arbeitsfähigen Gruppe: Alle können ihre Kompetenzen
und ihre Kreativität zum Wohle des Ganzen einbringen, Politiker:innen und
Bürger:innen. Den Mauerfall oder die deutsch-deutsche Vereinigung konnte
ich mir im Oktober 1989 jedoch noch nicht vorstellen.

Nach dem damaligen Konzept der IDG war es nun wichtig, dass die Gruppe
nicht wieder in eine abhängige Grundannahmenmentalität nach Bion »zurück-
kippte«. Die Gruppenleiter:innen sollten sich nun eher abwartend verhalten
und die Arbeitsgruppenaktivität der Gruppe weiterfördern. Im Folgenden entdeckte ich auch im Verhalten der Großgruppe der DDR-Bevölkerung zahlreiche
Analogien. Der Zusammenbruch der DDR erzeugte in großen Bevölkerungs-
kreisen Unsicherheit und Angst. Dies beförderte wieder die abhängige Grundannahmenmentalität und damit die Sehnsucht nach einem starken Leiter. Helmut
Kohl nahm diese Position ein und versprach den DDR-Bürger:innen »blühende
Landschaften«. Er erzielte, obwohl seine politische Glanzzeit schon vorbei zu
sein schien, mithilfe des DDR-Volks im März 1990 einen grandiosen Wahlsieg.
Mit dem Anschluss an die Bundesrepublik und der Übernahme ihrer Strukturen
und Gesetze wurden die eigenen demokratischen Mitbestimmungsansätze der
DDR-Bürger:innen gegenstandslos. Die Folgen haben wir gemeinsam zu tragen.

## Neuorientierung nach der deutsch-deutschen Vereinigung: 1989–2008

Es folgte eine Zeit großer Erschütterungen und Verunsicherungen. Die Gruppenverläufe änderten sich mit den veränderten äußeren Bedingungen ohne unser bewusstes Zutun. Damals ahnte ich noch nicht, wie sehr unsere Gruppenmethode in die DDR-Matrix eingewebt war und dass sie ohne sie gar nicht so funktioniert hätte. Und nicht nur ich kam ins Schleudern. Wir fragten uns: War unsere Methode nun unbrauchbar? War alles, was wir über Gruppen gelernt und angewendet hatten, jetzt nutzlos? An Entwertungen und Diffamierungen von außen, durch westliche Gruppenanalytiker:innen, fehlte es nicht. So wurde uns vorgeworfen, die IDG sei eine stalinistische Methode. Schlimmer war jedoch, dass uns auch eine Selbstentwertung erfasste. Es war wie ein Orkan, der durch unser kommunikatives Netzwerk fegte, bewährte Verknüpfungen zerriss, uns in verschiedene Richtungen schleuderte und scheinbar ein Trümmerfeld von ratlosen Einzelkämpfer:innen hinterließ.

Aber das war nur die halbe Wahrheit. Die DDR war zwar untergegangen, aber nicht unsere gemeinsame Geschichte und die Erfahrungen, die uns verbanden. Wir DDR-Psychotherapeut:innen erlebten zwar starke Verunsicherungen, aber die Faszination und die Liebe zu Gruppen war uns geblieben. Und es gab starke Persönlichkeiten, die ganz selbstverständlich und unspektakulär zum Tagwerk übergingen, das Trümmerfeld aufräumten, Schätze sicherten, die verwirrten Kämpfer:innen zusammenholten und an die Arbeit schickten und damit fürs Überleben sorgten. Letzteres hieß, die Existenz der Psychotherapeut:innen im neuen unbekannten Westsystem zu sichern. Das waren in Thüringen besonders Heinz Benkenstein und Margit Venner, zwei unerschütterliche, Orkan-resistente Urgesteine der DDR-Psychotherapie.

Für mich war die Rettung, dass es einen differenzierten reflexiven Raum dafür gab, die großen äußeren und inneren Umbrüche zu verarbeiten. Dies waren einerseits meine sechsjährige Lehranalyse am Alexander-Mitscherlich-Institut in Kassel und andererseits die Trainerbesprechungen während unserer Gruppenselbsterfahrungskommunitäten, an denen ich von 1989 bis 2008 teilnehmen und mit Christoph Seidler zusammen Gruppen leiten konnte.

Heinz Benkenstein hatte noch in der DDR-Zeit, 1988, eine neue Trainermannschaft zusammengestellt, zu der auch ich gehörte. Zuvor hatten wir eine vierwöchige stationäre körpertherapeutisch orientierte »Therapie der Therapeuten« bei Achim Maaz in der Psychotherapieabteilung des Diakoniekrankenhauses Halle absolviert. Heinz Benkenstein hoffte, dass es für die Zusammenarbeit förderlich sei, wenn wir uns dadurch kennenlernten. Diese

Gruppenselbsterfahrung eröffnete für mich neue Horizonte. Ganz anders als bei der IDG wurden tiefe regressive Prozesse gefördert und zugelassen, die z. T. in vorgeburtliche Erfahrungen hineinreichten. Andererseits wurden Übertragungsangebote von uns Gruppenteilnehmer:innen abgewehrt. »Frau Misselwitz, ich bin nicht Ihr Vater«, erklärte mir Achim Maaz. Das kränkte mich, denn das wusste ich bereits, trotz Vaterübertragung. Aber ich konnte dieses schwierige Thema nun vermeiden, was mich auch erleichterte. Zum Glück ließ sich mein Lehranalytiker in Kassel, Hartmut Radebold, nicht mit meinem Hinweis abspeisen, dass er doch nicht mein Vater sei. Ich bin dankbar, dass er sich für die Bearbeitung dieser schwierigen Beziehung zur Verfügung stellte. Auch die IDG ließ Übertragungsprozesse zu, legte dann jedoch schnell Wert auf die Klärung der »Realbeziehung«, sodass eine tiefere Bearbeitung der Übertragungsbeziehung nur selten stattfand.

Wir starteten im heißen Herbst 1989, noch vor dem Fall der Mauer, mit der neuen Kommunität. Sie bestand aus vier Kleingruppen mit zwölf Personen, vier Trainerpaaren und Heinz Benkenstein als Supervisor und Großgruppenleiter und einem technischen Assistenten.

Solange es um die Gruppen ging, waren wir ein gut funktionierendes Team. Unter Heinz Benkensteins kompetenter, großzügiger, wertschätzender und ermutigender Supervision fühlten wir uns gut aufgehoben. Ich bin ihm sehr dankbar für die empathische Begleitung unserer Arbeit.

Aber kaum war die Arbeit getan, der Tag nach der allabendlichen Großgruppe ausgewertet und der Rotwein entkorkt, ging es hoch her zwischen uns. Da wurde der Orkan spürbar, der durch unser Beziehungsnetz gefegt war. Wir stritten uns um so gut wie alles: was von der untergegangenen DDR und der friedlichen Revolution zu halten war, was wir von dem bundesdeutschen System hielten, wie uns die klassische Psychoanalyse begegnet war und was jeder und jede von ihr persönlich wollte, welche positiven und welche schmerzhaften Vereinigungserfahrungen wir gemacht hatten, wie wir uns die Zukunft dachten, welchen Weg der Integration in die westdeutsche Psychotherapielandschaft wir uns vorstellten, ob und was von unserer Gruppenmethode überleben würde und sollte, welche Veränderungen und Enttäuschungen wir an uns selbst und gegenseitig wahrnahmen. Das war ungewohnt, denn in unserem kommunikativen Psychotherapeutennetzwerk in der DDR waren wir uns viel einiger gewesen. Zu viel Gegenwind kam uns in der DDR entgegen, besonders von der sogenannten Schulmedizin und dem staatlichen Misstrauen. Aber wir hatten gelernt, damit umzugehen und unsere Nische zu schützen.

Am nächsten Morgen tauchten wir wieder in die vertraute Gruppenarbeit ein und die Streitthemen verloren an Bedeutung. Wir spürten aber, dass sich unter den veränderten Bedingungen auch die Gruppenverläufe änderten. Einen Kipp-Prozess, »die heilige Kuh«, auf die wir früher so viel Augenmerk gelegt hatten, erlebten wir nicht mehr. Stattdessen war in den ersten Jahren nach 1989 atmosphärisch viel Trauer und Ratlosigkeit zu spüren. Wir waren Teil davon, ohne recht zu verstehen. Wir hatten keinen reflexiven Vorlauf gegenüber den Gruppenmitgliedern, alle waren wir gleichermaßen von den Veränderungen betroffen und labilisiert. Es half uns, dass wir durch die »Therapie der Therapeuten« bei Achim Maaz nicht mehr so viel Scheu vor regressiven Gruppenphasen hatten. Wir erlebten, dass unsere Gruppen auch ohne einen dramatischen Kipp-Prozess konstruktive Arbeitsphasen erreichten.

Allmählich stabilisierten wir uns wieder, gründeten Institute, integrierten uns in die Fachgesellschaften bei Wahrung der Eigenständigkeit unserer Gruppenmethode. Wir schrieben Bücher, organisierten Tagungen und hielten Vorträge zu unserer Methode und zu den Veränderungen, die sie durch den gesellschaftlichen Wandel erfuhr. Wir lasen und lernten und hospitierten und reflektierten – und wir waren froh, nicht mehr eingesperrt und abgeschottet leben zu müssen.

Bald meldeten sich immer mehr Westkolleg:innen zu unseren Kommunitäten an. Außerdem starteten wir, zusammen mit dem Münsteraner Institut für Gruppenanalyse nach Foulkes, gemeinsame Gruppenselbsterfahrungseinheiten mit gemischter West-Ost-Leitung: 2002 in Tecklenburg/Brochterbeck, organisiert durch das Münsteraner Institut und 2006, 2007 und 2008 in Lychen, organisiert von Stephan Heyne als Kommunitätsleiter. Ein großer Dank auch ihm, der sich um unsere IDG mit unermüdlichem Optimismus verdient gemacht hat. Diese Veranstaltungen wurden wissenschaftlich begleitet und aufgearbeitet und die Ergebnisse veröffentlicht. Ich war in Lychen dabei, als Thomas Mies aus Münster und anfangs auch Beate Jasper von dort an unserer Kommunität teilnahmen. Ich möchte hier nur davon erzählen, was diese Zeit für mich bedeutete, und wahrscheinlich nicht nur für mich:

Ich hatte alles über die erste gemeinsame Einheit in Brochterbeck gelesen, auch Vorträge gehört und war nun sehr gespannt, wie unsere Zusammenarbeit gelingen und sich anfühlen würde. An schwierigen Erfahrungen mit der westlichen Psychoanalyse und Gruppenanalyse hatte es mir bisher nicht gefehlt. Zunächst beeindruckte es mich sehr, mit welchem Mut und welcher Aufgeschlossenheit sich die beiden Münsteraner in das fremde Setting hineinbegaben. Dann faszinierten mich im wahrsten Sinne des Wortes unsere abendlichen Diskussionen, zunächst ohne Rotwein, wenn wir den Gruppentag auswerteten. Aber noch spannender wurde es für mich nach der Arbeit, mit Rotwein, als wir unsere beiden Methoden im größeren Weltzusammenhang

mit der Entwicklung der Psychoanalyse und der Entwicklung der Gruppentherapie seit Beginn des 20. Jahrhunderts beleuchteten.

Auf der inhaltlichen Ebene bewunderten wir den Kenntnisreichtum und die
Weitsicht, mit der Thomas Mies unsere DDR-Methode in die große Gruppen-
landschaft einordnete. Wir brauchten den echten Dialog mit der verwandtes-
ten Gruppenmethode, mit der Gruppenanalyse, um wieder festen Boden unter
den Füßen zu finden. So einzigartig, wie wir uns hinter der Mauer oft fantasiert hatten, waren und sind wir mit unserer Methode ganz offensichtlich nicht,
sondern Teil einer weltweiten Entwicklung. Dadurch weitete sich auch unsere
Sicht und die Mauer im Kopf, die unsere Tendenz zur Selbstentwertung zur
Folge hatte, wurde wieder ein Stück kleiner.

Aber all das wäre vielleicht nicht so hilfreich gewesen, wenn wir nicht die
tiefe Wertschätzung gespürt hätten, die Thomas uns und unserer bisherigen
Arbeit entgegenbrachte. Da war nichts von Hybris zu spüren. Es hatte mich
sehr bewegt, mit welcher Offenheit sie die Besonderheiten unserer Gruppenmethode anerkannten und sich davon infizieren ließen.

Dies sind: 1. *Die Co-Therapie,* idealerweise leitet ein Paar unsere Gruppen.
2. *Die Kommunikative Bewegungstherapie,* eine nonverbalen Gruppenmethode,
bei der die Therapeut:innen immer anwesend sind und die als wichtiger Aspekt
des einheitlichen Gruppenprozesses gesehen wird. 3. *Die Leiterzentrierung.*
Auch ohne Kipp-Prozess bringen sich die IDG-Therapeuten aktiver ein, z. B.
um Parentifizierungen von Gruppenmitgliedern zu verhindern oder die Omega-
Position mit einem Mitglied zu teilen und dadurch erträglicher zu machen
(Misselwitz u. Seidler, 2001).

Da Psychotherapiemethoden immer auch vom gesellschaftlichen Umfeld
geprägt werden, verwundert es nicht, dass sich die IDG der Gruppenanalyse mehr und mehr annäherte, auch wenn sie die genannten Besonderheiten
bewahren konnte. Dies war sicher hilfreich für die Zusammenarbeit mit den
Foulkesianern. Für mich ist dabei eine wertvolle emotionale Ost-West-Ver-
bindung entstanden. Besonders Thomas Mies gilt hier mein großer Dank. Ich
habe nicht nur sehr viel gelernt, sondern mich dadurch auch in der neuen
Psychotherapielandschaft besser beheimatet gefühlt. Die gegenseitigen Entwertungen sind weitgehend Geschichte, zumal uns die gemeinsame Sorge um
das Überleben der Gruppenpsychotherapie zusätzlich eint.

## Andere Gruppenerlebnisse

Natürlich nutzte ich die neuen Freiheiten, um auch andere Gruppenerfahrungen zu machen: Zusammen mit Christoph Seidler nahm ich zweimal an der Sommerakademie der Internationalen Gesellschaft für Gruppentherapie und Gruppenprozesse (IAGP) in Granada teil, unter der Leitung von Jörg Burmeister. Wir leiteten Gruppen nach unserer Methode, nahmen aber auch bei anderen Kolleg:innen teil. Ich suchte mir eine Psychodramagruppe aus und war sehr beeindruckt. Granada mit der Alhambra ist ein zauberhafter Ort, zumal wir eine private Führung bei wunderbarer Abendbeleuchtung durch den Gruppenanalytiker und Fachmann für arabische Kunst und Literatur Dr. Ardjomandi genießen durften. Ein unvergessliches Erlebnis.

Im zweiten Sommer aber fanden wir Ostdeutschen uns plötzlich in der Position der »Schmuddelkinder« wieder, die die Nazizeit nicht aufgearbeitet hätten. Wir wussten nicht, wie uns geschah. Niemand unterstützte uns und hörte uns an. Erst am Ende des Aufenthalts bemerkten wir, dass die Gruppendynamikerin und der Gruppendynamiker unsere Sicht teilten, dass wir zu Unrecht plötzlich zu Omegas gemacht wurden. Wir Ostdeutschen eigneten uns als schwächste Untergruppe offenbar für diese Position. An der Klärung und Auflösung war niemand interessiert. Auch ein unvergessliches Erlebnis.

In westdeutschen Fachkreisen begegnete mir häufig, dass wir Ostdeutschen für unfähig gehalten wurden, Schuld und Verantwortung für die verbrecherische deutsche Vergangenheit zu empfinden. Und so wollte ich das Problem tiefer ergründen. 2004 meldete ich mich für eine »Nazareth-Konferenz« auf Zypern. Das war eine sechstägige Gruppen-Beziehungskonferenz zwischen Juden und Deutschen, die in der Tavistock-Klinik in London entwickelt worden war. Da die erste Gruppenselbsterfahrungskonferenz in Nazareth stattgefunden hatte, wurde sie auch in den Folgejahren so genannt. Das Thema lautete »Shaping the Future by Confronting the Past« (»Die Zukunft gestalten durch die Konfrontation mit der Vergangenheit«). Die Konferenzsprache war Englisch. Auch 2006 nahm ich teil. Unter dem ungeheuren Druck der deutschen Schuld am Holocaust in Gegenwart von Juden gerieten die Schwierigkeiten zwischen Ost- und Westdeutschen völlig in den Hintergrund.

Im Verlauf dieser beiden Selbsterfahrungskonferenzen verstand ich noch tiefer, dass wir Deutschen in Ost und West durch die Verbrechen während der Nazizeit eine gebrochene Identität haben. Es ist schwer und vielleicht nie befriedigend möglich, diese grauenvolle und unerträgliche Vergangenheit seelisch zu integrieren. Vielleicht waren die Teilung Deutschlands und die Mauer zunächst wichtige Hilfen gewesen, um mit der Vergangenheit weiterleben zu können. Beide Seiten bemühten sich um einen Neuanfang und projizierten die verbrecherische Nazivergangenheit z. T. zu Recht und z. T. zu Unrecht auf die jeweils andere Seite, wie wir heute wissen. Mit dem Mauerfall wurden diese entlastenden Projektionen und bewährten Spaltungsmechanismen labilisiert und die bekannten Projektionen in Gang gesetzt. Auch im jüdischen Volk ist bis in die junge Generation der Horror noch lebendig. Trotz sehr belastender Stunden in Platres auf Zypern gewann ich dort mehrere Freund:innen, für die ich sehr dankbar bin.

## Engagement für und Erfahrungen mit der Psychoanalyse

Wie beschrieben gehörte ich einer konspirativen Gruppe an, die sich schon vor 1989, zusammen mit der DPV-Analytikerin Hildegard Munzinger-Bornhuse aus Heidelberg, mit der Psychoanalyse beschäftigte. Später kamen andere Kolleg:innen dazu, insbesondere Carl Rothenburg, der bis 2021 Lehrveranstaltungen bei uns durchführte. Durch Frau Munzingers Engagement konnten wir im Frühjahr 1990 an der DPV-Tagung in Tübingen teilnehmen. Dort knüpften Margit Venner und ich Kontakt mit Eugen Mahler, dem damaligen Vorsitzenden des Alexander-Mitscherlich-Instituts in Kassel, was uns am nächsten liegt. Es fanden gegenseitige Besuche statt, in deren Folge einige von uns dort eine Lehranalyse begannen. Ich verließ die Universitätsnervenklinik Jena und ging 1993 in die Niederlassung, um ebenfalls eine Lehranalyse zu absolvieren. 1998 schloss ich als erste Ostdeutsche die DPV-Weiterbildung mit dem Kolloquium ab.

Ich sage immer, die Psychoanalyse ist mein Wendegewinn. Für mich, die ich gefühlt, die meiste Zeit des Lebens nicht über die Grenze gehen durfte, war es jedes Mal wieder ein unglaubliches Erlebnis, als ich sechs Jahre lang jede Woche zweimal mit dem Interregio von Jena nach Kassel und zurück fuhr und also wirklich viermal diese früher unüberwindliche leidvolle Grenze passierte. Nie vergaß ich, dieser neuen Freiheit in Dankbarkeit zu gedenken. Somit ist meine psychoanalytische Weiterbildung am Alexander-Mitscherlich-Institut für mich mit äußerer und innerer Freiheit verknüpft.

Meine Situation in dieser Umbruchzeit war recht widersprüchlich: Am inzwischen gegründeten DGPT-Institut in Jena war ich Gründungsanalytikerin, Lehranalytikerin und Kontrollanalytikerin, und in Kassel war ich ganz normale Kandidatin. Letzteres war entlastend. Ich war froh, dass ich in Kassel einen Raum für innere Entwicklung und für all meine Fragen fand, während ich in Jena gleichzeitig die Lehrfunktion einnahm. In Kassel wurde mir mit großem Respekt und Wertschätzung begegnet.

Eine ganz andere Erfahrung war ein viermonatiger Forschungsaufenthalt im Sigmund-Freud-Institut in Frankfurt a. M. im Jahre 1993. Zum Glück kam eine befreundete Kollegin mit, Frau Gerlinde Schulz, wir teilten uns die Kosten und auch Freud und Leid, die uns dort widerfuhren. Wir sollten an einem Osteuropa-Forschungsprojekt über die psychischen Folgen der Diktatur mitarbeiten, eine Frage, die uns auch interessierte. Beim näheren Einblick in das Konzept wurden wir zunehmend verärgert. Man wusste schon alles! Kein einziges Mal wurden wir zu unserem Leben in der DDR befragt. Alle Ergebnisse über die völlig unterentwickelte Ostpsyche mit einem präautonomen Über-Ich standen schon fest. Ich empörte mich, argumentierte und diskutierte. Ich wollte aufklären, wie differenziert unser Leben wirklich war. Das interessierte niemanden. Ich wurde nicht gehört. »Frau Misselwitz, Sie können alles sagen. Sie haben Deppenrabatt!« Das war nicht etwa bösartig gesagt, nein, es war einfach eine sachliche Feststellung des Kollegen. So war es. Was ich als östlich sozialisierter Mensch sagte, zählte ganz selbstverständlich nicht. Auch dass wir zu zweit gekommen waren, wurde, nicht nur scherzhaft, als Symptom der Zwangskollektivierung angesehen. Niemand konnte sich vorstellen, dass wir uns, die einst Eingesperrten, das Glück dieser einmaligen Gelegenheit teilen wollten.

Heute beurteile ich diese Schwierigkeiten des Zusammenwachsens unserer Profession milder. Da Analytiker:innen mit der Aufarbeitung verdrängter seelischer Inhalte umgehen müssen, setzen ihnen schmerzliche Reaktualisierungen der belasteten deutschen Geschichte durch die deutsch-deutsche Vereinigung viel stärker zu als anderen Professionen.

Trotz dieser und anderer diskriminierender Erfahrungen durch Analytiker:innen profitierte ich von ihnen und knüpfte viele neue Freundschaften, die mein Leben sehr bereichern. Hier kann ich nur die Wichtigsten nennen:

Dr. Hildegard Munzinger-Bornhuse, die uns die Psychoanalyse nahebrachte und unseren Weg fördernd begleitete.

Prof. Dr. Hartmut Radebold, mein Lehranalytiker und Förderer des Jenaer Instituts.

Dr. Dorothee Lenkitsch-Gnädinger und Dr. Hermann Gnädinger, die mich während meiner analytischen Weiterbildung in Kassel großzügig beherbergten. Frau Lenkitsch-Gnädinger führt bis heute Lehrveranstaltungen für unsere Kandidat:innen durch. Zwischen uns ist eine tiefe Lebensfreundschaft entstanden.

Dr. Ludwig Haesler, der ab 1990 einige Jahre in Jena fakultative Psychoanalyse-Vorlesungen und Supervisionen durchführte.

Dr. Rolf Klüwer, der die DGPT-Supervisionsgruppe leitete, die für uns Lehranalytiker:innen zunächst Pflicht war, die wir aber um einige Jahre freiwillig verlängerten. Außerdem leitete er viele Jahre per Telefonkonferenz am Jenaer Institut für Angewandte Psychoanalyse und Psychotherapie eine Fokalgruppe.

Dr. Carl Rothenburg, der schon vor dem Mauerfall nach Jena kam und über 30 Jahre an unserem Institut Lehrveranstaltungen durchführte.

Heide und Michael Eickmann, die viele Jahre Vorträge hielten und Supervisionen an unserem Institut durchführten.

Im Rahmen meiner Niederlassung führte ich ausschließlich Einzelbehandlungen durch, tiefenpsychologisch fundiert und analytisch, und bot Lehranalysen und Kontrollanalysen und Supervisionen für die Kandidat:innen unseres 1993 gegründeten DGPT-Instituts in Thüringen an. Nach 15 Jahren fast ausschließlicher Gruppenarbeit war das eine neue, sehr bereichernde Erfahrung. Mit Gruppen arbeitete ich weiter während der Selbsterfahrungskommunitäten, sodass dies eigentlich die Grundmelodie meines Lebens als Therapeutin blieb. Durch die z. T. sehr schmerzlichen Erfahrungen im Zusammenhang mit der deutsch-deutschen Vereinigung interessierte ich mich sehr für Großgruppenphänomene und gewann besonders bei dem türkisch-amerikanischen Psychoanalytiker Vamık Volkan und seinen Büchern wichtige neue Erkenntnisse.

## Wandlung der Arbeit mit Gruppen durch die Psychoanalytische Weiterbildung

Die moderne Psychoanalyse war für uns ostdeutsche Psychotherapeut:innen Neuland. Wir kannten sie vorher zwar aus Büchern, aber das ersetzte nicht die lebendige persönliche Vermittlung. Ich erlebte die analytische Weiterbildung als eine wertvolle Erweiterung und Vertiefung meiner bisherigen tiefenpsychologisch fundierten Weiterbildung im Rahmen meiner Facharztausbildung zur Fachärztin für Psychotherapie in der DDR.

Ich möchte hier einige Aspekte hervorheben, die für diese Erweiterung und Vertiefung stehen:
– die Wertschätzung der Regression,
– das Verständnis und die Handhabung der Gegenübertragung,
– die Bedeutsamkeit früher Lebensphasen und der Trennungskonflikte,
– das Vertrauen in die Entwicklungsmöglichkeiten von Patient:innen.

Die Regression wurde in der DDR-Psychotherapie eher als »notwendiges Übel« betrachtet, um die tief verankerten neurotischen Mechanismen und Strukturen zu labilisieren und zu verändern. In der Analyse erlebte ich die Wertschätzung und Bereicherung von und durch regressive Prozesse. Vermutlich trugen sowohl die staatliche Bevormundung als auch die allgegenwärtige Stasiüberwachung dazu bei, regressiven Mechanismen zu misstrauen. Tiefe Regression hätte die Fähigkeit zur Wachsamkeit vermindert, was, wo und mit wem geredet oder verschwiegen werden sollte. Wir konnten aus diesem Grunde auch unseren Patient:innen niemals die analytische Grundregel empfehlen. Wir hatten hier die Verantwortung, sowohl die Patient:innen als auch uns zu schützen.

Die Gegenübertragung war uns als theoretisches Modell bekannt, jedoch war unsere Fähigkeit, sie zu erkennen und zu handhaben wenig differenziert. Hier fehlte uns der Literaturzugang und auch der Austausch mit der Welt der modernen Psychoanalyse.

Die Bedeutsamkeit frühester Lebensphasen und der Trennungskonflikte musste wahrscheinlich bagatellisiert werden in einem Land, in dem die Fremd-betreuung schon in dieser Zeit der Normalfall war. In »Krippenkinder in der DDR« (Israel u. Kerz-Rühling, 2008), an dem ich mitgeschrieben hatte, legten wir unsere Forschungen zu diesem Thema nieder.

Das geringere Vertrauen in die Entwicklungspotenzen unserer Patient:in-nen hängt vermutlich mit der autoritären bevormundenden Gesellschaft und der fehlenden Erfahrung mit Demokratie in der DDR-Gesellschaft zusammen. Frau Munzinger wunderte sich bei der Supervision immer wieder über unsere »Fürsorglichkeit und Verantwortung« für unsere Patient:innen, was sie durch-aus nicht nur negativ sah. Später bei der Jenaer Fokalkonferenz mit Rolf Klüwer gaben wir uns selbst den lustigen Namen »Schutzengel-Brigade«. Er erschien uns sehr wenig »fürsorglich« und wies uns häufig überzeugend nach, dass unsere »Fürsorglichkeit« die reife Verantwortungsübernahme unserer Patient:innen behinderte. Überhaupt wurde mir erst nach der Wende, durch die Außensicht, spürbar, wie sehr die Psychotherapie mit der aktuellen Gesellschaftsstruktur verzahnt ist. Die genannte Betonung der Auseinandersetzung mit den Gruppen-leiter:innen bei der IDG war vermutlich auch ein vorbewusster Protest gegen die staatliche Bevormundung gewesen.

## Schlussbetrachtungen

Ich bin sehr dankbar für die Bereicherung, die ich durch das Fachgebiet Psycho-therapie erfahren habe. Durch die vielen Selbsterfahrungen konnte ich mich weiterentwickeln und die mir mitgegebenen Möglichkeiten gut ausschöpfen. Ich bekam dadurch auch das Rüstzeug, den gewaltigen Umbruch von 1989 und die nachfolgenden gesellschaftlichen Wandlungsprozesse zu verarbeiten und mich neu zu verankern.

Es ist eine unglaublich wertvolle Erfahrung, in zwei fast komplementären Gesellschaftssystemen gelebt zu haben, sie zu verstehen und zu wissen, wie sie sich von innen her anfühlen. Durch den Systemwechsel wurde für mich eine Außensicht auf mein DDR-Leben möglich. Am aufregendsten war natürlich die Zeit der friedlichen Revolution, die nach bleierner Stagnation eine Zeit des mutigen Aufbegehrens mit großer Wirkmächtigkeit und vielen Hoffnungen, aber auch Illusionen war.

Ich habe beschrieben, wie mir meine Ausbildung zur Gruppenpsychotherapeutin dabei ein guter Wegweiser war. Auch die nachfolgenden »Mühen der Ebene« der deutsch-deutschen Vereinigung möchte ich nicht missen, sie waren wichtige Lehrjahre für mich. Sie haben mich demütig gemacht, wie sehr wir »Kinder unserer Zeit« sind und durch unser gesellschaftliches Umfeld geprägt werden, wie mächtig Großgruppenprozesse wirken und wie wenig oft Vernunft und Weitsicht bei uns Menschen handlungsbestimmend sind. Die Illusionen wurden schnell enttäuscht und die Hoffnungen auch. Aber beides brauchen wir, sie müssen immer wieder neu entstehen. Sie sind Lebenskraft und Motor für die vor uns liegenden noch größeren gesellschaftlichen Veränderungen weltweit.

Für mich war mein Beruf nie nur Beruf, vielmehr hat er meine Sicht auf mich selbst und meine Umgebung fundamental geprägt. Dabei meine ich nicht nur die individuelle persönliche Sicht, sondern auch mein Welt- und Menschenbild, meine soziale und politische Einstellung sowie mein politisches Engagement.

In der ersten Hälfte des Berufslebens habe ich fast ausschließlich stationär und gruppenpsychotherapeutisch gearbeitet. Meine Gruppenausbildung möchte ich nicht missen. Sie hat mich persönlich gestärkt und mich befähigt, Gruppenphänomene ubiquitär wahrzunehmen und zu verstehen. Gleichzeitig hat sie meine Sehnsucht nach einer Lehranalyse geweckt. Die Wende kam für mich in einer Lebensphase, in der ich dieser Sehnsucht noch folgen konnte. Das war ein großes Glück. Meine lange Lehranalyse hat mein depressives und ängstliches Lebensgrundgefühl in Richtung Lebendigkeit, Lebensfreude und Zuversicht tiefgreifend verändert. Dafür bin ich meinem geschätzten Lehranalytiker Hartmut Radebold unendlich dankbar. Die vielen neuen Kontakte und Möglichkeiten haben mich sehr bereichert. Ich konnte das in der zweiten Hälfte meines Berufslebens gut nutzen, sowohl für die Tätigkeit als Einzelpsychotherapeutin als auch für die weitere Arbeit mit Gruppen in den Selbsterfahrungskommunitäten.

Mein Weg zur Gruppenanalyse war weit und wechselvoll: Er begann mit dem Unbehagen in der einseitig somatisch orientierten Psychiatrie. Von dort führte er mich über die tiefenpsychologisch fundierte IDG zur Psychoanalyse als Einzelbehandlung. Sie blieb für mich kollektiv-gewohnte Ostdeutsche bis zum Ende meiner Berufstätigkeit faszinierend. Unter ihrem Einfluss und unter den veränderten gesellschaftlichen Bedingungen entwickelte sich die IDG mit ihren Besonderheiten zu einem analytischen Verfahren (Seidler u. Misselwitz, 2014). So hat sich in der Gruppenanalyse für mich etwas zusammengefügt, das gut zusammenpasst.

## Auswahl eigener Publikationen und weitere verwendete Literatur

Bahrke, U. (Hrsg.) (2010). Denk ich an Deutschland. Frankfurt a. M.: Brandes & Apsel.

Bion, W. R. (1971). Erfahrungen in Gruppen und andere Schriften. Stuttgart: Klett-Cotta.

Israel, A., Kerz-Rühling, I. (Hrsg.) (2008). Krippen-Kinder in der DDR: Frühe Kindheits-erfahrungen und ihre Folgen für die Persönlichkeitsentwicklung und Gesundheit. Frankfurt a. M.: Brandes & Apsel.

Lange, F. (1937). Die Sprache des menschlichen Antlitzes. Eine wissenschaftliche Physiognomik und ihre praktische Verwertung im Leben und in der Kunst. München/Berlin: J. F. Lehmanns Verlag.

Misselwitz, I. (1993). Vergangenheitsaufarbeitung in der Psychotherapie. Psychologische Beiträge, 35 (1), 20–25.

Misselwitz, I. (2003). German reunification: A quasi ethnic conflict. Mind and Human Interaction, 13, 77–86.

Misselwitz, I. (2004). Biographie als Ressource. In M. J. Froese, C. Seidler (Hrsg.), Biographie als Ressource. Psychoanalyse in Ostberlin, Bd. 3 (S. 27–35), Berlin: edition bodoni.

Misselwitz, I. (2009). Krippenerziehung in der DDR – Kindheitserfahrung und eigene Elternschaft. In: Psychosozial, 32 (115). 31–48.

Misselwitz, I. (2014). 25 Jahre Mauerfall – Gruppenanalytische Reflexionen einer ostdeutschen Grenzgängerin. Gruppenpsychotherapie und Gruppendynamik, Zeitschrift für Theorie und Praxis der Gruppenanalyse, 50, 297–311.

Misselwitz, I. (2016). Wie der Fall des »Eisernen Vorhangs« die innere Welt veränderte. Forum der Psychoanalyse, 32, 319–334.

Misselwitz, I., Bormuth, M. (1993). Deutsche Verhältnisse diesseits und jenseits von Befremdung und Vorurteil. Psychologische Beiträge, 35, 4, 293–306.

Misselwitz, I., Lenkitsch-Gnädinger, D. (2005). Endstation Sehnsucht – von der Schwierigkeit mit der Realität zu leben. Psychoanalyse. Texte zur Sozialforschung, 9 (1), 43–56.

Misselwitz, I., Seidler, C. (2001). Die Intendierte Dynamische Gruppenpsychotherapie. Göttingen: Vandenhoeck & Ruprecht.

Seidler, C., Misselwitz, I. (Hrsg.) (2014). Neue Wege der Gruppenanalyse: Beiträge der Intendierten Dynamischen Gruppenpsychotherapie. Leverkusen: Budrich UniPress Ltd.

Seidler, C., Misselwitz, I., Heyne, S., Küster, H. (Hrsg.) (2010). Das Spiel der Geschlechter und der Kampf der Generationen. Göttingen: Vandenhoeck & Ruprecht.

Elisabeth Rohr

# Gruppenanalyse als Welterkundung

## Das Leben vor der Begegnung mit der Gruppenanalyse

Als ich 1974 nach einem knapp fünfjährigen Aufenthalt in New Orleans nach Deutschland zurückkehrte und in Frankfurt a. M. mit einem Soziologiestudium begann, hatte mich diese Zeit in den USA im Schnelldurchgang reifen lassen. Die verinnerlichten Hemmungen, Blockaden und Verunsicherungen eines katholischen Arbeitermädchens vom Lande, das trotz Abitur keine realistischen Zukunftsperspektiven entwickeln konnte, waren verflogen. In New Orleans hatte ich in kürzester Zeit lernen müssen, auf mich allein gestellt und gerade einmal 21 Jahre alt, eine von vielerlei Verblendungen überschattete Ehe zu beenden, existenzielle Sicherheit zu schaffen, mich in einem kulturell fremden Umfeld sozial zu verankern und eine vollkommen ungewisse Zukunft zu gestalten. Nach Deutschland zurückzukehren und nichts außer einer gescheiterten Ehe aufzuweisen, kam nicht infrage. Die Scham war zu groß.

Die Entscheidung, vorerst zu bleiben, war allerdings auch getragen von ungewöhnlich positiven Erfahrungen, vor allem in meinem unmittelbaren beruflichen Umfeld. Neben den persönlichen Dramen, die ich zu bewältigen hatte, erfuhr ich in einem Unternehmen, in dem ich maschinelle Lochkarten für die Buchhaltung herstellte, unerwartet viel an emotionaler Zugewandtheit und Aufmerksamkeit, woraus sich lebenslange Freundschaften entwickelten. Dies vermittelte mir das Gefühl, wahrgenommen und auch wertgeschätzt zu werden, eine Erfahrung, die ich weder in meiner von prekären Verhältnissen geprägten Kindheit noch später während meiner Gymnasialzeit in Trier hatte machen können. So gewann ich, wie im Zeitraffer, zunehmend an Selbstsicherheit und Identitätsvergewisserung, entdeckte das pulsierende und von Musik und Kunst getränkte Leben in New Orleans und begann, die Vorzüge ungewohnter Freiheit, Unabhängigkeit und den exotisch anmutenden Lebensstil und die tropische Hitze des »Big Easy« – wie die Stadt auch genannt wird – zu genießen.

Endlich wahrgenommen und anerkannt zu werden und dafür nicht kämpfen zu müssen und zugleich eine Fürsorglichkeit zu erleben, die an keine Gegenleistungen geknüpft war, befreite von inneren Fesseln und Einschränkungen, die meine Kindheit in einem ländlichen Arbeitermilieu belastet hatten. Nun traten endlich klar benennbare Wünsche zutage, Perspektiven ließen sich formulieren und Zukunftsfantasien nahmen Gestalt an.

So wagte ich den Schritt in die renommierte Tulane University und belegte abendliche Kurse für Fortgeschrittene in Englisch und Französisch und lernte zusätzlich noch Spanisch. Mit meinen Englischkenntnissen erreichte ich bald in der Abschlussprüfung den höchsten Level, was mir bis heute zugutekommt, da ich mich mühelos in Englisch und mittlerweile auch in Spanisch sowohl schriftlich wie mündlich verständigen kann. Ein ordentliches Studium an der Tulane aber war finanziell unerschwinglich. Außerdem war immer noch unklar, für welches Fach ich mich entscheiden sollte. Es fehlte schlicht an Orientierung und auch an Vorbildern, mit denen ich mich hätte identifizieren können.

Parallel dazu setzte, zunächst noch sehr diffus, ein Prozess der Entzauberung ein. Nach der anfänglichen Begeisterung, die dieses von Lust und Genuss geprägte pralle Leben in New Orleans in mir auslöste, beschlich mich im Laufe der Jahre die Erkenntnis, dass mir grundlegend etwas fehlte, dass all diese exotischen Genüsse nicht ausreichten, um mich erfüllt, zufrieden und eins mit mir selbst zu fühlen. Insbesondere der Southern Way of Life, vor allem der von afrokaribischen, kreolischen und Cajun-Traditionen geprägte Lebensstil der Menschen in Louisiana und New Orleans begann, seine anfängliche Faszination einzubüßen. Die Folgen der Sklaverei prägten nach wie vor das Leben von 60 Prozent der Bevölkerung und machten sich im Alltag, auf den Straßen, im beruflichen Leben, ständig bemerkbar. Das Leben spielte sich in einer gespaltenen Gesellschaft ab und individuelle Versuche, diese Gräben zu überwinden, endeten regelmäßig in einem Desaster. Hinzu kamen häufige und bedrohlich anmutende Einbruchsversuche in meine Wohnungen, eine bunte Mischung abenteuerlicher und unglücklich endender Liebesbeziehungen, schließlich die Erfahrung, beruflich an eine gläserne Decke gestoßen zu sein und nicht zuletzt die gefühlt an 365 Tagen im Jahr scheinende Sonne, regelmäßige Hurrikans, Moskitoplagen und nächtliche Besuche eines Pumas an unserem Zelt in den Bayous, die allesamt die Entscheidung reifen ließen, meine Zelte in New Orleans abzubrechen und zurück in meine alte Heimat zu remigrieren.

Diese Entscheidung aber brauchte Zeit. Ich war nun 24 Jahre alt und es war klar: Ich hinterließ Freundinnen, die mir ans Herz gewachsen waren, und ich ließ eine Leichtigkeit des Seins hinter mir, die gefüllt war mit Musik, Jazz, Dixie und dem Cajun Zydeco, dem jährlich ausschweifenden Mardi Gras, unübertroffen berauschenden Festen und einer kreolischen und Cajun-Küche, die mit Jambalaya, Crawfish-Etoufé, Shrimp Creole, Oysters Rockefeller und feurigem Gumbo einem Herz und Seele wärmte. Aber trotz all dieser sonnendurchtränkten Herrlichkeiten sehnte ich mich zunehmend nach nebligen Novembertagen, an denen man sich mit Freund*innen traf und über Gott und die Welt philosophierte, nach Frühlingserwachen in der Natur, nach kalten Wintertagen, eingepackt in dicke Schals und Mützen. Es war ein Überdruss entstanden an einem Leben, das sich vornehmlich draußen abspielte, den Picknicks am Lake Pontchartrain, den touristisch vermarkteten Jazz-Events im French Quarter, den ausgelassenen crab boils mit Kolleg*innen in der Werkzeughalle der Firma, den Ausflügen zum Crawfish-Fangen in überfluteten, moskito- und schlangenverseuchten Reisfeldern. Stattdessen wurde der Wunsch immer lauter, doch noch zu studieren.

Nach intensiven Recherchen fiel schließlich die Wahl auf ein breit angelegtes Soziologiestudium, das sowohl Schwerpunkte im Bereich der Philosophie, der Pädagogik, der Politologie als auch der Anthropologie bot. Bis zu diesem Zeitpunkt waren Psychoanalyse, Psychotherapie und Gruppenanalyse Fremdwörter in meinem Vokabular, und in meinem sozialen Umfeld gab es niemanden, der in irgendeiner Verbindung mit diesen Begrifflichkeiten stand oder entsprechende psychotherapeutische Erfahrungen aufwies.

Der Abschied aus New Orleans und die Re-Migration in die alte Heimat bedurften aber noch eines Intermezzos. Und so machte ich mich zunächst mit Greyhound auf eine sechsmonatige Reise durch den Westen der USA, dann flog ich nach Mexiko, Peru, Ecuador und Kolumbien. Es war eine Reise zu meinen Kindheitsträumen, die ich in einem vergessenen Dorf in der Eifel mit Hingabe pflegte und versinnbildlichte, indem ich Fotos von armen, indigenen Kindern aus katholischen Missionsblättern ausschnitt und in große Hefte klebte und sammelte. Die beglückende Erfahrung, Kindheitsträume zu verwirklichen und sei es in Puebla, in Cuzco, in Quito oder in Bogotá tatsächlich innere Verbindungen zu Menschen herstellen und fern von meiner Eifeler Heimat plötzlich die Ästhetik und Sinnlichkeit einer Landschaft genießen zu können (statt nur Rüben und Kartoffeln zu sehen, die von Unkraut zu befreien waren), bestätigte mich in meinem Entschluss, nach meiner Rückkehr zu studieren und mich u. a. diesen durchaus unausgegorenen, jedoch sehr lebendigen Kindheitsträumen zu widmen, aber dieses Mal auf akademischen Wegen.

## Ein Soziologiestudium in Frankfurt

Die Entscheidung für Frankfurt fiel einerseits bewusst, weil mir an der dortigen Johann Wolfgang Goethe-Universität das soziologische Angebot am breitesten angelegt schien, andererseits aber auch unbewusst, weil es mich, damals noch unverstanden, in die Stadt meines unbekannten jüdischen Großvaters zog, der 1936 hatte flüchten müssen und von dem ich nicht viel mehr wusste als seinen Namen und seine Frankfurter Wohn- und Geschäftsadresse. Zugleich aber war er durch die Gespräche mit meiner Mutter von frühester Kindheit an als anwesender Abwesender im familialen Narrativ immer präsent.

Doch bevor ich mich 1975 an der Universität immatrikulierte, legte ich einen einjährigen Zwischenstopp bei American Express Military auf der Bitburger Air Base ein, exakt an jenem Ort, an dem ich fünf Jahre zuvor geglaubt hatte, die Liebe meines Lebens gefunden zu haben. Die Arbeit im Reisebüro öffnete mir alsbald, jenseits von der alltäglichen Routine, ungeahnte berufliche Perspektiven. Bald war ich häufig, dann neun Jahre lang als Reiseleiterin an verlängerten Wochenenden mit rund 50 GIs und ihren Familien u. a. in Paris, Amsterdam, Prag, Kopenhagen, Wien, der Schweiz und London unterwegs und sammelte vier Tage lang transkulturelle Erfahrungen mit großen Gruppen. Diese lukrative Nebenbeschäftigung wurde Grundlage zur Finanzierung meiner späteren gruppenanalytischen Ausbildung in London. Durch diese Tätigkeit gewann ich Sicherheit im Umgang mit schwierigen Klient*innen und wuchs zunehmend in die Rolle einer souverän agierenden Reiseleiterin, die verlorene GIs in der Metro in Paris oder im Tivoli in Kopenhagen nicht aus der Ruhe bringen konnten.

Das 1975 begonnene Soziologiestudium in Frankfurt katapultierte mich dagegen zunächst in die Rolle einer absolut hilflosen Anfängerin und gestaltete sich anfänglich als ein fremdkulturelles Panoptikum unverständlicher Kuriositäten. Da liefen im damaligen AfE-Turm, der inzwischen leider einem monströsen Hochhaus weichen musste, viele Studierende mit den gleichen blauen, dicken Wälzern durch die Gegend, und an den schwarzen Brettern wimmelte es von seltsam anmutenden Abkürzungen: WG, MfG, KB, KBW, MSB, SHB, LSB, SDS ... Ich fühlte mich verloren, wagte niemanden zu fragen, was das zu bedeuten habe, sprach ich doch Deutsch mit einem leicht amerikanischen Akzent (und ahnte, dass dies ganz und gar nicht gut ankommen würde). Ich kleidete mich vergleichsweise gesittet und kannte niemanden in der Stadt oder an der Universität.

Dies änderte sich schlagartig, als ich eines Tages hautnah die gewalttätigen polizeilichen Ausschreitungen nach einer Demonstration auf der Zeil in Frankfurt miterlebte und ich zu Tode erschrocken das Weite suchte. In einem mit sicherlich 1.000 Studierenden gefüllten Hörsaal ging es am nächsten Tag in der Universität um die Organisation einer erneuten Demonstration gegen Fahrpreiserhöhungen und inmitten all dieses verbalen Tumults, den ich nicht nachvollziehen konnte, meldete ich mich zu Wort und sagte, ich hätte zu viel Angst, um bei der anstehenden Demonstration mitzulaufen. Schlagartig wurde es still, eine, zwei Sekunden vielleicht, dann setzte der lautstarke Austausch wieder ein. Erschrocken über mich selbst und über das Schweigen, das meinen Worten folgte, verließ ich fluchtartig den Saal, sah mich aber plötzlich umringt von einigen nett aussehenden, mich freundlich anlächelnden jungen Männern, die sich anboten, mich am nächsten Tag zur besagten Demonstration zu begleiten. Das war das Ende meines Alleinseins in Frankfurt und der Beginn wunderbarer Freundschaften und großer und kleiner Lieben.

Nun stolperte ich auch nicht mehr blindlings in dieses oder jenes Seminar, sondern landete dort, wo man als Soziologiestudierende, damals zumindest, standesgemäß zu beginnen hatte: in den legendären Marx-Lektüre-Seminaren von Joachim Hirsch und den entsprechenden Arbeitsgruppen zur Mehrwertanalyse. Die Marx-Lektüre erwies sich als eine hervorragende mentale Schulung zum rationalen Denken, aber im Laufe der Zeit verdichtete sich die Ahnung, dass jenseits von Marx vielleicht doch noch etwas anderes in der Soziologie zu entdecken sei, und so begann ich Vorlesungen von Alfred Schmidt (Philosophie), von Norbert Elias, später auch von Mario Erdheim zu besuchen und entdeckte – passager – Freud und »das Unbewusste«.

Es waren dies von wissenschaftlichen Leidenschaften beseelte, inspirierende Zeiten, es öffneten sich Türen im Denken, von denen ich bisher noch nicht einmal den Schimmer einer Ahnung gehabt hatte. Alles war im Fluss, das Studium war eine intellektuell-libidinöse Angelegenheit, nährend und befriedigend und, ja, glücklich machend. In den Seminaren von Hans Bosse (1979) zur Ethnopsychoanalyse kulminierten diese neuen Denkansätze dann in ihrer Zusammenführung von Transkulturalität und Psychoanalyse.

Die Werke von Parin, Morgenthaler und Parin-Matthèy waren der Stoff, der an meine Kindheitsträume anknüpfte und die nicht aufhörten, mich zu faszinieren. Rätselhaft waren in ihrer Studie »Fürchte deinen Nächsten wie dich selbst« (Parin Morgenthaler u. Parin-Matthèy, 1971) besonders die Ausführungen zum Gruppen-Ich und zum Clan-Gewissen und die Beschreibungen von jungen Männern, die absolut selbstbewusst und funktionstüchtig in ihrer eigenen ethnischen Gemeinschaft waren, jedoch in einen Zustand der Katatonie gerieten, wenn sie aus geschäftlichen Gründen gezwungen wurden, in fremde Gegenden zu reisen. Diesen Stolz und diese Selbstgewissheit hatte ich in vielen ländlich und ethnisch geprägten Regionen in Mexiko, Peru und in

Ecuador erlebt, aber ebenso das Gefühl einer immensen Verlorenheit, wenn diese Menschen aus ihren Dörfern in Großstädte migrierten und sich dort am Rande der Gesellschaft wiederfanden, zumeist in bitterer Armut.

Diese intensiven Seminardiskussionen, die ich mit eigenen Erlebnissen verknüpfen konnte, führten auch zu außeruniversitären Seminarexperimenten, z. B. zu TZI-Wochenenden. In diesen Workshops, die sowohl von Hans Bosse als auch von Jörg Bopp, einem erfahrenen Psychotherapeuten, geleitet wurden, entdeckte ich mein Talent und mein Gespür für irritierende, widersprüchliche Aussagen von Teilnehmenden, die sich in unseren Gesprächen unbewusst in Szene setzten. So erzählte ein ehemaliger Pfarrer, der lange in Afrika im Dienst gewesen war, dass er in seiner Gemeinde immer wieder mit dem Vorwurf konfrontiert wurde, sich kolonialistisch zu verhalten, und es gut fand, dass man ihm dies sagte. Ich fand diese Aussage eher unglaubwürdig, ja sogar leicht verlogen, und wagte dies auszusprechen. Daraufhin entfaltete sich eine emotional sehr spannungsreiche Auseinandersetzung, die am Ende seine Erfahrung deutlich werden ließ, ständig gekränkt zu werden, da er sich doch so sehr bemühte, sich eben gerade nicht kolonialistisch und herablassend gegenüber Afrikaner*innen zu verhalten, und trotzdem immer wieder diesen Vorwurf hörte. Diese Auseinandersetzung beinhaltete eine von vielen Schlüsselerlebnissen, die mich im Rahmen meines Soziologiestudiums nicht nur intellektuell, sondern auch emotional zunehmend neugierig werden ließen auf die Psychoanalyse.

Nun gab es damals am Fachbereich Gesellschaftswissenschaften noch Ulrich Oevermann und Alfred Lorenzer, die beide ein unübersehbares Charisma ausstrahlten und unter Studierenden großes Ansehen genossen. Ich wurde durch Freundinnen in den Sog von Alfred Lorenzers Seminaren gezogen und lernte dort die Psychoanalyse kennen, in Theorie und in Praxis. Allerdings war diese Praxis weit entfernt von allen klinischen Anwendungen, denn in den Seminaren ging es um die Anwendung der Psychoanalyse in Kultur und Gesellschaft. So saßen wir interpretierend ganze Semester lang vor Courbets Atelier und suchten nach dem geheimen Sinn und dem Grund der verborgenen Ausstrahlung dieses Gemäldes. Thema waren aber auch die Filme von Buñuel, z. B. »Los Olvidados« – »Die Vergessenen«, – auch dabei ging es darum, unbewusste Sinnzusammenhänge aufzudecken. Wiederum in anderen Seminaren standen literarische Werke im Vordergrund. Oft saßen über hundert »Studierende« zusammen, wobei Psychiater*innen aus Frankfurter Kliniken ebenso teilnahmen und mitdiskutierten wie Psychotherapeut*innen, Ärzt*innen, Architekt*innen und Künstler*innen.

Für Studierende bestand die Leistungsanforderung darin, Protokolle über die Seminardiskussionen anzufertigen, was keine leichte Aufgabe war. Wenn aber das eigene Protokoll vor versammelter Studierendenschar als besonders gelungen vorgetragen wurde, war dies nicht nur die Bestätigung, dass die Aufgabe erfüllt worden war und eine Deutung hatte formuliert werden können, es hieß auch, Zugang zum »Meister« gefunden zu haben. Es öffneten sich Türen für Promotionsmöglichkeiten.

Viele der Studierenden, die in Alfred Lorenzers kulturanalytischen Seminaren saßen, fanden später den Weg ans Institut für Gruppenanalyse (IGA) in Heidelberg. Wir waren uns oft einig, dass die tiefenhermeneutischen Seminare sehr von der Gruppenanalyse hätten profitieren können, denn immer waren es ja gruppendynamische Debatten und das Resultat immer auch Ergebnis einer gruppalen Verständigung.

Heute würde ich sagen, in diesen Seminaren ging es immer um das soziale Unbewusste, ganz im Sinne von Foulkes, dabei stand eben nicht die Diagnose einer psychischen Störung im Vordergrund, auch nicht die der Persönlichkeit des Autors, Malers oder Filmemachers, sondern das Unbewusste im Oeuvre, und zwar so, wie es sich in den Diskussionen niederschlug. Was wir zu ergründen versuchten, waren die Wirkung, die der Film, das Bild oder der Roman auf uns ausübten, und dies in Worte zu fassen. Sich darüber zu verständigen und den verborgenen Sinn aufzudecken, waren das Anliegen und die Kunst.

Mit dem Ende meines mit Auszeichnung abgeschlossenen Soziologiestudiums ergaben sich nicht nur attraktive Stipendien-, sondern auch Mitarbeitermöglichkeiten am Fachbereich, sodass eine Promotion nun als reale Perspektive in Erscheinung trat. Hatte ich mich in meiner Diplomarbeit bereits mit Kollektivstrukturen indigener Gemeinschaften in Ecuador befasst, so eröffneten sich durch vielfältige Forschungsaufenthalte in Ecuador neue Perspektiven gesellschaftlicher Konfliktdimensionen. Angeregt durch die Studie von Lorenzer »Das Konzil der Buchhalter. Die Zerstörung der Sinnlichkeit« (1982) und die vor Ort in Ecuador erlebten fragwürdigen Aktivitäten der aus den USA ins Land strömenden, meist evangelikalen Religionsgemeinschaften, wollte ich mich einer ethnopsychoanalytischen und tiefenhermeneutischen Analyse dieser Religionsgemeinschaften widmen (Rohr, 1990). Erste Forschungen 1982 erwiesen sich als erfolgversprechend, sodass ich mich zunächst mithilfe eines Promotionsstipendiums des Evangelischen Studienwerks Villigst und durch die später erfolgte Anstellung als Mitarbeiterin im Fachbereich Gesellschaftswissenschaften nun intensiv meinen Forschungen in Ecuador widmete (Rohr, 1991a). Zeitgleich zum Abschluss meines Studiums und dem Beginn der Promotion erfuhr ich durch Hans Bosse von der Gründung des Instituts für Gruppenanalyse in Heidelberg und entschloss mich relativ spontan, diese Chance einer gruppenanalytischen Ausbildung wahrzunehmen.

## Gruppenanalytische Ausbildung

Die gruppenanalytische Ausbildung am damals noch im Aufbau befindlichen Institut für Gruppenanalyse in Heidelberg fand in Blockform statt und umfasste 16 Kurswochen, verteilt über vier Jahre. Innovativ und in Deutschland einzigartig war, dass außer Mediziner*innen und Psycholog*innen auch andere Berufsgruppen zur Ausbildung zugelassen waren und die gruppenanalytische Ausbildung in Blockform stattfand. Dies erregte sowohl Zustimmung und Neugier als auch Kritik und Zweifel. Als bedenklich wurde vor allem die Tatsache erachtet, dass sowohl die Selbsterfahrung als auch die Theorie verdichtet im Rahmen von fünf Tagen viermal im Jahr stattfanden und dann jeweils längere Pausen von rund drei Monaten vorgesehen waren. Wie sollte unter diesen Bedingungen eine gruppenanalytische Ausbildung gelingen, war die Frage. Insbesondere einige Mitglieder des Institute of Group Analysis (London) bezweifelten Wirksamkeit und Effizienz einer Gruppenanalyse unter diesen Rahmenbedingungen. Diese Zweifel verstärkten sich noch, als bekannt wurde, dass Ilse Seglow als Lehrgruppenanalytikerin diese Ausbildungsgruppe leiten würde. Sie war, und das wurde ihr als Vorwurf entgegengehalten, weder ein Mitglied des engeren Kreises um Foulkes noch eine ausgewiesene Gruppenanalytikerin, sondern sie verstand sich als psychoanalytische Psychotherapeutin, die in ihre Arbeit auch Erkenntnisse aus anderen therapeutischen Verfahren einbezog. Diese nonkonformistische Haltung war vielen suspekt, war aber zweifellos auch Ursache des überwältigenden Erfolgs des von ihr gegründeten London Centre for Psychotherapy (LCP) (Hermann, 2014), wobei Gruppenanalyse obligatorischer Bestandteil der einzelanalytischen Ausbildung war.

Von all dem wussten wir als Mitglieder der A-1-Gruppe zunächst nichts, doch später blieben uns diese Vorbehalte nicht verborgen. Insbesondere in den Theoriesitzungen wurden wir von den englischen Gruppenanalytiker*innen oft recht unverhohlen damit konfrontiert.

Als erste Ausbildungsgruppe des Heidelberger Instituts hatten wir uns von Anfang an mit Unsicherheiten und auch organisatorischen Improvisationen abzufinden. Immer wieder gab es Überraschungen, mit denen niemand gerechnet hatte. So erfuhren wir zu unserem Erstaunen während unseres ersten Aufenthalts in London, dass wir nicht nur dieses eine Mal, sondern die nächsten vier Jahre nach London zu reisen hätten. Ilse Seglow dachte nämlich weder daran, noch wäre sie dazu in der Lage gewesen, nach Heidelberg zu kommen. Waren wir zunächst in hohem Maße verärgert und fühlten uns betrogen, so wich dieses Gefühl im Laufe der Zeit der Empfindung, zu den Auserwählten zu gehören, denn was war das provinzielle und verträumte Heidelberg im Vergleich zur großen, globalen Weltstadt London? Aber natürlich war es auch aufwändiger und kostspieliger, immer nach London zu reisen, und am Heidelberger Institut liefen wir als mehr oder weniger unsichtbare Trabanten nebenher mit und waren nicht eingebunden in die institutionellen Entwicklungsprozesse. Das ließ sowohl Spaltungsvorgänge als auch Idealisierung blühen.

So brauchte es nicht lange, bis wir begannen, die gruppenanalytische Ausbildung in London bei Ilse Seglow zu idealisieren und ihr Potenzial für uns zu entdecken (Rohr u. Cogoy, 2020). Dabei erschien uns bald die angebotene Theorie lediglich als unliebsame Unterbrechung der Selbsterfahrung und es entwickelten sich relativ heftige Widerstände gegenüber den Theorieseminaren.

Das hing nicht zuletzt auch damit zusammen, dass wir eine sehr heterogene Gruppe von zehn Menschen waren, die sich zum ersten Mal im September 1980 in den Räumen des London Centre for Psychotherapy auf der Fitzjohn's Avenue mitten in Hampstead einfanden. Dort residierte Ilse Seglow in einem historisch anmutenden Haus im Viktorianischen Stil im ersten Obergeschoss inmitten eines bunt zusammengewürfelten Mobiliars und in einem Gruppenraum, der provisorisch und altmodisch wirkte. Obwohl sie schon 80 Jahre alt war, strahlte sie viel an Lebendigkeit und Souveränität aus. Sie war und das wurde unmittelbar spürbar, eine imposante Persönlichkeit, die trotz ihres offensichtlichen Alters eine außerordentliche Präsenz, auch genuines Interesse und emotionale Zuwendung ausstrahlte und uns große Aufmerksamkeit zuteilwerden ließ und dabei allen das Gefühl vermittelte, wichtig und bei ihr gut aufgehoben zu sein.

Die Gruppe bestand aus sechs Männern und vier Frauen, darunter ein Psychologe, zwei Soziologinnen, mehrere Sozialarbeiter*innen, ein Lehrer, ein Krankenpfleger, ein Pädagoge und ein Heilpraktiker, die in unterschiedlichem Maße von der gruppenanalytischen Ausbildung profitierten. Einige hatten psychotherapeutische Vorerfahrungen in Einzeltherapie, aber niemand arbeitete im klinischen Bereich, sondern in Erziehungsberatungsstellen, als Sozialarbeiter*innen mit Drogenabhängigen, als Lehrer in der Schule, als Krankenpfleger in einer Klinik, als Pädagoge mit Jugendlichen, als Heilpraktiker in eigener Praxis, als Gutachter bei einem Versicherungsunternehmen oder in meinem Fall, an der Universität in der Lehre mit Studierenden und »nebenberuflich« als Reiseleiterin. Diese Heterogenität der Gruppe brachte viel an Dynamik in die Selbsterfahrung und beinhaltete eine wahre Herausforderung für die Theorievermittlung.

Das erste Jahr war geprägt von der gruppenanalytischen Selbsterfahrung, pro Block, fünf Tage lang, vier eineinhalbstündige Sitzungen pro Tag. Dies sorgte für viel Regression, und ich stellte manchmal erschrocken fest, dass ich abends nicht mehr wusste, wie ich nach Hause gefunden hatte. Ich wohnte während der gesamten vier Jahre der Ausbildung bei Gerhard Wilke und seiner Frau Elise, wofür ich unendlich dankbar war, denn ich konnte abends entspannen und war nicht länger in außergruppale Aktivitäten verwickelt. Die anderen Gruppenmitglieder wohnten gemeinsam in Bed-and-breakfast-Unterkünften oder in einem Hotel in der Nähe des Hauses von Ilse Seglow. Abstinenz nach Ende der Gruppensitzungen war dadurch schlicht unmöglich und dies erzeugte beständig eine ganze Reihe von Konflikten, die unsere Gruppenerfahrung prägten und die mühsam bearbeitet werden mussten.

Ungewöhnlich an der Arbeit mit Ilse war (sie bat darum, so genannt zu werden), dass die psychotherapeutische Arbeit in der Gruppe immer auch politisch war. Wenn es um die Familiengeschichten der einzelnen Mitglieder ging, kam unweigerlich auch die Frage nach der politischen Vergangenheit der Eltern auf, insbesondere des Vaters. Ilse ließ keinerlei Zweifel daran aufkommen, dass man nicht in ihrer Gruppe in London sitzen konnte, umgeben von den gesammelten Werken von Heinrich Heine und dem an der Wand befestigten Zebrafell, das wir mit dem Aufenthalt von Norbert Elias in Afrika in Verbindung brachten (was sich aber als falsch erwies), ohne über die kriegsbedingten Verstrickungen der Eltern Bescheid zu wissen. Für die Mehrheit der Gruppenmitglieder war dies nicht leicht zu ertragen, denn viele der Väter waren während des Nationalsozialismus Mitläufer und z. T. auch aktive und überzeugte Nazis gewesen. Dies bedeutete auch, einzutauchen in schmerzhafte, scham- und schuldbesetzte biografische Erzählungen aus Kriegs- und Nachkriegskindheiten.

Als ich es in diesem Zusammenhang wagte, von meinem mir unbekannten und verschwundenen jüdischen Großvater zu erzählen, reagierte die Gruppe ungläubig, regelrecht entsetzt und interpretierte meine Worte als reine Fantasie. Es folgten wiederholte, heftige Auseinandersetzungen, gepaart mit aggressiven Attacken und die hartnäckig sich haltende Überzeugung in der Gruppe, das sei alles reine Fantasie. Diese Haltung in der Gruppe ließ sich weder auflösen noch bearbeiten, und so schwieg ich alsbald über diesen Teil meiner Geschichte. Auch Ilse schwieg.

Im Laufe der gruppenanalytischen Arbeit begann ich zu ahnen, dass meine Biografie kein kohärentes, stimmiges Bild ergab. Vieles blieb für andere unverständlich, obwohl ich selbst das scheinbar Widersprüchliche durchaus als zu mir gehörend empfand. Dieses Erlebnis in der Gruppe rührte an Themen, die mit Diversität, Heterogenität, Differenz und Zugehörigkeit und nicht zuletzt mit Scham und Schuld zusammenhingen. Als Kind und Jugendliche aus einem ländlichen Arbeitermilieu und als Tochter einer von den Nazis als »Halbjüdin« gebrandmarkten Mutter hatte ich immer wieder die Erfahrung machen müssen, nicht wirklich dazuzugehören. Als erstes Mädchen aus einem 300-Seelen-Dorf nach dem Krieg ein Gymnasium in der nächstgelegenen Stadt zu besuchen, erschien wie Hybris und brachte einen doppelten Entfremdungsprozess: Er entfremdete mich von den anderen Kindern im Dorf und gleichzeitig war ich eine Fremde im Kreis der städtischen Schülerinnen im Gymnasium. Ich fühlte mich hier wie dort als Außenseiterin, Zugehörigkeit und Anerkennung mussten mühsam erkämpft und erarbeitet werden.

Aus diesem Grunde war die spätere Erfahrung in New Orleans so bedeutungsvoll, denn dort, in der Fremde, erlebte ich eine emotionale, von Interesse und Neugier geprägte Zugewandtheit, die mir in der Heimat so nie begegnet war. Diese Erfahrungen in New Orleans führten trotz oder vielleicht gerade wegen einer dramatisch gescheiterten Ehe paradoxerweise zu einem entscheidenden Wendepunkt in meiner Biografie und waren letztendlich heilsam und aufbauend. Wenige Jahre nach dem Ende der Gruppe in London fand ich einen Teil meiner jüdischen Familie in London, nur eine Straße entfernt vom London Institute of Group Analysis und in unmittelbarer Nähe zur Fitzjohn's Avenue, wo unsere gruppenanalytische Ausbildung begonnen hatte.

Heute denke ich, dass der damalige gruppale Widerstand zeigte, wie schwer es ein solches Thema in einer deutschen Gruppe noch in den 1980er Jahren hatte. Dies nicht thematisieren zu dürfen, verwies auf eine unbewusste Angst in der Gruppe, mit dem Jüdischsein unserer Gruppenanalytikerin und ihren leidvollen Exilerfahrungen in Kontakt zu kommen.

Neben all diesen intensiven Prozessen in der Selbsterfahrung verblasste zwangsläufig die theoretische Seite der Ausbildung. Die Seminare erschienen oft improvisiert, es gab noch kein etabliertes Curriculum und wenig Absprachen mit den vereinzelt auftauchenden englischen Gruppenanalytiker*innen.

Allerdings hatte das Improvisieren auch seine durchaus positiven Seiten. So kamen wir eines Tages in den Genuss, von Elizabeth Foulkes unterrichtet und anschließend zu ihr nach Hause eingeladen zu werden. Dort saßen wir unter der in Stein gehauenen Büste von Foulkes, und sie las uns die Korrespondenz von Foulkes und Freud vor. Zugleich aßen wir Chips, die sie uns vorsetzte, und als diese allesamt verspeist waren, ermunterte sie uns, uns aus ihrem Kühlschrank zu bedienen, was wir, völlig regrediert, auch ausgiebig taten. Soweit ich mich erinnere, blieben auch einige Flaschen Wein, die sie uns anbot, von unserer übermütigen Laune nicht verschont. Was wir theoretisch diskutierten, verflüchtigte sich im Nebel unserer Euphorie und schien außerdem vollkommen irrelevant angesichts unseres erhabenen Gefühls, geadelt und ausgezeichnet worden zu sein. Dies tröstete uns über alle anderen als unzulänglich erlebten Theoriesitzungen hinweg und schuf nicht nur eine hohe Identifikation mit der Gruppenanalyse, sondern vermittelte uns auch ein Gefühl der Exklusivität.

Waren wir also anfangs voller Widerstände viermal im Jahr nach London gepilgert, so wurde mit der Zeit etwas sehr Privilegiertes daraus, und wir realisierten, dass wir bei einer herausragenden Psychotherapeutin gelandet waren, die trotz ihres Alters aus dem Vollen schöpfte und uns immer wieder mit ihrer mentalen Brillanz in Erstaunen versetzte. Manchmal schien sie zu schlafen, hatte die Augen geschlossen und dann »zack« wachte sie auf, sagte etwas und traf mit ihrer Aussage den Nagel auf den Kopf.

Als sie in den letzten Jahren der Ausbildung gesundheitlich zunehmend schwächelte, kam Herta Reik (2023) als Co-Leitung in die Gruppe. Dies bescherte uns neue und spannende Erfahrungen. Nicht nur zwei so professionell erfahrene Gruppenleiterinnen zu erleben, die durchaus nicht immer mit den Wahrnehmungen und Äußerungen der jeweils anderen einverstanden waren und dies auch deutlich zum Ausdruck brachten, sondern auch gruppendynamisch zu erleben, wie sich der Blick auf Einzelne veränderte und sich die Beziehungskonstellationen in der Gruppe nochmals verschoben, war insgesamt eine sehr erhellende Erfahrung. Einige, die bisher eher im Vordergrund standen, gerieten nun etwas in den Schatten, andere wiederum fühlten sich in ihren bislang eher verborgenen Anteilen gesehen und blühten auf. Dass zwei Psychotherapeutinnen so viel an Unterschiedlichem wahrnahmen, dass trotz aller Unterschiedlichkeit zwischen beiden kein spürbarer Neid oder gar Rivalität wahrzunehmen war und sie es wagten, ihre Differenzen vor uns deutlich werden zu lassen und zu begründen, imponierte uns und vermittelte uns das Gefühl, an einem spannenden Experiment teilzuhaben, wovon wir unmittelbar profitierten und wovon wir viel lernten. Ilse starb im letzten Jahr der Ausbildung, bevor die Selbsterfahrung beendet war, und Herta Reik führte die gruppenanalytische Selbsterfahrung mit uns in Heidelberg gut zu Ende.

Die gruppenanalytische Ausbildung unter Leitung von Ilse Seglow hat uns alle geprägt, jedoch wohl am stärksten uns Frauen in der Gruppe. Christiane Schlossarek, Renate Cogoy und ich arbeiteten ab dem Ende der Ausbildung kontinuierlich gruppenanalytisch, und zwar in sehr unterschiedlichen Arbeitsfeldern, und leisteten jeweils in vielfacher Hinsicht gruppenanalytische Pionierarbeit (Rohr u. Cogoy, 2020). Ilses Biografie – Tochter des letzten liberalen Rabbiners in Frankfurt, Soziologin, Schauspielerin, Kommunistin und Psychotherapeutin –, aber auch ihre grundlegend antiorthodoxe Haltung bestärkte uns, als nichtklinisch-orientierte Gruppenanalytikerinnen zu arbeiten und Gruppenanalyse in sehr unterschiedlichen Anwendungsfeldern zu etablieren: in der Drogenberatung, in der Erziehungsberatung, in der Fortbildung von Sekretärinnen der Erziehungsberatungsstellen, in der Supervision, in der Aus- und Fortbildung von kirchlichen Organisationsberater*innen, in der Beratung und Supervision von Mitarbeitenden von Entwicklungshilfeorganisationen, in der Mediation und schließlich auch auf internationaler Ebene (Cogoy, 1994; Rohr, 2006). Ilse war in vielerlei Hinsicht nonkonformistisch gewesen und half uns dadurch, uns von vielerlei verinnerlichten Hemmungen und Dogmen zu befreien sowie über den Tellerrand einer klinisch verorteten deutschen Gruppenanalyse hinauszuschauen und experimentell, vielseitig und ungezwungen überall dort Gruppenanalyse zu etablieren, wo es sie bisher noch nicht gab und wo sie dankbar und mit Interesse aufgenommen wurde.

## Im Übergang zur Gruppenanalytikerin

Nach dem Ende der gruppenanalytischen Ausbildung gelang es mir, Kontakt zu Dr. Ursula Sültemeyer aufzunehmen, die als Psychiaterin und Psychotherapeutin eine gruppenanalytische Ausbildung in Münster absolvierte und mittlerweile mit zwei bis drei Gruppen wöchentlich in Frankfurt-Höchst arbeitete. Wir einigten uns, dass ich zunächst als Beobachterin einige Monate lang an einer ihrer Gruppen teilnahm. Danach gelang es mir, eine eigene gruppenanalytische Gruppe zusammenzustellen, teilweise mit ihrer Hilfe, teilweise über Empfehlungen von Bekannten und Freund*innen. Es handelte sich um eine ambulante, halboffene Gruppe von acht Selbstzahlern, die sich einmal pro Woche für anderthalb Stunden in der Praxis von Dr. Sültemeyer trafen. Nach wenigen Jahren beendete ich diese Treffen und begann mit einer zweiten halboffenen Gruppe, die ebenfalls mehrere Jahre zusammenarbeitete, sodass ich schließlich insgesamt acht Jahre lang gruppenanalytische Erfahrungen sammelte.

Michael Lukas Möller war damals der einzige Psychotherapeut in Frankfurt, der eine gruppenanalytische Supervision anbot, und so begann ich, dort meine Gruppe vorzustellen. Die Supervisionsgruppe war hochkarätig besetzt und ich wurde das Gefühl nicht los, fehl am Platz zu sein. Hinzu kam, dass Möller wahrhaft brillante Deutungen am Fließband produzierte, die mir wie Tennisbälle um die Ohren flogen. Ich war nicht in der Lage, sie aufzugreifen, geschweige denn sie zu verstehen und umzusetzen. Als Anfängerin brauchte ich weniger präzise Deutungen, sondern mehr empathisches Verstehen, Ermunterung, Zuspruch. Das aber war weder sein Ansatz noch seine Stärke, und so verließ ich die Gruppe enttäuscht und frustriert nach einem Jahr.

Bei einem Kollegen vom Heidelberger Institut setzte ich dann gemeinsam mit einer Kollegin die Lehrsupervision fort. Obwohl die supervisorische Arbeit nicht sehr ergiebig war, entschied ich zu bleiben, schließlich wollte ich ja den Abschluss erreichen.

Eine hervorragende supervisorische Begleitung erfuhr ich schließlich durch Peter Kutter, der mich in meiner Arbeit bestärkte, mir half, sehr schwierige Patient*innen zu verstehen und in der Gruppe zu halten, der empathisch auf meine Bedenken und meine Unsicherheiten einging, mir volle Unterstützung zusicherte und in Krisensituationen auch kurzfristig Zeit für zusätzliche supervisorische Gespräche fand. Seine Erfahrung und sein Wissen, aber vor allem sein empathisches und zugewandtes Verhalten halfen mir, jenseits der Ausbildung bei Ilse Seglow eine selbstsichere Gruppenanalytikerin zu werden. Vielleicht war unter den gegebenen Bedingungen die einzelanalytische Lehrsupervision auch angemessener, um meine mangelnden Erfahrungen und damit verbundenen Unsicherheiten im Umgang mit gruppenanalytischen Gruppen aufzufangen und schließlich produktiv zu wenden.

Nach dem Verfassen meiner Abschlussarbeit und dem abschließenden Kolloquium im Institut 1986 durfte ich mich Gruppenanalytikerin nennen. Nur ein Jahr später wurde ich Vorstandsmitglied des Heidelberger Instituts und blieb sieben Jahre lang im Vorstand. Ich arbeitete mit an der Ausarbeitung eines Curriculums, übernahm gleichzeitig Verpflichtungen als Dozentin und war engagiert in einem institutsinternen Forum, das über die Anwendung der Gruppenanalyse in nichtklinischen Arbeitsfeldern diskutierte und sich darum bemühte, ihnen mehr Akzeptanz zu verschaffen.

## Gruppenanalytische Aktivitäten und Expansion

Außerhalb meiner ambulanten Gruppe begann ich, supervisorisch tätig zu werden, zunächst auf Empfehlung von Georg R. Gfäller in einer Erziehungsberatungsstelle im Umfeld von Frankfurt. Nachdem es mir dort gelungen war, wahrhaft horrende Missstände aufzudecken, eröffneten sich weitere Perspektiven supervisorischer Arbeit. In Frankfurt gab es zu dieser Zeit – 1986 – so gut wie keine gruppenanalytischen Psychotherapeut*innen oder Supervisor*innen, aber der gesellschaftlich gewachsene Bedarf insbesondere für gruppenorientierte Supervisionen war groß. So fiel es leicht, sich in diesem Feld zu etablieren. Zusätzlich zu meiner halbtägigen Mitarbeitertätigkeit an der Universität, die mit Promotion und schließlich Habilitation verbunden war, arbeitete ich ab 1986 durchgehend als Gruppenanalytikerin und Supervisorin und konzentrierte mich ab 1994 vornehmlich auf supervisorische Aktivitäten. Mir war klargeworden, dass ich als Soziologin lieber als Supervisorin denn als Therapeutin arbeitete. Parallel zu meinen anwachsenden supervisorischen Prozessen begann ich am Burckhardt-Haus in Gelnhausen, als Honorarkraft tätig zu werden, an der Seite von Anette Voigt, die dort die gruppenanalytisch orientierte Supervisionsausbildung leitete. Über viele Jahre hinweg war ich dort im Rahmen der Team-Supervisionsausbildung und in der Mediatorenausbildung tätig. Gemeinsam entwickelten wir Kurse zur berufsbezogenen Selbsterfahrung in Gruppen. Diese inhaltlich überaus anspruchsvollen Erfahrungen der Vermittlung gruppenanalytischer Theorie und Praxis bereicherten zugleich meine universitären Seminare, zunächst in Frankfurt und später in Marburg, wohin ich als Professorin an den Fachbereich Erziehungswissenschaften berufen worden war.

Es lag nahe, sowohl im Bereich der Sozialpsychologie in Frankfurt als auch später in Marburg Lehrangebote für Pädagog*innen und angehende Lehrkräfte für das Gymnasium zu konzipieren, die Erkenntnisse der Gruppenanalyse aufnahmen, da die Mehrheit dieser Studierenden später in unterschiedlichen pädagogischen Kontexten mit Gruppen arbeiten würde. Diese Angebote an der Marburger Universität umfassten oft Blockveranstaltungen mit dem Ziel, die Studierenden drei Tage lang zu einer kontinuierlichen Seminarteilnahme zu bewegen und gleichzeitig die didaktische Möglichkeit zu eröffnen, begrenzte gruppenanalytische Inhalte erfahrbar werden zu lassen (Rohr, 2012b).

Diese Form der Theorievermittlung, die auch immer wieder eine Brücke zur Praxis schuf, blieb über die gesamte Dauer meiner Hochschultätigkeit Kern meines Lehrangebots, welches von einer wachsenden Schar von Studierenden gern wahrgenommen wurde. Sie fühlten sich darin in ihrem Bedürfnis nach Theorie-Praxis-Verknüpfungen ernstgenommen und hatten das Gefühl, für ihre konkrete zukünftige berufliche Tätigkeit lernen zu können.

Nicht nur in meinen Lehrveranstaltungen, sondern auch in meinen promotionsbezogenen Forschungen über fundamentalistische Missionsgesellschaften in Ecuador war es möglich geworden, gruppenanalytische Erkenntnisse nutzbar zu machen, und zwar vor allem dann, wenn es um Forschungsinterviews mit indigenen Familien ging, die sich zu einer der vielen dort tätigen Missions- und Religionsgemeinschaften hatten bekehren lassen. Die Beobachtung von Gottesdiensten, das darin sichtbare Gruppenverhalten und die Wahrnehmung von Schlüsselszenen bereicherten meine Forschungen. Die gruppenanalytische Haltung erleichterte den Zugang zu den missionierten Familien; es entstanden tiefgründige, selbstreflexive Gespräche, die teilweise eine therapeutische Wirkung für die Interviewten entfalteten, wie sie mir Jahre später bestätigten. Auch wenn ich über Monate hinweg in Ecuador forschte, so kam die unmittelbare gruppenanalytische Arbeit keineswegs zu kurz, da ich während meiner Aufenthalte immer die Gelegenheit ergriff, als Supervisorin für Mitarbeitende der Entwicklungszusammenarbeit in Quito und in Bogotá tätig zu sein.

Auch in Forschungsprojekten über weibliche Migration in Deutschland gelang es, einen gruppenanalytischen Ansatz zu verwenden und sehr erhellende Forschungsgespräche mit jungen Migrantinnen in Gruppen zu führen (Rohr u. Schnabel, 2000; Rohr u. Bianchi-Schaeffer, 2006). Bei einer weiteren Forschung in Ecuador über zurückgelassene Kinder von Migrant*innen war es ebenfalls nützlich, gruppenanalytische Erkenntnisse und Methoden zu nutzen, um mit Kindern über ihre Erfahrungen des Verlassenseins zu sprechen. Wie ließen sich solche Forschungsgespräche führen, außer mit Empathie und Verständnis auf die oft sehr aufwühlenden Geschichten der Kinder zu reagieren? Die Kinder spürten dies und oft gelang es, über ihre Trauer zu sprechen und ihnen zu ermöglichen, dies in Worte zu fassen und Verständnis und Mitgefühl dafür zu erfahren (Rohr, Jansen u. Adamou, 2014).

Gruppenanalyse war mittlerweile ein essenzieller Teil meines beruflichen Lebens geworden. Ich brachte sie in die universitären Lehrveranstaltungen ein, ich konnte sie als Methode in Forschungsprojekten nutzen und publizierte über diese Erfahrungen. Durchgängig war ich als Dozentin am IGA in Heidelberg tätig und als Gruppenanalytikerin aktiv, allerdings ausschließlich als Supervisorin und im Rahmen vielfältiger Fortbildungen.

Relativ früh hatte ich außerdem begonnen, mich international zu vernetzen. Ich fühlte mich bald in der Group Analytic Society (später International = GASI) London sehr heimisch, mehr als in der früheren KuP und auch mehr als später in der D3G. Die latent immer spürbaren Differenzen von klinisch und nicht-klinisch arbeitenden Kolleg*innen verursachten mir Unbehagen und auch das Gefühl, nicht wirklich dazuzugehören. Das war anders in der GASI, dort war das kein Thema, dort fühlte ich mich zugehörig, vielleicht auch deshalb, weil ich mühelos in die englische Sprachwelt eintauchen konnte. Ich fand schnell Freunde, z. B. Morris Nitsun, und Freundinnen wie Sue Einhorn, sodass es bald auch viele private Gründe gab, mich dort zu engagieren. So nahm ich ab 1987 an allen internationalen GASI-Symposien teil, von Anfang an sehr aktiv, oft als Keynote-Speaker, als Leiterin von Kleingruppen und Workshops und schließlich 2014 auch als Foulkes Lecturer (Rohr, 2014).

Besonderes Aufsehen erregte meine erste Keynote »Fragile Boundaries« 1987 auf dem 7. Group-Analytic-Symposium in Oxford, als ich über Gruppen von Sekretärinnen aus Erziehungsberatungsstellen sprach (Rohr, 1991b). Es gelang, zu verdeutlichen, wie sehr die gruppenanalytische Perspektive hilft, diese sehr besondere Schlüsselstellung der Frauen zwischen Innen und Außen zu verstehen. Die Anwendung der Gruppenanalyse außerhalb der klinischen Praxis war damals in den internationalen gruppenanalytischen Kreisen ein absolutes Novum. Selbst 35 Jahre danach werde ich immer wieder auf diesen Vortrag angesprochen, meine GASI-Initiation – eine Initiation, die sich im Laufe der Jahre verstetigte und zu einem essenziellen Teil meines beruflichen, gruppenanalytischen Netzwerkes wurde.

Besonders die Foulkes Lecture, aber auch die Keynotes während des 15. Internationalen Symposiums in London und während des 17. Internationalen Symposiums in Berlin (Rohr, 2018) zeigten nochmals die Relevanz der Gruppenanalyse beim Verstehen fremdkultureller Zusammenhänge. Überzeugend war dabei vor allem, dass die Anwendung der Gruppenanalyse in einer nicht nur fremdkulturellen, sondern auch in einer traumatisierten Post-Konflikt-Gesellschaft zum Tragen kam und als effizient erfahren wurde. Diese Perspektive kam nicht zuletzt auch auf einer von der American Group Psychotherapy Assoziation (AGPA) organisierten Tagung zum Ausdruck, als ich als Keynote über »Humanity on the Move – Groups too?« sprach (Rohr, 2017) und, wie in meiner Foulkes Lecture und später in meiner Keynote in Berlin, die Erkenntnisse der Gruppenanalyse nutzte, um weltweite Migrations- und Fluchtbewegungen zu ergründen und verständlich zu machen. Seitdem habe ich vielfach auf internationalen Tagungen in Bilbao, in Sevilla, in Südafrika, in Israel, in Japan, in Kolumbien, in Dänemark, Schweden und in Guatemala über Gruppenanalyse und ihre vielfältigen Anwendungsmöglichkeiten und ihre außerklinischen Verstehensperspektiven gesprochen und als Gruppenanalytikerin auf vielen internationalen Tagungen Workshops angeboten, um dieses Potenzial der Gruppenanalyse zu verdeutlichen.

## Gruppenanalyse in Granada – mit Blick auf die Alhambra

Diese Internationalisierung meiner gruppenanalytischen Aktivitäten nahm ab 2000 nochmals eine besondere Wendung, als ich begann, mich im Rahmen der von Jörg Burmeister (ehemaliger Vorsitzender der DAGG, ehemaliger Präsident der IAGP, International Association for Group Psychotherapy and Group Processes) organisierten »Sommerakademien« in Granada, Spanien, zu engagieren. Dabei ging es nicht nur um enge Arbeitsbeziehungen in einem internationalen Team, sondern auch um Kontakte mit Kolleg*innen, die sehr unterschiedliche gruppentherapeutische Schulen vertraten.

Neben der Gruppenanalyse traten sehr selbstbewusst das Psychodrama, aber auch die Gruppendynamik auf; es wurden Gruppen im Hamam angeboten, Schematherapie etc. Das war immer sehr lustbetont, eingebettet in ein buntes, attraktives, kulturelles Programm und in eine einzigartige Szenerie in einer der ältesten Flamencoschulen in Granada, mit Vorträgen auf der Terrasse und Blick

auf die Alhambra. Die Gruppenanalyse hatte es nicht leicht, neben psychodramatischen Erfahrungen zu bestehen, denn Psychodrama schien immer dra-
matischere, lustbetontere, aufregendere und inspirierendere Erfahrungen zu
vermitteln als die Gruppenanalyse. Rivalitäten waren offensichtlich. Besonders
spannend waren die gemeinsam mit Uri Levin angebotenen gruppenanalytischen Kleingruppen, da darin unweigerlich Fantasien über dieses israe-
lisch-deutsche Leitungspaar auftauchten und die Gruppen beschäftigten.

Die in Granada erlebten Erfahrungen in psychodramatischen und gruppendynamischen Großgruppen (ursprünglich von Mohammad Ardjomandi
gruppenanalytisch geleitet) schreckten mich jedoch eher ab und ließen mich
innerlich auf Distanz gehen. Ich fand keinen Zugang zu diesen Methoden und
fühlte mich von Hemmungen überflutet, wenn es darum ging, mich vom Stuhl
zu erheben und im Saal herumzuwandern. Aus diesen Erfahrungen entwickelten sich jedoch gruppenanalytisch wichtige Erkenntnisse, denn wie im Brenn-
glas erfuhr ich, wie bedeutungsvoll und unabdingbar die Arbeit am Widerstand
und an der Abwehr ist, was es heißt, mit Übertragung und Gegenübertragung
zu arbeiten, und was es bedeutet, einen gruppenanalytischen Prozess zu beobachten, zu begleiten und analytisch zu erfassen.

In den gruppenanalytischen Großgruppen (zeitweise geleitet von Felix de
Mendelssohn, Haim Weinberg und Malcom Pines) kam es immer wieder zu
fast unbeschreiblich dramatischen Szenen. Als ich eines Tages die gruppenanalytische Großgruppe leitete, erzählte ein italienischer Teilnehmer von seiner Großmutter, die ihm davon erzählt hatte, wie deutsche Truppen während
des Zweiten Weltkrieges in ihr Dorf eindrangen und auf dem Marktplatz von
italienischen Partisanen angegriffen wurden. Am Ende blieb ein deutscher Soldat sterbend in seinem Blut auf dem Marktplatz liegen. Die Großmutter, die
alles aus ihrem Fenster beobachtet hatte, drückte ihrer Tochter, der Mutter des
Erzählers, ein Kissen in die Hand und sagte ihr, geh hinunter und lege es dem
Sterbenden unter den Kopf.

Zunächst erstarrte die Gruppe in einem überwältigenden Schweigen, schien
trotz der hereindrängenden Hitze wie zu Eis gefroren. Dann vereinzeltes
Schluchzen und unterdrücktes Weinen, dem auch ich mich nicht entziehen
konnte. Es war unendlich schwer, sich dieses Bild des sterbenden, deutschen Soldaten zu vergegenwärtigen, der von einer italienischen Mutter Fürsorge erfuhr,
obwohl er gekommen war, um zu töten. Mir versagte die Sprache.

Irgendwann war es möglich, aus der Erstarrung aufzutauchen und die viru-
lenten Übertragungen anzusprechen: dass eine deutsche Gruppenleiterin in
dieser internationalen Gruppe unvermeidlich Erinnerungen und Assoziationen
aus Krieg und dem damit verbundenen nationalsozialistischen Terror hervor-

ruft und dass diese Erfahrungen tief in Menschen eingebrannt und nicht vergessen sind, bis hinein in die zweite und dritte Generation, obwohl sie diese Erfahrungen selbst nicht erlebt hatten.

Diese kulturellen Übertragungen waren mir nicht fremd, immer wieder begegnete ich entsprechenden Assoziationen, Projektionen und Übertragungen auf internationalen Tagungen, während meiner Forschungen im Ausland und letztlich auch in internationalen Onlinegruppen, die während der Pandemie 2020 von der Group Analytic Society organisiert worden waren. Meine eigenen intensiven Auslandserfahrungen in New Orleans, dann meine transkulturellen und ethnopsychoanalytischen Seminare an der Uni, die vielen Begegnungen in international zusammengesetzten Kleingruppen, Workshops und Symposien der Group Analytic Society International und nicht zuletzt meine langjährigen Forschungen in Ecuador hatten mich gelehrt, Assoziationen, die sich auf mich als Deutsche bezogen, nicht abzuwehren, sondern wahrzunehmen, zu ertragen und, falls möglich, anzusprechen. Nur wenn es gelang, Neugier zu entwickeln und ich es wagte, für diese Fantasien, die mir galten, Interesse aufzubringen, entstand Beziehung.

## Gruppenanalytisches Symposium in Heidelberg 1993

Ein ganz besonders einschneidendes und unvergessenes Erlebnis ergab sich während des Group-Analytic-Symposiums 1993 in Heidelberg, dem ersten internationalen gruppenanalytischen Symposium in Deutschland. Dort saß ich als einzige Deutsche in einer Kleingruppe. Schon bald ließ eine der israelischen Teilnehmerinnen wissen, dass sie mir weder in die Augen sehen noch meinen Namen aussprechen könne. Ich erstarrte und wagte nicht nach dem Grund zu fragen. Diese Aussage wiederholte sich auch in den folgenden Tagen, bis ich irgendwann zu weinen anfing und endlich fragte: Warum? Daraufhin erzählte sie ihre Geschichte, ausführlich, ich aber konnte meine nicht erzählen. Klar wurde, dass sie in mir eine von vielen Deutschen sah, die den Holocaust zu verantworten hatte, und mich als Person nicht wahrnehmen konnte. Das erlebte ich als eine fast unerträglich schmerzhafte Attacke, die ich damals noch glaubte, als Deutsche klaglos ertragen zu müssen. Auch die international zusammengesetzte Gruppe schien überwältigt von dieser Aggression und fand keinen Weg, damit umzugehen. Es blieb ein fassungsloses Schweigen, das auch mich einschloss. Trotz dieses unauflösbaren Konflikts ergaben sich nach Ende des Kongresses intensive Begegnungen zwischen mir und dieser Teilnehmerin, die von ihr initiiert wurden. Es folgten lange Briefe, viele Telefonate und schließlich sogar ein Besuch bei uns zu Hause und darüber hinaus die Bitte, ihr bei der Suche nach einem Verlag für ihr gerade in Englisch erschienenes Buch zu helfen, das sie auf Deutsch veröffentlichen wollte. Das gelang dann auch, und es war eines der ersten Bücher in Deutschland, das eingehend die gruppenanalytische Arbeit mit der zweiten Generation von Holocaustüberlebenden in Israel beschrieb (Wardi, 1997).

Diese Erfahrung in der Gruppe machte deutlich, dass kulturelle Übertragungsmuster (damit auch Projektionen) immer die erste Schicht einer Begegnung mit Fremden sind, denen man nicht entgehen kann und die zunächst eine unüberwindbar scheinende Herausforderung für transkulturelle Beziehungen darstellen. Wenn sie jedoch abgewehrt werden, weil es zu unangenehm ist, sich damit zu befassen, oder wenn sie vermeintlich als persönlicher Affront missverstanden werden, kommt keine Begegnung zustande.

Es ist nicht einfach, aus einer solchen Erstarrung in einen Dialog einzutreten und zu fragen: »Was siehst Du, wenn Du mich siehst, wenn Du meinen Namen sagst?« Es hilft dabei zu begreifen, dass es dabei um eine Übertragung oder um eine Projektion geht, wobei die Attacke nicht unmittelbar der Person gilt, sondern den damit verbundenen übertragungsrelevanten Vorstellungen, Fantasien und biografischen Erfahrungen.

Nach vielen Jahren der Auseinandersetzung und der Übung in internationalen Gruppen gelingt es mir heute leichter, solche Übertragungen und Projektionen anzusprechen. Und es ergeben sich oft überraschend positive Kontakte, so zuletzt während einem der vielen GASI-Online-Meetings während der Pandemie mit einer italienischen Kollegin, die in Tränen ausbrach, als ich deutlich machte, dass mir diese historisch-kulturellen Übertragungen auf mich als Deutsche schmerzhaft bewusst sind. Mit ähnlichen, jedoch anders gelagerten Erfahrungen, Übertragungen und Projektionen hatte ich auch umzugehen, als ich ab 2000 begann, mich in Guatemala professionell und gruppenanalytisch zu engagieren.

## Gruppenanalytische Supervision in Guatemala

Im Jahr 2000 erhielt ich von der Gesellschaft für Internationale Zusammenarbeit (GIZ) eine Anfrage, als Kurzzeitdozentin an der Ausarbeitung eines Programms im Rahmen des Friedens- und Versöhnungsvorhabens in Guatemala mitzuarbeiten. Nach kurzer Überlegung setzte ich mich in den Flieger, flog nach Guatemala und traf dort am Flughafen, nach einem 13-stündigen Flug, einen Fahrer, der mich nach Coban zu dem deutsch-guatemaltekischen Team brachte, das ich nun zwei Wochen auf dieser »Prüfmission« begleiten würde.

Während dieser fünfstündigen Fahrt erfuhr ich schockartig von guate-
maltekischen Realitäten, die zwar der Vergangenheit angehörten, aber in der
Erinnerung dieses Fahrers so lebendig waren, als sei dies alles gestern geschehen.
Immer wieder erfuhr ich später, dass er exemplarisch stand für eine von Trau-
matisierungen geprägte Gesellschaft. Der Krieg war zwar beendet, aber die
Erinnerung daran quälte nach wie vor.

Mein Fahrer erzählte in großer Ausführlichkeit, dass einer seiner Brüder
als Reservist zu einer militärischen Übung einberufen wurde. Er sollte seinen
Hund mitbringen. So zogen er und eine größere Gruppe von Reservisten unter
Leitung eines Hauptmanns in die Berge außerhalb von Guatemala-Stadt. Sie
sollten vorbereitet werden für den »bewaffneten Konflikt« mit der Guerilla, so
wurde ihnen der Sinn der Übung vermittelt. An einem der ersten Abende lagerten sie auf einer Lichtung im Wald, Feuer waren angezündet, um zu kochen.
Aber es war nichts da, das hätte gekocht werden können. Als der Hauptmann
die Überraschung in den Gesichtern der jungen Soldaten sah, meinte er ganz
ruhig: »Natürlich ist etwas zum Essen da – eure Hunde.« Die jungen Männer
erstarrten, niemand wagte sich zu rühren. Dann kam im Befehlston die Aufforderung: »Wer ist der Erste, der seinen Hund opfert, damit alle etwas zu essen
haben?« Niemand regte sich. Die Aufforderung wurde immer lauter, immer
aggressiver, bis sich der Erste erbarmte, seinen Hund tötete und anfing, ihn zu
rösten. Mittlerweile waren viele in den nahen Wald geflüchtet, erbrachen sich
und wagten kaum zurückzukehren. Niemand wollte etwas essen, lieber schliefen sie hungrig ein, sammelten am nächsten Tag Beeren und Früchte und hofften, dass sich dieser Sadismus nicht fortsetzen würde. Doch jeden Abend wurde
diese Tortur wiederholt, bis alle Hunde getötet waren und die Ersten sich voller Ekel und Widerwillen über die gerösteten Hunde hermachten, aus schierer
Verzweiflung und großem Hunger.

Der Fahrer erzählte diese grausame Geschichte in allen Details. Abschließend
sagte er, so haben sie sie gefühllos gemacht, abgestumpft, zu Tieren degradiert,
sodass sie später im Krieg Frauen, Männer und Kinder ermorden und Gueril-
leros jagen und quälen würden.

Dies war nicht die letzte von grausamen Erzählungen, die ich hörte, als wir
durch das Land reisten und überall Menschen trafen, die hochengagiert an
der Aufarbeitung eines 36 Jahre währenden brutalen Krieges beteiligt waren.
Uns ging es darum, ein umfangreiches Konzept für eine langjährig angelegte,
entwicklungspolitische Unterstützung aufzustellen. Ein Programm sollte am
Ende stehen, das u. a. eine Gender- und indigene Komponente enthielt, eine
Wiedergutmachungsagenda vorsah und auch eine psychosoziale Unterstützung
anbieten sollte. Für diesen Projektanteil war ich zuständig.

Aufgrund der vielen Gespräche, die wir mit Psycholog*innen und Sozialarbeiter*innen, Ärzt*innen und Psychiater*innen führten, schälte sich schließlich die Idee heraus, eine gruppenanalytische Supervisionsausbildung zu konzipieren und den in psychosozialen Arbeitsfeldern tätigen Professionellen
eine entsprechende Fortbildung anzubieten (Rohr, 2012a). In den nächsten
Jahren entwickelte ich ein Curriculum und 2005 begann die Arbeit vor Ort.
Gemeinsam mit Vilma Duque wurde die Fortbildung organisiert und durchgeführt (Duque u. Rohr, 2020).

Bis zu diesem Zeitpunkt hatte ich mich noch nicht eingehender mit Guatemala beschäftigt. Aber es gab reichhaltige Literatur und vor allem die Gespräche
mit den Menschen vor Ort brachten eine Reihe von erschütternden Einsichten,
die unsere Arbeit beeinflussten. Viele der Professionellen hatten selbst oder in
ihren Familien Traumatisierungen erlebt. Es schien, als gäbe es kaum eine Familie, die von dem langjährigen Krieg nicht betroffen gewesen wäre.

Schwer traumatisierte Menschen begegneten uns überall. So auch in Rabinal,
einer Gemeinde, die furchtbare Massaker erlebt hatte. Wir trafen Mitglieder von
Adivima, einer Vereinigung von Überlebenden, die sich vorgenommen hatten,
ein Museum zu errichten, das an die Gräueltaten der Militärs erinnern sollte.
Ein Mann bot sich an, uns auf den Friedhof zu führen, der nun die doppelte
Fläche einnahm, weil so viele Menschen im Krieg ermordet worden waren, und
zeigte uns als Erstes das Grab seiner Frau und seiner beiden Töchter, neun und
elf Jahre alt. Wie so viele andere waren sie von Soldaten der Armee bestialisch
ermordet worden. Anschließend zeigte er uns das Monument, das er inmitten
des Friedhofs errichtet und auf dem er den Leidensweg der Bewohner des Dorfes bildhaft dargestellt hatte: Kinder, die an Bäumen erhängt worden waren,
Frauen, denen man die Föten aus dem Bauch geschnitten hatte, lange Reihen
von Alten, Frauen und Kindern, aneinandergekettet auf dem Weg zu einem
Hügel, wo sie abgeschlachtet wurden. Er erläuterte jedes Detail der Malerei,
mit tonloser Stimme, ohne emotionale Regung, wie erstarrt, roboterhaft, während wir mit Tränen in den Augen um ihn herumstanden und still vor uns hin
weinten (Rohr, 2012c).

Nach dieser zweiwöchigen Reise war mir klar, Guatemala würde ein zentraler
Teil meines beruflichen Lebens werden. Psychotherapeutische Unterstützung
in einem Land mit 22 unterschiedlichen Mayasprachen und einer überwiegend
indigenen und zudem noch traumatisierten Bevölkerung anzubieten, war mit
unseren Mitteln nicht denkbar. So konzentrierte sich das psychosoziale Vorhaben auf die große Anzahl von Psycholog*innen und Ärzt*innen, die bereits
in den indigenen Gemeinden mit den Kriegsopfern arbeiteten und kollektive,
psychosoziale Aufarbeitung anboten. Wir wollten sie in ihrer Professionalität

stärken und sie befähigen, mit traumatisierten Gruppen zu arbeiten und langfristig selbst Kolleg*innen supervisorisch zu begleiten. Durch gruppenanalytische supervisorische Fortbildungen sollten auch Burn-out und »sekundäre Traumatisierungen« der Helfer*innen vermieden werden (Rohr, 2011).

Aus der anfänglich geplanten zwei- bis dreijährigen gruppenanalytisch konzipierten Fortbildung, die von der GIZ finanziert wurde, und einer Reihe von Workshops, die wir durchführten, um Interesse für unsere supervisorische Fortbildung zu wecken, wurde schließlich ein insgesamt fast 15 Jahre dauerndes Engagement, beendet durch die Pandemie in 2020. Ab 2010 wurde die Finanzierung der Supervisionsfortbildung von Brot für die Welt übernommen. Insgesamt bildeten wir, d. h. Vilma Duque und ich, 75 Supervisor*innen aus, in der letzten Fortbildung auch viele Teilnehmende aus Mexico und aus El Salvador, die heute in Mesoamerika supervisorisch und therapeutisch in Flüchtlingszentren, mit aus den USA abgeschobenen Migrant*innen, mit Lehrkräften in Armutsvierteln, mit von Bandenkriminalität bedrohten Jugendlichen, mit Journalist*innen, Anwält*innen und Richter*innen, die Morddrohungen erhalten haben, und mit geflüchteten Politiker*innen im Exil arbeiten (Duque u. Rohr, 2020).

Das abrupte und pandemiebedingte Ende der Ausbildung wollten wir jedoch nicht einfach so hinnehmen und initiierten eine Onlinegruppe, die sich nun schon seit fast drei Jahren regelmäßig, zunächst alle drei Wochen, inzwischen viermal im Jahr, trifft und an der Teilnehmende aus den verschiedenen Kursen ab 2005 zusammenkommen. Darin versuchen wir, unsere gruppenanalytisch orientierte Supervision fortzusetzen mit Fallbesprechungen und theoretischen Diskussionen.

Die Arbeit in Guatemala hat intensive Freundschaftsbeziehungen entstehen lassen, die bis heute tragen. Hilfreich war zunächst, dass wir die in Spanisch vorliegenden und von Juan Campos herausgegebenen Werke von Foulkes zur Verfügung stellen konnten, ebenfalls eine Reihe von Schriften von der Universität des Baskenlandes, Bilbao und San Sebastián, die sich mit Supervision befassten.

Aber schwierig blieb über all die Jahre, eine Verlässlichkeit der Teilnahme herzustellen und das Konzept des Unbewussten und das gruppenanalytische Verständnis von dynamischen Gruppenprozessen zu vermitteln. Hilfreich war allerdings, dass Teilnehmende meine emotionale Involviertheit spürten und wahrnahmen, wie wichtig dieses Projekt für mich, aber auch für meine Kollegin Vilma Duque war. Wir beide investierten viel, viel mehr als üblich für eine traditionelle Fortbildung. Als ich eines Tages die rund zwanzig Teilnehmenden unserer Onlinegruppe fragte, warum sie glaubten, dass ich dies tat, kam die Antwort wie aus der Pistole geschossen: »Weil du uns liebst!« Treffender hätte man dies nicht ausdrücken können. Über diese Themen, die Herausforderungen und Schwierigkeiten, die mit der Ausbildung verbunden waren, habe ich vielfach publiziert (Rohr, 2009), auch gemeinsam mit Vilma Duque in Spanisch und Deutsch (Duque u. Rohr, 2020).

## Gruppenanalyse in internationalen Feldern

Ähnlich intensive Arbeitsbeziehungen entstanden auch in Palästina, als ich im Auftrag der IAGP im »Training and Rehabilitation Center for Victims of Torture« in Ramallah mehrere gruppenanalytische Workshops für palästinensische Psycholog*innen, Sozialarbeiter*innen und Ärzt*innen durchführte. Auch dabei entstanden intensive Arbeitssituationen, da das prozessorientierte und vor allem auf das Verstehen von latenten und unbewussten Sinngehalten orientierte Explorieren von Fallbeispielen eher ungewohnt und zum größten Teil unbekannt war. Im Vordergrund stand häufig der Austausch über erschreckend gewalttätige Verhältnisse zwischen Paaren und in Familien. Erschütternd war für mich, dass der »Ehrenmord« an einer Frau selbst von diesen professionell agierenden Therapeut*innen eher hingenommen, denn verurteilt wurde. Mein deutlich zur Sprache gebrachtes Entsetzen führte häufig zu emotional geführten Diskussionen über die allgegenwärtige Gewalt in der palästinensischen Gesellschaft, über die Gewalt der israelischen Besatzung und über die Rechtlosigkeit der Frauen. Angesichts meiner engen Beziehungen zu israelischen Kolleg*innen war es oft nicht leicht, diese Geschichten zu hören und zu begreifen, dass es darum ging, meine inneren Ambivalenzen zu ertragen und nicht einseitig aufzulösen.

Diese langjährigen Erfahrungen in Guatemala und Palästina (später auch in Südafrika, in Dänemark und auf vielen internationalen Kongressen) halfen dabei, die Arbeit mit einer anfangs hochfrequent geführten Gruppe von Afrikaner*innen, die ausschließlich online stattfand, inhaltlich zu gestalten. Spannend war, zu erleben, dass die Hemmungen in Guatemala denen in einem ostafrikanischen Land ähnlich waren. Auch dabei war das prozessorientierte Setting, die Suche nach dem latenten oder unbewussten Sinn, die Frage nach dem »Warum« suspekt, unvertraut, unheimlich und wurde als »fremd« indirekt dadurch unterlaufen, dass alle immer freundlich waren, dass es allen immer gut ging, dass niemand Probleme hatte, die sie in die Sitzungen einbringen wollten. Nach etwas mehr als einem Jahr gelang es, dies zu thematisieren und besprechbar zu machen. Ganz anders war es allerdings, wenn ich mit Einzelnen Kontakt hatte. Dann war es ihnen möglich, von schrecklichen Erlebnissen und verständnislosen Eltern zu erzählen.

Eine ganz andere Erfahrung war ein Projekt zur Aufklärung von sexualisierter Gewalt in Kinderheimen einer christlichen Religionsgemeinschaft in Süddeutschland, gemeinsam mit Gerd Bauz, das über einen Zeitraum von fast drei Jahren stattfand. Die Gruppengespräche mit Betroffenen, die in die Aufarbeitung einbezogen waren, verliefen oft turbulent, dramatisch und voll feindseliger Attacken. Trotz aller Schwierigkeiten gelang es, den Prozess gut abzuschließen und sowohl Entschädigungszahlungen als auch eine Initiative zur Etablierung einer Erinnerungskultur in die Wege zu leiten.

Meine langjährige Dozententätigkeit im Masterstudiengang Supervision und Beratung an der Universität Bielefeld und meine Aktivitäten in diversen Bereichen des IGA Heidelberg finden mittlerweile häufig online statt, was auch nach Abklingen der Pandemie Teil meiner gruppenanalytischen Arbeit bleiben wird. Dazu gehört die von mir am Anfang der Pandemie initiierte und gemeinsam mit Pieter Hutz geleitete Online-Mitgliedergruppe am Heidelberger Institut, die seit Frühjahr 2020 regelmäßig alle drei Wochen montagsabends stattfindet und nach wie vor auf reges Interesse stößt.

Sowohl national wie international nehmen Anfragen nach Onlinesupervisionen und -beratungen zu. Dies hat auf internationaler Ebene nach dem Einmarsch der Taliban in Afghanistan nochmals eine besondere Wendung genommen. In der von der GIZ angefragten Supervision von Personen, die mit der Evakuierung von afghanischen Familien befasst waren, zeigte sich nicht nur das Elend der afghanischen Bevölkerung, die schutzlos den Taliban ausgeliefert waren, sondern auch die fast unmenschlich anmutende Belastung von Professionellen, die damit befasst waren, die Ausreisen von Hunderten von Familien unter höchst brisanten Bedingungen zu organisieren. Zusätzliche Supervision wurde auch jenen angeboten, die in Deutschland die ankommenden afghanischen Geflüchteten betreuten.

Allerdings zeigte sich 2021, dass Katastrophen nicht nur weit entfernte Länder heimsuchen. So brachte die Flutkatastrophe im Sommer 2021 in der Eifel die Gruppenanalyse in meine Heimat. Im Juli 2021 war ein Teil des Dorfes, in dem ich aufgewachsen war, in meterhohen braunen Fluten versunken. Menschen saßen völlig verstört neben ihrem Fiat auf einem Grillplatz, ohne zu wissen, wohin mit sich selbst. Das ganze Dorf war auf den Beinen, um zu helfen und zu retten, was zu retten war. In Erinnerung an einen Workshop von Jeff Kleinberg, in dem Kolleg*innen über gruppenanalytische Erfahrungen mit Überlebenden von 9/11 berichtet hatten, entstand die Idee, Gruppengespräche für Helfer*innen und Betroffene in meinem Heimatort und in der Nachbargemeinde anzubieten. Anfang Dezember, nachdem die gröbsten Aufräum- und Reparaturarbeiten erledigt waren, begannen die ersten Gespräche und ein nicht enden wollendes Erzählen über diese schier unbegreifliche existenzielle Bedrohung. Im örtlichen Gemeindehaus, in Anwesenheit der Bürgermeister und in moselfränkischem Dialekt, war es möglich, einen Raum zu schaffen, in dem man weinen, sich die Schrecken von der Seele reden und Menschen treffen konnte, die das Gleiche erlebt hatten und ebenfalls um die vielen Verluste trauerten.

## Zum Schluss

ist es mir wichtig, Dank zu sagen für die unermüdliche Unterstützung, die ich durch meinen Mann Gerrit und unsere Tochter Lina erfahren habe, die mich oft zu Kongressen und auf Forschungsreisen begleiteten und mir halfen, schwierige Situationen zu verkraften und gemeinsam Schönes zu erleben. Dank gilt auch Dr. Willi Baumann, dem ich viele Jahre einer intensiven supervisorischen Begleitung verdanke, der meine Faszination am »Fremdkulturellen« nachempfinden konnte und der mich in meinem auch gruppenanalytischen Verstehen unendlich bereichert hat. Das Gleiche gilt für eine sich schon über Jahre erstreckende Intervisionsgruppe, die längst zu einer Freundinnengruppe geworden ist, zu der Anette Voigt und Beate Schnabel gehören. Dort öffnen sich immer wieder Räume, um Unverstandenes sowie berührende und beglückende Erlebnisse gruppenanalytisch zu besprechen und einem Verständnis zu erschließen. Die Gruppenanalyse ermöglichte mir, berufliche Vernetzungen und Freundschaften weltweit zu gewinnen, ein Gefühl von Zugehörigkeit und Verbundenheit herzustellen, das tröstlich ist in Zeiten von bedrohlichen Pandemien und neu aufgeflammten Kriegen.

## Auswahl eigener Publikationen und weitere verwendete Literatur

Bosse, H. (1979). Diebe, Lügner, Faulenzer. Von Abhängigkeit und Verweigerung in der dritten Welt. Frankfurt a. M.: Syndikat.

Cogoy, R. (1994). Grenzüberwindung als innerer Prozess. Eine Gruppenerfahrung in der ehemaligen DDR. In H. Cremer, A. Hundsalz, K. Menne (Hrsg.), Jahrbuch für Erziehungsberatung, Bd. 1 (S. 217–228). München/Weinheim: Juventa Verlag.

Duque, V., Rohr, E. (Hrsg.) (2020). Supervision in Mesoamerika. Herausforderungen in einer traumatisierten Postkonflikt-Gesellschaft. Gießen: Psychosozial-Verlag.

Foulkes, S. H., Anthony, E. J. (1957). Group Psychotherapy. The Psychoanalytical Approach. London: Karnac.

Hermann, N. (2014). Ilse Seglow in her time. Reflections on her life and work. In S. Griffin, S. Mendoza, Seglow P. (Ed.), The London Centre for Psychotherapy 1973–2012. Some History and Recollections (p. 108–124). Coltsfoot, UK: Book Printing UK Remus House.

Lorenzer, A. (1982). Das Konzil der Buchhalter. Die Zerstörung der Sinnlichkeit. Eine Religionskritik. Frankfurt a. M.: Europäische Verlagsanstalt.

Parin, P., Morgenthaler, F., Parin-Matthèy, G. (1971). Fürchte deinen Nächsten wie dich selbst.
Psychoanalyse und Gesellschaft am Modell der Agni in Westafrika. Frankfurt a. M.: Suhrkamp.

Reik, H. (2023). Mein Leben. Gruppenanalyse und jüdische Identität. Hrsg. vom Institut für
Gruppenanalyse.

Rohr, E. (1990). Der Traum vom Fliegen – Sektenmission in Südamerika. In R. Apsel (Hrsg.),
Ethnopsychoanalyse, Bd. 1. Glaube, Magie, Religion (S. 55–87). Frankfurt a. M.: Brandes
& Apsel.

Rohr, E. (1991a). Die Zerstörung kultureller Symbolgefüge. Über den Einfluss protestantisch-
fundamentalistischer Sekten in Lateinamerika und die Zukunft des indianischen Lebensent-
wurfes. München: Eberhard.

Rohr, E. (1991b). Fragile Boundaries: A Group Analytic Experience with Secretaries. Group Analysis, 24 (1), 263–270.

Rohr, E. (2006). »Und wer hilft jenen, die helfen?« Supervisionsausbildung in einem traumatisierten Land. Gruppenpsychotherapie und Gruppendynamik, Zeitschrift für Theorie und
Praxis der Gruppenanalyse, 4, 335–351.

Rohr, E. (2009). Wie reitet man ein totes Pferd? Symptome kollektiver Traumatisierung.
Erfahrungen aus Guatemala. Freie Assoziation, 12 (3), 85–98.

Rohr, E. (2011). Challenging Empathy. Experiences as a Group Analytic Supervisor in a Post-
Conflict Society. Clinical Social Work Journal, 29 (1), 1–7.

Rohr, E. (2012a). After the Conflict: Training of Group Supervision in Guatemala. In J. Kleinberg (Ed.), The Wiley-Blackwell Handbook of Group Psychotherapy (p. 517–546). Chiches-
ter, West-Sussex, UK: Wiley-Blackwell.

Rohr, E. (2012b). Ein Praktikum in Afrika und seine supervisorische Aufarbeitung in einem universitären Seminar. In W. Dinger (Hrsg.), Gruppenanalytisch denken – supervisorisch handeln. Gruppenkompetenz in Supervision und Arbeitswelt (S. 200–216). Kassel: Kassel-Uni-
versity Press.

Rohr, E. (2012c). Traces of Trauma in Post-Conflict Guatemala: Theoretical Reflections on the
Effects of Trauma on Social Organisations. In L. Auestad (Ed.), Psychoanalysis and Politics.
Exclusion and the Politics of Representation (p. 173–198). London: Karnac.

Rohr, E. (2014). 38th Foulkes Annual Lecture: Intimacy and Social Suffering in a Globalized World.
Group Analysis, 47 (4), 365–383.

Rohr, E. (2017). Humanity on the Move. Groups too? Keynote at the international conference
of the American Group Psychotherapy Association, New York. https://www.youtube.com/
watch?v=11Vv7dATml8 (Zugriff am 4.4.2023).

Rohr, E. (2018). World in Motion – the emotional impact of mass migration. Group Analysis, 51
(3), 283–296.

Rohr, E., Bianchi-Schaeffer, M. (2006). »Wir suchen den Raum«. Migration, Schule und Adoleszenz. Gruppenanalyse, 2 (6), 118–142.

Rohr, E., Cogoy, R. (2020). »Wollt ihr einen VW-Käfer oder einen Mercedes-Benz?« Gruppenanalyse, 30 (2), 166–183.

Rohr, E., Jansen, M. M., Adamou, J. (Hrsg.) (2014). Die vergessenen Kinder der Globalisierung.
Psychosoziale Folgen von Migration. Gießen: Psychosozial-Verlag.

Rohr, E., Schnabel, B. (2000). Flüchtige Identitäten. Junge, weibliche Flüchtlinge und die Schwierigkeiten erwachsen zu werden. Gruppenanalyse, 10 (1), 19–34.

Wardi, D. (1997). Das Siegel der Erinnerung. Das Trauma des Holocaust. Stuttgart: Klett-Cotta.

Gerhard Rudnitzki

# Jede Geschichte braucht einen Erzähler – dies ist meine Gruppengeschichte

Nach der Einladung von Ludger Hermanns, die Geschichte der Gruppentherapie in Deutschland zu erzählen, wie sich diese unter den Rahmenbedingungen, welche ich beeinflussen und mitgestalten konnte, etabliert, entwickelt und abgebildet hat, entschied ich mich, diesen Bericht zu verfassen. In diesen Tagen, Ende Februar/Anfang März 2022, in denen der Krieg in der Ukraine die Covidpandemie aus den Nachrichten verbannt hat, steigen Emotionen und Erinnerungen von Erlebnissen in mir auf, die im Zweiten Weltkrieg mein Leben bestimmten.

## Der Einmarsch der Russen in Ostpreußen und die Zerstörung meiner Familie

Unter dem scheinbaren Schutz meiner Familie – mein Vater war allerdings kurz vor dem Einmarsch der sowjet-russischen Armee in Ostpreußen noch zum Militär eingezogen worden –, unseres Kindermädchens Martha sowie meiner ersten Lehrerin und mit Nachbarfamilien erwarteten wir am Morgen eines Februartages 1945 voller Angst im Keller unseres Mietshauses in Preußisch-Eylau die ersten russischen Soldaten. Die Bombardements auf meine Heimatstadt waren vorbei, Ostpreußen wurde Zug um Zug von der Sowjetarmee besetzt.

Die Verteidigungskämpfe aber waren noch nicht vorüber. Es kam in den folgenden Wochen noch immer zu Kämpfen mit versprengten Soldatengruppen der deutschen Wehrmacht. Mein Vater war nicht dem Beispiel anderer Familien unserer ostpreußischen Verwandtschaft gefolgt, vor den Russen nach Westen zu fliehen. Er hatte unter Bezugnahme auf seine polnische Verwandtschaft seine

Familie veranlasst, in Ostpreußen auszuharren. Für ihn galt: »Die Russen sind auch Menschen, sie tun uns nichts.« Dennoch herrschte in unserer Familiengruppe im Keller eine bange Erwartungsspannung.

Bis zu diesem Morgen – ich war im Dezember 1944 sieben Jahre alt geworden – hatte ich wenig vom Krieg wahrgenommen. Bis auf wenige Bomben auf Preußisch-Eylau, deren Abwurf wir von unserem gegenüber der Stadt auf einem Hügel gelegenen Wohnhaus beobachten konnten, und den freundlichen Begegnungen mit einem französischen Kriegsgefangenen, der in einem Sägewerk neben unserem Haus arbeitete, war für mich vom Krieg wenig erfahrbar. Ich erinnere mich noch, dass ich diesen Franzosen »Lachonkel« genannt hatte, weil er immer sehr freundlich mit mir umgegangen war und Spielzeug für mich geschnitzt hatte.

Mein Vater, dessen Erstgeborner ich war, ist mir als prägender Erzieher in Erinnerung geblieben: streng, wenn er mir beim Besuch des befreundeten katholischen Priesters den Vortrag des Nachtgebets abverlangte, mich auch strafte, wenn ich dazu nicht bereit war. Er nahm mich auf Angeltouren mit und lehrte mich das Paddeln auf dem Warschkeiter See. Wenn es darum ging, den Hecht am Haken zu halten und ihn müde zappeln zu lassen, bevor wir ihn aus dem Wasser zogen, erfuhr ich seinen Ärger, wenn der Hecht sich befreit hatte und nur der leere Haken an Bord kam. Es gab auch Situationen, in denen er geduldig wartete, wenn er zum Kastaniensammeln mit mir unterwegs war, bis ich den hölzernen Ziehlastwagen gefüllt hatte. Zu seinem Katholizismus gehörte, dass ich bis 1945 vier Geschwister hatte.

Mit meiner Mutter verbinde ich in meiner Erinnerung an die Zeit vor jenem Februarmorgen viele Sommerbesuche zum Baden in Rauschen und Cranz an der Ostsee, Erntebeschäftigungen im Garten hinter dem Haus, wo wir Beeren pflückten, Rhabarber schnitten und Kartoffeln aus dem Boden holten. Immer gehörte dazu, Kartoffeln im Feuer zu backen und diese im Kreis der ganzen Familie und Nachbarn genussvoll aufzuessen. Wenn ihre Mutter – meine Omi – zu Besuch war, gab es Zwiebelbrot, eine Delikatesse, deren Genuss bis heute in zahlreichen süßen Herings- und Wurst-Kombinationen zu meinen Lieblingsspeisen gehört. Natürlich denke ich dabei an die Sitzungen am Küchentisch »zu Hause«.

Wie ein neuer Katastrophenfilm plötzlich eine filmische Romanze unterbricht, bricht in meine skizzierten Erinnerungen eine Folge katastrophaler Ereignisse ein, als russische Soldaten an jenem Februarmorgen die Tür zu unserem Keller öffnen und meine Mutter und uns Kinder, unser Kindermädchen sowie meine Lehrerin und auch viele Nachbarn in kürzester Zeit in die wenige hundert Meter von unserem Haus entfernte katholische Kirche treiben. Die Frauen müssen sich auf die Empore der Kirche begeben. Wir Kinder müssen unten warten, bis die Frauen verstört zurückkommen. Später erfuhr ich, dass sie dort vergewaltigt wurden.

Dann gibt es in rascher Folge weitere Ortswechsel. Nachts rütteln betrunkene russische Soldaten an den Türen unserer Behausungen, schießen in die Luft, wenn sie nicht hereingelassen werden. Schließlich müssen wir uns auf einen Fußmarsch ins benachbarte Bartenstein machen, wo wir in einer Barackensiedlung untergebracht werden. Unterwegs wird meine Lehrerin durch einen Oberschenkeldurchschuss verletzt. Sie kann nur mit Mühe mithalten. Im Rückblick sehe ich meine Familie ohne den neugeborenen jüngsten Bruder Christian, der in dem Chaos der letzten Tage gestorben sein muss. In Bartenstein verschwindet auch unser Kindermädchen Martha bei einem Besorgungsweg in die Stadt. Häufig »besuchen« uns russische Soldaten, bis meine Mutter sich an einen der Offiziere wendet, einen jüdischen Mann, der gut Deutsch spricht. Dann haben diese Besuche ein Ende.

Trotz großer Unruhe außerhalb unserer Baracke kamen wir in Kontakt mit Bewohnerinnen und Bewohnern anderer Baracken. An einem Morgen lagen nach einer lauten Nacht viele tote deutsche Soldaten zwischen den Baracken. Es kursierte die Frage, ob wir befreit werden würden. Unter den Bewohnern einer benachbarten Baracke befand sich eine andere Flüchtlingsfamilie, von der sich herausstellte, dass sie mit entfernten polnischen Verwandten meines Vaters befreundet war. Mit dieser Familie wurde vereinbart, dass sie meiner Mutter vorübergehend meinen jüngeren Bruder Hubertus abnahm. Meine Mutter war todkrank und musste in einem Notkrankenhaus behandelt werden. Dass wir Hubertus erst über zehn Jahre später wiedersehen würden, lag damals jenseits unserer Vorstellung. Mein Bruder Johannes, meine Schwester Gabriele und ich blieben bei meiner Lehrerin.

Ein weiteres Erinnerungsbild ist die Beerdigung meiner Mutter wenig später in einem Dorf bei Bartenstein. Eingewickelt in ihren blaugemusterten Bademantel wird sie in eine Grube gelegt und verscharrt. In meinem Gedächtnis bleibt diese Szene als Notbeerdigung haften. Sie war angeblich an einer Lungenentzündung gestorben. Später sprach man (seitens ihrer letzten Begleiterinnen) von den Folgen zahlreicher Vergewaltigungen. Meine Lehrerin ging bald darauf mit uns Kindern zu Fuß und mit Leiterwagen zurück nach Preußisch-Eylau, um uns in einem von den russischen Besatzern eingerichteten Waisenhaus abzugeben.

## Im Waisenhaus

Wegen Lausbefall wurden uns zuerst die Haare geschoren. Ich erinnere mich daran, wie wir uns dafür in einer Reihe aufstellen mussten, um uns dieser Prozedur zu unterziehen. Anschließend wurden wir einer Schulklasse zugeordnet, in der wir Rechen- und Russischunterricht erhielten. Hunger war dort eine durchgehende Erfahrung; meine Schwester entwickelte Ödeme, weswegen sie ins Krankenhaus gebracht wurde. Wenig später erhielten wir die Nachricht, dass sie verstorben sei.

Eines Morgens überredete ich meinen Bruder Johannes, aus dem Waisenhaus auszureißen. Wir hatten von neu ins Heim aufgenommenen älteren Kindern gehört, in Litauen gebe es genug zu essen, was in meiner Vorstellung zu Fuß zu erreichen war. Gemeinsam machten wir uns schließlich eines Tages im Morgennebel auf den Weg. Als wir unterwegs zu unserem ehemaligen Wohnhaus zwei russischen Soldaten begegneten, war mein Bruder nicht mehr bereit, die Flucht fortzusetzen, und lief zurück ins Waisenhaus.

In unserer ehemaligen leeren Wohnung fand ich einen Schlafplatz in der Badewanne. Tagsüber war ich zum Betteln in der Nachbarschaft unterwegs und suchte in Mülltonnen nach Essbarem. Bald aber wurde ich gefunden und ins Waisenhaus zurückgebracht. Ich war inzwischen wohl so abgemagert oder aufgeschwemmt, dass ich zu einem »Erholungsaufenthalt« in ein Waisenhaus in Königsberg gebracht wurde. Auch dort war ich zum Stehlen und Betteln unterwegs. In einem Schrebergarten in der Nachbarschaft wurde ich von zwei russischen Soldaten beim Kirschenpflücken ertappt. Sie sperrten mich in eine Gartenlaube, schlossen ab und brüllten, sie würden mich jetzt erschießen. Dann hörte ich stundenlang nichts. Als die Laube geöffnet wurde, standen Betreuer aus dem Waisenhaus vor mir und nahmen mich dorthin mit. Bei der Rückkehr nach Preußisch-Eylau sah ich meinen Bruder Johannes wieder. Gemeinsam absolvierten wir noch drei weitere Waisenhausaufenthalte, zunächst in Berlin, wo ich mehrere Wochen lang fieberhaft erkrankt war, dann auf Rügen, schließlich in einem von Nonnen betreuten katholischen Waisenhaus in Frankfurt an der Oder.


## Nach Westen

Anfang 1948 spürte uns der Suchdienst des Deutschen Roten Kreuzes auf Drängen meiner Großmutter mütterlicherseits auf. Sie hatte ihre älteste Tochter Helene (Tante Lene) damit beauftragt, uns in den Westen zu holen. Eines Tages im Jahr 1948 stand sie im Frankfurter Waisenhaus vor uns. Ich konnte kaum glauben, dass sie es war; für meinen anderthalb Jahre jüngeren Bruder Johannes war sie eine fremde Frau.

Der selbst als Halbwaise aufgewachsene Ehemann (Horst Wilutzky) einer der anderen Töchter (Tante Hilla) meiner Omi hatte sich geschworen, diejenigen Kinder in der Familie, die Waisen werden würden, an Kindesstatt aufzunehmen.

Tante Hilla und Onkel Horst waren bis dahin kinderlos geblieben. Onkel Horst war nach rascher militärischer Karriere zum Generalstabsoberst der deutschen Wehrmacht ernannt und 1943 in Stalingrad verwundet worden. Den Schwur hatte er geleistet für den Fall, dass er aus dem von der sowjetrussischen Armee eingekesselten Stalingrad entkommen sollte. Es sei am 22. Januar 1943 »die drittletzte Maschine« gewesen, mit der er aus der »Hölle von Stalingrad« ausgeflogen worden sei, hatte er immer wieder erzählt, wenn er seine Kriegserlebnisse schilderte. So fuhren wir mit Tante Lene nach einem Besuch bei einer Cousine meines Vaters, die Nonne in Dessau war, nach Treysa, wo Tante Hilla lebte. Onkel Horst war noch in einem US-amerikanischen Kriegsgefangenenlager in Allendorf bei Marburg interniert. Dort war er mit anderen deutschen Offizieren untergebracht und mit der Aufgabe betraut worden, für die US-Armee Aufzeichnungen über die letzten Operationen der deutschen Wehrmacht zu machen. Er kam allerdings in vierzehntägigen Abständen nach Treysa zu Besuch. 1950 wurde er entlassen und fand bald darauf eine Beschäftigung bei einer Frankfurter Firma, die für die deutsche Einfuhr- und Vorratsstelle Getreide handelte. Als diese Firma diesen Auftrag zurückgab, machte er sich mit derselben Tätigkeit selbstständig.

Mein Bruder und ich wurden noch 1948 in Treysa eingeschult – wegen unserer defizitären Schulbildung nicht altersgemäß – und hatten zunächst Mühe, mit den Leistungen der anderen Schüler mitzuhalten. Gleichzeitig waren wir wegen unserer gesundheitlichen Anfälligkeit in ärztlicher Behandlung. Ich erinnere mich, dass ein Schularzt damals meiner Tante Hilla auf ihre Frage, ob meine Nachtängste mit meinen Kriegserlebnissen zu tun haben könnten, gesagt habe: »Die Ängste muss der Junge längst bewältigt haben.« Es dauerte lange, bis wir unsere Hungerödeme abbauten, wegen denen wir von Gleichaltrigen oft verspottet wurden (»dicker fetter Bullerwatz«).

Erst Anfang der 1950er Jahre brachte meine Großmutter über den Suchdienst des Deutschen Roten Kreuzes in Erfahrung, dass mein Bruder Hubertus bei jener entfernt verwandten Familie in Polen geblieben, dort aufgewachsen war und eine Ausbildung begonnen hatte. Bei einem Verwandtenbesuch 1957 im »Westen« entschloss er sich, bei der Familie der Schwester meiner Mutter, Gretel, zu bleiben. Er selbst erinnert heute dazu, dass er überredet wurde, nicht nach Polen zurückzukehren. In Polen aber sei es ihm im Kreise »seiner« polnischen Familie und seiner Freunde gut gegangen.

Johannes war zum Absolvieren seiner kaufmännischen Lehrjahre ebenfalls zunächst in die Familie Gretels aufgenommen worden. So erwies sich die Matrix unserer Großfamilie für uns verwaiste Jugendliche nach den vielen Jahren traumatisierender Erlebnisse und Erfahrungen als tragendes und förderndes

Milieu für die familiale Reintegration. Im Rückblick stand uns die Großfamilie als psychosoziales Reifungsmilieu zur Verfügung.

## Flashbacks

Die Meldungen, Bilder und Berichte über Familienschicksale im Kontext des Ukrainekriegs erreichen mich in unmittelbarer Weise in den erwähnten Szenen meiner eignen Kriegserlebnisse, indem sie Resonanzaffekte erzeugen. Es geht mir mitunter so, dass ich mir aktiv vergegenwärtigen muss: Ich lebe in Sicherheit. Die durchlebten Vernichtungsgefahren liegen Jahrzehnte hinter mir.

Es gab aber Jahre, besonders die, in denen ich während des Medizinstudiums Prüfungen zu überstehen hatte, in denen ich Ängste durchlitt, bei denen ich Beistand (durch meine Frau) und Hilfe im Sinne psychoanalytischer Therapie brauchte. Ganz unmittelbare Bedrohungsaffekte wie in den Kriegsjahren erfassten mich beim Erwachen aus der Narkose im Aufwachraum einer chirurgischen Klinik nach meiner Herzoperation im Dezember 2018. Den mich dort versorgenden Krankenschwestern antwortete ich deswegen auf die Frage, ob ich ihnen vertraute, spontan mit »Nein«. Sie waren mir beim zweifellos schonenden und fachgerechten Entfernen der bei der Operation benötigten diagnostischen Geräte aus der Speiseröhre wie die sadistischen russischen Soldaten in Königsberg erschienen. Dabei half mir die in dieser Vor-Corona-Zeit noch mögliche tagtägliche wachsame und ermutigende Anwesenheit meiner Frau, meine bedrohliche Erlebnisrealität dadurch zu relativieren, dass ich meine durch technische Vorgänge dominierten und assoziative Ängste entstellten Erfahrungen bedenkenlos mit ihr kommunizieren konnte. Denn ärztlich-medizinische Begleitung in diesen schweren Stunden war auch vor der Pandemie bezüglich der psychologischen Dimension gänzlich inadäquat. Besonders hinsichtlich der postoperativen psychologischen Begleitung gibt es nach meinen subjektiven Erfahrungen fast in allen deutschen Kliniken noch erheblichen Entwicklungsbedarf. Psychisch entlastende und beruhigende Szenen in der organmedizinisch noch instabilen Zeit haben sich für mich wie auch für einzelne meiner Mitpatienten und Mitpatientinnen im Krankenhausrahmen eher zufällig, spontan und »beiläufig« im empathischen Erfahrungsaustausch mit diesen (spontane Patientenselbsthilfegruppe) oder im Kontakt mit der sprichwörtlichen Putzfrau, einer Pflegeperson oder der Physiotherapeutin ergeben.

Im Blick auf die Konsistenz meiner Zuversicht, auch belastende Situationen nicht nur auszuhalten, sondern auch durchzustehen, sehe ich die unerschütterliche Überzeugung meines Vaters (Über-Ich mit imperativem Charakter), dass auch im Krieg Humanität (soldatisches) Verhalten bestimmt. Er war als Heeres-baumeister (Kasernen) – selbst ohne soldatische Erfahrung – erst kurz vor dem Einmarsch der sowjetrussischen Armee in Ostpreußen zum Militär eingezogen worden. Meiner Erinnerung nach kamen wir als Familie noch Anfang 1945 am Tor einer Kaserne in Preußisch-Eylau zu einem Besuch mit ihm zusammen. Dass ich ihn nie mehr wiedersehen würde, lag damals außerhalb meines Vor-stellungsvermögens.

Als meine engere Familie nach und nach durch Vertreibung, Vergewaltigun-gen, Entführungen, Krankheiten, Todesdrohungen und Todesfälle, Waisenhaus-aufenthalte bis auf meinen nächstjüngeren Bruder Johannes und mich zerbrach, muss dennoch ein vom Vater geprägtes Matrixvertrauen wirksam geblieben sein und uns emotional erhalten und affektiv geschützt haben. Als wirksames Ele-ment sehe ich unsere elementare Resilienz. Meine beiden Brüder bewältigten auch in jüngerer Zeit sehr schwere Krankheiten und die diesbezüglichen medizi-nischen Behandlungsmaßnahmen guten Mutes. Zudem gab es in unserer sozia-len Umwelt unbestreitbar soziale Reststrukturen, so etwas wie Fürsorge Kindern gegenüber, auf die wir uns schließlich beziehen konnten und bezogen haben. Ich erinnere mich beispielsweise an eine liebevoll-zugewandte russische Lehre-rin, die sich nach meinem Reißaus in Preußisch-Eylau meiner annahm: keine Strafe, keine Vorwürfe! Möglicherweise ist dies aber auch nur eine beschwich-tigende Deckerinnerung.

## Staatskind

Hinsichtlich der (finanziellen) Sicherung meines Bildungs- und Ausbildungs-gangs bis zum Abitur konnte ich mich mehr auf die Fürsorglichkeit des Staates verlassen als auf Zuwendungen anderer Menschen, einschließlich meiner ver-wandten Pflegeeltern. Ich distanzierte mich sogar ausdrücklich von meinem »Vater«, als die Frage des Wehrdienstes anstand. Ich deutete ihm frühzeitig an, dass ich den Wehrdienst verweigern wollte, trotz seiner Drohung, mich dann »rauszuschmeißen«. Er fürchtete wohl um seine Offiziersehre, wenn ich dem Offizierskollegen beim Kreiswehrersatzamt, den er wohl kannte, als sein »Sohn« sagen würde, ich wolle nicht dem Beispiel meines Pflegevaters folgen. Er selbst hatte noch in den 1950er Jahren erwogen, wie andere ehemalige Wehrmachts-offiziere in Ägypten als Offizier beim Aufbau der dortigen Armee mitzuwirken. Als der Vorsitzende der Prüfungskommission beim Kreiswehrersatzamt – jener Ex-Offizier der deutschen Wehrmacht – auf meinen »Vater« Bezug nahm und mich fragte, ob ich es ihm denn antun wolle, nicht »dem Vaterland« zu dienen, antwortete ich ihm: »Mein Vaterland ist da, wo mein leiblicher Vater ist. Können Sie mir sagen, wo er ist?«

Die Familiengroßgruppe blieb für mich ungeachtet meiner libidinös distanzierten Haltung gegenüber meinem »Oberst-Pflegevater« bis zu meinem Abitur dennoch mein psychosoziales Bezugssystem. Mein Pflegevater verlagerte wegen seiner berufsmäßigen Etablierung 1953 den Lebensmittelpunkt der Familie nach Frankfurt a. M. Mein Bruder und ich zogen mit dorthin. Nach einer kurzfristigen Einschulung in eine vierte Grundschulklasse trat ich noch im selben Jahr in ein Jungengymnasium ein, die Wöhler-Schule.

Meine kindliche Abenteuerlust fand in den zahlreichen Trümmergrundstücken unserer Wohnumgebung ein ideales Spielfeld für »Bandenkriege«, bei denen wir wiederholt für den Straßenbahn- und Autoverkehr nicht ungefährliche »Backsteinmunition« auf den Straßen hinterließen. Nicht ungefährlich waren auch die »Höhlenquartiere«, welche wir mit unseren Kinder- und Jugendlichenbanden auf den Trümmergrundstücken bauten. So reinszenierten wir den Krieg auf einem von uns überschaubaren Niveau, agierten feindliche Begegnungen und suchten so unbewusst die von uns erlittenen Kriegstraumata zu bewältigen.

Der Einsatz meines Oberst-Vaters gegen einen meiner als »Zorro« verkleideten Bandengegner, den er nach meinem Hilferuf verfolgte, packte und mit einer heftigen Geste demaskierte und lächerlich machte, rettete mich zwar in dem Moment, er machte ihn aber noch nicht zu meinem »Vater«. Ich erlebte diese Szene mit ambivalenten Gefühlen; einerseits war ich beeindruckt, andererseits wusste ich, dass seine Stärke auch an mich adressiert werden könnte. Das zeigte sich z. B., als ich als 18-jähriger Jüngling einmal später als vereinbart nachts von einem Treffen mit einer Freundin nach Hause zurückkehrte und von ihm wortlos mit einer kräftigen Ohrfeige empfangen wurde.

Nach der Mittleren Reife wollte ich zur See. Ich hatte mich bereits bei einer Seefahrtsschule nach dem Ausbildungsgang zum Schiffsoffizier erkundigt. Offenbar wollte ich mich damit von meinem »Vater« emanzipieren, ihm aber mit dieser Art »Offizierslaufbahn« einen Kompromiss anbieten. Er war es, der mir dann riet, zunächst doch das Abitur zu machen. »Dann kannst Du immer noch Schiffsoffizier werden, wenn Du das unbedingt willst«, sagte er.

## Erste Gruppenleitererfahrungen

Mit meinem Einverständnis meldete mich mein Pflegevater mit ca. 15 Jahren bei der von dem Jesuitenpater Josef Elbern geleiteten Regionalgruppe der katholischen Pfadfinderorganisation »Bund Neudeutschland« an, wo ich meine

Abenteuerlust in geordneten Bahnen realisieren sollte. Diese Organisation durchlebte ich in mehreren Rollen, vom einfachen Gruppenmitglied bis zum Gruppenleiter, und absolvierte so etwas wie Schulung und Training. Erst war ich dort Wölfling, dann Knappe, schließlich Ritter und als solcher Gruppenleiter und zudem Messdiener.

Die Erinnerung an den Umgang mit den jüngeren Kindern bei den Pfadfindern betrifft vor allem den großen Vertrauensvorschuss, den ich seitens deren Eltern erhielt, weil unsere Radtouren mit Zelt und auf Bauernhöfen mitunter mehr improvisiert als gut vorbereitet waren. In diesem Kontext lernte ich aber auch die Kraft des Zusammenhalts einer Gruppe kennen, die bei allen Wettern das vereinbarte Ziel erreichen wollte. Bei einer Radtour in Franken auf dem Weg nach Bamberg z. B. schlugen wir eines Abends an einem Waldrand unser Zelt auf, entzündeten ein Lagerfeuer und wollten gerade Essen zubereiten. Da tauchte der Revierförster auf und belehrte uns darüber, dass dort kein Feuer zu machen sei. Statt einer befürchteten Anzeige wurde uns eine Entschädigung für das entgangene warme Abendessen angekündigt: ein warmes Frühstück am nächsten Morgen in seinem in Sichtweite gelegenen Bauernhof im nahegelegenen Dorf. Dies nahmen wir dankbar an. Solche Szenen fielen mir immer wieder in Situationen ein, wenn ich als Leiter von Therapie- oder Selbsterfahrungsgruppengruppen auf die Dynamik des Augenblicks angewiesen war. Ich konnte mich darauf verlassen, im Hier und Jetzt immer ein konstruktives Handlungspotenzial zur Verfügung zu haben.

## Medizinstudium und Dissertation

Mit der Einschreibung an der Universität in Frankfurt a. M. im Jahr 1959 begann meine berufliche Orientierung. Geleitet von der Idee, Journalist zu werden, belegte ich Vorlesungen bei Theodor W. Adorno, einem gefeierten Soziologen, seinem Diskutier-Feind-Freund Max Horkheimer, bei dem Jesuitenpater Oswald von Nell-Breuning, dem Nestor der katholischen Soziallehre und bei dem Philosophieprofessor Wilhelm Sturmfels (über Kant). Mit von Nell-Breuning setzte ich gewissermaßen meine jesuitische »Schulung« bei Neudeutschland fort und bei Adorno fand ich einen ersten Kontakt zur soziologischen Frankfurter Schule, die mir später in der Gruppenanalyse wiederbegegnen sollte. Alles war interessant und packte mich wie viele hundert Frankfurter Studenten, die insbesondere zu Adorno und Horkheimer strömten.

Der Wunsch, meinen Helfer-und-Retter-Träumen eine Zielsetzung zu geben, motivierte mich bereits in den ersten Semestern, mich auch noch in Medizin einzuschreiben. Aber dieses Studium erschien mir mit der naturwissenschaftlichen Propädeutik zunächst sehr spröde. Nur die Anatomievorlesungen hatten mit den dynamischen Tafelzeichnungen des Professors Dietrich Starck einen besonderen Reiz.

Dies fand auch meine Kommilitonin Heidemarie Simon, die erst kurz vorher aus der DDR nach Frankfurt zugezogen war. Sie legte Wert darauf, kein DDR-Flüchtling zu sein, obwohl sie von den Behörden wie ein Flüchtling »verwaltet« wurde. Unter anderem wurde z. B. ihr DDR-Abitur nicht anerkannt. Sie musste deswegen ein West-Abitur nachmachen. Wir trafen uns damals nicht nur in der solidarischen Bewältigung dieser Ungerechtigkeit, sondern auch in unserem gemeinsamen Medizinstudium.

Zusammen zogen wir nach dem zweiten Semester für drei Semester nach Erlangen, wo wir das Physikum absolvierten. Nach einem Sommersemester an der Universität Zürich schlossen wir unser Studium in Heidelberg ab. Dort pflegte ich nach dem medizinischen Staatsexamen mein Interesse an der Medizingeschichte. Dieses war in Zürich bei dem Medizinhistoriker Erwin Heinz Ackerknecht erblüht. In meiner Promotion widmete ich mich Johann Benjamin Erhard, einem Arzt und Philosophen der Aufklärung und einzigem ärztlichen Schüler meines Landsmanns, des großen Philosophen Immanuel Kant. Mein Doktorvater war Heinrich Schipperges.

## Heidelberger Blätter und Politisierung

In meinen letzten Studiensemestern in Heidelberg nahm die Politisierung der Hochschulszene zu, ebenso mein Interesse an den Gruppierungen in meinem professionellen und außerprofessionellen Lebensraum. Ich war durch meine therapeutische Psychoanalyse, die ich nach dem Umzug von Zürich (1963) begonnen hatte, sensibilisiert für den Kontext von psychischem Leid, Lebensgeschichte und sozialem Umfeld.

Eine studentische Hochschulgruppe, die von einem sozialmedizinisch engagierten Kommilitonen geleitet wurde (Wolfgang Huber, namensgleich mit dem Wolfgang Huber, der später das Sozialistische Patientenkollektiv in Heidelberg »leitete«) gab mir Gelegenheit, meine gruppalen Zugehörigkeitsbedürfnisse wie meine brach liegenden journalistischen Interessen zu adressieren. Es handelte sich um eine gewerkschaftsnahe studentische Gruppierung, die eine Zeitschrift herausgab, ohne zunächst eigene Texte zu publizieren. Zusammen mit Wolfgang Huber machte ich daraus die »Heidelberger Blätter«, ein Forum für studentische Sozial- und Gesellschaftspolitik. Diese studentische Gruppe hatte eine sehr hohe Kohärenz, überlebte deswegen den studentischen Status und konfigurierte sich zu einem Arbeitskreis für Soziologische Medizin. Dieser wurde in seinem wissenschaftlichen Status so potent, dass er mit einer Betriebsärztestudie (Huber et al., 1972) der Industriegewerkschaft Metall das Material dazu lieferte, ein Werksärztegesetz zu fordern und schließlich zu dessen Realisierung beizutragen.

Auch die Inhalte meiner Doktorarbeit übersetzte ich in die damals aktuelle gesundheitspolitische Diskussion und verfasste für die Sozialdemokratische Partei einen Entwurf für ein reformiertes Gesundheitswesen, mit dem ich mich später (ab 1970) als Vorstandsmitglied der Arbeitsgemeinschaft sozialdemokratischer Ärzte (ASÄ) in Baden-Württemberg sowohl in dem von der Gesundheitsministerin Käthe Strobel geleiteten Gesundheitspolitischen Arbeitskreis der SPD engagieren als auch in mehreren Ärzteschaften zur Diskussion stellen konnte (Siehe z.B. Rheinisches Ärzteblatt 12/1971 S. 436 ff.).

## Psychiatrie und Psychoanalyse

Nach meiner halbjährigen Tätigkeit als Medizinalassistent beim Gesundheitsamt Heidelberg, wo ich im Auftrag des Amtsleiters den Pockenalarmplan aktualisierte, begann ich meine Weiterbildung zum Facharzt für Psychiatrie im von Heinz Häfner geleiteten Projekt Sozialpsychiatrie beim Lehrstuhl für Psychiatrie der Universität Heidelberg. Das Projekt bestand aus einer Tagesklinik in Heidelberg und einer Ambulanz mit Gemeindepsychiatrie am Klinikum der Städtischen Krankenanstalten Mannheim. Dies waren die ersten Schritte zum späteren Zentralinstitut für Psychiatrie in Mannheim. Sowohl in der Tagesklinik (Maria Rave-Schwank) wie in der Gemeindepsychiatrie (Niels Pörksen) wurde ich mit der Aufgabe konfrontiert, Patientengruppen zu leiten.

Da es keinerlei einschlägige Anleitung gab, bezog ich mich in meiner Leiterhaltung auf die psychoanalytische Therapeutenhaltung, mit der ich in meiner Lehranalyse bei Helga Schepank (Psychoanalytische Ausbildung von 1971 bis 1980, Institut für Psychoanalyse und Psychotherapie Heidelberg-Mannheim e.V.) vertraut wurde und mein Interventionsverhalten, welches ich in einer analytischen Selbsterfahrungsgruppe bei Helmut Enke (Anfang der 1970er Jahre) kennengelernt hatte. Es war eine selbstkomponierte, die Gruppendynamik berücksichtigende und die aktuelle und familiäre Lebenssituation der Klientel aufnehmende Methodik. Das Werk »Eltern, Kind und Neurose« von Horst-Eberhard Richter (1963) und die familientherapeutischen Publikationen von Helm Stierlin (z.B. 1970) kamen in dieser Zeit auf den Markt. Stierlin selbst

war aus den USA nach Heidelberg übergewechselt und stellte seine Forschungs-
ergebnisse aus seiner Arbeit mit Familien auch in Seminaren zur Verfügung.

## Projekt Sozialpsychiatrie

Meine psychoanalytisch akzentuierte, an Stierlin angelehnte Familienarbeit
nahm ich 1972 nach Langensteinbach mit, wo ich vom Vorstand des Trägers
(Stiftung Rehabilitation Heidelberg, Werner Boll) beauftragt wurde, eine neue,
ehemals konservativ psychiatrisch geführte psychiatrische Abteilung mit vierzig Betten mit einem zeitgemäßen sozialpsychiatrischen Konzept neu auszu-
richten und diese kommissarisch zu leiten. Die Entwicklung dieser Abteilung
zu einer Therapeutischen Gemeinschaft mit einem hochstrukturierten
Behandlungsprogramm mit Einzeltherapien (tiefenpsychologisch fundiert),
Gruppentherapien, Großgruppensitzungen und Vollversammlungen war mit
großen Veränderungen der Personalstruktur im Sinne der Entwicklung eines
multiprofessionellen Therapeutenteams und der Aufnahmepolitik zu einer
regionalen Schwerpunktsetzung verknüpft. Um die Mitarbeiter aus nichtärzt-
lichen Berufsgruppen für diese Arbeit zu qualifizieren, konnte ich fünf von ihnen
das Angebot von Helmut Enke vermitteln, bei ihm an einer Selbsterfahrungsgruppe teilzunehmen, die er gleichzeitig als Forschungsgruppe nutzen wollte.
Weitere Mitarbeiterinnen motivierte ich dazu, im von Heinz Häfner konzipierten Mannheimer Zentralinstitut für Psychiatrie zu hospitieren.

Zusammen mit einer fachlich kongenialen ärztlichen Kollegin, Roswita
Huber, stellte ich unsere Langensteinbacher Arbeit in Seminaren über sieben
Jahre im Rahmen der Lindauer Psychotherapiewochen dar und diskutierte sie
mit den Teilnehmenden. Nach vier Jahren werteten wir diese Aufbauarbeit im
Rahmen des Forschungszentrums der Stiftung aus und publizierten sie für die
an unserer Arbeit Beteiligten.

Auch in meiner anschließenden neurologischen Weiterbildungszeit in der
Neurologischen Abteilung arbeitete ich in derselben Klinik mit Gruppen von
hirntraumatisierten Patienten. Diese Arbeit bewirkte erhebliche qualitative
positive Veränderungen in der Kommunikationsfähigkeit der Gruppenteilnehmer und in ihren sozialen Aktivitäten. Auch meine Frau arbeitete in dieser
Zeit im Psychiatrischen Behandlungszentrum Wiesloch parallel mit den ihr
anvertrauen gerontopsychiatrischen Patienten über mehrere Jahre in Gruppen.
Während ich diese Arbeit fortlaufend kommentierend begleitete, nahmen wir
wahr, dass die so behandelten chronisch psychisch kranken Alten wie meine
oben erwähnten hirntraumatisch beeinträchtigten Menschen ihre autistische

Selbstbezogenheit über die Gruppensitzungen hinaus zugunsten eines kommunikativen Miteinanders ablegten.

## Soziale Psychiatrie und Rehabilitation

Bereits während der einjährigen Tätigkeit im Forschungszentrum der Stiftung Rehabilitation 1970/71 wurde ich namentlich zu Beratungsaufträgen hinzugezogen, welche die Konzeptualisierung von berufsrehabilitativen Projekten an psychiatrischen Kliniken betrafen. Dabei ging es um die Verbindung von psychiatrischen Behandlungs- mit rehabilitativen Trainingsmaßnahmen vor allem für junge erwachsene psychisch Kranke. Die Arbeitsgruppe, der ich angehörte, entwarf u. a. Konzepte für eine sozialpsychiatrische Klinik in Saarbrücken und ein berufliches Trainingszentrum in Wiesloch.

In einer anderen Arbeitsgruppe sollten für die Internationale Arbeitsorganisation der Vereinten Nationen (ILO) im europäischen Raum bereits existierende modellhafte Rehabilitationseinrichtungen für psychisch Kranke besucht und in einer Broschüre dargestellt werden, mit einem Schwerpunkt auf den Aspekten der interinstitutionellen Kooperation und der interaktionellen Vernetzung. In diesem Kontext stellte ich für den bundesdeutschen Raum eine psychiatrisch-psychotherapeutische Praxis vor, die mit meiner Beratung im Jahre 1970 als erste Facharztpraxis im Raum Sinsheim gegründet worden war und mit einem interdisziplinären Team und in enger Kooperation mit einem Bürgerkreis, einer Erziehungsberatungsstelle und einem sozialen Dienst arbeitete. Ein weiteres besonderes Charakteristikum war ihre enge Vernetzung mit bis zu zwanzig anderen Facharztpraxen aus der Region über eine Balint-Gruppe, die ich selbst über sieben Jahre leitete. Dieses Konzept trug mit meiner psychoanalytischen Nachfolgerin als Balint-Leiterin (Adelheid Müller-Knauss) über weitere zwanzig Jahre.

## Psychiatrie-/Psychosomatik-Enquete

In den Beginn der 1970er Jahre gehört meine von Walter Bräutigam veranlasste Berufung in die von Horst-Eberhard Richter geleitete Psychosomatik-/Psychotherapie-Gruppe und die Harmonisierungsgruppe der Psychiatrie-Enquete-Kommission des Deutschen Bundestags (1972–1974). Dieser Mitarbeit verdanke ich neben zahlreichen kollegialen Kontakten auch das tiefe Verstehen des Streits der »Psychofraktionen« in der deutschen psychiatrisch-psychosomatisch-psychotherapeutischen Versorgungsszene, der nicht nur aus dem in vieler Hinsicht gegensätzlichen einerseits dynamisch-tiefenpsychologisch-psychoanalytischen und andererseits klassisch-psychiatrischen Krankheitsverständnis resultiert. Dabei war schon damals auch die Verhaltenstherapie mit dem Hintergrund der Lerntheorie als Streitpartner im Spiel. Die sogenannte Harmonisierungsgruppe sollte den Streit beilegen.

Meinem Eindruck nach konnte das beabsichtigte Ergebnis nur ansatzweise erzielt werden, weil die wesentlichen Konflikte unter redaktioneller Tünche und in Organisationsmodellen versteckt wurden. Trotz der weiterhin strittigen Selbstverständnisse der in der Enquetekommission vertretenen Gruppierungen wurde mit den Enqueteergebnissen die Versorgungslandschaft für psychisch Kranke und Behinderte umgestaltet und dem Anspruch jedes psychisch Kranken in einem ambulant-stationär besser vernetzten Versorgungssystem scheinbar Rechnung getragen. Aber der Versorgungsschlüssel Betreuer–Patient blieb defizitär und wird auch heute noch nicht erfüllt.

Bis heute werden trotz weiterer gesetzlicher Neuregelungen (Psychotherapeutengesetze) über z. T. kaum strapazierfähige Kompromisse im Wesentlichen berufspolitische Interessen bedient. Das deutsche Konstrukt der geteilten psychiatrisch-psychosomatischen-psychotherapeutischen Versorgung bleibt einzigartig auf der Welt und stellt die »Versorger« vor die unlösbare Aufgabe, in ihrer Behandleridentität die vielen möglichen psychotherapeutischen Begegnungsweisen mit ihrer Klientel in sich zu versöhnen. Besonders für die ambulante psychotherapeutische Versorgung ergibt sich daraus in allen existenten Spezialfeldern trotz gesetzgeberischer Neuregelungen eine Mangellage. Unverhältnismäßige Wartezeiten in der Erstversorgung bleiben die Regel.

## Gruppenanalyse – Institutsgründung in Heidelberg

In den Rahmen meiner siebenjährigen Seminartätigkeit in Lindau gehört auch mein erster Kontakt mit der Gruppenanalyse. 1972 nahm die jüdische Psychotherapeutin Ilse Seglow (1900–1984), die in London ein Psychotherapie-Ausbildungsinstitut leitete (London Center for Psychotherapy), nach jahrzehntelanger Kontaktabstinenz zu Deutschland mit dem Angebot einer gruppenanalytischen Selbsterfahrungsgruppe im Rahmen der Lindauer Psychotherapiewochen erstmals wieder Kontakt mit Deutschen auf. Ich trat in diese Gruppe ein und blieb Teilnehmer, auch als Ilse Seglow dieses Angebot außerhalb der Psychotherapiewochen und schließlich mehrmals jährlich nur noch in London aufrechterhielt.

In London brachte sie die Gruppenmitglieder in Kontakt mit Mitgliedern des von Siegmund Foulkes gegründeten Institute of Group Analysis. Diejenigen, die auf den Status eines gruppenanalytischen Gruppenleiters Wert legten, wurden eingeladen, 1978 an einem qualifizierenden Colloquium mit damit beauftragten Institutsmitgliedern teilzunehmen. Das galt auch für Mitglieder einer weiteren Selbsterfahrungsgruppe von Ilse Seglow. Aus diesen beiden Gruppen entwickelte sich eine Interessentenkonstellation von Psychotherapeuten, die Überlegungen anstellten, wie die Gruppenanalyse nach Deutschland übertragen werden könne.

Der nächste Schritt war die Gründung eines Lehrseminars für Gruppenanalyse in Heidelberg, das ich beim Träger meines Arbeitgebers ansiedeln konnte (Stiftung Rehabilitation Heidelberg). Nach fünfjähriger Arbeit in diesem Format wurde 1984 von der Konzeptgruppe das Institut für Gruppenanalyse Heidelberg e. V. (IGA) gegründet. Es besteht heute seit fast 45 Jahren und spielt mit seinem gruppenanalytischen Aus- und Weiterbildungsprogramm für die Facharztweiterbildung in Psychiatrie, Psychotherapie und Psychosomatik eine zunehmend größere Rolle. Die acht Gründungsmitglieder (Werner Beck, Hans Bosse, Georg Richard Gfäller, Hermann Hilpert, Ursula Keller-Husemann, Werner Knauss, Adelheid Müller, Gerhard Rudnitzki), die sich unter meinem Vorsitz als Team die Verantwortung für den Institutsbetrieb teilten, übergaben diese nach den ersten 15 Jahren des Bestehens Zug um Zug an den Nachwuchs, sodass das Institut heute von neuen Generationen von Gruppenanalytikern betrieben wird. Bereits in den ersten Jahren entwickelten sich Tochtergruppierungen in Frankfurt, in Kreuzlingen am Bodensee und in Berlin. In Berlin gibt es inzwischen ein selbstständiges Institut für Gruppenanalyse. In München, wo Georg Richard Gfäller ein Gruppenanalyseinstitut Schwabing initiiert hatte, entstand mit seiner Hilfe eine gruppenanalytische Arbeitsgruppe.

## DAGG – Gruppenverbandsarbeit

1970 wurde ich als Mitglied der Sektion Klinik und Praxis des Deutschen Arbeitskreises für Gruppentherapie und Gruppendynamik (DAGG) aufgenommen. In dieser Zeit inszenierte sich die Dynamik der »Achtundsechziger« im Verbandswesen. Die Tagungen des DAGG – gleich in welcher der damals fünf Sektionen des DAGG – platzten wegen der großen Teilnehmerzahl nahezu aus allen Nähten. Die Gesamt-DAGG-Tagung in Böblingen 1970 hatte 1.000 Teilnehmer. Das Ehepaar Franz und Anne Heigl-Evers waren Vorsitzende, Horst-Eberhard Richter, Helmut Enke, Peter Kutter u. a. gesuchte Vortragende. Die

Gruppe begeisterte einfach alle. Von 1979 bis 1994 war ich im Vorstand dieser Organisation, zunächst zwei Amtsperioden lang als Sektionskoordinator, dann in der Nachfolge von Werner Greve ab 1988 für zwei weitere Amtsperioden Vorsitzender. In dieser Funktion wurde ich 1988 in den Vorstand der Internationalen Gesellschaft für Gruppentherapie (IAGP) gewählt, wo ich auch Mitglied und teils Vorsitzender in verschiedenen Ausschüssen war.

Die Jahrzehnte, welche ich in verantwortlicher Position in der deutschen und internationalen Gruppentherapieszene verbrachte, erinnere ich als meine aktivste und fruchtbarste Zeit im Kontext der Gruppentherapie und Gruppenarbeit, weil ich in Zusammenarbeit mit zahlreichen außerordentlich kompetenten und engagierten Kolleginnen und Kollegen (wie z. B. Raoul Schindler aus Österreich, Rudolf Olivieri-Larsson aus der Schweiz, Gabor Szöny aus Ungarn, Janis Tsegos aus Griechenland, John Salvendy und Fern Cramer-Azima aus Kanada, Isiah Zimmermann aus den USA, Hannelore Campos aus Spanien, Earl Hopper, Liesel Hearst, Adele Mittwoch und Malcolm Pines aus England) zahlreiche nationale und internationale Tagungen, Konferenzen und Kongresse initiieren und verwirklichen konnte. Dabei war mir meine »Heimatbasis,« das Institut für Gruppenanalyse Heidelberg, ein wichtiger Inspirations- und Kraftquell.

Ich arbeitete als DAGG-Vorsitzender in der Verbandszeitschrift für Gruppentherapie mit und gründete und redigierte auch das mehrmals jährlich erschienene verbandsinterne Mitteilungsblatt MATRIX. International standen wir von Anfang an in engem Förderungskontakt mit der Londoner Group Analytic Society, mit deren Hilfestellung wir 1994 die Organisation des ersten nicht in London stattfindenden internationalen Kongresses für Gruppenanalyse in Heidelberg realisierten. Werner Knauss und Ursula Keller-Husemann waren dabei die wichtigsten Kontaktpersonen und fungierten auch als Herausgeber des Kongressbandes.

## Die Zeitschrift »gruppenanalyse« und die Felder gruppenanalytischer Arbeit

Ich hatte bereits sehr früh als Vorsitzender des IGA die Idee, unsere Arbeit mithilfe einer Zeitschrift zu verbreiten, zumal viele von den Gründungsmitgliedern, aber auch die in Heidelberg anfangs als Gruppenleiter mitarbeitenden Londoner Gruppenanalytiker publizistisch aktiv waren. Meine Überzeugungsarbeit schien zunächst am Widerstand der anderen Vorstandsmitglieder zu scheitern, weil sie die Idee für zu ehrgeizig, zu ambitioniert, zu teuer hielten. Hatten wir nicht genug damit zu tun, das Institut am Laufen zu halten? Als ich mich mit

Werner Knauss bereiterklärte, auch die anfängliche Redaktionsarbeit zu über-
nehmen, eine Lektorin und einen Verlag zu finden, gab es Vorschläge für eine
Designerin, und die Zeitschrift »gruppenanalyse« wurde geboren. Dem ersten
Heft folgten inzwischen 40 Jahrgänge mit je zwei Heften. Ein ähnliches Schicksal
erlebten zuvor bereits die Heidelberger Gruppenanalytischen Symposien, die
nach anfänglich nur sehr zögerlicher Befürwortung ab 1979 mit von Jahr zu
Jahr wachsender Teilnehmerinnenzahl zunächst im Institut, dann in größeren
Räumen außerhalb organisiert wurden.

Im ersten Heft der »gruppenanalyse« zählte ich in meinem Initiativbeitrag
unter dem Titel »Indikationen für Gruppenanalyse oder die Diagnose ist die
Waffe der Ohnmächtigen« sieben Indikationsfelder für gruppenanalytisches
Handeln auf und machte diese gewissermaßen zu meinem Aktionsprogramm.
Darin schilderte ich eigene Gruppenerfahrungen, aber nahm auch Bezug auf
Erfahrungsberichte anderer Gruppenanalytiker. Es waren dies: 1. ethnologische
Forschung, 2. Kulturbetrieb, 3. Bildung und Ausbildung (nicht nur in Gruppen-
analyse), 4. betriebliche Arbeit und bei Arbeitslosigkeit, 5. Team- und Institutions-
beratung, 6. Rehabilitation Behinderter und 7. Therapie bzw. Psychotherapie.

Während meiner Studiensemester an der Universität Erlangen (1960–1962)
und Zürich (1963) hatte ich über Vorlesungen des Medizinhistorikers Erwin
Heinz Ackerknecht und Literatur von Wolfgang Pfeiffer transkulturelle »Ausflüge« im Kontext der Medizin kennengelernt und mir diese weiter erschlossen,
bis ich ein Jahrzehnt später mit Jose Ramirez, einen kolumbianischen Kollegen
und Mitglied des Arbeitskreises für Soziologische Medizin, wieder einen konkreten Gesprächspartner fand. Für meine ethnoanalytischen »Erzählungen«
muss ich die Leserinnen und Leser aus Platzgründen auf andere Publikationen
verweisen, die in der anschließenden Literaturauswahl aufgeführt sind.

## Organisationsanalyse und Projektsynthese

Mein Engagement für die Ethnomedizin nahm ich nach der einjährigen kreativen Pause im Forschungszentrum der Stiftung Rehabilitation Heidelberg (SRH)
zugunsten eines neuen Auftrags zurück. Der SRH-Vorstand hatte gesehen, dass
es für die 1.000 behinderten Kinder und Jugendlichen im 1972 baulich fertig-
gestellten Rehabilitationszentrum Neckargemünd keine dieser Größenordnung
genügende psychosoziale Betreuungskonzeption gab. Nur einige wenige Psychologen standen für Krisenintervention und Beratung zur Verfügung.

Als ich 1974 meine Arbeit dort aufnahm, ging es darum, eine Situations-
analyse bezüglich des psychosozialen Versorgungsbedarfs zu erstellen. Ich bot

mich zunächst also weder als Psychiater noch als ärztlicher Psychotherapeut an, sondern stellte mich als Organisationsanalytiker in der Art zur Verfügung, wie Lapassade (1976) dies beschrieb. Die Geschäftsführung stattete mich mit einem Raum und einem Telefon aus. Bemerkenswert war, dass der Vorstandsvorsitzende diesen Raum benutzte, wenn er sich einmal monatlich für einige Stunden im Hause aufhielt. Wenn die Organisation Kontakt mit mir aufnahm, konnte ich sie dorthin einladen oder – was ich bevorzugte – ich besuchte die Kontaktpersonen an ihrem Arbeitsort. In der Regel erwähnte ich mein besonderes Interesse für psychosoziale Beratung und verwies auf meine Kompetenz als Experte für Gruppenarbeit.

Von Psychologenseite ergaben sich Wünsche, mit Gruppen von jugendlichen Auszubildenden zu arbeiten. Wir konzipierten offene Gruppen, für die wir mit einem Leiterpaar für Aktivitäten wie Malen, Kochen und Diskutieren projektierten. Mit zwei im Hause beschäftigten analytischen Kinder- und Jugendlichentherapeutinnen, die sich in der Psychologengruppe fremd fühlten, konstituierte ich im Sinne einer konstruktiven Initiative ein erstes Team für die Beratung von Erzieherinnen, die behandlungsbedürftige Kinder betreuten. Bald darauf verabredete ich den Auftrag, selbst in leitender Funktion Konzeption und Struktur für einen psychiatrisch-psychotherapeutischen Dienst für das gesamte Rehabilitationszentrum aufzubauen und die entsprechenden Angebote zu entwickeln. Nach und nach stellte sich heraus, dass die Anfragen auf Aufnahme vieler neuer Klienten in eine Berufsfindung, in das Berufsbildungswerk oder in die Schule einer gründlichen tiefenpsychologischen Eingangsdiagnostik bedurften, sodass unser Team weitere personale Ergänzung erhielt. Schließlich gelang es auch, die Gruppe der im Hause beschäftigten Psychologen in einem sehr konfliktreichen Kommunikationsprozess in dieses Team zu integrieren. So entstand ein neuer hausinterner psychologisch-sozialpsychiatrischer Dienst.

Mit diesem Team entwickelten wir neben laufenden Routineaktivitäten drei Arbeitsschwerpunkte im Sinne eines gruppendynamischen Ansatzes: Aufnahmediagnostik, ein differenziertes System von therapeutischen Gruppen- und supervisorischen Settings in den Feldern sozialpädagogischer und pflegerischer Wohnbegleitung sowie schulischer und beruflicher (Aus-)Bildung. Im Hinblick auf berufliche Integration boten wir für die Arbeitsverwaltung Fortbildungen an, in denen wir die Mitarbeitenden der Arbeitsämter über unseren Ansatz informierten. In der Zusammenarbeit mit den Einrichtungen des Lehrstuhls für Kinder- und Jugendpsychiatrie der Universität Heidelberg wurde mit der Entwicklung eines Projekts für die umfassende Rehabilitation von psychosekranken Jugendlichen begonnen.

Das Format der gruppalen Aufnahmediagnostik wurde auch von anderen Bereichen des Zentrums in dem Sinne übernommen, dass die jugendlichen Bewerber vor einer Aufnahme eine Reinszenierungsgelegenheit bezüglich ihrer behinderungsbedingten Konflikte erhielten. Dabei stellte sich heraus, dass das neue Setting als neue Entwicklungschance angenommen wurde, weil es offenbar dem Herkunftssetting nicht entsprach. Von Menschen mit körperlichen Behinderungen hörten wir oft, dass sie sich »endlich« unter Gleichen befanden, d. h., dass die Behinderung nicht mehr als Makel oder Entwertungslast empfunden wurde. Psychisch gestörte junge Menschen lernten sehr schnell, ihre Störungssymptomatik umzugestalten und so zu »übersetzen«, dass sie Adressaten dafür fanden. Wo eine Symptomatik sistierte oder sich verstärkt zeigte, resultierten Ansätze für gezielte Interventionen, z. B. wurde offenbar, dass Medikamente abgesetzt oder Trennungsreaktionen relevant geworden waren. Die therapeutischen Gruppensettings, die wir vorwiegend für Jugendliche mit psychischen und psychosozialen Störungen als ausbildungsbegleitende »Maßnahme« vorhielten, statteten wir in der Regel mit zwei Gruppenleitern aus. Meist waren dies eine männliche und eine weibliche Person, Arzt und Kinder- und Jugendlichentherapeutin, Sozialpädagogin, Pflegeperson oder Musiktherapeut. Wir stellten bis zu zehn parallellaufende Gruppensettings zur Verfügung. Ergänzend boten wir in größeren zeitlichen Abständen eine Großgruppe an, zu der wir die Eltern aller unserer Gruppenpatienten einluden. Erwartungsgemäß nahmen daran nicht alle Eingeladenen teil, jedoch zunehmend mehr, sodass es Großgruppen mit über vierzig Teilnehmenden gab. Diese Großgruppensitzungen fanden am Veranstaltungstag über zweimal neunzig Minuten statt.

Die Untersuchung der Ergebnisse dieser Gruppenarbeit war für uns sehr aufschlussreich (Rudnitzki, Resch u. Althoff, 1998). Eine starke Bestätigung der Eltern-/Angehörigen-Großgruppenarbeit bestand darin, dass die Gruppenmitglieder, deren Eltern an unseren Großgruppen teilnahmen, deutlich mehr von ihrer eigenen Gruppentherapie profitierten, als diejenigen, deren Eltern dieses Angebot nicht wahrnahmen. Darüber hinaus erfuhren wir auf unser Gruppenkonzept in den Wohngruppensupervisionskonferenzen eine positive Resonanz, sodass dort Kooperation in dem Sinne entstand, dass die Jugendlichen an die Teilnahme an den Sitzungen erinnert wurden. Die Berufsausbilder protestierten zwar immer wieder, wenn die Teilnahme an einer Gruppensitzung gerade eine relevante Ausbildungsinstruktion konterkarierte. Je mehr wir unser Konzept erläuterten, umso mehr wuchs auch dort die kooperative Einstellung. Die Kommunikation dieser Erfahrungen im Therapeutenteam erweiterte unsere Angebotsstrategie immer wieder dahingehend, Psychotherapie im sozialen Feld grundsätzlich immer mehrdimensional zu entwerfen, und zwar so, dass die

Adressaten nicht nur die Patienten und Patientinnen sind. Das soziale Umfeld muss gesehen, berücksichtigt, angesprochen und schließlich einbezogen werden, damit die Zielsetzungen erreicht werden können.

Im Rahmen der gruppenanalytisch akzentuierten Supervision der sozialarbeiterisch-sozialpädagogischen Arbeit in den Wohnheimen und bei interdisziplinären Berufspädagogenteams wurde fokussierend thematisiert. Diese Arbeit wurde in Anlehnung an das Balint-Konzept mit Problemerlebnisdarstellungen durch einzelne Gruppenmitglieder gestaltet, prinzipiell auch mit Gegenübertragungsassoziationen von allen Teammitgliedern. Da diese Teams vom Ausbildungsstand und ihrer Altersstruktur her sowie in ihrem beruflichen Erfahrungsstand sehr unterschiedlich zusammengesetzt waren, spielten zu Beginn unserer Supervisionsarbeit Entäußerungsängste und Scham eine sehr große Rolle, ohne dass dies zunächst ausgesprochen werden konnte. Dies wurde nur dann offenkundig, wenn analoge Hemmungsgründe bei der besprochenen Klientel kommuniziert wurden. In den ersten Jahren dieser Supervisionsarbeit bestand die relevante Aufgabe der Supervisoren darin, das projizierte Material aus den beobachteten Geschichten in die Gruppe der Anwesenden zurückzuholen. Dadurch wurde es möglich, den Selbsterfahrungsaspekt im Sinne der Gruppe zu kultivieren. Die Teams wurden auf diesem Weg authentischer, familiärer, toleranter und auch abgegrenzter in ihrem Engagement für die Jugendlichen. Wo zuvor viel Kumpanei im Dienst der Abwehr eigener Neurotizismen die Erziehungsarbeit verstellt hatte, wurde ein hilfreiches Begleitverhalten im Umgang mit den Bewohnern möglich.

Ende des Jahres 2003 endete meine Tätigkeit als leitender Arzt im Neckargemünder Rehabilitationszentrum. Ich verließ diesen Arbeitsplatz mit der Absicht, im »Ruhestand« noch ein Projekt zu verwirklichen, welches ich zusammen mit Mitarbeitern aus dem Neckargemünder »Psycho-Team« und dem Team der Heidelberger Universitäts-Kinder- und Jugendpsychiatrie konzeptionell vorbereitet hatte. Dabei sollte es darum gehen, ein auf unseren Neckargemünder Erfahrungen aufbauendes komplexes Behandlungs- und Trainingszentrum für psychosekranke Jugendliche zu realisieren. Dabei aber fehlte uns die konkrete Anschlussbegleitung für die jugendlichen Klienten, welche für diejenigen zu realisieren gewesen wäre, die ihre Ausbildung im Berufsbildungswerk abgeschlossen haben. Ihr Eintritt in das Berufsleben außerhalb des Rehazentrums war in den meisten Fällen perspektivisch nicht gesichert. Für die Bürokratiearbeit der Antragstellung für die Projektfinanzierung bei dem zuständigen Ministerium fehlte mir Zeit und Kraft.

## Supervision und Organisationsberatung

Ich entschloss mich, die Projektaufgaben des IGA weiterzubearbeiten und parallel in meiner privaten Praxis gruppenanalytische, psychoanalytische und kinder- und jugendanalytische Supervisionsgruppen zu begleiten. Im Rahmen meiner Gruppenarbeit im Rehabilitationszentrum Neckargemünd hatte ich einerseits sehr breit mit Gruppensettings gearbeitet, sei es in den Formaten der Schul- und Ausbildungsklassen oder sei es in den Formaten der Wohngruppen. Auch die zahlreichen Teamsitzungen waren eine Terminkalender-Realität erster Ordnung. Andererseits gab es außer der hierarchischen Vorgesetztenstruktur weder eine Leiterqualifikation noch supervisorische Kompetenzen, die aus dem dynamischen Potenzial der zahlreichen Gruppensettings Nutzen zogen. Bei meiner Arbeit im DAGG hatte ich erfahren, dass die fünf Sektionen, die ihre Schwerpunkte in unterschiedlichen gesellschaftlichen Feldern sahen, in den 1960er Jahren und danach viel Aufwand getrieben hatten, Gruppenleiterkompetenz zu vermitteln. Was später unter Supervision firmieren sollte, hatte die Sektion Gruppendynamik am weitesten entwickelt. Hier gab es auch schon Anleitung und Training für Organisationsentwicklungsaufgaben, woraus sich viel später das sogenannte Changemanagement herauskristallisierte. Klaus Doppler verfasste darüber die erste deutschsprachige Publikation (Doppler u. Lauterburg, 1994).

Da ich bei meinem Arbeitgeber nicht für Fortbildung im IGA hatte werben können, ohne institutionelle Grenzen zu verwischen, warb ich selbst mit eigener Supervisionstätigkeit für dynamische Gruppenarbeit in verschiedenen Feldern des Rehazentrums. Gruppenanalytisch arbeiten hieß für die Gruppenteilnehmenden, salopp formuliert, zu kommunizieren, was im Hier und Jetzt affektiv und thematisch »auf der Zunge« lag. Jedes Gruppenmitglied war aufgefordert, zudem seine Wahrnehmungen des aktuellen Gruppengeschehens zum Ausdruck zu bringen. Die Aufgabe der dynamischen Gruppenleitung bestand darin, den Fortgang des Gruppenprozesses im Sinne der der gemeinsamen Zielsetzungen zu fördern. Das hieß, die Beobachterfunktion mit der eignen Teilnehmerfunktion zu verbinden und im Sinne einer Deutung des Gruppengeschehens zu applizieren.

Mitte der 1980er Jahre war mein gruppenanalytisches Teamsupervisionskonzept so weit konturiert, dass ich 1986 im IGA zunächst eine Fortbildung für gruppenanalytische Teamsupervision anbot. Es folgte ein Seminar über »spezielle Themen gruppenanalytischer Teamsupervision«, das ich noch einige Male neu auflegte und auf mehrere Sitzungen an einem Wochenende erweiterte. Teilnehmende waren zunächst ausschließlich Institutsmitglieder. Nach einem dreijährigen Moratorium bat ich Sabine Wolschin, eine Kollegin, mit der ich im Heidelberger Institut für Psychoanalyse und Psychotherapie bereits über mehrere Jahre Gruppentherapieseminare gestaltet hatte, am Auf- und Ausbau eines Seminarprojekts über »Gruppenanalytische Teamsupervision und Organisationsberatung« mitzuwirken. Denn mir war wichtig, mit der Leiterdyade das kommunikative Momentum zu akzentuieren, d.h. zu zeigen, wie wir mit einem kommunikativen Leitungsmodell das Chaos eines Neubeginns von Gruppenarbeit konstruktiv aufnehmen. Wir begannen mit einem einjährigen Kurs und 16 Teilnehmenden 1994/1995. Das Seminarkonzept war gegliedert in Theoriearbeit, institutionelle Selbsterfahrung und Projektarbeit. Die institutionelle Selbsterfahrung fand in zwei Kleingruppen statt, die Theorie und die Projektarbeit in der großen Seminargruppe. Die Theoriearbeit berücksichtigte einschlägige Literatur zu Teamsupervision und Organisationsberatung. Diese sollte von den Seminarteilnehmenden ausgewertet und in der Seminarrunde referiert werden. Ziel der Kommunikation zu den Referaten war dabei, theoretische Gesichtspunkte und praktische sowie technische Erkenntnisse für die gruppenanalytische Teamsupervisions- und Organisationsberatungsarbeit zu gewinnen. Die Projektarbeit, das hieß die Vorstellung und Kommunikation von Projekten (Supervisions- und Beratungsteams), welche die Seminarteilnehmenden einbrachten, sollte die Anwendungsperspektive eröffnen (Rudnitzki u. Wolschin, 2004).

Gemäß meinem Vorschlag wurde in diese Seminarreihe an Stelle des Elements gruppenanalytische Selbsterfahrung die »institutionelle Selbsterfahrung« aufgenommen. Diese wird zwar angelehnt an die gruppenanalytische Selbsterfahrung unseres allgemeinen Weiterbildungsprogramms vollzogen, »sie soll in der Abgrenzung dazu jedoch Gelegenheit geben, die Erfahrungen aus der eigenen Institution/Organisation kommunikativ aufzuarbeiten und die eigene institutionelle Identität/Organisationsidentität zu lokalisieren und zu fokussieren« (Rudnitzki u. Wolschin, 2004). Der Begriff der institutionellen Selbsterfahrung konkretisierte sich im Verlauf der Arbeit an diesem Weiterbildungskonzept immer mehr.

Dabei gab uns der Aspekt der »mittleren Regression« Orientierung. Diese bezeichnet einen gruppendynamischen Zustand. Im Zustand mittlerer Regression befinden sich Gruppen, wenn sie als Arbeitsgruppen berufsbezogen gemäß einer verteilten Rollenstruktur betriebliche Aufgaben erfüllen. Es handelt sich dabei triebdynamisch um eine Abwehrorganisation. Kernberg (2000) unterscheidet zwischen erfordernisgerechten und paranoiagenen Organisationen. In erfordernisgerechten Organisationen gingen die Mitarbeiter vertrauensvoll miteinander um, in paranoiagenen würden Interaktionen vorherrschen, die Angst, Misstrauen, feindselige Rivalität als maßgebliche Verhaltensweisen aufzeigen. Soziale Beziehungen würden nicht zugelassen. Paranoide Gruppenphänomene signalisierten dysfunktionale Abläufe. Auch wenn in paranoiagenen Organisationen arbeitende Personen außerhalb der Firma gesund und normal reagieren könnten, würden sie dennoch im Sinne des Organisationsmilieus auf Dauer geprägt, sodass sie selbst bei einem Firmenwechsel das erlebte Betriebsklima unbewusst reinszenieren könnten.

»Institutionelle Selbsterfahrung sollte [...] die eigene Situation am organisationellen Standort bzw. Standpunkt markieren und deutlich machen, dass vergleichbare Standorte je nach Organisation sehr unterschiedlich erlebt werden. Ferner kann das Erlebnisziel formuliert werden, wie die eigene Person sich (zur jeweils mitgebrachten) Rolle verhält. Ist die Rolle eher etwas Fremdes, Oktroyiertes, zu Absolvierendes? Oder ist es möglich, die Rolle durch die Person »darunter« auszufüllen?« (Rudnitzki u. Wolschin, 2004, S. 87).

Dieses Seminarprojekt lief von 1994 bis 2002 für jeweils anderthalb Jahre zusammen mit Sabine Wolschin und anschließend zusammen mit Cornelia Volhard. Da das Weiterbildungsteam wuchs, konnten wir auch die Theorie- und Kasuistik-Blöcke mit Leiterpaaren ausstatten. Der Vorteil der Gruppenorientierung der Seminararbeit wurde offenkundiger in dem Maße, wie die unterschiedlichen Seminarblöcke von unterschiedlichen Leiterpaaren betreut wurden. Dadurch war die Erwartungshaltung der Teilnehmenden von Anfang an gruppenorientiert und realistischer; das Risiko, während des gesamten Kurses in einer Selbsterfahrungsdynamik zu verharren, wurde durch das Erfordernis minimiert, sich immer wieder auf neue Leiter einzustellen. Nach 2002 gab es wieder eine Pause. Es entwickelte sich eine neues Leitungsteam. Seit 2019 gibt es eine neue Kursfolge mit neuen Leiterkonstellationen.

## Gruppenanalyse mit Kindern und Jugendlichen

Eine meiner im engen Sinne des Wortes »gescheiterten« Forschungserfahrungen mit Gruppentherapie führte im weiteren Sinne zu meiner befriedigendsten Erfahrung im Kontext meiner gruppenanalytischen Aktionsforschung. Auf Anregung des niederländischen Gruppentherapeuten Hans Reijzer fand sich im Mai 1996 ein Team aus Gruppentherapeutinnen und Gruppentherapeuten des Deutschen Arbeitskreises für Gruppentherapie und Gruppendynamik (DAGG), des Österreichischen Arbeitskreises für Gruppentherapie und Gruppendynamik (ÖAGG) und des Instituts für Gruppentherapie Zürich (IGZ) zusammen, um die Vorstellung des Projekts Ambulante Gruppentherapie-Evaluation (PAGE) im Rahmen des 13. Internationalen Kongresses für Gruppenpsychotherapie in London vorzubereiten.

Sehr bald entwickelten sich in der Forschungsgruppe tiefgehende Meinungs-
verschiedenheiten über den Auswertungsansatz. Die einen vertraten die traditionelle Outcome-Evaluation, die anderen sahen in dem vorliegenden Material eine gute Gelegenheit, Prozessforschung aufzuzeigen. Zur zweiten Gruppe
gehörte neben mir Birgitt Ballhausen-Scharf aus Wiesbaden, später Berlin. Wir
beide referierten in der Form eines Dialogs schließlich bei Widerspruch des
Vertreters der ersten Gruppe, Volker Tschuschke, diesen Disput im Rahmen
des Londoner Kongresses als Beispiel für unseren Forschungsstandpunkt (Ballhausen-Scharf u. Rudnitzki, 2000).

Nach einem im Oktober 2003 zwischen Veronika Diederich-Paeschke (†),
Wilhelm Meyer und Pieter Hutz vom Berliner Institut für Gruppenanalyse (BIG)
und mir als Vertreter des Heidelberger Gruppenanalytischen Instituts zustande
gekommenen »Kindergruppenanalytischen Dialog« vereinbarten wir, zunächst
mit dieser dialogischen Perspektive zu kooperieren. So konnten wir im September 2005 zu einem ersten »Kasuistischen Workshop für Gruppenanalyse mit
Kindern und Jugendlichen« nach Berlin einladen, an dem ca. vierzig Psychotherapeuten teilnahmen. Im Rahmen dieses Workshops hielt ich ein Referat
mit dem Titel »Gruppenanalyse mit Kindern und Jugendlichen – Erfahrungen,
Perspektiven, curriculare Grundlagen« und verbreitete damit große Unruhe
beim Publikum. Man wollte nicht mit derart hohen Ausbildungsforderungen
konfrontiert werden, wenn man in einen solchen Dialog eintritt. Trotz oder
wegen der kontroversen Diskussion dazu, war dennoch allseits der Wunsch
sehr groß, sich wiederzutreffen und sich auszutauschen. Es gab zwei resultierende Folgegruppen: Die eine organisierte jährlich kasuistische Workshops, die
andere begann mit der Entwicklung eines Curriculums.

Ich wollte unseren in London vertretenen Prozessforschungsansatz fort-
führen und schlug mit Birgitt Ballhausen-Scharf der Curriculum-Arbeitsgruppe
vor, die Entwicklungsarbeit für ein Curriculum für die Ausbildung von Kin-
der- und Jugendlichengruppenanalytikern von uns supervisorisch begleiten
zu lassen. Zudem boten wir der Arbeitsgruppe an, sie mit unseren unter uns
kommunizierten Verlaufsbeobachtungen zu »füttern« und den gesamten Prozess zu dokumentieren. Ab dem vierten Arbeitskreistreffen 2008 wurden die
Sitzungen per Audiomitschnitt aufgezeichnet und der Prozess der Arbeitsgruppe auf diese Weise protokolliert. Die Arbeitsgruppe entwickelte sich in
der Supervisionszeit spielerisch frei assoziierend zu einer hochstrukturierten
Produktionsgemeinschaft. 2012 wurde diese Arbeit mit der Formulierung eines
Curriculums abgeschlossen. Das 2014 erstmals publizierte Ergebnis impliziert
für die formulierte Weiterbildung eine prozessuale Bildungspraxis in dem Sinne,
dass die Bildungserfahrungen unter anderem auch einen jeweils neuen Status

des Konzepts darstellen. Das heißt, es wird eine Entwicklungsdynamik in die Anwendungspraxis des Konzepts »eingebaut«. Das Konzept wächst und entwickelt sich mit den Teilnehmenden und wird von diesen dynamisch übernommen. Die regionale Heidelberger Arbeitsgruppe arbeitet damit nach einem Probelauf seit 2021 mit zehn Sitzungsblöcken pro Ausbildungsjahr.

Nach dem Zusammenschluss der beiden Arbeitsgruppen zu einer Organisationsgruppe (2014) folgten bis heute ununterbrochen jährlich im September Workshops nach dem skizzierten Weiterbildungskonzept mit Lehrfilmen, Kleingruppen und Großgruppen an verschiedenen Spielorten, je nach Sitz der beteiligten Institute und Organisationen. Veranstaltungsorte waren bisher neben Heidelberg (Furi Khabirpour, Robert Mayerle) München (Ursula Wienberg, Matthias Wenck), Zürich (Christoph Müller), Wien (Thomas Jung), Stuttgart/Esslingen (Hans-Georg Lehle, Ilse Adami-Himmel). 2021 fand in Berlin (Katrin Stumptner) der 16. Workshop als internationale Veranstaltung in englischer Sprache statt. Am 12. März 2016 wurde aus der ursprünglich für die Entwicklung eines Curriculums gegründeten Arbeitsgruppe ein Verein, »Arbeitsgemeinschaft Gruppenanalyse mit Kindern und Jugendlichen e. V.«, in dessen ersten Vorstand Thomas Schneider, Thomas Jung und Birgitt Ballhausen-Scharf gewählt wurden (Schneider, 2021).

## Auswahl eigener Publikationen

Ballhausen-Scharf, B., Rudnitzki, G. (2000). The Group-Conductor and Group-Research – Ethical, Conceptual and Technical Problems. Group Analysis, 33 (4), 469–481.

Haerlin, C., Kallinke, D., Rave, M., Rudnitzki, G. (1979). Vocational rehabilitation of the mentally restored. Genf: International Labor Office Geneva.

Huber, R., Huber W., Müller-Stüler, M., Müller-Stüler, V., Ramirez, J., Rudnitzki, G., Werner, J. (1972). Betriebsärzte im Urteil der Arbeitnehmer – Eine Untersuchung zum Betriebsärztewesen im Raum Heidelberg. Frankfurt a. M.: Vorstand der Industriegewerkschaft Metall für die Bundesrepublik Deutschland.

Huber, R., Rudnitzki, G. (1976). Familientherapie am sozialen Ort – Ein Beispiel. Psychiatrische Praxis, 3, 195–203.

Knauss, W., Rudnitzki, G. (1990). Block Training in Heidelberg: Historical and Contemporary Influences. Group Analysis, 23, 367–375.

Lipinski, C. G., Müller-Breckwoldt, H., Rudnitzki, G. (Hrsg.) (1983). Behinderte Kinder im Heim. Heimunterbringung und soziale Integration behinderter Kinder und Jugendlicher. München/Basel: Ernst Reinhardt Verlag.

Mattke, D., Tschuschke, V., Greve, W., Rudnitzki, G., Wolpert, E. (1995). Gruppenpsychotherapie in der Psychiatrie – Eine Pilotstudie. Spektrum der Psychiatrie, Psychotherapie und Nervenheilkunde, 24 (4), 172–177.

Richter, H.-E. (1963). Eltern, Kind und Neurose. Psychoanalyse der kindlichen Rolle. Stuttgart: Klett.

Rudnitzki, G. (1974). Therapieziel Beruf – über Berufstherapie im Kommunikationsfeld sozial-psychiatrischer Arbeit. Die Schwester, 8, 29–31.

Rudnitzki, G. (1979). Gruppenmethoden in der Rehabilitation. In A. Heigl-Evers (Hrsg.), Die Psychologie des 20. Jahrhunderts, Bd. VIII., Lewin und die Folgen (S. 984–994). Zürich: Kindler.

Rudnitzki, G. (1984a). Bericht über den gegenwärtigen Stand und die Ziele des DAGG. Gruppenpsychotherapie und Gruppendynamik, Zeitschrift für Theorie und Praxis der Gruppenanalyse, 19, 296–297.

Rudnitzki, G. (1984b). Bearbeitung des Kapitels 18 Psychiatrie. In K. Huhnstock, W. Kutscha, H. Dehmel (Hrsg.), Diagnose und Therapie in der Praxis (5. Aufl., S. 864–964). Berlin u. a.: Springer.

Rudnitzki, G. (1985). Über die Wirkungen von Gruppenanalyse bei narzisstischen Störungen Körperbehinderter. In H.-G. Trescher, A. Leber, C. Büttner (Hrsg.), Die Bedeutung der Gruppe für die Sozialisation. Teil II: Beruf und Gesellschaft (S. 32–41). Göttingen: Vandenhoeck und Ruprecht.

Rudnitzki, G. (1986). Resonanz-Phänomene in der Gruppenpsychotherapie. Musiktherapeutische Umschau, 7, 283–294.

Rudnitzki, G. (1987a). Editorial. Gruppenanalyse und Ethnomedizin. Curare, Zeitschrift für Medizinethnologie (AGEM), 10 (2), 66–68.

Rudnitzki, G. (Hrsg.) (1987b). Utopie und Ohnmacht – Werte, Ziele und Strukturen in Gruppentherapie und Gruppendynamik. Referate und Berichte vom 2. Europäischen Kongreß für Gruppenpsychotherapie und Gruppendynamik in Innsbruck. Gruppentherapie und Gruppendynamik, Zeitschrift für Theorie und Praxis der Gruppenanalyse, 22 (1).

Rudnitzki, G. (1988). Aufforderung zum Szenenwechsel. Über die Chancen von Gruppentherapie und Gruppendynamik im Prozess der Zivilisation. Gruppenpsychotherapie und Gruppendynamik, Zeitschrift für Theorie und Praxis der Gruppenanalyse, 24 (2), 106–118.

Rudnitzki, G. (1989). Teamsupervision – Geburtshilfe oder Abgesang für institutionelle Arbeitsgruppen? Ein Werkstattbericht. Gruppenpsychotherapie und Gruppendynamik, Zeitschrift für Theorie und Praxis der Gruppenanalyse, 24 (4), 354–363.

Rudnitzki, G. (1990). Intonation – Information – Resonanz. Erkundungen zu Bedeutung und Funktion der Stimme für die psychotherapeutische Kommunikation. Musiktherapeutische Umschau, 11 (2), 169–186.

Rudnitzki, G. (1991). Indikationen für Gruppenanalyse oder: Die Diagnose ist die Waffe der Ohnmächtigen. Gruppenanalyse, 1, 1–22.

Rudnitzki, G. (1992a). Angst und Institution. Gruppenanalyse, 2 (2), 63–74.

Rudnitzki, G. (1992b). Die gruppenanalytische Dimension in der Studentenberatung. In: Ergebnisse der Wissenschaftlichen Tagung an der Ruprecht-Karls-Universität Heidelberg, 23.–26. September 1992 über Methoden der Beratung von Studierenden: Der Psychoanalytische und der Systemische Ansatz (S. 24–26). Hrsg. von D. Chur, Zentrale Studentenberatung der Universität Heidelberg.

Rudnitzki, G. (1994a). Modelle analytischer Gruppentherapie – Zur Geschichte und Entwicklung der Therapie in der Gruppe. In H. Schneider (Hrsg.), Therapie in der Gruppe (S. 1–22). Heidelberg: Mattes Verlag.

Rudnitzki, G. (1994b). Scham-Abwehrbündnisse und Grenzüberschreitungen in Gruppen. Gruppenanalyse, 4 (1), 93–110.

Rudnitzki, G. (1995). Beruf und Professionalität in der Gruppe – Die Reproduktion der professionellen Formation im Gruppenprozess. Gruppenanalyse, 1, 71–82.

Rudnitzki, G. (1996). Psychotherapeutische Gruppenarbeit mit psychisch behinderten Jugendlichen und Adoleszenten – Erfahrungen mit der integrierten Behandlung von jungen Patienten mit psychiatrischen und psychosomatischen Diagnosen im Kontext ihrer Berufsausbildung.

In U. H. Peters, M. Schifferdecker, A. Krahl (Hrsg.), 150 Jahre Psychiatrie (S. 377–379). Köln: Martini-Verlag,.

Rudnitzki, G. (1997). Latenz und Kreativität – Zeit des Erwachens oder Umformungen für die soziale Realität. In H. Schneider (Hrsg.), Mitte der Kindheit – Kreativitätsentwicklung – Kreativität in der Psychotherapie (S. 47–62). Heidelberg: Mattes Verlag.

Rudnitzki, G. (1998). Wenn die Psychoanalyse die Mutter der Gruppenanalyse ist, wer ist der Vater? Gruppenanalyse, 1, 7–18.

Rudnitzki, G. (1999). Zu den Wurzeln des deutschen Gesundheitssystems – das Medizinalkonzept des bayerischen Arztes und Philosophen Johann Benjamin Erhard (1766–1827). In: Angermühler Gesprächskreis/L. Blaha (Hrsg.), Gesundheit gestalten. Fünf Jahre Klinik Angermühle (S. 11–30). Passau: Rothe.

Rudnitzki, G. (2004). Von der Partizipation zur Organisation – Zur Geschichte des Instituts für Gruppenanalyse Heidelberg. In G. R. Gfäller, G. Leutz (Hrsg.), Gruppenanalyse Gruppendynamik Psychodrama (S. 103–113). Heidelberg: Mattes Verlag.

Rudnitzki, G. (2006). Kriegserinnerungen als Herausforderung: Verschämt schweigen oder unverblümt erzählen? In L. Janus (Hrsg.), Geboren im Krieg – Kriegserfahrungen im 2. Weltkrieg und ihre Auswirkungen (S. 207–211). Gießen: Psychosozial-Verlag.

Rudnitzki, G. (2008). Gruppenanalytische Supervision und Organisationsberatung in der Rehabilitation. Gruppenanalyse, 2, 134–147.

Rudnitzki, G., Huber, R. (1973). Therapie am sozialen Ort – Ansatz ethnomedizinischer Praxis. Ethnomedizin, Referate der Fachkonferenz München 19./20.10.1973 (S. 107–120).

Rudnitzki, G., Huber, R. (1974). Familie im sozialen Feld als Faktor des Gesundwerdens, dargestellt an Fällen aus der Rehabilitationspsychiatrie. In E. Schröder (Hrsg.), Faktoren des Gesundwerdens in Gruppen und Ethnien. Verhandlungen des 2. Rundgesprächs »Ethnomedizin« in Heidelberg vom 29./30. November 1974. Beiträge zur Südasienforschung. Südasien-Institut Universität Heidelberg (S. 67–69). Wiesbaden: Steiner Verlag.

Rudnitzki, G., Huber, R. (1975). Integrale Psychotherapie – Erfahrungen mit psychotherapeutischer Arbeit im Kommunikationsfeld umfassender Rehabilitationsmaßnahmen. Seminar der 25. Lindauer Psychotherapiewochen 1975. Heidelberg: Verlag der Stiftung Rehabilitation.

Rudnitzki, G., Huber, R., Jacobi, H., Jacobi, I., Valet, W. (1978). Sozialpsychiatrische Regionalversorgung: Soziodynamischer Therapieansatz oder Psycho-Regionaler Kompromiss. Praxis der Psychotherapie, 23, 165–172.

Rudnitzki, G., Huber, R., Knoop, M. (1979). Ein familientherapeutischer Versorgungsentwurf. Psychotherapie Medizinische Psychologie, 29, 142–146.

Rudnitzki, G., Jacobi, H. M. (1987). Der »verrückte« Doktor auf dem Leiterwagen – Über ein hochwirksames Gerücht und den Versuch seiner soziodynamischen und ethnoanalytischen Erklärung. Curare, Zeitschrift für Medizinethnologie (AGEM), 10, 127–134.

Rudnitzki, G., Körtel, B., Tschuschke, V. (1998). Gruppenanalyse und Adoleszenz – Über die Wirkungen gruppenanalytischer Gruppenarbeit mit jungen Erwachsenen und deren Eltern in einem komplexen Setting. Gruppenanalyse, 2, 149–163.

Rudnitzki, G., Resch, F., Althoff, F. (Hrsg.) (1998). Adoleszente in Psychotherapie und beruflicher Rehabilitation. Heidelberg: Mattes Verlag.

Rudnitzki, G., Schiefenhövel, W., Schröder, E. (Hrsg.) (1977). Ethnomedizin – Beiträge zu einem Dialog zwischen Heilkunst und Völkerkunde. Ethnologische Abhandlungen, Bd. 1. Barmstedt: Verlag Detlev Kurth.

Rudnitzki, G., Volhard-Wächter, C. (2008). Institutionelle Selbsterfahrung. Gruppenanalyse, 1, 76–81.

Rudnitzki, G., Voll, R. (1991). Institution als Tagesveranstaltung – Erfahrungen im Spannungsfeld zwischen aktuellem Auftrag und der Aphasie der Institution von gestern. Gruppenpsychotherapie und Gruppendynamik, Zeitschrift für Theorie und Praxis der Gruppenanalyse, 27 (2), 141–152.

Rudnitzki, G., Wolschin, S. (2004). Vom Firmament zur Firma. Erfahrungen mit dem Heidelberger Konzept zur Weiterbildung für gruppenanalytische Teamsupervisoren und Organisationsberater. Gruppenanalyse, 2, 87–108.

## Weitere verwendete Literatur

Devereux, G. (1998). Angst und Methode in den Verhaltenswissenschaften. Frankfurt a. M.: Suhrkamp.

Doppler, K., Lauterburg, C. (1994). Changemanagement. Den Unternehmenswandel gestalten. Frankfurt a. M./New York: Campus.

Green, A. (2003). Zeitlichkeit in der Psychoanalyse. Psyche – Zeitschrift für Psychoanalyse und ihre Anwendungen, 57, 802 ff.

Kernberg, O. (2000). Ideologie, Konflikt und Führung. Psychoanalyse von Gruppenprozessen und Persönlichkeitsstruktur. Stuttgart: Klett-Cotta.

Lapassade, G. (1976). Der Landvermesser oder die Universitätsreform findet nicht statt. in Soziodrama in fünf Akten. Stuttgart: Klett.

Richter, H.-E. (1963). Eltern, Kind, Neurose. Psychoanalyse der kindlichen Rolle. Klett: Stuttgart.

Richter, H.-E. (1970). Patient Familie. Entstehung, Struktur und Therapie von Konflikten in Ehe und Familie. Reinbek bei Hamburg: Rowohlt.

Schneider, T. (2021). Wurzel der Kinder- und Jugendlichen-Gruppenanalyse. Gruppenanalyse, 1 u. 2, 61–83.

Stierlin, H. (1970). Die Familienbeziehung. Psyche – Zeitschrift für Psychoanalyse und ihre Anwendungen, 24, 678–691.

Dieter Sandner

# Mein Weg in die Gruppenanalyse

Es ist schon irgendwie seltsam: In meiner Jugend, dann in meinem Studium und in meiner gesamten Berufstätigkeit als Psychologe befasste ich mich immer wieder mit der Frage, welche Dynamik in und mit Gruppen entsteht. Es begann im Alter von 14 Jahren, als ich Mitglied einer Pfadfindergruppe wurde, die – wie damals üblich – von einem älteren Jungen geleitet wurde. Wir, d. h. die Gruppenmitglieder, waren bald unzufrieden mit dem Gruppenleiter, weil er uns nicht wirklich leiten konnte: Bei den »Geländespielen« waren wir vollständig auf uns allein gestellt, was dazu führte, dass wir beschlossen, die Gruppe in eigener Regie zu übernehmen. Mehrere Teilnehmende baten mich, die Gruppe zu leiten. Dies war der Beginn meiner Auseinandersetzung mit der psychischen Dynamik in der Gruppe, denn die Teilnehmenden waren vielfach auch nicht einverstanden mit meinen Vorschlägen. Ich blieb mehrere Jahre Gruppenleiter und begann mich immer mehr mit Psychologie zu beschäftigen, um mit den auftretenden »Leitungsproblemen« besser zurechtzukommen. Das führte dazu, dass die Teilnehmenden meiner Gruppe selbst eigene Gruppen mit Jüngeren übernahmen und ich »Führerschulungen« bei den Pfadfindern und bald auch für Gruppenleiter der gesamten männlichen Pfarrjugend durchführte. Mit 17 Jahren wurde ich durch einen Jugendpfarrer gedrängt, das neu geschaffene Amt des »Stadtjugendführers« zu übernehmen, was ich mit großer Begeisterung tat, aber bald völlig überfordert war.

In dieser Zeit machte ich durch Zufall die Bekanntschaft eines Jesuitenpaters, der im Krankenhaus meines Heimatorts als Krankenhausseelsorger tätig war und in München Psychologie studiert hatte. Es war Pio Sbandi, der Jahre später zu einem der Pioniere der Gruppendynamik im deutschen Sprachraum wurde. Angeregt durch Gespräche mit ihm, beschäftigte ich mich vermehrt mit Entwicklungs- und Persönlichkeitspsychologie, aus heutiger Sicht wohl, um meine eigene Entwicklung, aber auch meine eigene Persönlichkeit besser zu verstehen.

Immer wieder fuhr ich per Anhalter nach München in die Staatsbibliothek, um in einem einzigen Buch zu lesen, das ich dort im allgemeinen Lesesaal entdeckt hatte, »Die Psychotherapie in der Gegenwart«, herausgegeben von Erich Stern. Dieses 1958 erschienene Sammelwerk enthielt alle damals bedeutsamen Ansätze in der Psychotherapie, jeweils von herausragenden Vertretern dargestellt. In diesem Buch erregte hauptsächlich der Beitrag von Rudolf Dreikurs, »Die Individualpsychologie Alfred Adlers«, meine Aufmerksamkeit. Ich war begeistert von diesem Ansatz und hielt in der zwölften Klasse einen Vortrag über Alfred Adler und die Individualpsychologie. Wenig interessierte mich der Beitrag über die Psychoanalyse von Ernst Blum. Ich hatte das Gefühl, um die Ausführungen zur Psychoanalyse einen Bogen machen zu müssen, gleichwohl hatte ich mir einige Reclambändchen mit Schriften von Freud zugelegt, die ich aber bald wieder zur Seite legte.

Während dieser Zeit hörte ich regelmäßig am Sonntag im Radio das »Heidelberger Studio«. Mit sonorer Stimme wurde aus dem damals gerade erschienenen Buch »Erinnerungen, Träume, Gedanken« von C. G. Jung (1962) vorgelesen. Ich war begeistert von dem Inhalt und gleichzeitig sehr bewegt von den Schilderungen C. G. Jungs. In diesen Gedanken steckte eine Dimension des Erlebens, die ich in der Psychologie bisher nicht erlebt hatte.

Trotz meines starken Interesses an der Psychologie wollte ich zunächst unbedingt Englisch und Französisch studieren. Ich beschäftigte mich wiederholt mit den unterschiedlichen Bedeutungen von Begriffen in verschiedenen Sprachen. Um Sprachen zu studieren, benötigte ich damals das »Kleine Latinum«, was ich mir Schritt für Schritt zu einem Gutteil über einen Fernkurs anzueignen versuchte. Mein besonderes Interesse für Sprachen legte vermutlich den Grundstein dafür, dass ich mich viele Jahre später intensiv mit der hermeneutischen Analyse des Geschehens in Gruppen und natürlich auch in der Psychoanalyse beschäftigte.

In dieser Zeit entstand aber auch ein ausgeprägtes Interesse an der Soziologie. Ein Vortrag im Heidelberger Studio trug den Titel: »Leben wir in einer klassenlosen Gesellschaft?« Diese Frage interessierte mich dermaßen, dass ich in der Abiturklasse einen Vortrag darüber hielt. Überhaupt beschäftigte mich in dieser Zeit sehr, wie es kommen konnte, dass bestimmte Überzeugungen und Regelungen in Gruppen dominierten, insbesondere natürlich in meiner sozialen Umgebung. Rückblickend hatte dies sicherlich mit der Geschichte meiner Familie zu tun: Als sudetendeutsche wurde sie 1946 zwangsweise aus der Gegend von Karlsbad nach Bayern »ausgewiesen« in eine Kleinstadt in Oberbayern, in der meine Eltern nie richtig Fuß fassten. Besonders meine Mutter litt immer sehr unter der »Ausweisung«. Ich war zu dieser Zeit gerade eineinhalb Jahre alt und wuchs mitten in der Entwurzelung meiner Familie auf.

Je näher das Abitur rückte und damit die Entscheidung für ein Studienfach, wurde klar: Ich wollte Psychologie, Soziologie und Philosophie studieren. Am liebsten Soziologie, aber das schien mir zu weit weg von persönlichen Beziehungen und der damit verbundenen psychologischen Dynamik. Seltsam, was mich damals auf die Idee gebracht hatte, gerade diese drei Fächer zu studieren: Von einem etwas älteren Mitschüler hatte ich gehört, dass er genau diese drei Fächer studieren wolle. Aus heutiger Sicht scheint es mir, dass es gerade diese Kombination war, die mich zur Gruppenpsychologie und dann zur Gruppenanalyse geführt hatte.

Ich begann Psychologie zu studieren, machte alle erforderlichen Scheine (Statistik I und II, qualitative Testverfahren wie den Wartegg-Zeichentest, Rorschachtest I und II, Testtheorie usw.), aber ich war von der akademischen Psychologie alles andere als begeistert. Ich erinnere mich, dass mir nach Beendigung meines Psychologiestudiums nicht wirklich klar war, was ich überhaupt über psychologische Zusammenhänge wusste, und vor allem, was ich mit dem erarbeiteten Wissen anfangen konnte.

Innerhalb des Psychologiestudiums hatte ich mich mit Fragen auseinandergesetzt, die mich interessierten, für den Fortgang des Studiums aber nicht erforderlich waren. Eine Seminararbeit ging um die entwicklungspsychologische Frage nach der »Mutterabwesenheit im Kleinkindalter«, eine weitere um »sozialpsychologische Grundbegriffe« und eine über grundlegende methodische Forschungsfragen der Psychologie: Ich musste über einen Aufsatz von Kurt Lewin referieren, einem späteren Klassiker der Gruppenpsychologie, mit dem Titel »The Difference between the Aristotelian and Galilean mode of Thought in Contemporary Psychology« (Lewin, 1931).

Darin führt Lewin aus, dass es für die Psychologie zwei grundlegende Forschungsansätze gebe: den aristotelischen, der die Grundlage des (natur-) wissenschaftlichen Denkens darstellt, bei dem es um den (statistischen) Vergleich ein und desselben beispielsweise psychologischen Zusammenhangs geht, der sich immer wieder einstellt, etwa wenn unter Laboratoriumsbedingungen dieser immer wieder überprüft und festgestellt wird. Aus der gefundenen Häufigkeit der Phänomene bzw. dem gemeinsamen Vorkommen von Phänomenen werden Gesetze abgeleitet.

Der zweite Ansatz stammt von Galilei und versucht, durch die genaue Analyse eines Falls die psychologischen Zusammenhänge herauszufinden. Durch eine qualitative Ermittlung der Sinnzusammenhänge, durch welche die einzelnen Systembestandteile einen gemeinsamen Sinn ergeben, wird das infrage stehende Gesamtphänomen erforscht und rekonstruiert.

Gerade dieser galileische Ansatz wurde später für meinen gruppenpsychologischen Ansatz der Erforschung der psychodynamischen Prozesse in Gruppen von zentraler Bedeutung. Das war ja auch der Ansatz in den klassischen Untersuchungen von Kurt Lewin über die Wirkungsweise unterschiedlicher Führungsstile in Gruppen, die er Ende der 1930er Jahre als jüdischer Emigrant aus Deutschland in den USA durchführte.

Neben meinem eigentlichen Studienfach Psychologie interessierte ich mich durchgängig für Soziologie. Ich fand dafür einen wissenschaftlichen Ort im »Seminar für christliche Soziallehre und allgemeine Religionssoziologie«, in dem jedes Semester im fast intimen Rahmen von zehn bis zwölf Teilnehmenden ein Seminar über soziologische Fragen durchgeführt wurde. Ich war bei meinen Fragen über gesellschaftliche Zusammenhänge immer schon sehr von christlichen Vorstellungen (der christlichen Soziallehre!) ausgegangen und die akademische Verbindung zur Soziologie war genau mein Thema. In diesem Seminar hielt ich in jedem Semester ein Referat über soziologische Themen und stieß dabei auf die sozialpsychologische Frage, wie Kirchenzugehörigkeit aus sozialpsychologischer Sicht entsteht.

Gerade zu dieser Zeit, 1966, publizierte der kanadische Jesuit Herve Carrier ein Buch mit dem Thema »Psycho-sociologie de l'appartenance religieuse« (Carrier, 1966). Da ich gut Französisch konnte, referierte ich darüber im Seminar und schrieb ein Jahr später meine Vordiplomarbeit in Psychologie zum Thema »sozialpsychologische Aspekte der Kirchenzugehörigkeit«. Natürlich handelte es sich dabei um eine Gruppenzugehörigkeit. Im Rahmen meines soziologischen Interesses schlug ich mich damals intensiv mit soziologischen Grundbegriffen herum, insbesondere mit der Frage nach den Unterschieden der psychologischen, sozialpsychologischen und soziologischen Grundbegriffe und dem Gegenstand dieser unterschiedlichen Wissenschaften. Die begrifflichen Unterscheidungen, die ich ausmachte, begleiteten mich in meiner gesamten wissenschaftlichen Arbeit über Gruppenpsychologie, von der Gruppenanalyse über die Kulturpsychologie bis zur Kollektivpsychologie.

Das dritte Fach, das mich bereits während meines Psychologiestudiums sehr interessierte, war die Philosophie. Sie war zwar nie mein Hauptfach, beschäftigte mich aber ständig: Bereits in der Abiturklasse hatte ich bei einer Studienberatung durch einen akademisch vorgebildeten Philosophen als Ziel des Studiums »Philosophische Anthropologie« auf der Basis von Psychologie, Soziologie und Philosophie angegeben. Während meines Studiums besuchte ich neben Vorlesungen zur Einführung in die Philosophie drei philosophische Seminare: Zwei davon wurden von einem Schüler Heideggers geleitet, Dr. Octavian Vuia. Themen meiner Seminararbeiten waren die Humanitas des Homo humanus bei Martin Heidegger sowie der Begriff des Phänomens in Heideggers »Sein und Zeit« (1927). Die Themen waren sehr anspruchsvoll, aber es gelang mir, mich anhand von Heidegger in die Grundlagen der phänomenologischen Philosophie und damit die phänomenologische Basis der Psychologie einzuarbeiten.

Neben meinen unterschiedlichen Studien spielte das Leben in und mit Gruppen für mich bald eine zentrale Rolle: Durch einen Studienkollegen wurde ich Mitglied einer katholischen Studentenverbindung. Das Leben in dieser Gruppe und die dabei gemachten Erfahrungen begleiten mich zeitlebens. Ich wurde schnell Senior der Gruppe und bestimmte über mehrere Semester wesentlich das Verbindungsleben. Ich organisierte Versammlungen, Stiftungsfeste, Tanzfeste und Vortragveranstaltungen.

1967/68 war an der Universität München »der Teufel los«. Während der studentischen Massendemonstrationen marschierten immer wieder zehntausende Studierende durch München. Es gab ständig »Teach Ins« und »Sprengungen« von Vorlesungen, stets nach dem Motto: »Unter den Talaren, der Muff von 1000 Jahren«. Gemeint war, die Universität sei stockkonservativ und beschäftige sich nicht mit den brennenden Problemen der Gesellschaft, der Politik, vor allem auch internationalen Politik (Vietnamkrieg).

In dieser Zeit war ich Senior einer katholischen Studentenverbindung, dem ehemaligen »akademischen Görresverein« und gleichzeitig engagiert in der katholischen Hochschulgemeinde in München. Von der katholischen Studentengemeinde war allerdings fast nichts mehr vorhanden. Die katholische Kirche galt als konservativ, die Studierenden organisierten sich vorwiegend in den vielfach spontan entstehenden linken Gruppen.

In dieser Zeit entstand auch bei mir ein kritisches politisches Denken, das vorher eher im Verborgenen geschlummert hatte. Ich engagierte mich in entsprechenden studentischen Gruppen, wurde zunehmend »links-katholisch«, wie es damals hieß. Allerdings war der damals dominante »Studentische Arbeitskreis kritischer Katholizismus« mir doch zu extrem. Ich verfolgte eine moderatere kritische Linie und wurde deshalb von den ja nach wie vor vorhandenen katholischen Verbindungen zu deren Vorsitzenden gewählt, fast gleichzeitig zum Sprecher der katholischen Hochschulgemeinde. Ich betrieb daraufhin die Trennung der Personalunion dieser beiden Organisationen und wurde alleiniger Sprecher der Hochschulgemeinde. In dieser Funktion wurde ich bald zur zentralen Figur, was die Organisation, das studentische Leben generell und vor allem das jeweilige Semesterprogramm der Hochschulgemeinde betraf. Ich gründete oder erweckte vielfältige studentische Arbeitskreise neu zum Leben, die sich mit sozialen, politischen, religiösen und wissenschaftlichen Fragen beschäftigten. Die katholische Hochschulgemeinde gedieh prächtig. Schließlich bot mir der Studentenpfarrer an, eine völlig neu eingerichtete Stelle als psychologischer Berater und »Gemeindeentwickler« anzutreten.

Die Jahre 1971 bis 1973 waren ausgefüllt mit einzelpsychologischer Beratungstätigkeit, vor allem aber vielfältigen Seminaren zur »Psychodynamik in Arbeitsgruppen« und überregionalen Seminaren zur Gemeindeentwicklung und Sozialpsychologie von Großgruppen. Gleichzeitig wandte ich mich zunehmend wieder der Soziologie zu: 1971 begann ich an der katholischen Fachhochschule für Sozialwesen in München politische Soziologie, Sozialpsychologie und Erwachsenenbildung zu unterrichten und an einer soziologischen Dissertation über den Vergleich des soziologischen Ansatzes von Jürgen Habermas und Erich Hahn zu arbeiten, dem damaligen Vorsitzenden des Rats für soziologische Forschung in der DDR. Da meine unterschiedlichen Engagements die Fertigstellung der Dissertation nicht zuließen, reichte ich die ersten beiden Kapitel als Magisterarbeit ein und schloss das Soziologiestudium 1973 mit der Magisterprüfung ab.

Nach diesem Abschluss kam die Wende zur Gruppenpsychologie: Ich bewarb mich auf eine an der Universität Ulm ausgeschriebene Stelle in der Planungsgruppe für die Einrichtung von Diplomstudiengängen für Sozialwesen für das Fach Sozialpsychologie, insbesondere Gruppenpsychologie. Ich wurde angenommen. Da ich meine Stelle in München aber zunächst nicht aufgeben wollte, war ich in Ulm von 1973 bis 1976 als externer Berater für Sozialpsychologie tätig.

Im Rahmen der Planungsgruppe lernte ich Dieter Ohlmeier kennen, der damals Leiter der Sektion »Analytische Gruppentherapie« an der Abteilung für Psychotherapie der Universität Ulm war. Er lud mich ein, mit ihm gemeinsam eine analytische Selbsterfahrungsgruppe für 14 Sozialarbeiter durchzuführen, die schließlich als Blockveranstaltung über zwei Jahre ging. Als »Gruppendynamiker« war ich für sozialpsychologische Fragen zum Verständnis des Gruppenprozesses und der Gruppenleitung zuständig. Real bewegte ich mich aber zunehmend in Richtung Gruppenanalyse, wie sie Dieter Ohlmeier vertrat.

Er war damals bundesweit der Einzige, der hauptamtlich analytische Gruppenpsychotherapie in Theorie und Praxis erforschte. Er vertrat die Konzeption, Gruppenanalyse als Erforschung der »Gruppeneigenschaften des psychischen Apparats« zu verstehen (Ohlmeier, 1976). Gemeint war, dass im Laufe der individuellen Entwicklung durch Auseinandersetzungen des Einzelnen mit der ihn umgebenden Gruppe sich bestimmte psychische Eigenschaften des Umgangs mit der Gruppe entwickeln, aber auch behindert werden können. Diese »Gruppeneigenschaften« bzw. psychosozialen Kompetenzen bringen die einzelnen Gruppenmitglieder später in Gruppen mit: Der psychische Apparat entwickelt sozusagen spezifische Fähigkeiten, sich in Gruppen zu verhalten, und zwar völlig unbewusst. Aufgrund dieses Ansatzes und vielen Erfahrungen in der Selbsterfahrungsgruppe, die wir gemeinsam gewinnen konnten, ging Jahre später der von uns gemeinsam verfasste Aufsatz »Selbsterfahrung und Schulung psychosozialer Kompetenz in analytischen Gruppen« hervor (Ohlmeier u. Sandner, 1979).

Fasziniert von der analytischen Arbeit Dieter Ohlmeiers wollte ich mehr darüber herausfinden, wie der psychologische Prozess konzeptionell zu erfassen und zu erforschen sein könnte. Deshalb setzte ich mich zunächst mit einem Klassiker der Gruppenanalyse auseinander, Wilfred Bion, dessen Buch »Erfahrungen in Gruppen« (1971) gerade erst auf Deutsch erschienen war. Meine Interpretation dieser wahrlich nicht leicht zu verstehenden Abhandlung fasste ich in einem Aufsatz mit dem Titel »Die analytische Theorie der Gruppe von W. R. Bion« zusammen (Sandner, 1975).

1974 erfuhr ich, dass S. H. Foulkes in Altaussee eine Tagung über seinen Ansatz zu »Gruppenanalytischer Psychotherapie« durchzuführen plante. Leider war er ganz plötzlich kurz zuvor verstorben. Fast gleichzeitig mit meiner Arbeit über Bion hatte ich das 1974 erschienene Buch von Foulkes »Gruppenanalytische Psychotherapie« durchgearbeitet, woraus ein weiterer Vortrag Ende 1974 zum Thema »Der Beitrag von S. H. Foulkes zur Entwicklung einer analytisch fundierten Gruppendynamik« entstand, der 1986 publiziert wurde (Sandner, 1986a). Diese Arbeit verdeutlicht, dass ich damals eine Verbindung zwischen Gruppenanalyse und Gruppendynamik zu erforschen versuchte.

1973 machte ich zwei wichtige Erfahrungen im Zuge meines vermehrten Interesses für analytische Gruppenselbsterfahrung: Ich meldete mich für ein zehntägiges gruppendynamisches Laboratorium in Münster an und erlebte fast so etwas wie ein gruppenanalytisches »Erweckungsgefühl«. Nach diesem Training fühlte ich mich emotional wie ausgewechselt, ganz frei in Gruppen und vor allem ohne Angst im Kontakt mit Menschen generell. Zu Beginn der Trainingsgruppe war ich trotz vieler Erfahrungen in Gruppen als Gruppenteilnehmer eher ängstlich, schüchtern und zurückhaltend. Während der Gruppe kam ich in heftige emotionale Turbulenzen, wohl heftige Übertragungen und Gegenübertragungen, wie ich heute weiß. Aber danach fühlte ich mich über Wochen befreit, wie ein Fisch im Wasser, allein für mich, aber auch in Gruppen.

Das beeindruckte mich enorm und ich nahm mir ein Herz und traute mich, an einem analytischen Wochenendseminar und dann auch an einer einwöchigen Gruppenselbsterfahrung in Paestum teilzunehmen. Durchgeführt wurden diese Gruppen von Gruppenanalytikern der »Deutschen Akademie für Psychoanalyse« von Günter Ammon, der 1974 zum dominierenden Vertreter der analytischen Gruppenpsychotherapie in Deutschland geworden war.

Der gruppenanalytische Ansatz von Günter Ammon verbreitete sich damals in Deutschland wie ein »Tsunami«: Bereits 1974 schossen psychoanalytische Institute mit gruppenanalytischem Schwerpunkt in Berlin, München, Hamburg,

Düsseldorf und Saarbrücken aus dem Boden. Diese Dynamik erreichte mich auch während der Zusammenarbeit und theoretischen Arbeit zur gruppenanalytischen Theorie mit Dieter Ohlmeier in Ulm.

Die beiden geschilderten analytischen Selbsterfahrungsgruppen aus der »Ammon-Schule« nahmen mich voll in Bann. Ich wollte auch Analytiker und Gruppenanalytiker sensu Ammon werden. Deshalb bewarb ich mich 1974 um die Aufnahme in sein Münchener psychoanalytisches Institut. Es folgte ein Aufnahmegespräch mit Günter Ammon, sozusagen dem Meister selbst, in Berlin. Dieser empfing mich freundlich und freute sich über mein Interesse. Als er mich schließlich fragte, wie ich überhaupt zur Gruppenanalyse gekommen sei, erwähnte ich stolz, dass ich gemeinsam mit Dieter Ohlmeier eine Gruppe in Ulm leitete und ihn sehr schätzte, worauf Günter Ammon regelrecht explodierte. Ich war völlig verwirrt und geängstigt, wusste nicht, wie mir geschah. Gegen Endes des Gesprächs war Günter Ammon wieder freundlicher gestimmt und bot mir an, in seinem Münchner Institut mit der Ausbildung zu beginnen, es gäbe ja immer wieder »Überraschungen« bei den Kandidaten.

Als ich nach dieser Erfahrung wieder mit Dieter Ohlmeier zusammentraf, erzählte mir dieser, dass er in der Zeitschrift »Psyche« eine kritische Rezension von Günter Ammons »Gruppendynamik der Aggression« verfasst hatte (Ohlmeier, 1972), die von Ammon höchst empört und »ungnädig« aufgenommen worden war. Ich hatte also einen Gutteil der Aggression von Ammon auf Ohlmeier abbekommen. Daraufhin verfolgte ich die Möglichkeit einer psychoanalytischen und gruppenanalytischen Ausbildung in der »Ammon-Schule« nicht weiter, bin aber nach wie vor dankbar für die Erfahrungen, die ich dort in den Gruppen erleben durfte.

Bereits 1974 war mir klar, dass ich eine eventuelle Professur für Sozialpsychologie an dem geplanten sozialwissenschaftlichen Studiengang in Ulm nicht erlangen würde, wenn ich nicht wenigstens in Sozialpsychologie promovierte. Deshalb fragte ich in München bei dem Sozialpsychologen Kurt Lukasczyk an, ob ich bei ihm über das Thema »Die konzeptionelle Erfassung der psychischen Dynamik in Selbsterfahrungs- und Therapiegruppen« promovieren könnte. Er war zunächst nicht begeistert, nahm mich dann aber doch als Doktorand an, da ich versprach, Lehrveranstaltungen über Gruppendynamik zu halten. Auch in der Gruppe meiner Doktorandenkolleg:innen erlebte ich eher Bedenken, über dieses Thema »Psychodynamik in Gruppen« eine Dissertation zu schreiben. Gruppen seien psychologisch doch viel zu komplex, um im Rahmen einer Dissertation eine zusammenhängende Theorie entwickeln zu können. Ich ließ mich aber nicht von meinem Vorhaben abbringen und machte mich an die Arbeit, die mich über zweieinhalb Jahre völlig forderte.

Der Terminus »selbstanalytische Gruppen« war mir bei der Untersuchung der gruppendynamischen Tradition begegnet, für die ich fast ein ganzes Jahr aufwenden musste, um die schier unermessliche, vor allem englischsprachige Literatur zu sichten und aufzuarbeiten. Nach diesem Jahr hatte ich zwar viel gelesen, mir war aber nicht deutlich, welche Modellüberlegung zur psychischen Dynamik in Gruppen daraus zu gewinnen war. Dabei kamen mir meine gruppenanalytischen Erfahrungen aus der gemeinsamen Arbeit mit Dieter Ohlmeier und eigenen Selbsterfahrungsgruppen in München zugute. Ich begann mit der Untersuchung der gruppenanalytischen Konzepte von Bion und Foulkes sowie von Heigl und Heigl-Evers, die 1975 folgende gruppenanalytische Konzeption vorstellten. Sie waren der Meinung, dass es drei unterschiedliche psychologische Konstellationen in Selbsterfahrungsgruppen gebe: eine Konstellation, wenn das aktuelle Geschehen in der Gruppe betrachtet und analysiert wird, eine, in der das Geschehen in der Gruppe tiefenpsychologisch zu verstehen versucht wird mit wechselseitigen Übertragungen der Gruppenteilnehmenden, und schließlich eine ausgesprochene Regression der Gruppenteilnehmer in ihrer Gesamtheit, was zu primitiven Konstellationen in der Gruppe als Ganze führt. Für mich ergab sich aus den geschilderten Anregungen eine Modellüberlegung, wonach es präödipale regressive Konstellationen analog der frühen Mutter-Kind-Beziehungen gebe, ödipale Konstellationen entsprechend der frühen Beziehungsdynamik zwischen Mutter, Kind und Vater und schließlich eine bewusstseinsnahe aktuelle Konstellation, die ich »reflexiv-interaktionell« nannte.

Diese hypothetische Modellüberlegung wandte ich auf mir wesentlich erscheinende umfangreiche Berichte über das Geschehen in selbstanalytischen Gruppen an, die ich bei meiner Lektüre der gruppendynamischen und gruppenanalytischen Traditionen herausgefunden hatte, wie z. B. auf die Befunde von Stock und Thelen (1958), die in der Tradition von Bion umfangreiche Untersuchungen in solchen Gruppen angestellt hatten. Der zweite Bericht stammte von Slater und Müller (1970), in dem, psychoanalytisch orientiert, die Psychodynamik in Selbsterfahrungsgruppen auf dem Hintergrund ödipaler Überlegungen dargelegt wurde. Der dritte Ansatz und die entsprechenden Befunde, die mir für eine Analyse des Geschehens in Gruppen ergiebig erschienen, waren Berichte der Forschungsgruppe um Richard D. Mann (Mann, Gibbard u. Hartmann, 1967). Sie entwickelten ein psychoanalytisch orientiertes Modell der Gruppenentwicklung, beginnend mit starken prä-ödipalen Regressionen über ödipale Konstellationen, einem sogenannten Leitersturz hin zu reflexiv-interaktionellen Konstellationen (Gibbard u. Hartmann, 1973). Schließlich waren für meine Modellüberlegung die Befunde von Warren G. Bennis (1972)besonders wichtig, der als zentraler Vertreter der gruppendynamischen Tradition ein psychodynamisches Modell der Entwicklung in T-Gruppen herausgearbeitet hatte.

Die präzise Analyse dieser vier Konzeptualisierungen und der damit erzielten qualitativen empirischen Befunde in den von den Autoren geschilderten Gruppenprozessen bestätigte meine ursprüngliche Modellüberlegung. Das Modell einer konzeptionellen Erfassung der Psychodynamik in Selbsterfahrungs- und Therapiegruppen war als sozial- bzw. gruppenpsychologisches theoretisches Grundmodell gleichzeitig ein generelles Modell der Psychodynamik in Kleingruppen. Es erschien als Dissertation mit dem Titel »Psychodynamik in Kleingruppen« (Sandner, 1978).

Nach meiner Promotion sah ich mich nach einer normalen Arbeitsstelle um und wurde fast durch Zufall von einer ehemaligen Studienkollegin darauf hingewiesen, dass der Leiter des damals einzigen Forschungsinstituts der Max-Planck-Gesellschaft zur psychoanalytischen Erforschung der Psychotherapie und Psychopathologie schwerer seelischer Erkrankungen, Professor Paul Matussek, jemanden suchte, der das bereits laufende klinische Projekt der gemeinsamen gruppenanalytischen Behandlung von schizophrenen und neurotischen Patienten wissenschaftlich begleitete und beforschte. Professor Matussek, sicherlich der Pionier der psychoanalytischen Erforschung und Behandlung schizophrener Erkrankungen im deutschen Sprachraum, stellte mich gleich ein, nachdem er meine Dissertation gelesen und ich mich vorgestellt hatte.

Damit begann für mich eine emotional aufregende, gruppenanalytisch sowie wissenschaftlich bedeutende Zeit: Ich hatte mich schnell von der Aufgabe gelöst, lediglich gruppenanalytische Behandlungen zu untersuchen, und versank in der klinisch-psychiatrischen Arbeit. So arbeitete ich bald in der Ambulanz des Instituts und begann bereits nach einem halben Jahr mit der Durchführung von gemischten Therapiegruppen mit Patient:innen mit Schizophrenien, Borderline-Persönlichkeitsstörungen und schweren neurotischen Erkrankungen.

Im Rahmen dieser Arbeit führte ich an diesem Institut selbst drei Langzeitgruppen über jeweils zwei Jahre durch und gewann wichtige empirische Befunde für eine psychoanalytische und gruppenanalytische Behandlung vor allem schizophrener Patient:innen. Die behandlungstechnischen und gruppenanalytischen Ergebnisse waren eindeutig: Schizophrene Patient:innen können in analytischen Gruppen mit neurotischen Patient:innen gemeinsam behandelt werden, jedoch weniger gut mit Borderlinestörungen.

Als ich nach über vier Jahren 1982 die Forschungsstelle für Psychopathologie und Psychotherapie in der Max-Planck-Gesellschaft verließ, hatte ich das dringende Bedürfnis, alle in diesem Institut gewonnenen Befunde in einem Buch zu veröffentlichen. Ich wollte sie späteren Forscher:innen und Kliniker:innen zur Verfügung stellen und vor allem meine Ergebnisse der gruppenanalytischen Forschung mit schizophrenen Patient:innen als wissenschaftliche Basis für weitere Forschung bewahren (Sandner, 1986c). Darin sind alle Beiträge aus der Forschungsstelle sowie der bis dahin vereinzelt publizierten Beiträge der psychoanalytischen Behandlung schizophrener Patient:innen in Gruppen des deutschen Sprachraums enthalten.

Obwohl mich Professor Matussek nicht gehen lassen wollte, verließ ich das Institut, weil die psychoanalytisch orientierte Behandlung schizophrener Patient:innen in Gruppen und auch einzeln für mich emotional zu viel wurde. Ich hatte in den vier Jahren zwanzig schizophrene Patient:innen in Gruppen, aber auch in Einzeltherapie behandelt. Nichtsdestoweniger behandelte ich nach meinem Weggang weiterhin schizophrene Patient:innen in meinen analytischen Gruppen und gab meine Erfahrungen in einer kollegialen Supervisionsgruppe weiter.

1977 war ich in der Forschungsstelle mit ganz »orthodoxen« behandlungstechnischen Vorstellungen angetreten, Patient:innen in Gruppen stark regredieren zu lassen, wie es Bion und auch mein gruppenanalytischer Lehrer Dieter Ohlmeier praktiziert hatten. Dies erwies sich bei den Patient:innen mit Schizophrenien, aber auch den Persönlichkeitsstörungen und schweren Depressionen als ungünstig. Die Patient:innen, aber auch ich als Gruppenleiter und andere Gruppenleiter:innen des Projekts, erfuhren immer wieder schier unerträgliche Übertragungs- und Gegenübertragungsgefühle. Wie heftig die Übertragungen der schizophrenen Patient:innen auf mich waren, wurde nach meinem Weggang von der Forschungsstelle deutlich: Ich erlebte über lange Zeit heftige Schuldgefühle mit immer wiederauftretenden Herzbeschwerden ohne organischen Befund, wohl weil ich die schizophrenen Patient:innen verlassen, sie alleingelassen hatte. Meine Herzbeschwerden wurden schwächer, sistierten aber erst mit der Publikation meines Buches »Analytische Gruppentherapie mit Schizophrenen« (1986c).

Nach meinem Weggang von der Max-Planck-Forschungsstelle konzentrierte ich mich sehr auf meine psychoanalytische Ausbildung, setzte mich aber weiterhin mit dem Studium weiterer gruppenanalytischer Ansätze auseinander, mit dem Ziel, mich in der praktischen gruppentherapeutischen Arbeit zu verbessern. Gleichzeitig hatte ich vor, mit verschiedenen Aufsätzen über Gruppenanalyse kumulativ am Psychologischen Institut meiner Heimatuniversität zu habilitieren.

In der praktischen gruppenanalytischen Arbeit wurde ich bereits 1977 zunehmend von gruppenanalytischen Überlegungen eines Pioniers der analytischen Gruppenpsychotherapie beeinflusst: von Walter Schindler. Dieser Gruppenanalytiker war sozusagen ein »psychoanalytischer Enkel« von Freud, sein Lehranalytiker war Wilhelm Stekel. Schindler (1980) hatte schon Anfang der 1950er Jahre einen Ansatz in der analytischen Gruppenarbeit entwickelt, den er »analytische Gruppentherapie nach dem Familienmodell« nannte: Er war der Auffassung, dass in analytischen Gruppen Vaterübertragungen auf den Gruppenleiter (bzw. auch auf die Gruppenleiterin) seitens der Gruppenteilnehmer, auf die Gruppe insgesamt Mutterübertragungen und unter den Teilnehmenden Geschwisterübertragungen zu beobachten sind. Diesen Ansatz vertrat Walter Schindler in Deutschland bereits Anfang der 1950er Jahre auf den Lindauer Psychotherapiewochen. Es ist sicher so, dass alle Psychoanalytiker:innen und Ärzt:innen, die sich bis in die 1960er Jahre für analytische Gruppentherapie interessiert hatten, durch seine Schule gegangen waren.

Als ich Walter Schindler kennenlernte, setzte er sich kritisch mit dem gruppenanalytischen Ansatz von Foulkes auseinander, analytische Prozesse in Gruppen strikt auf Konstellationen in der Gesamtgruppe zu beziehen (Schindler, 1980). Er war der Auffassung, dass Gruppen eigentlich nicht analysiert werden können und vor allem zu schwer zu lösenden Regressionen der Gruppenteilnehmenden in ihrer Gesamtheit führten. Wesentlich für ihn war seine Überzeugung, dass sowohl in der Einzelanalyse als auch in der gruppentherapeutischen Arbeit ein:e Analytiker:in aktiv in den psychoanalytischen Prozess eingreifen sollte. Es war der Ansatz, den sein Lehrer Wilhelm Stekel vertrat.

Nach dem ersten persönlichen Kontakt mit Walter Schindler im Jahr 1977 reiste ich jedes Jahr zu ihm nach London, dazwischen führten wir einen intensiven Briefwechsel. Bald entwickelte sich daraus eine enge Freundschaft, für die ich sehr dankbar bin.

Obwohl ich diesen Ansatz interessant und auch einleuchtend fand, dauerte es bei mir Jahre, bis ich ihn wirklich praktizierte. Es waren in erster Linie meine Erfahrungen in der analytischen Gruppenpsychotherapie mit Schizophrenen, die mich deutlich erleben ließen, wie starke Regressionen in Therapiegruppen z. T. unerträgliche emotionale Konstellationen entstehen lassen. Mir wurde bald auch in meinen sonstigen analytischen Gruppen deutlich, dass ein behandlungstechnisches Hervorrufen von Regressionen in der gesamten Gruppe durch ausgesprochen zurückhaltendes Verhalten des Gruppenleiters, verbunden mit ausschließlich auf die Gesamtgruppe bezogenen Interpretationen des Geschehens, die gruppenanalytische Arbeit eher erschwerten.

Ab 1982 arbeitete ich intensiv daran, eine Forschungsmethode zu entwickeln, die psychische Dynamik in analytischen Gruppen wissenschaftlich zu erfassen. Nach der Analyse einer Vielzahl von Tonbandprotokollen, d. h. von Transkrip-

ten der Redebeiträge, kristallisierte sich für mich schließlich eine hermeneuti-
sche Methode heraus, die sprachlichen Inhalte als intendierte Bewegungen der
einzelnen Teilnehmenden zu verstehen und diese mithilfe psychoanalytischer
und gruppenanalytischer Konzepte zu interpretieren. Ich entwickelte auf diese
Weise eine psychoanalytisch-empirische Methode, um das Geschehen in Einzel-,
aber auch in Gruppentherapien qualitativ zu erforschen. Aus dieser Forschungsarbeit entstand mein Buch »Gruppenanalyse, Theorie, Praxis und Forschung«
(Sandner, 1986b). Sowohl mit diesem Werk als auch mit der Aufsatzsammlung
»Analytische Gruppentherapie mit Schizophrenen« (1986c) wollte ich kumulativ habilitieren, was sich zunächst gut anließ, obwohl ich nie als Assistent am
psychologischen Institut tätig gewesen war. Das Verfahren war von Anfang
an ein Risiko, da es sich in beiden Büchern durchwegs um psychoanalytische
Überlegungen und Befunde handelte. Während des Verfahrens sprang dann
ein wichtiger Gutachter ab, weshalb ich meinen Antrag zurückziehen musste.
Ich war am Boden zerstört, was mich aber bald zu dem Entschluss brachte,
anhand einer empirisch-qualitativen Untersuchung sozusagen eine »richtige«
Habilitationsschrift zu verfassen.

Ab 1987 befasste ich mich vermehrt mit hermeneutischen Ansätzen in der
Soziologie, vor allem mit dem Ansatz der »objektiven Hermeneutik« von Ulrich
Oevermann (1979). Dabei stieß ich auf einen Sammelband mit dem Titel »Interpretation einer Bildungsgeschichte« (Heinze, 1991), in welchem fünf verschiedene Forscher:innen bzw. Forschergruppen den Beginn desselben Interviews
mit einer Frau untersuchten, die an der Fernuniversität Hagen studieren wollte.

Die Autor:innen untersuchten mit jeweils unterschiedlichen hermeneutischen Ansätzen den Beginn des Interviews und kamen dabei zu durchaus unterschiedlichen Interpretationen des Geschehens. Ich kam auf die Idee, als sechster
Untersucher mit meiner Methode der psychoanalytisch-hermeneutischen Analyse in die wissenschaftliche Diskussion einzutreten. Dabei analysierte ich diesen
Text ähnlich wie die anderen Interpreten und setzte mich mit deren Befunden
bzw. Interpretationen auseinander. So entstand eine Einzelfallstudie der wissenschaftlichen Auseinandersetzung von fünf Interpreten mit meinem Ansatz und
meiner Interpretation. Titel meiner Habilitationsschrift war »Psychoanalyse
als empirische Sozialwissenschaft« (Sandner, 1991). Mit dieser Arbeit konnte
ich 1995 an der Universität Klagenfurt für Psychologie mit besonderer Berücksichtigung der Psychoanalyse habilitieren. Ich hatte großes Glück, weil an der
Universität damals interessierte und vor allem wohlwollende Gutachter:innen
gegenüber der psychologischen und sozialwissenschaftlichen Hermeneutik tätig
waren. Ich wurde ohne Wenn und Aber habilitiert und konnte meine Lehrtätigkeit in Klagenfurt antreten. Besonderes Interesse an meiner Unterrichtstätigkeit

hatte die damalige Professorin für klinische Psychologie und Psychoanalyse, Jutta Menschik-Bendele. Sie bat mich, Lehrveranstaltungen über analytische Gruppentherapie und auch jedes Semester eine analytische Selbsterfahrung für die Studierenden anzubieten, was damals ganz offiziell im Curriculum für Psychologie obligatorisch war.

Neben meiner gruppenanalytischen Lehrtätigkeit führte ich bald regelmäßig Seminare und Vorlesungen über psychoanalytische Kulturtheorie durch. Dabei wurde mir zunehmend deutlich, dass die psychoanalytische Kulturtheorie von Freud zwar die Gestaltung der realen Beziehungen zwischen den Menschen gut abbildete, die dabei grundlegende Beziehungsdynamik patriarchaler Kultur mit beständiger Dominanz über eine mögliche und erforderliche matrizentrische Gestaltung des gesellschaftlichen Lebens aber weitgehend ausschloss. Mir wurde deutlich, dass dieser Befund etwas mit der Strukturierung von Gruppen zu tun hatte: Die Großgruppe Gesellschaft ist patriarchalisch strukturiert, was sich in den kleineren Gruppen bis hin in die Kleingruppe Familie fortsetzt.

Es dauerte noch etliche Jahre, bis ich meine kulturpsychologischen Befunde auf den Begriff brachte, was ich in meinem Buch »Die Gesellschaft und das Unbewusste – Kulturpsychologische Erkenntnisse« (Sandner, 2018a) darlegte. Darin führte ich eingehend aus, welches sozialpsychologische Grundmodell bzw. Bezugssystem Freud seinen kulturpsychoanalytischen Überlegungen zugrunde legte und welche Auswirkungen dies auf seine psychoanalytische Theorie sowie seine Betrachtung der Natur des Menschen hatte, d. h. auf seine Vorstellungen, wie die gesellschaftlichen Beziehungen und Normen gestaltet werden sollten und müssen, insbesondere die Gestaltung der Beziehungen zwischen Männern und Frauen.

Von 1995 bis 2015 war ich neben meiner regelmäßigen Unterrichtstätigkeit an zwei Universitäten, Innsbruck und Klagenfurt, und einer immer größer werdenden Praxis als Psychoanalytiker und Gruppenanalytiker mit umfangreicher Weiterbildung in Gruppenanalyse tätig. Die 1997 gegründete Arbeitsgemeinschaft für »Gruppenanalyse und Gruppentherapie« erfreute sich großen Zuspruchs.

Während meiner Studien zur psychoanalytischen Kulturtheorie erinnerte ich mich daran, dass Dieter Ohlmeier mir bereits 1974 einen Aufsatz von Trigant Burrow (1926) zu lesen gegeben hatte: »Die Gruppenmethode in der Psychoanalyse«. In den Jahren danach beschäftigte ich mich intensiv mit dessen Ausführungen und veröffentlichte in der Zeitschrift »Luzifer-Amor« eine Gesamteinschätzung und Interpretation seines Werks unter dem Titel »Die Begrundung der Gruppenanalyse durch Trigant Burrow – Eine eigentümliche Amnesie innerhalb der gruppenanalytischen Tradition« (Sandner, 1998).

Burrow war in seiner Schrift von 1926 zu dem Ergebnis gekommen, dass die Psychoanalyse zur Gruppenanalyse weiterentwickelt werden müsste: Er argumentierte, in der Psychoanalyse sei ja nicht nur der Analysand zu analysieren, weil dieser unbewusste Erlebnistatbestände habe, sondern auch der Analytiker. Dieser sei ebenso von unbewusster Psychodynamik und Problematik behaftet, er stehe nie außerhalb seines unbewussten Geschehens, was in der Psychoanalyse ausgeklammert werde. Analysand und Analytiker seien beide gesellschaftsweiten Abwehrvorgängen verhaftet. Deshalb sollte die Psychoanalyse zur Gruppenanalyse erweitert werden. Alle Gruppenmitglieder, einschließlich des Gruppenleiters sollten sich gemeinsam um die Klärung und Analyse des Geschehens bemühen und so zu einer konsensuellen Interpretation eines und desselben infrage stehenden psychischen Phänomens kommen. Burrow hatte seinen Ansatz bereits 1925 auf dem IX. Internationalen psychoanalytischen Kongress in Bad Homburg auf Deutsch vorgetragen. Er stieß weder bei Freud noch bei den anderen Analytikern auf eine positive Resonanz. Freud meinte, er sei ein »wirrer Fasler« (Schultz-Venrath, 2015, S. 10). Burrow arbeitete seine Gruppenanalyse nichtsdestoweniger weiter aus und praktizierte sie.

Mein Studium seiner Schriften, insbesondere seine Monographie »The Neurosis of Man« (Burrow, 1950) brachte mich zu der Überzeugung, es sei wichtig, die kulturpsychologischen und später die kollektivpsychologischen Hintergründe psychischer Störungen beim Einzelnen, aber auch an den Mitgliedern einer Gesellschaft in ihrer Gesamtheit zu untersuchen und zu analysieren. Wesentlich bei ihm war für mich die Erkenntnis, dass die psychoanalytisch in Gruppen feststellbare psychische Dynamik und psychische interpersonelle Struktur immer in kulturpsychologische bzw. kollektivpsychologische Strukturen eingebettet ist. Insofern geht es darum, durch gruppenanalytische Untersuchungen in diesem erweiterten Sinne den kollektivpsychologischen Strukturen auf die Spur zu kommen.

In Klagenfurt unterrichtete ich zwanzig Jahre psychoanalytische Kulturtheorie und untersuchte diese auf die darin enthaltenen Vorstellungen »vom Wesen des Menschen«, d. h. die anthropologischen Grundüberzeugungen Freuds. Ich stellte fest, dass diese Theorie ganz einseitig auf die Darstellung und Würdigung patriarchaler gesellschaftlicher Verhältnisse hinauslief. Es handelte sich um Verhältnisse, deren psychologische und soziologische Grunddynamik auf die Schaffung und Aufrechterhaltung des Rechts des Stärkeren abzielt, national, international, aber auch in größeren gesellschaftlichen Gruppen und in den Familien: Es geht generell nicht darum, gesellschaftliche Verhältnisse zu schaffen, in denen es um ein gutes Leben für alle Menschen geht, nicht nur für dominante mächtige Gruppen. Ebenso wenig geht es in der patriarchalischen

Gesellschaft primär um die Belange von Frauen und Kindern, sondern um staatliche, wirtschaftliche und immer mehr finanzpolitische Macht der dominanten gesellschaftlichen Gruppen, die im Zweifelsfall durch militärische, aber auch wirtschaftspolitische oder finanzpolitische Maßnahmen, »Sanktionen« durchgesetzt und aufrechterhalten werden (Sandner, 2018a).

Was den Einfluss Trigant Burrows auf meine gruppenanalytische therapeutische Arbeit anbelangt, arbeitete ich etwa seit 1995 in meinen Gruppen ähnlich wie Burrow: Ich bat die Teilnehmenden regelmäßig und immer wieder, ihre Anliegen vorzutragen und dann gemeinsam an der Klärung des Geschehens aktiv mitzuwirken. Meine Befunde mit dieser modifizierten gruppenanalytischen Arbeitsweise, aber auch alle wesentlichen Beiträge über theoretische, behandlungstechnische und generell gruppenpsychologische Überlegungen und Befunde veröffentlichte ich in dem Band »Die Gruppe und das Unbewusste« (Sandner, 2013). Darin würdigte ich den Beitrag von Foulkes, aber auch alle anderen wesentlichen gruppenanalytischen Ansätze kritisch: die Konzeption der Gruppe als Ganzes von W. R. Bion, den Ansatz von Alexander Wolf der Psychoanalyse in der Gruppe und den Ansatz von Walter Schindler der Gruppenanalyse nach dem Familienmodell. Zuletzt veröffentlichte ich den Aufsatz »Entwicklungslinien der Gruppenanalyse« (Sandner, 2018b), einen zusammenfassenden Beitrag über die Entwicklungsgeschichte der Gruppenanalyse, in dem ich die psychotherapeutischen und behandlungstechnischen Vor- und Nachteile der unterschiedlichen Ansätze verdeutlichte.

Die Ausweitung meiner gruppenanalytischen Überlegungen und Befunde auf das Geschehen in Großgruppen, d.h. das Entstehen kollektivpsychologischer Konstellationen, beschäftigte mich in den letzten Jahren. Mir war deutlich geworden, dass es in der Verfolgung gesellschaftlicher Veränderungsprozesse und gesellschaftspolitischer staatlicher Maßnahmen immer wieder zu »kollektivpsychologischen« Gruppenbildungen von Herrschaft kommt, die von bestimmten Gruppen initiiert wurden oder auch ganz spontan aufgrund der sozialen und psychischen Situation entstanden, in welche die Menschen kamen und denen sie nicht entrinnen konnten.

Besonders deutlich zeigte sich die Entstehung und Entwicklung einer solchen kollektiven psychologischen Konstellation z. B. am spektakulären Aufstieg von Donald Trump, der eine kollektivpsychologische, bereits vorhandene Konstellation mit seiner gebetsmühlenhaften Behauptung nutzte, er allein werde die US-amerikanische Gesellschaft wieder zu Ruhm und Reichtum führen, und dabei auf die kollektivpsychologische Hoffnung all derer traf, die in den letzten dreißig Jahren mit einer Prekarisierung zu kämpfen hatten, was fast die Hälfte aller Menschen in den USA betraf. Es wurde zunehmend erlebbar, von vermutlich zwei Dritteln der Bevölkerung, dass die Reichen immer reicher und die Armen immer ärmer wurden, auch innerhalb der amerikanischen Mittelschicht. So entstand gesellschaftsweit eine unbewusste kollektivpsychologische Bereitschaft, Trump zu vertrauen, der sich als alleiniger Retter für Amerika mit seinem Slogan »America first« anbot. Er versprach, wie einer, der gegen die bisherige Politik der Mächtigen auszog, gegen die korrupte Elite in Washington wie ein »Drachentöter« ins Feld zu ziehen – ähnlich wie dies während der Weltwirtschaftskrise und danach Adolf Hitler tat.

Natürlich haben nicht alle kollektiven psychologischen Konstellationen die Dimension von Trumpismus oder Hitlerismus bzw. Nationalsozialismus. Aber sie sind auch in unserer Gesellschaft sichtbar in gesellschaftsweit vorhandener Politikverdrossenheit, sozialer Apathie, Depression und kollektivpsychologisch bedeutsamen Strömungen wie der AFD, der »Alternative für Deutschland«, zu der mittlerweile zwanzig Prozent unserer Bevölkerung tendieren, insbesondere in den neuen Bundesländern, in denen ja nach 1989 eine Art »feindliche Übernahme« durch die Bundesrepublik erlebt werden musste.

Soziale Ungerechtigkeit, der nicht abgeholfen wird, lässt Angst, Frustration, Aggression und Depression in der Gesellschaft entstehen. Unbewusst und spontan entwickeln sich kollektive psychologische Konstellationen mit emotional-affektiver Sprengkraft. Diese stellen das gruppenpsychologische »Gehäuse« dar, in dem wir uns alle bewegen. Es stellt auch das psychologische Umfeld dar, in dem wir Gruppenanalyse betreiben. Es sind gruppenanalytische Konstellationen, wie sie Trigant Burrow als zu klärende und psychoanalytisch zu berücksichtigende kollektive psychologische Konstellationen verstand.

Kollektive psychologischen Konstellationen entstehen in gesellschaftlichen Gruppen in vielfältiger Weise, wie z. B. durch das Christentum, den Islam, das Judentum, gesellschaftspolitische und wirtschaftspolitische Vorstellungen wie das deutsche Volk, soziale Marktwirtschaft, neoliberale Gestaltung der Gesellschaft, aber auch in weltanschaulichen Gruppen wie Sozialismus, religiösen oder politischen Sekten, in wissenschaftlichen Gruppierungen, auch in psychotherapeutischen Konzeptionen wie der Psychoanalyse, der Jung'schen komplexen Psychologie, der Theorie von Alfred Adler, der Verhaltenstherapie oder der Gesprächstherapie von Carl Rogers. Die Anhänger der jeweiligen gruppenpsychologischen kollektiven Konstellation leben z. T. in sehr unterschiedlichen emotionalen und kognitiven Welten.

In meinem letzten Buch, »Wie Angst und Aggression in der Gesellschaft entstehen« (Sandner, 2022), versuche ich, meine sozialpsychologischen Befunde zur Konzeption einer kollektiven Psychologie zu schließen und damit eine echte Lücke in der Erforschung gruppenpsychologischer Konstellationen in größeren

Gruppen, die in der Psychologie wie auch der Soziologie nach wie vor besteht. Die sozialpsychologische Betrachtung von unbewusst vorhandenen, aber auch neu installierten und aufrechterhaltenen kollektivpsychologischen Konstellationen scheint mir auch für die etablierten gruppenanalytischen Konzepte von Bedeutung: Z. B. wird in der Gruppenanalyse nach Foulkes angenommen, dass in analytischen Gruppen die gesellschaftliche Wirklichkeit schlicht abgebildet wird. Das ist schon der Fall, aber die Frage ist, ob diese Abbildung die gesellschaftliche Realität als die soziale Natur des Menschen darstellt oder aber spezifische Konstellationen wiedergibt, die kollektiv psychologisch etabliert wurden und werden. Diese kollektivpsychologischen Hintergründe sollten gruppenanalytisch analysiert werden. Die herkömmliche Gruppenanalyse sollte zur kollektivpsychologischen Analyse der Gruppendynamik, d. h. der Psychodynamik und Sozialdynamik in großen Gruppen erweitert werden. Genau das habe ich in meinem neuen Buch versucht und angestrebt.

Meine Beschäftigung mit gruppenanalytischen, dann kulturpsychologischen und schließlich kollektivpsychologischen Prozessen führte dazu, dass die noch unklare und diffuse Vorstellung über die Psycho- und Soziodynamik, in der wir uns bewegen und die ich als Jugendlicher als drängende Frage erlebte, sich immer mehr konkretisierte. Es ist mein Weg in die Gruppenanalyse und meine Geschichte der sozialpsychologischen Erforschung der gesellschaftlichen Dynamik, in der wir leben.

## Literatur

Bennis, W. G. (1972). Entwicklungsmuster der T-Gruppe. In L. P. Bradford, J. R. Gibb, K. D. Benne (Hrsg.), Gruppentraining, T-Gruppentheorie und Laboratoriumsmethode (S. 270–300). Stuttgart: Klett.
Bion, W. R. (1971). Erfahrungen in Gruppen und andere Schriften. Frankfurt a. M.: Fischer Taschenbuch Verlag.
Burrow, T. (1926). Die Gruppenmethode in der Psychoanalyse. Imago, 12, 211–222.
Burrow, T. (1950). The Neurosis of Man. An Introduction to a Science of Human Behavior. New York: Harcourt Brace & Company.
Carrier, H. (1966). Psycho-sociologie de l'appartenance religieuse. Rom: Les Presses de l'Université grégorienne.
Dreikurs, R. (1958). Die Individualpsychologie Alfred Adlers. In E. Stern (Hrsg.), Die Psychotherapie in der Gegenwart. Richtungen, Aufgaben, Probleme, Anwendungen. Zürich: Rascher.
Gibbard, G. S., Hartmann, J. J. (1973). The oedipal Paradigm in Group Development: A Clinical and Empirical Study. Small Group Behavior, 4 (3), 305–354.
Heidegger, M. (1927). Sein und Zeit. Halle a. S.: M. Niemeyer.
Heinze, T. (1991). Interpretation einer Bildungsgeschichte. Hagen: Fernuniversität Gesamthochschule.
Jung, C. G. (1962). Erinnerungen, Träume, Gedanken. Aufgezeichnet u. hrsg. von A. Jaffé. Zürich/Stuttgart: Rascher.

Lewin, K. (1931). The Difference between the Aristotelian and Galileian Mode of Thought in Contemporary Psychology. Journal of General Psychology, 3, 141–177.

Mann, R. D., Gibbard, G. S., Hartmann, J. J. (1967). Interpersonal Styles and Group Development: An Analysis of the Member-Leader Relationship. New York: John Wiley & Sons.

Oevermann, U., Allert, T., Koinau, E., Krambeck, J. (1979). Die Methodologie einer »objektiven Hermeneutik« und ihre allgemeine forschungslogische Bedeutung in den Sozialwissenschaften (S. 352–434). In U. Soeffner (Hrsg.), Interpretative Verfahren in den Sozial- und Textwissenschaften. Stuttgart: Metzler.

Ohlmeier, D. (1972). Buchbesprechung Ammon, G.: Gruppendynamik der Aggression – Beiträge zur psychoanalytischen Theorie. Psyche – Zeitschrift für Psychoanalyse und ihre Anwendungen, 26 (4), 303–307.

Ohlmeier, D. (1976). Gruppeneigenschaften des psychischen Apparates. In D. Eicke (Hrsg.), Die Psychologie des 20. Jahrhunderts (Bd. II, S. 1133–1144). Zürich: Kindler Verlag.

Ohlmeier, D., Sandner, D. (1979). Selbsterfahrung und Schulung psychosozialer Kompetenz in psychoanalytischen Gruppen. In A. Heigl-Evers (Hrsg.), Die Psychologie des 20. Jahrhunderts, Bd. VIII: Lewin und die Folgen. Sozialpsychologie, Gruppendynamik, Gruppentherapie (S. 812–821). Zürich: Kindler.

Sandner, D. (1975). Die analytische Theorie der Gruppe von W. R. Bion. Gruppenpsychotherapie und Gruppendynamik, Zeitschrift für Theorie und Praxis der Gruppenanalyse, 9 (1), 1–17.

Sandner, D. (1978). Psychodynamik in Kleingruppen. Theorie des affektiven Geschehens in Selbsterfahrungs- und Therapiegruppen (Selbstanalytische Gruppen). München: Reinhardt.

Sandner, D. (1986a). Der Beitrag von S. H. Foulkes zur Entwicklung einer analytisch fundierten Gruppendynamik. In D. Sandner (Hrsg.), Gruppenanalyse: Theorie, Praxis und Forschung (S. 24–37). Berlin u. a.: Springer.

Sandner, D. (Hrsg.) (1986b). Gruppenanalyse, Theorie, Praxis und Forschung. Berlin u. a.: Springer.

Sandner, D. (Hrsg.) (1986c). Analytische Gruppentherapie mit Schizophrenen. Göttingen: Vandenhoeck & Ruprecht.

Sandner, D. (1998). Die Begründung der Gruppenanalyse durch Trigant Burrow – Eine eigentümliche Amnesie innerhalb der gruppenanalytischen Tradition. Luzifer-Amor. Zeitschrift zur Geschichte der Psychoanalyse, 21 (11), 7–29.

Sandner, D. (1991). Psychoanalyse als empirische Sozialwissenschaft. Eine Einzelfallstudie zum Verfahren der psychoanalytisch-empirischen Hermeneutik. Unveröffentlichte Habilitationsschrift. München.

Sandner, D. (2013). Die Gruppe und das Unbewusste. Berlin/Heidelberg: Springer.

Sandner, D. (2018a). Die Gesellschaft und das Unbewusste – Kulturpsychologische Erkenntnisse. Berlin: Springer.

Sandner, D. (2018b). Entwicklungslinien der Gruppenanalyse. Gruppenpsychotherapie und Gruppendynamik. Zeitschrift für Theorie und Praxis der Gruppenanalyse, 54 (1), 19–34.

Sandner, D. (2022). Wie Angst und Aggression in der Gesellschaft entstehen. Kollektivpsychologische Befunde. Wiesbaden: Springer.

Schindler, W. (Hrsg.) (1980). Analytische Gruppentherapie nach dem Familienmodell. Ausgewählte Beiträge. München/Basel: Ernst Reinhardt.

Schultz-Venrath, U. (2015). Die Entdeckung der »Gruppenmethode in der Psychoanalyse« (1926) von Trigant Burrow – ein verhinderter Paradigmawechsel? Gruppenpsychotherapie und Gruppendynamik, Zeitschrift für Theorie und Praxis der Gruppenanalyse, 51, 7–17.

Slater, P., Müller, G. H. (1970). Mikrokosmos: Eine Studie über Gruppendynamik. Frankfurt a. M.: S. Fischer.

Stern, E. (Hrsg.) (1958). Die Psychotherapie in der Gegenwart. Richtungen, Aufgaben, Probleme, Anwendungen. Zürich: Rascher.

Stock, D., Thelen, H. A. (1958). Emotional dynamics and group culture: Experimental studies of individual and group behavior. New York: New York University Press.

Wolfgang Schmidbauer

# Autor und Analytiker dazu

Schon während meiner Gymnasialzeit von Texten Freuds und C. G. Jungs fasziniert, studierte ich Psychologie, weil mir das besser zu meinem heimlichen Traum zu passen schien, ein Dichter zu werden, als die trockene Germanistik. Mich faszinierte die Vorstellung, durch Wissen Macht über persönliche Unzulänglichkeiten zu gewinnen.

Ein Studium der akademischen Psychologie eignet sich schlecht, solche Illusionen zu erfüllen. Aber durch eine Verkettung von Zufällen hatte ich schon vorher Gelegenheit, die Ambivalenz von Poet und Wissenschaftler weiterzuentwickeln. 1963 stieg ich mit 22 Jahren vom Werkstudenten und Archivmitarbeiter in die Redaktion des medizinischen Magazins »Selecta« auf und hatte sichtlich Talent zum Wissenschaftsjournalisten.

Über den Verlust des Traums, ein anerkannter Dichter zu werden, der sich in meinen Einsendungen an literarische Zeitschriften trotz einiger kleiner Erfolge nicht so recht erfüllen wollte, tröstete mich jetzt der publizistische Erfolg. War diese Aufgabe nicht wichtiger als das Streben nach literarischem Ruhm? Ich bildete mir ein, gute Arztinformationen könnten Leben retten, die Verbreitung des Wissens über seelische Hygiene und mehr Aufmerksamkeit für die frühkindliche Entwicklung neurotischen Erkrankungen vorbeugen.

Bald führte ich trotz meines jugendlichen Alters die Zeilenstatistik des Blattes und wurde von unserem Chefredakteur Ildar Idris mit dem Vorschlag in Versuchung geführt, das Studium sein zu lassen und mich ganz dem *science writing* hinzugeben. Aber was man angefangen hat, sollte man auch fertig machen – das war eine der Kernbotschaften meiner Mutter. Ich studierte also neben der Arbeit an Artikeln, Titelgeschichten und Kongressberichten weiter, bestand die Diplomprüfung und fand in Albert Görres sogar einen Doktorvater, der gerade in München die erste Professur für klinische Psychologie in der Geschichte der Ludwigs-Maximilians-Universität der LMU erobert hatte.

Görres war Assistent von Mitscherlich gewesen und hatte neben Medizin auch Theologie studiert. Mich irritierte, dass er in seiner Habilitation »Methode und Erfahrungen der Psychoanalyse« (1958) von Freud sagte, dieser sei minderen Ranges als Augustinus. Ich war der erste Münchner, der bei ihm promovieren wollte; auch mein Thema akzeptierte er gern und ließ mich machen: »Mythos und Psychologie. Methodische Probleme, aufgezeigt an der Ödipussage« (Schmidbauer, 1970/1999), eine historische Arbeit über die Geschichte der Mythendeutung im Allgemeinen und die tiefenpsychologische Hermeneutik im Besonderen.

Görres unterstützte meinen Antrag auf ein Stipendium der Stiftung Volkswagenwerk und ermöglichte mir zwei finanziell sorglose Jahre, die ich mit meiner Ehefrau zunächst in Florenz und später in einem in Eigenarbeit renovierten Steinhaus verbrachte, das wir 1966 für eine Million Lire, damals knapp 7.000 DM, gekauft hatten. Meine Mutter hatte ihren Söhnen die homerischen Epen erzählt, wie andere Mütter Kinderbücher vorlesen. Das Thema »Mythos« hätte ihr gefallen, aber ich erinnere mich nicht daran, je mit ihr darüber gesprochen zu haben. Die Dissertation wurde vom Ernst-Reinhardt-Verlag gedruckt, ich schenkte ihr ein Exemplar.

Es gab einen persönlichen Grund, mich mit seelischen Erkrankungen zu beschäftigen. Ich hatte noch als Student eine fünf Jahre ältere Frau geheiratet, die während ihrer ersten Schwangerschaft an einer Psychose erkrankte. Wie sich herausstellte, war diese ein Rezidiv einer im Alter von 18 Jahren durch Insulinschocks behandelten Schizophrenie. Die Begegnung mit dieser Psychose war eine prägende Erfahrung in meinem Leben. Ich las alles, was ich über schizophrenogene Mütter, *double bind* und Familientherapie finden konnte, und schrieb ein Sachbuch, das in die dynamische Psychiatrie Karl Menningers einführte und die fatalistischen Erbtheorien der deutschen Psychiater kritisierte. Es erschien unter dem Titel »Seele als Patient« 1971 im Piper-Verlag. Ich verarbeitete eigene Erfahrungen, verbarg aber den biografischen Kontext. Das holte ich 35 Jahre später nach dem Tod meiner ersten Frau nach in »Die Seele des Psychologen. Ein autobiographisches Fragment« (2016).

Es ist ein in den Jahren nach 1989 beliebter Irrtum, die Bewegung von 1968 sei ausschließlich politisch und »links« gewesen. Sie war reformatorisch, griff nach allem, was irgendwie versprach, eine Gesellschaft zu verändern, die so viel technischen Fortschritt gebracht und doch die Bösartigkeiten von Weltkrieg und Massenmord nicht hatte verhindern können. Es durfte nicht weitergehen wie bisher.

In diese Situation passte meine zuerst auf den Medizinjournalismus beschränkte Beziehung zu Günter Ammon wie der Schlüssel ins Schloss. Ammon versprach, Nachteile der Psychoanalyse zu überwinden: ihre eingeschränkte Indikation, ihre Ausbildungsrituale, die schiere Unmöglichkeit, allen Menschen Hilfe anzubieten, die sie brauchen. Er vertrat die dynamische Psychiatrie in Deutschland, engagierte sich für Gruppenarbeit und Gesellschaftskritik.

In »Seele als Patient« hatte ich versucht, Karl Menningers Gedanken über das dynamische Kontinuum seelischer Störungen darzustellen und mit Konzepten der Laientherapie und der Selbsthilfe zu verknüpfen. Als ich mit Ammon zu korrespondieren begann, hatte ich gerade ein Buch fertiggestellt, das sich kritisch mit der Todestriebtheorie von Freud und der Instinkttheorie der Aggression von Konrad Lorenz auseinandersetzte.[1] Zu diesem Reformoptimismus gehörte die strikte Ablehnung einer Triebtheorie der Aggression ebenso wie die Kritik an der Lehre von den ererbten, endogenen Psychosen. In beiden Prinzipien war Ammon ein Verbündeter.

Im Januar 1970 hielt Ammon einen Vortrag in München: »Zur psychoanalytischen Theorie und Praxis von Anpassung und Emanzipation«. Das war wenige Wochen nach seiner Gründung der DAP und seinem Austritt aus der DPV. Ich berichtete in »Selecta« ausführlich und wohlwollend. Ammon schrieb mir einen Dankesbrief, bestellte Sonderdrucke und lud mich ein, ihn in Berlin zu besuchen. Die Gelegenheit dazu ergab sich 1971. In diesem Jahr veröffentlichte ich zusammen mit Jürgen vom Scheidt ein »Handbuch der Rauschdrogen«[2]. Anlässlich einer Tagung des Verbands deutscher Schriftsteller (VS) wurden Jürgen und ich eingeladen, Vorträge zum Thema Rauschdrogen und Literatur zu halten.

Ammon lud uns zu einem Empfang in sein »Lehr- und Forschungsinstitut« in der Wielandstraße, in eine eindrucksvolle Altbauwohnung mit großen Räumen, unendlichen Korridoren, Samtportieren im Behandlungszimmer des Direktors und einer Schar tobender Kinder im psychoanalytischen Kindergarten. Es gab Bouletten, Sekt und Orangensaft. Ammon erzählte von seinen Kämpfen mit der DPV, von Intrigen, die verhindert hatten, dass er einen Lehrstuhl an der Freien Universität bekam, von den psychischen Problemen der im SDS kämpfenden Studierenden, die bei ihm eine neue Heimat gefunden hätten.

Es war eindrucksvoll und ein wenig peinlich, weil Ammon sich nicht scheute, sich durch Bemerkungen über verschiedene An- und Abwesende zu profilieren. Es schien nur ihn im Raum zu geben. Ich erinnere mich, dass Jürgen nach-

---

1   Weil der Piper-Verlag eine Polemik gegen seine Starautoren K. Lorenz und A. Mitscherlich nicht drucken wollte, erschien »Die sogenannte Aggression« erst 1972 und im Verlag Hoffmann und Campe.
2   Das Buch erlebte viele Auflagen und Neubearbeitungen; eine Bibliothekarin erzählte mir 1980, es sei das meistgestohlene Buch in ihrer Bibliothek gewesen.

her auf der Straße sagte: »Wenn der Ammon weg ist, bricht doch das Ganze zusammen.«

Ich berichtete weiterhin in »Selecta« über die Arbeit Ammons und den Casa-Kongress 1971 in Paestum, fuhr allerdings nicht persönlich hin, sondern verfasste den Kongressbericht aufgrund der Vortragsmanuskripte. Wir pflegten eine intensive Korrespondenz, wobei das Verhältnis anfangs freundschaftlich war. Ammons Tochter war so alt wie meine; wir hatten beide ein Haus in Italien und gemeinsame Interessen: Archäologie und Kulturanthropologie. 1972 folgte ich einer Einladung nach Paestum in die Casa Ammon, um auf dem Kongress »Zur psychoanalytischen Theorie und Technik psychosomatischer Syndrome« einen Vortrag (»Der psychosomatisch Kranke und die Gesellschaft«) zu halten. Ich brachte meine Tochter mit, die mit Julia Ammon spielte.

Das Haus liegt in einer Ebene, nicht weit vom Tempelbezirk; die Tagung war z.T. improvisiert, z.T. pompös, mit langen, inhaltsarmen Reden lokaler Würdenträger. In den Vortragspausen versuchte ein Architekt, einen Brunnen in Gang zu setzen, um den neugebauten Swimmingpool der Casa endlich zu füllen. Während die Zuhörenden unter einem Sonnensegel Vorträgen lauschten, lärmten nebenan die Kinder.

Im Anschluss an meinen Vortrag wurde ich als korrespondierendes Mitglied in die DAP aufgenommen, neben illustren Therapeuten wie Robert Barnes, Prof. W. T. Winkler, Prof. Dietrich Stollberg, Dr. Sascha Nacht oder Dr. Hans A. Illing, keine kleine Ehre für jemanden, der Analytiker werden wollte und gerade dreißig Jahre alt geworden war. Mein Name stand nun zwischen den bekannteren der Mitherausgeber in der dynamischen Psychiatrie. Ammon lobte in der Zeitschrift mein Buch »Seele als Patient« (Ammon, 1972, S. 118) und versäumte nicht, in diesem Zusammenhang seine eigene, über zwanzigjährige Erfahrung hervorzuheben. Ich war damals noch nie Opfer einer jener Szenen gewesen, in denen Ammon aus einer Kränkung heraus mit immer heftigeren Ausbrüchen von Wut und Entwertung versuchte, seine Sicht der Dinge durchzusetzen.

Im Frühsommer 1972 besuchte uns Ammon in unserem Haus in der Toskana, das im Mugello liegt. Ich saß unter einer Olive, als der rote Citroen DS mit Berliner Kennzeichen neben unserem blauen Käfer parkte. Günter und Gisela Ammon waren auf dem Weg nach Paestum. Sie kamen mit ihrer Tochter, begleitet von einem Jungen aus dem psychoanalytischen Kindergarten. Das Auto fuhr ein blonder und vollbärtiger Student. Ammon behandelte ihn leutselig als Faktotum und Fahrer. Als wir einmal zu zweit waren, erklärte er mir, R. sei Patient, schwerkrank und sehr gebessert.

Unsere Älteste führte die Berliner Kinder über die *campi* und verachtete sie, weil sie über die Brombeerranken jammerten. Ammon setzte sich in einen unserer Stühle. Gisela und R. gingen noch einmal zum Auto, um einen Fotoapparat zu holen. Meine Frau wich in die Küche aus; Ammon war ihr unheimlich. Ich erzählte von einem für die Serie Piper geplanten Sachbuch über Sensitivitätstraining; er versprach, mir Literatur zur analytischen Gruppendynamik zu schicken, die er am Menninger-Institut kennengelernt habe und die er in der von ihm gegründeten Deutschen Gruppentherapeutischen Gesellschaft lehre.

Ammon überspielte seine Kränkung, als ich seine Deutung der Nierensteine eines seiner Patienten als kristallisierten Seelenschmerz anzweifelte. Ich sagte etwa, das sei doch eher eine Metapher; ich könne mir vorstellen, dass Angst den Stoffwechsel, den Hormonhaushalt, vielleicht auch Trinkverhalten und Flüssigkeitsaufnahme beeinträchtige. »Ich habe nicht Ihren messerscharfen Verstand«, schmeichelte er.

Ich erzählte Ammon, dass ich nach Deutschland zurückkehren werde; meine Tochter komme bald die Schule, da könne ich doch auch eine analytische Ausbildung machen. Ob man nicht etwas wie das Berliner LFI in München gründen solle? Ammon leitete daraufhin den Kontakt mit Siegfried Gröninger ein, einem seiner Lehranalysanden, mit dem ich mich bald zu einem ersten Gespräch in unserem Haus in Feldafing traf.

Siegfried Gröninger war drei Jahre älter als ich. Er hatte eine Hausarztpraxis in München und schloss gerade sein Psychologiestudium ab. Ich bewunderte seine Energie und war für seine Schmeicheleien wohl noch empfänglicher als für die von Ammon. Er kannte die Psychotherapieszene viel besser als ich, wusste über Organisationen Bescheid, von denen ich noch nie gehört hatte, die aber in den nächsten Jahren auch für mich an Bedeutung gewannen.

Zu unserem ersten Treffen hatte meine Frau baltische Piroggen gebacken. Gröninger begleiteten zwei Psychologen, Peter Nissen und Florian Latka, mit denen zusammen er seit einigen Jahren Gruppentherapeuten aus den USA nach München einlud. Er verehrte Ruth Cohn, die Gründerin einer neuartigen Gruppenmethode, der Themenzentrierten Interaktion, und war in Ausbildung dort.

Gröninger und ich blieben in den nächsten Jahren unzertrennlich. Ammon wollte nach München expandieren. Gröninger nutzte seine Verbindungen, um dort eine mit Lehranalysegruppen beginnende Psychotherapieausbildung auf die Beine zu stellen. Ich sollte an einer der Gruppen als Ausbildungskandidat teilnehmen und gleichzeitig als Dozent arbeiten. Vorher musste ich eine Einzellehranalyse beginnen. In einer Gruppe bei Ruth Cohn lernte Gröninger Edmund Frühman kennen, einen Lehranalytiker des Salzburger Arbeitskreises für Tiefenpsychologie, der gerade aus Salzburg in die Lauterbacher Mühle gewechselt war, eine psychosomatisch orientierte Klinik nahe Seeshaupt, südlich von München.

Unter den Analytikern in München gab es viel Uneinigkeit und Unzufriedenheit mit der Arbeit der bestehenden Institute, die Gröninger für den Aufbau einer eigenen Organisation zu nutzen wusste. Eine zentrale Person für den Ammon'schen Brückenkopf in München war Maria Helmrich, eine Analytikerin des Münchner Instituts der Deutschen Gesellschaft für Psychotherapie und Tiefenpsychologie. Sie war bei Fritz Riemann in Analyse gewesen, fühlte sich aber von ihren analytischen Ziehschwestern und -brüdern ausgegrenzt. Sie hatte eine von den Krankenkassen finanzierte Einrichtung zur Behandlung suizidaler Krisen aufgebaut, die »Arche«.

Damals gab es keine sozialpsychiatrischen Dienste und kaum andere Formen ambulanter Betreuung von Personen, die in einer akuten (suizidalen) Krise rasche, unbürokratische und multidisziplinär organisierte Unterstützung brauchten. Die inhaltliche Verbindung zwischen Maria Helmrich und Ammon lag nicht in der Gruppentherapie und in der kritischen Distanz zu tradierten Ausbildungsformen, sondern im Anliegen, die psychoanalytische Therapie in die Bereiche der Krisenintervention, Familientherapie, Behandlung von Frühstörungen und Grenzfällen hinein zu erweitern. Ihr ging es um eine auf ihren engeren Umkreis beschränkte Alternative zu der psychoanalytischen Ausbildung, mit deren Entwicklung an dem Münchner Institut für psychologische Forschung und Psychotherapie sie nicht einverstanden war. Zur Gründungssitzung des Münchner Instituts der Deutschen Akademie für Psychoanalyse im Hotel Deutscher Kaiser kamen Günter und Gisela Ammon mit Dietrich von Kries. Neben Siegfried Gröninger und Maria Helmrich vertraten Lore Enzler (Siegfrieds spätere Ehefrau) und ich die Münchner Gruppe.

Seit ich als Ausbildungsteilnehmer und Dozent (mein erstes Seminar handelte von Freuds Krankengeschichten) in unmittelbare Abhängigkeit von Ammon geraten war, wurde mir deutlich, wie sehr in der DAP die emanzipatorische Ideologie und die organisatorische Praxis auseinanderklafften. Es galt, Opfer zu bringen für ein gemeinsames Ziel; was aber das Ziel war und wer die Opfer zu bringen hatte, bestimmte Ammon, und es war nicht möglich, darüber zu argumentieren. Wer es versuchte, wurde interpretiert und konfrontiert, was recht schwer von Beschimpfen, Pathologisieren und Entwerten zu unterscheiden war.

So reifte der Plan, uns selbstständig zu machen und unsere Arbeit selbst zu verwalten. Gröninger und ich übernahmen bald eigene Ausbildungsgruppen, aber unsere Honorare flossen nach Berlin. Mit Ammon wollten wir inhaltlich verbunden bleiben; die DAP sollte ein Dachverband sein, Ausbildungsrichtlinien bestimmen, Kongresse veranstalten, Dozenten ausleihen, aber nicht in unsere Gruppenarbeit hineinregieren.

Als sie das bemerkten, versuchten die Berliner, die Münchner Gruppe zu spalten. Ich erinnere mich an einen langen Abend, an dem sie beschwörend auf mich einredeten, endlich die unheilvollen Bindungen an Frau Helmrich und Herrn Gröninger aufzugeben und nach Berlin zu kommen. Dort müsse ich meinen Lieblingswiderstand, das Schreiben, aufgeben und mich ganz der psychoanalytischen Tätigkeit widmen. Eine volle Praxis sei garantiert!

Ich bin froh, dass Ammon selbst wegen unserer persönlichen Kontakte für mich nicht als Lehranalytiker oder Gruppenleiter infrage kam. Die Tatsache, dass ich meinen Lehranalytiker völlig außerhalb der Münchner wie der Berliner Gruppe gefunden hatte, erleichterte es mir sehr, Abstand zu halten. Ich kann mich in die Krisen einfühlen, die für andere Ammon-Schüler die Trennung von der DAP mit sich brachte.[3]

Siegfried Gröninger beendete nach der Gründung des Münchner Instituts seine Lehranalyse bei Ammon und wechselte auf die Couch von Frau Helmrich. Seine spätere Frau Lore Enzler war ebenfalls bei Helmrich in Analyse, wie auch noch zwei weitere Gründungsmitglieder des neuen Vereins. Manches in den Untertönen der Auseinandersetzung mit »den Berlinern« klang an den erzbayerischen Gegensatz zu den Preußen an, der seit 1870 die südliche Folklore prägt.

Ammon erklärte unseren »Verrat« zur gröbsten Undankbarkeit. Er sprach von Judas, während wir behaupteten, emanzipatorische Gedanken konsequent anzuwenden (und daher auch gegen ihn). Die Enttäuschung auf beiden Seiten war heftig, der Zusammenbruch der Gesprächsbasis radikal. Das im Januar 1973 gegründete Institut spaltete sich im Herbst desselben Jahres.

Formal lief die Trennung so ab, dass die Münchner Gruppe eine eigene Satzung entwarf, einen Verein gründete, ein eigenes Konto eröffnete und allen Ausbildungsteilnehmenden anbot, in dem neuen Rahmen weiterzuarbeiten. Der Verein hieß Gesellschaft für analytische Gruppendynamik (GaG). Der Name war meine Idee; die Erkenntnis, dass es einen großen Bedarf an Selbsterfahrung in den sozialen Berufen gab und dementsprechend auch einen Bedarf an Personen, die solche Gruppen leiten konnten, entwickelten Siegfried und ich zusammen. Eine fundierte Weiterbildung in analytischer Gruppendynamik für Angehörige der verschiedenen sozialen Berufe schien uns mit den eigenen personellen Mitteln bereits jetzt nach außen vertretbar.

Gröninger und ich wurden Ausbildungsleiter in der GaG. Unsere erste langfristige Ausbildungsgruppe leiteten wir zusammen und waren stolz darauf, dass

---

3    Darüber gibt es inzwischen einige Publikationen, z. B. Boysen, 1988.

uns die meisten Mitglieder der unter Ammons Dach begonnenen Gruppen
treu blieben.

Im weiteren Verlauf systematisierten wir die Ausbildung in der GaG; wir
entwarfen einen Lehrplan für Leiter von Selbsterfahrungs- und Balint-Gruppen in den verschiedenen sozialen Berufen. Während in anderen, damals entwickelten Ausbildungsordnungen für Gruppendynamiker nur Gruppenselbsterfahrung vorgeschrieben war, gehörte es zu unserem Konzept, auch für die
Gruppenarbeit eine Eigenanalyse zu fordern, die wir nicht Lehr-, sondern
Informationsanalyse nannten.

Das Ausbildungsinstitut der GaG konnte bald eigene Räume mieten, eine
Sekretärin anstellen und die Zusammenarbeit mit einem großen Spektrum
sozialer Einrichtungen entwickeln. Es gab Lehrerfortbildung, Balint-Gruppen
für Sozialarbeiterinnen und Sozialarbeiter und vor allem Fortbildungen für
die Angestellten der Jugendhilfe (vom Bayerischen Ministerium für Arbeit und
Soziales finanziert). Später boten wir noch eigene Ausbildungen für Familientherapie und Supervision an.

Dank der Kontakte von Helmrich und Gröninger zu Münchner Analytikern
gelang es rasch, die Basis der Lehr- und Kontrollanalytiker zu verbreitern, sodass
schon 1974 die Münchner Arbeitsgemeinschaft für Psychoanalyse (MAP) als
e. V. gegründet werden konnte. In ihr sollten Psychoanalytiker ausgebildet werden, wobei ich die Laienanalyse im Freud'schen Sinn vertrat, Gröninger und
Helmrich sich stärker an den wirtschaftlichen Interessen und den kassenärztlichen Rahmenbedingungen orientierten.

Die ersten Lehranalytikerinnen und -analytiker waren neben Maria Helmrich Ludwig Binswanger (Psychiater und Psychoanalytiker, Verwandter des
mit Freud befreundeten Klinikleiters) und Ursula Heim, eine Psychologin, die
am selben Münchener DGPT-Institut ausgebildet worden war wie Frau Helmrich und – anders als diese – schon lange und intensiv mit Gruppen arbeitete.
Später gewann Gröninger noch Eckart Wiesenhütter und Helmut Remmler
als Lehranalytiker.

Die Ausbildung zum Psychoanalytiker oder zur Psychoanalytikerin mit
Kassenanerkennung war anfangs nur für Ärzte und Ärztinnen aussichtsreich;
sie erwarben die Zusatztitel Psychotherapie und Psychoanalyse. Für »Laien« galt
das nicht. Diplompsychologen konnten immerhin an einem von der kassenärztlichen Vereinigung anerkannten Ausbildungsinstitut die Delegationsberechtigung
erwerben, die bis 2000 den Weg zur Abrechnung mit den gesetzlichen Kassen
öffnete. Für andere »Laien« wie Theologen und Pädagogen galt das nicht.

1980 wurde die MAP als Institut der DGPT anerkannt, nachdem sie die
Einschränkungen des Dachverbands akzeptiert hatte. Ich bekam eine Kassen-

zulassung. Die MAP ist heute ein großes Ausbildungsinstitut mit über dreißig Lehranalytikern; inzwischen gibt es auch viele Kooperationen mit anderen Münchner Instituten und sogar das Projekt, als Institut in die IPV aufgenommen zu werden.

Nach unserer Trennung ging Ammon in der Leopoldstraße 88 in meinen Raum, holte die Bücher aus dem Regal, in die er Widmungen an seinen lieben Freund geschrieben hatte, und strich diese energisch durch. Bücher, Regale und Couch wurden vor die Tür gestellt; ich holte sie ab und bezog ein Notquartier in Gröningers Praxis, ehe wir eigene Räume in Schwabing fanden.

15 Jahre später, anlässlich seines siebzigsten Geburtstags, sah ich ihn noch einmal. Wohl durch ein Versehen der Organisatoren war ich nicht als Abtrünniger und Judas geächtet, sondern der Journalist geblieben, der 1970 freundliche Artikel über die DAP schrieb. Ich erkannte Ammon sofort, obwohl er den Vollbart nicht mehr trug, der damals nicht nur ihn, sondern auch seine Schüler charakterisierte. Wir plauderten kurz, als habe es nie Streit gegeben. Er erzählte mir, er habe sich seinen Bart abrasiert, weil auf einer Reise nach Indien am Ufer des Ganges der Geruch verbrennender Leichen in ihm haften geblieben war. Später langweilten mich pompöse Schmeichelreden obskurer Würdenträger ebenso wie damals auf dem Casa-Kongress. Diesmal ging ich vor dem Ende der Veranstaltung.

Mein persönlicher Bezug zur (Gruppen-)Psychoanalyse hat sich mit meiner Identität als Schriftsteller verflochten. Elias Canetti beschreibt in »Die Stimmen von Marrakesch«, wie er vor seinem Tagebuch am Tisch des Hotelzimmers sitzt, während unter dem Fenster, auf dem großen Platz, der Märchenerzähler seine Geschichten erzählt und dabei von Zuhörenden umgeben ist. Er hilft ihnen, ihr Leben zu vergessen oder besser zu verstehen, während der Schriftsteller einsam oben sitzt und notiert, was ihn bewegt, und irgendwann, ohne persönlichen Kontakt, eine Leserin bewegen wird. Die Melancholie des Verlusts der lebendigen Beziehung wird in dieser Skizze so deutlich wie der heimliche Stolz auf die weitreichende Macht des geschriebenen, verglichen mit dem gesprochenen Wort. Müde geworden, sehnt sich der Literat zurück zu Szenen, in denen seine Sätze keine Spuren hinterlassen außer denen in Kopf und Herz der Zuhörenden.

Wie vertragen sich meine Rollen als Schriftsteller und Gruppenanalytiker? Ergänzen sie sich? Führen sie in die von Canetti beschriebene Welt der Märchenerzähler und – noch älter als diese – der Schamanen, Schamaninnen und Heilkundigen der schriftlosen Kulturen zurück? Psychoanalyse ist immer auch Rhetorik. Freuds Gleichnis von den Künsten des Wegnehmens (Analyse) und des Hinzufügens (Suggestion) führt über Leonardo da Vinci (dem es Freud zuschreibt) weiter zu Michelangelo, Alberti und Quintilian, dem römischen Lehrer der Redekunst.

Analytische Gruppen inspirierten mich. Anfangs versetzten sie mich in Spannung – ich führte auch noch nachts im Halbschlaf Gespräche, formulierte etwas besser, genauer, stellte richtig. Das endete nach einigen Monaten. Seither fühlte ich mich vorwiegend wohl, begleitet von einer grundsätzlichen Zuversicht, dass die Gruppe regulieren, ertragen und bewältigen kann, was in ihr geschieht.

Ich verbinde das mit meiner Geschwisterrolle. Ich bin der Zweite von zwei Söhnen, ziemlich genau zwei Jahre nach dem ersten geboren. Das führte zu zwei Haltungen, der Bereitschaft, sich anzulehnen, einem Vorbild zu folgen, das stärker und verantwortungsbewusster ist als ich, auf der einen Seite, Rebellion gegen diese Vormacht auf der anderen Seite.

In Grimms Märchen »Die sechs Diener« faszinierte mich die Geschichte vom Königssohn, der mithilfe einer Schar von Helfern mit Superkräften die Prinzessin erobert. Die von unserer Mutter entworfene Rollenverteilung sah so aus, dass mein Bruder der technisch begabte Tüftler war, der mit zwölf Jahren Radioempfänger baute und mit dreißig einen Kryostaten für Supraleiter und in Physik promovierte. Mir wurde das sprachlich-soziale Feld zugeteilt.

Meine frühen Gruppenerfahrungen sind davon geprägt, zu jung zu sein. Das galt vor allem für die neun Jahre im humanistischen Gymnasium; ich war immer einer der Jüngsten, konnte dennoch intellektuell gut mithalten. Manchmal verblüffte ich die Lehrer durch frühreife Einfälle, ich wurde aber nie ganz die Angst los, die in einer latent durch körperliche Überlegenheit geordneten Gruppe die Schwächeren plagt, die – anders als im Märchen – keine mächtigen Diener haben.

Im Studium blieb dieses Grundgefühl. Ich fand die Kommilitonen nicht klüger (eher das Gegenteil), aber selbstbewusster, männlicher, besser angezogen und fähiger, den Professoren zu gefallen. In der Zeitschriftenredaktion erlebte ich eine neue Sicherheit. Ich konnte nicht nur in kürzerer Zeit brauchbare Texte produzieren als andere. Gedruckt war ich auch alterslos und geschmeichelt, wenn es hieß: »Sie haben das geschrieben? Ich hätte Sie mir älter vorgestellt.«

Das Schreiben war in mein Leben gekommen, als ich mit 16 Jahren nach einem Mittel suchte, meine schwankenden Gefühlszustände zu ordnen. Ich übte intensiv und je mehr ich übte, desto mehr Freude machte mir die Suche nach Worten für meine Gefühle und Gedanken. Ich schrieb, Gedichte, Tagebücher, Reiseberichte, Erzählungen. Ähnliches hörte ich später über professionelle Musiker: Je mehr sie üben, desto mehr Freude haben sie an der Übung.

Ich hatte neben dem Medizinjournalismus begonnen, auch für den Rundfunk zu arbeiten, mit einer Sendereihe über Tiefenpsychologie. Ein Mitarbeiter der katholischen Studentengemeinde in München wurde darauf aufmerksam und engagierte mich für einen Kurs mit dem Thema Gruppendynamik und Selbsterfahrung.

Ich fuhr in meinem Käfer über die Salzburger Autobahn nach Teisendorf. Eindrucksvolle, aus Tuffsteinen gebaute Bauernhöfe, ein modernes Jugendzentrum, Sichtbeton und Glas. Ich setzte mich unter die zwölf Männer und Frauen – Studierende, junge Akademiker, Lehrerinnen, ein Jesuit, eine Nonne in Zivil – und forderte die Gruppenmitglieder auf, ihre Beziehungen und Erlebnisse zu erforschen. Ich hatte davon gelesen, aber noch nie an einer solchen Gruppe teilgenommen.

Es wurde eine spannende Woche. Der Jesuit, der sich rationalisierend abseits halten wollte, geriet unter heftigen Beschuss. Mir gelangen immer wieder Zusammenfassungen und bildhafte Vergleiche, mit denen die Gruppe gut weiterarbeiten konnte. Die schlichte Frage nach Einfällen zu unerwartet heftigen Gefühlen führte zu Erinnerungen an Kindheitsszenen; die Arbeit an deren Dynamik zu der Einsicht, dass Erwachsene mehr ertragen und verstehen können als Kinder. Ich hätte keine Antwort auf die Frage gewusst, woher die Kompetenz kam, eine solche Gruppe zu leiten. Aber sie war da.

In meinen späteren Reflexionen zerfiel diese wie ein Naturtalent anmutende Begabung in verschiedene Bestandteile. Meine Übung, prägnant und relativ schnell komplexe Zusammenhänge auf den Punkt zu bringen, bereitete mich auf die deutende Arbeit mit dem Material der Gruppeninteraktionen vor. Die Gruppe war mein Bündnispartner, ein starker Bruder, eine Mutter, ich konnte mich in ihr angstfrei bewegen, ich konnte neugierig sein, ohne doch autoritär zu dominieren. Als Leiter durfte ich mich, der so oft der Kleinste gewesen war, endlich wichtigmachen. Ich war der Gruppe dankbar für ihre Anerkennung und bemühte mich als Gegenleistung, meinerseits anerkennend zu sein, genau zu beobachten und alle dabei zu unterstützten, ihr Verhalten im Kontakt kennenzulernen und womöglich zu verbessern.

Das Erlebnis in Teisendorf hatte für mein Schicksal wohl mehr Gewicht als für die Gruppenmitglieder. Ich hatte etwas entdeckt, das es freilich in der Welt um mich längst gab, das in der Literatur über Gruppendynamik und Trainingslaboratorien von Kurt Lewin und seinen Mitarbeitern beschrieben war, mir jedoch längst nicht so bekannt und verbreitet schien, wie es sein sollte.

Ich beschloss, ein Buch über dieses Thema zu schreiben, einerseits, um mir meine Begeisterung verständlich zu machen, anderseits aber auch, um für solche Erfahrungen zu werben, in denen ich eine ungeahnte Möglichkeit sah, anderen zu helfen, was mir damals die Lebensaufgabe schlechthin erschien. Ich sammelte Literatur und machte mich während des Sommerhalbjahrs, das ich schreibend in der Toskana verbrachte, an die Arbeit. Mein Arbeitstitel lautete »Sensitivitätstraining«. Ich bat Adolf Däumling (der meine Vordiplomarbeit betreut hatte) um Literatur über den jüngst gegründeten Deutschen Arbeitskreis für Gruppentherapie und Gruppendynamik, bestellte amerikanische Bücher und sprach auch mit Ammon, als er mich in der Toskana besuchte. Er hatte eine eigene, an der Menninger Klinik in Topeka erworbene Vorstellung von psychoanalytisch fundierter Gruppendynamik und war bereit, ein Vorwort für mein Buch zu schreiben, das ein Jahr später mit dem Titel »Sensitivitätstraining und analytische Gruppendynamik« (Schmidbauer, 1973b) in der »Serie Piper« erschien und drei Auflagen erlebte.

Später absolvierte ich eine Gruppenlehranalyse, lernte andere Methoden wie die Gestalttherapie, die Transaktionsanalyse, das Psychodrama, die Themenzentrierte Interaktion nach Ruth Cohn kennen und erprobte sie, meist im Team mit Leiterinnen, die in ihnen erfahren waren: Psychodrama mit Sarah Kirchknopf, TZI mit Siegfried Gröninger und Barbara Langmaak. Im Gegensatz zu Analytikern wie Tilmann Moser, die es als Aufbruch und Befreiung schildern, die Grenzen einer abstinenten und verbalen Methodik wie der Psychoanalyse zu sprengen, wurde ich selbst im Lauf der Zeit immer analytischer in diesem Sinn.

Ich arbeitete immer weniger mit Vorgaben, Übungen, Inszenierungen und Anleitungen, welche gegen Widerstände aktiv vorgehen und nicht danach streben, sie erst einmal deutend zu respektieren. Den prägenden Einfluss der Psychoanalyse auf meine Gruppenarbeit sehe ich darin, dass ich mir mithilfe ihrer Modellvorstellungen immer wieder begreiflich machen konnte, was in der Gruppe geschah, welche Veränderungen erreichbar waren und welche nicht.

Die Psychoanalyse bietet eine einzigartige Differenzierung der Sprache und der Modellvorstellungen, um zu verstehen, wie die Vergangenheit der einzelnen Mitglieder und die aktuelle Gruppensituation zusammenwirken. Ich ermutigte angehende Leiter, ihren persönlichen Stil zu finden, ihre spontanen Einfälle zu Deutungen und Konfrontationen nicht an einer Technik oder einem Vorbild zu orientieren, sondern sie in einem ersten Schritt zu entfalten, in einem zweiten zu reflektieren und so ihren Kurs im Gruppenprozess zu finden.

Jede Gruppe ist eine exhibitionistische und voyeuristische Verführung. Sie weckt die entsprechenden Ängste. In vielen Familien ist die Entwertung der kindlichen Freude am Exhibitionismus Erziehungspraxis. Deshalb fällt es den meisten Menschen leichter, sich einer Person anzuvertrauen; sie fühlen sich sicherer, sie können das in ihr Gegenüber projizierte Über-Ich einschätzen. Die analytische, strukturlos ihren Prozessen überlassene Gruppe weckt eine Art soziales Urgefühl, denn sie ist nicht kontrollierbar, nicht überschaubar.

Die entstehenden Spannungen zu ertragen, macht einen erwünschten Seiten-
effekt jeder Gruppenanalyse aus: Soziale Ängste nehmen ab. Ein Student, der
mit depressiver Symptomatik teilnimmt, berichtet nach einigen Monaten, er sei
überrascht, dass er auf einmal keine Schweißausbrüche mehr erleidet, wenn er
im Seminar vortragen soll. Er hatte sich mit diesem Symptom schon abgefunden
und es im Vorgespräch gar nicht thematisiert.

Manchen fällt es leichter, sich einer Gruppe mitzuteilen als einem Einzelnen. Für sie verdünnt sich in der Gruppensituation das Über-Ich, sie blühen
auf, fühlen sich stimuliert. Ich gehöre zu einer dritten Gruppe, den Schrift-
stellern, denen es leichter fällt, intime, scham- und schuldbesetzte Inhalte aufzuschreiben und dann zu veröffentlichen, als darüber zu sprechen. Sie erleben
die Öffentlichkeit der Leserinnen als Freiraum, der Ängste neutralisiert. Diese
Fantasie einer wohltuenden Wirkung des Öffentlichen hängt mit dem Glauben
zusammen, dass die *Form,* in der ich mich ausdrücke, den Ausschlag gibt. Die
gelingende Form kann das projizierte Über-Ich milde stimmen.

Sprachliche Kreativität kann geweckt, befreit und entwickelt, aber nicht
in einem technischen Sinn gelehrt werden. Die Qualifikation von (Gruppen-)
Therapeuten hat auch mit solchen Prozessen zu tun. Die produktive Lösung
von Ängsten und Spannungen im Kontakt wird durch den schöpferischen Einfall unterstützt; dieser wiederum gelingt in der von Freud erwähnten »gleich-
schwebenden Aufmerksamkeit«. Die Suche nach einer technisch »richtigen«
Deutung riskiert eine Störung des empathischen Dialogs. Schweigen ist nicht
per se »analytisch«, so wenig wie eine mechanisch vorgebrachte Deutung. Es
geht darum, mit möglicherweise passenden Interventionen zu experimentieren, nicht nach dem perfekten Einfall zu suchen.

Je länger ich sie betreibe, desto mehr wird die Psychoanalyse für mich zu
einer Kunsttheorie. Wer sie allein als wissenschaftlich fundierte Behandlungstechnik fassen will, verliert Wesentliches. So sehe ich es heute. In den Anfängen
war ich durchaus überzeugt, Wissenschaftler zu sein, und erforschte in der GaG
mit anderen die »Ergebnisse analytischer Selbsterfahrungsgruppen« mithilfe
von Fragebögen (Kemper, Küfner u. Maul, 1977, S. 179 f.).

Nach dem bald grandios, bald überempfindlich auftrumpfenden Ammon
und seinen verkrampften Gefolgsleuten waren meine analytischen Lehrerinnen, Maria Helmrich, Edmund Frühmann und Hans-Günter Preuß, eine Wohltat. Was mir an der Arbeit mit ihnen guttat, war die ruhige Art, in der sie mich
ermutigten, zu behalten, was ich selbst herausgefunden hatte. Mein Lehranalytiker Edmund Frühmann hatte selbst zwei Analysen absolviert, aus denen
ich sozusagen den eigenen analytischen Stammbaum rekonstruieren kann. Die
erste Wurzel geht zurück zu Freud, dessen Analysand Hanns Sachs den ersten

Lehranalytiker Frühmanns analysiert hatte. Sein zweiter Lehranalytiker war Igor Caruso, dessen Genealogie über Viktor von Gebsattel zu Lou Andreas-Salome führt.

1971 beschloss ich, meinen papierwurmartigen Beruf als *science writer* zurückzustellen. Ich war es müde geworden, nur zu lesen und zu schreiben, ich wollte etwas mit meinem Psychologiestudium anfangen. Ich fühlte mich in der Welt der Helfer immer ein wenig wie ein Ethnograph. Das mag daran liegen, dass meine frühen Interessen in die Richtung der Kulturanthropologie gingen. Ich hatte im Ausland gelebt und eine Weile meinen eigenen ethnologischen Dilettantismus gegen den der Humanethologen der Lorenz-Schule gesetzt.

So erschien mir die Welt der Psychotherapeutinnen wie ein Dschungel abseits der diszipliniert erschlossenen Forste der Naturwissenschaft, von einem bunten Gemisch der unterschiedlichsten Stammeskulturen besiedelt. Sie erinnerte an das, was ich über Neuguinea gelesen hatte: Bereits nach einer Tagereise verstehen die Angehörigen des einen Volkes die Sprache des nächsten nicht mehr. Jede Sprachgruppe ist der festen Überzeugung, dass jenseits der Berge jede Normalität endet und ein Reich der Dämonen beginnt.

Nachdem ich in meiner Dissertation[4] Mythologie und Dogmatik der einzelnen psychotherapeutischen Glaubensrichtungen studiert hatte, kam ich nun mit dem konkreten Verhalten der Helferinnen in Berührung. Ich war Reporter genug geblieben, um zu erkennen, dass die offenkundigen Widersprüche zwischen dem Glaubensbekenntnis und der Lebenspraxis ein interessantes Thema boten. Es wiederholte sich, was mich bereits als Kind, als ich angefangen hatte, die frommen Katholiken meiner Passauer Heimat genauer zu beobachten, ebenso gefesselt wie dem gelehrten Glauben entfremdet hatte: Verhalten und Verhaltensbegründungen passten nicht zusammen.

Da hatte ich den psychosozialen Helferinnen und Helfern, die doch wissenschaftlich fundiert und weltlich arbeiteten, mehr zugetraut. Ich dachte, dass Ärzte besonders gesund leben müssten, dass Pädagoginnen sich gern Noten geben ließen und Therapeuten, die doch die Wohltat des offenen Ausdrucks preisen, bereitwillig über ihre eigenen Gefühle sprächen. Nun war es ähnlich, ja noch krasser, denn die Religion hat viele Bilder für menschliche Schwäche angesichts des Erhabenen, die Helferinnen in den Selbsterfahrungsgruppen aber verstummten hilflos, wenn es um die Anwendung ihrer Einsichten auf sie selbst ging.

---

4   »Mythos und Psychologie, Methodische Probleme, aufgezeigt an der Ödipus-Sage« erschien 1970 bei Ernst Reinhardt als Buch und wurde 1999 noch einmal überarbeitet aufgelegt.

So kam ich auf das Bild des hilflosen Helfers. Es wurde zu meiner Arbeits-
hypothese, dass Menschen manchmal deshalb Helfer werden, weil es ihnen
schwerfällt, sich helfen zu lassen. Aus diesem Grund delegieren sie die Abhängigkeit nach außen, an ihre Schützlinge.

Das erste Buch über »hilflose Helfer« erschien 1977. Der Reformoptimismus der 68er-Bewegung verebbte. Die Bewegung hatte sich zersplittert, auf dem
langen Marsch durch die Institutionen aufgezehrt. Ich war bis 1970 die meiste
Zeit in Italien gewesen, in einer ländlichen Idylle, und hatte mich nur theoretisch mit der Studentenbewegung beschäftigt.

Es war eine bewegte und bewegende Zeit, in der ich Illusionen über die
Möglichkeiten, durch Gruppenanalyse »befreite Gebiete« in einer repressiven
Gesellschaft zu schaffen, aufbaute und wieder revidierte. In den 1970er Jahren
war die persönlichkeitsorientierte Fortbildung eine Innovation in den sozialen Berufen. Daher wurde die von Gröninger und mir geleitete Ausbildung
von analytischen Gruppenleitern für Selbsterfahrungsarbeit in der GaG ein
Erfolg. Nach zehn Jahren kandidierte ich nicht mehr für die Vorstandsarbeit
und wandte mich wieder verstärkt dem Schreiben zu.

Nach einer Krise im Vorstand der MAP kandidierte ich noch einmal und
arbeitete dann lange in einem neugegründeten Ausbildungs- und Prüfungsaus-
schuss mit. Die Freundschaft mit Siegfried Gröninger zerbrach in diesem Prozess ebenso wie vorher die mit Günter Ammon. Gröninger trat aus der MAP
aus und unsere Wege trennten sich.

Der Erfolg meines Buchs über die »hilflosen Helfer« (Schmidbauer, 1977)
überraschte mich. Ich hatte es als einen Werkstattbericht verstanden. Es ging
um Fragen, die sich aus der Arbeit ergaben, in die ich hineingestolpert war:
Was sind die problematischen Anteile an den Beweggründen, anderen zu helfen? Wie hängen sie mit der Gesellschaft und mit den Institutionen zusammen,
welche das Schicksal der Samariter von heute prägen? »Die hilflosen Helfer«
aber bergen die Stärken und Schwächen des Autors, der den Psychoanalytiker
und den Schriftsteller in sich trägt und nicht immer vereinen kann. Für ein
populäres Sachbuch setzte der Text zu viel psychoanalytische Kenntnisse voraus; für die Rezensenten der wissenschaftlichen Zeitschriften war er zu wenig
fachlich abgesichert. Die wichtigste Gruppe für einen Autor aber sind die Leser.
Und diese gab es reichlich.

Das Buch wurde ein Best- und Longseller, die Taschenbuchausgabe wird
noch heute aufgelegt; der in ihm geprägte Ausdruck »Helfersyndrom« ist Teil
der Umgangssprache geworden. Ich wurde eingeladen, Vorträge zu halten und
Selbsterfahrungen auch außerhalb der analytischen Szene zu leiten, was nicht
immer komplikationslos war. »Ich habe gedacht, ich begegne dem Autor der

hilflosen Helfer – und was finde ich? Einen Analytiker!«, klagte ein Schweizer Pädagoge.

1987 sollte ich als Vorredner Daniel Cohn-Bendit in den Münchner Kammerspielen vorstellen. Er sprach dort in einer Reihe der »Reden über Deutschland«, die vom Kulturreferat und der Bertelsmann-Stiftung organisiert waren. Auf der Bühne war eine Couch aufgebaut und Cohn-Bendit bezog sich darin ironisch auf mich, »den hilflosen Helfer Schmidbauer«. Nachher gestand er, »Die hilflosen Helfer« seien für ihn ein Trauma, weil er 1977 in einer Buchhandlung gearbeitet habe und jeder zweite Kunde entweder die »Häutungen« von Verena Stefan oder eben das Helferbuch kaufen wollte.

Ende der 1970er Jahre gab es in Deutschland eine große Gruppe engagierter junger Sozialberufler. Sie waren durch die Studentenbewegung geschult, hatten Marx und Freud gelesen, die psychoanalytische Sozialpsychologie an den Texten von Horst-Eberhard Richter, Michael Lukas Moeller und Tilmann Moser kennengelernt. Sie waren bereit, nun nicht mehr nur über die Probleme ihrer Klienten, sondern auch über ihre eigenen nachzulesen. Die Fortführung der Freiheitsrechte nach innen, mit der sich die Studentenbewegung geplagt hatte, führte zu einem lebhaften Interesse an den verborgenen Hintergründen alltäglicher Emotionen, Leidenschaften und Ängste. Es durfte gefragt werden.

In den Rezensionen des Helferbuchs wechselten Anerkennung und Vorwurf. Was soll aus Sozialarbeitern und Krankenschwestern werden, wenn ihnen ein Selbstverdacht das aufopfernde Engagement verdirbt? Christa Meves, Herausgeberin des Rheinischen Merkur, warf mir vor, den Helfern Steine statt Brot zu geben. Ein Monsignore, leitender Angestellter der Caritas, erhielt Beifall, als er auf einer Tagung bemerkte, er habe zwar das Buch über die hilflosen Helfer erworben, es aber dann ungelesen in den Schrank gestellt. Der Verwaltungsdirektor eines großen Krankenhauses sagte auf dem »Tag der Krankenschwester« in Salzburg nach meinem Vortrag zwischen Mozarts Dissonanz-Quartett und einem kalten Büffet, er sei erst kürzlich als Patient in seiner eigenen Klinik gelegen und habe keine Spur des Helfersyndroms bei seinem Personal entdeckt. Nachher setzten sich einige Lehrschwestern an meinen Tisch und erklärten mir, warum sie mich eingeladen hatten. Irgendwo spricht mich ein bärtiger Sozialarbeiter an. Ihm habe sein Beruf immer Spaß gemacht, ob ich das etwa für nicht normal halte? Und immer, immer wieder die drei Fragen: »Habe ich das Helfersyndrom? Woran bemerke ich es? Was kann ich dagegen tun?«

Manchmal versuchte ich, sie durch eine Metapher zu beantworten: »Habe ich einen Ödipuskomplex? Wenn ja, woran bemerke ich ihn? Und was kann ich dagegen tun?« Aber auch ein solcher Vergleich wird nur von Menschen verstanden, die etwas über Psychoanalyse wissen. Traumatische Erfahrungen können wir nicht in dem Sinn bewältigen, dass alle damit verknüpften Probleme verschwinden. Aber Einsicht kann helfen, gelassener mit dem zu leben, das unseren Versuchen widersteht, es aus der Welt zu schaffen.

Aus eben diesem Grund finde ich die sperrige Qualität des Begriffs vom hilflosen Helfer nicht nur von Übel. Das Helfersyndrom zwingt, etwas infrage zu stellen, das sonst fraglos bleiben kann, und damit ein Versteck für eine verleugnende Sichtweise, ein Asyl für (Selbst-)Betrug und ausbeutende Rede (»das Wohl der Schüler ist unser oberstes Gebot«). Da so unendlich Vieles in unserem Leben und in unserer Kultur verwendet wird, um uns vor Ängsten zu schützen und Kränkungen abzuwehren, wird auch eine solche Komponente im Verhalten von Helfern nachweisbar sein. Hilfsbereitschaft ist weit mehr als Abwehr von Abhängigkeit und Angst durch Identifizierung mit einer rettenden, erlösenden Imago oder, wie Freud pointiert, eine Reaktionsbildung gegen sadistische Impulse. Wir beobachten sie bereits im Spontanverhalten kleiner Kinder, die keine neurotischen Konflikte haben, welche denen des Erwachsenen vergleichbar sind.

Es ist eine wissenschaftlich unbeantwortbare Frage, ob das menschliche Leben einen Sinn hat; es ist jedoch nicht zu leugnen, dass viele Menschen gerade mit dem Helfen starke Erlebnisse von Sinnhaftigkeit verbinden. In den Aussagen über den gewählten helfenden Beruf findet sich sehr oft der Satz: »Ich will etwas Sinnvolles tun!« Die Problematik des Helfersyndroms, also des Helfens aus einer unbewussten Abwehr heraus, hängt nicht an dieser Sinnhaftigkeit, sondern daran, dass andere Erlebnisformen vermieden und die Welt zwanghaft auf das Helfen eingeengt ist, nicht selten auf Kosten der Einfühlung.

Ich führte von 1972 bis 1980 ein unstetes und anstrengendes Leben als reisender Gruppenleiter. Die GaG expandierte in die Schweiz, ich lernte aus der Gruppenperspektive eine dritte Kultur nach der deutschen und der italienischen kennen. Nicht zuletzt durch die intensive Beschäftigung mit den unterschiedlichsten Gruppen und Institutionen der sozialen Berufe wuchs mein Interesse an den Strukturen, in denen z.B. Pflegende arbeiten. Ich gab ein Buch über den Pflegenotstand heraus und beschäftigte mich mehr und mehr mit Supervision und Organisationsentwicklung, arbeitete an einer Ausbildung für Supervisoren in der GaG.

Auch privat waren es unruhige Zeiten. Nach der Trennung von meiner ersten Frau heiratete ich viel zu schnell erneut und fühlte mich in der zweiten Ehe und in einer Patchworkfamilie bald nicht mehr wohl. Nach der Trennung von meiner zweiten Frau 1980 beruhigte sich die Lage an der Seite von Gudrun Brockhaus, mit der ich seither verbunden bin. Bis weit über das normale Rentenalter leitete ich therapeutische Gruppen; die letzte beendete ich 2019.

Noch ein Wort zu Büchern: Nach »Sensitivitätstraining und analytische Gruppendynamik« (1973b) kam »Selbsterfahrung in der Gruppe« (1977), das ich noch zweimal für Neuauflagen überarbeitete, die letzte erschien unter dem Titel »Wie Gruppen uns verändern« (1992). Gedanken zu der künstlerischen neben der wissenschaftlichen Seite der Psychoanalyse finden sich in »Freuds Dilemma. Die Wissenschaft von der Seele und die Kunst der Psychotherapie« (1999d). Meine Arbeiten zu den Helfer-Institutionen und -Organisationen beginnen mit »Helfen als Beruf. Die Ware Nächstenliebe« (1983). Die Weiterentwicklung führte zum Coaching und der analytischen Untersuchung von »Persönlichkeit und Menschenführung« (2004).

Das einfache Leben in der Toskana, in einem Haus ohne elektrischen Strom und fließendes Wasser, regte mich schon früh an, eine kritische Auseinandersetzung mit der Konsumgesellschaft zu führen. »Homo consumens. Der Kult des Überflusses« (1972c) ist eines der ersten psychologischen Bücher zu diesem Thema, das in Deutschland veröffentlicht und ins Japanische übersetzt wurde. Ich überarbeitete es unter dem Titel »Weniger ist manchmal mehr« für zwei Neuausgaben; in die zweite von 1992 nahm ich das vergriffene Bändchen »Im Körper zuhause. Alternativen für die Psychotherapie« (1982) mit auf, in dem der Begriff »Ökotherapie« zum ersten Mal verwendet wurde. 1996 erschien »Jetzt haben, später zahlen. Die seelischen Folgen der Konsumgesellschaft«. Das Thema begleitet mich bis in die jüngste Zeit: »Der Fortschritt und das Glück. Eine gescheiterte Beziehung« (2022).

Neben der normalen Gruppentherapie arbeitete ich oft mit Partnergruppen; mein Lehrer in diesem Feld war Hans-Günter Preuß. »Die Angst vor Nähe« (1985), mein dritter Bestseller, hat eine verborgene autobiografische Seite: Ich ließ die Leser an den Ergebnissen einer Selbstreflexion über instabile und stabile Liebesbeziehungen teilnehmen. Weitere Schritte in diesem Feld waren »Du verstehst mich nicht! Die Semantik der Geschlechter« (1991a) und »Die Rache der Liebenden« (2005b).

2008 begann ich auf Anfrage des ZEIT-Magazins, wöchentlich kurze Texte zu schreiben: »Die großen Fragen der Liebe«. Wenn ich einen Vortrag halten sollte und ein Sprecher der Veranstalter mich vorstellte, war ich bis 2000 der Autor der »hilflosen Helfer«. Seit 2010 bin ich der Autor einer Kolumne über Paare in der »Zeit«. Ich mache solche Auftragsarbeiten gern und habe mich nie geschämt, in einfachen Worten das psychoanalytische Denken zu vertreten.

In einer Welt, in der die meisten Gedanken schon einmal gedacht worden sind, kann niemand ohne die Unterstützung durch eine Größenfantasie Sachbucher über Zeitprobleme schreiben. Da ich mich immer für Selbstreflexion und auch Selbstironie interessiert habe, ist es nicht erstaunlich, dass sich viele meiner Publikationen mit Narzissmus in einem sehr weiten Sinn beschäftigen. Ein wichtiger Autor in diesem Feld war Heinz Kohut, den ich noch persönlich kennenlernte und dessen Begeisterung für die narzisstische Erlebniswelt mich inspirierte, bei allem Respekt für deren destruktive Potenziale.

In »Alles oder nichts. Über die Destruktivität von Idealen« schrieb ich 1980 eine Art therapeutisches Credo: »Die Aufgabe der Psychotherapie ist es ja im Grunde, die Kreisvorgänge wieder herzustellen – das freie Schwingen von Lust und Unlust, Freude und Trauer, Schlafen und Wachen, Fühlen und Denken, Essen und Verdauen, Einatmen und Ausatmen. [...] Der Überanspruch, das Perfektionsideal, der Wunsch nach dem vollkommenen Partner vernichten buchstäblich die nur in ständigen Kreisprozessen möglichen Chancen, lebendig und glücklich zu sein. Der Anspruch an den Therapeuten ist oft der, dauerndes Glück dort herzustellen, wo auf der Suche nach diesem starren Dauerzustand dauerndes Unglück herrscht« (Schmidbauer, 1980, S. 9).

In »Alles oder nichts« überschneiden sich Narzissmusforschung und Moralphilosophie; ich interpretierte Texte von Goethes »Faust« bis zu Kleists »Marionettentheater« und Stifters »Narrenburg«. Das soll auch eine Haltung unterstützen, die ich in der Behandlung narzisstischer Störungen sehr hilfreich finde: Wir können den primären Wunsch, dem Kranken eine Welt zu erschaffen, in der er sich sicher fühlt, leider nicht erfüllen, aber wir können ihn in seinen Manövern begleiten und seine fantastischen Konstruktionen verstehen, sie würdigen, einen Raum für Ruhe und Einsicht öffnen, in dem destruktive Folgen betrachtet und womöglich vermieden werden können.

Ich plädiere für eine analytische Therapie, die nicht abgeschlossen wird, sondern mit offenem Ende und therapiefreien Pausen die immer wieder auftretenden Krisen stabilisiert: »Therapy on Demand. Narzissmus und bedarfsorientierte Psychotherapie« (2005e). In Zeitgeschichte und Politologie greift eine Analyse des Selbstmordterrorismus: »Der Mensch als Bombe. Eine Psychologie des neuen Terrorismus« (2003a). Dort werden verschiedene soziale Ausdrucksformen der narzisstischen Störung beschrieben: der pharisäische, der kannibalische und der explosive Narzissmus. Mit Ausweitungen des Narzissmusbegriffs und einer Rekonstruktion seiner tieferen Dimensionen befasst sich »Die Geheimnisse der Kränkung und das Rätsel des Narzissmus« (2018a).

Lange hatte ich gezögert, die entfallenen Maschen des literarischen Schreibens wiederaufzunehmen. Mein Lektor bei Rowohlt, Hermann Gieselbusch, der ein Freund wurde und seit seinem zu frühen Tod schmerzlich vermisst wird, ermutigte mich dazu. Er schickte mir die bunten Flügelfedern eines Eichelhähers und schrieb dazu: »Lass deiner Schreibmaschine Flügel wachsen.« Was ich auch tat, bei wechselndem und nie so großem Erfolg wie mit den Sachbüchern.

Es entstanden vier autobiografische Texte, angefangen mit »Eine Kindheit in Niederbayern« (1987), fortgeführt in »Ein Haus in der Toskana. Reisen in ein verlorenes Land« (1990) und »Mit dem Moped nach Ravenna. Jugend im Wirtschaftswunder« (1994) bis zu »Die Seele des Psychologen« (2016). Eine weitere Erzählung, »Die Kentaurin« (1996), verbirgt den autobiografischen Kontext: Sie verarbeitet den Tod meiner Mutter.

Mit ihr will ich schließen, denn sie ist indirekt Protagonistin eines meiner Lieblingsbücher, »Kassandras Schleier. Das Drama der hochbegabten Frau« (2013), das ich aufgrund analytischer Erfahrungen mit hochbegabten Frauen geschrieben habe. Wie die Kassandra des Mythos gerade durch ihre seherischen Fähigkeiten unglücklich wird, beobachtete ich Selbstentwertung und Selbstkränkung bei hochbegabten Frauen, die sich vor der Einsicht in ihre überlegenen Fähigkeiten fürchten. Oft sehen sie sich in Schattierungen von Groll, Wut und Verzweiflung Männern ausgesetzt, die mindestens so klug wie sie hätten sein müssen, es aber keineswegs sind. Obwohl ich in Bezug auf literarische Arbeiten dem Motto des Oraniers[5] anhänge, freue ich mich über anerkennende E-Mails wie die folgende:

Lieber Herr Schmidbauer,

Mit Ihrer »Kassandra« haben Sie mir nicht nur den Besuch beim Psychiater erspart, sondern auch gleich ein paar meiner Lebensrätsel gelöst! Ihr Buch wird als eines der wenigen in meiner Erinnerung (und in meinem Büchergestell) bleiben, die in mir wirklich etwas ausgelöst haben. Darauf gestoßen bin ich sehr zufällig, und dieser Zufall erwies sich als wirkliches Geschenk des Lebens.

Sie brauchen mir nicht zu antworten, nehmen Sie dieses Mail als Blumensträußchen – ich wage ja zu hoffen, dass Sie selbst eine Portion gesunden Narzissmus in sich haben und ab und zu ein Kompliment oder einen Dank zu schätzen wissen.
Mit besten Grüssen aus der Schweiz

Eine andere Leserin schrieb:

Die Hochbegabte, die ihre Begabung NICHT hauptsächlich als Ressource sehen kann, die ihre Beziehungen als defizitär erlebt oder die den Eindruck hat, mit beiden Füßen fest auf der eigenen Bremse zu stehen, wird hier sicher genauso fündig wie ihre Therapeutin. Und obwohl der Titel anderes vermuten lässt, sind auch Männer nicht vollkommen ausgeschlossen. (Und wo sie das doch sind, erfahren sie zumindest den Grund.)

---

5   »Ich brauche nicht die Hoffnung, um zu beginnen, noch den Erfolg, um fortzufahren!«

Meine Mutter hatte 1933 nach ihrem Abschluss an der Lehrerinnenbildungs-
anstalt in Freudenhain bei Passau autodidaktisch Latein und Griechisch für
das gymnasiale Abitur nachgelernt. Sie wollte Altphilologie studieren. Daraus
wurde nichts, weil die NS-Machthaber das Studium für Frauen erschwerten
und ihr Vater verbot, ohne Chance auf Verbeamtung zu studieren. Erhalten
ist ein Abiturzeugnis mit dem Notendurchschnitt von 1,0 und dem Vermerk
»vom Turnen befreit«. Dazu ein Foto, auf dem meine Mutter als einzige Frau
zwischen gut vierzig männlichen Abiturienten sitzt, von denen einige schon
die Uniform einer schlagenden Verbindung tragen.

Den Beruf der Grundschullehrerin gab sie auf, als sie heiratete. Nach dem
Soldatentod meines Vaters blieb sie allein. Sie versorgte ihre zwei Söhne und
fand allmählich in ein Leben als einsame und fast grundsätzlich unterschätzte
Privatgelehrte hinein, das ich als ihr Kind ganz selbstverständlich fand. Später bewunderte ich es mehr und mehr; wirklich nahe gegangen ist es mir erst
nach ihrem Tod. Sie las die griechischen und lateinischen Autoren im Original,
beschäftigte sich mit Philologie, Religionswissenschaft und Mythologie, schrieb
Texte für Rundfunksendungen, arbeitete und lebte in ihrem Garten, in dem
viele wilde Pflanzen wuchsen, die sie auf Spaziergängen und Reisen sammelte.
»Ein gutes Buch ist mir lieber als ein langweiliger Mensch«, waren ihre Worte.

Als ich mich scheiden lassen wollte, musste ich es irgendwann auch meiner Mutter sagen. Sie riet mir energisch ab. Wer heiratet, soll sich vorher überlegen, worauf er sich einlässt. »Du musst dich zusammennehmen und die Sache
durchstehen!« Als ob ich mir das nicht selbst schon hundertmal gesagt hätte! Sie
ging mir auf die Nerven. Ich hatte genug Probleme. So antwortete ich gereizt:
»Du hast ja keine Ahnung. Wie lange warst du eigentlich verheiratet? Ich habe
mehr Eheerfahrung als du!« Ihre Reaktion rechne ich ihr noch heute hoch an.
Sie schwieg, überlegte und sagte dann nachdenklich: »Eigentlich hast du recht.
Ich habe wirklich nicht viel Erfahrung damit.« Sie hatte 1938 geheiratet, 1939
wurde mein Vater eingezogen, 1944 ist er gefallen.

Wenn ich beobachte, wie viel Unberechenbarkeit und Verwirrung Eltern
anrichten können, denke ich dankbar an sie. Sie hat uns nie Vorschriften
gemacht, die sie nicht begründete.

## Auswahl eigener Publikationen

Bauer, A., Schmidbauer, W. (2005). Im Bauch des Wals. Über das Innenleben von Institutionen.
    Berlin: Leutner. Erweiterte Neuauflage, Stuttgart: Concadora, 2019.
Quindeau, I., Schmidbauer, W. (2017). Der Wunsch nach Nähe. Liebe und Begehren in der Psycho-
    therapie. Hrsg. Von U. Britten. Göttingen: Vandenhoeck & Ruprecht.

Schmidbauer, W. (1968). Halluzinogene in Eleusis? Antaios, 10, 18 ff.

Schmidbauer, W. (1969). Psychohygienische und gruppenpsychotherapeutische Aspekte primitiver Riten. Jahrbuch für Psychologie, Psychotherapie und medizinische Anthropologie, 17, 238 ff.

Schmidbauer, W. (1969). Schamanismus und Psychotherapie. Psychologische Rundschau, 20, 29 ff.

Schmidbauer, W. (1970/1999). Mythos und Psychologie. Methodische Probleme, aufgezeigt an der Ödipus-Sage (2., aktual. u. erw. Aufl.). München/Basel: Reinhardt.

Schmidbauer, W. (1971a). Seele als Patient. Eine Aufklärung für Gesunde und Gefährdete. München: Piper.

Schmidbauer, W. (1971b). Psychotherapie. Ihr Weg von der Magie zur Wissenschaft. München: Nymphenburger.

Schmidbauer, W. (1972a). Die sogenannte Aggression. Die kulturelle Evolution und das Böse. Hamburg: Hoffmann und Campe.

Schmidbauer, W. (1972b). Erziehung ohne Angst. Eine Orientierungshilfe für Eltern. München: Piper.

Schmidbauer, W. (1972c). Homo consumens. Der Kult des Überflusses. Stuttgart: DVA. Neuausgabe unter dem Titel »Weniger ist manchmal mehr«. Reinbek bei Hamburg: Rowohlt, 1992.

Schmidbauer, W. (1972d). Verwundbare Kindheit. Planegg: Selecta.

Schmidbauer, W. (1973a). Biologie und Ideologie. Kritik der Humanethologie. Hamburg: Hoffmann und Campe.

Schmidbauer, W. (1973b). Sensitivitätstraining und analytische Gruppendynamik. München: Piper.

Schmidbauer, W. (1974a). Emanzipation in der Gruppe. München: Piper. Neuausgabe unter dem Titel »Partner ohne Rollen. Die Risiken der Emanzipation«. München: Pfeiffer, 1991.

Schmidbauer, W. (1977). Selbsterfahrung in der Gruppe. München: List. Neuausgabe unter dem Titel »Wie Gruppen uns verändern. Selbsterfahrung, Therapie und Supervision«. Reinbek bei Hamburg: Rowohlt, 1992.

Schmidbauer, W. (1975). Vom Es zum Ich. Evolution und Psychoanalyse. München: Deutscher Taschenbuch-Verlag. Neuausgabe: Berlin: Leutner, 2005.

Schmidbauer, W. (1976). Jugendlexikon Psychologie. Reinbek bei Hamburg: Rowohlt.

Schmidbauer, W. (1977). Die hilflosen Helfer. Über die seelische Problematik der helfenden Berufe. Reinbek bei Hamburg: Rowohlt. Neuausgabe unter dem Titel »Hilflose Helfer«, 1992.

Schmidbauer, W. (1980). Alles oder nichts. Über die Destruktivität von Idealen. Reinbek bei Hamburg: Rowohlt.

Schmidbauer, W. (1982). Im Körper zuhause. Alternativen für die Psychotherapie. Frankfurt a. M.: Fischer-Taschenbuch-Verlag.

Schmidbauer, W. (1983). Helfen als Beruf. Die Ware Nächstenliebe. Reinbek bei Hamburg: Rowohlt.

Schmidbauer, W. (1985a). Die Angst vor Nähe. Reinbek bei Hamburg: Rowohlt.

Schmidbauer, W. (1985b). Tapirkind und Sonnensohn. Eine ökologische Erzählung. Reinbek bei Hamburg: Rowohlt.

Schmidbauer, W. (1986). Die subjektive Krankheit. Kritik der Psychosomatik. Reinbek bei Hamburg: Rowohlt. Neuausgabe unter dem Titel »Geheimsprache der Krankheit. Bedeutung und Deutung psychosomatischer Leiden«, 1998.

Schmidbauer, W. (1987). Eine Kindheit in Niederbayern. Reinbek bei Hamburg: Rowohlt. Neuausgabe: 1993.

Schmidbauer, W. (1988). Liebeserklärung an die Psychoanalyse. Reinbek bei Hamburg: Rowohlt.

Schmidbauer, W. (1990). Ein Haus in der Toskana. Reisen in ein verlorenes Land. Reinbek bei Hamburg: Rowohlt. Erweiterte Neuausgabe: 1995.

Schmidbauer, W. (1991a). Du verstehst mich nicht. Die Semantik der Geschlechter. Reinbek bei Hamburg: Rowohlt.

Schmidbauer, W. (1991b). Zur Geschichte der MAP. Luzifer-Amor, Zeitschrift zur Geschichte der Psychoanalyse, 4 (7), 118 ff.

Schmidbauer, W. (1992). Freud, Leonardo, Michelangelo. Luzifer-Amor, Zeitschrift zur Geschichte der Psychoanalyse, 5 (10), 84 ff.

Schmidbauer, W. (1993). Einsame Freiheit. Therapiegespräche mit Frauen. Reinbek bei Hamburg: Rowohlt. Neuausgabe unter dem Titel »Kein Glück mit Männern. Fallgeschichten zur Näheangst«, 1995.

Schmidbauer, W. (1994). Mit dem Moped nach Ravenna. Eine Jugend im Wirtschaftswunder. Reinbek bei Hamburg: Rowohlt.

Schmidbauer, W. (1995). Jetzt haben, später zahlen. Die seelischen Folgen der Konsumgesellschaft. Reinbek bei Hamburg: Rowohlt.

Schmidbauer, W. (1996). Die Kentaurin. Die Geschichte einer ungewöhnlichen Frau. Reinbek bei Hamburg: Rowohlt.

Schmidbauer, W. (1997). Wenn Helfer Fehler machen. Liebe, Missbrauch und Narzissmus. Reinbek bei Hamburg: Rowohlt.

Schmidbauer, W. (1999a). Der hysterische Mann. Eine Psychoanalyse. München: Nymphenburger.

Schmidbauer, W. (1999b). Die heimliche Liebe. Ausrutscher, Seitensprung, Doppelleben. Reinbek bei Hamburg: Rowohlt.

Schmidbauer, W. (1999c). »Ich wusste nie, was mit Vater ist!« Das Trauma des Krieges in den Familien. Reinbek bei Hamburg: Rowohlt. Neuausgabe unter dem Titel »Er hat nie darüber geredet. Das Trauma des Krieges und die Folgen für die Familie«. Stuttgart: Kreuz, 2008.

Schmidbauer, W. (1999d). Freuds Dilemma. Die Wissenschaft von der Seele und die Kunst der Psychotherapie. Reinbek bei Hamburg: Rowohlt.

Schmidbauer, W. (2000). Vom Umgang mit der Seele: Entstehung und Geschichte der Psychotherapie. Frankfurt a. M.: Fischer.

Schmidbauer, W. (2001). Altern ohne Angst. Reinbek bei Hamburg: Rowohlt. Neuausgabe unter dem Titel »Die großen Fragen des Alters. Seelisch im Gleichgewicht bleiben – Dem Leben spielerisch begegnen – Das Glück im Tun finden«. Salzburg/München: ecoWing, 2022.

Schmidbauer, W. (2002). Helfersyndrom und Burnoutgefahr. München: Urban und Fischer.

Schmidbauer, W. (2003a). Der Mensch als Bombe. Eine Psychologie des neuen Terrorismus. Reinbek bei Hamburg: Rowohlt. Neuausgabe unter dem Titel »Psychologie des Terrors. Warum junge Männer zu Attentätern werden«. Gütersloh: Gütersloher Verlagshaus, 2009.

Schmidbauer, W. (2003b). Die einfachen Dinge. München: Deutscher Taschenbuch-Verlag. Neuausgabeunter dem Titel »Enzyklopädie der Dummen Dinge«. München: Oekom, 2015.

Schmidbauer, W. (2004). Persönlichkeit und Menschenführung. Vom Umgang mit sich und anderen. München: Deutscher Taschenbuch-Verlag.

Schmidbauer, W. (2005a). Der Mensch Sigmund Freud. Ein seelisch verwundeter Arzt? Ein neuer Ansatz. Stuttgart: Kreuz.

Schmidbauer, W. (2005b). Die Rache der Liebenden. Verletzte Gefühle und Wege aus der Hass-Falle. Reinbek bei Hamburg: Rowohlt.

Schmidbauer, W. (2005c). Lebensgefühl Angst. Freiburg: Herder.

Schmidbauer, W. (2005d). Psychotherapie im Alter. Stuttgart: Kreuz.

Schmidbauer, W. (2005e). Therapy on Demand. Narzissmus und bedarfsorientierte Psychotherapie. Düsseldorf/Zürich: Walter.

Schmidbauer, W. (2007a). Das Buch der Ängste. München: Blumenbar-Verlag.

Schmidbauer, W. (2007b). Das Helfersyndrom. Hilfe für Helfer. Reinbek bei Hamburg: Rowohlt.

Schmidbauer, W. (2007c). Mobbing in der Liebe. Gütersloh: Gütersloher Verlagshaus.

Schmidbauer, W. (2007d). Warum der Mensch sich Gott erschuf. Die Macht der Religion. Stuttgart: Kreuz.

Schmidbauer, W. (2008). Die psychologische Hintertreppe. Kleines 1x1 der Seelenkunde. Gütersloh: Gütersloher Verlagshaus. Neuausgabe unter dem Titel »Kleines 1x1 der Seelenkunde. Sich selbst besser verstehen«. München: Goldmann, 2011.

Schmidbauer, W. (2009a). Ein Land – drei Generationen. Psychogramm der Bundesrepublik. Freiburg: Herder. Neubearbeitung 2014 unter dem Titel »Wie wir wurden, was wir sind, Psychogramm der Deutschen nach 1945«. Freiburg: Herder.

Schmidbauer, W. (2009b). Lässt sich Sex verhandeln? Die großen Fragen der Liebe. Gütersloh: Gütersloher Verlagshaus.

Schmidbauer, W. (2009c). Kleists Narzissmus. In G. Blamberger, I. Breuer, S. Doering, K. Müller-Salget, Kleist-Jahrbuch 2008/09 (S. 232–247). Stuttgart: J. B. Metzler.

Schmidbauer, W. (2010). Paartherapie. Konflikte verstehen, Lösungen finden. Gütersloh: Gütersloher Verlagshaus. Neuausgabe unter dem Titel »Die großen Fragen der Liebe. Paarkonflikte verstehen und lösen«. München: Goldmann, 2014.

Schmidbauer, W. (2011a). Kleist. Die Entdeckung der narzisstischen Wunde. Göttingen: Psychosozial-Verlag.

Schmidbauer, W. (2011b). Das kalte Herz: Von der Macht des Geldes und dem Verlust der Gefühle. Hamburg: Murmann.

Schmidbauer, W. (2012a). Das Floß der Medusa – Was wir zum Überleben brauchen. Hamburg: Murmann.

Schmidbauer, W. (2012b). Die gelassene Art, Ziele zu erreichen! Abschied vom Erfolgszwang. Freiburg: Herder.

Schmidbauer, W. (2012c). Die Geschichte der Psychotherapie: Von der Magie zur Wissenschaft. München: Herbig.

Schmidbauer, W. (2012d). Partnerschaft und Babykrise. Gütersloh: Gütersloher Verlagshaus.

Schmidbauer, W. (2012e). Rilke, Krankheit und Dichtung. In E. Unglaub, J. Paulus, Im Schwarzwald: Uncollected poems 1906–1911, Blätter der Rilke-Gesellschaft, Bd. 31 (S. 734–107). Göttingen: Wallstein.

Schmidbauer, W. (2013). Kassandras Schleier. Das Drama der hochbegabten Frau. Zürich: Orell Füssli.

Schmidbauer, W. (2014a). Rätsel Erotik. Lust oder Bindung? Freiburg: Herder.

Schmidbauer, W. (2014b). Unbewusste Rituale der Liebe. Einführung in die Paaranalyse. Stuttgart: Klett-Cotta.

Schmidbauer, W. (2015a). Coaching in der Liebe. Neue Spielregeln für ein Leben zu zweit. München: Kreuz.

Schmidbauer, W. (2015b). Die deutsche Ehe. Liebe im Schatten der Geschichte. Zürich: Orell-Füssli.

Schmidbauer, W. (2016). Die Seele des Psychologen. Ein autobiographisches Fragment. Zürich: Orell-Füssli.

Schmidbauer, W. (2017a). Helikoptermoral. Empörung, Entrüstung und Zorn im öffentlichen Raum. Hamburg: Sven Murmann Verlagsgesellschaft.

Schmidbauer, W. (2017b). Raubbau an der Seele. Psychogramm einer überforderten Gesellschaft. München.

Schmidbauer, W. (2018a). Die Geheimnisse der Kränkung und das Rätsel des Narzissmus. Stuttgart: Klett-Cotta.

Schmidbauer, W. (2018b). Das schwarze Gesicht. Italiens Krieg in Afrika. E-Book: Selbstverlag

Schmidbauer, W. (2020a). Die Kunst der Reparatur. Ein Essay. München: Oekom.

Schmidbauer, W. (2020b). »Du bist schuld!« Zur Paaranalyse des Vorwurfs. Stuttgart: Klett-Cotta

Schmidbauer, W. (2020c). Kaltes Denken, warmes Denken. Über den Gegensatz von Macht und Empathie. Hamburg: kursbuch.edition.

Schmidbauer, W. (2022). Der Fortschritt und das Glück. Eine gescheiterte Beziehung. München: Oekom.

Schmidbauer, W. (2023). Die schnelle und die langsame Liebe. Erzählungen. München: Gräfe & Unzer.

Schmidbauer, W. (2023) Animalische und narzisstische Liebe. Zur Paaranalyse der romantischen Bindung. Stuttgart: Klett-Cotta.

Schmidbauer, W., Scheidt, J. von (1971). Handbuch der Rauschdrogen. München: Nymphenburger.
Schmidbauer, W., Scheidt, J. von (2004). Handbuch der Rauschdrogen (überarb. u. erw. Neuausgabe). Frankfurt a. M.: S. Fischer.

## Weitere verwendete Literatur

Ammon, G. (1972): Dynamische Psychiatrie 5, S. 118, 1972.
Boysen, G. (1988). Haut über Kopf. Erfahrungen mit einer Psychoanalyse. Augsburg: Maro-Verlag.
Görres, A. (1958). Methode und Erfahrungen der Psychoanalyse. München: Kösel.

Regine Scholz

# Mit der Gruppenanalyse durch die Welt und zurück

## Kindheit und Jugend

Wesentlich bestimmend für den Verlauf meiner Kindheit und Jugend war mein Geburtsjahr: 1948. Ich bin also ein Nachkriegskind. Das bedeutete zunächst, dass die Tatsache meiner Geburt an sich ein Kommentar zu Krieg und Faschismus war: Neues Leben gab Hoffnung auf Zukunft und sollte das Schlimme der Vergangenheit vergessen, wenn nicht gar ungeschehen machen.

Nachkriegskind hieß aber auch, dass die äußeren Bedingungen alles andere als rosig waren. Beide Eltern hatten hart zu kämpfen, um beruflich wieder auf die Beine zu kommen. Für meine Mutter gab es zunächst in ihrem Beruf als Kindergärtnerin und Jugendleiterin keine Verwendung. Sie ging daher – wie viele andere aus Norddeutschland – nach Schweden und arbeitete dort dreieinhalb Jahre lang als Haushälterin. Nach einem Jahr konnte sie mich nachholen. Als wir nach Deutschland zurückkamen, sprach ich besser Schwedisch als Deutsch.

Wenn ich Migrantenkinder sehe, muss ich manchmal daran denken: Ich mochte z. B. die von meiner Mutter liebevoll genähten Kleider nicht besonders, da sie mich deutlich von schwedischen Mädchen unterschieden. Nach dem anfänglichen mit der Übersiedlung verbundenen Schock lernte ich schnell perfektes (Kinder-)Schwedisch und schämte mich (mit den zugehörigen Schuldgefühlen) für den starken deutschen Akzent meiner Mutter. Besonders ärgerlich fand ich es, dass sie – um mir die deutsche Muttersprache zu erhalten – generell nicht reagierte, wenn ich sie auf Schwedisch ansprach.

Das Schwedische sollte ich in Deutschland schnell wieder verlieren. Was blieb, waren häufige Umzüge – zum Glück ab meinem fünften Lebensjahr bis zum Ende meiner Schulzeit in derselben Stadt.

Mein Vater hatte zwar Abitur, aber wegen des Krieges und der nachfolgenden fünfjährigen russischen Gefangenschaft keinen Beruf gelernt. Zusätzlich litt er nach einer schweren Hirnverletzung (Granatsplitter) an Grand-Mal-Anfällen.

Eine gegen Kriegsende überhastet geschlossene erste Ehe war gescheitert, sein daraus entstandener Sohn lebte bei der Großmutter mütterlicherseits. Er selbst musste nach der Rückkehr aus der Gefangenschaft zunächst für ein Jahr in eine Spezialklinik, in der ihm – soweit nach dem damaligen Stand der Wissenschaft möglich – die Granatsplitter entfernt wurden. Einige blieben drin. Seine Heimat in Schlesien sah er nie wieder. Später schloss er, der nie Beamter werden wollte, eine Ausbildung zum Zivilbeamten bei der Bundeswehr erfolgreich ab, wodurch dann endlich so etwas wie finanzielle Sicherheit bei uns einkehrte.

Nach unserer Rückkehr aus Schweden arbeitete meine Mutter zunächst wieder als Kindergärtnerin, musste dann aber – wir befinden uns Mitte der 1950er Jahre – ihren Beruf aufgeben, da sie inzwischen geheiratet hatte, und es hieß, eine verheiratete Frau solle nicht arbeiten. Sie war also verheiratet, ich hatte einen Vater, und wir bezogen unsere erste Familienwohnung – bis dahin hatte es nur möblierte Zimmer gegeben. Diese Wohnung befand sich in einer Neubausiedlung; die Nachbarschaft bestand überwiegend aus Vertriebenen aus ehemaligen deutschen Ostgebieten, aus Ost- und Mitteldeutschland. Sämtliche Akzente von Masuren bis zum Sudetenland, von Schlesien bis Thüringen und Sachsen waren dort zu hören. Die Erzählungen der Erwachsenen drehten sich viel um die verlorene Heimat; gesungen wurden Lieder wie »Wahre Freundschaft soll nicht wanken, wenn sie gleich entfernet ist« oder »Du mein stilles Tal, grüß Dich tausend Mal«. Gekocht wurden (nicht bei uns – meine Mutter kam aus Lübeck) oft Gerichte »aus der Heimat«. An allen Ecken und Enden roch es nach Heimweh.

Aufgrund einer Verkettung unglücklicher Umstände mussten beide Eltern, kurz nachdem wir in das Viertel gezogen waren, zum Broterwerb in die Fabrik gehen, meine Mutter als Zwirnerin im Akkord, mein Vater als Vorarbeiter. Die soziale Stellung machte mir als Kind nichts aus, der Geldmangel war allerdings heftig (ich erinnere Sorgen, ob die Miete gezahlt oder ob ein kleiner Ratenkredit bedient werden konnte). Die Gegend war insgesamt nicht besonders begütert, sodass es zu wenig Diskriminierung kam. Da sich die Eltern zudem viel Mühe gaben, die Sorgen von mir fernzuhalten, und darüber hinaus das Neubaugebiet am Rande der Felder ein herrlicher Abenteuerspielplatz für ein neugieriges Mädchen wie mich war, hatte ich eine gute Zeit.

Die endete bald nach dem nächsten Umzug. Aufgrund einer Fehlmedikation in Zusammenhang mit seiner Hirnverletzung und/oder eines heute nicht mehr eruierbaren Triggers brach mein Vater eines Tages vor der Etagentür zusammen und blieb von da an für drei Wochen in einem dissoziativen Zustand ohne Orientierung in Zeit und Raum. Er lag im Bett, reagierte nicht auf meine Mutter, rief nach seiner eigenen früh verstorbenen Mutter, forderte irgendjemanden auf (nicht erkennbar wen), die Panzersperren wegzuräumen (er war bei der Infanterie gewesen) und sprach fließend Russisch. Die Sprache hatte er während der Gefangenschaft gelernt, um besser auf die Verhöre vorbereitet zu sein. Er hatte sie aber nach dem Krieg sogleich »vergessen« und konnte bei klarem Bewusstsein kaum noch zehn Wörter. Damals war ich der einzige Mensch aus der Jetztzeit, auf den er reagierte. Wenn meine Mutter sich nicht mehr zu helfen wusste, weckte sie mich nachts, und ich sang ihm an seinem Bett Kinderlieder vor, dann beruhigte er sich. Nach drei Wochen wurde er langsam wieder klar, war aber zunächst blind (wie direkt nach der Hirnverletzung) und zudem unangenehm persönlichkeitsverändert. Es sollte noch etwa zwei Jahre dauern, bis er wieder der alte freundliche und fröhliche Mensch wurde.

Die vielen Ortswechsel, bei denen ich erlebte, wie sehr die jeweils unterschiedlichen Kontexte ungeschriebenen Gesetzen (unbewussten Regeln) folgen, bereiteten mich gut vor auf ein emotionales Verständnis der Gruppenanalyse und das Konzept der (Grundlagen-)Matrix. Und die kriegsbedingten Traumata meiner Eltern – meine Mutter hatte nach dem Krieg als 29-Jährige weiße Schläfen – sowie mein eigener teilweise schwieriger Werdegang machen den professionellen Schwerpunkt auf individuelle und kollektive Traumata fast zwingend.

## Schule

Ich ging immer gern zur Schule und hatte auch meistens Glück mit meinen Lehrer*innen. In der Grundschule, die damals noch Volksschule hieß, waren wir mehr als vierzig Kinder in der Klasse. Jeden Tag gab es Milch oder Kakao. Die Lehrerin kam aus Mecklenburg – und hatte alle Mühe, uns beizubringen, dass sie sich vielmehr darüber freute, wenn wir pünktlich zum Unterricht kamen, als wenn wir uns verspäteten, weil wir unterwegs noch Blumen für sie pflückten.

Das Lernen fiel mir leicht. Bei der Entscheidung bzgl. einer weiterführenden Schule aber kam es zu einer heftigen Diskussion: Meine Mutter wollte, dass ich aufs Gymnasium gehe, mein Vater hielt das nicht für nötig. Die Realschule reichte seiner Meinung nach aus – seine beiden Schwestern hatten auch einen Realschulabschluss. Der wurde für Mädchen, die ja sowieso heirateten, als ausreichend angesehen. Mithilfe der Lehrerin setzte sich meine Mutter schließlich durch. Erleichtert wurde diese Entscheidung auch durch den Umstand, dass zum Zeitpunkt meines Schulwechsels, 1959, gerade das Schulgeld für Gymnasien abgeschafft wurde. Es gab aber noch keine Lehrmittelfreiheit, sodass zu jedem neuen Schuljahr auf dem Schulhof ein schwunghafter Handel mit gebrauchten Schulbüchern betrieben wurde.

Eine ähnliche Diskussion ergab sich zwei Jahre später, als innerhalb des Mädchengymnasiums (!) die Entscheidung anstand, entweder den hauswirtschaftlichen oder den neusprachlichen Zweig zu wählen. Beide Wege führten zum Abitur, das des hauswirtschaftlichen Zweiges erlaubte jedoch als einziges Studium das der Pädagogik, d.h., es bestand die Möglichkeit, Grundschullehrerin zu werden. Währenddessen erlaubte der Abschluss des neusprachlichen Zweiges formal den Zugang zu allen Studien. Diesmal war die innerfamiliäre Diskussion deutlich kürzer, da der Wunsch überwog, mir alle Möglichkeiten offenzuhalten. Damit hatte ich großes Glück; meinen späteren Wunsch, Psychologie zu studieren, hätte ich sonst nicht realisieren können. Auch das in dem Abschluss enthaltene große Latinum erwies sich letztlich als hilfreich, da es den Zugang zur Promotion deutlich erleichterte.

Leider vergaß ich das Lateinische trotz des sehr guten Lehrers fast vollständig, sodass ich heute z.B. Kircheninschriften kaum lesen kann. Das Französische und das Englische sind mir jedoch geblieben. Mein Französisch reicht jedoch mangels ausreichender Praxis nur noch für den Urlaub, während Englisch inzwischen meine zweite Berufssprache geworden ist.

Auch wenn ich immer Freude an Sprachen hatte, waren meine Lieblingsfächer in der Schule Deutsch und vor allem Geschichte. Zwei in der Familiengeschichte stets präsente Weltkriege dürften zu dieser Leidenschaft beigetragen haben.

## Studium

Gegen Ende der Schulzeit wusste ich zwar, dass ich studieren wollte, aber nicht so recht was. Die meisten meiner Klassenkameradinnen – wir waren 16 Mädchen in der Abiturklasse – wollten Lehrerin werden. Das kam für mich nicht infrage. Ich hatte sehr genau beobachtet, wie junge, frische, engagierte Lehrer*innen nach ca. fünf Jahren im Schuldienst müde und grau geworden waren – nicht mit mir. Das zwischenzeitlich angedachte Studium der Biochemie entfiel, da das universitär geforderte Niveau des mathematischen Verständnisses auf dem neusprachlichen Zweig kaum zu erreichen war. Dann eben Psychologie. Der für die Wahl des Psychologiestudiums oft ausschlaggebende Wunsch, zu helfen, spielte zwar auch eine Rolle, aber eine untergeordnete. Mein Hauptmotiv war (und ist bis heute) die Neugier, was Menschen antreibt, was sie werden lässt, wie sie sind.

Ich bewarb mich um einen Studienplatz für Psychologie und wurde an der Johannes-Gutenberg-Universität in Mainz angenommen. Für mich hieß das: Hinaus in die große weite Welt! Die sah zunächst recht konservativ aus, auf dem Campus wurde ich im ersten Semester noch mit »Fräulein Kommilitonin« angeredet. Das entsprach in etwa dem Stil, den der Ordinarius Prof. Albert Wellek bevorzugte. Ohne es recht zu merken, lernte ich bei ihm die Grundlagen der Gestaltpsychologie ganz gut. Die war aber damals schon etwas aus der Mode, genau wie der ganze Professor, der die Leitung des Instituts mit vierzig Student*innen übernommen hatte und sich jetzt mit 600 Studierenden konfrontiert und überfordert sah. In seiner Verzweiflung heftete er an das schwarze Brett im Institut einen Abdruck von Platons Klage über die Jugend. Diese Aktion zielte wesentlich auf die gerade sich in vollem Schwang befindliche Studentenbewegung, in deren Strudel auch ich bald geriet.

Die Auseinandersetzung mit dem Faschismus spielte dabei eine zentrale Rolle. Für mich hieß das vor allem, die Nächte durchzulesen. Zum einen hatte ich das Bedürfnis, die ganze Exilliteratur nachzuholen, von der ich nichts gewusst hatte, zum anderen war vieles zu entdecken, das an Geschichte des Nationalsozialismus weder in der Schule noch zu Hause vermittelt worden war. Ich war entsetzt. Als ich in dieser Zeit zudem eine Liebesbeziehung mit einem Iraner einging, durfte ich zusätzlich nicht nur kulturelle Unterschiede erleben, sondern vor allem mehr über deutschen Alltagsrassismus erfahren, als ich je gedacht und mir gewünscht hätte.

Nichtsdestotrotz: Ich machte mein Vordiplom in Mainz und ging danach an die Ludwig-Maximilians-Universität (LMU) nach München. Dort hatte ich die Möglichkeit, mich nach dem Vordiplom auf klinische Psychologie zu spezialisieren. Damals wurde innerhalb der klinischen Psychologie sowohl Psychoanalyse (Houben) als auch Verhaltenstherapie (Tunner, Birbaumer) gelehrt. Meine Liebe gehörte allerdings der Sozialpsychologie. Der Lehrstuhlinhaber war zwar etwas farblos, er hatte aber die Gabe, exzellente Leute als seine Assistent*innen einzustellen: Helga Bilden, Heiner Keupp und Klaus Ulich bildeten das Herzstück des Instituts in der Kaulbachstraße. Die inhaltlichen Schwerpunkte bewegten sich im Bereich der Sozialisationstheorien. Alle Genannten erhielten später Professuren. Weitere Anregungen erhielt ich von dem leider sehr früh verstorbenen Soziologen Horst Holzer und dem Arbeitspsychologen Oswald Neuberger. Die Münchner Zeit war sehr erfrischend, die Schönheit der Stadt tat ein Übriges dazu, dass ich mich dort nach anfänglichen Eingewöhnungsschwierigkeiten sehr wohlfühlte.

Nach meinem Examen herrschte zu meinem Pech auf dem Arbeitsmarkt gerade eine Flaute, und es bestand kein Bedarf an Psycholog*innen. Ich war also arbeitslos, das Schreckgespenst meiner Kindheit drohte mich einzuholen. Zunächst hielt ich mich daher als Betreuerin in einem elternorganisierten Kinderladen über Wasser. Eine meiner Qualifikation entsprechende Anstellung

in München zu bekommen, war schwierig bis unmöglich – München hatte
wesentlich mehr Studienabsolvent*innen, als die Stadt an entsprechenden
Arbeitsplätzen anbieten konnte und wollte. Und für mich kam in Bayern nur
München infrage. Die Vorstellung, in einer Erziehungsberatungsstelle im Bayerischen Wald zu arbeiten, gehörte zu meinen Horrorfantasien. Als ich schließlich auf einigen Umwegen die Möglichkeit einer Anstellung als wissenschaftliche
Mitarbeiterin an der Ruhr-Universität in Bochum bekam, griff ich zu – und
verließ München schweren Herzens.

## Gruppenanalyse: Ausgangssituation

Wie ich schließlich zur Gruppenanalyse kam, ist nicht so einfach zu beantworten.
Zunächst war der Zugang eher pragmatisch. Als ich nach Abschluss meines
Studiums der Psychologie und Soziologie in München und zweieinhalb Jahren Tätigkeit als wissenschaftliche Mitarbeiterin an der Universität in Bochum
vor der siebten Verlängerung meines Vertrags stand, beschloss ich, nicht dort
zu bleiben, sondern mich arbeitssuchend zu melden. Schon der Schritt an die
Universität war mir gewagt erschienen, war ich mir doch als erste Studierte in
meiner Familie sowieso nicht sicher, dort am richtigen Platz zu sein. Es war
zudem die Zeit der Berufsverbote; bei meiner Einstellung gab es wegen der
Regelanfrage beim Verfassungsschutz zunächst eine mehrwöchige Verzögerung.
Den Warnschuss vernahm ich sehr wohl. Meine Ambivalenz gegenüber der Universität als Arbeitgeber war also von zwei Seiten abgesichert.

Bei der Arbeitssuche ergab sich das weitere Problem, dass ich keiner Religionsgemeinschaft mehr angehörte, sodass Stellen im Bereich der Erziehungs-,
Ehe- und Lebensberatung von vorherein ausschieden. Nur um einer Arbeitsstelle willen wieder in die Kirche einzutreten, kam für mich als gut protestan-
tisch geprägter Überzeugungstäterin nicht infrage.

Das Arbeitsamt bot mir schließlich eine Stelle als Mitarbeiterin der Personalabteilung einer international operierenden Ölfirma an. Zu meiner Überraschung
wurde ich auf meine Bewerbung hin angenommen. Meine Zuständigkeit bezog
sich auf internes Managementtraining.

Es war eine Zeit, als fortschrittliche Unternehmen offen waren für neue
Ansätze mit flachen Hierarchien, wie sie z. B. in St. Gallen gelehrt wurden. Man
war bereit, für die interne Weiterbildung der Mitarbeiter*innen Geld in die Hand
zu nehmen und dabei das ganze Methodenarsenal der modernen Lernforschung
zu plündern. Das Unternehmen hatte ein eigenes Lernzentrum und brachte
darüber hinaus das gesamte obere Management zu Wochenveranstaltungen

in einem abgelegenen Hotel zusammen, um in dem für eine partizipative Mit-
arbeiterführung erforderlichen Kommunikationsstil und den entsprechenden
Kommunikationstechniken geschult zu werden. Und das sollte ich machen.

Zwar schickte mich die Firma großzügig zunächst selbst auf Schulungen –
ich war aber in der Regel mindestens zwanzig Jahre jünger als die von mir »zu
trainierenden« Manager (Managerinnen gab es nicht), weiblich und aus der
Personalabteilung. Deren Mitarbeiter*innen wurden normalerweise von Fach-
abteilungsleitern nicht ernst-, sondern eher als Störfaktoren wahrgenommen.
Entsprechend unsicher fühlte ich mich. Um mich für diese Situation besser
vorzubereiten, empfahl mir eine befreundete Kollegin, mich doch einmal mit
der Gruppenanalyse vertraut zu machen.

Um einen Eindruck zu bekommen, nahm ich an zwei gruppenanalytischen
Blockwochenenden teil, wie sie damals vom Förderverein Gruppentherapie
angeboten wurden – woraus später das Institut für Therapeutische und
Angewandte Gruppenanalyse Münster e.V. hervorgehen sollte. Der berufliche
Anlass trat schnell in den Hintergrund. Ich war fasziniert davon, was in den
Gruppen und was mit mir in den Gruppen geschah, und entschloss mich darauf-
hin – zunächst nebenberuflich – die Ausbildung zu absolvieren.

## Anfänge

Weil ich schon immer theoretisch interessiert war, trat ich noch während der
Ausbildung der Redaktionsgruppe der 1986 gegründeten Zeitschrift »Arbeitshefte Gruppenanalyse« bei (ursprünglich »Münsteraner Arbeitshefte Gruppenanalyse«), deren Herausgeberin ich 2004 in Nachfolge von Monika Moll werden sollte. Doch davon später.

Die fünfjährige gruppenanalytische Ausbildung zusammen mit Einzelnach-
weisen ermöglichte es mir, mich 1987 noch einmal beruflich neu zu orientieren und mich in freier Praxis als Psychotherapeutin niederzulassen. Neben der
Gruppenanalyse hatte und hat meine Praxis zunehmend auch einen Schwerpunkt in der Traumabearbeitung. Diese Tätigkeit übe ich bis heute noch gern
aus, wenn auch inzwischen in altersgemäß reduziertem Umfang.

Mein ganz persönliches Thema im Bereich der Gruppenanalyse ergab sich
für mich jedoch durch Begegnungen in und mit der internationalen gruppenanalytischen Szene, seitdem ich 1988 den Münsteraner Kollegen Harald Forst
bei einem Study Day in London vertreten durfte. Ich war angefixt und beschloss,
einmal im Jahr mindestens einen gruppenanalytischen Kongress zu besuchen.
Das Geld dafür sparte ich über das Jahr. In der Folge nahm ich sowohl 1989

am Internationalen Kongress der IAGP (International Association for Group Psychotherapy and Group Processes) in Amsterdam und schließlich 1990 am 8. Symposium der Group Analytic Society (noch nicht Group Analytic Society International) in Oxford teil.

Die Erfahrungen waren überwältigend. Ich hatte zwar in Deutschland vereinzelt schon Kontakt mit jüdischen Menschen gehabt, die Begegnung mit so vielen ehemals Geflüchteten war jedoch eine ganz andere Dimension. Auch stammten fast alle internationalen Teilnehmenden aus ehemals von Deutschen besetzten Ländern. Die daraus resultierende Spannung zwischen Reserviertheit und Willkommensein ergab eine sehr elektrisierende Stimmung. Besonders erinnere ich mich an die leider früh verstorbene Rena Hadzidakis, die in einem Gestapokeller zur Welt kam, während ihr Vater im KZ saß. Er hatte in Deutschland studiert – und sein erster Weg nach seiner Entlassung war in die Bayrische Staatsbibliothek. Später schenkte sie mir die »Mauthausen Suite« von Mikis Theodorakis.

Die Erfahrung, dass manches von all dem Schwierigen in den Gruppen besprochen werden konnte, war für mich sehr befreiend. Es ermutigte mich – zurück in Deutschland –, erste gruppenanalytische Workshops zum Thema Aus- und Inländer, Rassismus etc. durchzuführen. Es war die Zeit, als nach der Wiedervereinigung die ersten Brandanschläge das Land und mich persönlich erschütterten. Im Weiteren sollte – über die Erschütterung hinaus – die theoretische Figur der Grundlagenmatrix, mit der Foulkes die sowohl transpersonale als auch transgenerationale Kommunikationsstruktur großer sozialer Einheiten und deren Entwicklung zu fassen versuchte, mein Thema werden.

## Münsteraner Institut

Der genaue Zeitpunkt lässt sich aus meinen Unterlagen nicht mehr eruieren, es muss aber gegen Ende der 1990er Jahre gewesen sein, als ich in den Vorstand des Münsteraner Instituts gewählt wurde. Das Institut befand sich damals – auch wegen der Anforderungen des Psychotherapeutengesetzes – in einem intensiven Umbruchprozess, zu dessen Ausgestaltung ich beitragen konnte. Eine Besonderheit des Münsteraner Modells bestand vor allem darin, dass die Selbsterfahrung für Auszubildende zusammen mit Patient*innen angeboten wurde, und zwar sowohl in den laufenden Gruppen als auch in Blockwochen. Diese wurde zudem von fortgeschrittenen Ausbildungskandidat*innen beobachtet, die auf diese Art und Weise verschiedene Leitungsstile kennen und mit ihren Gegenübertragungen umzugehen lernten.

## Symposien

Außer den üblichen Verpflichtungen als Lehrende, denen ich immer sehr gern nachkam, bestand mein spezieller Verantwortungsbereich vor allem in der Organisation und Neuausrichtung der Münsteraner Symposien hin auf theoretische Grundfragen der Gruppenanalyse. Dies war dadurch möglich geworden, dass unser leider sehr früh verstorbenes Mitglied Hermann-Joseph Hübbers dem Förderverein Gruppentherapie seine Ersparnisse vermacht hatte, mit der Auflage, diese ausschließlich für die Theoriearbeit zu verwenden. Auf Anregung von Thomas Mies beschloss der Vorstand daher, eine Symposiumsreihe zu Theorien des Unbewussten ins Leben zu rufen und die Beiträge in der Zeitschrift »Arbeitshefte Gruppenanalyse« zu veröffentlichen.

2001 fand mit dem 11. Münsteraner Symposium die erste Veranstaltung dieser Serie statt unter dem Titel »Die Theorie des Unbewussten in Psychoanalyse und Gruppenanalyse«. Zur Einführung gab es ein Doppelreferat von Thomas Mies und mir, weitere Beiträge stammten von Hans Bosse (Frankfurt a. M.) und Farhad Dalal (London). 2003 folgte das 12. Münsteraner Symposium zum Thema »Unbekannte Gedanken – Ungeahnte Gefühle«, bei dem wir uns mit Affekt und Kognition in den Theorien des Unbewussten beschäftigten. Dazu referierten Alexander Hippmann (Wien), Rainer Krause (Saarbrücken) und der leider inzwischen verstorbene Ralph Stacey (Hertfortshire). Mit dem 13. Münsteraner Symposium im Jahre 2006 näherten wir uns – sehr abstrakt – dem gerade im deutschen Kontext schwierigen Thema der »Vergangenheit in der Gegenwart« an. Die Hauptvorträge hielten Marianne Leuzinger-Bohleber (Frankfurt a. M.) und Gereon Heuft (Dortmund); Harald Welzer hatte ursprünglich zugesagt, war dann aber leider verhindert und reichte seinen Beitrag schriftlich nach. Die Selbsterfahrungsgruppe zum Thema leitete Teresa von Sommaruga (London), die Tochter eines 1938 aus Deutschland geflüchteten Juden, die ich 1988 bei meiner ersten Begegnung mit der gruppenanalytischen Community kennengelernt hatte. Das 14. Symposium beschloss dann 2008 diese Serie mit der Tagung »Das Gehirn in der Gruppe – die Gruppe im Gehirn«. Mit dem Verhältnis von Neurowissenschaften und Gruppenanalyse befassten sich als Referenten Hans Markowitsch (Bielefeld), Malcolm Pines (London) und Ulrich Schultz-Venrath (Bergisch-Gladbach). Es hat Freude gemacht, diese Veranstaltungen zu organisieren und dabei gleichzeitig angeregt zu werden, sich mit den jeweiligen Themen eingehender auseinanderzusetzen.

## Schönberger Kreis

Um diese Vertiefung ging es bei dem nach dem Symposium 2001 im Januar 2002 ins Leben gerufenen Arbeitskreis, dessen explizites Ziel die Fortführung der Theoriediskussion war. Für die ersten Jahre hatte ich die Leitung dieser zunächst Kronberger Kreis genannten Gruppe, die sich bald in Schönberger Kreis (nach dem Tagungsort) umbenannte, da der ursprüngliche Name schon vergeben war. Diskutiert wurden und werden verschiedene Aspekte der Theorien des Unbewussten, dazu werden Referate gehalten, aber auch künstlerische Mittel – die häufig Unbewusstes Material früher und intensiver transportieren, als es die Sprache vermag – werden einbezogen.

Einen wichtigen Stellenwert nahm natürlich der Matrixbegriff ein, der als Kernbegriff der Gruppenanalyse gilt. Er wird heute von verschiedenen Seiten in Zweifel gezogen, manche verzichten ganz auf ihn. Das erscheint mir nicht hilfreich. Bei aller Kritik und Notwendigkeit weiterer Ausarbeitung wüsste ich bislang keine Konzeption, welche Entstehung und Entwicklung von Gruppenkohärenz sowie Rolle und Einbettung der einzelnen Personen in diese Prozesse beschreibt. Die gemeinsamen Abende bei Ingelheimer Rotwein gehörten genauso zum festen Bestandteil der Gruppenmatrix des Schönberger Kreises wie inzwischen das gemeinsame selbstgestaltete zweite Frühstück am Ankunftstag.

Im Vorfeld der Gründung der Deutschen Gesellschaft für Gruppenanalyse und Gruppenpsychotherapie (D3G) hatte Thomas Mies die Leitung übernommen. Inzwischen arbeitet diese Gruppe leiterlos und trifft sich bis heute einmal im Jahr. Sie ist mir nach wie vor als Denk- und Fühlraum sehr wichtig. Die Mitglieder waren und sind als Personen ohne institutionellen Auftrag beteiligt, wodurch eine weitgehend von Institutsinteressen unabhängige Diskussion ermöglicht wird. Außerdem waren die dort entstandenen persönlichen Verbindungen zusammen mit den jeweiligen Verbandszugehörigkeiten (Sektionen AG, KuP und IDG des DAGG) später sehr hilfreich bei dem Zusammenführen der auf psychodynamischer Grundlage arbeitenden Sektionen zu dem, was schließlich die Deutsche Gesellschaft für Gruppenanalyse und Gruppentherapie (D3G) werden sollte.

## Brochterbek

In die Zeit meiner Vorstandstätigkeit in Münster fällt auch das sogenannte Brochterbek-Projekt – ein gruppenanalytisches Forschungsprojekt, in dem Interventionsstile und Wirkungsweisen des Münsteraner Ansatzes mit denen der Kolleg*innen von der Intendiert Dynamischen Gruppenpsychotherapie (IDG) experimentell verglichen wurden. Das komplexe Forschungsdesign bestand aus täglich einer Großgruppe und zwei Kleingruppen, einer Supervisionsgruppe und einer Beobachtungsgruppe zusammen mit Audioaufzeichnungen. Die Großgruppe wurde von einer Westkollegin (Beate Rasper) und einem Ost-kollegen (Stephan Heyne) geleitet, verantwortlich für die Kleingruppenleitung war jeweils nur eine Person, und zwar Harald Küster Ost und Antje Seeger West. Das gesamte Forschungsdesign und die Ergebnisse dieser Kooperation von Ost- und Westdeutschen Kolleg*innen (außer den Genannten: Christoph Seidler Ost und Holger Brandes West – Gesamtleitung Thomas Mies) lassen sich in »psychosozial« 103/2006 nachlesen. Das spannendste Ergebnis der Aus-wertung war, dass die deutlichste Unterscheidungslinie nicht zwischen Ost und West, sondern entlang der Geschlechtergrenze verlief. Ich selbst war in diesem Projekt als Mitglied der Beobachtungsgruppe beteiligt. So etwas würde ich gern wieder machen – der Realisierung dieses Wunsches steht jedoch der beträcht-liche Aufwand entgegen.

## Andere Veranstaltungen

2001 lernte ich auf einem IAGP-Kongress in Zadar, Kroatien, Robi Friedman aus Israel als Gruppenleiter kennen und war von seiner Art der Gruppenleitung fasziniert. Im Anschluss legte er offen, dass seine Mutter aus Berlin stammte und 1942 mithilfe ihres nichtjüdischen Vaters noch die Ausreise geschafft hatte. Die jüdische Großmutter – deren Vorname Regina war – überlebte im Versteck. Nach dem Krieg konnte sie mit ihrem Mann nach Uruguay auswandern.

Im Nachgang zu diesem Workshop in Zadar blieben wir in E-Mail-Kontakt – und 2005 lud ich ihn in meiner Funktion als Vorstandsmitglied nach Münster ein, um einen Workshop über Träume zu leiten. Es war sein erster Besuch in Deutschland überhaupt, und entsprechend emotional aufgeladen war die Situa-tion. Allen Teilnehmenden dieses Workshops blieb er unvergesslich. 2007 folgte ebenfalls in Münster ein zweiter Workshop. Von 2009 bis 2016 führte ich mit Robi Friedman in meiner Praxis in Düsseldorf zweimal im Jahr Supervisions-wochenenden für gruppenanalytisch arbeitende Kolleg*innen durch.

Die Tatsache, dass das Leiterpaar israelisch-deutsch war, hatte auf diese Ver-anstaltungen natürlich einen großen Einfluss. Große Unsicherheit basierend auf Angst, Schuld und Schamgefühlen im Umgang speziell mit dem israeli-schen Leiter bei dem gleichzeitigen dringenden Wunsch, seine Anerkennung zu erlangen, bestimmten über weite Strecke die Dynamik mit. Ihm fiel besonders die Aggressionshemmung der deutschen Teilnehmer*innen auf. Nach der Ermordung von sechs Millionen Juden durch Deutsche konnte ihm diese nur unecht erscheinen. Gemildert wurde diese unbewusste Dynamik zum einen durch seine zugewandte Haltung und zum anderen dadurch, dass wir als israelisch-deutsches Leiterpaar das Versprechen verkörperten, dass Kommunikation über diese Grenze hinaus möglich ist.

Diese Wochenenden fanden nicht mehr im Rahmen des Münsteraner Instituts statt. Dessen Programm beinhaltet jedoch nach wie vor seine Traumworkshops, und es freut mich, diese Zusammenarbeit angestoßen zu haben.

## Redaktion Arbeitshefte Gruppenanalyse

Viele der Inhalte, die in den genannten Kontexten erarbeitet wurden, sind in der Zeitschrift »Arbeitshefte Gruppenanalyse« veröffentlicht, deren Redaktion ich bis zu ihrer Einstellung im Jahre 2013 – seit 2004 als leitende Redakteurin – angehörte. Die Tagungsberichte befinden sich in den Ausgaben 2001 (Votum-Verlag) und 2002 (Beltz) sowie in »psychosozial« 111 und »psychosozial« 119. Die Zeitschrift selbst gab es seit den 1980er Jahren. Im Laufe der Zeit hatte es verschiedene Verlagswechsel gegeben, ab 2006 erschien sie schließlich in Kooperation mit der Zeitschrift »psychosozial«. Neben den eher theoretischen Artikeln mit der entsprechenden sozialwissenschaftlichen Akzentuierung enthielt sie auch mehr praktisch orientierte Arbeiten. Hatten in den 1980er Jahren Werkstattberichte dominiert, folgten ab den 1990er Jahren Themenhefte zu verschiedenen Bereichen wie Sexualität, Alter, Essen, Arbeit, Sprache, Kunst etc. Der Kreis der Autor*innen bestand ursprünglich im Wesentlichen aus Mitgliedern des Fördervereins bzw. des Instituts (z. B. Holger Brandes, Christa Franke, Harald Forst, Thomas Mies, Beate Rasper, Antje Seeger). Mit den Jahren wurde dieser um weitere deutschsprachige Beiträger*innen erweitert (z. B. Martin Dornes, Stephan Heyne, Michael Lukas Möller, Sabine Trautmann-Vogt, Gerhard Wilke, Hans-Jürgen Wirth, Sonja Wuhrmann) und bezog schließlich immer mehr internationale Autor*innen mit ein (außer den im Zusammenhang mit den Symposien genannten Personen z. B. Erica Burman, Zaida Hall, John Schlapobersky, Iannis Tsegos, Gary Winship, Ivan Urlic, Louis Zinkin).

Das war eine Arbeit, die ich mit großem Engagement und Einsatz durchführte, die Zeitschrift war lange Zeit »mein Baby«. Gerade die Ausweitung des Autor*innenkreises und die damit verbundene Öffnung und Ausweitung der Diskussion im nationalen und internationalen Rahmen war mir ein großes Anliegen. Aber alles hat seine Zeit. Irgendwann reichte die Kraft nicht mehr; die Personaldecke war zu dünn geworden, um die Zeitschrift weiterzuführen, da der Adressatenkreis in Deutschland relativ gering war. Im Marz

2013 erschien die letzte Ausgabe als »psychosozial 131«. Mein Dank gilt Hans-Jürgen Wirth, der durch die Konstruktion der Gastherausgeberschaft in der Zeitschrift »psychosozial« den »Arbeitsheften« von 2006 bis 2013 noch einmal eine Blüte ermöglichte.

## Sektion Klinik und Praxis (KuP) und D3G

Im November 2007 wurde ich auf Vorschlag von Holger Brandes auf der Jahrestagung in Hamburg in den Vorstand der Sektion KuP im Deutschen Arbeitskreis für Gruppenpsychotherapie und Gruppendynamik (DAGG) gewählt. Da weitete sich die Welt über den Münsteraner Horizont hinaus. Die in der KuP gepflegte theoretische Offenheit und das pragmatische Herangehen an interessierende Fragestellungen sprach mich sehr an. In den nächsten Jahren organisierte ich zusammen mit Joost Kókai und Stephan Zillner die Jahrestagungen – mit der sehr hilfreichen Unterstützung von Jutta Bohnhorst als Geschäftsstellenleiterin des DAGG.

Zur Tagung 2008 konnte ich in dieser Funktion noch einmal Robi Friedman und zusätzlich Heiner Keupp einladen. Bei dieser Gelegenheit ermutigte Heiner Keupp mich, doch noch zu promovieren, sodass ich parallel zu meinen anderen Tätigkeiten meine Dissertation zu dem Thema »Kultur und kollektive Traumata: eine gruppenanalytische Perspektive« schrieb. Referent war Heiner Keupp, Co-Referent Wolfgang Mertens, Zweitprüfer Armin Nassehi.

2009 traf sich die Sektion in Regensburg. Die letzten dieser Tagungen fanden zunächst im Mai 2010 statt zusammen mit der IDG und schließlich im Mai 2011 mit der IDG und der AG. Diese gemeinsamen Tagungen dienten der Vorbereitung auf die Gründung der D3G.

Zur Mitgestaltung dieses komplizierten Prozesses, der 2009 von Kurt Höhfeld angestoßen worden war, wurde ich zusammen mit Joost Kókai beauftragt, an der Ausarbeitung der Satzung für die D3G teilzunehmen. Der Prozess der Ausarbeitung einer gemeinsamen Grundlage für die neue Gesellschaft gestaltete sich erwartungsgemäß schwierig. Besonders um das Verhältnis von Gruppenanalyse und Psychoanalyse wurde gerungen, wie es sich in den Anerkennungsrichtlinien widerspiegeln sollte. Mein persönlicher Beitrag war die Anregung, als Pendant zum Beirat der Weiterbildungsstätten einen Beirat für Wissenschaft und Forschung einzurichten. Der Hintergrund dieser Initiative war meine Überzeugung, dass Weiterbildung notwendigerweise in gewissem Sinne immer konservativ ist – gelehrt wird das, was sich einigermaßen bewährt hat – und dass es deswegen notwendig ist, einen Ort für die Behandlung offener Fragen und die Weiterentwicklung von Theorie und Praxis zu institutionalisieren. Diese Argumentation leuchtete ein, und der Beirat für Wissenschaft und Forschung, dem ich dann von 2011 bis 2019 angehörte, wurde in die Satzung aufgenommen. Weiterhin geht die Verankerung der Fachgruppe Gruppenanalyse in Bildung, Kultur und Gesellschaft in der Satzung auf mich zurück, da ich die Kolleg*innen davon überzeugen konnte, dass die psychotherapeutische Gruppenanalyse nur ein – sehr wichtiges – Anwendungsfeld der Gruppenanalyse darstellt, ihr Potenzial jedoch darüber hinaus geht. Die weitere Entwicklung dieser Fachgruppe, deren Sprecherin ich seit 2016 bin (inzwischen mit Adrienn Weiß), sollte mir recht geben: Sie hat inzwischen einen stabilen Teilnehmer*innenkreis und eine zunehmende Außenorientierung und Außenwirkung.

Die Arbeit in der Satzungskommission mündete schließlich im Oktober 2011 in der Gründung der D3G, deren Gründungsmitglied ich wurde. Es war eine sehr anregende und fruchtbare Arbeit, für die ich dankbar bin. Der DAGG und damit auch die KuP wurden in Folge dieser Neugründung aufgelöst.

## Granada

Schon vor meiner Vorstandstätigkeit für die KuP hatte ich von 2004 bis 2009 als Vertreterin der Sektion an der jährlich stattfindenden Sommerakademie des DAGG (später der IAGP) in Granada teilgenommen. Meine Aufgabe war es, täglich die psychodynamische Gruppe und einmal im Laufe der Woche die Großgruppe mit einem Kollegen oder einer Kollegin zu leiten – 2004 zusammen mit Mohammad Ebrahim Ardjomandi. Die Atmosphäre mit direktem Blick auf die Alhambra war wunderbar, die Arbeit mit den Gruppenteilnehmer*innen aus den verschiedenen Ländern sehr anregend und die internationalen Kolleg*innen, die verschiedene Gruppenverfahren repräsentierten, ein unschätzbarer Gewinn. Es war eine Live-Übung in Inklusion.

2016 war ich noch einmal Gast in Granada, diesmal ohne Gruppenleitung, sondern mit einem Vortrag (am Tag des Brexit-Referendums!) zum Thema »The value of being human – a group analytic view on recent processes of dehumanization«. Darin wandte ich mich gegen die öfters geäußerte Auffassung, dass Foulkes naiv gewesen sei. Meiner Meinung nach kann Foulkes' gesamtes Schaffen auch als Stellungnahme und Widerstand gegen den Faschismus gelesen werden. Die Nazis operierten nicht allein mit Terror, sie hatten ein ausgeprägtes Gefühl dafür, wie sehr Menschen andere Menschen brauchen. Sie beuteten diese Bedürfnisse nach Nähe und Halt aus, indem sie ihr Modell von Führerschaft und Gruppe, in dem der/die Einzelne nichts, aber die Gruppe (oder das Phantasma davon) alles ist. Der Führer fungiert dann als idealisierter Repräsentant der Gruppe, der nicht mit menschlichen Maßstäben zu messen ist und der grenzenlose Liebe und Gehorsam verdient.

Dieser faschistischen, zumindest autoritären Gruppenauffassung setzte Foulkes die Konzeption der Matrix entgegen. In der Matrix erschaffen die Personen die Matrix und die Matrix die Personen, d. h., in diesem dialektischen Prozess entfaltet sich die Individualität der Personen in der Gruppe und die Gruppe entwickelt sich mit der Vielstimmigkeit ihrer Mitglieder. Aufgabe der Leitung ist es, den sicheren Rahmen für diese Entwicklungen zu gewährleisten und die Vielstimmigkeit zu ermöglichen. Das setzt allerdings eine einigermaßen angstfreie Atmosphäre voraus – auf den gesellschaftlichen Maßstab umgesetzt, bedeutet dies, dass demokratische Verfahrensweisen unter Druck geraten, wenn große Ängste das Bild beherrschen. Das sollte später in meiner Foulkes Lecture 2022 ein zentraler Punkt meiner Argumentation werden.

## Cortona

Zu meiner Zeit bei der KuP gehört das Interview, das ich an einem sehr heißen Julitag im Sommer 2007 zusammen mit Gisela Höller-Trauth mit Alice Ricciardi-von Platen in ihrem Haus in Cortona über die Anfänge des DAGG durchführte. Da ich Frau von Platen schon von einem Workshop in Paris kannte, ließ sich der Kontakt leicht herstellen. Neben all dem Klugen, das die 97-jährige große alte Dame der Gruppenanalyse und Mitbegründerin (mit Ursula Heim und Mathilde Trappe) von Altaussee zu sagen hatte, war es vor allem ihre Persönlichkeit, die beeindruckte. Ein halbes Jahr später verstarb sie.

## Group Analytic Society

Im Sommer 2010 bekam ich einen Anruf von Robi Friedman, ob ich Interesse hätte, im Management Committee der Group Analytic Society mitzuarbeiten (jetzt Group Analytic Society International, GASI). Die Antwort war ein klares und eindeutiges Ja – und so kam es dazu, dass ich schließlich vom Oktober 2010 bis Juli 2017 Mitglied im Management Committee der GASI war.

## Summer Schools

Zunächst brauchte ich eine Weile, um mich in der neuen Umgebung und dem neuen Kontext zurechtzufinden. Nach dieser Orientierungsphase wurde ich zusammen mit David Glyn für Konzeption und Organisation der Summer

Schools zuständig. Robi Friedman – seit 2011 Präsident der GASI – griff diese alte Idee auf und initiierte die Umsetzung. Ziel war es, jährlich hochqualitative gruppenanalytische Workshops in jeweils einem anderen Land in Kooperation mit einem örtlichen gruppenanalytischen Institut anzubieten. Die Zugangs-schwelle sollte organisatorisch und finanziell möglichst niedrig gehalten werden. Zum Staff wurden in erster Linie junge Kolleg*innen eingeladen, um ihnen als Vortragende und als Gruppenleiter*innen die Möglichkeit zu gegeben, in grö-ßere Verantwortung hineinzuwachsen.

Die erste Summer School »Learning Across Borders« fand 2013 im noch stark vom Krieg der 1990er Jahre gezeichneten Belgrad statt. Marina Mojo-vic hatte uns dankenswerterweise ihr elterliches Haus, das sie geerbt und zum Tagungsort umgebaut hatte, zur Verfügung gestellt. Robi Friedman als Präsi-dent von GASI eröffnete die Veranstaltung zusammen mit Ivanka Dunjic, der Vorsitzenden der serbischen Partnerorganisation. Die serbischen Mitglieder des Staff waren Marina Mojovic, Ivanka Dunjic und Tija Despotic. Als am vorletzten Tag ein Teammitglied in der Großgruppe zusammenbrach und im Kranken-haus notärztlich versorgt werden musste, war das Thema Tod zumindest in den Ängsten der Teilnehmenden nicht nur historisch vertreten. Real erholte sich der Kollege jedoch bald, und es blieb zum Glück auch noch ein Tag, um das Geschehene zumindest ansatzweise zu bearbeiten.

Der zweite Workshop fand 2015 in Prag statt und hatte das bezeichnende Thema »Who is Afraid of Groups«, dem im tschechischen, postkommunistischen Kontext noch eine besondere Bedeutung zukam. Die tschechischen Team-mitglieder waren Helena Klimova, Marie Hoskova, Ludvig Vrba und Eduard Rys. Zehn Tage vor Beginn starb Marie Hoskova, die ihre Krebserkrankung vor uns geheim gehalten hatte. Noch im Krankenhaus vollendete sie die Arbeit an ihrem Vortrag »Why should individual members be afraid of groups«, in dem sie begründete, dass Therapiegruppen den Einzelnen nichts wegnehmen, son-dern sie bereichern. Dieser Vortrag kann wohl als ihr Vermächtnis betrachtet werden; verlesen wurde er von Ludvig Vrba. Die Trauer und das Entsetzen über diesen plötzlichen Verlust bestimmten stark die Atmosphäre, denn viele der Teilnehmenden hatten Marie gut gekannt.

Für die dritte Summer School »The creative potential of polyphony« trafen wir uns vom 13. bis 17. Juli 2016 in Athen. Das genaue Datum ist wichtig, weil kurz vor und in diese Zeit wichtige Ereignisse fielen, welche die Stimmung in dem Workshop bestimmten. Zum einen hatte vier Wochen vorher die Brexit-abstimmung stattgefunden, mit dem bekannten Ergebnis des künftigen Austritts Großbritanniens aus der EU. Die britischen Teilnehmenden waren entsetzt, traurig und wütend. Ehe diese Gefühle intensiver bearbeitet werden konnten, kam die Horrormeldung von dem Terroranschlag von Nizza am 14. Juli, bei dem 86 Menschen getötet und mehr als 400 Menschen verletzt wurden. Die ganz realen Bedrohungsgefühle waren nahe dran, den Gruppenprozess lahm-zulegen: Die Teilnehmenden drohten zu verstummen bzw. zu rationalisieren. Schließlich kam das Bild der Arche Noah auf – wer wird gerettet werden? Am 16. Juli, einen Tag vor dem Ende der Summer School, kam die Nachricht von dem schließlich missglückten Militärputsch mit 249 Toten und über 200 Ver-letzten in der Türkei hinzu. Entsprechend nahm die Gruppenarbeit in weiten Strecken den Charakter einer Support-Group an; es wurde weniger (aber auch) aufdeckend gearbeitet, doch konnte der Charakter der Gruppen als Denk- und Fühlraum gewahrt bleiben.

Auch ohne solche dramatischen Ereignisse ist die Kraftanstrengung kaum zu überschätzen, die erforderlich ist, um an jährlich wechselnden Orten mit jähr-lich neuen Teams, die sich im Laufe der Vorbereitungsarbeit erst zusammen-finden müssen, die Summer Schools zu realisieren. Dennoch waren es einzig-artige Lernerfahrungen.

Am meisten lernten vielleicht wir, die Organisator*innen. Über den fach-lichen Austausch hinaus ergaben sich intensive Einblicke in die jeweiligen Gast-gesellschaften. In Belgrad erlebten wir eine traumatisierte Nachkriegsgesellschaft mit der zudem sehr aktuellen Frage, ob das Land jungen Menschen noch eine Zukunft bieten kann. Auswandern oder Bleiben war ein wichtiges Thema. In Prag war das stets wachsame Misstrauen der postkommunistischen Ära deut-lich zu spüren: Was wollt ihr von uns? Was kann/darf ich hier sagen? Diese Fragen waren ständig unterschwellig vorhanden und wurden schließlich offen ausgesprochen.

Zur geschilderten Atmosphäre in Athen kam im Hintergrund die Ver-bitterung bzgl. der harten Auflagen der EU/Deutschlands wegen der Finanz-krise 2008 hinzu. Zudem war in allen drei Ländern, die während des Zweiten Weltkrieges von der Wehrmacht besetzt gewesen waren, die aus dem damaligen Leid resultierende Reserve gegenüber einer deutschen Organisatorin spürbar. Es war ein Intensivkurs über mentale Unterschiede in Europa bzw. über unter-schiedliche Grundlagenmatrices innerhalb der EU.

Diese drei Summer Schools waren als Pilotprojekt konzipiert, das in Athen 2016 seinen Abschluss fand, womit auch meine diesbezügliche Verantwortlich-keit zu Ende ging. Das Veranstaltungsformat ist jedoch bis heute im Programm von GASI, worüber ich mich sehr freue.

## Symposium 2017

2016 war das Jahr der Vorbereitung auf das 17. GASI-Symposium, das 2017 in Berlin unter dem Titel »Crossing Borders – Social, Cultural and Clinical Challenges« stattfinden sollte, und ich wurde als ein Mitglied des Scientific Committee benannt. Abgesehen von der Teilnahme an den allgemeinen Programmarbeiten war es meine Aufgabe, zusammen mit John Schlapobersky die Verantwortlichkeit für das Subplenary zum Thema Geflüchtete zu übernehmen. Das bedeutete, die Thematik aufzuschlüsseln, entsprechende Referent*innen einzuwerben und für diese Gäste die zugehörigen organisatorischen und finanziellen Rahmenbedingungen sicherzustellen.

Ein Plenum zum Thema Flucht ist naturgemäß ein Plenum über Gewalt und Genozid, über Trauma und dessen transgenerationale Weitergabe. Es ging um den gruppenanalytischen Blick auf diese Themen und den Umgang sowohl mit Geflüchteten als auch mit den Reaktionen in den Aufnahmegesellschaften. Folglich war das Programm nicht nur organisatorisch, sondern auch emotional sehr dicht.

Aus der Tätigkeit im Scientific Committee für das GASI-Symposium 2017 folgte auf Anregung von Teresa von Sommaruga, die zu der Zeit Treasurer der IAGP war, eine Anfrage, den Scientific Chair für das XX. Symposium der IAGP »Rising Tides of Challenge and Hope – Healing Identity, in Society, Groups and Individuals« 2018 in Malmö zu übernehmen. Ich sagte gern zu, auch aus dem ganz persönlichen Grund, dass es eine schöne Art und Weise war, wieder nach Schweden zu kommen, wo ich als Kleinkind gut zwei Jahre gelebt hatte. Die Einreise erfolgte immer über Malmö. Was die professionelle Seite anbelangte, halfen mir die Berliner Erfahrungen bei der Organisation des Programms. Und außerdem konnte ich bei der Gelegenheit den Unterschied zwischen den beiden verwandten Organisationen sehr lebendig erleben.

Im Rahmen des Symposiums in Berlin wurde ich 2017 nach zwei Wahlperioden im Management Committee verabschiedet. Als offizielle Tätigkeit in Verbindung mit GASI besteht weiter meine Mitgliedschaft in der Redaktion der Zeitschrift »Group Analysis« (seit 2014), bei der ich an meine früheren Redaktionserfahrungen gut anknüpfen konnte und kann.

## Foulkes Lecture

Im Dezember 2022 wurde meine »Foulkes Lecture« in der »Group Analysis« veröffentlicht, was mich besonders freute. Die Einladung, eine solche zu halten, war schon früher eingegangen – Corona hatte dann zunächst 2020 für einen

Ausfall und schließlich 2021 für die Verschiebung gesorgt. Als es im Mai 2022 schließlich soweit war, hatte ich mich vorher mit dem Virus infiziert und litt noch heftig unter starker Erschöpfung aufgrund von Long Covid. Zu meiner Genugtuung wurde mir nach meinem in London gehaltenen Vortrag von verschiedenen Seiten versichert, dass mir mein schlechter Zustand nicht anzumerken gewesen war. Das war auch so beabsichtigt. Ich hatte so oft anderen Kolleg*innen die Bühne organisatorisch bereitgestellt, dass ich es mir auf keinen Fall entgehen lassen wollte, das mir wichtige Thema »When foundation matrices move – challenges for a group analysis of our time« im internationalen Kolleg*innenkreis vorzustellen. Entsprechend nahm ich alle Kräfte zusammen (z. B. schloss ich die Praxis vorübergehend) und konzentrierte mich nur noch auf die Foulkes Lecture.

Inhaltlich war der Vortrag eine Zusammenschau der weltweiten Entwicklungen im Rahmen der Klimakrise und den dadurch zu erwartenden noch stärkeren internationalen Migrationsbewegungen mit den parallel laufenden demographischen und technologischen Entwicklungen. Dabei bezog ich mich zunächst auf den indoamerikanischen Politikwissenschaftler Parag Khanna, der schon 2011 – ausgehend von dem damals bereits absehbaren Ende der nach dem Zweiten Weltkrieg entstandenen bipolarem und schließlich unipolaren Weltordnung – ein »neues Mittelalter« vorhersagte. Damit bezeichnet er eine Konstellation, die gekennzeichnet ist von einer Vielzahl von Akteuren, fragilen Machtverhältnissen und schnell wechselnden Allianzen. Das beschreibt die augenblickliche internationale Situation ganz gut.

2021 erweiterte der Autor seine Gedanken und unternahm den ambitionierten Versuch, für die nahe und mittlere Zukunft verschiedene Faktoren gemeinsam in den Blick zu nehmen: die Klimakrise, den demographischen Wandel, politische Unruhen, ökonomische Unruhen und technologische Entwicklungen. Die Schlüsselrolle komme dabei der Klimakrise zu, welche die anderen Elemente entweder verursache oder verschärfe. Er prognostiziert, dass Naturkatastrophen, Kriege und Hungersnöte große Gebiete unbewohnbar machen werden, wodurch viele Menschen gezwungen sein werden, ihre Heimat zu verlassen – Khanna spricht von einem bevorstehenden Zeitalter der Massenmigration. Vor die Wahl gestellt »flüchten oder standhalten« (Letzteres heißt oft verhungern), würden sich viele, vor allem junge, Menschen – insbesondere aus dem besonders betroffenen »globalen Süden« – aufmachen auf die Suche nach einem besseren Leben. Das würden sie besonders in den überalterten und sowohl reicheren als auch friedlicheren Gegenden des »globalen Nordens« mit ihrem milderen Klima suchen. Zwar könne der Zuzug junger Menschen z. T. den Zusammenbruch der dortigen wirtschaftlichen Systeme abfedern, die

durch Arbeitsplatzverluste im Zuge weiterer Digitalisierung sehr angespannt
werden. Es bedarf aber keiner prophetischen Gabe, um zu verstehen, dass die
hier sehr verkürzt wiedergegebenen Szenarien ein hohes Konfliktpotenzial bergen. Die politischen, ökonomischen und nicht zuletzt emotionalen Aufgaben
zur Bewältigung dieser Veränderungen werden gewaltig sein: für jede Gesellschaft, jede Gemeinschaft, für die Verantwortlichen aller politischen Ebenen
und schlussendlich für jeden und jede von uns.

Es war das Hauptanliegen meines Vortrages, diese sozialen Spannungen zu
benennen und in ihren Auswirkungen auf individuelle und kollektive Gefühls-
welten zu beschreiben, um daraus Aufgaben für Gruppenanalytiker*innen abzu-
leiten. Theoretisch ließ ich mich dabei von den Konzeptionen des Soziologen
Karl Mannheim und des Begründers der Gruppenanalyse S. H. Foulkes leiten,
insbesondere vom Konzept der Grundlagenmatrix.

Mannheim hatte einen klaren Blick auf gesellschaftliches Aggressionspoten-
zial. Dessen Quelle verortete er in der gesellschaftlichen Arbeitsteilung. Er
ging davon aus, dass die auszutarierenden sozialen Spannungen zunehmen, je
komplexer eine Gesellschaft ist. Der Verhandlungsbedarf wachse in dem Maße,
wie ein alle sozialen Untergruppen umfassendes emotional verankertes, d. h.,
unbewusstes Narrativ der Weltsicht fehlt, und es mehrere konkurrierende grup-
penspezifische Weltsichten gibt, die als Anpassungsleistung an die jeweiligen
unterschiedlichen Lebenswelten zu verstehen sind. Die jeweils blinden Flecken
lassen sich nur aufheben, d. h., ansatzweise bewusst machen, wenn Mitglieder
unterschiedlicher Gruppen zusammengebracht und durch diesen Austausch
die jeweiligen unbewussten Motive und Wissensstände gegenseitig sichtbar
werden. Das ist der Punkt, an dem für mich die Konzeption der Grundlagenmatrix von Foulkes sinnvoll anknüpfen kann, die sich auf die Tiefenstruktu-
ren bzw. Tiefenströmungen großer sozialer Zusammenhänge bezieht. Es geht
um den Vorrat gemeinsam geteilter Bedeutungen, die einander völlig fremde
Menschen in den sozialen Kontakt schon mitbringen, wenn sie sich das erste
Mal begegnen, bzw. die sie gemeinsam haben, auch wenn sie sich nie begegnen.

Bei Foulkes ist diese Konzeption skizzenhaft geblieben. Ausbuchstabiert
treffen wir auf die grundlegenden Dimensionen wie: Gruppengrenzen/Zuge-
hörigkeit, das Geschlechterverhältnis, das Verhältnis zwischen den Generationen, schließlich die gesamte Sozialstruktur mit ihrer Machtverteilung und
damit ihrer Geschichte. Vermittelt werden diese Dimensionen über alle verbalen und nonverbalen Kommunikationskanäle, sie sind das Material, aus dem
jede kleinere Gruppe ihre einzigartige neue Matrix generiert.

Die beschriebenen großflächigen gesellschaftlichen Veränderungen erfordern
zwangsläufig eine Neuformulierung/Neuausarbeitung der betroffenen Grund-

lagenmatricen – und zwar in bisher nicht gekanntem Ausmaß. Den impliziten Hintergrund von Mannheims Überlegungen bildete der Nationalstaat; Foulkes nahm an, dass die Mitglieder seiner Gruppen sich kulturell ähnlich sein sollten, worunter er ein ähnliches Verständnis von »normalem Verhalten« verstand. Inwieweit diese Annahme schon zu seiner Zeit ein Artefakt war, kann ich nicht beurteilen. Auf jeden Fall können wir davon in den heutigen Einwanderungsgesellschaften nicht mehr unbedingt ausgehen. Die Mitglieder unserer Therapie- und Ausbildungsgruppen bringen in zunehmendem Maße unterschiedliche Hintergründe und Wertvorstellungen in die jeweilige Gruppe ein. Dadurch wird die Gruppe zwangsläufig zu einem Ort, in dem Zugehörigkeit und Ausschluss gelebt und verhandelt werden – und zwar nicht nur in Bezug auf diese konkrete Gruppe, sondern darin auch bezüglich des weiteren sozialen Zusammenhangs. Das heißt aber auch: Jede dieser Gruppen muss an der Grundlagenmatrix arbeiten – dem gemeinsamen Verständnis von Richtig und Falsch, Akzeptabel und Unakzeptabel etc. –, um die dynamische Matrix der Gruppe zu schaffen, in der die persönliche Matrix der einzelnen Personen ankern kann.

Dieser Prozess ist schon auf der Mikroebene sehr störanfällig. Die jeweiligen Werte sind emotional stark verankert, ihre Infragestellung ruft regelmäßig heftige Gefühle auf. Dazu besteht zwischen den verschiedenen Akteur*innen meist ein Machtungleichgewicht bzgl. der Möglichkeit der Durchsetzung ihrer jeweiligen Weltsicht, und außerdem gehört die leitende Person meist zwangsläufig einer der in der Gruppe repräsentierten Untergruppen an. Dadurch ist offen und verdeckt immer die Frage im Raum, auf welcher Seite sie steht. Missverständnisse und Misstrauen sind allgegenwärtig, wodurch Ängste und Aggressionen begünstigt werden. Die Möglichkeit des völligen Zusammenbruchs der Kommunikation begleitet all diese Gruppenprozesse. In diesem Zusammenhang steigen die Anforderungen an die Leitungen, nicht nur ihre persönlichen, sondern ihre kollektiven Gegenübertragungen (Stereotype und Vorurteile) sorgfältig zu explorieren und zu bearbeiten. Und unsere Ausbildungsinstitute sind aufgefordert, dafür Angebote zu machen und außerdem ein ermutigendes Umfeld für bis dahin wenig gehörte Stimmen anzubieten.

Wenn wir das Gesagte aber auf unsere heutige globalisierte Welt und die beschriebenen prognostizierten Entwicklungen übertragen, stellt sich die Frage, was anders ist, wenn sich die gesamte Welt in einem grundlegenden Umbruchprozess befindet. Den Hauptunterschied sehe ich in der enormen Geschwindigkeit und dem Ausmaß der Veränderungen, welche die jetzt schon sehr strapazierten finanziellen, organisatorischen und nicht zuletzt geistigen und emotionalen Ressourcen in den jeweiligen Gesellschaften bis zum Anschlag in Anspruch nehmen. Wenn wir von einer zunehmenden Unbewohn-

barkeit großer Weltgegenden durch Dürren, Fluten und Wirbelstürme mit
Kriegen und Bürgerkriegen ausgehen, welche mehr als noch die heute schon
zehn Millionen Menschen in die Flucht treiben werden, ist klar, dass wir es
bei den Geflüchteten mit oft schwer traumatisierten Menschen in großer Zahl
zu tun haben werden.

In anderer Art und Weise sind die potenziellen Aufnahmegesellschaften
extrem gefordert. Sie müssen ethisch schwierige Entscheidungen treffen, ihre
finanziellen und organisatorischen Ressourcen strecken und vor allem ihre
geistigen und emotionalen Möglichkeiten erweitern. Das bedeutet, neu zu
definieren, wer gehört zu »uns« und wer nicht. Jüngstes Beispiel ist die unterschiedliche Behandlung ukrainischer Flüchtlinge im Gegensatz zu denen aus
dem Nahen und Mittleren Osten.

Aber auch bei günstigen Bedingungen führt der – oft unfreiwillige – Kon-
takt zwischen Menschen unterschiedlicher kultureller Hintergründe zu tiefen
Verunsicherungen bzgl. der von den Mitgliedern der jeweiligen Community für
selbstverständlich gehaltenen, unbewussten internalisierten Wertvorstellungen:
Was ist ein Mann, was ist eine Frau? Ist es überhaupt notwendig, sich auf ein
Geschlecht festzulegen? Was ist »anständiges« Benehmen? Was ist das richtige
Verhalten gegenüber älteren Personen? Welches Verständnis von Autorität haben
wir? Die Antworten auf diese Fragen fallen in verschiedenen Weltgegenden sehr
unterschiedlich aus, woraus sich eine fundamental andere Art des In-der-Welt-
Seins ergibt, die notwendigerweise zu Spannungen führt, wenn Menschen aus
diesen unterschiedlichen Kontexten mit einem Mal im gleichen sozialen Raum
zusammenleben sollen/müssen.

Hinzu kommt, dass diese ganzen schwierigen Aushandlungs- und Anpassungsprozesse auf dem Hintergrund großer emotionaler Belastungen stattfinden, die sich aus für die Zukunft weiterhin prognostizierten Pandemien und
durch die wieder ins Bewusstsein gerückte nukleare Bedrohung ergeben. Das
bedeutet, dass vor uns allen die Aufgabe steht, die notwendigen Anpassungen
an diese Bedrohungen in einer Atmosphäre großer Ängste und massenhafter
Traumatisierungen zu bewerkstelligen. Auch im engeren Sinne nichtsympto-
matische Ängste führen leicht zu inadäquaten Reaktionen. Apathie und Verleugnung stehen überhastete und drastische Aktionen gegenüber. Das ist die
Stunde der Scharlatane aller Couleur, die Sündenböcke und »Lösungen« anbieten von denen jede/r tief im Inneren weiß, dass sie auf Dauer nicht helfen werden, die aber die tiefe Sehnsucht nach Erlösung bedienen. Dies sind letztlich
alles Reaktionen, die versuchen, etwas zu bewahren, das auf lange Sicht nicht
bewahrt werden kann: die vertraute soziale Ordnung mit ihren Sicherheiten
und Privilegien.

Alles in allem müssen auf jeden Fall in einem umfassenden kollektiven Prozess, der für jede Person tiefgreifende emotionale Arbeit bedeutet, die Gruppengrenzen neu verhandelt werden, womit sich die Fragen von Loyalität, Zugehörigkeit und Identität in ungewohnter Schärfe stellen – sowohl für Alteingesessene als für neu Hinzugekommene. Das große Ausmaß persönlicher, kollektiver und kultureller Traumatisierungen – mit den dazugehörigen Ängsten, der erhöhten Aggressionsbereitschaft, den Dissoziationen und Depressionen – erschwert die konstruktive Bewältigung zusätzlich. Die Probleme addieren und durchdringen sich gegenseitig und resultieren in intensiven sozialen Spannungen, deren konstruktive Bewältigung uns allen zunächst einmal als Staatsbürger*innen aufgegeben ist.

Der zugegebenermaßen kleine spezifische Beitrag der Gruppenanalyse – und mein Vortrag war ein Versuch in diese Richtung – ist es, deren theoretisches Potenzial für die genauere Erfassung der relevanten Probleme nutzbar zu machen. Daraus abgeleitet geht es mir darum, uns selbst und unsere Institutionen zu öffnen für die Aufgaben, die sich aus den veränderten und emotional angespannten Situationen ergeben – von denen wir selbst ein Teil sind. Die Konstellationen werden sich nicht nur, aber auch in unseren Therapiegruppen spiegeln. Darüber hinaus plädiere ich deshalb dafür, außerklinischer Gruppenarbeit eine viel größere Aufmerksamkeit zu schenken, als wir es bisher gewohnt sind. An dieser Stelle paraphrasierte ich John Schlapobersky: »From the couch to the circle« – to the streets. Wobei die Straße insgesamt für den öffentlichen Raum steht.

Als Spezialist*innen für Kommunikation und Gruppenprozesse können wir so im klinischen wie im öffentlichen Bereich unseren professionellen Teil dazu beitragen, in dem jeweiligen Kontext den Zusammenbruch der Kommunikation zu verhindern. Es geht darum, etwas Raum zu schaffen für die notwendige Trauerarbeit, Zeit um Traurigkeit, Hilflosigkeit, Ohnmachtsgefühle, Furcht, Angst und Wut, zu spüren und zu bearbeiten – um dann auch an den Punkt zu kommen, von dem aus sich das jeder Krise auch inhärente kreative Potenzial zur konstruktiven Problembewältigung entfalten kann. Es geht darum, Zeit zu gewinnen, um kluge Lösungen (er-)finden zu können und in diesem Prozess die so dringend notwendige Einheit in der Vielfalt zu entwickeln.

Der Vortrag wurde z. T. mit Verwunderung, aber auch mit großer Zustimmung aufgenommen. Die Response hielt Pablo Castanho aus Brasilien, der die lateinamerikanische Tradition von Pichon-Rivière mit einbrachte. Der Study Day wurde auf meine Anregung hin von den Vortragenden jeweils zu Einzeldimensionen der Grundlagenmatrix bzw. zu einem Beispiel nichtklinischer Gruppenarbeit gestaltet: Alasdair Forrest (Körper), Maria-José Blanco (Weib-

lichkeit/Mutterschaft), Farideh Dizadji (Zugehörigkeit/Ausschluss) und Alice
Mulasso (Reflective citizens). Bei der Auswahl der Personen, deren Namen
schon auf verschiedene Herkünfte hindeuten, und den Thematiken hatte ich
mich um eine dem Thema entsprechende Diversität bemüht. Zudem war es mir
bei der Gestaltung der Veranstaltung wichtig gewesen – im Sinne eines erweiterten Kommunikationsbegriffs – weitere Medien (Musik, Malerei) einzubeziehen. Meines Wissens war es eine Premiere, dass Foulkes Lecture und Study
Day mit einem so abgestimmten Gesamtkonzept angeboten wurden. Außerdem
war es erstmalig eine Hybridveranstaltung.

## Voices after Auschwitz

Die Foulkes Lecture war zweifellos der Höhepunkt meiner Arbeit im Rahmen
der Group Analytic Society. Ein anderes inneres Zentrum meiner gruppenanalytischen Arbeit waren die Workshops »Voices after Auschwitz«. Zusammen
mit Robi Friedman, Marita Barthel-Rösing und Marit Joffe-Milstein organisierten wir diese Treffen bisher sechsmal, und zwar 2012, 2014, 2015, 2017, 2019
und 2023, meist in Israel, einmal in Berlin. 2017 in Ginosar konnte ich kurzfristig leider nicht teilnehmen, hatte aber die ganze Vorbereitung mit durchgeführt. Anliegen dieser dreitägigen Veranstaltungen war und ist es, Nachfahren
der Täter*innen und der Opfer zusammenzubringen, um das Unsagbare und
Unsägliche ansatzweise erleb- und besprechbar zu machen. Die Arbeit erfolgte
in Klein- und Großgruppen. Die Leiter*innen kamen aus Israel, Deutschland,
der Schweiz und Österreich, die zusammen mit der Organisationsgruppe den
schwierigen Prozess zu halten hatten.

Als Einstieg wählten wir stets Filme bzw. künstlerische Darbietungen zum
Thema. Der schlimmste Film, von der SS gedrehte Originalaufnahmen aus dem
Warschauer Ghetto, wurde gleich 2012 als erster gezeigt – und ich war in der
unglücklichen Lage, den nachfolgend geplanten Austausch moderieren zu sollen, was natürlich nicht möglich war. Der Eindruck der Filmaufnahmen war
überwältigend (aus dem dunklen Zuschauerraum hörte man es öfters schluchzen) und verschlug allen die Sprache. Die Aufforderung einer deutschen – dazu
hellblonden – Moderatorin, sich zu äußern, war entsprechend zu unpassend, als
dass ein Gespräch an dieser Stelle hätte möglich sein können. Irgendwann wurde
die Situation irgendwie beendet. Die Spannung löste sich für mich schließlich,
als Pieter Hutz mich fragte, wie es mir denn jetzt ginge? Meine Antwort war:
»Beschissen« – und dann folgte ein Tränenstrom. Rückblickend muss ich sagen,
dass ich die Aufgabe hätte ablehnen müssen. Als Spezialistin für Unmögliches

war mir diese Option gar nicht in den Sinn gekommen. Aber auch aus diesem Tal fanden wir uns heraus.

In diesem komplexen Setting entstand auch ohne einen so schrecklichen Film jedes Mal eine emotional dichte Atmosphäre voller Angst, Schuldgefühle, Scham, Hass, Wut, Rache und Verzweiflung, die manchmal kaum auszuhalten war – es gelang trotzdem und deswegen. Ich bin allerdings immer noch der Meinung, dass eine Supervision durch eine nichtisraelische, nichtdeutsche Person, wie ich sie ursprünglich vorgeschlagen hatte (was aber vom Team zugunsten von Intervision abgelehnt worden war), manches leichter gemacht hätte – vielleicht, vielleicht auch nicht.

Wichtig war auf jeden Fall der lange Atem, trotz aller Spannungen an dem Projekt festzuhalten, das sich über die Zeit immer mehr entwickelte und vertiefte. Meine psychotherapeutische Arbeit mit traumatisierten Menschen und Geflüchteten kam mir dabei sehr zu Hilfe. Die Rückmeldungen der Teilnehmenden spiegeln uns immer wieder, wie wichtig das Aussprechen der eigenen (Familien-)Geschichte in Gegenwart des jeweiligen deutschen bzw. israelischen, jüdischen Gegenübers ist – und was es bedeutet, das Zuhören auszuhalten. Es wurden tiefe persönliche Transformationsprozesse in Gang gesetzt, sodass wir immer wieder hören, gesagt und geschrieben bekommen, dass sich irgendwie – in nicht genau definierbarer Weise – etwas gelöst hat. Dafür spricht auch, dass es inzwischen sowohl einen Kern von Personen gibt, die immer wieder mitmachen, als auch zunehmend jungen Menschen der dritten und sogar vierten Generation das Thema so wichtig ist, dass sie zu den Workshops kommen.

## International Dialogue Initiative (IDI)

Manchmal werden Wünsche wahr. Im Jahr 2000 sprach ich auf einem Kongress Vamık Volkan an, falls er einmal eine Aufgabe für mich habe, sei ich gern bereit. Ich dachte, er bekommt viele solcher Anfragen – und damit war die Angelegenheit zunächst freundlich erledigt. Zu meiner Freude erhielt ich aber 2009 die Möglichkeit, Mitglied der 2007 von Vamık Volkan gegründeten Gruppe International Dialogue Initiative (IDI) zu werden. IDI hieß ursprünglich »The Islam and The West«, eine Formulierung, die den Einfluss der Konzeption Samuel Huntingtons deutlich erkennen lässt. Da jedoch bei genauerer Betrachtung der Islam keine Himmelsrichtung und der Westen keine Religion ist und die Interessen zudem über die Beschäftigung mit dem Nahen und Mittleren Osten hinausgingen, gab sich die Gruppe den heutigen Namen.

Die IDI hat es sich zur Aufgabe gemacht, ein psychologisches/psychoanalytisches Verständnis für internationale Konflikte zu wecken und zu entwickeln. Es geht dabei um die Rolle von Gefühlen wie Scham, Stolz, Rachewünsche, Hingabe u.Ä. und deren Einfluss bei der Entstehung und Aufrechterhaltung gesellschaftlicher Konflikte bis hin zu (Bürger-)Kriegen.

Die Gruppe selbst besteht aus ca. zwanzig Personen aus verschiedenen Ländern. Viele stammen aus dem klinischen Bereich: Gründer Vamık Volkan ist Psychiater und Psychoanalytiker genauso wie der jetzige Vorsitzende M. Gerard Fromm (der zudem der Group-Relations-Bewegung eng verbunden ist) und einer der beiden stellvertretenden Vorsitzenden, Lord John Alderdice. John Alderdice ist erfahren im Umgang mit Konfliktdynamiken verfeindeter gesellschaftlicher Gruppen. Er stammt aus Nordirland und war dort wesentlich beteiligt am Zustandekommen des Good Friday Agreement, das 1998 den Bürgerkrieg in Nordirland beendete. Der zweite stellvertretende Vorsitzende Robi Friedman kommt wie ich aus der Gruppenanalyse. Aus dem nichtklinischen Bereich sind auch Jurist*innen, ehemalige Diplomat*innen und Aktivist*innen unter den Mitgliedern.

Die Zusammensetzung ist sehr anregend, aber auch herausfordernd, den psychoanalytischen und gruppenanalytischen Blick zu bewahren und zu vermitteln. Als Netzwerkorganisation führt die Gruppe (zumindest bisher) keine eigenen Projekte durch, sondern fungiert als Resonanzkörper für die Projekte der verschiedenen Mitglieder und nutzt die Exploration unserer Interaktionen bei unseren Treffen zum Verständnis internationaler Konflikte – ausgehend von der Prämisse, dass alle Beteiligten nolens volens als Personifikationen ihrer jeweiligen nationalen und/oder religiösen Großgruppenidentitäten agieren. Es ist für mich immer wieder faszinierend zu erleben, was auf diese Art und Weise aufgedeckt werden kann – und wie dadurch das Verständnis für verschiedene Arten des In-der-Welt-Seins erweitert wird.

Um dieses Wissen und diese Haltung zu verbreiten, bin ich seit 2019 als Training Director bei der IDI für die Konzeption und Durchführung der Trainings zum Thema »Large Group Identity and Societal Conflict« zuständig, wobei ich mich stets an der Gruppenanalyse orientiere. Es ist faszinierend, in welchem Umfang dies sogar bei den Onlinetrainings möglich ist. Um diese Wissensvermittlung leichter lehrbar zu machen, haben Vamık Volkan, Jerry Fromm und ich zudem gerade einen Reader herausgegeben: »We Don't Speak of Fear. Large Group Identity, Societal Conflict and Collective Trauma« (2023). Der erste Teil dieses Titels ist das Zitat eines sehr erfahrenen Diplomaten über die traditionelle Art der Verhandlungen.

## Und jetzt?

Die von mir gruppenanalytisch ausgestaltete Arbeit für IDI entwickelt sich zunehmend zum Zentrum meiner Aktivitäten. Dabei wird es darauf ankommen, die Konzeption dieser Bildungsarbeit weiterzuentwickeln und auf breitere Füße zu stellen. Diese Arbeit wird durch die Leitung der D3G-Fachgruppe Gruppenanalyse in Bildung, Kultur und Gesellschaft sehr gut ergänzt.

Es dürfte deutlich geworden sein, dass mir die gesellschaftliche Wirksamkeit der Gruppenanalyse ein großes Anliegen ist. Es ist mir daher wichtig, diese Ansätze und deren Besonderheiten – z. B. die notwendige Abgrenzung zum politischen Aktivismus, die veränderte Leitungsposition und die Frage, was Abstinenz bedeuten kann, wenn die Leitenden selbst zutiefst in die zu bearbeitenden Probleme eingebunden sind – sowohl in den klinischen als auch den außerklinischen Bereich unserer Ausbildungen einzubringen. Unter anderem aus diesem Grund wurde ich im November 2021 Gründungsmitglied des Instituts für Gruppenanalyse und Mentalisieren in Gruppen (IGAM).

Es bleibt jedoch hoffentlich noch Platz für die eine oder andere Publikation. Auch wenn mir öfters bestätigt wurde, dass sich meine Veröffentlichungen flüssig lesen lassen, tue ich mich mit dem Schreiben doch recht schwer. Immer wieder kommt die Frage auf: »Warum tue ich mir das eigentlich an?« Dabei ist die Frage müßig, da ich letztlich sehr gut weiß, dass mir das Schreiben unverzichtbar ist, um – bei allem, was auf mich einströmt – Ordnung in meinem Kopf und in meinem Gefühlshaushalt zu schaffen.

Es wird sich zeigen, was sich an Projekten und zugehörigen Publikationen in den nächsten Jahren noch wird realisieren lassen bzw. welche Nachfolger*innen es geben wird. Ich bin auf jeden Fall dankbar, dass ich diesen Weg mit und in der Gruppenanalyse gegangen bin.

## Ausgewählte eigene Publikationen

Mies, T., Scholz, R. (2001). Die Theorien des Unbewussten in Psychoanalyse und Gruppenanalyse. Arbeitshefte Gruppenanalyse, 16, 24–42.

Scholz, R. (1993). Ausländer und Deutsche: Werkstattbericht über einen gruppenanalytischen Workshop im März 1993. Arbeitshefte Gruppenanalyse, 2, 63–77.

Scholz, R. (2001). Die Neuverhandlung sozialer Ordnung in multikulturellen Gruppen. Gruppenpsychotherapie und Gruppendynamik, Zeitschrift für Theorie und Praxis der Gruppenanalyse, 2, 128–139.

Scholz, R. (2004). Das Unbewusste kennt keine Zeit! Das Unbewusste kennt keine Zeit? Gruppenanalyse, 2 (4), 147–154.

Scholz, R. (2005). Warum Foulkes' Konzept der Grundlagenmatrix sinnvoll ist. Gruppenanalyse, 1 (5), 5–11.

Scholz, R. (2007). Zur Sozialität des Unbewussten. Psychosozial, 107, 25–29.

Scholz, R. (2009). Kampf der Projektionen – Frauen im Iran und in Deutschland. Psychosozial, 115, 9–14.

Scholz, R. (2009). Kultur und kollektive Traumata – Eine gruppenanalytische Perspektive. Inaugural-Dissertation zur Erlangung des Doktorgrades der Philosophie an der Ludwig-Maximilians-Universität München.

Scholz, R. (2011a). Kultur und kollektive Traumata. Psychosozial, 123, 41–62.

Scholz, R. (2011b). The Foundation Matrix and the Social Unconscious. In E. Hopper, H. Weinberg (Eds.), Social Unconscious in Persons, Groups and Societies, Vol 1: Mainly Theory (p. 265–285). London: Karnac Books.

Scholz, R. (2011). The (Un)Veiled Desire – A Look into the Mirror. In L. Navaro, R. Friedman, S. Schwartzberg (Eds.), Desire, Passion and Gender: Clinical Implications (p. 171–184). Hauppage, NY: Nova Science Publishers.

Scholz, R. (2012). The Matrix of the Values. Group Analysis, 45 (4), 450–458.

Scholz, R. (2014a). (Foundation-)Matrix Reloaded – Some Remarks on a Useful Concept and Its Pitfalls. Group Analysis, 47 (3), 201–212.

Scholz, R. (2014b). When Time becomes an Illusion – Collective Trauma and Memory. Agrafa – Journal of philosophy of psychoanalysis, II (3), 29–38.

Scholz, R. (2017). The Fluid and the Solid – or the Dynamic and the Static: some further thoughts about the conceptualisation of foundation matrices, processes of the social unconscious, and/or large group identities. In E. Hopper, H. Weinberg (Eds.), The Social Unconscious in Persons, Groups, and Societies, Vol. 3, The Foundation Matrix Extended and Re-configured (p. 27–46). London: Karnac Books.

Scholz, R. (2018). Einer für alle, alle für einen – Anmerkungen zu Vamik Volkans Konzept der Großgruppenidentität. Gruppenpsychotherapie und Gruppendynamik, Zeitschrift für Theorie und Praxis der Gruppenanalyse, 54, 293–310.

Scholz, R. (2020). The German »Welcoming Culture« – some thoughts about its psychodynamics. In A. Zajenkowska, U. Levin (Eds.), A Psychoanalytic and Socio-Cultural Exploration of a Continent (p. 85–98). London/New York: Routledge.

Scholz, R. (2021). Book review: Volkan, Vamik D. Racism, Societal Divisions, Narcissistic Leaders and Who we are. Group Analysis, 54 (3), 460–468.

Scholz, R. (2022). When foundation matrices move – challenges for a group analysis of our time. Group Analysis, 55 (4), 483–497.

Scholz, R. (2023). Klimakatastrophe und andere Krisen – Soziale und psychologische Folgen und ihre Anforderungen (nicht nur) an die Gruppenanalyse. In C. Bauriedl-Schmidt, M. Fellner, K. Hörter, I. Schelhas (Hrsg.), Das Unbewusste und die Klimakrise – Jahrbuch für klinische und interdisziplinäre Psychoanalyse (S. 97–114). Frankfurt a. M.: Brandes & Apsel.

Volkan, V., Scholz, R., Fromm, M. G. (Hrsg.) (2023). We Don't Speak of Fear. Large Group Identity, Societal Conflict and Collective Trauma. Bicester, UK: Phoenix Publishing House.

## Weitere verwendete Literatur

Schlapobersky, J. R. (2016). From the Couch to the Circle – Group-Analytic Psychotherapy in Practice. Hove, East Sussex; New York: Routledge.

Scholz, R. (Hrsg.) (2006). Gruppenanalyse im Dialog – Ein gruppenanalytisches Forschungsprojekt. Schwerpunktthema Psychosozial 103/2006. Gießen: Psychosozial-Verlag.

Weitere Literatur befindet sich auf meiner Website: www.regine-scholz.de

Christoph Seidler

# Mein Weg zur Gruppenanalyse

## Urerlebnis Gruppenwunder – Klinik Hirschgarten 1973

Meine Geschichte mit der Gruppenpsychotherapie setzte im Mai 1973 ein. Ich wurde im Rahmen meiner Facharztausbildung für ein halbes Jahr in die Neurosenklinik an das Haus der Gesundheit Berlin »delegiert«, d. h., die delegierende Einrichtung bezahlte mich weiter. Von da an will ich meine Geschichte mit der Gruppentherapie beschreiben, aber auch die Vorgeschichte erkunden.

1973 war ein besonderes Jahr in Berlin, Hauptstadt der DDR. Walter Ulbricht starb, Erich Honecker war seit 1971 an der Macht. Sein Versprechen »Keine Tabus!« zeigte Wirkung: Eine tolle Ost-Deutsche-Rock-Szene blühte auf: Renft, Lift, Karussell, Puhdys, Karat … »Die Legende von Paul und Paula« hatte Premiere, ein gesellschaftskritischer Liebesfilm, in dem gestorben wurde und in dem die Worte Salomos vertont wurden: »Jegliches hat seine Zeit …« Die Weltfestspiele waren nicht nur Propagandashow, acht Millionen Besucher kamen aus aller Welt, es gab massenhaft persönliche Begegnungen und Gespräche nicht nur zwischen Schülern und Studenten. Ich war mittendrin. Fenster zur Welt öffneten sich, auch noch danach schien Vieles mehr möglich – bis zur Biermannausweisung 1976. Dann gingen die Fenster wieder zu, aber sie schlossen nicht mehr richtig. Am 11. September 1973 putschte Pinochet in Chile unter Beteiligung der USA. Die ersten chilenischen Musikgruppen kamen.

Die Neurosenklinik, in der ich arbeiten sollte, befand sich in einer Villa auf einem zauberhaften Grundstück in Hirschgarten am Ufer der Müggelspree, in der man damals noch baden und angeln konnte. Ich kam in diese Klinik direkt aus der Neurologie und war von den Vorgängen dort vollkommen fasziniert. Nie zuvor hatte ich Menschen so über sich reflektieren hören wie diese Patienten damals in den Gruppen, und ich hatte Freud durchaus schon gelesen. Diesem Anfang wohnte »ein Zauber inne, der uns beschützt und der uns hilft zu leben« (Hesse, 1941). So komme ich auf den Begriff »Gruppenwunder«.

Seit 1972 wurden Selbsterfahrungsgruppen offiziell möglich und konstellier-
ten sich. Dieser gesamte Kontext lud zur Idealisierung ein. Tatsächlich war der
Start ein Sprung in eiskaltes Wasser: Der Oberarzt der Klinik erkrankte – ich war
nun der einzige Arzt. Der Chef Kurt Höck ging in den – per Sondervertrag – sehr
langen Urlaub, aus dem er mit neuen Ideen, Konzeptionen oder Büchern auftauchte. Es gab noch zwei versierte, aber zerstrittene Psychologinnen, die nicht
miteinander redeten, und drei Krankenschwestern. Die Patienten waren meist
Berliner, anders als die psychisch kranke Landbevölkerung, die ich aus meiner
Psychiatrieausbildung kannte, und bei der sich die Konflikte im engsten Rahmen abspielten. Es gab auch Westberliner Patienten (die S-Bahn-Angestellten
waren ja DDR-SVK versichert). Denen ging es nicht gut. Ich erinnere mich,
wie ein Westberliner voller Schuldgefühle mit seinem Mercedes Brötchen holte,
Einkaufswünsche der Frauen erfüllte und keinen Dank bekam. Ich war eine
Art Hausarzt der Klinik.

Die Beziehungsversuche der psychosomatisch Erkrankten passten zu meiner Hilflosigkeit. Die Patienten »wollten geholfen kriegen«. Ich hätte ihren
Wünschen gern entsprochen, aber wie? Oft genug rettete mich das Abstinenz-
gebot! Obwohl es sich um depressiv Erkrankte handelte, war die Stimmung in
der Klinik meist gut. Es war oft absurd. Ich war begeistert, tief verunsichert
und entwickelte selbst Symptome aller Art. Nach drei Monaten kam ein Kollege (Dr. Wolfgang Kruska, Nervenarzt und Psychoanalytiker), der bereits in
der psychoanalytisch orientierten Psychotherapieklinik bei Müller-Hegemann[1]
gearbeitet hatte und Erfahrungen mitbrachte. Zu zweit brachten uns die Absurdi-
täten zum Lachen und ganz langsam zum Verstehen.

Ich leitete anfangs die »rezeptive Musiktherapie« – was eigentlich nur
bedeutete, die Schallplatte auflegen und darauf achten, dass jeder sein Erleben
schilderte. Und mich überwältigte, wie differenziert manche Patientinnen und
Patienten so von sich sprachen und wie warmherzig von ihren Beziehungen in
der Gruppe. Dass es das alles gab, bewirkte, dass mein Entschluss heranreifte.
Eigentlich war ich ausgezogen auf der Suche nach einer psychoanalytischen
Ausbildung. Nun wurde daraus der Eintritt in diese Welt der »Gruppenpsychotherapie«, und das war ein größerer Schritt, als es jede weitere Differenzierung
der Gruppenmethoden war, die ich später erleben sollte.

---

1   Prof. Dr. Dietfried Müller-Hegemann (1910–1989), Psychoanalytiker, Schüler von Schultz-
    Hencke, damals Direktor der Nervenklinik »Wilhelm-Griesinger« in Berlin-Biesdorf.

## Die Anfänge der Gruppenselbsterfahrung – Ich war dabei

Erich Honeckers Losung »Keine Tabus« ermutigten Kurt Höck, Jürgen Ott und auch uns, Gruppenselbsterfahrung zu versuchen. Nach einigen inoffiziellen Vorversuchen in Erfurt, Berlin und Uchtspringe wurde die Gruppenselbsterfahrung »offizialisiert« und fand nun in »Kommunitäten« statt. Der Begriff stammte aus der Evangelischen Kirche und hatte etwas mit Kloster und Innenschau zu tun. Mitgebracht hatte ihn der Prager Psychoanalytiker Eduard Urban. Eine Kommunität bestand aus drei bis fünf Kleingruppen.

Die Kommunität I, an der ich ab 1974 teilnehmen konnte, fand in Klein-Pritz statt, einem Nachbarort von Kuckuck. So heißen die Orte in jener Mecklenburgischen Gegend. Wir waren mit vier Frauen und fünf Männern die Gruppe 1 der Kommunität I. Geleitet wurde diese von drei Männern: Kurt Höck, Jürgen Ott und Eduard Urban.

Gruppenleiter für die fünf Gruppen waren neun Männer und eine Frau. Diese eine Leiterin gab auf. Sie habe die Phallokratie nicht mehr ertragen. Die SE-Gruppen starteten immer mit einer Co-Leitung, worüber viel geschrieben wurde (vgl. Geyer, 1981); dass dahinter Angst und Unsicherheit steckten, wurde nicht erwähnt. Konzipiert war der/die Co-Leiter:in zunächst als »reifstes Gruppenmitglied«, etwa wie ein Konzertmeister im Verhältnis zum Dirigenten. Im Laufe der Jahre entstand daraus eine »Paarleitung«, wobei die Paardynamik die Gruppendynamik bereicherte und umgekehrt (Misselwitz u. Seidler, 2014b).

Wer etwas auf sich hielt, ging zu dieser Gruppenselbsterfahrung, mit großem Ernst und viel Heldenmut die meisten. Alle müssen Angst gehabt haben, auch wenn diese lange kein Thema war. So gab es Männerbünde und Frauenbünde. So gab sich auch das Patriarchat als Angstbindung zu erkennen.

Ein Durchgang dauerte zehn Tage; das waren zehn Tage Versuche, sich zu verständigen, und verbal gelang da anfangs wenig. Geholfen, emotionalen Kontakt zu schließen, hatte uns die »kommunikative Bewegungstherapie« unter der liebevollen Leitung der Physiotherapeutin Brigitte Rieckhoff. Immerhin entstand so Beziehung zwischen uns, und zwischenmenschliche Beziehung band Angst, Zugehörigkeit machte sicher und begründete Identität. Erst dann glaubten wir, wie sehr wir auf die anderen angewiesen waren. Dann brauchen wir den Splitter im Auge des anderen, um auf den Balken im eigenen Auge zu stoßen. Erst dann erfuhren wir, wie viel Wissen wir in uns tragen, ohne es zu ahnen – viel Gutes und viel mehr Schlimmes.

Vier Jahre, vier Durchgänge, dazu jährlich vier verlängerte Wochenenden, das war eine intensive Zeit. Aber der letzte Durchgang kam doch. Wir – alle Frauen und Männer der Gruppe 1 – lagen in den letzten Tagen ganz eng bei-

einander, weinten viel und kamen nur noch zu den Gruppenstunden wieder
hervor. Das nahmen wir uns damals heraus, so sah schließlich unsere Rebellion aus. Das heilte etwas. Endlich keine Helden mehr! Verstanden haben wir
dies höchstens in Ansätzen. Solche tiefen, regressiven Erfahrungen waren möglich unter dem Schutz von Kurt Höck. Was der für Angst gehabt haben musste!
Ich konnte es ihm nie genug danken. Am letzten Tag hatte ich heftige Bauch-
schmerzen, denn der Aufruhr der Seele spielte sich auch als Aufruhr der Trans-
mitter im Bauchraum ab: Kein Wunder, dass die alten Griechen den Sitz der
Seele im Zwerchfell vermuteten.

1988, also 15 Jahre später, machten wir – eine Gruppe von neun erfahrenen
Gruppenleitern, darunter drei Teilnehmende aus der Kommunität I – in
einem vierwöchigen stationären Aufenthalt gemeinsame körpertherapeutische
Erkundungen. Da war dieses enge und gemeinsame Liegen und Trauern ein
Erlebnis unter vielen. Seit dieser Zeit verloren wir uns nicht mehr aus den
Augen. Wir verstanden, dass uns ein gemeinsames Schicksal verband. Wir waren
alle Kriegskinder, und zwar ausnahmslos alle traumatisierte Kriegskinder, die
tiefere Annäherung an diese Traumata brachten wir erst zehn Jahre nach der
Wende zustande.

Die Intendierte Dynamische Gruppenpsychotherapie tradierte zwar einige
Essentials der Psychoanalyse unter dem Decknamen »dynamisch« – sie war
damals dennoch eine »Dynamische Gruppenpsychotherapie«, wie es sie bis
heute in Österreich gibt (Raoul Schindler). Höck hatte seine ersten Gruppenselbsterfahrungen 1960 noch bei Walter Schindler in Lindau gemacht (Hermanns, 2009). Damals wie heute standen und stehen in der Dynamischen
Gruppenpsychotherapie die Wiederinszenierungen der Konfliktdynamiken
im Hier und Jetzt im Zentrum der Gruppenarbeit, was sich gut zu Höcks neo-
analytischen Auffassungen und in die Frühphasen des später entstehenden
Phasenkonzepts fügte.[2]

In der Kommunität I jedoch war die Gruppendynamik unter die »preußischen Sozialisten« gefallen, wie Höck später spöttelte. Das hieß dann: streng im
Hier und Jetzt. Und das war nicht bloß die Theorie der Leiter, sondern gelebte
Praxis: Wehe, jemand erzählte aus seiner Biografie, dann fand sofort einer: »Das
ist aber schon lange her!« oder »Du erzählst Geschichtchen, keine Geschichte«.
Es waren die informellen Treffen außerhalb der Gruppenstunden, oft unter Rotwein als Anxiolytikum, in denen endlich die »Kindheit« ins Spiel kam.

---

2   Auf Raoul Schindler ging auch Höcks Unterteilung in prägruppale und gruppale Gruppen-
    phasen zurück.

Dazu gehört noch eine Facette, nämlich die große Bedeutung, die wir der »Geschlechtsidentität« einräumten. Es war auch die Zeit, in der die Diagnose »latente Homosexualität« noch etwas galt, soviel ich weiß, auch im Westen. Die Emanzipation der Männer von ihren Klischees hatte gerade erst begonnen.

Die Kommunität II fand unter der Leitung von Kurt Höck und dem Budapester Psychoanalytiker György Hidas statt, die Leitung der Selbsterfahrungskleingruppen übernahmen von nun an grundsätzlich Leiterpaare. Bis zum Untergang der DDR gab es zehn Kommunitäten, inzwischen sind es wohl fünfundzwanzig.

1979 wurde ich zum »Trainer« der Kommunität V ernannt und erlebte die täglichen Supervisionen, Intervisionen und Auswertungsgespräche während der Durchgänge als sehr persönlich und beglückend, aber auch als produktive Expertentreffen. Meinen Abschied von dieser Form der Gruppenselbsterfahrung nahm ich schweren Herzens 2015. So konnte ich den Wandel, aber auch den Bestand eines großen Erfahrungsschatzes miterleben und mitgestalten, über die Wende in Deutschland, über den Generationswechsel, über die massiven Veränderungen der gesellschaftlichen Pathologien und der Gesundheitssysteme hinweg. Die große Leistung, die IDG als »Biotop des BIG« zu verändern und zu erhalten, war aber bereits Werk der neuen Generation mit Stephan Heyne[3] an der Spitze.

## Historische Umstände und Traumafolgen – Auswirkungen auf meine berufliche Entwicklung

Wir stammten vom Reichsinstitut[4] ab. Dort sollte die Psychoanalyse zu einer judenfreien deutschen Wissenschaft werden. Die lebensgefährdeten jüdischen Kollegen und Lehrer erfuhren keinerlei Solidarität. Mithilfe eines Diagnoseschemas betrieb das Reichsinstitut eine lebensbedrohende Desintegration von »Psychopathen« und diente damit direkt dem Endziel des NS-Regimes, nämlich seinem Vernichtungswerk. Von denen stammten wir also ab, wir Ost- und wir Westdeutschen, auch wenn unsere Wege ziemlich getrennt verliefen (Seidler, 2019, S. 45 ff.).

Aus heutiger Sicht lässt sich diese dehumanisierte, empathielose seelische Verfassung kaum verstehen. Diese massenhafte emotionale Verkümmerung

---

3    Dr. med. Stephan Heyne, Jahrgang 1959, Internist, Facharzt für Psychosomatische Medizin, Psycho- und Gruppenanalytiker.
4    Deutsches Institut für psychologische Forschung und Psychotherapie (DIPFP) unter der Leitung von Matthias Heinrich Göring.

beschrieb Robi Friedman mit dem Konzept der Soldatenmatrix (Friedman, 2015), besonders unter dem Einfluss von Traumata und Siegeseuphorie (Glory). Diese Soldatenmatrix blieb noch lange nach dem Krieg erhalten, und man muss das wohl begreifen! Wie sonst wäre es zu erklären, dass sich bereits am 14. Mai 1945 – also kurz nach der Kapitulation – das Reichsinstitut zum Institut für Psychopathologie und Psychotherapie unter der Leitung von Schultz-Hencke und Kemper umgründen konnte (Wunderlich, 1991, S. 48). Dieses Institut wurde 1946 von der Versicherungsanstalt Berlin (später AOK) übernommen und heißt seitdem Zentralinstitut für psychogene Erkrankungen.

Am 9.5.1947 wurde das Institut für Psychotherapie gegründet, das ganz unter Schultz-Henckes Einfluss stand (Lockot, 2013). Fast alle Ostberliner Psychoanalytiker und Psychoanalytikerinnen machten dort ihre Ausbildung: Johannes Burghardt[5], Gudrun Israel[6]und auch Kurt Höck. Werner Schwidder[7] war einer seiner Lehranalytiker, über ihn dürfte auch die Beziehung zu Annelise und Franz Heigl nach Tiefenbrunn gegangen sein. Jorswieck (2000)[8] berichtete von den damaligen Versuchen, die Macht des Unbewussten zu kontrollieren. Er nannte das »Säkularisierung« des Unbewussten im ersten Nachkriegsjahr 1945/46 (S. 385–396): »Dem Staunen und Wundern ob der Präsenz unbewusster Tendenzen speziell im Psychopathologischen folgten zunehmend Versuche, therapeutische Techniken zu entwickeln, die solche Wirkungen beherrschen oder zumindest einschränken können«. Es war ja nicht nur mit der herausfordernden, harten Gegenwart umzugehen, sondern auch die Traumata und Verbrechen der Vergangenheit und deren Folgen mussten beherrscht oder wenigstens eingeschränkt werden. Wenn die gesellschaftliche Realität so ist, dass das Unbewusste, d. h., auch das Andere, das Fremde, gefürchtet werden muss, gibt es Säkularisierung und andere Domestizierungen des Gruppenunbewussten. Diese »Säkularisierung« musste wohl mehrere Generationen dauern. Wenn Staunen und Wundern wieder möglich wurden, tauchten auch die verdrängten Traumata wieder auf – die Wiederkehr des Verdrängten.

In den ersten Gruppentherapien nach dem Krieg standen als *manifeste* Themen die existenziellen Probleme der Teilnehmenden im Mittelpunkt: Brot, Kartoffeln, Kohlen, persönliche Verluste, allgemeine Not (Kemper, 1957). Vermutlich wurden in der »Latenz« auch andere zwischenmenschliche Prozesse verhandelt. Ich stelle mir vor: »Lieben in Zeiten der Gewissensnot« oder »Leben

---

5   Erster leitender Oberarzt der Klinik Hirschgarten.
6   Leiterin der Kinderpsychotherapieabteilung bis 1972.
7   Werner Schwidder (1917–1970), ab 1949 entstand unter seiner Mitwirkung die Klinik in Tiefenbrunn.
8   Eduard Jorswieck (1919–2014), Psychoanalytiker in Berlin (West).

mit ausgeschaltetem Gedächtnis«. Es ging ja auch bei den Patienten und Therapeuten um ganz praktische Lösungen: Berufsanerkennung der Therapeuten, Lebensmittelkarten, Wohnungssuche.

1948 wurde von der Londoner Dreierkonferenz die Spaltung Berlins eingeleitet (Benz, 2018). Auf die Währungsreform in Westdeutschland und Westberlin antwortete die Sowjetunion mit der Blockade der Westsektoren Berlins (Juni 1948 bis Mai 1949). Das stellte die erste von vielen Spaltungen Berlins dar, die im Mauerbau 1961 gipfelten.

Der Überlebenskampf des psychoanalytischen Erbes in der DDR ist eine spannende Geschichte, die von Verrat handelt, von Schuld und Angst, von Mut und von Brüchen in den Lebensläufen der Psychoanalytiker und Psychoanalytikerinnen. Seit 1948 existierte das »Haus der Gesundheit«, die größte Poliklinik Ost-Berlins, in der es seit 1949 eine große psychoanalytisch orientierte Psychotherapieabteilung gab. 1956 drohte die Schließung dieser Abteilung, weil ihr Chefarzt, der Psychiater Hans-Werner Meyer, in den Westen ging, und ohne ärztliche Leitung war damals keine Psychotherapie möglich. So bat der Psychologe Dr. Ehrig Wartegg, der seit dem 1.9.1950 mit sechs weiteren Psychoanalytikern zu der Abteilung gehörte, den Internisten und Psychoanalytiker Dr. sc. med Kurt Höck (1920–2008), er möge die Psychotherapie »retten«.

Von 1956 bis 1986 trug diese Abteilung, später das »Institut für Psychotherapie und Neurosenforschung« (IfPN), die Handschrift dieses Mannes. Er war auch Geburtshelfer der Gruppenpsychotherapie in der DDR. Die Wartezeiten für Patientinnen und Patienten waren immens lang, Fokussierung und Verkürzung der Psychoanalysen brachten nicht die erwünschte Erleichterung. Es begannen die ersten Therapiegruppen – aus der Not geboren, aber die Not machte erfinderisch: Zunächst wurde Autogenes Training in Gruppen durchgeführt, dann gab es aber auch Gruppen für Patienten mit Kontakt- und Potenzstörungen. Das berichtete Höck. Wie das genau war, erzählte er nicht.

Mir jedenfalls erscheint es ganz ausgeschlossen, dass in den frühen 1950er Jahren Gruppenprozesse minimal strukturiert, quasi unsäkularisiert möglich waren. Auch hier ahnt man, dass in der Latenz mehr als pragmatische Beratung und Psychagogik stattgefunden haben müssen: »Wie kann ich mir und anderen jemals wieder vertrauen?« oder »Was wird aus der Liebe in Zeiten der Gewissensnot?« oder »Wie kann ich meine Sinnlichkeit wiederfinden?«

## Das Institut im Haus der Gesundheit – Lebendiges Tätigkeits- und Forschungsfeld

1964 gelang es Höck, in Berlin-Hirschgarten die Klinik für Psychotherapie zu eröffnen. Das erweiterte die Psychotherapiemöglichkeiten immens. In den 1970er Jahren entwickelte sich dazu eine Forschungsabteilung, so entstand schließlich das IfPN. Die wenigen in der DDR verbliebenen Psychoanalytiker durften keine privaten Ausbildungsinstitute gründen, vielmehr bauten sie Psychotherapieabteilungen in Kliniken auf, vorzugsweise in der Psychiatrie. In Kliniken gab es immer Gruppenprozesse, mit denen umgegangen werden musste. Das war *ein* Grund für das Überwiegen der Gruppenpsychotherapie vor der Einzelpsychotherapie.

So trat die Psychoanalyse schließlich 1973 im Gewand der Intendierten Dynamischen Gruppenpsychotherapie (IDG) wieder aus dem Schatten (Höck, 1976). Sie nahm den Befreiungsgedanken ernst: Die Revolution der Gruppe gegen den Leiter, die Einübung des »Wehrt Euch«, und sie schlug damit die Brücke zu Freuds »Vatermord«. Genau damit stellte die Intendierte aber auch das Gegenmilieu zur DDR-»Cliquenwirtschaft« dar. Probleme mit den Formen einengender, kontrollierender, unterdrückender Autoritätsausübung waren überall im Osten gegenwärtig (und auf andere Weise auch im Westen).

Die Überwindung des Autoritären feierte in der Gruppenbewegung – bis 1968 – in ganz Deutschland fröhliche Urstände: beim Kipp-Prozess nach Höck (1981), Angriff auf den Leiter nach Slater (1966), unter Berufung auf den Vatermord nach Freud mit dessen sehr anschaulichen Schilderungen in »Totem und Tabu« (1912–13), wie die Urhorde den Urvater umbringt und wie die Jungs ihn dann verzehren (S. 171 ff.). Bereits diese Querverbindung zu Freud hatte damals etwas Subversives.

Über die Hälfte der Intendierten Dynamischen Gruppen konstituierten sich über den »Kipp-Prozess«. Konfliktfreude, aggressive Kontaktgestaltung, Autoritäten demaskieren oder auch anerkennen, die Gruppenleitung meinen oder sich endlich gemeint fühlen: Das waren dann lebendige, ja lustvolle Gruppensituationen, die die gesamte Klinik belebten. Am häufigsten zu beobachten war dabei ein Prozess, der mit der Omega-Position eines Gruppenmitglieds begann, das die Atmosphäre in der Gruppe kritisierte (»unehrlich«, »doppelte Moral«, »heimliche Grenzverletzungen« usw.). Dafür wurde letztendlich die Gruppenleitung verantwortlich gemacht, diese stand für ihre Verantwortlichkeit ein. Ein solches Initiationsereignis der Gruppenbildung bestimmte nachhaltig die Gruppenkultur. Heute wurde ich den Vergleich mit einem Now-Moment suchen, den wir beziehungsdynamisch als »Begegnungsmoment« bezeichnen könnten. Dass überhaupt Konflikte willkommen waren, brach mit der häufig vorkommenden depressiven Struktur der Patienten in dieser Generation, denen der Wunsch nach Gemochtwerden wichtiger war als eigene Interessen – was sich dann auch in der proklamierten sozialistischen Menschengemeinschafts-harmonie wiederfand. Ein katholischer Patient aus dem Eichsfeld sagte dazu: »Es tut so gut, wenn man das sagt, was man denkt!« Das klang, als sei ihm das ganz neu.

An diese Stelle gehört eine Betrachtung unserer Situation: Höck war über zwanzig Jahre älter als die nachfolgende Generation, in der alle wiederum in einem Alter waren. Das war Resultat der Tatsache, dass bis zum Mauerbau 1961 die Ärzte in Scharen in den Westen gingen. Höck war über die Gewerk-schaft »Gesundheitswesen« beim FDGB zum Bezirksarzt Ostberlins geworden. Während des Mauerbaus und der Ruhr-Epidemie ab 1962 hatte er sich große Verdienste und Ehrungen erworben, mehr als für seine Leistungen, seine Konzepte und wissenschaftlichen Verdienste in der Psychotherapie. Höck war parteilos, das war selten bei leitenden Positionen. Mehr noch: Dieser Nimbus mehrte Höcks Autorität.[9] Für die Kollegen meiner Generation – Kriegskinder, Flüchtlinge, z. T. Vaterlose – war diese Konstellation mit dem einen Vater wie geschaffen. Gleichzeitig lag die Vaterbeseitigung durch die Brüdergemeinde immer in der Luft, zumal Höck stets von mehreren kreativen, immer konkur-rierenden Frauen umgeben war.

Dieses Muster gibt es auch heute. 2019 fand ich das dazu passende Bild:[10] »König Lear und seine parentifizierten Töchter.« Diese alltägliche fixierte ödi-pale Konstellation musste stilbildend werden. Ödipale Konstellationen sind keineswegs aus der Welt, das Auftauchen von Autoritäten und der Umgang mit ihnen stellen immerwährende Konflikt- und Entwicklungsfelder dar, aber damals ging es uns ums »Kippen«, nicht um Evolution oder Reform. Wir waren jung; eine Revolution sollte es sein und erst dadurch die »horizontale Ver-gesellschaftung«.

---

9 »Unter Höck konnte man nicht in die SED eintreten«, sagte ein ehemaliger Oberarzt, der Chefarzt der Klinik für Psychotherapie in Berlin-Buch wurde – und endlich in die Partei eintrat. Gorbatschow kam 1985 an die Macht. Vor Höcks Emeritierung überlegten mehre-re von uns, nun doch in die Partei zu gehen – aus vielen Gründen. Auch ich hatte überlegt. Da meinte Höck öffentlich in der Forschungsgruppe: Er würde es nicht machen, unsere Er-wartungen würden sowieso nicht erfüllt werden (die Rettung des immer gefährdeten Insti-tuts), und Demokratie oder Mitbestimmung gäbe es dort ohnehin nicht. Eine einzige Kolle-gin trat noch im November 1989 ein, verließ dann aber das Institut. Ironie der Geschichte: Das Institut fiel dem Anschluss an die BRD zum Opfer.

10 Gerhard Wilke in einer Großgruppe 2019.

Heute stellt sich die Frage, was mit dieser Idealisierung abgewehrt wurde. Offensichtlich war es ein Thema der Kriegskindergeneration. »Für die war es nicht leicht, gegen die wenigen und meist verletzten Väter aufzubegehren. In alles war Schuld eingewebt. Vielleicht war es in einer Diktatur leichter und notwendiger, ein psychotherapeutisches Gegenmilieu zu schaffen, in dem dieses Aufbegehren möglich ist, als zentrale Dimension im Gruppenbildungsprozess« (Heyne, 2010, S. 116).

Im Dezember 1975 bekam ich einen Arbeitsvertrag als Nervenfacharzt in diesem Institut. Berlin war und ist meine Wahlheimat – so war die Stelle meine Endstation Sehnsucht. Das Institut bestand aus einer Ambulanz, einer 24-Betten-Klinik und aus einer Forschungsabteilung. Mit den Ausbildungskandidaten zum Facharzt für Psychotherapie (ab 1978) und zum Fachpsychologen in der Medizin waren wir ca. zwanzig Psychotherapeuten. Alle Therapeutinnen und Therapeuten sollten auch wissenschaftlich tätig sein, das war eine Conditio sine qua non. Zusätzlich gab es auch andere Wissenschaftler (Mathematiker, Physiker, Soziologen). Wir hatten um die 2.000 Neuzugänge im Jahr. Davon wurden zehn Prozent nach dem gruppentherapeutischen ambulant-stationären Fließsystem behandelt: Die Patienten wurden in der Ambulanz untersucht, in Gruppen zusammengestellt und in Gruppenform »angewärmt«, informiert und vorbereitet. So gingen sie bereits motiviert mit ihrem Therapeuten oder ihrer Therapeutin für sechs Wochen in die Klinik und dann für ein Jahr zurück in die Ambulanz für eine Sitzung wöchentlich. Dabei wurde auch pragmatisch experimentiert.

Ich will schlagwortartig die Fülle und Vielfalt der Variationen beschreiben. Seit den 1970er Jahren und zunehmend bis heute (!) wurde der Überhang an weiblichen Patientinnen immer größer. Deswegen wurden unter der Leitung von Monika Kneschke und Christa Ecke (Ecke, 1989) auch »Frauengruppen« durchgeführt, wenig später – fast revolutionär – Faf-Gruppen (Frauen ab fünfzig). Es gab Ehepaargruppen (Kirchner, 1983), Essgestörtengruppen (Seidler, 1989), psychosomatische Patienten mit Organdefekten, die nach der IDG-Konzeption geführt wurden, diese kritisierten und diversifizierten. Es gab auch Gruppen, die nach gesprächstherapeutischen Konzeptionen (Petzold, 1980) und nach »Assertivnesstrainingsgruppen« (Zeller, 1989) im gleichen beziehungsstiftenden Klinikregime geführt wurden. Schließlich kamen auch Kollegen und Kolleginnen aus anderen Orten mit ihren Gruppen aus eher ländlichen Gegenden, um die stationäre Phase in der Klinik zu absolvieren. Eine offene Gruppe für Akutaufnahmen von Kriseninterventionen sprengte das Regime fast – wir fanden nach wenigen Monaten andere Möglichkeiten. Jeweils während der Sommerferien fanden – anstelle einer Patientengruppe – drei 14-tägige

Selbsterfahrungsseminare für angehende Therapeuten statt. In der Ambulanz wurden tagesklinisch Patienten behandelt, eine Gruppe (die »Videogruppe«) wurde intensiv von 1979 bis 1991 unter Leitung von Kurt Höck und Helga Hess beforscht. Darüber entstand eine eigene Schriftenreihe[11] (»Psychotherapie-berichte IfPN«).

In dieser Zeit war ich an all dem als leitender Oberarzt dieser Klinik mit beteiligt und geriet an den Rand der Überforderung. Die Selbstfürsorge der Therapeuten war nicht die Stärke der IDG – und auch nicht meine. In meiner Psychoanalyse nach der Wende bei Helmut Bach dauerte es fast 100 Stunden, bis ich die Schiene »Leistung-für-Liebe« verlassen konnte und zur Ruhe und zu mir kam. Warum eine vierstündige Analyse nun ausgerechnet »hochfrequent« genannt wird, scheint mir eine Contradictio in adiecto aus einem ähnlichen Leistungsgeist zu sein.

Die Zusammensetzung der Gruppen bestimmte die Gruppenprozesse mit. So wurden Phänomene der Regression und ein höherer Grad von aktueller und biografisch-analytischer Therapiearbeit zugelassen. Seit 1986 wurde von vornherein die Arbeit mit den Übertragungsmustern unter der Hic-et-nunc-Sichtweise versucht, womit die IDG in die Nähe der GA rückte. 1986 zeigte eine Bestandsaufnahme auf der Jahrestagung in Karl-Marx-Stadt, wie vielfältig die Konzeption in der ganzen DDR angewendet, modifiziert, erweitert, aber auch bis zur Unkenntlichkeit variiert wurde.

Das war der Höhepunkt der Ära Höck: Die IDG wandelte sich von der dynamischen zur psychoanalytischen Gruppe, die Biografie kehrte zurück. Vielleicht kann diese Aufzählung zeigen, wie bunt, lebendig und sinnerfüllt diese Tätigkeit war und wie gern ich dort arbeitete.

## Entscheidung zur Gruppenarbeit mit Adoleszenten

Als nachträgliche Einsicht möchte ich jenen Arbeitsbereich herausgreifen, der mir wichtig wurde und der die damaligen gesellschaftlichen Verhältnisse widerspiegelte: die Arbeit mit Adoleszentengruppen. Einige Überzeugungen und Konzepte dieser Arbeit sind bei mir auch biografisch begründet. Den betreffenden Teil meiner Biografie werde ich *nach* dem Erfahrungsbericht im nächsten Kapitel schildern.

---

11  Diese Schriftenreihe wurde möglich, weil Michael Froese persönlich in der Nationalbibliothek in Leipzig eine ISBN besorgt hatte, die eine Druckgenehmigung für schließlich über vierzig Bände möglich machte.

Mit dem Weggang der Psychoanalytikerin Dr. Gudrun Israel 1972 musste die Kinderabteilung schließen. Frau Dipl.-Päd. Erika Schwarz betreute allein die letzten Jugendgruppen und brauchte einen medizinischen Mitstreiter. Aus einer Reihe von Zufälligkeiten wurde die Gruppenarbeit mit Adoleszenten mein ureigenes Projekt, das schließlich 1990 auch in die Habilitation mündete (Seidler, 1990). Eine innere Folgerichtigkeit wurde mir viel später klar: Meine Kinder kamen in die Pubertät und ich hatte keine brauchbare Vorstellung, was Vater- oder Elternsein bedeutet.[12]

Die adoleszenten Patientinnen und Patienten (17–22 Jahre) wurden in der Ambulanz zu zwei Gruppen bei jährlich 24 Gruppen im Jahr »gesammelt« oder auch in altersheterogenen Gruppen untergebracht. Nach einer »Anwärmphase« ging die Gruppe geschlossen in die Klinik. Dort befanden sich immer drei Gruppen, die gemeinsam lebten und auch gemeinsame Großgruppenveranstaltungen hatten, als psychodramatische, dynamische, psychoanalytische und als organisatorische Hausgruppen. In der Klinik entwickelte sich die Gruppe zu einer arbeitsfähigen Gruppe (»work group« in Anlehnung an Bion, 1961). Das geschah, unterstützt durch Begleittherapien, über die Emanzipation der Gruppe gegenüber ihrem Leiter, am eindrucksvollsten über einen Kipp-Prozess. Der Klinikteil war der am meisten gruppenbildende und beziehungsstiftende; in ihm gab es – wie in jeder stationären Therapie – immer eine zweite »informelle« Bezugsebene, in der das »wahre Leben« stattfand: das Unerwünschte, Unpassende, Ungeliebte, das Kreative, die »ganze Wahrheit«, die nach und nach aus dem Dunkel oder Halbdunkel – oder eben als »Kipp-Vorgang« – ans Licht kam und kommt und zu einer personalen Begegnung mit dem Gruppenleiter führen musste (Seidler, 2019b, S. 52–55). Winnicott (1973) hätte das die »Verwendung des Objekts« genannt, genauer »Verwendung des Analytikers«. Nur so wird der Beziehung Authentizität abgerungen. Die individuellen Neurosen haben nun eine gute Chance, über die freier werdenden Interaktionen einander zu heilen. Das hatte bei den Adoleszentengruppen häufig eine Zwischenetappe von Gegenabhängigkeit (Seidler, 1986). Dann sind 17- bis 20-Jährige voller Kraft, Intoleranz und Provokation, aber auch Zerstörungswut. Das trifft besonders auf männliche Jugendliche zu, die ohnehin noch mehr auf Agieren als auf Verbali-

---

12  Ein Kollege aus Westberlin erzählte, dass die Gründung der Nach-68er-Kinderläden viel damit zu tun hatte, dass die Eltern so unsicher waren, wie »Eltern« geht. So keimte die Hoffnung auf, die Kinder könnten es in Freiheit »aus sich heraus« besser richten. Deswegen antiautoritäre Erziehung. Auch dass in der DDR so fraglos die Kinder in Einrichtungen – allerdings eher autoritätsgläubig – bei »Fachleuten« abgegeben wurden, hing wohl auch mit dieser Unsicherheit zusammen.

sieren angewiesen sind. Denn sie wurden ja nie nach ihren Gefühlen gefragt.[13] Diese Probleme tauchen bei jungen Männern auch heute wieder auf, besonders dort, wo sie unter sich sind und ihnen Anerkennung, Chancengleichheit und Teilhabe verwehrt werden – in den Verödungsregionen Ostdeutschlands, beim Militär, in Flüchtlingscamps usw.

Aus der Distanz von Jahrzehnten erzählt sich dieses Beispiel sachlich, das ist auch gut so. Ich erinnere mich aber, wie mich die verzweifelte Ohnmacht mit den nachfolgenden Schuld- *und* Schamgefühlen bewegt hatte. Ich war nicht an meine Grenzen gegangen, der Prozess hatte mich an meine Grenzen gebracht, katapultiert. Bei der Gruppenarbeit mit Jugendlichen geht es immer um alles oder nichts. Ohne Veränderung ging ich allerdings nie durch einen Gruppenprozess.

## Die Idee der Altershomogenität als Indikationskriterium

Bei den kollektiven Erziehungsstilen in der DDR, bei der Relativierung der Bedeutung der Familie, der Unglaubwürdigkeit der staatlichen Autoritäten, zumal während der Pubertät, hin zur Macht der Peergroups, erschien es uns angemessen, Adoleszente in altershomogenen Gruppen zu behandeln. Die Peers waren eine wesentliche Existenzform junger Menschen. Die Verständigung dieser Gruppen mit der Elterngeneration war oft regelrecht blockiert. Diese Form der Gruppenpsychotherapie hatte also soziologische Voraussetzungen. Ob das auch heute ein Indikationskriterium sein kann, will ich jedoch nicht ausschließen (s. Fridays for Future).

## Autobiografische Vorgeschichte – Traumatische Umwelt und Reifungsprozesse

Geboren wurde ich im Februar 1943 in Aussig an der Elbe, zu dieser Zeit von Nazideutschland besetzt. Die Schlacht bei Stalingrad war gerade verloren. Mein Vater war an der Ostfront. Am 6.6.1944 war er 31 Jahre alt geworden. Das war der D-Day, der Tag, an dem die Alliierten in der Normandie die zweite Front eröffneten. Die deutschen Truppen im Westen mussten verstärkt werden. Himmelfahrtskommandos blieben zurück und sollten den Vormarsch der roten Armee aufhalten. Am 16.7.44 wurde mein Vater bei Lemberg von einem

---

13 2007 berichten M. Kupfer, A. Rußmann, T. Leitner, F. Bleichner M. E. Beutel über ganz ähnliche Vorgänge in einer Klinik im Westen Deutschlands.

»Granatenvolltreffer« zerfetzt.[14] Wie ging es da meiner Familie? Meine Mutter sei ohnmächtig zusammengebrochen. Am 20.7.44 geschah das halbherzige Attentat auf Hitler. Der Aufstand der Generalität scheiterte. Die Volksgerichtshofprozesse unter Freisler propagierten massenhafte Todesurteile. Alle müssen das miterlebt haben. Mein Großvater wurde am 21.7.44 bei einem Bombenangriff in einem Arbeitslager erschlagen. Als die rote Armee anrückte, gab es Massaker, Vergewaltigungen und Serien von Selbstmorden. *Nach* dem Krieg gab es die »wilden Vertreibungen« durch einen aufgepeitschten, aber gut organisierten Mob. Am 31.7.45 verübten Paramilitärs ein Massaker an den Deutschen (»Aussiger Blutsonntag«) mit bis zu 2.000 Erschlagenen (Padevet, 2016, dt. 2020, S. 227 ff.). Meine Familie wurde auf ein motorloses Boot verfrachtet und trieb elbab bis Riesa. In einer Scheune ohne Nahrung lagerten die Flüchtlinge. Seuchen breiteten sich aus. Laufend gab es Tote. Ich erkrankte an Scharlach. Von außen gab es keine Hilfe.

Seit den 1990er Jahren kamen die Kriegskinder und zunehmend deren Kinder in die Psychotherapie. Das war nun unübersehbar und wurde auch wissenschaftlich aufgearbeitet (Seidler, 2003). Die Schuldgefühle – nicht die Schuld! Wir Deutschen haben kein Recht, unsere Opfer zu beklagen. Schließlich hatten wir den Krieg angefangen, den Holocaust und viele andere Verbrechen begangen – lichteten sich etwas und gestatteten mir nun, diese Daten zu sammeln. Nach dem Tode meiner Mutter (2000) entdeckten wir auch wichtige, grauenvolle Dokumente, die sie zu unserem und zu ihrem Schutz verborgen hatte. Es ist unstrittig: Ich bin ein traumatisiertes Kriegskind.

Wir kamen im Herbst 1945 bei Bauern unter, überlebten so die Hungerwinter 45/46/47. 1948 bekam meine Mutter in Oschersleben an der Bode in einer Pumpenfabrik eine Stelle; der Direktor war der jüngste Onkel meines Vaters. Meine Mutter war gebildet, sprach Wiener Hochdeutsch, meine Großmutter und wir Kinder hatten eine stark sudetische Mundart, einer der vielen Anlässe, sich in der Fremde zu schämen. »Flüchtlinge« waren – wie immer – nicht erwünscht, sowieso unsauber, kriminell usw. Die Vorurteile der Flüchtlinge gegenüber den »Einheimischen« waren nicht minder krass: engstirnig, zurückgeblieben, geizig, habgierig – und vor allem ungebildet. Dadurch wurde Bildung zu einem hohen Gut.

In der Grundschule und beim Abitur war ich Jahrgangsbester. Ich hatte keine gute Kinderstube, nicht mal ein Kinderzimmer. Auch sonst hatte ich wenig. Geld schon gar keines. Aber Jahrgangsbester. Das war mein Glück, unangepasst, wie ich war. Damit erfüllte ich auch die idealisierten Vorstellungen

---

14  Mitteilung der Wehrmachtsauskunftstelle Berlin 2001.

meiner Mutter von meinem Vater. Vaterlosigkeit heißt nicht nur Verlusterleben und lange grenzenlose Trauer, wie in unserem Fall, sondern auch Lückenbüßer-programme und Delegationen, einerseits der einzige »Mann« zu sein, anderer-seits der »Sonnenschein« der Familie. Meine Berufswahl Arzt hat sicher mit dem Helfersyndrom aus parentifizierender Rollenumkehr zu tun, mit dem ret-tenden Bild eines Arztes aus kranken Kindheitstagen, und sie war den puber-tären Größenfantasien angemessen. Meine immerwährende Suche nach dem Grund begleitet mich jedoch noch immer.

Ich will hier keine Diagnosen stellen, es gäbe massenhaft Anlässe und Sym-ptome für eine Pathobiografie. Aber ich habe nicht nur überlebt, sondern ich frage mich schon lange: Wieso konnte ich eine Entwicklung nehmen, mit der ich letztlich doch einverstanden bin?

## Geländer während der Latenzzeit

Zunächst war ein solches Schicksal häufig, es hatte nicht die stringente Aus-nahmesituation. Hilfreich war die Erziehung in einer katholischen Gemeinde mit ihrer geradezu feindseligen Abgrenzung gegen die protestantische Umwelt. Das war eine Zeit lang haltgebend, entpuppte sich aber zunehmend als lebens-feindliche Frömmelei.[15] Die Gemeinde Oschersleben gehörte über meine Kind-heit hinweg zu der radikal antikommunistischen Diözese Paderborn. Regel-mäßig von der Kanzel verlesene Hirtenbriefe warnten vor dem »Antichristen«. Und das in der DDR! Gleichzeitig stellten Kindheit und Jugend bei den »Jun-gen Pionieren« eine andere Schiefheilung dar, mit realitätsfremden kommunis-tischen Verheißungen, aber mit all der Aufbruchstimmung, den vielen Unter-nehmungen und der Kameradschaft unter Kindern. Weder der Kommunismus noch der Katholizismus hatten bei mir später eine Chance, was ich ab und zu bedauere. Hilfreich für mich wurden die Peers, besonders in der Oberschule.

## Pubertät als zweite Chance

Die Pubertät »verflüssigte« viele Strukturen und bot mir eine »zweite Chance« (vgl. Eissler, 1958, S. 869 ff.; Erdheim, 1982, 271 ff.). Unter Freunden, wissens-durstigen und abenteuerlustigen Heranwachsenden, wurden viele Widersprüche aus meiner Kindheit unerheblich. Es bildeten sich Freundeskreise, die teilweise lebenslänglich hielten. Verlässliche Freundeskreise waren in der DDR ein Über-lebenselixier für mich. Der Zusammenhang zwischen Selbstwert, Lebensfreude,

---

15  Über die janusköpfige Rolle der katholischen Kirche s. Seidler (2022), S. 101-107.

Lebendigkeit und überhaupt den umgebenden Beziehungen wurde mir schon damals durchaus klar, obwohl ich in katholischer Bußfertigkeit oft zu viel auf meine Kappe nahm.

Im September 1961 kam ich zur NVA. Dort habe ich die Berlinkrise 1961 und die Kubakrise 1962 miterlebt. Ich hätte nie dorthin gehen dürfen. Diese »Soldatenmatrix« (Friedman, 2015) demoralisierte mich. Als ich endlich zum Studium kam, war die Selbstwertreduktion so erheblich, dass ich mir z. B. vor lauter Prüfungsangst von meinem Freund die Brille borgte, um intelligenter auszusehen.

## Vaterlosigkeit und die Suche nach Autorität als Container

Vaterlosigkeit scheint bei mir auch immer Suche nach einem Vater gewesen zu sein. Allerdings hätte ich das damals nie zugegeben. Und doch war diese Suche in Teilen erfolgreich: Ich hatte von der dritten bis zur achten Klasse einen Klassenlehrer mit dem in dieser Gegend seltenen Namen Seidler, was eine innere ambivalente Verbindung schuf. Er kam aus sowjetischer Gefangenschaft, in die er 17-jährig geraten war, und begann nach seiner Entlassung als Neulehrer. Auch er war wenig gebildet, aber ernsthaft um Bildung bemüht. Ich erinnere mich, wie er Heinrich Heines »Wintermärchen« mit uns gemeinsam entdeckte – so kam es mir vor. Meine manchmal altkluge Besserwisserei, manchmal (selten!) auch mein realer Bildungsvorteil führten zu manch pubertärem Ringen. Er hielt mich aus und blieb auf meiner Seite: eine Autorität, hart geprüft, mit viel Containment. Diese Gedanken kamen mir nach einem Klassentreffen fünfzig Jahre nach Schulentlassung, als wir uns in einer großen Herzlichkeit begegneten. Ich versuchte, ihm zu danken. Auch mit Kurt »Vater« Höck verband mich später eine lebenslängliche Freundschaft, an die ich in großer, vielleicht verspäteter Dankbarkeit denke.

## Höhepunkt und Ende der Ära Höck 1986 – Generationswechsel: Tradition und Erneuerung

Gorbatschow kam 1985 an die Macht, das Politbüro der SED hielt ungebrochen an seiner Politik fest (»Wer zu spät kommt ...«), aber auf allen Ebenen begannen Veränderungen. Bei der Vorstandswahl der Sektion Dynamische Gruppenpsychotherapie standen mehrere Kandidaten zur Auswahl. Die Jahrestagung 1986 in Karl-Marx-Stadt wurde zum Höhepunkt der Ära Höck. Die Intendierte Dynamische Gruppenpsychotherapie (IDG) war selbst in der DDR vielstimmig, konkurrierend-gemeinsam, in Abhängigkeit von Örtlichkeit und Chefs. Die unterschiedlich akzentuierten Richtungen bekamen ab Mitte der 1980er mehr Spielraum.

Wir hatten inzwischen die biografische Dimension in die frühen Gruppenphasen einbezogen, ein Verdienst von Jürgen Ott. Als Ott in den Westen ging, trat Heinz Benkenstein dessen Erbe an. Wir Gruppentrainer, so nannten wir uns damals, hatten 1988 in der Klinik in Halle unter der Leitung von Achim Maaz und Heinz Benkenstein eine vierwöchige stationäre Gruppenselbsterfahrung absolviert. Dort konnten wir intensive körpertherapeutische Erfahrungen machen und schließlich angstfreier mit Regression und Berührung umgehen.

Ich selbst wurde 1987 zum Chefarzt des IfPN berufen, letztlich gewählt durch die Mitarbeitenden. Wir befassten uns nun verstärkt mit psychoanalytischen Themen, die »psychodynamische Einzeltherapie« hielt nach und nach Einzug. 1988 fand in Halle die größte Tagung zu diesem Thema unter der Leitung von Hans-Joachim Maaz statt. Unter dem Motto »Im Mittelpunkt steht der Mensch« gewannen Individualität und Subjektivität auch in der IDG Bedeutung.

## Die friedliche Revolution 1989 – Das wunderbare Jahr der Utopien

Für mich begann die revolutionäre Zeit im April 1989 während einer Jugendfeier bei Verwandten in Leipzig. Die Leipziger jugendlichen Helden und Rebellen forderten von mir, auch etwas Revolutionäres zu tun. »Nein«, sagte ich, »ich will meine Ruhe, ich habe eine schöne Aufgabe, da gibt es viel zu tun.« Doch zur Wahl im Mai 1989 wählten ich und viele Verwandte und Freunde frei und geheim, d. h., wir strichen sorgfältig Kandidat für Kandidat mit dem Bleistift durch. Früher hatte ich auch öfter nicht gewählt, aber das war nun mutig. Und damit begann das wunderbare Jahr 1989, ein Fest fürs Leben.

Mit Nebenwirkungen: Eine Kollegin blieb bei einem Verwandtenbesuch in Hamburg, ein Kollege schwamm über die Donau nach Österreich. Beide waren als Gruppenleiter eingeplant und brachten mich in größte Schwierigkeiten, weil die Aufbruchsstimmung im Land sich auch in einem Patientenansturm widerspiegelte. Vorübergehend fand ich mich auf der anderen Seite und verfluchte die »Republikflucht«.

Im September wurde das »Neue Forum« gegründet. Überall, auch im Institut, bildeten sich Diskussionsgruppen, die sich später gern »oppositionell« nannten. Am 7. und 8. Oktober schlug die Staatsmacht in Berlin auf die Demonstranten ein, es kam zu Folterungen. Unser 17-jähriger Sohn kam weinend von den Demonstrationen. Als wir hingingen, war die Umgebung der Gethsemanekirche bereits geräumt. Am 9. Oktober gab die Staatsmacht in Leipzig nach. Am 18.10.1989 traten die Honeckers zurück, der Jubel war groß. Am 4. November gab es die größte, humorvollste, bissigste Demonstration, auf der wir alle unsere Freunde trafen – ohne Verabredung. Der Alexanderplatz lag im Sonnenschein. Ein Wald von selbstgemachten Plakaten: »Im Mai die Wahlen frisiert, im Juni China gratuliert: SED, Du hast ausregiert.« Der 9. November, der Tag der Maueröffnung, überstrahlt als welthistorisches Ereignis diese DDR-interne Geschichte.

Im September 1989 organisierten wir die Jahrestagung der Sektion Dynamische Gruppenpsychotherapie unter dem provokanten Titel »Individuation kontra Bezogenheit«. Das Haus der Gesundheit war Gastgeber, denn dort existierte die Psychotherapie seit vierzig Jahren und die Klinik Hirschgarten seit 25; die Sektion selbst seit zwanzig Jahren. Die revolutionäre Stimmung im Lande sprang auf die Tagung über. »1984 – Orwell or better?« war mein Thema, der Kommandokollektivismus und der Mangel von Subjektivität und Individualität in Kultur, Gesellschaft und therapeutischen Strategien kamen auf den Tisch.[16] Die nächste Jahrestagung fand erst 1993 statt:[17] »Die Gruppe – eine verlorene Utopie – Individuation kontra Bezogenheit, Teil II« eine erste postdepressive Sammelaktion und Bilanzierung.

## Der Anschluss – Ernüchterung und Enteignungen

Die friedliche Revolution gab es. Unstrittig. Und es gab viele Utopien über ein neues demokratisches Gesamtdeutschland. Doch dann entschied sich die Mehrheit der Ostdeutschen im März 1990 für einen raschen Anschluss. Nun zerplatzten nicht nur die Utopien, es ging um Anpassungsprozesse, die es in sich hatten. Es zeichneten sich zwei problematische Prozesse ab, die sich kollusiv ergänzten und verstärkten: Die ostdeutschen Biografien wurden im Zuge der berechtigten Systemkritik mitentwertet – durch sich selbst und durch die Westdeutschen. Die bundesrepublikanische gesellschaftliche Realität wurde auf

---

16  Ich hatte während dieser ganzen Zeit Sorgen, dass es doch noch »krachte«. Das war auch ein Grund, warum ich den raschen Anschluss wollte.
17  »[E]s gibt wohl keinen Kongress, der so unmittelbar im Zeitgeist verankert war wie dieser [...]. Die Tagung fand im Hörsaal der Charité-Nervenklinik statt. Es war kalt, schlecht geheizt, die Teilnehmer saßen in Mänteln da [...]. Der Abend fand in einem Szene-Literatur-Cafe mitten im Prenzlauer Berg statt. Gegenüber befindet sich ein Asylantenheim, dessen Bewohner regelmäßig durch Brand- und Morddrohungen in Schrecken versetzt werden« (Benkenstein, Kirchner u. Seidler, 1995, S. 9 ff.).

ein Siegerpodest gehoben und verweilte dort zu lange. Es wurde längst keine
Liebeshochzeit mehr. Ich nenne die Termini, wie sie die Soziologin Yana Milev
(2020) heute benutzt: »Entkopplung der Gesellschaft«, »Treuhandtrauma«,
»vereinigungsbedingte Kulturkatastrophe«, »Landnahme«, »Inferiorisierung
und Diskriminierung«, »Ethnisierung und Rassisierung der Ostdeutschen«,
»Kolonialpolitik der Dominanzkultur im Beitrittsgebiet« usw.

Wir waren einmal fröhliche friedliche Revolutionäre, auch in unserer Arbeit.
Unsere Kollegen und ich verspürten durch die Wendezeit hindurch die Macht
der Matrix hautnah. Wir waren empört über SED und Stasi, wir schämten uns,
Mitläufer gewesen zu sein, schätzten unsere Erfahrungen gering und passten
uns fleißig an. Wir gehörten zu den Wendegewinnern. Wir wollten in der Mitte
der Gesellschaft ankommen und waren auf dem Weg, alles zu verlieren, was
uns vorher kostbarer Erfahrungsschatz war. »Das Ich ist nicht Herr im eigenen
Haus«, so Freud – »will es aber immer sein«, soll hinzugefügt werden.

Das IfPN wurde zwei Jahre nach der Wende »abgewickelt«. Vielleicht konnte
ich vermitteln, wie viel Entwicklung mit Herzblut, Leidenschaft und Freude in
dieser Klinik, in diesem Institut möglich war. Ich wurde angestellter Kassen-
arzt. Es gab keine Abberufung und Erklärungen höchstens aus der Presse. Ich
schrieb Briefe an die beiden Bürgermeister Berlins – Momper und Schwier-
zina – und an etliche staatliche Stellen sowie Forschungsfonds, um das IfPN zu
erhalten. Es wurde nicht einmal der Eingang bestätigt. Damit brach eine produktive Entwicklung radikal ab, ein eingespieltes Forschungsteam zerfiel. Es
gibt kaum noch Unterlagen, es gibt keine Archive aus dieser Zeit, außer meinen persönlichen Dokumenten.

Es betraf aber die Psychotherapie im ganzen Osten: Mit wenigen Ausnahmen
wurden die Psychotherapiekliniken geschlossen, die Gruppenpsychotherapie
hatte keine Existenzgrundlage mehr, sie war obdachlos geworden. Es gab fast
nur noch Einzeltherapien, und auch die Gruppentherapeuten setzten nun auf
Einzeltherapie. Der Gruppentherapieverein mit ursprünglich 800 Mitgliedern
war schlagartig auf fünfzig geschmolzen.[18]

---

18  In der Zeit der Modrow-Regierung gab es endlich ein Vereinsgesetz. Wir gründeten die Gesellschaft zur Förderung der Psychoanalyse und einen Berufsverband. Vom zuständigen Gericht in Berlin-Mitte bekamen wir entsprechende Urkunden. Jahre später kam vom Amts-
gericht Charlottenburg die Mitteilung, unsere Urkunden gäben einen »falschen Sachstand«
wieder: Wir seien kein e.V. Ein Anwalt aus Münster bot an, sich um die Eintragungen zu
kümmern, erhielt dafür 2.000 DM Vorschuss – und verschwand. Die Eintragung des Vereins
DADG gelang schließlich R. Kirchner in Cottbus. M. Froese gelang die Eintragung der APB
im Registergericht Charlottenburg. Die Rechtspflegerin hatte ihm die juristische Wortwahl
diktiert. Vorher waren wir mit zwei Notaren in Wilmersdorf gescheitert.

Eine Phase tiefer Regression im Sinne der Entdifferenzierung von Gesellschaft und Kultur erlebten wir nach der Volkskammerwahl im März 1990 und verstärkt ab Juli 1990, der Währungsunion, bis Ende 1993: In allen Fachrichtungen bis hin zur Kinderchirurgie blieben die Patienten aus, die Psychotherapie verwaiste. Es gab Existenzsorgen, auch bei Ärzten und Psychotherapeuten. Die berühmte Berliner Volksbühne Ost spielte, sobald wenigstens drei Zuschauer kamen – und sie spielte damals selten.

Das Erschrecken über die Verbrechen der DDR-Diktatur, die nach der Wende öffentlich wurden, und die Enttäuschung über die eigenen Mitläufererfahrungen waren Ausgangspunkt für viele, auch öffentliche Selbstkritiken[19] – oft in Demut, oft in Reue, manchmal in unterwürfiger Selbstbezichtigung. Die Worte Bonhoeffers machten die Runde: »Sind wir noch brauchbar?« Nach der Wende begann unter uns psychotherapeutischen Kollegen eine Art Wettbewerb, Defektsyndrome-Ost aufzuspüren und zu beschreiben. Wir gingen davon aus, dass nach zwei Diktaturen die Seelen der Menschen deformiert sein müssten. Selbstwertstörungen, mangelnde Eigeninitiative, autoritäre Charakterzüge, etc. fanden sich wie selbstversteckte Ostereier. Wenn wir uns diesen Problemkreisen »wissenschaftlich« zuwandten, hatte es ganz sicher auch damit zu tun, dass wir unsere eigenen ungeliebten Seiten markierten und per projectionem abwehrten. Und immer blieb der Beigeschmack von vorschneller Identifikation mit den neuen Verhältnissen, und diese Identifikation mit den Siegern kostete eine Menge Selbstwert.

*Westliche* Kolleginnen und Kollegen entdeckten in uns wie durch ein Mikroskop »posttotalitäre Persönlichkeitsstörungen« und andere defekte seelische Strukturen, »totalitäre innere Objekte« oder das Phänomen »Omnipräsenz« (Frommer, 2011) als Folge totalitärer Repressionserfahrung. Dem kann ich durchaus etwas abgewinnen: In meinem »zweiten Leben« nach der Wende gab es neue Möglichkeiten, neue Ziele, große Begeisterung und tiefe Verunsicherung – schlicht eine »zweite Sozialisation«. So fand ich mich in vielen Startlöchern wieder. Wenn Jörg Frommer öfter Leute dieses Schlages untergekommen sind – wovon ich ausgehe –, kann ich mir vorstellen, wie ihm das auf die Nerven ging.

Wenn einige meiner Kollegen aber heute noch – dreißig Jahre nach der Wende – von sich als »posttotalitäre Therapeuten« sprechen, dann ist das für mich beflissenes Übernehmen herrschender Ideologien. Diese eifrige Anpassung ist besser zu verstehen, wenn man die »Wende« auch als einen Migrations-

---

19  Eine Bestandsaufnahme von Seidler (2015) besitzt immer noch weitgehend Gültigkeit.

prozess versteht, in dem sich Menschen als unerwünschte Fremde erleben, in einer Umgebung, die sie nicht haben wollen.

Die Kerngruppe der IDG-Gesellschaft beschäftigte sich mit ihrer Weiterentwicklung. Meine Kollegin Irene Misselwitz beschrieb diese Übergangszeit so: »Wir gerieten in einen schwierigen schmerzhaften Trauer- und Suchprozess. Manche traten die Flucht nach vorn an und wandten sich sogleich von der IDG ab. Sie verleugneten oder entwerteten fortan ihre IDG-Wurzeln. Andere, zu denen auch ich mich zähle, harrten aus und bemühten sich, zu analysieren und zu verstehen, was mit uns und unserer Methode passierte [...]. Im Nachhinein erscheint es mir, als seien wir wie durch eine Feuerprobe gegangen und schließlich doch nicht verbrannt und/oder in alle Winde zerstreut worden. Das war unterwegs ungewiss« (Misselwitz, 2014, S. 302).

## Wachstumsprozesse und fördernde Umwelt – Konstruktive Begegnungen, Hineinwachsen in die Gruppenanalyse

Die »Kulturkatastrophe« traf uns hart, aber anders als unsere Patienten und Patientinnen nicht existenziell. Uns öffneten sich Türen, von denen wir bisher nur geträumt hatten. Die meisten von uns konnten endlich eine psychoanalytische Nachqualifikation absolvieren. Dabei war das Herzstück, nämlich die Lehranalyse, genau in diese Zeit der Retraumatisierungen, der Selbstzweifel und der Selbstfindung glücklich platziert, und wir hatten tatsächlich auch das Glück des Anschlusses an die internationale Psychoanalyse und Gruppenanalyse. Und es gab auch Kollegen, die uns schätzten und halfen: Da entsprechend dem SGB V auch im Osten Psychotherapie »vorgehalten« werden musste, wurden Übergangsregeln ausgehandelt. Dabei sprach Helmut Enke das entscheidende Wort: »Die IDG ist das am besten elaborierte und evaluierte tiefenpsychologische Gruppenverfahren in Deutschland.«[20]

Dieses Wort galt mehr als die Stapel wissenschaftlicher Arbeiten, die wir präsentieren konnten. Auf diese Weise wurde die IDG zu einer wesentlichen Selbsterfahrungsmöglichkeit für alle, die tiefenpsychologisch arbeiten wollten, und viele kamen. So gab es plötzlich kaum Gruppentherapien, aber viele Gruppenselbsterfahrungen. Die Übergangsregeln sahen als Selbsterfahrung

---

20  1993 tagte der Arbeitsausschuss »Psychotherapie-Richtlinien« des Bundesausschusses der Ärzte und Krankenkassen, bei dem Roger Kirchner und ich Sachverständige waren, ausnahmsweise in Berlin und nicht in Köln. Im selben Gebäude fand gleichzeitig auch eine KBV-Psychotherapiegutachtertagung statt. In der Pause wurde Helmut Enke in den Ausschuss gebeten und um seine Meinung gefragt.

150 Sitzungen in der Gruppe oder/und 100 Sitzungen in der Dyade (»psycho-dynamische Einzeltherapie«) vor, um (auch als Psychologe) tiefenpsychologisch fundiert arbeiten zu können. Die Gruppen-SE boomte nun, aber sie veränderte sich auch substanziell. Ödipale Auseinandersetzungen sahen von nun an anders aus: kaum Getöse, viel Wunsch nach Zugehörigkeit und Verstandenwerden.

## Das Beispiel

Die Kommunität X startete im September 1989 und ging über die Wende bis 1991. Aus meiner Sicht beispielhaft ist eine Szene im September 1990: Ich kam etwas zu spät zur Großgruppe in einer Turnhalle. Dort saßen die Trainer paar-weise in einer Art Präsidium innerhalb des Stuhlkreises rechts und links durch mindestens drei Stühle von der Großgruppe getrennt. Und die Kleingruppen saßen zusammen. Alle hatten todernste Gesichter. Es war so absurd und sinn-fällig, dass ich lachen musste. Es ging hier nicht um »Kippen«, wohl aber um die ganze Ambivalenz zwischen Wunsch nach Containment durch die Autori-täten und dessen Abwehr, und es ging um Zusammenhalt in den Gruppen, um Zugehörigkeit in diesen unsicheren Zeiten der Ohnmacht. Später bekannten wir uns zum Begriff der »Performance unbewusster Inhalte«.

Neben Umstrukturierung und Existenzsicherung für meine Kolleginnen und Kollegen vom IfPN und mich waren inhaltlich drei verschiedene Wege zu gehen: 1. Die psychodynamische Einzeltherapie differenzierte sich auf dem Weg über die tiefenpsychologisch fundierte hin zur psychoanalytischen Psycho-therapie. So entstanden nach und nach die psychoanalytischen Institute im Osten, in Ostberlin die APB. Darüber berichteten wir ausführlich an anderer Stelle (Seidler u. Froese, 2002; Seidler, 2015). 2. Die IDG entwickelte sich auf spezielle, vorübergehend getrennte Weise weiter. 3. Das BIG entstand.

Mit dem Auslaufen der Übergangsregeln 1999 kamen immer weniger Kan-didaten, und die IDG steckte erneut in der Krise. Nur war das inzwischen ein gesamtdeutsches Problem: Es gab kaum noch ambulante Gruppenpsycho-therapie. Eine Initiativgruppe gründete aus diesem Grunde im selben Jahr den »Berufsverband der approbierten Gruppentherapeuten« (BAG).[21]

---

21  »Dieser Schritt wurde notwendig, da die Gruppentherapie in der kassenärztlichen Versorgung in den letzten Jahren nur noch einen marginalen Stellenwert hatte und auszusterben drohte, während sie in der stationären Therapie als unumstritten effektive Therapieform eine Blüte-zeit erlebte und dort von den Kostenträgern unterstützt wurde« (Heribert Knott auf der Homepage des BAG, 2022; https://www.gruppenpsychotherapie-bag.de/der-bag; Zugriff am 09.08.2023).

Ein Generationswechsel vollzog sich folgerichtig 2001: Stephan Heyne übernahm den Vorsitz der Sektion. Mit ihm begann eine neue Ära. Die Ausbildungskommunitäten wurden nach Lychen verlagert, und es begann eine konkrete
Zusammenarbeit mit dem Münsteraner Förderverein für Gruppenanalyse in der
Form, dass West-Trainer Ost-Gruppen und Ost-Trainer West-Gruppen trainie-
ren. Erst die gemeinsame konkrete Arbeit konnte die gegenseitige Achtung, das
Interesse und den Respekt füreinander wachsen lassen. Bei unserer Zusammenarbeit mit den Kollegen aus Münster half uns oft gerade deren Wertschätzung,
unsere eigenen Entwertungstendenzen zu erkennen. Auf diese Weise konnten
Unterschiede bestehen bleiben und fielen nicht den üblichen Unterwerfungs-
und Anpassungstendenzen zum Opfer, wie so oft in diesen Zusammenhängen.

Die Lychener Kommunität ist inzwischen ein angesehenes Mitglied der D3G
und ein »Biotop« innerhalb des BIG (Heyne, 2019). Die vielfältigen Erfahrungen
der Integration nonverbaler Verfahren entwickelten die Veranstalter zu einer
besonderen Kultur der Gruppenanalyse, ein überzeugendes Modell für stationäre Gruppenanalyse. Für die Mentalisierung der emotionalen Prozesse stellen
die unterschiedlichen Verfahren immer auch Markierungen dar. Die Gruppen
gestalten, malen oder Ähnliches und betrachten dann gegenseitig die Ergebnisse. Dieser Blick in die Nachbargruppen »intendiert« auch thematisch und
die Parallelgruppen in der Großgruppe stellen einen zusätzlichen Container
dar, auch zur Vergewisserung oder als Korrektiv.

Die Großgruppe findet an jedem Abend als letzte Veranstaltung statt. Im
Anschluss daran folgt die Teamsitzung der Leiter, in der die Erfahrungen des
Tages und insbesondere der Großgruppe ausgewertet werden. Aus diesen und
den Reflexionen der Gegenübertragungen aller Leiter wird versucht, die Situation in den Gruppen zu erfassen und daraus eine Intervention für die »kommunikative Bewegung« am darauffolgenden Tag zu kreieren. Vorher gibt es
keinen Wein.

## Der Prozess BIG[22]

1998 kam die telefonische Einladung von Lothar Schlüter-Dupont vom BIPP
an die Gruppentherapeuten aus der Arbeitsgemeinschaft für Psychoanalyse
und Psychotherapie Berlin (APB), also an die Ost-Kollegen, zur Teilnahme an
einer Intervisionsgruppe der Gruppentherapeuten der DGPT-Institute Berlins
unter dem Stichwort »Qualitätssicherung«. Aus dieser Intervisionsgruppe ging
2003 das BIG hervor.

---

22  Stark gekürzter und veränderter Bericht aus: Seidler, 2019a, S. 60–63.

Dieser Prozess war reich an Enttäuschungen und Erfahrungen: Die IDG-Kerngruppe hatte bereits zu DDR-Zeiten das Selbstverständnis einer subversiven »Bande«. Dieser Charakter einer kraftvollen »Bewegung« führte auch zu Einengungen, Loyalitäten, Idealisierungen und Größenfantasien. Das war uns theoretisch schon längst klar. Praktisch gaben sich im BIG-Entwicklungsprozess jedoch noch deutliche Spuren zu erkennen: Z. B. bedeutete meine »Loyalität« aus Diversifizierung immer gleich »Verrat«. Viel später erfuhr ich, dass ich damit nicht allein war. Der Großgruppenleiter Wilke beschrieb im Nachhinein das gleiche Problem der fundamentalen Loyalitätskonflikte in den verschiedenen Subgruppen.

Der erste Vorsitzende des BIG war Wilhelm Meyer. Er stellte sich mutig gegen die vielen Widerstände und wurde deshalb scherzhaft »Bürgermeister« genannt. Er hatte ein besonderes Gespür für schizoid-paranoide Positionen in der Matrix und witterte damit sehr rasch Risse im System. Deswegen rief er – für Ost-Gruppenleiter zunächst ein Tabubruch – die verschiedenen Ausschüsse zusammen, wenn sie zu Grenzüberschreitungen neigten oder »bummelten«. Auch führte er – zwischen Tabubruch und hilfreicher Beziehung – Gespräche mit Einzelnen.

Ich fand diesen lebendigen, aufgabenorientierten Umgang mit den Subgruppen sehr bald angemessen und nachahmenswert. Ich hatte ja die Leitung des WBA übernommen, da gab es viel zu tun. Unter diesen Umständen wurde ich sensibel für die Loyalitäten auch in den anderen Subgruppen, die sich nicht nur in den Gremien abbildeten, sondern auch in der Großgruppe. Es war ein *gemeinsamer Neuanfang* verschiedener gruppentherapeutischer Schulen aus dem Westen und nun zusätzlich aus dem Osten. Wir teilten die Ängste, Unsicherheiten, die Größenfantasien und die Aufbruchsstimmung. In der Großgruppe war die IDG-Gruppe lange Zeit die fremdeste und am meisten gefürchtete Untergruppe. Vice versa war für die IDG die Großgruppe lange kein Heimspiel. Trotzdem bekannte sie sich zu ihren Ansprüchen. Zusammen mit allen anderen Problemen konnten auch diese relativ offen verhandelt werden. Den Erfolg beförderte das Modell der »Berliner« (und die IDG-)Tradition, Gruppen als Paar zu leiten – und zwar in explizit schulenübergreifenden Paarungen. Innerhalb dieser Paare und bei deren Supervisionen lassen sich sehr persönliche Beziehungen im Detail besprechen. Paarleitung schmälert zwar das finanzielle Einkommen, aber es bereichert den Erfahrungszuwachs enorm.

Eine solche langfristige Zusammenarbeit führte auch zu sehr persönlichen freundschaftlichen Beziehungen, und es ist mir ein Bedürfnis, an dieser Stelle Frau Michal Kaiser-Livne für die 15-jährige Zusammenarbeit zu danken. Ebenso denke ich an meine Co-Leiterin Christa Ecke, mit der ich am IfPN fast zwanzig Jahre die wilden Jahre von Anfang 1974 bis 1994 erleben durfte. Und ich denke an meine Freundin Irene Misselwitz, mit der ich die heißen Jahre des Übergangs von 1988 bis 2013 gemeinsam erlebte und mitgestaltete. Danke für diese Lebensabschnittspartnerschaften!

Die kontinuierliche »Großgruppe« war existenzsichernd. Unter der Leitung des Gruppenanalytikers Gerhard Wilke wurden viele »unbewusste« Grenzen deutlich und besprechbar.

Berlin ist als »Schmelztiegel« unterschiedlicher Nationen, Religionen, Ethnien usw. ein guter Ort für ein solches Vorhaben. Hier kann auch in der Gruppenerfahrung oder Gruppenausbildung keine Homogenität vorausgesetzt werden. Schulenzugehörigkeit schafft Identität, ist Teil des inneren Rahmens und verleiht Sicherheit. Rahmen und Setting stellen eine Art Versuchsanordnung dar, mit all dem Unerwartbaren im Gruppenprozess fertigzuwerden, es zu verstehen oder es zumindest auszuhalten. Beim Umgang mit Schulen geht es um die Mühen von Toleranz, Respekt, Empathie und Verstehen.

An diese Stelle gehört ein Wort des Großgruppenleiters Wilke zu unserer BIG-Gründung: »Vom Unbewussten her betrachtet war es das für die Kriegs- und Nachkriegskinder so typische Pflichtgefühl und der transgenerationelle Auftrag zur Wiedergutmachung, der dies ermöglichte. Die Mitglieder der institutionellen Sub-Gruppen aus allen Teilen dieser Stadt fanden die nötige Energie, um über ihre engeren Wir-Grenzen hinweg ein gruppenanalytisches Institut in Berlin zu gründen. Ein zutiefst idealistisches, romantisches und damit gruppenanalytisches Unterfangen« (Wilke, 2013).

Wir können stolz auf unser BIG sein. Viele Personen, die wesentlich die Integration der D3G vorantrieben, stammen aus seinem Umfeld. 2011 wurde diese Deutsche Gesellschaft für Gruppenanalyse und Gruppenpsychotherapie (D3G) gegründet (Höhfeld, 2012). Unsere Intendierte Dynamische Gruppenpsychotherapie war als Ost-Dialekt der Gruppenanalyse Mitbegründerin. Das ging nicht ohne schmerzhafte emotionale und inhaltliche Klärungsprozesse in und zwischen den DAGG-Sektionen ab (Döring u. Knauss, 2013). Ich selbst war bei diesen Vorgängen nicht mehr in der ersten Reihe dabei, erlebte aber die Diskussionen um den Abbau der latenten und manifesten Hierarchien unter den drei Gruppierungen mit. Wieder waren es unsere Kollegen aus Münster mit Thomas Mies und Holger Brandes an der Spitze und wieder Kurt Höhfeld, die mit freundlicher Bestimmtheit die Integration betrieben.

Kurt Höhfeld hatte ich kurz nach der Grenzöffnung kennengelernt.[23] Mit ihm organisierten wir bereits im März 1990 das »Erste Gesamtberliner Treffen der Psychotherapeuten«. Später saßen wir zusammen in der Ärztekammer. Für mich war Kurt Höhfeld immer der verlässliche Ansprechpartner in dieser unsicheren Zeit, und er wurde zum Freund. Ihm verdanke ich es, nicht auf halber Strecke den Mut verloren zu haben. Für die IDG bedeutete die Integration mit der vollen Anerkennung als Weiterbildungsstätte der D3G auch, einen Teil der organisatorischen Selbstständigkeit abzugeben – ein Prozess ähnlich wie innerhalb des BIG, dessen Entstehungsgeschichte gewissermaßen auch ein hoffnungsvoller Probelauf dafür war, ob und wie verschiedene gruppenanalytische und -therapeutische Sektionen des DAGG miteinander auskommen und sich bereichern können.

## Mein letztes gruppenanalytisches Wunder: Crossing Borders

Robi Friedman begleitete die D3G vom Gründungsprozess bis zur Gegenwart als Großgruppenleiter. Sein immerwährendes Plädoyer für Pluralität war wichtig. Auch sein Satz »Internationalisieren ist besser als Nationalisieren« war ein zugkräftiger Aphorismus. Bereits auf der Gründungsveranstaltung der D3G ermutigte er die Mitglieder, sich auch in der Group Analytic Society International (GASI) zu engagieren. Für mich war der vorläufige Höhepunkt dieser Entwicklung die GASI-Tagung in Berlin 2017 unter dem Thema »Crossing Borders: Social, Cultural and Clinical Challenges« (Seidler, 2019a). Die Tagung fand an denkwürdiger Stelle statt: In unmittelbarer Nähe der Berliner Mauer, unweit von Hitlers Führerbunker, nahe dem Denkmal für die ermordeten Juden Europas und an der Kreuzung zur Tiergartenstraße, wo die Aktion T4 zur Vernichtung »lebensunwerten Lebens« geplant wurde.

Da also saßen wir alle beisammen. Das BIG und die D3G waren auf deutscher Seite die Mitveranstalter. Teilnehmende kamen aus England, Israel, den USA, Russland, Tschechien und sonst woher. Die Kongresssprache war Englisch, die Großgruppe riesig, die Angebote überwältigend. Das alles machte die verbale Verständigung nicht leicht. Das gruppenanalytische Wunder passierte dennoch: Aus den Begegnungen entstanden Verbundenheit und Hoffnung. So kann ich mir Heilung vorstellen.

---

23  Die Bekanntschaft mit Kurt Höhfeld verdanke ich Gerda Kernd'l, die ich im Gate in Budapest kennenlernte. Wir waren dort beide bei der Europäischen Psychoanalytischen Tagung 1987.

## Am Ende immer neue Fragen

Manchmal denke ich, es ist schade, dass ich eines Tages sterben muss, denn gerade in den letzten Jahren habe ich viel gelernt. Und ich habe Sinnzusammenhänge erfasst, die ich gar zu gern weiterverfolgen möchte. Ich hatte das Glück, während meines Lebens mit Menschen zusammenzuarbeiten, die sich mit der biopsychosozialen Einheit Mensch aus unterschiedlichsten Blickwinkeln befassten. Während meines Medizinstudiums (1963–1969) an der Berliner Charité gab es einige Koryphäen mit visionärer Intelligenz. Denen verdanke ich die Hochachtung vor dem Biologischen.

Zwei von ihnen möchte ich exemplarisch nennen: Günther Tembrock (1918–2011) begann seine Vorlesung in Zoologie mit einem Paukenschlag. Die DNS-Doppelhelix war gerade gefunden worden. Wir waren begeistert. Das war 1963, im ersten Semester. Tembrock war *der* Verhaltensbiologe der DDR. Heute befindet sich seine weltberühmte Sammlung von Vogelstimmen im Naturkundemuseum Berlin. Er erklärte uns, wie Bienen ihre Völker über Kreistänze informieren, wo und welche blühenden Felder zu finden seien. Kommunikation als Kreistanz! Leider hielt sich diese Theorie nur dreißig Jahre. Die Fragen aber bleiben: Wie entstehen aus der Doppelhelix Instinkte oder der Gesang der Nachtigall? Wie menschliches Denken? Inzwischen wurde das menschliche Genom entschlüsselt mit unabsehbaren Folgen für die Immunologie (s. a. mRNS-Impfstoffe) und für die Therapie genetisch bedingter Erkrankungen. Und plötzlich stehen wir vor dem neuen Forschungsfeld der Epigenetik, in die auch das Psychosoziale eingreift.

Dazu erlebte ich bereits während meiner Doktorarbeit bei Günther Dörner (1929–2018) Überzeugendes. Er war Leiter des Instituts für experimentelle Endokrinologie der Charité. Bei ihm arbeitete ich drei Jahre während des Studiums an meiner Promotion. Es ging um die Beeinflussung des Sexualverhaltens weiblicher Ratten durch minimale Testosterongaben während der kritischen Phase unmittelbar nach der Geburt. Ihr Sexualverhalten wurde typisch männlich. Das war revolutionär, und es war ein Vorbote der Epigenetik: Das zunächst durch die Umwelt Regulierte wird schließlich selbst zum Regulator und Organisator der Prozesse.

In der Psychoanalyse ist es gesichertes Wissen, dass die frühe Kindheit die Wiege lebenslanger Organisatoren darstellt. Die intersubjektive Psychoanalyse formuliert es heute so: »Wenn sich der feste Griff alter Organisationsprinzipien lockert, das emotionale Erleben damit einhergehend reicher und im Kontext menschlichen Verstehens zunehmend benennbar wird und das, was man fühlt, als untrennbar vom eigenen Wesen empfunden wird, verbessert und stabilisiert sich das Gefühl zu sein« (Stolorow, 2013, S. 387. Übersetzung: C. Jaenicke).

In jener Zeit erfuhr ich auch erstmalig von den »Pheromonen«, gasförmigen Hormonen, geruchlos, unsichtbar, aber mit Einfluss auf Sexualverhalten, Sympathie und Antipathie und soziale Kontakte. So gibt es viele Sender und Rezeptoren weit unterhalb von Sinnesorganen und damit unterhalb des Bewusstseins, über die Gefühle kommuniziert werden. Die Fülle von Kommunikationsmöglichkeiten ist noch lange nicht vollständig erforscht – trotz der vielen Erkenntnisse über Bindungen, Spiegelneurone und was die Welt alles noch im Innersten zusammenhält.

Ganz andere überraschende Zusammenhänge eröffneten sich für mich mit dem Ende der politischen Spaltung der Welt 1989. Als Beispiel sei die Rolle von Sabina Spielrein für die sowjetische Psychologie genannt, die in der DDR eine überragende Rolle spielte: Wygotzky und Luria waren ihre Lehranalysanden. Thomas Mies (2014) leistet eine Menge Bergungsarbeit für die zerrissenen Denk- und Forschungsnetzwerke, die von Buber, Bachtin bis hin zur Frankfurter Schule führen und schließlich zu Foulkes – und damit mitten in die Grundlagenmatrix der Gruppenanalyse. Seit dem Siegeszug der intersubjektiven Psychoanalyse gerät auch die Matrix, der dieses Prinzip längst innewohnt, immer mehr in den Blickpunkt.

Seit 2007 bemüht sich Robi Friedman um »typische Muster von Beziehungsstörungen« in der Gruppenanalyse. Dort sehe ich eine Möglichkeit, Brücken zu meinen Erfahrungen aus der IDG zu bauen (Seidler, Jaenicke u. Friedman, 2018; Friedman u. Seidler, 2022). Das, was in der IDG phasentypisch aufgereiht erscheint, kann in jedem Gruppenprozess vorkommen und unter dem Begriff eines typischen Musters untersucht werden. So könnte sich der Erfahrungsschatz der IDG erschließen.

Noch während ich im Februar 2022 bei der Arbeit an diesem Artikel mit Freude Sinnzusammenhänge herstelle und an Brücken baue, bricht ein neuer Krieg aus und spaltet die Welt erneut. Es ist zum Verzweifeln. Wir werden Zeugen davon, wie sich auf beiden Seiten der Front eine Soldatenmatrix entwickelt, wie Robi Friedman sie 2015 beschrieben hat. Gerade schrieb ich mein wichtigstes Buch: »Warum nur Krieg?« (2021). Nun sitzt die Enttäuschung tief. Ich will nicht, dass am Ende hilflose Wut mein Leben bestimmt. »Weitermachen« steht auf dem Grabstein Herbert Marcuses auf dem Dorotheenstädtischen Friedhof in Berlin-Mitte. So sieht es wohl aus.

## Literatur

Benkenstein, H., Kirchner, R., Seidler, C. (1995). Die Gruppe – eine verlorene Utopie? Lengerich: Pabst.

Benz, W. (2018). Wie es zu Deutschlands Teilung kam. Vom Zusammenbruch zur Gründung der beiden deutschen Staaten. München: dtv.

Bernhardt, H., Lockot, R. (Hrsg.) (2000). Mit ohne Freud. Zur Geschichte der Psychoanalyse in Ostdeutschland. Gießen: Psychosozial-Verlag.

Bion, W. R. (1961). Experiences in Groups. London: Tavistock.

Döring, P., Knauss, W. (2013). Von der Sektion AG im DAGG zur D3G – ein Transformationsprozess. Gruppenpsychotherapie und Gruppendynamik, Zeitschrift für Theorie und Praxis der Gruppenanalyse, 49, 69–94.

Ecke, C. (1989). Therapeutische Zugänge: Frauen in der Gruppenpsychotherapie. In C. Seidler (Hrsg.), Modelle und Konzepte psychotherapeutischen Handelns. Psychotherapieberichte IfPN, 43, 48–54.

Eissler, K. R. (1958). Bemerkungen zur Technik der psychoanalytischen Behandlung Pubertierender nebst einigen Überlegungen zum Problem der Perversion. Psyche – Zeitschrift für Psychoanalyse und ihre Anwendungen, 20, 837–872.

Erdheim, M. (1982). Die gesellschaftliche Produktion von Unbewußtheit. Frankfurt a. M.: Suhrkamp.

Freud, S. (1912–13). Totem und Tabu. GW IX. Frankfurt a. M.: S. Fischer.

Friedman, R. (2007). In der Gruppenanalyse heilen die Störungen einander – eine Beziehungsperspektive. In: Arbeitshefte Gruppenanalyse (Hrsg.), Die gruppenanalytische Perspektive. Psychosozial, 30 (107), 57–76.

Friedman, R. (2015). A soldier's matrix: A group analytic view of societies in war. Group Analysis, 48 (3), 239–257.

Friedman, R., Seidler, C. (2022). Über Beziehungen mit Autoritäten in der Gruppenanalyse. Gruppenpsychotherapie und Gruppendynamik, Zeitschrift für Theorie und Praxis der Gruppenanalyse, 58, 327–343.

Frommer, J. (2011). »Omnipräsenz.« Einige Überlegungen zur psychischen Abwehr der Folgen totalitärer Repressionserfahrung. Forum der Psychoanalyse, 27, 395–410.

Geyer, M. (1981). Zum Problem der Ko-Therapie in dynamischen Gruppen. In J. Ott (Hrsg.), Theoretische Probleme der Gruppenpsychotherapie (S. 57–64). Leipzig: Barth.

Hermanns, L. M. (2009). Über die Wurzeln der Gruppenanalyse in Nachkriegsdeutschland – ihre Rezeptionsgeschichte und Traditionsbildungen. Gruppenpsychotherapie und Gruppendynamik, Zeitschrift für Theorie und Praxis der Gruppenanalyse, 45, 104–127.

Hesse, H. (1941). Stufen. https://www.deutschelyrik.de/stufen.html (Letzter Zugriff am 9.7.23).

Heyne, S. (2010). Neue Wege der IDG – Die Geschichte geht weiter. In C. Seidler. I. Misselwitz, S. Heyne, H. Küster (Hrsg.), Das Spiel der Geschlechter und der Kampf der Generationen (S. 113–131), Göttingen: Vandenhoeck & Ruprecht.

Heyne, S. (2014). IDG 2.0 – Die IDG im Zeitgeist der vernetzten Gesellschaft. In C. Seidler, I. Misselwitz (Hrsg.), Neue Wege der Gruppenanalyse (S. 51–66). Opladen: Budrich UniPress.

Heyne, S. (2019). IDG – ein Biotop im Garten des BIG. In C. Seidler, K. Albert, K. Husemann, K. Stumptner (Hrsg.), Berliner Gruppenanalyse (89–112), Gießen: Psychosozial-Verlag.

Höck, K. (1976). Zur therapeutischen Zielstellung der Gruppenpsychotherapie. In K. Höck (Hrsg.) Gruppenpsychotherapie – Einführung und Aspekte (S. 95–108). Berlin: VEB Deutscher Verlag der Wissenschaften.

Höck, K. (1981). Die Konzeption der intendierten dynamischen Gruppenpsychotherapie. In K. Höck, J. Ott, M. Vorwerg (Hrsg.), Psychotherapie und Grenzgebiete, Bd. 1 (13–34). Leipzig: Barth.

Höhfeld, K. (2012). Warum jetzt eine Deutsche Gesellschaft für Gruppenanalyse und Gruppen-psychotherapie? Gruppenpsychotherapie und Gruppendynamik, Zeitschrift für Theorie und Praxis der Gruppenanalyse, 48, 99–111.

Jorswieck, E. (2000). Aktivitäten Berliner Psychotherapeuten im ersten Nachkriegsjahr Mai 1945 bis Mai 1946: Bericht eines Zeitzeugen. Zeitschrift für Psychosomatische Medizin und Psycho-therapie, 46 (4), 385–396.

Kemper, W. (Hrsg.) (1957, dt. 1959/1971). Psychoanalytische Gruppentherapie. Praxis und theo-retische Grundlagen. München: Kindler.

Kirchner, R. (1983). Zur Behandlung der neurotischen Paarbeziehungen mit intendierter dyna-mischer Gruppenpsychotherapie. In J. Ott (Hrsg.), Psychotherapie in der Psychiatrie. In: Psychotherapie und Grenzgebiete, Bd. 5, 70–79. Leipzig: Barth.

Kupfer, M., Rußmann, A., Leitner, T., Bleichner F., Beutel, M. E. (2007). Vorsicht! Junge Männer oder: Eine vergessene und vernachlässigte Generation. Gruppenpsychotherapie und Gruppen-dynamik, Zeitschrift für Theorie und Praxis der Gruppenanalyse, 43, 69–89.

Lockot, R. (2013). Chronik zur Geschichte der Psychotherapie und Psychoanalyse von 1918 bis 1975. DGPT-Materialien.

Mies, T. (2014). Dialog und Vielstimmigkeit: Martin Buber und Michail Bachtin. Gruppenpsycho-therapie und Gruppendynamik, Zeitschrift für Theorie und Praxis der Gruppenanalyse, 50, 30–70.

Milev, Y. (2020). Das Treuhandtrauma. Berlin: Das Neue Berlin.

Misselwitz, I. (2014). 25 Jahre Mauerfall – Gruppenanalytische Reflexionen einer ostdeutschen Grenzgängerin. Gruppenpsychotherapie und Gruppendynamik, Zeitschrift für Theorie und Praxis der Gruppenanalyse, 50, 297–311.

Misselwitz, I., Seidler C. (2014). Von der Co-Therapie zur Paarleitung von Gruppen – ein innova-tives Konzept. In C. Seidler, I. Misselwitz (Hrsg.), Neue Wege der Gruppenanalyse (84–90). Opladen: Budrich UniPress.

Padevet, J. (2020). Blutiger Sommer. Leipzig: Tschirner & Kosová.

Petzold, H. (1980). Empathie und intendiert dynamische Gruppenpsychotherapie. In K. Höck (Hrsg.), Dynamische Gruppenpsychotherapie – Gedanken und Reflexionen von Ausbildern. Berlin: Psychotherapieberichte IfPN, 3, 50–52.

Schindler, R. (1957). Grundprinzipien der Psychodynamik in der Gruppe. Psyche – Zeitschrift für Psychoanalyse und ihre Anwendungen, 11, 308–314.

Seidler, C. (1986). Einige Besonderheiten psychosomatischer Erkrankungen in der Adoleszenz. In K. Höck (Hrsg.), Psychosomatik I. Bd. 7, Psychotherapie und Grenzgebiete (S. 59–72). Leipzig: Barth.

Seidler, C. (1989). Bulimie und die Tragik der Vaterstöchter. 31. Tagung des Deutschen Kolle-giums für Psychosomatische Medizin vom 9. bis 11. November 1989 in Gießen. Unveröffent-lichtes Manuskript.

Seidler, C. (1990, als Buch 1995). Gruppenpsychotherapie bei Persönlichkeits- und Entwicklungs-störungen im Jugendalter. Lengerich: Pabst.

Seidler, C. (2003). Lange Schatten – die Kinder der Kriegskinder kommen in die Psychoanalyse. Psychosozial, 26, 73–80.

Seidler, C. (2010). Glossar für Gruppenanalytiker: Intendieren, Kippprozess, Phasenkonzept und Co. In C. Seidler, I. Misselwitz, S. Heyne, H. Küster (Hrsg.), Das Spiel der Geschlechter und der Kampf der Generationen (S. 84–102). Göttingen: Vandenhoeck & Ruprecht.

Seidler, C. (2015). Psychoanalyse in der DDR? Die Entwicklung der Gruppenpsychotherapie. In C. Seidler: Psychoanalyse & Gesellschaft (S. 23–35). Berlin: edition bodoni.

Seidler, C. (2019a). East goes West, West goes East: Border-Crossing and Development. Group Analysis, 52 (2), 172–189.

Seidler, C. (2019b). Widerspiegelung gesellschaftlicher Umbrüche in den psychoanalytischen und gruppenanalytischen Prozessen 1940–2017. In C. Seidler, K. Albert, K. Husemann, K. Stumptner (Hrsg.), Berliner Gruppenanalyse (S. 45–68). Gießen: Psychosozial-Verlag.

Seidler, C. (2021). Warum nur Krieg? Heidelberg: Mattes Verlag.

Seidler, C. (2022). Religion, Kirche Macht. In I. Brüll, S. Eraslan, F.-A. Horzetzky, C. Seidler, F. Wasmuth (Hrsg.), Religion mit und ohne Gott. Gießen, Psychosozial-Verlag, S. 97-110.

Seidler, C., Froese, M. (2002). Endlich Freiheit, endlich Psychoanalyse? In C. Seidler, M. Froese (Hrsg.), DDR-Psychotherapie – zwischen Subversion und Anpassung (S. 12–22). Berlin: edition bodoni.

Seidler, C., Jaenicke, C., Friedman, R. (2018). Intersubjektivität als Common Ground. Eine Annäherung zwischen Matrix und intersubjektivem Feld. Gruppenanalyse, 26 (1), 3–31.

Slater, P. E (1966). Mikrokosmos. Eine Studie über Gruppendynamik. Frankfurt a. M.: S. Fischer.

Stolorow, R., D. (2013). Intersubjective-systems theory: A phenomenological-contextualist psychoanalytical perspective. Psychoanalytic Dialogues, 23, 383–389.

Wilke, G. (2013). Über die Grenzen der Gruppenanalyse. Berlin: Lecture at the 10th Anniversary of Berliner Institut für Gruppenanalyse (BIG).

Wilke, G. (2019). Grenzüberschreitungen und die Wiedervereinigung der Gruppenanalyse. In C. Seidler, K. Albert, K. Husemann, K. Stumptner (Hrsg.), Berliner Guppenanalyse. Geschichte – Theorie – Praxis (S. 27–43). Gießen: Psychosozial-Verlag.

Winnicott, D. W. (1973). Vom Spiel zur Kreativität. Stuttgart: Klett-Cotta

Wunderlich, G. (1991). Die Öffnung der Psychoanalyse. Von der elitären Privatwissenschaft zur anerkannten Behandlungsmethode. Stuttgart/New York: Georg Thieme Verlag.

Zeller, G. (1989). Verhaltenstherapie im Haus der Gesundheit In C. Seidler (Hrsg.), Modelle und Konzepte psychotherapeutischen Handelns. Psychotherapieberichte IfPN, 43, 62–73.

Helga Wildberger

# Mein Weg zum Vertrauen in die Gruppe

Als Ludger Hermanns mich einlud, an dem geplanten Sammelband »Gruppenanalyse in Selbstdarstellungen« mitzuarbeiten, war ich überrascht und erfreut. Er schrieb: »Bei Dir interessiert uns natürlich, wie und wann und wo Du als gestandene Psychoanalytikerin zur Gruppenanalyse gekommen bist und wie Du diese mit Deiner kleinianischen Ausrichtung verbindest.«

Da musste ich richtigstellen: Ich kam nicht als gestandene Psychoanalytikerin zur Gruppenanalyse. Es war im letzten Jahr meiner Lehranalyse bei Wolfram Lüders, als ich einen Flyer in der Zeitschrift »Psyche« entdeckte, in dem Michael Lukas Moeller anbot, die Foulkes'sche Gruppenanalyse kennenzulernen. Es war der Anfang von GRAS, dem Gruppenanalyseseminar, das inzwischen eine etablierte Ausbildungsstätte für Gruppenanalyse ist.

Ich wusste wenig von Gruppenanalyse und hatte nur einige Male bei Gruppensitzungen, die Prof. Hermann Argelander leitete, hinter dem Einwegspiegel gesessen. Das überzeugte mich wenig. Es war mir eher unangenehm, eine unsichtbare Zuschauerin zu sein. Nun schwankte ich zwischen Neugier und Scheu vor einer neuen Gruppe, in die ich mich integrieren müsste. Ich hatte mich schon in so vielen Gruppen zurechtfinden müssen, so hatte ich z. B. in der Nachkriegszeit viele Schulwechsel hinter mir. Mein Lehranalytiker ermutigte mich, es sei eine gute Sache, und mir wurde klar, dass ich jetzt, nach fünf Jahren Lehranalyse, anders gerüstet war, mich weniger als Außenseiterin fühlte und weniger Angst vor Angriffen hatte.

So meldete ich mich bei GRAS an und nahm im März 1977 an der ersten Sequenz teil. Das Seminar fand in einem kleinen Tagungszentrum in Wölfersheim im hessischen Wetteraukreis statt. Es war eine sehr freundliche Atmosphäre. In den Pausen konnte man im Garten sitzen, es gab ein Schwimmbad und eine Sauna.

Die drei Gruppenleiterinnen und der Gruppenleiter kamen vom Institute of Group Analysis London zu uns und sprachen Deutsch. Johanna Brieger, Liesl

Hearst und Adele Mittwoch waren in der Nazizeit emigrierte Jüdinnen und kamen nach Deutschland, um uns in Gruppenanalyse auszubilden. Gregory van der Kleij war Niederländer und, wie sich viel später herausstellte, Prior in einem Benediktinerkloster, Turvey Abbey bei Bedford. Ich wurde der Kleingruppe von Gregory zugeteilt.

Es war eine umwerfende Erfahrung: Ich schaute mich um, wusste sofort, wen ich mochte, wen nicht, welchen Konflikt, den ich aus meiner Lehranalyse kannte, ich mit wem austragen würde. Gregory kam herein, stellte sich vor und sagte, dass die Gruppe jetzt beginnt. Dann schwieg er während der ganzen ersten Sitzung, bis er sie beendete. Dass Gregory schwieg, irritierte alle sehr, und ich war bald bemüht, allen beizubringen, dass wir Gregory doch gar nicht brauchten, dass wir auch allein miteinander reden könnten. Später begriff ich, dass ich sofort in meine alte Rolle gerutscht war. Ich hatte die Familie, meine Mutter und meine drei Jahre jüngere Schwester, zusammenhalten und aufmuntern müssen, nachdem mein Vater in meinem sechsten Lebensjahr gefallen war. Ich wollte keinen abwesenden Gruppenleiter erleben und schützte ihn zugleich vor Angriffen, indem ich mich ins Zeug warf. Das war alles sehr aufwühlend für mich, und die Pause zwischen den halbjährlichen Sequenzen fühlte sich unendlich lang an. Ich war froh, meine Erfahrungen noch in die Lehranalyse bringen zu können, die im Dezember 1977 nach der zweiten GRAS-Sequenz endete.

Besonders beeindruckend war, in der Gruppe zu erleben, dass sich die Beziehungen, die mir anfangs so negativ vorbestimmt erschienen, im Verlauf des Kennenlernens sehr veränderten, sodass mir meine Vorurteile und Projektionen deutlich wurden und ich Verständnis, Anerkennung und Sympathie entwickeln konnte. Auch zu Gregory entwickelte ich allmählich eine vertrauensvolle Arbeitsbeziehung. Er war sehr zurückhaltend, ließ der Gruppe viel Raum, doch mit seinen Interventionen konnte ich meistens viel anfangen, er überzeugte mich.

In meiner Gruppe waren auch ältere Analytiker:innen und zwei Lehranalytiker. Die »Autoritäten« als Gruppenmitglieder zu erleben, die ebenfalls mit Schwierigkeiten zu kämpfen hatten, half mir nochmal sehr, Idealisierungen, aber auch Aversionen und Angst vor Beurteilung abzubauen. Sie wurden menschlicher und liebenswerter. Das alles so im direkten Kontakt mit unterschiedlichen Menschen zu erleben und zu bearbeiten, war nach der Arbeit in der Einzelanalyse eine neue und ergänzende Erfahrung. Es überzeugte mich sehr von der Wirkung der Gruppenanalyse. Die Ausbildung, neben der Selbsterfahrung, Theorie und Supervision, dauerte vier Jahre. Danach musste man auch die Selbsterfahrung beenden. Eine Abschlussprüfung gab es nicht.

Man kann denken, für eine angehende Psychoanalytikerin sei es naheliegend, auch Gruppenanalytikerin werden zu wollen. Das war damals aber nicht so. Ich erlebe die Art und Weise, wie ich zur Gruppenanalyse kam, als typisch für meinen Werdegang: Ich hatte keinen Plan, es gab eine zufällige Begegnung, z. B. den Flyer. Ich hatte eine gute Erfahrung mit meiner Lehranalyse gemacht, wurde neugierig und griff zu. Ich denke, ich war latent immer auf der Suche nach etwas, das mir helfen könnte. So war ich auch zur Psychoanalyse gekommen.

Ich stamme aus keinem akademischen Umfeld. Vom dritten bis zum elften Lebensjahr wuchs ich in Bartenstein auf, einem kleinen Städtchen in Hohenlohe. Obwohl es nur einige hundert Einwohner gab, vor allem Handwerker, Angestellte und Kleinbauern, hatte es Stadtrecht, weil dort ein Fürst zu Hohenlohe Bartenstein residierte. Dorthin brachte mein Vater meine Mutter und mich nach Kriegsbeginn, weil es weit und breit keine Industrie gab. Der nächste Bahnhof, Schrozberg, war acht Kilometer entfernt, und er dachte mit Recht, dass wir dort keine Fliegerangriffe erleben müssten.

Mein Vater war der jüngere Sohn eines schwäbischen Bauern, 1914 geboren. In einem handgeschriebenen Lebenslauf, den wir in seiner Akte beim Bundesarchiv fanden, schrieb er, dass er mit 13, nach der Volksschule, ins Berufsleben eintrat, mit 17 Jahren 1931 eine Bäckerlehre durch die Gehilfenprüfung abschloss und dann bis auf gelegentliche Aushilfsarbeiten arbeitslos war.

Im Juni 1933, 19-jährig, trat er in seinem Heimatort Metzingen, der allgemeinen SS bei, obwohl sein Vater ihn gefragt haben soll: »Willst Du denn wirklich zu denen?« Im September wurde er nach Reutlingen zur politischen Bereitschaft versetzt und über Ellwangen 1936 nach München, wo er meine Mutter kennenlernte. 1937 kam ich auf die Welt. In ihrem Todesjahr schrieb mir meine Mutter einen Brief, in dem sie mir die Umstände ihrer Heirat schilderte. In der Akte beim Bundesarchiv fanden sich mehrere Anträge meines Vaters ans Rasse- und Siedlungshauptamt auf Heiratsfreigabe mit meiner Mutter, um seine Braut gegen alle Eventualitäten abzusichern, zumal sie schon ein Kind hätten und seine Braut keine Angehörigen habe. Es ging um den Ariernachweis und den Familienstammbaum meiner Mutter. Zuletzt gab es ein Telegramm vom 14.7.1939: »Erbitte Heiratsfreigabe, da Abreise bevorsteht. Handel« (der Name meines Vaters). Meine Mutter schrieb: »Da die Freigabe erst verspätet erfolgte, kamen Dein Vater, der ja in der Kaserne wohnen musste, und ein Kamerad und Freund, der auch eine Braut und ein Kind hatte, am 15.7. morgens mit einem Militärfahrzeug vorbei, luden beide Frauen ein und fuhren zu einem Onkel des Freundes, der in einer Ortschaft bei München Bürgermeister war. Er war so mutig und traute beide Paare. Eilige Rückfahrt! Wie Dein Vater und sein Freund es noch geschafft haben, trotz Ausgangssperre aus der Kaserne zu kommen, ist unglaublich. – Tränenreicher Abschied – dann rollte das Regiment in endloser Kolonne an unserem Fenster vorbei: Abmarsch am 16.7.1939 über die Ostsee nach Ostpreußen.« Ich meine mich an zwei Frauen zu erinnern, die am Fenster standen, die jede ein Kind auf dem Arm hatten und weinten. Das eine Kind, das auch weinte, war ich. Der Vater des anderen Kindes fiel sechs Wochen vor meinem Vater in Russland.

Dann kam der Krieg. Mein Vater war bei der Waffen-SS zuerst in Polen, ab Mai 1940 an der Westfront und dann im Osten.

Der Vater meiner Mutter war ebenfalls jüngerer Bauernsohn, aus Oberfranken. Er ging zum Militär, wurde später Postbeamter, dann im Ersten Weltkrieg 1916 wieder eingezogen und fiel wenige Wochen später 38-jährig bei Verdun. Die Mutter meiner Mutter starb 1926 an einer Lungenentzündung im Alter von 39 Jahren. Meine Mutter (Jahrgang 1915) wuchs dann bei ihrem Großvater auf und nach dessen Tod bei einem Vormund. Sie ging sechs Jahre aufs Gymnasium, wollte Lehrerin werden, was sich nicht verwirklichen ließ. Eine Berufsausbildung hatte sie nicht. Ich beschreibe die Geschichte meiner Eltern so ausführlich, um meinen Werdegang besser verständlich zu machen.

In Bartenstein fühlte ich mich wohl. Ich war in mehreren Familien willkommen. Besonders liebte ich Besuche bei Handwerkern, die mir dann auch etwas zum »Arbeiten« gaben. Beim Bäcker fühlte ich mich besonders wohl. In der Backstube war es so schön warm, ich legte mich dort auf ein altes Ledersofa, lutschte Finger und sah dem Bäcker bei der Arbeit zu.

Wir Kinder spielten auf der Straße, Autos gab es nicht, oder machten Ausflüge in die umliegenden Wiesen und Wälder und sammelten Beeren. Im Winter konnte man ausgiebig Schlitten fahren.

Meine Mutter blieb eher zurückgezogen. Sie wollte auch nicht zu den NS-Frauenabenden gehen. Weil der Ortsgruppenleiter sie immer wieder aufgefordert haben soll, sei mein Vater in seinem Fronturlaub zu ihm gegangen und habe gesagt, er solle seine Frau in Ruhe lassen, er selbst tue genug fürs Vaterland. Sie war eine liebevolle Mutter und wurde geliebt. Sie konnte lustig sein, war aber oft traurig. Ich war bemüht, sie aufzuheitern, wollte auch immer lieb sein, was mir aber meist nach kurzer Zeit nicht mehr gelang.

Mein Vater hatte im Juli/August 1940 zwischen Frankreichfeldzug und Russlandeinsatz Fronturlaub. Im April 1941 kam meine Schwester Barbara auf die Welt.

Im Juli 1941 wurde mein Vater »beim Übergang über die Beresina« in Weißrussland verwundet: »Unterarmdurchschuss mit Medianusverletzung und Lungensteckschuss« steht auf der Karteikarte des Bundesarchivs. Meine Mutter und ich fuhren nach Grünberg in Schlesien, wo er im Lazarett lag, während meine kleine Schwester in der Obhut von Schwester Gunda blieb, einer Ordensfrau und Hebamme im kleinen Krankenhaus von Bartenstein. Ich kann mir vorstellen, dass mein Wunsch, Ärztin zu werden, in dieser Erfahrung wurzelt.

Mein Vater war noch in verschiedenen Kliniken und kam erst im September 1942 wieder zum Einsatz an die Front. Unsere Mutter erzählte uns, dass sie mit ihm in die Schweiz flüchten wollte, aber er habe gemeint, er könne seine Kameraden nicht im Stich lassen. Ob die Flucht gelungen wäre, ist eine andere Frage.

Während meiner frühen Kindheit war meine ständig begleitende Angst und die meiner Mutter, ob der Papa wieder heimkommt. Es gibt Briefe, die mein Vater in großen Druckbuchstaben an mich schrieb, die ich mit vier Jahren lesen konnte, z. B. zu Weihnachten 1942: »Liebe Helga, sei nicht traurig wenn der Papa heute nicht zuhause bei der Mama und seinen Kinderle sein kann. Sei nur immer schön brav und singe schöne Weihnachtslieder, dann komme auch ich bald wieder zu Euch. Dein und Bärbele sein Weihnachtsgeschenk bringt der Briefträger in ein paar Tagen. Sei meine große Tochter und tröste Deine Mama wenn sie traurig wird. Für Dich und Bärbele ein Kussele vom Papa.«

Er kam nicht wieder. Am 16. März 1943 fiel er, nördlich von Charkow, fünf Tage vor dem Geburtstag meiner Mutter, mit 29 Jahren. Ich war fünf, meine Schwester knapp zwei Jahre alt. Auf der Karteikarte, die uns vom Bundesarchiv kopiert wurde, steht handschriftlich mit Datum vom 5.2.59: »Tschernussin, Kameradengrab, 8. Grab von links«.

Mich erreichte die Nachricht im Kindergarten. Eine Nachbarsfrau kam zur Kindergärtnerin, ich sah, dass sie ihr etwas ins Ohr flüsterte. Die Kindergärtnerin schaute zu meiner Schwester und mir und sagte: »Die armen Kinder!« Da wusste ich sofort: Mein Papa ... Ich rannte mit meiner kleinen Schwester heim, und meine Mutter saß da, total zusammengebrochen. Ich warf mich laut weinend in ihren Schoß. Meine Schwester fragte, warum wir weinen, und ich sagte: »Der Papa ist gefallen.« Sie sagte: »Soll er wieder aufstehen.« Schön wär's.

Den Auftrag meines Vaters, meine Mutter zu trösten, erfüllte ich, so gut es ging, auch aus Angst, meine Mutter auch noch zu verlieren. Dann wären wir Waisenkinder, wie sie es war. Später sagte mir meine Schwester, dass auch sie Angst gehabt hatte, unsere Mutter könne sterben. Wenn sie bei ihr im Bett schlief, habe sie auf ihren Atem gehorcht, ob sie noch lebte.

Meine kleine Schwester zu beschützen, war mir ein selbstverständliches Anliegen. Sie war so kostbar, und ich liebte sie. Natürlich war ich auch neidisch auf sie. Sie war blond und eher wie meine Mutter, während es in Bartenstein über mich den Spruch gab: »Helga Handel ist eine Randel.« Wenn ich wütend auf sie war, trommelte ich mit den Fäusten auf ihren Rücken, aber mit so viel Abstand, dass ich sie nicht berührte. Ich durfte ihr nicht weh tun. Für sie war

ich wie ein Vaterersatz, sozusagen das dritte Objekt. Jedoch so lieb sein, wie
ich sollte, konnte ich nicht. Mein Analytiker sagte später »Gott sei Dank«, aber
mich bedrückte es.

Ich wurde beim Doktorspielen erwischt, meine Mutter erfuhr es und war
außer sich. Sie schlug mich so heftig wie sonst nie. Dann war sie verschwunden.
Ich suchte sie und fand sie auf dem Dachboden weinend. Ich tröstete sie: »Mama,
du musst nicht weinen, es tut doch gar nicht mehr weh.« Aber sie weinte, weil
sie mit allem so allein war.

In anderer Weise konnte ich meine Mutter unterstützen. Z. B. ging ich in
der Nachkriegszeit zu den Bauern zum Hamstern, was sie nicht konnte. Ich
half bei der Arbeit und bekam dann etwas zu essen, auch zum Mitnehmen.
Und wenn ich spät abends durch den Wald nach Hause ging und Angst hatte,
sprach ich mit meiner eigenen und einer tiefen Stimme, als ob ich mit meinem
Vater unterwegs wäre. Meine Mutter hatte Angst um mich und war doch froh,
wenn ich etwas brachte.

Das Kriegsende erlebten wir im Keller ohne große Kampfhandlungen. Wir
lebten im Haus des Bürgermeisters, und als ihn Amerikaner aus dem Keller
holten, musste meine Mutter mitkommen, weil sie Englisch sprach. Sie kam
unbeschadet wieder zu uns. Als die Amerikaner dann in Bartenstein einfuhren,
waren wir Kinder an einem Brunnen, um Wasser zu holen. Wir rannten auf
die Straße, und ich sah meinen ersten »Schwarzen Mann«, der lachte und mir
Cadbury-Schokolade zuwarf. Ich rannte damit heim, und meine Mutter hatte
Angst, sie könne vergiftet sein. Ich teilte sie trotzdem mit meiner Schwester
und aß sie.

Das Kriegsende veränderte meine Welt. Waren wir vorher angesehen und res-
pektiert gewesen, erlebten wir jetzt Angriffe. Aufgehetzte Kinder beschimpften
uns als Nazi-Säue und SS-Schweine, schlugen meine kleine Schwester. Ich rannte
dazu, und wir kämpften gemeinsam mit den Rücken gegen eine Hauswand
gegen mehrere Jungen, bis eine Frau, die Adlerwirtin, uns in ihren Schutz nahm.
Von den Naziverbrechen wusste ich damals nichts, und als uns später, schon im
Gymnasium, ein Lehrer aufklärte, griffen wir ihn als »Nestbeschmutzer« an. Er
war ein Außenseiter in dem von der CDU dominierten Umfeld. Er war Flüchtling aus Ostpreußen und SPD-zugehörig, woraus er auch keinen Hehl machte.
Während der Geschichtsunterricht in der Regel vor dem Ersten Weltkrieg halt-
machte, war er der Einzige, der uns unsere neuere Geschichte vermittelte.

Zum Glück blieb er hartnäckig, und wir mussten schließlich schmerzlich
einsehen, in welcher Welt unsere Eltern gelebt hatten. Für mich war es eine
traumatische Entidealisierung. Mit meiner Mutter konnten wir kaum darüber
reden, sie musste immer gleich weinen, fühlte sich rasch angegriffen. Sie hat

immer betont, dass mein Vater zwar bei der SS, aber bei der Waffen-SS und dort Soldat an vorderster Front gewesen sei.

Zurück nach Bartenstein: Nun galt es, eine Zukunft zu gestalten, und das war in Bartenstein kaum möglich. Es gab keine Arbeit für meine Mutter; eine Rente bekam sie nicht, weil mein Vater bei der Waffen-SS gewesen war. Es gab keine weiterführenden Schulen nach der Volksschule, in der die Klassen eins bis vier und dann fünf bis acht gemeinsam unterrichtet wurden.

Meine Mutter verkaufte unser Mobiliar, Stück für Stück, oder tauschte es gegen Essen ein. Schließlich arbeitete sie bei einem Bauern in einem Nachbardorf. Meine Schwester konnte sie mitbringen. Mehr als ein zusätzlicher Esser war zu der Zeit nicht erwünscht, deshalb kam ich zu einem anderen Bauern, den ich schon von meinen Hamstergängen kannte, in ein anderes Dorf, von wo aus ich einige Kilometer zu Fuß in meine Schule zurücklegen musste. Nachmittags arbeitete ich auf dem Hof oder Feld mit und machte abends meine Schularbeiten. Die Atmosphäre war freundlich. Allerdings versuchte der Bauer, mich mit dem Unterleib gegen den Küchentisch zu drücken. Als die Bäuerin in die Küche kam, ließ er rasch ab und machte auch keine weiteren Versuche mehr. Als ein anderer Bauer, mit dem ich auf einem Wagen fuhr, versuchte, mir in meine kurze Hose zu fassen, hielt ich ihm eine Standpauke und er ließ, wohl verunsichert, von mir ab.

Schließlich tauchte ein Vetter meines Vaters auf, der meine Mutter gesucht hatte, und nahm uns mit. Meine Schwester durfte bei meiner Mutter bleiben, während ich zu meiner Oma nach Metzingen kam, um dort die Oberschule zu besuchen. Die kurzen Besuche bei meiner Oma hatte ich immer sehr genossen. Dort gab es Onkel und Tante und Vettern und eine Cousine. Sie wohnten alle in einem großen Haus. Meine Oma hatte Weinberge, Obstwiesen und Felder, und ich half immer gern mit.

Da meine Mutter aber nicht die gewünschte Schwiegertochter war (mein Vater hätte eine Bäckers- und Konditorstochter aus Metzingen heiraten sollen), war das Verhältnis belastet. Ich galt als dem Hermann ähnlich, während meine Schwester und meine Mutter eher als fremd empfunden wurden. Meine Mutter hielt Abstand und wollte keine Last sein. Mein Vater hatte meiner Mutter sozusagen als Auftrag gegeben: »Unsere Mädle sollen was lernen, damit sie es besser haben als ich!« Meine Oma aber sagte: »Sie soll die Mädle schaffe schicke, dann hat sie's leichter.« »Schaffen schicken« bedeutete, dass wir in der Fabrik oder im Büro arbeiten sollten.

Meine Mutter machte sich dann selbstständig, arbeitete in der Fabrik und fand für uns Mädchen ein Internat, in dem wir ohne Bezahlung mit Fleißprüfungen bleiben konnten. Die Zeit in diesem Internat, Korntal, sehr religiös und streng, war schwierig für mich. Ich konnte mich nicht gut unterordnen und kam deshalb immer wieder in z. T. heftige Konflikte besonders mit der Schulleiterin, die ich hasste.

Schließlich wurde meine Mutter krank, und es sah so aus, dass ich nun doch bald arbeiten gehen müsste. Ich ging vom Gymnasium ab und noch ein Jahr auf eine Mittelschule in Backnang. Durch den Wechsel von der amerikanischen zur französischen Besatzungszone (Metzingen) und zurück mit unterschiedlichen Schuljahresanfängen konnte ich jeweils ein halbes Jahr überspringen. Ich lernte nun Stenografie und Maschinenschreiben, kaufmännisches Rechnen und Buchführung und machte dort den Abschluss. Anschließend arbeitete ich ein halbes Jahr in Stuttgart als Anfangskontoristin.

Auf der Zugfahrt zur Arbeit von Murrhardt nach Stuttgart begegnete ich einem Lehrer aus der Mittelschule, der mich fragte, was ich jetzt machte. Als ich ihm von meiner Tätigkeit erzählte, sagte er: »Das ist aber schade.« Er nannte mir die Adresse vom Aufbaugymnasium in Markgröningen, der Helene-Lange-Schule, in der Mädchen, die in der Nachkriegszeit eine unterbrochene Schulausbildung hatten, in fünf Jahren das Abitur machen konnten. Meiner Mutter ging es inzwischen wieder besser; sie fuhr dorthin, sah am Bahnhof in Markgröningen eine Inschrift mit den Worten »Ich schaue auf zu den Bergen, von denen mir Hilfe kommen wird« und ging mutig ins Gespräch mit der Schulleiterin, Fräulein Mack. Sie war eine sehr freundliche ältere Frau, die, wie ich später erfuhr, in der Frauenbewegung engagiert war. Sie war damit einverstanden, mich aufzunehmen, ohne dass ich eine Klasse zurückgesetzt würde, um dann in drei Jahren das Abitur zu machen. Ich sollte Nachhilfe von zwei älteren Schülerinnen bekommen und nach einem halben Jahr eine Prüfung machen. Das gelang. Fräulein Mack wurde bald pensioniert, und wir bekamen einen Direktor. Auch dort war es nicht immer leicht, mich einzuordnen, aber 1956 machte ich mein Abitur mit der allgemeinen Beurteilung im Zeugnis: »Helga Handel ist es in zunehmendem Maße gelungen, die schweren Schicksalsschläge, die sie schon als Kind getroffen haben, innerlich zu verarbeiten. Sie hat sich mehr und mehr bemüht, sich in die Klassen- und Hausgemeinschaft einzuordnen; ihr Leistungswille ist gewachsen; in ihrem Wesen ist sie ausgeglichener und verbindlicher geworden.«

Meine Schwester kam ebenfalls nach Markgröningen. Meine Mutter, die für sich selbst so schüchtern war, setzte für uns Mädchen alle Hebel in Bewegung, um uns einen guten Start ins Berufsleben zu ermöglichen. Es war nicht nur der Auftrag meines Vaters, sondern auch ihr Anliegen, dass Frauen einen Beruf haben, mit dem sie ihr Leben selbstständig gestalten können. Wir sollten es leichter haben als sie.

Als ich das Abitur hatte, war die Frage: Wie geht es weiter? Medizin studieren, was ich so gern wollte, dauerte lange. Ich ging mit meiner Mutter zur Berufsberatung: Textilingenieurin war ein Vorschlag neben anderen. Als wir dann ratlos wieder auf der Straße standen, sagte meine Mutter: »Jetzt haben wir es bis hierhin geschafft, jetzt schaffen wir auch noch das Medizinstudium.« Und so war es dann auch. Ich bekam inzwischen Waisenrente, machte jedes Semester Fleißprüfungen und bekam Studienförderung nach dem Honnefer Modell.

Ich studierte in Tübingen, fand ein Zimmer im Dachgeschoß der Apotheke am Markt und Kommiliton:innen, mit denen ich mich anfreundete. Es war eine schöne Zeit nach dem Mädcheninternat, in dem wir doch sehr abgeriegelt waren vom normalen gesellschaftlichen Leben. Ich hatte erstmals erlaubten Kontakt zu jungen Männern. Allerdings wurde ich dann nach dem Physikum von meinem Freund schwanger.

Wir studierten nicht in München weiter, wie wir es geplant hatten, sondern zogen nach Frankfurt a. M., wo die Eltern meines Freundes wohnten. Dort konnte er in der Anwaltskanzlei seines Vaters mitarbeiten und seinen Lebensunterhalt verdienen. Wir bezogen eine Einzimmerwohnung, die er für uns gefunden und eingerichtet hatte, heirateten und studierten beide weiter, er Jura, ich Medizin. Die Umstellung war schwierig für mich. Ich hatte noch nie in einer so großen Stadt gelebt und kannte niemanden.

Im November 1959, einen Tag vor meinem 22. Geburtstag kam unser Kind auf die Welt, ein kräftiger, gesunder Junge. Ich gab ihm als zweiten Namen den meines Vaters. Damals blieb man noch zehn Tage nach der Entbindung im Krankenhaus. Während dieser Zeit entdeckte ich eine kleine eitrige Stelle an einem Nagelbett. Ich machte darauf aufmerksam, sie wurde mit Jod behandelt und heilte ab. Aber als wir zu Hause waren, wurde er allmählich krank, bekam Durchfall und Fieber, und der Kinderarzt überwies ihn ins Krankenhaus. Dort starb er im Alter von drei Wochen an einer Staphylokokkensepsis.

Ich war nicht mehr ich selbst, war wie gelähmt, hatte Schuldgefühle. Wenn Sexualität so schlimme Folgen hatte, wollte ich nie mehr etwas damit zu tun haben. Meine Schwiegermutter kümmerte sich um die Beisetzung. Sie organisierte eine Feuerbestattung. Das hatte ich noch nie erlebt. Ich kannte nur Erdbestattungen. Als ich während der Trauerfeier plötzlich begriff, dass in der Dose, die da stand, mein Kind war – ich dachte nicht an Asche –, war ich entsetzt. Auch ich fühlte mich wie eingesperrt, es gab kein Entrinnen.

Ich dachte, ich könnte wieder weggehen, aber mein Mann war auch so getroffen, ich konnte ihn jetzt nicht verlassen. Er bemühte sich um mich. Er begleitete mich in die Uniklinik und saß neben mir im Hörsaal, bis ich mich wieder allein zurechtfand. Dennoch fanden wir nicht mehr gut zueinander.

Das Warten auf mich fiel ihm zunehmend schwer. Schließlich passte ich mich an, wollte bei ihm bleiben und dazu gehören, fühlte mich jedoch nie wirklich zugehörig.

Die gut situierten Familien, bei denen das Leben so geordnet ablief, blieben mir fremd, zumal mir meine Schwiegermutter nicht verhehlte, dass sie lieber eine Schwiegertochter aus ihrem Freundeskreis gehabt hätte, und der Meinung war, dass sie an Stelle meiner Mutter besser auf mich aufgepasst hätte, was mich empörte. Meine Mutter hatte so viel geleistet. Meine Schwiegermutter hätte auf ihren Sohn aufpassen können. Mein Schwiegervater hingegen war väterlich fürsorglich. Er respektierte und mochte mich und ich ihn auch.

Meine Mutter hatte meine Schwester und mich auf den Weg gebracht und fand schließlich einen neuen Lebensgefährten, mit dem sie später ein Haus auf dem Land baute, auf einem schönen Grundstück am Wald. So hatte sie endlich wieder ein Zuhause, in dem auch wir Töchter mit unseren Familien uns wohlfühlten.

Wir blieben dreizehn Jahre verheiratet und bekamen noch drei Kinder, immer im Abstand von drei Jahren, Jula, Jan und Florian. Als ich das zweite Mal schwanger war, musste ich weinen und hatte Angst vor dem, was passieren würde. Jula kam 1962 zur Welt, einige Wochen nach meinem Staatsexamen. Sie war ein gesundes Kind und blieb bei uns. Ich war froh, dass es ein Mädchen war, sie sollte kein Ersatzkind sein. Mit ihr übte ich Hochdeutsch, wenn sie auf dem Wickeltisch vor mir lag, denn sie lachte mich an, aber nicht aus.

Die Studienzeit in Frankfurt war mit Tübingen nicht zu vergleichen, alles war unpersönlicher. Auch war ich nicht mehr dieselbe. Anschluss fand ich über die Diabetiker-Ambulanz, die Prof. Karl Schöffling leitete. Dort arbeitete ich unter anderem in den Semesterferien und promovierte mit der Arbeit »Statistische Untersuchungen über die Anwendungsmöglichkeiten des Tolbutamids bei der Behandlung der Zuckerkrankheit während eines fünfjährigen Beobachtungszeitraums«. Die mündliche Prüfung absolvierte ich 1965, sechs Tage vor der Geburt von Jan.

Ich war pünktlich zum Termin da und musste dennoch recht lange warten. Verärgert klopfte ich an die Tür, hinter der ich Prof. Pfeiffer und Prof. Schöffling reden hörte. Ich ging hinein und sagte, dass ich nicht länger warten könne, da wir eine neue Wohnung bezogen hätten und ich vor der Niederkunft noch Etliches räumen müsse. Prof. Pfeiffer antwortete in seiner gewohnt schnoddrigen Art: »Wir können doch nichts für Ihre verworrenen Familienverhältnisse!« Das war schon wieder zum Lachen, und sie prüften mich dann auch.

Die Medizinalassistentenzeit, damals noch zwei Jahre, absolvierte ich, wie es sich mit den Kindern ermöglichen ließ, in Etappen, die gynäkologische Sta tion auch unentgeltlich, weil ich sonst zu der mir möglichen Zeit in Frankfurt keine Stelle gefunden hätte. Als mein Mann noch Referendar war und viel zu Hause arbeiten konnte, waren er und eine Tante für Jula da, sodass ich meine Zeit in der Chirurgie und Inneren ableisten konnte, damals mit Nacht- und Wochenenddiensten. So oft es ging, kam mein Mann mit Jula zu mir in die Klinik. Danach war Jula mit zweieinhalb Jahren sehr anhänglich. Manchmal stand sie beim Einkaufen neben mir unter meinem Rock und schlang ihr Ärmchen um mein Bein. Ich sagte eine Stelle in einem Kinderkrankenhaus ab und ging zunächst nicht mehr arbeiten. Vier Jahre später, von November 1967 bis August 1968, war ich in der Neurologie, Kinderklinik und Gynäkologie tätig. In der Gynäkologie war ich so belesen und wusste so Bescheid, dass sie mich den Beckenbauer der Station nannten. Zudem war ich hochschwanger mit Florian. Insgesamt war ich sieben Jahre lang Hausfrau und Mutter.

Unsere Ehe wurde immer schwieriger. Am lebendigsten fühlte ich mich mit den Kindern. Auch mein Mann liebte die Kinder, aber wir beide kamen immer weniger zusammen. Ich wurde immer depressiver.

Mein Mann wurde Partner in der Anwaltskanzlei seines Vaters. Die beiden großen Kinder waren inzwischen in der Schule und im Kindergarten. Allmählich bekam ich Angst, alles zu verlieren, was ich mithilfe meiner Mutter so mühsam erarbeitet hatte, keinen Anschluss mehr in meinem Beruf zu finden. Ich las viel Fachliteratur, um dranzubleiben. Eine Vollzeitstelle in der Klinik mit meinen drei Kindern kam für mich nicht infrage. Halbtagsstellen gab es nicht.

Zu unserer Wohnung gehörte eine Mansarde, die wir an eine Soziologiestudentin vermietet hatten. Mit ihr kam ich ins Gespräch, und sie sprach mit mir über Psychoanalyse. Hatte ich während des Medizinstudiums von Prof. Hoff bei Krankheiten wie Asthma gehört, »das kann auch psychische Ursachen haben«, wusste ich nicht, was er meinte, griff es aber auch nicht auf. Nun erfuhr ich etwas über psychische Ursachen. Ich begann Freud zu lesen, war sehr berührt und fühlte mich von ihm an die Hand genommen. Er erklärte mir, wie es im Leben geht, was psychische Ursachen sind.

Ich bemühte mich um einen Termin in der evangelischen Familienberatung. Wolfram Lüders, der Leiter und Psychoanalytiker gab mir zwei Termine zwischen den Jahren. Zu ihm konnte ich sehr offen sein, und schließlich gab er mir zu verstehen: »Und obwohl Sie so vital sind, fallen Sie immer wieder unter die Räuber!« Das war für mich wie eine Offenbarung: »Ich bin vital, und die anderen sind Räuber! Ich darf mein Leben leben und muss mich nicht opfern.«

Meine Schwester, inzwischen Studienrätin mit den Fächern Englisch und Französisch, zog nach Frankfurt. Wir gingen öfter zusammen aus, und ich holte ein Stück Jugend nach.

Ich beschloss, mich für die psychoanalytische Ausbildung zu bewerben. Ich wollte eine Psychoanalyse machen und dabei – nach schwäbischer Art – das Angenehme mit dem Nützlichen verbinden. Zudem konnte man die Ausbildung abends machen. Ich sah eine Zukunftsperspektive.

Es war 1971 und ich beschloss, wieder zu arbeiten. Ich bewarb mich auf eine Halbtagsstelle am Versorgungsamt als Gutachterin für Rentenanträge für Kriegsbeschädigte und Kuranträge. Nach drei Jahren wechselte ich für ein Jahr zu einer Erziehungsberatungsstelle. Zugleich musste ich mir von meiner Schwiegermutter anhören, ich würde meine Kinder vernachlässigen. Sie selbst hatte während ihrer Ehe nie in ihrem Beruf als Kindergärtnerin gearbeitet. Für mich war es eine abschreckende Vorstellung, ein Leben wie ihres zu führen, mit Dienstmädchen, Treffen mit Freundinnen im Café Kranzler. Ihre Teilnahme an der Singakademie fand ich gut, aber ich konnte nicht so gut singen. Sie lebte in einer anderen Welt.

Schon während meiner Medizinalassistentenzeit hatte ich erlebt, dass es im normalen Klinikbetrieb viel zu wenig Zeit gab, auf die Patient:innen einzugehen. Das erlebte ich auf der Inneren mit einem sterbenden Patienten, der aus dem 6-Bett-Zimmer entfernt werden sollte, wogegen sich die Zimmergenossen wehrten: »Der Franzl bleibt hier!«

In der Nervenklinik war ich auf einer geschlossenen Männerstation und hatte Zeit für Gespräche. Ein straffälliger Jugendlicher, der sehr dankbar war, schenkte mir zum Abschied einige Cocktailrezepte. Auf der Intensivstation erlebte ich einen transsexuellen Patienten, der sich nach einer missglückten Operation umbringen wollte, und eine junge Prostituierte, sie sah aus wie Schneewittchen, die so auch nicht mehr weiterleben wollte. Daher war es für mich naheliegend, eine berufliche Richtung einzuschlagen, in der man auf die Patient:innen eingehen konnte.

Die Bewerbungsinterviews wurden von Frau Mitscherlich, Herrn De Boor und Prof. Argelander durchgeführt. Herr De Boor fand mich geeignet. Frau Mitscherlich meinte, wenn ich Psychoanalytikerin werden wolle, müsse ich aufhören, immer noch mehr Kinder zu bekommen, obwohl es schon so sei, dass Frauen wie ich sich, wenn sie schwanger sind, besonders gut fühlten. Mit meinen angelesenen Kenntnissen dachte ich: »Aha, sie denkt Hysterie, Penisneid!« Ich erlebte in ihr aber auch eine Frau, die einen qualifizierten Beruf ausübte, ein Frauenbild, das mich beeindruckte. Zugleich verstand ich, dass ich nun anfangen sollte, an meine weitere Entwicklung zu denken.

Prof. Argelander fragte mich, ob ich Erinnerungen an meinen Vater habe. Ich sagte ja und erzählte ihm folgende Episode: Ich wollte, dass meine Mutter mir mein Sonntagskleid anzieht, weil ich den Papa abholen will. Meine Mutter versuchte mir das auszureden, weil er nicht komme. Ich war hartnäckig, sodass sie schließlich nachgab. Ich rannte los, und als ich am Ortsausgang war, kam mir mein Vater entgegen, ließ die Koffer fallen, breitete seine Arme aus und hob mich hoch. Ich lief mit ihm zurück und rief immer wieder: »Mein Papa ist da!« Meine Mutter muss das gehört haben. Sie kam uns auf der Treppe entgegen und fiel ihm in die Arme.

Argelander meinte dazu: »Sie wollen das Unmögliche möglich machen.« Damals hat mich die Deutung geärgert, denn es war doch nicht unmöglich. Manchmal geschieht das unmöglich Erscheinende wirklich.

Ein Beispiel: Als ich bei meiner Oma lebte und von meiner Mutter und Schwester getrennt war, fiel mein Geburtstag, der 24. November, auf den Totensonntag. Meine Oma, die mich mochte, aber auch gern foppte, sagte am Samstag: »Am Totensonntag gibt es keinen Kuchen, da gibt es nur Schwarzbrot.« Ich ging ins Bett und wachte in der Nacht auf. Da stand meine Mutter mit meiner etwa 8-jährigen Schwester vor meinem Bett und hielt eine Torte in der Hand. Das war kein Traum! Sie waren mit dem Zug bis Bempflingen gefahren, da war die Grenze der amerikanischen Zone. Metzingen lag in der französischen Zone und sie hatten keinen Passierschein. In Bempflingen aber trafen sie einen Mann, der die beiden in der Dunkelheit über die Grenze brachte. Wir waren glücklich beieinander.

Argelander sagte, er könne nicht sagen, dass ich für die Ausbildung nicht geeignet sei, gab aber zu bedenken, dass die anderen Auszubildenden am Institut schon mehr Erfahrung mit Patient:innen hätten machen können. Ich hatte die Erfahrung mit meinen Kindern und dachte: »Mal sehen. Wenn es mir hilft, dann mache ich es, wenn es mir nicht hilft, dann nicht.«

So wurde ich Ende 1969 zur Ausbildung zugelassen. Wolfram Lüders sagte mir die Lehranalyse zu, ich musste aber noch bis Oktober 1972 warten. Wir waren damals über 100 Auszubildende am Sigmund-Freud-Institut, und es gab nur wenige Lehranalytiker:innen.

Die Lehranalyse war aufwühlend und eine sehr gute Erfahrung. Auch wenn ich zunächst Angst hatte, für die Ausbildung nicht gut genug zu sein, so erlebte ich die Freiheit, sein zu dürfen, wie ich mich fühlte, keinen Auftrag erfüllen zu müssen. Als ich einmal während der Stunde wütend von der Couch aufsprang und ging, weil ich mich über ihn geärgert hatte, konnte ich am nächsten Tag nach einigem Zögern wiederkommen und erleben, dass ich nichts kaputt gemacht hatte. Auch für meine aktuelle Situation war die Analyse sehr hilfreich.

Ende 1972 wurde unsere Ehe geschieden. Bald hatten wir beide neue Partner. Die Kinder blieben bei mir, das Sorgerecht teilten wir uns. Zunächst hatten wir zwei Wohnungen im selben Haus, so mussten die Kinder ihren Vater

nicht vermissen. Allerdings ergaben sich dadurch Loyalitätskonflikte für die
Kinder, besonders für unsere Tochter, die Älteste, wodurch die Beziehung in
der Pubertät sehr schwierig wurde.

Die Ausbildung war eine spannende und interessante Zeit. Alles war neu
für mich. Die Psychoanalyse faszinierte mich. Ich fand Kontakt zu Kolleg:in-
nen, aus dem sich Arbeitsgruppen und Freundschaften entwickelten, die bis
heute bestehen.

Schwieriger wurde es nach dem Vorkolloquium, das ich 1975 ablegte. An
anderer Stelle (Wildberger, 2009) habe ich beschrieben, wie es anfangs ein großes Bemühen um die »reine« Psychoanalyse gab, ohne »psychotherapeutische
Zutaten«. In den technischen Seminaren wurden Debatten geführt, was analytisch sei und was nicht. Eignete sich dieser Patient für Psychoanalyse oder
nicht. Das führte zu einer Einengung und einem strengen analytischen Über-
Ich. Wir, die Auszubildenden, luden unsere Lehranalytiker:innen schriftlich
zu einem Treffen ein, auf dem wir über die Schwierigkeiten mit unserer Aus-
bildungssituation sprechen wollten, über den mangelnden Austausch mit den
Lehranalytiker:innen und über die langen Wartezeiten. Ich war damals eine der
Kandidatensprecher:innen. Wir baten unter anderem um ein Psychotherapie-
seminar, weil etliche von uns schon in Beratungsstellen arbeiteten. Das wurde
von Mitscherlichs abgelehnt. Psychotherapie könne man erst machen, wenn
man Psychoanalyse könne. Außerdem wurde uns unterstellt, wir wollten zu früh
an die Futtertöpfe. Wir ließen nicht nach, fühlten uns auch missverstanden und
beleidigt und gaben das zum Ausdruck. Daraufhin verließ Herr Mitscherlich
den Saal, hinter ihm Frau Mitscherlich und dann Herr De Boor. Das führte bei
mir zu einem Erstaunen und einer Entidealisierung.

Auch Supervisionen waren knapp. Überall gab es Absagen. Nur Horst-Eberhard Richter in Gießen bot mir eine Gruppensupervision an. Ich hatte eine
Patientin für eine Analyse, und um mit der Behandlung beginnen zu können,
nahm ich das Angebot gern an, auch wenn der Fall als Kolloquiumsfall nicht
anerkannt würde; dafür musste es eine Einzelsupervision sein. So fuhr ich einmal in der Woche nach Gießen und erlebte zusammen mit zwei Kolleginnen
eine sehr lebendige und anregende Gruppenarbeit. Von nun an konnte ich
vorübergehend in der Praxis von befreundeten Kollegen meine Ausbildungsfälle behandeln.

1978 bezog ich zusammen mit drei Kollegen eine eigene Praxis. Ich hatte
vier Ausbildungsfälle und begann mit einer Gruppe.

Meinen Kolloquiumsfall, einen zwangsneurotischen Patienten, supervidierte
Alfred Lorenzer. Wenn ich der Meinung war, etwas Unanalytisches gemacht zu
haben, untersuchte er mit mir die Szene, in der ich in einer mir bestimmten

Rolle mitagiert hatte. Das war befreiend und sehr aufschlussreich. Es war das szenische Verstehen. Es war eine Dreierbeziehung, eine kleine Gruppe. Zunächst waren es der Supervisor, der Patient und ich, dann war ich es, die mit dem Patienten etwas aushandelte und darstellte, und dann nochmal ich, die in der therapeutischen Ich-Spaltung die beiden beobachtete und zu verstehen versuchte.

Als ich mit diesem Fall im Kolloquium war, lief zunächst alles gut, so wie ich es von den Vorstellungen im Institut kannte. Plötzlich aber stellte ein Kollege zweifelnde Fragen. Ich ging darauf ein, aber er war nicht zufriedenzustellen. Die Stimmung fing an zu kippen. Da gab Horst-Eberhard Richter eine Gruppendeutung: Ein Symptom des Patienten war es, alles Wissen immer wieder infrage zu stellen, und das geschah jetzt hier. So ging es gut für mich aus. Später erfuhr ich von dem Kollegen, dass er meinen schriftlichen Fallbericht nicht gelesen hatte.

Mein Kolloquium machte ich im Frühjahr 1980 in Bamberg auf der Mitteleuropäischen und DPV-Tagung. Das Thema dieser Tagung war »Wiederkehr von Krieg und Verfolgung in Psychoanalysen«. Auf der vorhergehenden Mitteleuropäischen Tagung 1978 in Bad Ischl hatten wir Kandidat:innen gemeinsam das Thema für die Tagung im Jahr 1980 erarbeitet und vorgeschlagen: »Spätfolgen des Nationalsozialismus und des Zweiten Weltkriegs in der analytischen Praxis und auf die psychoanalytische Bewegung«. Die Veränderung des Tagungsthemas und die so empfundene Verharmlosung lösten bei uns Betroffenheit und Enttäuschung aus. Aber immerhin hörte ich das erste Mal Psychoanalytiker:innen auf einer Tagung sich dazu äußern, und zwar durchaus auch persönlich betroffen. Mich hat es berührt.

Ich beteiligte mich am Institutsleben und an der Ausbildung. Von 1984 bis 1988 gehörte ich dem FPV-Vorstand an. Als 1994 das Frankfurter Psychoanalytische Institut gegründet wurde, arbeitete ich in der Geschäftsordnungskommission mit. In der Satzung legten wir fest, dass man nun um die Beauftragung mit Lehranalysen sich selbst bewerben könne und nicht mehr warten müsse, bis man vom örtlichen Ausbildungsausschuss dazu aufgefordert werde. Die Frankfurter Psychoanalytiker:innen machten sich unabhängig vom Sigmund-Freud-Institut, das eine Einrichtung des Landes Hessen war, das nur noch Forschungsinstitut sein sollte.

1983 bis 1986, bis zu seinem Tod, war ich in der Supervisionsgruppe von Herbert Rosenfeld. Meine Freundin Helen Schoenhals hatte mich darauf aufmerksam gemacht. Es war eine ganz neue Erfahrung. Dort wurde ich mit der Klein-Bion-Richtung der Psychoanalyse bekannt. Helen und ich berichteten über diese Erfahrung im Themenheft »Herbert Rosenfeld« von Luzifer-Amor

(Schoenhals u. Wildberger, 2015). Nach Herbert Rosenfelds Tod erreichte Helen Schoenhals, dass Ron Britton von 1988 bis 1999 etwa sechsmal im Jahr von London zu uns nach Frankfurt kam. Wir waren zu acht in der Supervisionsgruppe, und es war eine ungemein lebendige und aufschlussreiche Arbeit.

Einmal stellte ich einen sehr schwierigen Patienten vor, bei dem ich mir immer neue Möglichkeiten überlegte, um ihm doch beizukommen. Ron sagte: »Helga, you are a resourciating machine.« Und er zeigte mir, wie ich mich anstrengte, weil ich es nicht ertragen konnte, hilflos, ohnmächtig zu sein, *ohne* die Hoffnung zu verlieren. Ich dachte an Wolfram Lüders und unser Gespräch in der Beratungsstelle, und mir wurde klar, dass nicht nur die anderen die Räuber sind, denen ich zum Opfer falle, sondern dass ich es auch selbst bin, die sich überfordert, über ihre Grenzen geht. Das Ganze bekam später noch eine lustige Wendung. Immer wenn ich wiederholt aufs Neue versuche, meiner Tochter etwas Gutes zu tun, sagt sie: »Loriot, Loriot!«, in Anspielung auf den Sketch von Loriot »Ich will hier nur sitzen«. Sie sei mir in dieser Beziehung ähnlich, und das sage in diesen Situationen ihr Mann immer zu ihr.

1992 kam meine Tochter eines Tages mit einer Episode aus Ovids Metamorphosen, »Invidia«, auf mich zu, der Personifikation des Neids. Ovid interessiere sich in besonderem Maße für das Seelenleben des Menschen, und sie fragte mich, wie ich als Psychoanalytikerin diese Episode lese. Sie hatte Latein und Griechisch studiert und promovierte zu der Zeit über »Ovid – die Liebeskunst«. Mich faszinierte der Text, war ich doch nach der Supervision bei Herbert Rosenfeld und nun bei Ron Britton intensiv mit den kleinianischen und postkleinianischen Konzepten befasst. So kam sie nun einmal wöchentlich an einem Nachmittag zu mir für unsere gemeinsame Arbeit. Jula erklärte mir den genauen lateinischen Wortlaut, vermittelte mir Hintergrundwissen und erklärte mir den kulturellen Kontext, damit ich interpretieren konnte. Ich las den Text wie die exemplarische Darstellung einer inneren Welt und die auftretenden Figuren wie Darstellungen innerer Objekte, die unterschiedliche Beziehungsaspekte und Gefühle repräsentieren, eine innere Gruppe. Die Beziehungen zueinander werden zu einer dramatischen Handlung.

In dieser Zeit, in der wir uns auch intensiv auf das gegenseitige Denken einlassen mussten, näherten wir uns nach einer schwierigen Zeit in unserer Beziehung wieder an und fanden unsere frühere Vertrautheit wieder. Neben dieser beglückenden Erfahrung entstand eine Arbeit, die ich in meiner Intervisionsgruppe vorstellte. »Damit kannst Du doch Deine ordentliche Mitgliedschaft bekommen«, kam als Reaktion. Und obwohl ich nach dem Kolloquium keine Prüfung mehr machen wollte, beantragte ich nun doch die ordentliche Mitgliedschaft in der DPV. Ich stellte die Arbeit in Gießen vor, und sie wurde

angenommen. Nun war ich seit 1993 ordentliches Mitglied. Erst 2009 veröffentlichten wir sie im Jahrbuch der Psychoanalyse (Wildberger u. Wildberger, 2009).
Jula wollte nur als Mitarbeiterin genannt werden, nicht als Mitautorin. So verhalf sie mir zur ordentlichen Mitgliedschaft, was damals die Voraussetzung
für die Bewerbung zur Beauftragung mit Lehranalysen war. Sie ihrerseits profitierte in ihrer Arbeit sehr vom kleinianischen Denken. Bei einem Lehrgang
»Learning and teaching in higher education« während einer befristeten Stelle
am University College London wurde ihr dies besonders deutlich.

Da die Analytiker:innen am Frankfurter Psychoanalytischen Institut (FPI)
mit unterschiedlichen psychoanalytischen Konzepten arbeiteten, kam der
Wunsch nach einer Diskussion dieser Unterschiede auf. Wir organisierten an
mehreren Wochenenden »Theoretische Foren«, in denen in kurzen Referaten
die wichtigsten Ideen und Begriffe erklärt und diskutiert wurden. Aus der Klein-
Bion-Gruppe entstand 1996 das Buch »Klein-Bion. Eine Einführung«, zu dem
ich den Beitrag »Pathologische Organisationen« beitrug (Wildberger, 1997).

1996 wurde ich als Lehranalytikerin der DPV für Einzelfälle beauftragt, seit
2000 generell. In der DPV arbeitete ich in der Ethikkommission und in der
Transparenzkommission mit. In der Transparenzkommission untersuchten wir
anhand von Interviews mit den Beteiligten das Bewerbungsverfahren, das Vorkolloquium und das Kolloquium aus den Jahren 1997 bis 2003.

Aus meinen Schilderungen wird deutlich, wie sehr sich mein Leben in Gruppen abgespielt hat und wie sehr sich mein Leben in Gruppen durch meine analytische und gruppenanalytische Ausbildung verändert hat. Fühlte ich mich
früher oft als Außenseiterin oder musste mich heftig abgrenzen, um meine
Individualität zu schützen, so fühlte ich mich nun zunehmend sicher und integriert und erlebte die Gruppe als ein Medium, in dem man gefördert wird und
sich entwickeln kann.

Zurück zum Anfang meiner gruppenanalytischen Tätigkeit: Ich war Aus-
bildungskandidatin der DPV und wollte 1980 mein Kolloquium machen. Dazu
fehlte mir noch der Nachweis der psychiatrischen Erfahrung während der DPV-
Ausbildung. Meine Tätigkeit in der Psychiatrie während meiner Medizinalassistentenzeit wurde nicht anerkannt. Bei GRAS lernte ich Helmut Luft kennen,
Inhaber und Chefarzt der neurologischen und psychosomatischen Kurklinik
in Hofheim. Ich bot ihm an, mit Patient:innen, die er für geeignet hielt, eine
Gruppentherapie zu machen. Dadurch würde ich meine klinisch-psychiatrischen Kenntnisse mit z. T. sehr schwer gestörten Patient:innen erweitern können. Wir vereinbarten, dass ich ab August 1979 eine Gruppe leiten sollte, und
die Kollegen, die dort arbeiteten, äußerten Interesse an einer Co-Therapie. Da
nur Platz für einen war, entschied das Los, und Leo Hilbert gewann, der sich

ebenfalls in analytischer Ausbildung befand. Er hatte keine Gruppenausbildung, war aber jahrelang in einer analytischen Selbsterfahrungsgruppe gewesen. Es war ein gutes Zusammentreffen. Wir konnten uns über unsere Arbeit gut verständigen und arbeiteten gleichberechtigt von 1979 bis 1983 in der Klinik.

Als Leo die Klinik verließ und sich in eigener Praxis niederließ, beendete auch ich meine Tätigkeit in der Klinik, und wir begannen eine Slow-open-Gruppe in seiner Praxis. Wir arbeiteten dreißig Jahre zusammen und trennten uns von unserer gemeinsamen Gruppenarbeit erst, als Leo 2008 seine Praxis aufgab.

Es war eine sehr fruchtbare Zeit. Nach den Sitzungen am späten Vormittag gingen wir zusammen essen und besprachen, wie wir die Sitzungen erlebt und verstanden hatten. Da er sich auch in der Klein-Bion-Richtung der Psychoanalyse weiterbildete, u. a. in der Supervisionsgruppe von Ron Britton, konnten wir z. B. projektive Identifizierungen und Spaltungsprozesse gut erkennen und bemühten uns um ein gelingendes Containment.

Da unsere gruppenanalytische Ausbildung bei GRAS seinerzeit auf vier Jahre begrenzt war, regte M. L. Moeller an, leiterlose Selbsterfahrungsgruppen zu bilden. Nach einigen Jahren schrieb Harm Stehr die Mitglieder unserer Selbsterfahrungsgruppe an und fragte, wer daran Interesse hätte. Es fanden sich acht, die sich von da an regelmäßig trafen, anfangs gleichzeitig mit den GRAS-Sequenzen, später unabhängig davon, so wie es zu unseren Zeitplänen passte, und an verschiedenen Orten. Dabei hatten wir jeweils ein Setting mit festgelegten Gruppensitzungen und Freizeitaktivitäten. Diese Fortsetzung unserer Selbsterfahrung war sehr fruchtbar, zumal wir inzwischen alle mit Gruppen arbeiteten.

In den folgenden Jahren besuchten wir als Gruppe Gregory zweimal in Turvey Abbey bei Bedford. Das war ein freudiges Wiedersehen und eine interessante und informative Erfahrung. Er betrieb dort ein Gruppenausbildungszentrum und bot u. a. offene Gruppen für Obdachlose an, die dort betreut wurden. An unseren Gruppensitzungen nahm er nicht teil.

Ein paar Jahre lang traf sich unsere Gruppe nicht. Nach dem Tod eines Gruppenmitglieds wurden die Treffen jedoch wieder in größeren Abständen in Frankfurt aufgenommen. Als unsere älteste Teilnehmerin nicht mehr reisen konnte, kamen wir zu ihrem Abschied an ihrem Wohnort zusammen. Danach trafen wir uns wieder regelmäßig, einmal im Jahr bei Jörg Weidenhammer im Haus seiner Frau auf Ibiza. Das waren sehr schöne Jahre. Umso härter traf uns sein plötzlicher Tod 2017, er war der Jüngste in unserer Gruppe gewesen. Danach trafen wir uns noch einige Jahre im Bauernhaus von Götz Zilker im Allgäu, hatten auch dort eine sehr schöne Zeit, wurden uns aber zunehmend der Begrenztheit unserer Zeit bewusst und traurig darüber. Während Corona kamen wir in kürzeren Abständen per Zoom zusammen.

Ab 1979 leitete ich Gruppen in meiner eigenen Praxis, eine zweimal wöchentlich zusammen mit meinem Praxiskollegen Karl-Heinz Reichelt, der auch bei GRAS war. Diese Gruppe ging mangels Nachwuchs nach einigen Jahren ein. Es war damals sehr schwer, Patient:innen für Gruppentherapie zu finden bzw. zu motivieren, vor allem zweimal wöchentlich. Einzeltherapie wurde bevorzugt. Eine andere Gruppe leitete ich allein, einmal wöchentlich. Diese Slow-open-Gruppe beendete ich 2010, als ich meine Praxis aufgab.

Supervision hatte ich während der GRAS-Sequenzen und anschließend bei M. L. Moeller. Er bot Supervision in Gruppen an. Wir saßen im Wechsel im Innen- und Außenkreis. Im Innenkreis wurde vorgetragen und diskutiert, der Außenkreis hörte zu. Damals war es noch schwer, weitere Supervision zu finden. Das war ein Grund, weshalb Karl-Heinz und ich zu zweit arbeiteten, so konnten wir nach den Sitzungen unsere Arbeit reflektieren.

Es gab mehrere gruppenanalytisch arbeitende Kolleg:innen, mit Ausbildung bei GRAS oder im Seminar für Gruppenanalyse Zürich (SGAZ), die das Bedürfnis nach einem regelmäßigen Austausch hatten. So gründeten wir 1985 den regionalen Arbeitskreis für Gruppenanalyse (RAGA). Grundlage der Zusammenarbeit sollte die praktische Arbeit mit Gruppen sein, auch die Arbeit mit Balint- oder Supervisionsgruppen sollte eingeschlossen sein. Wir trafen uns samstags in Frankfurt etwa sechsmal im Jahr. Jeweils vormittags und nachmittags gab es eine zweistündige Fallvorstellung. Wir meldeten den Arbeitskreis als Qualitätszirkel bei der KV an, d.h., wir schrieben auch regelmäßig Protokoll. Da Barbara Seuster von der Insel Reichenau zu uns kam und später Marita Barthel-Rösing aus Bremen-Vegesack, tagte die Gruppe einmal im Jahr auswärts bei jeweils einer der beiden Teilnehmerinnen. Die Reisen auf die Insel Reichenau und nach Bremen-Vegesack waren jeweils mit einem schönen Freizeitprogramm verbunden, besonders auch für die Familienangehörigen, die übers Wochenende mitgekommen waren. RAGA war eine Slow-open-Arbeitsgruppe und endete schließlich 2008, als wir in das Alter kamen, in dem wir unsere Praxen aufgaben.

1997 wurde ich von Heribert Knott im Namen des Ausbildungsgremiums des SGAZ unverbindlich angefragt, ob ich Interesse hätte, als Nachfolgerin von Liesl Hearst eine der Selbsterfahrungsgruppen im Rahmen des Blocktrainings zu leiten. Natürlich war ich überrascht, aber auch interessiert. Beim nächsten Treffen der Sektion Analytische Gruppentherapie des DAGG in Göttingen kamen Heribert Knott und Bernd Münk vom Ausbildungsgremium des SGAZ auf mich zu. So lernten wir uns persönlich kennen, und ich konnte Fragen stellen und sagte schließlich zu. Ich wurde vom Ausbildungsgremium gewählt, die Mitgliederversammlung bestätigte diese Wahl, und ich nahm sie gern an.

Seit 1983 war ich ordentliches Mitglied beim DAGG. Im Hinblick auf meine Tätigkeit beim SGAZ beantragte ich die Anerkennung als Gruppenlehranalytikerin. Inzwischen war ich Lehranalytikerin der DPV und bei der DGPT. Nunmehr engagierte ich mich auch verstärkt im DAGG und später bei der Gründung der D3G, Deutsche Gesellschaft für Gruppenanalyse und Gruppentherapie. Ich arbeitete bei der Satzungskommission mit. Bei einigen Tagungen beteiligte ich mich als Gruppenleiterin und mit einem Vortrag am Study Day »Der Rahmen und seine Bedeutung in der Gruppenanalyse«. Es gab Foren, in denen Grundsatzpositionen und Kontroversen diskutiert und geklärt werden sollten. Beim ersten Forum ging es um die Frage, ob Selbsterfahrung und Supervision in derselben Gruppe und beim selben Leiter durchgeführt werden sollten oder nicht. Hermann Staats vertrat das Göttinger Modell, ich hingegen, dass es getrennt sein sollte. Meine »Denkanstöße – zur Beziehung von Selbsterfahrung und Supervision in der Ausbildung und das Verhältnis zueinander« und die ausführliche Darstellung von Hermann Staats »Gruppen leiten lernen. Selbsterfahrung und Supervision in einer Gruppe?« sind in der Zeitschrift Gruppenpsychotherapie und Gruppendynamik veröffentlicht (Wildberger, 2014).

Mein Anfang bei SGAZ, 1998, war spannend. Die bisherigen Gruppenleiter:innen waren allesamt aus England gekommen, wie auch bei GRAS, und so war ich die erste Deutsche. Teilweise wurde ich misstrauisch beäugt. Für mich war vieles neu, insbesondere die Basisdemokratie, bei der z. B. auch die Auszubildenden Mitglieder sind und über alle Belange mitabstimmen dürfen. Später erfuhr ich, dass mich Gregory vorgeschlagen hatte, der seit der Gründung von SGAZ dort Gruppenleiter war, und offensichtlich hatte ich genügend Fürsprecher, die mich kannten, z. B. Marita Barthel-Rösing aus unserem Arbeitskreis Gruppenanalyse.

Insgesamt machte mir die Arbeit von Anfang an Freude, auch wenn es manchmal schwierig war. Gregory blieb noch zwei Jahre beim SGAZ und unterstützte mich. Es waren vier Selbsterfahrungsgruppen, Sally Willis und Hymie Wyse leiteten die beiden anderen Gruppen. Sie nahmen mich freundlich auf und unterstützten mich, wenn nötig. Ich hatte Ansprechpartner:innen, und wir wurden ein Team, das gern zusammenarbeitete. Bald fühlte ich mich kompetent. Neben der Leitung der Kleingruppen leiteten wir im Wechsel die Großgruppe, an der alle Ausbildungsteilnehmer:innen und die Gruppenleiter:innen teilnahmen, wir machten Supervision mit Teilnehmenden aus den anderen Gruppen und boten, meist zusammen mit einem Ausbildungsteilnehmenden, Theorieseminare an. Auch das war für mich neu, dass die Mitglieder meiner Selbsterfahrungsgruppe an meinen Seminaren teilnahmen. Aber es ging. In der

Kleingruppe wurde die Erfahrung bearbeitet. Beim 25-jährigen Jubiläum des SGAZ, 2007, bot ich eine Arbeitsgruppe an: »Gruppenanalyse und Einzelanalyse. Erfahrungen mit Gemeinsamkeiten und Unterschieden«. Der einleitende Text und die Arbeit in der Gruppe wurden im Tagungsband »Die Kunst der Mehrstimmigkeit« veröffentlicht (Wildberger, 2009).

Als ich Ende 2012, 75-jährig, meine Tätigkeit bei SGAZ beendete, war es für mich ein großer Abschied. Ich wollte nicht warten, bis man mir nahelegte, dass es Zeit wäre, jemand Jüngerem Platz zu machen. Zu meiner Überraschung und Freude wurde ich vom SGAZ zum Ehrenmitglied gewählt. Und so beteilige ich mich weiter an den dortigen Aktivitäten. 2018 vertrat ich Sally, als sie krank war. Nach ihrem Ausscheiden war ich 2020 und 2021 noch einmal als Gruppenleiterin tätig, bis 2022 eine neue Gruppenleiterin kam. Dabei erkannte ich erneut, wie gern ich diese Arbeit mache, und es hat mich sehr beglückt, mich auf so befriedigende Weise davon verabschieden zu können. Eine Teilnehmerin aus meiner Gruppe sagte mir zum Abschied: »Helga, Du bist auf eine so unspektakuläre Weise so spektakulär stabil.«

Mein Nachfolger bei SGAZ wurde Robi Friedman aus Haifa. Ich habe ihn kennen und schätzen gelernt. Dabei erfuhr ich, dass es seit 2012 deutsch-israelische Begegnungen zum Thema »Voices after Auschwitz« gibt, die er zusammen mit Marit Joffe Milstein aus Israel und Marita Barthel-Rösing und Regine Scholz aus Deutschland organisiert. Am zweiten Treffen 2014 wollte ich teilnehmen. So flog ich einige Tage vorher mit meinem Gruppenbruder Harm Stehr nach Israel. Wir blieben zunächst in Jerusalem und erkundeten die Stadt, auch Yad Vashem. Alles war sehr beeindruckend und bewegend. Und während es in der Altstadt ein munteres Nebeneinander von Juden und Palästinensern und anderen Nationalitäten gab, erlebte ich auf dem Tempelberg auch die Spannungen, als ein Touristenpaar in Begleitung eines bewaffneten Soldaten erschien. Die andächtige Stille wich einem zunehmend bedrohlicher werdenden Geraune und lauter werdenden Aufforderungen, zu verschwinden, wie mir ein Mann erklärte. Passiert ist jedoch nichts. Auf der Busfahrt von Jerusalem nach Nasholim, unserem Tagungsort, kamen wir an einem großen Friedhof vorbei, der in einem Traum von mir wieder auftauchte.

Die Konferenz war gruppenanalytisch ausgerichtet, mit Kleingruppen, Großgruppen und kulturellen Vorführungen, z. B. Filmen oder literarischen Beiträgen, in denen mir das jüdische Schicksal und Erleben, vor allem auch der zweiten Generation, und unsere Schuld und unser Versagen auf sehr ergreifende Weise nahekam. Natürlich hatte ich auch Angst, wie es mir mit meiner Familiengeschichte ergehen würde. So hielt ich mich sehr zurück. In der Nacht träumte ich, ich sei gestorben und liege in einem Grab ganz am Rande des Friedhofs, am Zaun. Noch im Traum, oder schon wach, war ich damit unzufrieden. Dann dachte ich, wenn ich dazugehören will, muss ich mich zeigen, sonst hätte ich gar nicht zu kommen brauchen.

Am nächsten Tag in der Kleingruppe erzählte ich den Traum und sagte, dass mein Vater bei der Waffen-SS war. Ich sagte aber auch: »Ich habe meinen Vater sehr geliebt«. Ich wurde gefragt, was ich befürchtet hatte, und antwortete, Ablehnung und Angriffe. Benni, der Älteste in der Gruppe, sagte: »Es ist gut, dass Du es gesagt hast, viel besser, als zu spüren, dass da etwas ist, aber nicht zu wissen, was. So können wir darüber reden.« Da verstand ich, dass die jüdischen Kinder auch Eltern hatten, die über das Erlebte nicht sprechen konnten, bei uns aus Schuld und Scham, bei ihnen wohl aus Erschütterung und Scham.

Theoretisch war es ja bekannt, aber nun erlebte ich es hautnah. Ein Teilnehmer sagte, auf diesem Friedhof liege seine Familie und er wolle dort ebenfalls bestattet werden. Er fragte mich, ob ich mir vorstellen könne, dass mein Vater ein sehr grausamer Mann war. Ich antwortete: »Ich glaube nicht, dass er grausamer war als ich, aber ich glaube, dass er durch seine Entscheidung mit neunzehn Jahren, die er wohl nicht wirklich überblickt hat und die in seiner Situation verführerisch war, in eine verbrecherische Organisation geraten ist. In dieser hat er auch Grausamkeiten begangen, und es gab aus ihr wohl auch kein Entrinnen mehr, außer durch den Tod. Schon allein der Krieg ist eine Grausamkeit. Und mit dem Leben hat er bezahlt.« Eine deutsche Teilnehmerin griff mich an, weil ich meinen Vater nicht verurteilte. Da legte eine israelische Frau, die neben mir saß, ihre Hand auf meinen Arm und sagte zu ihr, sie solle sich ihre eigene Aggression anschauen. Ich war ergriffen und dankbar.

Als ich wieder zu Hause war, fragten meine Kinder, was ich erzählt habe. Ich hätte mich geschämt, wenn ich hätte sagen müssen, dass ich geschwiegen habe. Mein jüngerer Sohn Florian erstellte daraufhin aus den Unterlagen und Fotos von meinem Vater, die meine Mutter durch alle Wirren mitgenommen hatte, und den Recherchen, die meine Schwester und mein Schwager beim Bundesarchiv angestellt hatten, eine Dokumentation über meinen Vater, seine Herkunft und seine Einsätze, und schenkte sie mir zum Geburtstag. Aus dem Bundesarchiv besitzen wir ein dickes Heft mit Kopien.

Vor einiger Zeit kam Florian auf mich zu und fragte, ob es mir recht sei, wenn er weitere Nachforschungen anstelle. Es lasse ihm keine Ruhe. Er möchte für die junge Generation schreiben, wie ein einfacher junger Mann, ein Bäcker- und Konditorgeselle durch Umstände und die nötige Gehirnwäsche in ein verbrecherisches Regime geraten konnte. Kurz zuvor hatte meine Schwester nach einem bestimmten Bild von unseren Eltern gefragt, das sie ihren Enkeln zeigen wolle. Eine Woche später kam die Anfrage von Ludger Hermanns, ob ich etwas über Gruppenanalyse in Selbstdarstellungen schreiben wolle. Ein seltsames Zusammenwirken!

Ich war noch ein zweites Mal in Israel, in Ginosar. Zuvor besichtigte ich mit Friedrich Markert, einem Frankfurter Kollegen, Tiberias und historische Stätten am See Genezareth. Durch Friedrich bekam ich die Gelegenheit, mit Evi Guggenheim in ihr Friedensdorf zu fahren, »Neve Shalom – Wahat al Salam«. Juden und Palästinenser hatten es gemeinsam gegründet und verwalteten es nun gemeinsam und gleichberechtigt. Evi Guggenheim und ihr Mann Eyas Shbeta schrieben darüber ein Buch (Guggenheim u. Shbeta, 2004). Die Aufgaben werden immer weiterentwickelt. Es gibt eine gemischte Schule, auch für auswärtige Kinder, und eine Friedensschule, School for Peace, in der Kurse für gegenseitiges Kennenlernen, Verständigung und Friedensarbeit für palästinensische und jüdische Teilnehmende stattfinden, die diese Erfahrungen dann in ihre politische, berufliche und private Umwelt einbringen. Zudem gibt es ein schönes kleines Hotel und Restaurant für Gäste. Ein Besuch ist sehr empfehlenswert.

Das bisher letzte Treffen von »Voices after Auschwitz« fand in Berlin statt. Darüber verfasste Harm Stehr einen eindrucksvollen Tagungsbericht in der Zeitschrift »Gruppenpsychotherapie und Gruppendynamik« (Stehr, 2020). Besonders bewegte mich ein Tischsabbat zum Laubhüttenfest, den Lea, eine mir besonders liebe Teilnehmerin aus meiner Kleingruppe, veranstaltete und uns alle dazu einlud.

2010 gab ich meine Praxis mit Patient:innen im Alter von 73 Jahren auf. Ich hatte immer sehr viel gearbeitet und genoss es nun, freier über meine Zeit verfügen zu können. Ich beteilige mich weiterhin an der Ausbildung an unserem Frankfurter Psychoanalytischen Institut, u. a. mit der Einführung in die Gruppenanalyse, und mache Supervisionen für Einzel- und Gruppenanalyse am FPI und mit niedergelassenen Kolleginnen. Seit mehreren Jahren leite ich zweimal im Jahr die Gruppe der Auszubildenden (TfP-, Kinder- und Jugendlichen- und Erwachsenen-Ausbildung) am Bremer Institut für Psychoanalyse.

Es ist wohl deutlich geworden, dass ich ein großes Vertrauen in die Gruppenarbeit habe. In unserer Frankfurter »Arbeitsgruppe Niederfrequente Langzeittherapie«, in der ich mitarbeitete, als es um die Frequenzwahl ging, war ich die Einzige, die keine einstündigen Psychotherapien hatte, aber ich hatte 14 Patient:innen in Gruppentherapie einmal pro Woche. Ich war die einzige Gruppenanalytikerin. Ich bin überzeugt, dass die Patient:innen in der Regel im multipersonalen Netzwerk einer Gruppe mehr profitieren können als im einstündigen Einzelsetting, aber natürlich gibt es Ausnahmen. Die Patient:innen können Erfahrungen austauschen, sind nicht mehr allein damit, können an anderen erleben, was ihnen fehlt, ihr Konfliktbewusstsein wächst. Die Symptome und Konflikte inszenieren sich ganz konkret, werden lebendig und so leichter einer Bearbeitung zugänglich. Alle können dabei lernen.

Meine gruppenanalytische Tätigkeit ist mit meiner kleinianischen Ausrichtung verbunden. Mein Denken ist geprägt durch die Beschäftigung mit Klein-Bion und den Postkleinianern über viele Jahre, aber auch mit szenischem Verstehen. So wie ich diese Gedanken verstehe und anwende, sind sie auch mit der Foulkes'schen Gruppenanalyse kompatibel.

Nach Foulkes ist die soziale Natur des Menschen etwas Grundlegendes. Anders als Freud geht auch Klein davon aus, dass schon der erste Kontakt zum Primärobjekt eine Objektbeziehung einleitet. Alfred Lorenzer (1983) sieht das Individuum vom Anbeginn des Lebens in einer Wechselwirkung mit seiner Umwelt, in die es seine Möglichkeiten einbringt und aus der es sich – in gegenseitiger Abstimmung – entwickelt. Er schreibt: »Der Ansatz des Subjekts ist der Niederschlag der Interaktionsformen.« Die Interaktionen sind gemeinsam gestaltete Szenen, die zwischen Körperlichkeit und Sozialität stattfinden. Nach Klein bilden diese internalisierten Objektbeziehungen eine innere Welt von bewussten und unbewussten Fantasien über innere Objekte, die miteinander im Austausch sind. Man kann es auch mit Foulkes die persönliche Matrix nennen. Diese Matrix bringen aber auch die anderen mit, sodass man niemals mit einem isolierten Individuum in Kontakt ist, sondern zugleich mit einer inneren und einer äußeren Gruppe.

Aus dieser Entwicklung aus dem Austausch ergibt sich das »ego-training in action«, wie Foulkes (1992) es nennt. Jede unserer Äußerungen, ob verbal oder averbal, ist auch eine Aktion, die im Anderen etwas auslöst. Wir erfahren Resonanz und eine Reaktion, die uns mit etwas konfrontiert, das wir ausgelöst haben, aber nicht wir selbst sind. Wir können diese Reaktion aufnehmen und darüber nachdenken. Es kann etwas bewusst werden, und wir können es integrieren, also »Lernen durch Erfahrung« (Bion, 1992). Alle gemeinsamen Interaktionen und Erlebnisse gehen ein in die »Gruppenmatrix«, die dieser Gruppe ihren besonderen Charakter und Bedeutung gibt und sich im Laufe des Prozesses immer weiterentwickelt.

Die Kommunikation ist also Voraussetzung für einen Gruppenprozess. Deshalb ist es meine Aufgabe als Gruppenleiterin, die Kommunikation zu fördern, wie Foulkes (1992) es sagt. Dafür braucht es einen sicheren Rahmen. Dann kann die Gruppe zum Container werden für die Gedanken, Gefühle und Interaktionen, die im gemeinsamen Austausch bearbeitet und verstanden werden. Wenn die Rahmenbedingungen klar sind, können auch Grenzverletzungen erkannt werden und eine Bedeutung bekommen.

Nach Bion muss man Nichtwissen ertragen können. Eine sehr befreiende Erfahrung war für mich, dass sich der Druck, den ich am Anfang meiner psychoanalytischen Ausbildung hatte, die »richtige« Deutung finden zu müssen, in der Gruppenanalyse nochmals relativierte. Ich erlebte, dass ich mitdachte und eine Sicht hatte auf das, was vor sich ging, dass dann aber ein Gruppenmitglied etwas sagte, an das ich nicht gedacht hatte, das aber zur Gruppensituation genau passte und wodurch der Gruppenprozess unter Umständen eine für mich überraschende Wendung bekam. Dafür muss ich offen sein für Neues, Überraschendes, und eine geglaubte Sicherheit auch aufgeben können. Dann wird deutlich erlebbar, dass es verschiedene Perspektiven gibt und nicht nur eine richtige und eine falsche. Nichtwisssen zu ertragen, heißt für mich auch, keine vorschnellen Deutungen geben, auch nicht unter großem emotionalem Druck. Bion (2006) spricht vom »Denken unter Beschuss«. Ich versuche dann, die Szene zu beschreiben. Dazu ein einfaches Beispiel:

Einige Gruppenteilnehmer:innen beklagen sich über alles Mögliche. Bettina (Namen geändert) fährt jedem über den Mund: »So gut wie Du möchte ich es auch haben« oder »Du bist ganz schön anspruchsvoll«. Irmela klagt über ihre Schwierigkeiten mit ihrer kleinen Tochter. Bettina zu ihr: »Du brauchst Dich nicht zu beklagen, Du bist selbst schuld.« Irmela fühlt sich zu Unrecht angeklagt und verteidigt sich. Das geht hin und her. Ich werde immer wütender, möchte am liebsten dreinschlagen und zu Bettina sagen: »Jetzt hören Sie doch endlich auf, das ist ja nicht zum Aushalten.« Indem ich mich zurückhalte, kommt mir plötzlich die Idee, dass die beiden etwas Wichtiges darstellen, und ich sage: »Ich sehe ein Kind vor mir, das jedes Mal, wenn es sich beschwert, eins auf den Mund kriegt.« Bettina schaut mich überrascht an und sagt: »Ja, so ist es mir ergangen, wir durften nie den Mund aufmachen. Mein Vater wurde immer gleich wild.« Irmela erzählt dann, dass auch sie so wütend wird, wenn ihre Tochter quengelt. Sie könne sich dann oft nicht beherrschen und schlage sie. Hinterher habe sie große Schuldgefühle.

Nun wurde deutlich, warum Irmela die geeignetste Empfängerin in der Gruppe für die Angriffe von Bettina war. Bettina war in der Rolle des Vaters; die Rolle des Kindes, das eins draufkriegt, projizierte sie in Irmela. Irmela, die Schuldgefühle gegenüber ihrer Tochter hatte und durch die »ungerechte« Anklage zum verfolgten Opfer wurde, wurde dadurch in ihren Schuldgefühlen entlastet, jedoch nur vorübergehend. Sie verstand nun besser, warum sie sich immer wieder zum Opfer macht. Bettina erkannte ihre Identifizierung mit dem ungeduldigen und strengen Vater, so streng und ungeduldig ist sie auch mit sich selbst.

Die beiden Kontrahentinnen verhinderten zunächst eine weitere Auseinandersetzung in der Gruppe über Unzufriedenheit – auch mit mir? Wurde erst getestet, was die Leiterin zulässt oder aushält, ob Raum ist für Klagen? In diesem Beispiel ist es mir gelungen, meine heftige Gegenübertragung nicht zu agieren, die Rolle des schlagenden Vaters nicht anzunehmen, sondern meine Containerfunktion aufrechtzuerhalten, wodurch die Szene einem Verständnis zugeführt werden konnte. Damit konnte die Gruppe weiterarbeiten. Wenn ich nun zurückschaue, bin ich dankbar und zufrieden.

Nie hätte ich gedacht, dass ich jemals so sesshaft werden würde. Nun lebe ich seit 63 Jahren in Frankfurt. In die Stadt kam ich ganz ungeplant. Ich heiratete, bekam meine Kinder, musste den schmerzlichen Verlust eines Kindes erleben. Ich ließ mich scheiden und heiratete wieder. Hier lernte ich die Psychoanalyse kennen und machte meine Ausbildung zur Psychoanalytikerin. Von hier aus traf ich auf die Gruppenanalyse und wurde Gruppenanalytikerin. Ich fand einen Beruf, der mich überzeugt und bis heute fasziniert, auch wenn ich jetzt, in meinem Alter, nur noch wenig arbeite. Es war nicht immer leicht, aber ich hatte immer Kolleg:innen in Intervisions- und Arbeitsgruppen, mit denen ich meine Arbeit reflektieren und auch schwierige Gegenübertragungskonstellationen bearbeiten konnte. Aus diesen Gruppen sind Freundschaften entstanden. Ich beteilige mich noch gern an Projekten, z. B. am Klein-Bion-Forum, das das Frankfurter Psychoanalytische Institut (DPV) gemeinsam mit dem Institut für Psychoanalyse Frankfurt (DPG) zweimal im Jahr veranstaltet. Im Herbst 2022 war das Thema »Neid«, zu dem ich die Theorie und Helen Schoenhals die Fallvorstellung beitrugen.

Die Psychoanalyse und Gruppenanalyse halfen mir auch sehr in meiner persönlichen Entwicklung. Ich bekam das Rüstzeug, Konflikte konstruktiv zu lösen, traf aber auch auf Menschen, nicht zuletzt auf meine Kinder (mittlerweile zwischen fünfzig und sechzig), die zur Wiedergutmachung bereit waren. Als ich vor einiger Zeit zu meinem Sohn Jan sagte: »Ich bin Euch so dankbar, dass ihr uns die Schwierigkeiten nicht nachtragt, die ihr früher durch unsere Konflikte hattet«, antwortete dieser: »Wie man in den Wald hineinruft, so hallt es heraus. Ich habe nie gezweifelt, dass ihr uns liebt und dass wir wichtig für euch sind. Und ihr wart ja noch so jung.«

Meine Kinder haben ihren Platz im Leben gefunden, Jula als Professorin für Klassische Philologie und Philosophie, Jan als Jurist und Unternehmer und Florian als Architekt. Die Beziehung zu ihnen sowie zum Sohn meines zweiten Mannes aus seiner ersten Ehe und ihren Familien ist herzlich. Die Enkel sind auf einem guten Weg. So konnte ich sagen: »Ich bin eine glückliche Frau.« Heute sage ich: »Ich war eine glückliche Frau«, nachdem mein Mann, der mich geliebt und unterstützt hat, nach fünfzig Jahren Gemeinsamkeit verstorben ist. Dankbar bin ich für die gemeinsame Zeit mit ihm und meiner Familie, die mir ein Gefühl von Geborgenheit gibt.

Beim Nachdenken über diesen Beitrag kam mir öfters der Gedanke, dass ich latent immer auch auf Vatersuche war. Und ich traf auch auf Männer, die etwas von mir erwartet, mir etwas zugetraut haben, die aber auch für mich da waren. Wenn ich unsicher war, gab es Freundinnen, auch meine Tochter und meine Schwester, die mich ermutigten und unterstützten so wie früher meine Mutter. Mein Vater erwartete viel von mir, aber er traute es mir auch zu. Es gibt ein Foto, auf dem ich zweieinhalbjährig auf seiner ausgetreckten Hand stehe. Mit seiner großen Hand hält er meine kleinen Füße. Mit ausgebreiteten Armen strahle ich zu ihm herab und er zu mir empor. Er liebte mich und ich ihn. Deshalb ist er für mich so wichtig geblieben, obwohl ich ihn nur so kurz miterlebte und er mir auch eine schwierige Vergangenheit hinterließ.

Heute erleben wir, dass in der Ukraine, wo mein Vater gefallen ist, wieder so viele Menschen sterben müssen, auch viele junge Männer. Es ist so sinnlos und erschütternd!

## Literatur

Bion, W. R. (1992). Lernen durch Erfahrung. Aus dem Amerikanischen und mit einer Einleitung von Erika Krejci. Frankfurt am Main: Suhrkamp.

Bion, W. R. (2006). Aufmerksamkeit und Deutung. Frankfurt am Main: Brandes und Apsel.

Döll-Hentschker, S., Reerink, G., Schlierf, C., Wildberger, H. (2006). Zur Einleitung der Behandlung: Die Frequenzwahl. Psyche – Zeitschrift für Psychoanalyse und ihre Anwendungen, 60, 1126–1144.

Foulkes, S. H. (1992). Gruppenanalytische Psychotherapie. Mit einem Nachwort von Georg R. Gfäller. München: Verlag J. Pfeiffer.

Guggenheim, E., Shbeta, E. (2004). Oase des Friedens. München: Heyne.

Lorenzer, A. (1983). Sprache, Lebenspraxis und szenisches Verstehen in der psychoanalytischen Therapie. Psyche – Zeitschrift für Psychoanalyse und ihre Anwendungen, 37, 97–115.

Schoenhals, H., Wildberger, H. (2015). Das Rosenfeldseminar in Heidelberg 1981 bis 1986. Ein Rückblick. Luzifer-Amor, Zeitschrift zur Geschichte der Psychoanalyse, 28 (56), 81–89.

Stehr, H. (2020). Tagungsbericht, 5. Workshop »Voices after Auschwitz« vom 16. bis 19. Oktober 2019 in Berlin. Gruppenanalyse und Gruppendynamik, Zeitschrift für Theorie und Praxis der Gruppenanalyse, 2, 186–188.

Wildberger, H. (1997/2013). Pathologische Organisationen. In R. Kennel, G. Reerink (Hrsg.): Klein – Bion. Eine Einführung. (3. Aufl.; S. 126–139). Frankfurt a. M.: Brandes & Apsel.

Wildberger, H. (2009). Gruppenanalyse und Einzelanalyse. Erfahrungen mit Gemeinsamkeiten und Unterschieden. In R. Maschwitz, C. F. Müller, H.-P. Waldhoff (Hrsg.): Die Kunst der Mehrstimmigkeit. Gießen: Psychosozial-Verlag.

Wildberger, H. (2014). Denkanstöße – zur Beziehung von Selbsterfahrung und Supervision in der Ausbildung und das Verhältnis zueinander. Gruppenpsychotherapie und Gruppendynamik, Zeitschrift für Theorie und Praxis der Gruppenanalyse, 4, 333–339.

Wildberger, H., Wildberger J. (2009). Invidia – Der Neid. Jahrbuch der Psychoanalyse, 58, 171–203.

# Personenregister